wagamama
no.067

北陸中部攻略 2024～2025

名古屋 金沢 富山
立山黑部 高山
白川鄉 福井
新潟 越後湯沢

完全制霸

MOOK

wagamama no.067

中部北陸攻略完全制霸 2024~2025

contents

本書所提供的各項可能變動性資訊，如交通、時間、價格(含票價)、地址、電話、網址，係以2023年8月前所收集的為準；特別提醒的是，COVID-19疫情期間這類資訊的變動幅度較大，正確內容請以當地即時標示的資訊為主。
如果你在旅行中發現資訊已更動，或是有任何內文或地圖需要修正的地方，歡迎隨時指正和批評。你可以透過下列方式告訴我們：

寫信：台北市104中山區民生東路二段141號9樓MOOK編輯部收
傳真：02-25007796
E-mail：mook_service@hmg.com.tw
FB粉絲團：「MOOK墨刻出版」www.facebook.com/travelmook

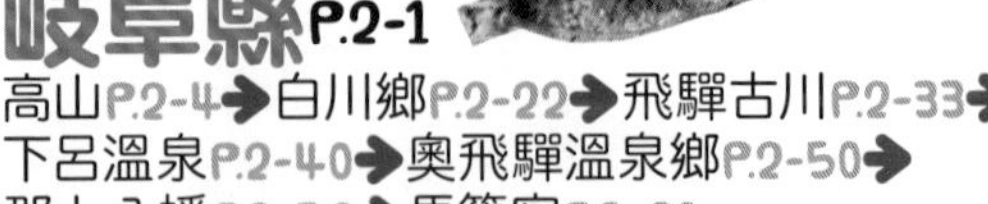

中部北陸六縣串聯

45個熱門分區

wagamama no.067

中部北陸攻略完全制霸 2024~2025

contents

本書所提供的各項可能變動性資訊，如交通、時間、價格(含票價)、地址、電話、網址，係以2023年8月前所收集的為準；特別提醒的是，COVID-19疫情期間這類資訊的變動幅度較大，正確內容請以當地即時標示的資訊為主。
如果你在旅行中發現資訊已更動，或是有任何內文或地圖需要修正的地方，歡迎隨時指正和批評。你可以透過下列方式告訴我們：
寫信：台北市104中山區民生東路二段141號9樓MOOK編輯部收
傳真：02-25007796
E-mail：mook_service@hmg.com.tw
FB粉絲團：「MOOK墨刻出版」www.facebook.com/travelmook

輕鬆悠遊中部北陸

實用資訊完全掌握

wagamama no.067

中部北陸攻略完全制霸 2024~2025

contents

本書所提供的各項可能變動性資訊，如交通、時間、價格(含票價)、地址、電話、網址，係以2023年8月前所收集的為準；特別提醒的是，COVID-19疫情期間這類資訊的變動幅度較大，正確內容請以當地即時標示的資訊為主。
如果你在旅行中發現資訊已更動，或是有任何內文或地圖需要修正的地方，歡迎隨時指正和批評。你可以透過下列方式告訴我們：
寫信：台北市104中山區民生東路二段141號9樓MOOK編輯部收
傳真：02-25007796
E-mail：mook_service@hmg.com.tw
FB粉絲團：「MOOK墨刻出版」www.facebook.com/travelmook

全面普查的完整精確資訊。標示出景點所在的地圖頁碼及座標值，可迅速找出想去的地方。

分區名稱與英日文拼音。

郡上八幡城
ぐじょうはちまんじょう
別冊P.19,C2 巴士「城下町プラザ」站徒步15分 郡上市八幡町柳

2-56 高山→白川鄉→飛驒古川→下呂溫泉→奧飛驒溫泉

愛知縣 岐阜縣 郡上八幡 富山縣 石川縣 福井縣 新潟縣

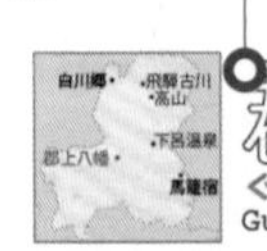

郡上八
ぐじょうはちまん
Gujo Hachiman

城 裡城外都悠淌著涓涓流水的郡上八水鄉，許多前往高山一帶的旅遊…優美的小城，除了欣賞美麗的水鄉風光…山頂的郡上八幡城。每年7月到9月的郡上…鬧的時候，全村的人都會穿上浴衣在街上…客一起加入！

交通路線&出站資訊

電車
郡上八幡駅◇長良川鐵道
從名古屋搭火車需在美濃太田駅轉乘長良川鐵道太田駅→郡上八幡駅，車程約80分
巴士
岐阜八幡線◇岐阜巴士
從JR岐阜駅14號乘車處搭車，約1小時10分可抵…上八幡城下町プラザ」站，一天9班次，車資¥1,550
高山～京都・大阪線◇濃飛巴士
從高山巴士中心搭高速巴士，約1小時30分可抵達…八幡インター」站，一天2~3班次，車資¥2,000
高速名古屋白川鄉線◇岐阜巴士
從名鐵巴士中心搭乘開往白川鄉的岐阜巴士，約…

郡上盆舞
郡上おどり
郡上盆舞起源於江戶時代，是為了鼓勵士農工商和樂融合的同樂活動，每到了祭典時期，城內新町一帶的街道會暫時封街，全村老小穿著浴衣跟著樂笛聲跳著快樂的「盆舞」。郡上盆舞的曲目多達10幾首，跳法繽紛多樣，大家圍成一圈，在高手帶領下先從慢板的舞曲開跳，等舞步熟悉後再逐步變快，熱鬧極了。而在…中旬開始的連續4日間，郡上盆舞更是進入「徹夜舞」的高潮，從夜晚跳到天明。遊客可在投宿旅館裡借…浴衣，漂漂亮亮地下場同樂。
每年7月中旬~9月上旬 新町一帶，每天會…一，請上官網查詢 www.gujohachiman.c…kanko

豐富的旅遊豆知識，讓你成為旅遊達人。

看一眼就知道的符號說明

地圖ICONS使用說明

景點	和菓子
神社	甜點
博物館	酒吧
公園	劇院
購物	飯店
百貨公司	寺廟
書店	溫泉
麵食	公車站
美食	國道
咖啡茶館	現場演唱
美容	機場

書中資訊ICONS使用說明

- **地圖**：與本書地圖別冊對位，快速尋找景點或店家。
- **電話**：不小心東西忘在店裡面，可立刻去電詢問。
- **地址**：若店家均位於同一棟大樓，僅列出大樓名稱與所在樓層。
- **時間**：L.O.(Last Order指的是最後點餐時間)
- **休日**：如果該店家無休假日就不出現。
- **價格**：日文料理菜名和中文翻譯，輕鬆手指點餐。
- **交通**：在大區域範圍內詳細標明如何前往景點或店家的交通方式。
- **網址**：出發前可上網認識有興趣的店家或景點。
- **注意事項**：各種與店家或景點相關不可不知的訊息。
- ①**出口**：地圖上出現車站實際出口名稱。

分別美食、購物、景點、住宿等機能，一眼就能夠找到旅遊需求。

列出此店家或景點的特色。

頁碼

右頁邊欄上標出索引名稱，翻閱更輕鬆。

郡上八幡城的歷史，最早可回溯到戰國末期永祿2年(1559)。

郡上八幡城

おすすめ 薦

昭和8年重現的天守閣，是日本最古老的木造天守呢。

ぐじょうはちまんじょう

別冊P.19,C2 巴士「城下町プラザ」站徒步15分 郡上市八幡町柳町一の平659 0575-67-1819(郡上八幡產業振興公社) 9:00~17:00、6~8月8:00~18:00、11~2月9:00~16:30 12/20~1/10 大人¥400，中小學生¥200。郡上八幡城+郡上八幡博覽館共通券 大人¥750，中小學生¥400 castle.gujohachiman.com

位在在標高354m八幡山山頂的郡上八幡城，是**現存城蹟中珍貴少見的4層五階的木造建築**。登上天守閣可以眺望郡上八幡的街道，春天時櫻花繽紛，秋天是楓紅層層。初夏舉行新樂祭典，在11月中旬也會舉行夜間點燈的活動，讓晚上的郡上八幡城更添風采。

上八幡インター」站，一天4班次，車資

搭乘路線巴士明宝線、和良線，於「郡上ザ」下車，車資¥110

城南町188-54 (郡上八幡駅前)
咖啡廳L.O.16:00
com

小徑

巴士「城下町プラザ」站徒步5分 郡
0575-67-0002(郡上八幡觀光協會)

郡上八幡這裡規模最大的水道。住在生活與水道息息相關，走在這條蔭林著水中戲游的鯉魚，給人一種靜下心在這裡有一塊郡上之舞發祥碑，不妨

宗祇水

別冊P.19,A3 巴士「城下町プラザ」站徒步3分 郡上市八幡町本町 0575-67-1122 、自由參觀

獲選為日本名水百選的「宗祇水」是郡上八幡的象徵，因室町時代的一位詩歌名匠飯尾宗祇而得名，這位一代宗師最愛喝這裡的水，傳為美談。位在吉田川旁邊的宗祇水，是市民們的生活用水來源之一，除了取水飲用，還常見到歐巴桑們在這裡洗菜、閒話家常。

沒辦法參與祭典的話，就到這裡來看看郡上盆舞的演出吧！

郡上八幡博覽館

別冊P.19,B2 巴士「城下町プラザ」站徒步2分 郡上市八幡町殿町50 0575-65-3215 9:00~17:00(最後入館16:30，郡上盆舞舉行期間開放到18:00) 12/24~1/2 大人¥540，中小學生¥320。郡上八幡城+郡上八幡博覽館共通券 大人¥750，中小學生¥400 www.gujohachiman.com/haku/

郡上八幡博覽館這座古典的洋風建築，在大正時代曾是鎮上的稅務署，現在則改裝成**展現郡上八幡「歷史」、「水語」與「技藝」的博覽館**。裡面最有看頭的莫過是「郡上盆舞」表演，穿著傳統浴衣的女士們，會為遊客示範好幾種郡上盆舞的舞姿，還會邀大家一起跳舞同樂。表演時間為每日11:00、12:00、13:00、14:00及15:00，每場15分鐘，要把握機會喲！

清楚列出電車及其他交通工具資訊。

別錯過圖說，這裡也有現場採訪心得感想。

認識中部北陸

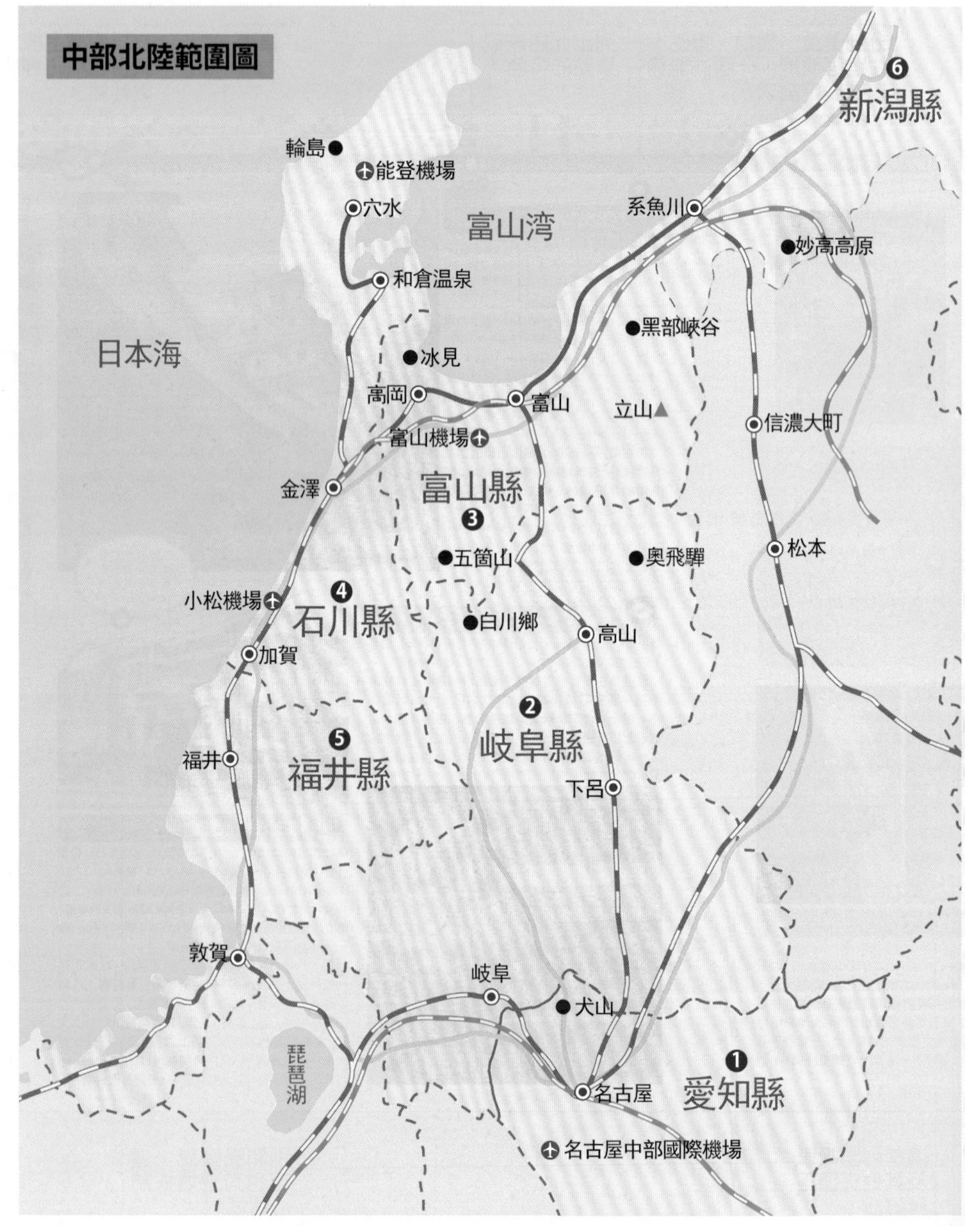
中部北陸範圍圖
新潟縣
輪島
能登機場
穴水
富山湾
系魚川
妙高高原
和倉温泉
黑部峽谷
日本海
冰見
高岡
富山
立山
信濃大町
富山機場
金澤
富山縣
五箇山
奥飛驒
松本
小松機場
石川縣
白川鄉
高山
加賀
岐阜縣
福井
福井縣
下呂
敦賀
岐阜
犬山
琵琶湖
名古屋
愛知縣
名古屋中部國際機場

❶愛知縣

愛知縣位於日本中部的玄關位置，幅圓廣大，以海港興盛的名古屋，是日本第三大城。由於夾在東西之間，融和東京與關西文化，並衍生出專屬自己的風格，最明顯的便反應在其飲食文化上了。除了名古屋市區之外，近郊的城市也各有精彩之處，像是犬山歷史豐厚、愛·地球博紀念公園裡有吉卜力樂園、精彩的常滑燒是日本六大古窯之地，岡崎是德川家康的故鄉，細細探索、可發現許多精彩豐美之處。

代表景點：名古屋市、JR磁浮鐵道道館、吉卜力樂園、豐田汽車博物館、犬山、常滑

❷岐阜縣

岐阜縣位於愛知縣北側，是個不靠海的內陸縣，但因名氣響噹噹的世界遺產白川鄉、熱鬧又具風情的高山老街，每年吸引大量觀光客到訪。境內有海拔2,000公尺以上的飛驒山脈盤據，木曾、長良、飛驒三大河川切割交錯，還有下呂溫泉、奧飛驒溫泉兩個別具特色的溫泉鄉，自然景觀四季分明，得天獨厚。在這豐富的土地孕育下，發展出許多古樸而神秘的地方特色，隨著四季交替，一幕幕輪番上演。

代表景點：高山、白川鄉、下呂溫泉、奧飛驒溫泉鄉、飛驒古川、郡上八幡、馬籠宿

❸富山縣

富山縣北臨漁產豐美的富山灣，因在地形上得天獨厚，觀光資源豐富，東南側有世界知名的立山連峰、雪之大谷(雪壁)，還有日本第一深的黑部峽谷，落差第一大的稱名瀑布，海拔最高的溫泉源地獄谷溫泉等等許多個第一，讓富山一直都是日本旅遊的熱門景點。長年雪封的大山讓古人相信它是山神的居所，走一趟立山黑部或是拜訪五箇山合掌集落，必能體驗到富山的秘境魅力。

代表景點：富山市、立山黑部阿爾卑斯之路、黑部峽谷鐵道、五箇山、氷見、高岡

❹石川縣

緊臨日本海，受到海洋的恩賜，漁獲特別豐富。在歷史上，石川曾是日本最富有的象徵，不但被冠上「百万石」的美名來顯示其財富，歷任藩主還推動文化治國政策，網羅各地的名家藝匠、鑽研美術作品的製作技術，直到現在，日本一流的工藝家大多都是出身於石川，亦有工藝王國的美稱。而被認為可以治病的加賀溫泉更為石川畫龍點睛，也使這個凝聚北陸歷史、文化、美食傳統的富饒之地，觀光熱潮始終歷久不衰。

代表景點：金沢、兼六園、21世紀美術館、加賀溫泉、輪島、能登半島、和倉溫泉

❺福井縣

福井縣位於北陸地區的最西南，北臨日本海，東部由山脈與福井平原交織而成，狹長的地理環境，使其自古便是連結北陸與關西地方的出入口玄關。16至19世紀，因為成為武家的城下町，因而得到了進一步的繁榮發展，境內有不少的歷史遺跡，都反映了當時的繁華景況。來到這裡可以見到許多古老的工藝技巧，想參加和風手作體驗來這裡就對了！另外，濱海路線也有許多精彩自然景致，可以兜風、賞景、吃美食。

代表景點：福井市、恐龍博物館、永平寺、三国湊、芦原溫泉、三方五湖

❻新潟縣

新潟在日本歷史發展上一直有其獨特的地位；安政五年(1858)美國打破日本鎖國時，新潟港是日本最早對外開放的五個港口之一，從那以來，新潟便成為北前船船商們聚集的港口，市區繁榮以外，也帶動縣內各地農產、酒水的販賣，現在更是以頂級越光米產地聞名。而境內山地遍布，更帶動滑雪風潮，而以高山純淨水源與縣產好米釀造出的清酒更是一絕，加上來自日本海的豐富魚貨，讓這裡成為名副其實的「魚米之鄉」。

代表景點：新瀉市、佐渡、妙高、越後湯沢

中部北陸交通攻略

如何前往

從台灣目前可直飛中部北陸的機場有中部國際機場、小松機場、富山機場、新潟機場，選擇哪個機場完全是看旅遊行程的規劃。如果在旅遊旺季時訂不到這些機場的機票的話，建議可以改從大阪的關西國際機場進出，因為大阪要到名古屋有近鐵、新幹線，到北陸有特急列車直結，而且乘換並不困難。

到達中部北陸的機場後，如果碰上多班次同時抵達時，入關的隊伍可能會排上約40分~1小時，若接下來要直接轉乘其他交通工具，預約時記得預留排隊與交通時間。

❗台灣飛往中部北陸各區域機場，因疫情後變動大，實際飛航狀況，以各機場公布資料為準。

➔台灣直飛中部北陸

◎往名古屋、高山：中部國際機場(NGO)

中部國際機場規模不小，定期國際線每週有300班次左右，流量雖然不大但也算繁忙。來到機場可以至4樓的賣場、美食區逛逛、殺時間，若是時間較充裕，還能至展望露台看飛機，到FLIGHT OF DREAMS看看實體飛機主題區，或是到大浴場泡泡溫泉，讓旅客在機場一點也不無聊。(詳見P.A-35)

飛航空司	桃園機場(TPE) →中部國際機場(NGO)	小港機場(KHH) →中部國際機場(NGO)	飛行時間
中華航空(CI)	◎		約2.5小時~3.5小時
台灣虎航(IT)	◎	◎	
樂桃航空(MM)	◎		

❗◎為有飛航機場。以上為2023年8月資訊，各航空公司的航班及班表變動幅度較大，詳細而正確的航班資訊及航線，請洽各大航空公司或上網進一步查詢確認。

◎往福井、金沢：小松機場(KMQ)

小松機場原為軍用機場，位於石川縣南部、福井縣北部，從這裡要進入金沢或是福井都十分方便。1984年全面啟用、2012年起長榮航空每天一個航班連接台北與小松，也帶動了北陸的觀光與商旅。小松機場不大，賣店、飲食店也只有少數可以選擇，但若是要造訪金沢、福井，選擇小松機場進出還是最方便的。

飛航空司	桃園機場(TPE) →小松機場(KMQ)	班次數量	飛行時間
長榮航空(BR) / 全日空(NH)	◎	每天1班	約3小時
台灣虎航(IT)	◎	每週四、日各1班往返	

❗◎為有飛航機場。以上為2023年8月資訊，最新資訊請上各航空公司網站查詢

◎往富山、新潟：富山機場(TOY)

位在富山市中心部的偏南區域，臨近國道41號，地理位置方便的富山機場，可做為遊玩富山、岐阜飛驒地區、新潟上越地區的出入機場。近年來因為立山黑部阿爾卑斯之路的人氣大漲，利用富山進出的包機也不在少數，為這較偏遠的機場帶來不少活力。

飛航空司	桃園機場(TPE)→富山機場(TOY)	班次數量	飛行時間
中華航空(CI)	目前尚無班機資訊釋出	目前尚無班機資訊釋出	約3小時

❗◎為有飛航機場。以上為2023年8月資訊，最新資訊請上各航空公司網站查詢

◎往新潟：新潟機場(KIJ)

位於新潟市區的東北方，北鄰日本海，往西可連接北陸地區，往東可到達東北地區，是日本海一側極為重要的地方機場。航線以日本國內線為主，亦有幾條亞洲航線。目前有台灣虎航直飛，相對以往必須從其他地方轉乘才能到達，行程安排上更加方便了。

飛航空司	桃園機場(TPE)→新潟機場(KIJ)	班次數量	飛行時間
台灣虎航(IT)	◎	每週五、一各1班往返	約3小時30分

❗◎為有飛航機場。以上為2023年8月資訊，最新資訊請上各航空公司網站查詢

◎航空公司資訊

・中華航空(CI)

02-2715-1212，07-282-6141

www.china-airlines.com

・長榮航空(EVA)

02-2501-1999 www.evaair.com

・台灣虎航(IT)

02-5599-2555 www.tigerairtw.com/zh-tw

善用廉航，甲地進、乙地出！

整個中部北陸範圍廣大，兩個地域間光交通時間就耗費不少，如果機場訂同一地進出，通常就是得原路線回返。但像是台灣虎航在中部北陸有著最多機場航點，不論北進、南出，或是南進北出，都不用再耗費時間金錢走回頭路，對於想玩中部北陸的人，非常便利。

◎行李限重

每人行李托運的限制重量，頭等艙和商務艙是40公斤，經濟艙是30公斤，超過了要罰錢，大小能放進機上置物箱的非危險物品可帶上飛機。廉航行李托運規定與相關加價費用，請上網查詢。

◎禁止攜帶物品

自2007年3月1日開始，旅客上機的隨身行李內不能帶有超過100ml液態、膠狀及噴霧類物品，(例如：乳液、牙膏、髮膠、飲料等都在此限)，若有攜帶100ml以下的此類物品時，須放置在密封的透明塑膠袋內，並於通關時取出供檢查人員檢驗。泡麵(因內含肉類)、水果、動植物等禁止攜帶回國，酒類則以1公升為限。

從日本其他地方前往

從關西機場出發

目的地	交通方式	時間	車資
JR名古屋駅	搭JR特急列車HARUKA至新大阪，轉乘東海道新幹線	約2小時	關西機場→新大阪→名古屋 ¥8,650(指定席)
近鐵名古屋駅	搭乘電車至鶴橋或大阪難波，轉搭近鐵特急	約3小時	關西機場→大阪難波¥930 大阪難波→名古屋¥4,790(指定席)
福井駅	搭車至大阪、新大阪駅，轉乘特急「サンダーバード(雷鳥)」	約3小時	關西機場→新大阪¥2,920 新大阪→福井¥6,140(指定席)
金沢駅	搭車至大阪、新大阪駅，轉乘特急「サンダーバード(雷鳥)」	約4小時	關西機場→新大阪¥2,920 新大阪→金沢¥7,790(指定席)

從東京、大阪直達

出發地	目的地	交通方式		所需時間	車資
東京	名古屋	JR新幹線		約1小時50分	¥11,300(指定席)
		JR高速巴士	ドリームなごや(夜行)	約6小時40分~7小時10分	¥3,300~7,800
			東名スーパーライナ	約5小時17分	¥5,500
	越後湯沢	JR上越新幹線「Maxとき(朱鷺)」		1小時20分	¥6,790(指定席)
	新潟	JR上越新幹線「Maxとき(朱鷺)」		約2小時	¥10,760(指定席)
	金沢駅	北陸新幹線「はくたか(白鷹)」		3小時	¥14,380(指定席)
大阪	新大阪~名古屋	JR新幹線		約50分	¥6,680(指定席)
	大阪難波~近鐵名古屋	近畿鐵道		約2小時10分	¥4,990(指定席)
	大阪~名古屋	JR高速巴士	名神ハイウェイバス	約3小時	¥1,600~¥3,100
	大阪~敦賀	JR特急「サンダーバード(雷鳥)」		1小時20分	¥4,700
	大阪~福井			1小時55分	¥6,140

搭乘高速巴士需要事先預約。可洽各大巴士公司，或至ハイウェイバスドットコム網站訂購。巴士依日期不同採浮動票價

www.highwaybus.com

機場往市區

規劃行程時，一般都從目的地機場附近的景點開始順遊，實際到達中部北陸各機場後，要如何前往附近的景點與大城市呢？以下就先介紹各機場周邊的交通方式，再以中部機場為中心，詳解機場到市區的交通。

➔各機場往主要城市

出發地	目的地	交通方式		乘車時間	價格
中部國際機場(NGO)	名鉄名古屋駅	名鐵μSky特急		28分	¥1,250
	名古屋市內(榮・名鐵巴士中心)	名鉄巴士		50~80分	¥1,300
	藤が丘駅	名鉄巴士		55分	¥1,600
	高山	搭乘名鉄電車於名鉄名古屋轉乘濃飛巴士		約3小時40分	¥3,990
	浜松駅	遠鉄巴士e-wing		約2小時10分	¥3,200
	津	津Airport Line		約56分	¥2,750
小松機場(KMQ)	金沢	北鉄巴士(小松機場Limousine Bus)		至金沢駅西口40分 至香林坊55分	¥1,300
	加賀溫泉駅	加賀周遊巴士CAN BUS		約30分	¥550 一日券¥1,100 二日券¥1,300
	JR小松駅	小松巴士		約15分	¥280
	福井	京福巴士		約60分	¥1,400
富山機場(TOY)	富山	富山地鐵巴士		約20分	¥420
新潟機場(KIJ)	新潟市	新潟交通	直行巴士	約25分	¥420
			停靠新潟市內車次	約33分	

❗本表為2023年8月資訊，實際車資、時間請查詢相關網站

➔中部機場前往名古屋市區

從中部國際機場並沒有JR列車可搭乘，若要搭JR列車前往周邊各大景點的話，請先搭乘名鐵列車至金山、名古屋等大站再轉搭JR。

◎中部國際空港駅

名鉄空港駅搭乘指標相當簡單清楚，分成藍色、綠色及紅色的三條月台，基本上三條路線都會經過名古屋駅，最快速的空港線就搭乘ミュースカイ(藍色月台)約28分鐘，特急(紅色月台)也只需33分鐘，但可能會沒座位，想要舒適點除了搭乘ミュースカイ，也可買特急券入站後再加購特別車輛券(僅1~2車廂、有指定座位)。

◎Access Plaza (アクセスプラザ)

從二樓入境大廳通過空橋串聯，就是所有與名古屋市區串連的交通工具搭乘處。包含二樓的旅客大廳、名鉄空港駅；1樓往市區利木津巴士、往愛知縣其他城市的巴士、往京都、伊勢等長途巴士、計程車站等；穿過車站大廳往海邊的空橋繼續走，則有可搭乘前往三重縣津市港口的船隻，是想前往松阪市、伊勢等最方便的選擇。

◎巴士、計程車站

從二樓Access Plaza旅客大廳下到1樓便是巴士、計程車、團客巴士等搭乘點，一樣指標清晰易懂，只須找尋想去的目的點巴士站，一旁就有巴士購票機可買票。這裡有往名古屋市區的數條巴士路線外，也有往三重、京都、靜岡的長途巴士。

Ⓢ往名古屋駅西口利木津巴士，單程約55分鐘¥1,500

Ⓤwww.nagoyabus.jp/centrair/

◎高速船乘船處

從Access Plaza旅客大廳就能看到往乘船處的清楚指標，有空橋連接至乘船處的售票站與港口、徒步約5分鐘，比起搭巴士要2~2.5小時，搭船前往三重的津港，卻只須45分鐘，在津駅可轉乘至松阪或伊勢，絕對是最省時快速的選擇。

⏲7:00~22:00(15:00不發)，每整點一班船

Ⓢ大人¥2,520、¥小孩1,260

Ⓤwww.tsu-airportline.co.jp

◎租車自駕

需要租車的人，在中部國際機場下機後，可前往一樓的交通廣場諮詢櫃台，這裡有多家租車服務公司櫃台，可事先網路預約後，下機直接洽詢櫃台取車。(詳見P.A-30)

※富山機場與小松機場大樓的1F也設有租車預約櫃台，可在此洽詢辦理相關租車事宜

愛知縣名古屋市 Hisayaodori Park

Hisaya-odori Park 久屋大通公園

位於名古屋中心地帶 公園與店鋪的一體型設施

南北長約1公里的公園內，設置了24棟店鋪設施。在日常舉辦各式各樣活動的市民休憩場所，約有40家店鋪進駐，提供時裝、運動、美食等多采多姿的服務。

TEL +81-52-972-2768
地 愛知縣名古屋市中區丸之內3丁目/錦3丁目一帶
交 地鐵「榮/久屋大通」站步行1分鐘

糀 MARUTANI

愛知縣的日本酒廠「關谷釀造」以「最大限度傳播日本酒的魅力」為概念直營的直銷商店。搭配使用愛知縣食材的料理等各種飲用日本酒的場合，都可在此享受。「日本酒機」還會提供用酒桶從酒廠直送鮮度超群的新鮮日本酒。

盡情買！盡情吃！ WOOOW!! 歡樂熱鬧地購物!!

贈送購物券(500日圓)&特別優惠券

請在MITSUI OUTLET PARK北陸小矢部(綜合服務台)或MITSUI OUTLET PARK爵士之夢長島(外國客人綜合服務台)出示此QR碼。
有效期限為 2024年3月31日
※QR碼1天僅可使用1次。
※購物券適用對象為5,000日圓以上的消費。
※Hisaya-odori Park不適用。

三重縣桑名市

MITSUI OUTLET PARK 爵士之夢長島

東海地區最大型 暢貨中心(約300家店鋪)

精品品牌、日本國內外知名服飾、運動品牌、美食等約300家店鋪櫛比鱗差。在美食廣場還能品嚐「名古屋飯」和「當地甜點」。

TEL +81-594-45-8700
地 三重縣桑名市長島町浦安368
交 名古屋站出發往「長島溫泉」高速巴士，最快50分鐘
榮綠洲21出發往「長島溫泉」高速巴士，最快60分鐘

富山縣小矢部市

MITSUI OUTLET PARK 北陸小矢部

北陸地區首家 正統暢貨中心

除了流行品味出色的品牌和廠商，還有物產店和觀光介紹等，亦發揮了北陸地區當地魅力宣傳基地的功用，種類豐富的店鋪齊聚一堂。

TEL +81-766-78-3100 地 富山縣小矢部市西中野972-1
交 從愛之風富山鐵道「石動站」搭乘直行巴士約9分鐘
從「金澤站」搭乘路線巴士約44分鐘 ※週末及國定假日限定

冰見海鮮丼 粹鮨

「日本海盃盛」
提供天然水產缸——富山灣培育的美味海鮮，是使用了大量的富山灣寶石「白蝦」和螃蟹、當地鮮魚的海鮮蓋飯。

the Made In

能體驗北陸的精品店，陳列著許多在北陸受到喜愛的商品，可以一次飽覽石川、富山、福井3縣的名產，亦是最適合購買紀念品和禮物的商店。

各城市之間的交通方式

➔利用鐵道

出發地		交通方式	目的地	所需時間	車資(指定席)
愛知	名古屋駅	JR特急「ひだ(飛驒)」」	高山駅	約2小時30分	¥6,140
		JR特急「ひだ(飛驒)」	下呂温泉(下呂駅)	約1小時40分	¥4,700
		JR特急「しらさぎ(白鷺)」	金沢駅	約3小時	¥7,460
			加賀温泉駅	約2小時30分	¥6,690
		JR特急「しらさぎ(白鷺)」至金沢駅，再轉搭北鐵巴士	輪島	共約5小時	北鐵巴士¥2,300
		JR特急「ひだ(飛驒)」	富山駅	約3小時50分	¥7,790
		JR特急「しらさぎ(白鷺)」	敦賀駅	約1小時40分	¥4,700
			福井駅	約2小時20分	¥5,810
		JR搭乘特急「しらさぎ(白鷺)」到芦原温泉駅，轉搭巴士即達	三国湊	約2小時35分	¥6,140+¥920(巴士)
		搭乘東海道新幹線「のぞみ(希望)」至東京，轉上越新幹線「とき(朱鷺)」	越後湯沢	約2小時55分	¥17,430
		搭乘東海道新幹線「のぞみ(希望)」至東京，轉上越新幹線「とき(朱鷺)」	新潟	約3小時40分	¥20,300
石川	金沢駅	IR石川鉄道線	富山駅	約1小時	¥1,290
		北陸新幹線「つるぎ(劍)」		約30分	¥3,390
		JR特急白鷺號／JR特急「サンダーバード(雷鳥)」	福井駅	45分	¥3,070
			敦賀駅	約1小時22分	¥4,700
		搭北陸新幹線「はくたか(白鷹)」至上越妙高駅，轉乘越後心跳鐵道妙高躍馬線可達	妙高高原駅	約1小時55分	¥6,920
		搭北陸新幹線「はくたか(白鷹)」至高崎駅，轉乘上越新幹線「とき(朱鷺)」	越後湯沢駅	約2.5小時	¥15,700
		搭北陸新幹線「はくたか(白鷹)」至上越妙高駅，轉乘特急「しらゆき　(白雪)」	新潟駅	約3小時10分	¥10,480
	加賀溫泉駅	JR北陸本線／特急「しらさぎ(白鷺)」	福井駅	約34分／22分	¥590／¥1,880
		搭乘JR特急「しらさぎ(白鷺)」／「サンダーバード」(雷鳥號)	敦賀駅	約1小時13分	¥3,250
		搭乘JR特急「しらさぎ(白鷺)」約2小時13分，抵達岐阜駅後，轉特急「ひだ(飛驒)」約1小時20分可達	下呂駅	共約3小時40分	¥9,630
富山	富山駅	JR特急「ひだ(飛驒)」	高山	約1小時30分	¥3,420
		JR特急「ひだ(飛驒)」	下呂	約2小時30分	¥5,030
		搭北陸新幹線「はくたか(白鷹)」至金沢駅，轉乘特急「サンダーバード(雷鳥)」可達	福井市	約1小時30分	¥5,570
		搭北陸新幹線「はくたか(白鷹)」至上越妙高駅，轉乘越後心跳鐵道妙高躍馬線	妙高高原駅	約1.5小時	¥5,820
		也可搭乘北陸新幹線「かがやき(光輝)、はくたか」至長野駅，轉乘信濃鐵道北信濃線		約2.5小時	¥8,090
		搭北陸新幹線「はくたか(白鷹)」至高崎駅，轉乘上越新幹線「とき(朱鷺)」	越後湯沢駅	2小時15分	¥14,390
		搭北陸新幹線「はくたか(白鷹)」至上越妙高駅，轉乘JR特急「しらさぎ(白鷺)」	新潟駅	2小時45分	¥9,490
岐阜	高山駅	搭乘JR特急「ひだ(飛驒)」約2小時至岐阜，再轉搭JR特急「しらさぎ(白鷺)」，約1小時50分即達	福井市	約4小時25分	¥9,950
		搭乘JR特急「ひだ(飛驒)」約2小時至岐阜，再轉搭JR特急「しらさぎ(白鷺)」，約1小時15分即達	敦賀	約3小時50分	¥8,630
	下呂駅	搭乘JR「ひだ(飛驒)」約1小時20分至岐阜，再轉搭JR特急「しらさぎ(白鷺)」，約1小時50分即達	福井市	約3小時40分	¥8,630
		搭乘JR「ひだ(飛驒)」約1小時20分至岐阜，再轉搭JR特急「しらさぎ(白鷺)」，約1小時15分即達	敦賀	約3小時	¥6,870
福井	福井駅	搭乘JR特急「サンダーバード(雷鳥)」，約2小時即達(一天僅1班雷鳥號直達)	和倉溫泉	約2小時	¥5,500
	敦賀駅	搭乘JR特急「サンダーバード(雷鳥)」，約2.5小時即達(一天僅1班雷鳥號直達)	和倉溫泉	約2小時30分	¥6,610

➔利用巴士

目的地	主要出發地	交通方式	車程	車資	預約
白川鄉	名古屋	名鐵BT搭乘岐阜巴士	2小時45分	¥3,000	◎
	高山	高山濃飛BT搭乘北鐵巴士／濃飛巴士	55分	¥2,600	
	金沢	金沢駅東口搭乘北鐵巴士／濃飛巴士	2小時15分	¥2,600	◎
	五箇山	搭世界遺產巴士從菅沼出發	約40分	¥860	
	富山市	在富山站前搭乘濃飛巴士	約1小時30分	¥2,400	◎
	高岡	在高岡站前搭乘濃飛巴士	約2小時15分	¥2,200	◎
五箇山	名古屋	名古屋駅前搭乘Kitokito Liner「名古屋～高岡線」至五箇山IC	約1小時30分	¥3,500~¥4,500	◎
	高山	高山濃飛BT搭乘北鐵巴士／濃飛巴士到白川鄉，再轉搭加能越巴士(世界遺產巴士)	約1小時20可達菅沼、1小時35分可至相倉	至菅沼¥3,470、至相倉¥3,900	◎
	金沢	金沢駅東口搭乘北鐵巴士／濃飛巴士到白川鄉，轉搭世界遺產巴士前往	約4小時45分可達菅沼、3小時可至相倉	至菅沼¥3,470、至相倉¥3,900	◎
	富山	搭愛之風富山鐵道至高岡，轉乘世界遺產巴士	約50分達相倉、1小時10分達菅沼	至相倉¥1,260、至菅沼¥1,690	
	白川鄉	搭世界遺產巴士	30分至菅沼、45分達相倉	至菅沼¥860、至相倉¥1,300	
高山	金沢	金沢駅東口搭乘北鐵巴士／濃飛巴士可達高山濃飛BT	2小時15分	¥4,000	◎
	名古屋	從名古屋駅太閤通口搭乘濃飛巴士，於高山濃飛BC下車，徒步5分可達	2小時40分	¥3,100	◎
金沢駅前(東口)	名古屋	名鐵BT搭乘北陸鉄道特急バス	約3.5小時	¥3,600~¥5,500	◎
	富山駅前	北陸鉄道特急バス富山線	約1小時	¥1,200	
富山	名古屋	富山地方鉄道名古屋～富山線	約3小時40分	¥3,300~¥5,800	◎
福井市	白川鄉	搭乘北鐵巴士／濃飛巴士，約2小時15分可達金沢駅東口，轉搭JR特急「サンダーバード(雷鳥)／白鷺號，約50分即達	約3小時	¥5,670	◎
	名古屋駅	名鐵巴士-名古屋～福井線	約2時50分	¥3,300	
新潟駅	金沢	金沢駅東口搭乘北陸鉄道特急バス新潟線	約4小時37分／1日2班	¥5,000	◎
	富山駅	富山駅前1號站牌搭乘新潟線巴士(富山地方鉄道、新潟交通)	約3小時45分／1日2~4班	¥4,300	◎

日本美妝
健康小物攻略

經典商品搶先關注！

日本大大小小的藥妝店實在太好逛，
推陳出新的新商品
更是令人眼花撩亂，
不過有幾樣口碑持續發燒的美妝及
健康小物可千萬別錯過，
鎖定後快速下手準沒錯！

＊商品價格皆為含稅價

ロイヒ膏TMロキソプロフェン
ロイヒ膏TMロキソプロフェン 大判

ROIHI－KOTM LOXOPROFEN 第2類医薬品
ROIHI－KOTM LOXOPROFEN Large

ニチバン株式会社

¥1,078 / 7片
¥1,738 / 大尺寸7片

受到大家熱烈支持的「ROIHI-TSUBOKOTM」系列產品推出了「ROIHI - KOTM LOXOPROFEN」貼布！
使用消炎止痛成分氯索洛芬鈉的溫熱型舒適貼布。立即緩解肩膀酸痛、腰痛等，功效直達疼痛深處且持續24小時，1天1貼即可。舒適無味，辦公或外出時皆可使用。貼布不易皺摺，大尺寸亦可貼於腰部。
請認明印有「ROIHI-TSUBOKOTM」的「ROIHI博士」的紫色包裝外盒！

TM: trademark

ピップエレキバン MAX200　24粒

蓓福磁力貼 管理医療機器
MAX200 24顆

ピップ株式会社

¥1,580 / 24顆

蓓福磁力貼是一款貼在身體痠痛部位的小型圓形磁力治療貼布。
磁力會在貼上的瞬間開始對體內成分發揮功效，改善血液循環。透過排出體內「廢物」，緩解僵硬痠痛的不適症狀。
貼布使用具伸縮性的不織布材料，無異味、不致敏、不刺激肌膚、不寒不燥，建議持續貼著約2至5天。
如果時常感到僵硬痠痛，推薦使用磁通密度200mT的MAX200。

救心カプセルF

救心膠囊 F 第2類医薬品

救心製薬株式会社

¥1,650 / 10顆
¥4,510 / 30顆

「救心膠囊F」是由天然生藥製成，可有效舒緩心臟泵血功能減弱造成的「心悸」、血液循環不暢因而無法帶給全身充足氧氣所導致的「呼吸困難」，以及眩暈、站起來時發暈、注意力無法集中、「意識模糊」等症狀。救心膠囊F為小型膠囊，不僅方便服用，也可以迅速吸收藥效成分。製造工廠使用最新設備，並擁有嚴格品質管理規範。

ハミケア　グレープ風味

Hamikea Grape Flavor

丹平製薬株式会社
¥648 / 25g

本產品可幫助小朋友開始長牙後，在刷牙後或睡覺前，隨時隨地做好口腔防護。

噴霧型液狀食品的產品特色讓小小孩也可安心使用，只要在口中輕輕一噴即可，不需漱口；有小朋友喜歡的水果口味，還有草莓及水蜜桃口味。

木糖醇的天然甜味會導致蛀牙，本產品中不含此種糖類。

龍角散ダイレクト®スティック ミント・ピーチ

龍角散®清喉直爽顆粒 第3類医薬品

株式会社龍角散
顆粒型：
¥770 / 16包
口含錠型：
¥660 / 20錠

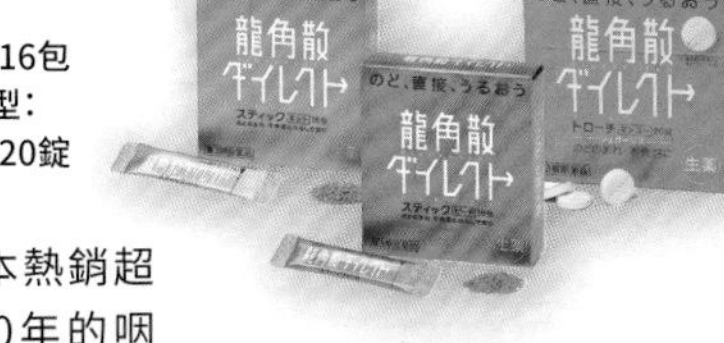

在日本熱銷超過200年的咽喉藥「龍角散」經過改良，設計成可直接服用的條狀包裝。

有薄荷與水蜜桃口味的顆粒製劑，在口中會如薄雪般迅速融化。同系列產品中也有口含錠型，為芒果加薄荷的香醇清涼口味。

本產品可改善因咳痰、咳嗽、喉嚨發炎引起的聲音沙啞、喉嚨痛及喉嚨不適等症狀。

無需配水服用，細微粉末的生藥成分，直接作用於咽喉黏膜，發揮效果。

正露丸シリーズ

正露丸系列

大幸薬品株式会社
正露丸：¥1,100 / 100顆
正露丸糖衣錠A：
¥990 / 36錠
正露丸Quick C：
¥1,100 / 16顆

"無味"
白錠正露丸、
好吞服！

日本限定！
軟膠囊型正露丸
吸收快又有效

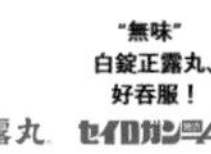

「正露丸」是擁有120年歷史、出外旅行等時都會準備一瓶的居家常備藥，在日本緩解腹瀉的藥品中不僅是市占率第一，針對「軟便」、「拉肚子」、「因食物或飲水引起的腹瀉」等症狀更是立刻見效。

「正露丸」系列除了「正露丸」以外，還有以糖衣覆蓋藥品氣味的「正露丸糖衣錠A」，以及「只有在日本才買得到」的膠囊型正露丸「正露丸Quick C」。來日本旅遊時，歡迎至藥妝店選購！

エキバンA

EKIBAN A 第3類医薬品

タイヘイ薬品株式会社
¥968

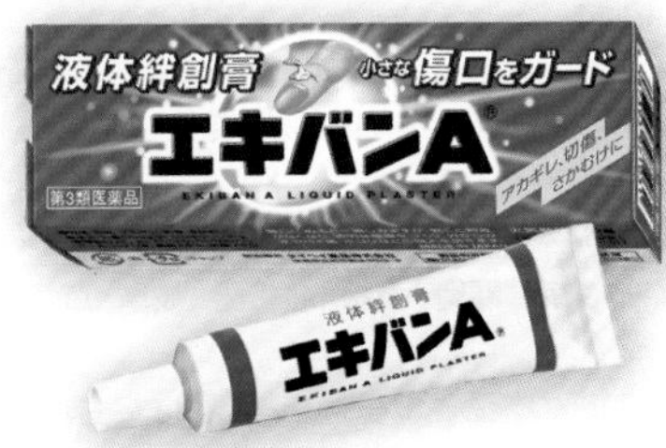

與傳統OK繃不同，既不引人注目也不會有壓迫感，液體OK繃能不受阻礙地自由活動。將傷口清理好後適量塗上即可，全面阻隔細菌並保護傷口。塗上的瞬間雖會感到一點刺刺的，卻非常便利。具有防水效果，就算被水弄濕了也不用擔心。

鐵道交通

要在中部北陸廣大的區域移動，最快速最方便的，莫過於鐵道了。雖然中部北陸多山區，鐵路交通比較沒那麼發達，有一些景點之間甚至只能夠靠巴士移動，但若是要穿梭在各大城市間，仍以搭乘JR特急列車最為快速。只是要注意主要景點站與站的距離也都不短，所以在出發前最好先熟悉車班時間，以免在車站浪費時間。

中部北陸因幅員廣大，JR東海、JR西日本、JR東日本都有提供鐵道服務，以下介紹常用鐵道系統：

➔JR東海

中部地區的鐵路即為JR東海的營業範圍，在中部最常利用的就是東海道新幹線、東海道本線、中央本線、高山本線、關西本線、參宮線。

◎JR東海道本線

主要車站：東京、靜岡、濱松、名古屋、岐阜、京都、大阪、神戶

JR東海道本線主要串聯東京經靜岡、名古屋，直到大阪，並延伸至神戶。這條長達713公里的路線，分成三段，分別由JR東日本、JR東海、JR西日本三家公司營運，JR東海營運段為熱海至米原段。

◎高山本線

主要車站：名古屋、岐阜、下呂、高山、飛驒古川、富山

連接名古屋到富山間的高山本線，因沿途秀麗的景色，保存良好的傳統城鎮，自開通之後始終人氣不斷。原本因交通不便，使得遊客往來不易的下呂溫泉、奧飛驒溫泉，也托了鐵路的福而重受矚目，來自各地的遊客，紛紛前往這些仍保有古樸原味的溫泉鄉，體驗純天然的祕境溫泉。

➔JR西日本

◎JR北陸本線

主要車站：米原、敦賀、福井、加賀溫泉、金沢

起站是滋賀縣的米原駅，在北陸新幹線營運之前，原來的北陸本線貫穿北陸地區一直連到新潟縣的直江津駅為止。配合北陸新幹線通車，北陸本線的某些重疊路段便脫離JR西日本的經營，2015年起改由地方成立鐵道公司營運。

➔JR東日本

北陸地方會利用到的JR東日本路線，多為連接新潟縣境內的鐵道。

◎信越本線

主要車站：高崎、長野、直江津、新潟

信越本線是從群馬縣的高崎出發，經過長野縣境內連接新潟的路線，中間部分段落為地方鐵道經營，旅客大多較常利用行駛於此條路線上的特急列車。

◎上越線

主要車站：高崎、越後湯沢、長岡

上越線是新潟縣內的重要線路，連接群馬的高崎與新潟的第二大城長岡，途中會經過越後湯沢，這條線路基本上與上越新幹線平行，可以利用此條線路轉搭地方鐵道，延伸到十日町一帶。

◎越後線

主要車站：柏崎、吉田、新潟

越後線是串聯新潟與柏崎之間的路線，此條線路開往日本海沿岸的鄉鎮，要前往越後一宮的弥彦神社的話，也可利用此條路線轉車前往。

➔JR特急列車

◎飛驒號

ひだ

行駛於高山本線的JR飛驒號由JR東海與JR西日本共同營運，車內有大片觀景窗，座椅寬敞舒適，還細心的調高了一些，讓旅客可以盡情欣賞窗外景色。車子沿著飛驒山脈行走，偶而行經觀光景點處，車掌先生還不忘拿起麥克風解說一番。搭上飛驒號，以最快的速度移動於高山本線上的各大景點，在最短的時間內品味最多的景致。

◎雷鳥號

サンダーバード

連接大阪與北陸各區域，串聯東海道本線、湖西線、北陸本線、七尾線，是從關西到北陸最常被利用的特急列車之一。雷鳥號沿途停靠各縣大城與度假勝地，特別是綠色車箱(Green車)的坐位採2·1分配，使車內空間寬闊，渡假氣份更濃厚。

◎白鷺號

しらさぎ

從名古屋經過米原，再直入北陸各大城市，串起中部北陸的交通。列車名稱以加賀溫泉的山中溫泉的白鷺傳說而來，運行在東海道本線、北陸本線上，沿途行經芦原温泉與加賀溫泉，是將北陸知名的溫泉鄉串聯起來的鐵道。由JR東海與JR西日本共同營運。

◎白雪號

しらゆき

由JR東日本配合北陸新幹線開通而運行，方便上越地方的乘客接駁北陸新幹線，行駛於新潟至上越妙高、新井之間，連結北陸新幹線與上越新幹線，沿線可以欣賞到日本海與有「越後富士」美稱的妙高山等景色。

➔新幹線

中部北陸地區可利用東海道新幹線、北陸新幹線以及上越新幹線。

◎JR東海新幹線

主要車站：東京、靜岡、濱松、名古屋、京都、新大阪

日本第一條新幹線就是東海道新幹線。這條連結東京與新大阪間的新幹線，行經名古屋，等於是一條串聯日本三大城的新幹線。目前這條路線由JR東海公司營運。

◎北陸新幹線

主要車站：高崎、軽井沢、長野、飯山、上越妙高、黒部宇奈月温泉、富山、新高岡、金沢

北陸新幹線於2015年開通，由JR東日本、JR西日本共同營運，採用E7系·W7系電車，最高時速可達260km。北陸新幹線連接東京至北陸，從東京直通金沢只要3小時，通車後造訪北陸人潮增加了！在2022年通車後，會從金沢連接至福井、敦賀，未來也將連接至大阪。

◎上越新幹線

主要車站：東京、上野、大宮、高崎、上毛高原、越後湯沢、長岡、新潟

於1982年開始運行的上越新幹線，為連接本州地區太平洋沿岸與日本海沿岸的新幹線，從東京出發，行經埼玉大宮、群馬高崎，運駛越後山脈、三國山脈等抵達稻米之鄉新潟。

➔JR車票種類

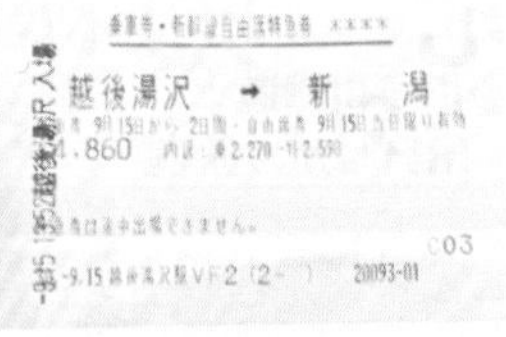
越後湯沢 → 新　潟
1,860

搭乘所有列車都必須要有乘車券，它是所有票券組合的最基本，依列車種類不同再加上各種指定券，根據車種、速度、使用情形的不同，兩者組合成「車票」。通常乘車券在當天內都有效，特急券或急行券則只針對某一班車，錯過即失效。指定券種類如下：

◎特急券：搭乘新幹線、特急列車，在乘車券外，還得加上特急券，它的價格和車種、距離有關。

◎急行券：由於追求速度之故，日本的急行列車己經越來越來少了，搭乘這種列車，除了基本費外要多付急行費，費用和距離有關。

◎頭等券：日本火車的頭等座位就是綠色車廂的座位(Green Car)，需加頭等券費用，一樣由距離遠近定價。

◎指定席券：如果要確定座位，或者列車要求乘坐需對號入座，那麼就得購買指定券以取得指定座位。與指定席相對的就是自由席，不事先劃位，但不能保證有座位。

◎入場券：如果只是進入月台不搭乘任何列車，可以憑入場券進出車站，入場券的費用依各JR公司的規定而不同，¥120～¥170左右。

◎車票的發售日

車票分為乘車券和指定券，指定券指的是特急券、綠色車廂券、寢台券和指定席券，在乘車前一個月的當天上午10點起開始販賣。想要搭乘熱門搶手的觀光列車，最好還是事前取指定券比較保險。

其他鐵路

富山地方鐵道

富山縣富山市內除了JR之外，還有暱稱地鐵的「富山地方鐵道」運行。像是遊客必訪的黑部峽谷、立山阿爾卑斯之路等，都必需搭乘富山地方鐵道前往。

網址：www.chitetsu.co.jp

越前鐵道

在福井縣內的越前鐵道也有到達芦原溫泉、三国湊、永平寺、恐龍博物館等地，比起長程巴士或是只停靠大站的JR來說更加便於觀光，不妨多加利用。

價格：福井～あわら湯のまち¥680、福井～三国¥730

網址：www.echizen-tetudo.co.jp

IR石川鐵道 IRいしかわ鉄道

接手原北路本線鐵道，運行於金澤~俱利伽羅站之間的路線，全站雖然只有五個車站，但因為會與JR西日本、愛之風富山鐵道直通運轉，可以不用途中下車就前往七尾、富山，也是串聯北陸觀光地的重要路線。

網址：www.ishikawa-railway.jp

愛之風富山鐵道 あいの風とやま鉄道

配合2015年北陸新幹線的開通，原本的JR北陸本線有了一些經營上的更動，富山縣境內部分由あいの風とやま鉄道株式会社(愛之風富山鐵道)承接。連結富山~高岡、富山~泊，還可向西延伸至金澤、往東銜接新潟的系魚川。

價格：富山~高岡¥390　**網址**：ainokaze.co.jp

越後心跳鐵道 えちごトキめき鉄道

分為日本海翡翠線(日本海ひすいライン)、妙高躍馬線(妙高はねうまライン)兩條線路，串聯妙高高原~直江津~市振之間，可以利用此條鐵道深入上越妙高一帶，另外還有觀光列車「雪月花號」。

網址：www.echigo-tokimeki.co.jp

北越急行北北線 北越急行ほくほく線

運行在新潟六日町~犀潟之間，可以從越後湯沢搭乘直通運轉的列車，直接抵達十日町，是串聯越後湯沢與十日町一帶的重要鐵道。

網址：www.hokuhoku.co.jp

巴士

由於鐵路能聯接的景點有限，而特急列車花費又較高，所以部分地區很適合搭乘巴士前往。以下介紹主要巴士公司。

名鐵巴士

名鐵巴士中心(名鉄バスセンター)，位於名鐵名古屋站，名鐵巴士總站大廈內，是從名古屋出發往中部北陸地區旅遊的重要交通方式，有多條路線直達各大城市與旅遊景點。

網站：www.meitetsu-bus.co.jp

北鐵巴士

與名鉄巴士、西日本JR巴士、JR東海巴士聯合營運長途巴士(需預約)。從名古屋前往金沢、富山、福井等地，或是金沢與大阪、加賀、五箇山、白川鄉、高山等地也可選擇北鐵巴士。從金沢也可搭乘北鐵巴士前往小松機場、能登、輪島、加賀溫泉、白山等地。(縣內路線不需預約)

網站：www.hokutetsu.co.jp/highway-bus

濃飛巴士

以飛驒高山為中心，營運高速巴士及公車，連接關西、中部北陸、東京等各大城市與景點，從金沢、富山要前往白川鄉、高山旅遊，可選擇濃飛巴士。(需預約)

網站：www.nouhibus.co.jp

小松市巴士

行駛於小松市的巴士，若是飛小松機場，可搭乘小松巴士空港聯絡線到JR小松駅，再轉乘鐵路到其他城市。

加越能巴士

從金沢、名古屋、東京要前往高岡、氷見、城端，或是在高岡一帶的旅遊，利用加越能巴士都相當便利。

◎世界遺產巴士

為了遊覽世界遺產合掌屋而運行的巴士，從高岡、城端出發，前往五箇山(菅沼、上梨、相倉) 約1小時，至白川鄉約2小時。不需預約。

網站：www.kaetsunou.co.jp/

優惠票券

◎昇龍道巴士周遊券

由各大巴士公司共同推出的外國遊客專屬巴士套票，必須先上網預定，在台灣也可在特約旅行社購得，再憑電子憑證至當地換車券。使用此券可以往來名古屋、白川鄉、高山、金沢等地，加上有市區至機場的巴士券，利用此券來規劃交通，十分划算。升龍道巴士周遊券有3種，其中以中部為主要區域的有《高山・白川鄉・金澤路線》3日、及幾乎涵蓋整個中部北陸的《廣域路線》5日 。

哪裡買：可在國內特約旅行社或JTB台灣網站購買，詳洽名鐵觀光服務株式會社

期限：全年發行，分為連續3日(2種)、5日(1種)

票價：3日￥11,000；5日￥15,000

網站：www.mwt.co.jp/shoryudo/

使用路線範圍：詳見網站說明

備註：可於網站購買，且預約各大巴士需憑電子憑證免費取票

◎五箇山・白川郷フリーきっぷ

利用加越能巴士的世界遺產巴士時，可以考慮購買此款票券，可在2日內自由乘車，串聯五箇山與白川鄉。

哪裡買：至加越能巴士中心高岡駅大樓「Curun高岡」1樓購買

票價：高岡→五箇山、白川鄉單程通行券￥2,000；五箇山通行券￥2,500；五箇山、白川鄉通行券￥3,500

網站：www.kaetsunou.co.jp

JR周遊券

除了購買一般車票外，使用周遊券可擁有更大的彈性，也可省下大筆的交通費。

誰能買：短期停留、持觀光簽證的人須持護照才能購買

哪裡買：①在國外的指定旅行社及機構購買、②日本販售車站的綠色窗口(みどりの窓口)、③可購買周遊券的售票機操作購買、④日本官網上購買

備註：通常在海外旅行社先買會比較便宜，因此若有確定行程，建議先在台灣購買，同種票券一人一次限買一張

◎北陸地區鐵路周遊券

由JR西日本發行的北陸優惠交通券，可在期間內無限次數搭乘北陸新幹線及其他支線的特急列車(自由席)、普通列車、IR石川鐵道、愛之風富山鐵道及能登鐵道，玩遍北陸各大城市。

期限：連續使用4日

票價：大人￥5,090，小孩￥2,540 (於日本購買價：大人￥5,500，小孩￥2,750)

使用路線：北陸新幹線：金沢～黑部宇奈月溫泉(自由席)、北陸本線：敦賀～金沢、小浜線：小浜～敦賀、高山本線：富山～猪谷、IR石川鐵道：金沢～津幡(中途無法下車)、愛之風富山鐵道：富山～高岡(中途無法下車)、越美北線・七尾線・氷見線・城端線全線

網址：www.westjr.co.jp/global/tc/ticket/pass/hokuriku/

◎高山・北陸地區周遊券

適用區域廣大，包括整個高山、北陸及部分關西與中部地區，很適合從關西機場進出的人，期間內可無限次使用

購買各式JR周遊券先看這裡

中部北陸因為範圍廣大，依照目的地範圍適用不同的周遊券，一張一張尋找的話未免太麻煩，建議可以參考JR東日本創造旅遊官網，作為JR東日本集團旗下一員，他們販售所有地區的JR周遊券，只要依照想去的地區搜尋，就可以找到適用的鐵路周遊券，不管是哪家公司發行的周遊券都可一次找齊，而且會詳細列出各張票券該注意的事項，讓選擇票券更加方便。

02-2506-2566 www.ctt.tw

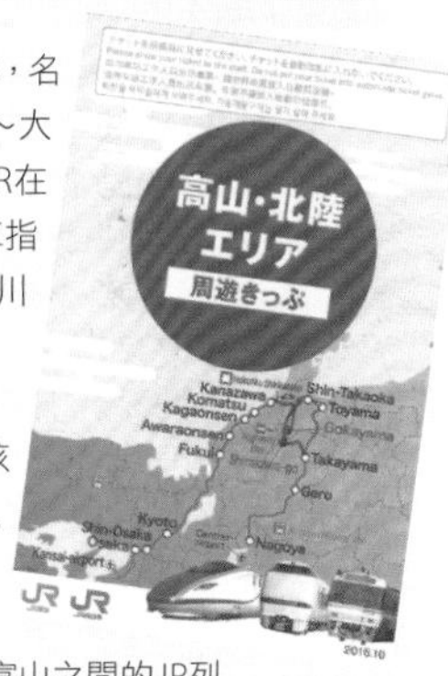

金沢～富山間的北陸新幹線，名古屋～富山之間、關西機場～大阪市內～京都～金沢之間的JR在來線，還可搭乘JR特急普通車指定席4次；也可搭乘高山～白川鄉～金沢或富山間的巴士。

期限：全年發行，連續使用5日

票價：大人￥14,260，小孩￥7,130 (於日本購買價：大人￥15,280，小孩￥7,640)

使用路線：關西機場～大阪～京都～金沢、名古屋～高山～富山之間的JR列車，包含特急列車自由席(Haruka除外)，其中特急列車「飛驒號」、「白鷺號」、「雷鳥號」可合計使用普通車指定席4次，北陸新幹線富山～金沢駅區間自由席；高山～白川鄉～金沢、高山～富山線、白川鄉～新高岡的巴士(須事前預約)

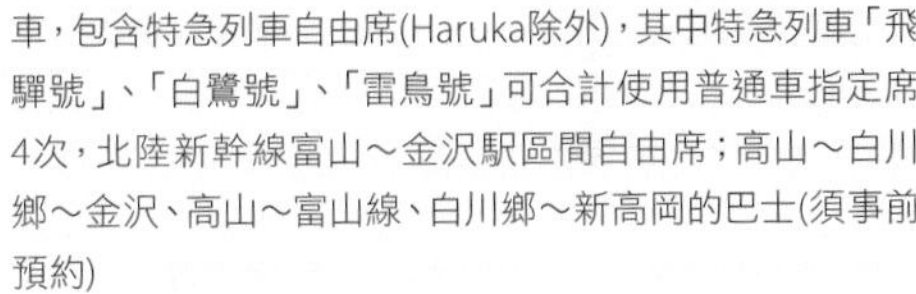

網址：touristpass.jp/zh-tw

備註：不可搭乘京都站～新大阪站區間的新幹線

NEW：2023年10月1日起，售價調整為大人￥19,800(海外價格)、使用普通車指定席增為6次。2023年9月30日前購買的話，12月29日前須在日本兌換、2024年1月29日前啟用。

◎立山黑部、高山、松本地區周遊券

可暢遊立山黑部阿爾卑斯路線區域，與下呂溫泉、高山老街、松本城等日本中部知名景點，期間可無限次搭乘名古屋～富山的JR列車，包含4次指定席，及立山黑部阿爾卑斯路線上8種交通工具，要注意旺季(4月~6月)人潮較多，行程規劃上建議安排較寬裕的時間。

期限：每年3/15~11/6發售，3/15~11/6兌換，4/15~11/10使用，連續使用5日

票價：於日本購買價：大人￥21,200，小孩￥10,600

使用路線：名古屋～富山間、信濃大町～松本～名古屋間的JR列車自由乘降，包含特急列車自由席，並可合計使用指定席4次，以及立山黑部阿爾卑斯路線內(富山～信濃大町)之間的各項交通方式

網址：touristpass.jp/zh-tw

◎北陸拱型鐵路周遊券

這張票券起自東京連接北陸地區，延伸至大阪關西，可搭乘成田、羽田機場到東京都內的JR線、北陸新幹線東京～金沢、金沢～京都～大阪全線列車指定席、京阪神地區JR線(大阪・京都・神戶・奈良)，及大阪～關西機場的特急列車HARUKA自由席，適合從關東、關西不同點進出的人，還可以優惠價格加購前往立山黑部的單程車票。

期限：全年發行，連續使用7日

票價：大人￥24,500，小孩￥12,250 (於日本購買價：大人￥25,500，小孩￥12,750)

使用路線：關西機場～關西地區的特急及新幹線指定席(HARUKA為自由席)，關西地區JR線，大阪～北陸地區特急列車指定席、北陸地區的越美北線、七尾線、氷見線、城端線、高山本線(富山～猪谷)、大糸線(糸魚川～南小谷)，IR石川鐵道(金沢～津幡)、愛之風富山鐵道(高岡～富山)、能登鉄道，金沢～東京間的北陸新幹線、東京都內JR線、單軌電車(浜松町～羽田機場)，成田機場～東京站的成田特快列車

網址：www.westjr.co.jp/global/tc/ticket/hokuriku-arch-pass/

備註：不可搭乘東京站～新大阪站區間的新幹線

◎JR東日本鐵路周遊券(長野、新潟地區)

適用於長野以及新潟地方周遊券，可搭乘JR東日本線全線列車，包括新幹線在內的特急列車、快速列車和普通列車，更可免費搭乘區間內的JR巴士，是暢遊大關東地區最划算的票券。

期限：全年發行，連續使用5日

票價：大人￥27,000，小孩￥13,500 **使用路線**：JR東日本全線列車，含新幹線、特急列車，靜岡地區的伊豆急行線、新潟地區的北越急行線、越後心跳鐵道(直江津～新井)，東京單軌電車(浜松町～羽田機場) ，JR東日本線與東武鐵道線直通運轉的特急「日光號」、「鬼怒川號」、「SPACIA 鬼怒川號」指定席，亦可搭乘東武鐵道線下今市～東武日光以及東武鐵道線下今市～鬼怒川溫泉間的普通及快速列車。

網址：www.jreast.co.jp/multi/zh-CHT/pass/eastpass_n.html

備註：可搭乘區域內JR巴士(不包含高速巴士及部分路線)

◎關西&北陸地區鐵路周遊券

此張票券主要為關西廣域地區，再加上北陸地區的周遊券，範圍非常的廣，可搭至天橋立、城崎溫泉、鳥取，最遠甚至可搭到岡山倉敷與總社，幾乎包含了所有的關西地區，並延伸至北陸地區的金沢、富山，到達能登半島，也可搭乘區域內的西日本JR巴士。

期限：全年發行，連續使用7日

票價：大人￥17,000，小孩￥8,500 (於日本購買價：大人￥18,500，小孩￥9,250)

使用路線：山陽新幹線(新大阪～岡山)及北陸新幹線(金沢～上越妙高)的指定席，特急列車HARUKA、雷鳥號、黑潮號、東方白鸛號、超級白兔號(京都～上郡區間)等指定席；京都丹後鐵道，和歌山電鐵；北陸地區的越美北線、七尾線、氷見線、城端線、高山本線(富山～猪谷)、大糸線(糸魚川～南小谷)，IR石川鐵道(金沢～津幡，中途不可下車)、愛之風富山鐵道(高岡～富山，中途不可下車)、能登鉄道，西日本JR巴士(不適用高速巴士)

網址：www.westjr.co.jp/global/tc/ticket/pass/kansai_hokuriku/

JR周遊券改版大進化囉

因應疫情期間減少人員接觸等因素，JR周遊券從以往的折式證明卡，須每次給站務人員檢查後進站的方式，也改成是一張車票的形式，直接插入票夾就能進站。購買方式也更進化，不論在台灣先買，在網路購買，或是也能到日本後直接找可以購票的指定機台，刷護照就能直接購買JR PASS，不用再到服務中心大排長龍。使用方式及購買方式請上【MOOK玩什麼：如何購買JR PASS｜2023新規定】YouTube頻道，教你輕鬆完成購票。

網站：立即掃描QR Code

本集JR PASS攻略重點
● JR PASS購票方式
● 認識JR列車
NEW 近年新注意事項

點此訂閱

超簡單！如何購買JR PASS｜2023新規定｜JR自動售票機操作教學｜不怕搭錯車&行李注意事項｜日本‧東京‧關西‧京阪神自由行交通攻略

◎**北陸観光**フリーきっぷ

這是從東海地區(名古屋、靜岡等地)出發至北陸地區旅行時最適合的票券。利用此票券必須各搭乘特急「飛驒號」與特急「白鷺號」一次，無法以同一種特急列車來回，途中搭乘飛驒號時可在下呂、高山、飛驒古川途中下車，再上車時仍可使用普通車指定席，從名古屋出發到富山的人可多加利用。

期限：全年發行，連續使用4日。以下日期無法使用：4/27~5/6、8/10~19、12/28~1/6，務必避開

票價：名古屋出發￥16,230，濱松出發￥18,330，静岡出發￥19,360

使用路線：包含名古屋、浜松、静岡至「特急飛驒號」、「特急白鷺號」運行區間的新幹線普通車指定席(のぞみ號不可使用)，與「特急飛驒號」、「特急白鷺號」各一趟單程指定席車票(無法同一輛列車來回)，還有黑部～和倉溫泉～福井區間4天自由乘降(包含特急列車自由席)，以及北陸新幹線黑部宇奈月温泉駅～金沢駅區間自由席

網址：railway.jr-central.co.jp/tickets/hokuriku-free2/index.html

◎**飛騨路**フリーきっぷ

從名古屋要到飛驒各地區旅行，如果有同伴的話，4個人同行的折扣最高。這張票有2種配套，內容有名古屋到飛驒地區的特急「ひだ」号來回車票(普通車指定席)、自由區列車3天自由席乘降票券，以及價值￥6,000的計程車票券(或是高山車站至新穗高溫泉的各巴士站3天期限內乘降自由，也可選擇往返白川鄉線的非預約制巴士，兩者擇一)，可依想去的旅遊景點做選擇；欲至奥飛驒溫泉鄉者可以選擇巴士方案。

期限：全年發行，連續使用3日。以下日期無法使用：4/27～5/6、8/10～19、12/28～1/6

價格：

名古屋出發計程車方案：名古屋到飛驒地區的來回車票、自由區3天自由乘降票券以及￥6,000的計程車票券：1人￥12,120、2人￥18,400、3人￥23,640、4人￥26,790

名古屋出發濃飛巴士方案：名古屋到飛驒地區的來回車票、自由區3天自由乘降票券以及在高山至新穗高溫泉3天巴士乘降自由(或是往白川鄉往返巴士券，2擇1)：1人￥12,370、2人￥18,660、3人￥24,950、4人￥31,240

使用路線：出發地至飛驒地區的JR特急來回車票，與飛驒金山~飛驒古川3日JR自由乘降

網址：railway.jr-central.co.jp/tickets/hida/index.html

備註：1~4人皆可購票。使用多人票券全程需要同進同出，一起行動

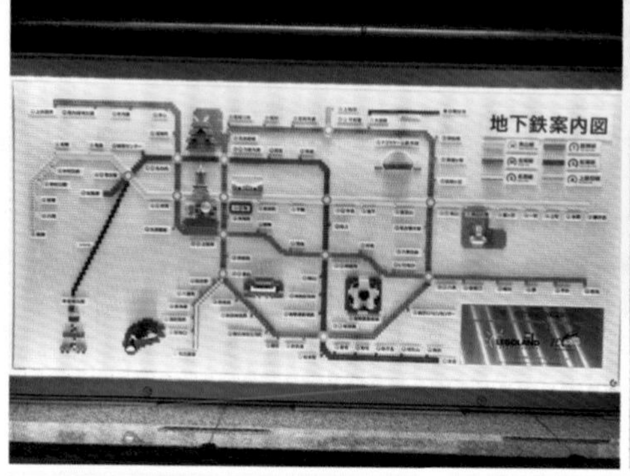

名古屋市區交通實戰

名古屋市內的地下鐵、名鐵、各私鐵路線及巴士路線雖然交織成繁密的交通網，但並不複雜，搭乘轉乘都十分方便，加上景點十分集中，不需要花費太多時間在移動過程中。不過要怎麼樣才能走得順暢、玩得划算呢？在這裡就把票價、車票等交通資訊一次公開，配合自己的行程規劃，簡簡單單就能找出最適合自己的票券及最便利的轉乘方式！

➔地下鐵

名古屋市是僅次於東京大阪的日本第三大城，四通八達的鐵路交通一直是旅人們移動的好方法。在名古屋市內移動，當然就是以完善的地下鐵交通為主。交通十分發達，為東山、鶴舞、名城、櫻通、名港、上飯田等線，與其它私鐵和JR相構而成，形成密佈的交通網，是在名古屋旅行時省時又省錢的移動方式。地鐵搭乘依距離計費，地鐵一日券¥760。

運行時間：5:30~隔天0:07，約2~10分鐘一班

電話：052-522-0111(8:00~19:00)

網址：www.kotsu.city.nagoya.jp

◎東山線

東山線是名古屋市內第一條開通的地下鐵，穿過名古屋中心連接東西，是名古屋地下鐵中使用者最多的一條線。在終點站藤が丘則連接萬博的磁浮鐵路リニモ；由於在萬博期間肩負載運外國乘客的重責，現在在東山線車廂內仍可於名古屋與藤が丘兩站聽見英文、中文、韓文等車內廣播。除了在名古屋轉車外，可在八田轉乘JR關西本線與近鐵名古屋線。

區間：高畑駅～藤が丘駅

記號：H

代表色：黃色

重要車站：八田、名古屋、伏見、栄町、覚王山、藤が丘

◎名城線

名城線是日本第一條地下鐵環狀線，串起了名古屋市內金山、名古屋大學、大曾根。車子運行方向不同於東京大阪的「外回、內回」，而是以「右回、左回」來表示，讓人只要看看地鐵圖就知道右回與左回的差異，十分好懂。一部份車行至金山駅後會與名港線直通運行，搭乘時要注意目的地。

區間：以金山駅為起迄的環狀線

記號：M

代表色：紫色

重要車站：金山、上前津、栄、名城公園、大曾根

◎鶴舞線

鶴舞線與名鐵犬山線、名鐵豊田線·三河線直通運行，列車經過上小田井後可直達犬山，而從赤池則可直達豊田，連接了名古屋市中心與近郊的交通，由於沿線學校不少，故也是許多學生通勤的路線。

區間：上小田井駅～赤池駅

記號：T

代表色：藍色

重要車站：上小田井、伏見、上前津、鶴舞、赤池

◎名港線

名港線是連接名古屋市區南邊轉運大站金山與名古屋港的路線，也是地下鐵唯一通往港濱的路線。全線只有7站，但與名城線直通運行，可一路搭至大曾根。

區間：金山駅～名古屋港駅

記號：E

代表色：紫色白線

重要車站：金山、名古屋港

◎櫻通線

為了疏緩東山線而建的櫻通線於1989年開通中村区役所駅～今池駅一段，成功 分攤了東山線的人潮，全線經過不同階段的擴張，於2011年完成現況，延伸至徳重駅。櫻通線與其它路線比起來更深入地底，最深的車站為丸の內駅(24m)。

區間：中村区役所駅～徳重駅

記號：S

代表色：紅色

重要車站：名古屋、丸の內、久屋大通、新瑞橋

其它鐵路線

與地下鐵共織出名古屋便利交通網的，還有以下數條私鐵：

◎名古屋鐵道

被當地人暱稱為「名鐵」的名古屋鐵道，是愛知縣、岐阜縣中最大的私鐵公司，其鐵道路線密布此區，在日本中私鐵的規模僅次於近鐵、東武鐵道公司；除了鐵道之外，營業範圍更擴及巴士、百貨及飯店等。從名古屋市區要至中部國際機場，就只能搭乘名鐵的列車，其在中部的重要程度可見一斑。

電話：052-582-5151(8:00~19:00)

網址：www.meitetsu.co.jp

◎近畿日本鐵道

近畿日本鐵道又被簡稱為「近鐵」，是以關西為基地，橫跨延伸日本大阪、京都、三重、名古屋一帶的私鐵公司。在中部一帶，除了JR之外，就屬近鐵最為方便。他不只營運鐵道，也是近鐵巴士的主要巴士營運者。

運行時間：5:00~24:00

電話：052-561-1604

網址：www.kintetsu.co.jp

◎あおなみ線Aonami Line

原名為西名古屋港線的あおなみ線，補足了鐵道運輸較不發達的城市西部，連接名古屋市中心與港區，沿線則有名古屋競馬場、名古屋國際展示場等設施，而要到JR東海的磁浮鐵道館就得搭這條線。

運行時間：5:30~24:00

區間：名古屋駅~金城ふ頭駅

電話：052-383-0960(9:00~17:30)

網址：www.aonamiline.co.jp

◎磁浮列車リニモ

由愛知高速交通所經營的リニモ是日本第一條常設的磁浮列車，連接地下鐵東山線的藤が丘駅與豊田市的八草駅，原先是為了2005年愛知萬博而開設，現在則成為常設的鐵道，與地下鐵東山線、愛知環狀鐵道相接，負起東部丘陵區的交通重則大任。

運行時間：5:50~24:05

區間：藤が丘駅~八草駅

電話：0561-61-4781

網址：www.linimo.jp

◎ゆとりーとライン

全名為「名古屋ガイドウェイバス志段味線」的ゆとりーとライン，名稱的Guideway Bus指的即是運行在專用的高架軌道上的巴士，遠遠一看還真容易被誤認為電車，全日本只有在名古屋才能看到這番風景呢。巴士從大曽根出發後，行駛第9站即為小幡緑地駅，有的班車會銜接平面道路，直駛中志段味、高蔵寺等地。

運行時間：6:10~23:20

區間：大曽根駅 ~小幡緑地駅(高架段)

電話：052-719-0721(7:30~20:30)

網址：www.guideway.co.jp

市區巴士

在名古屋市內雖然地下鐵線路發達，一般的逛街購物的景點大多都在鐵道沿線上，不過由於市巴士連接市中心與近郊住宅區，如果住宿點旁就有巴士站也許搭巴士反而較為方便。名古屋市內的市巴市搭乘處在名古屋駅與榮兩處，搭乘市巴士單程一律￥210，也可購買巴士一日券￥620，地鐵+巴士一日券￥870。

◎觀光巴士メーグル

這是觀光客最常利用的觀光巴士，運行在名古屋市區的各大景點之中，平常日約每半小時到1小時一班車，假日約20分鐘就有一班車，而不定期會有隨車導遊上車為觀光客講解名古屋市內的各大景點與歷史，不妨多加利用。要注意的是巴士每週一運休，可別撲空了。

運行時間：週二~日，9:30～17:00名古屋駅前發車，平日每30分~1小時一班，週末及例假日20~30分一班

區間：名古屋駅東口(11號巴士月台)→豊田産業技術記念館→ノリタケの森西→四間道→名古屋城→名古屋城東→徳川園→文化のみち二葉館→市政資料館南→中部電力

MIRAI TOWER→広小路栄→広小路伏見→名古屋城→四間道→ノリタケの森→豊田産業技術記念館→名古屋駅(巴士總站)

地點:一日券可在車上購買

費用:單程￥210,一日券￥500。車上可使用manaca、名古屋市交通局發行的一日乘車券等

網址:www.nagoya-info.jp/routebus

◎深夜巴士

晚上如果玩太晚,搭不到最後一班地鐵的話,除了計程車外,也可以搭乘深夜巴士。從榮出發連接名古屋駅至地下鉄高畑、藤が丘等地,如果住宿點剛好在巴士沿線上,深夜晚回家也不怕。

區間:深夜1系統巴士:栄~藤が丘0:45、1:30從栄發車;深夜2系統巴士:栄~地下鉄高畑1:30發車

費用:單程￥420

網址:www.kotsu.city.nagoya.jp

備註:2023年8月截止,停運中,再開時間請上網查詢

➔計程車

◎一般計程車

日本的計程車十分發達,在各大車站出口都會看見排班計程車,而路邊隨招隨停的計程車也都按錶計費,不太會有繞遠路、超收的情況出現,可以放心乘坐。

名古屋小型計程車的起跳費為￥450,車行1.05公里後每235公尺跳錶￥80;22:00~翌5:00為深夜加乘,跳錶後的金額再加2成。而如果跳錶金額超過￥5,000則有少收一成的優惠。例如從榮搭程計程車至中部國際空港,約￥14,000左右。

◎觀光計程車

沒時間規劃路線,或是想要有人帶著你前往各大景點的話,那麼觀光計程車是不錯的選擇,網站內有許多路線可供選擇,短短的時間內就可以參觀眾多觀光勝地,但缺點就是價格較為昂貴,約4小時￥28,800~(4人共乘)。

公司:MK名古屋

電話:052-912-5757

網址:www.mk-group.co.jp/nagoya/sightseeing.html

➔票價

票價的部分,名古屋地下鐵依乘坐區間計費,可分為1~5區,大人的票價由￥210~330不等,小孩則為大人的半價。名鐵票價也依距離計算,大人的票價由￥170~1,810不等,小孩亦為大人的半價。

➔優惠車票

除了直接買票之外,有以下幾種票券可以選擇:

◎巴士・地下鐵全線一日乘車券
バス・地下鉄全線一日乘車券

這張票券是最推薦旅行者使用的一張票,持此票券可在一天內自由搭乘名古屋市營地鐵與市巴士,是想要一天跑完全部景點的最佳選擇。

價格:大人￥870、小孩￥430

備註:週六日、例假日及每月8日有販售「假日環保車票ドニチエコきっぷ」大人￥620、小孩￥310,功能與巴士・地下鐵全線一日乘車券一樣。

使用範圍:名古屋市營地下鐵全線、市巴士、名古屋觀光路線巴士

哪裡買:地鐵站自動售票機、巴士上皆可購買

特典:持卡至各大景點還可享受門票折扣,詳見網站

◎地下鐵全線一日乘車券
地下鉄全線一日乘車券

一天內可自由搭乘名古屋市營地下鐵。若遇到週末、例假日、每月8號的話,建議可購買「假日環保車票ドニチエコきっぷ」,價格更便宜也多了搭巴士的功能更划算。

價格:大人￥760、小孩￥380

使用範圍:名古屋市營地下鐵全線

哪裡買:自動售票機即可購買

◎巴士全線一日乘車券

バス全線一日乗車券

一天內自由搭乘名古屋市巴士。要注意名鐵巴士、長程巴士等皆不適用。

價格：大人¥620、小孩¥310

使用範圍：名古屋市巴士全線

哪裡買：自動售票機、車上向司機購買

◎名鐵一日乘車券

まる乗り1DAYフリーきっぷ

一天內可自由搭乘名古屋鐵道全線列車，持本券在10:00~16:00間還可以免費乘坐特別車廂(通常要多加¥350)，適合要一天內玩遍愛知的人。

價格：大人¥3,200、小孩¥1,600。另有二日券(不可使用特別車廂)：大人¥4,000、小孩¥2,000

使用範圍：名鐵全線列車

哪裡買：自動售票機、名鐵有人改札口、名鉄名古屋駅Service Center

◎Linimo一日乘車券

Linimo 1DAYフリーきっぷ

持此票可在一天內可自由搭乘Linimo磁浮列車。由於Linimo的單程不便宜，所以從藤が丘要到愛·地球博記念公園來回，再到豊田博物館的人買這張票較划算。

價格：大人¥800、小孩¥400

使用範圍：Linimo列車

哪裡買：Linimo自動售票機

◎mamaca

mamaca是名古屋的IC票卡，不但可以在各大交通機關使用，也可以用來寄物、便利商店購物等，十分方便。而最優的是，持manaca搭市巴士轉市巴士，或是搭地鐵轉市巴士等，只要在90鐘內轉乘的話，每次都可以有¥80的折扣。

➔購票

◎自動售票機

購買地下鐵車票時，只要抬頭看看自動售票機上方的價格表，就能知道其價格為多少錢。除了單程票券外，也可在此購買1日券。若遇到沒有中文選項的機台，建議仍是使用日文介面，因為目的地以漢字呈現比英文拼英更容易了解。

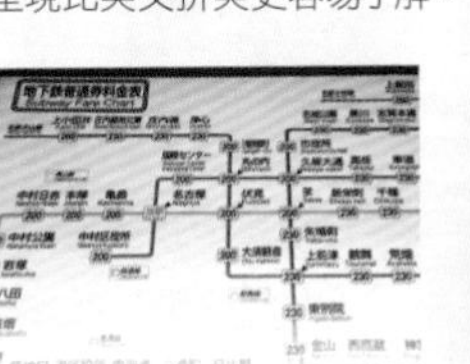

❶確認目的地

售票機上方都有地下鐵價格表，找出你要的目的地，並確認目的地旁所標示的票價。

❷將錢幣或紙鈔投進去

機器會顯示票價，紙鈔口會標示¥1,000、¥5,000、¥10,000，表示只接受這些面額的紙鈔。此外，售票機不接受¥1、¥5硬幣。

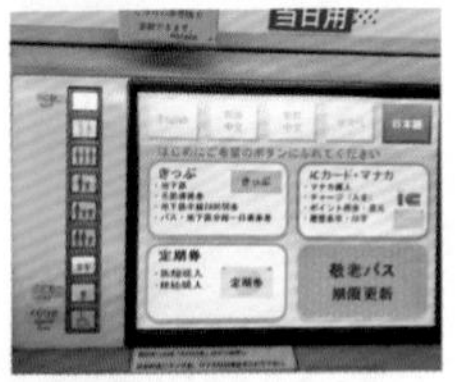

❸選擇票種

購買單程車票時，先在螢幕點選想搭乘的鐵路線，如果一次要購買多張票券，再按下機器上的人數按鈕。

❹完成

取出票券以及找零。

看得懂漢字就OK

切符：票
切符売り場：售票處
運賃：車資
払い戻し：退票
精算：補票
乗り換え：轉車
駆け込み乗車：指在車門關閉時衝進車廂
始発：首班車
終電：末班車
自由席：自由入座
指定席：對號入座
人身事故：指有人掉落軌道造成列車停擺的事件

各地交通方式

➔金沢市

◎金沢市一日自由乘車券

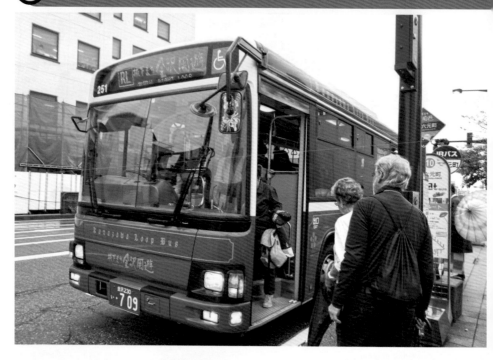

金沢市區以往依據區域及主題，有各式巴士一日券，現在只要一張「金沢市一日自由乘車券」，包含「城下町金沢周遊巴士(左、右廻)」、「北鉄路線巴士」、「西日本JR路線巴士」、「金沢ふらっと巴士」等巴士，只要一張一日券，通通可以混搭。且持一日券也能搭乘鐵道浅野川線(北鉄金沢~上諸江)、石川線(野町~新西金沢)的指定區域內，並享有在一些指定景點、店家等的優惠，相當划算。

地點：不能在車上購買一日券，必須在金沢駅東口-巴士總站(北鉄駅前服務中心、北鉄東口案內所)、金沢駅西口-巴士總站(北鉄西口案內所)、黑門小路內(北鉄巴士服務中心)、浅野川線-北鉄金沢駅、石川線(新西金沢駅、野町駅)才能購買

價格：一日券¥800，小孩半價 (一般巴士單程為¥200)

網址：www.hokutetsu.co.jp/tourism-bus/oneday

◎城下町-金沢周遊巴士／城下まち-金沢周遊バス

觀光客最常利用的觀光巴士，由四台不同造型的復古巴士運行在金沢市區的各大景點 (詳見P.4-4)

◎Machi Bus／まちバス

藍色的Machi Bus運行在金沢市內的主要觀光區域，要觀光、吃美食或是購物都很適合。這台車只有假日才運行，而且不管坐多遠都是均一價¥100 (詳見P.4-4)

◎Flat Bus／ふらっとバス

Flat Bus共有四條路線，其中只有此花路線有經過金沢駅。與其說這是觀光巴士路線，倒不如說是方便地方居民所設的路線，沿線大多為小巷弄，雖說也會經過各大景點，但走的路線更深市區各處，也更貼近在地。

運行時間：金沢駅8:29首班車，末班車約在18:00左右，請上網確認

區間：

此花路線：金沢駅→近江町市場→小橋町→金沢駅。

菊川路線：香林坊→新竪町→犀川大通→21世紀美術館→香林坊。

材木路線：武蔵ヶ辻→大手門前→香林坊→兼六園下→尾張町→武蔵ヶ辻。

長町路線：老舖紀念館→武蔵ヶ辻→西茶屋街→片町→老舖紀念館

費用：單程¥100

網址：buscatch.jp/rt3/index.php?id=flatbus

◎金沢點燈巴士／金沢ライトアップバス

每到了週六晚上，金沢市主要的觀光景點就會打上燈光，增添夜色。金沢點燈巴士就會運行在有點燈的各大景

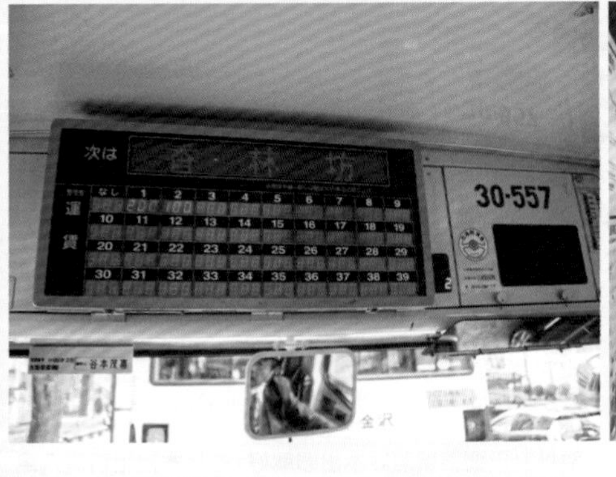

點之中。每週六19:00~21:45運行，約每隔15分鐘一班車。巴士由從金沢駅東口發車。

價格：單程¥300，一晚無限搭乘¥500。小孩半價

網址：www.hokutetsu.co.jp/tourism-bus/lightup

備註：「金沢市一日自由乘車券」不適用

➔富山市

◎富山市內周遊grutto BUS／ぐるっとバス

為了推廣藝文，富山市推出周遊各博物館、美術館等景點的巴士讓旅客搭乘。讓行程充滿藝文味。巴士有兩條路線，一條是北西回路線：富山駅南口→富山縣美術館→富岩運河環水公園→樂翠亭→民俗民芸村→水墨美術館→高志之國文學館→富山駅前；另一條是南回路線：富山駅南口→秋水美術館→科學博物館→玻璃美術館→城址公園→富山駅前

價格：單趟，大人¥210小孩¥110；1日券大人¥750、小孩¥380

網址： www.chitetsu.co.jp/?p=29523

◎富山地方鐵道市內電車

富山地方鐵道除了可連接黑部峽谷等地，在富山市區則有路面電車，從JR富山駅前開始，通往南富山駅與富山大學。班次不少，又能體會到懷舊氣氛，是在富山市內移動的好選擇。

價格：單趟，大人¥210、小孩¥110

網址：www.chitetsu.co.jp/?page_id=656

◎優惠票券

市內電車・巴士1日乘車券／市內電車・バス1日ふりーきっぷ

持本票可在一日內無限次搭乘富山縣富山市內(280日圓內區間)電車、巴士。

地點：富山地鐵乘車券中心、電鉄富山駅等車站與市內電車上皆有販售。

價格：大人¥650、小孩¥330

網址：www.chitetsu.co.jp/?p=1002

岩瀨散策自由券／岩瀬おさんぽフリーチケット

持本票可在6小時內無限次搭乘富山縣富山市內電車、フィーダー巴士，並包含岩瀨精選9個店家總價¥1,000的折價券可以抵用。出示票券還可以在15家店舖獲得特別優惠。

地點：可在網站以手機購票

價格：大人¥1,200、小孩¥1,000

網址：www.toyamashi-kankoukyoukai.jp/?tid=102271

➔氷見市

◎氷見市街地周遊巴士

氷見市內的主要觀光景點用走的都能到達，但若是不想走上半小時路程的話，從氷見駅搭上巴士也是不錯的選擇。

營運：加越能巴士

時間：平日：氷見駅→氷見番屋街約7:24~16:05間6班車，詳洽官網

價格：大人¥100，小孩¥50

網址：www.kaetsunou.co.jp/regular/himi-banyagai/

➔福井市

◎路面電車-福井鐵道一日券

福井鐵道主要為市民的聯絡鐵路，只有一條路線，連接越前市的「越前武生」站與福井市內的「田原町」站，特別的是軌道線從赤十字前站與木田四ツ辻站中間分為鐵道線與軌道線，軌道線行走於一般汽車行走的路面，貫穿福井市內，為市內添上一 另類風情。

價格：假日一日券大人¥600、小孩¥300

網址：www.fukutetsu.jp

◎優惠票券

東尋坊・永平寺2日乘車券／東尋坊・永平寺2日フリー乗車券

連續兩天可以無限次搭乘京福巴士東尋坊區域與永平寺區域的巴士。三国、芦原溫泉也可以利用，以這兩區為主要停留觀光點的話，很適合買這張票。

地點：福井駅東口、芦原溫泉駅、坂井營業所、あわら湯のまち駅

價格：大人¥2,500，小孩¥1,250

備註：本券售出後無法退票

網址：bus.keifuku.co.jp/rosen-deals-ticket/1191/

自駕遊中部北陸

中部幅原廣闊，如果不想要在交通工具選擇中搞得一個頭兩個大，或無法配合各種大眾交通工具發車時間等瑣碎規定來排行程的話，開車的確是機動性很高的好選擇。尤其日本漢字發達，地名大多為漢字，再加上租車都會附加衛星導航，國人只要克服左駕的心理障礙，準備好一張日文版的台灣駕照就能上路囉！

租車流程

➔申請駕照日文譯本

在日本開車上路。申請手序十分簡單，攜帶駕照與身份證正本至各公路監理機關窗口，填寫申請表格、繳交100元規費，不到10分鐘就可以拿到譯本囉。譯本有效期限為1年。

STEP1：準備好身分證正本及駕照正本

STEP2：帶著證件至各公路監理機關，到駕照相關窗口辦理台灣駕照的日文譯本申請手續。

STEP3：填寫申請表格，繳交100元規費。

STEP4：領取日文譯本，大功告成。

申請書一份（可以現場填寫），至監理站櫃檯即可辦理。

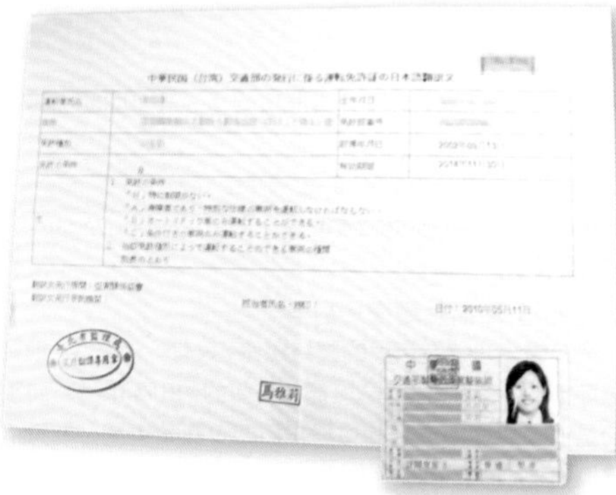

◎在日本申請駕照日文譯本

如果出國前來不及申請日文譯本，到了當地亦可在JAF（日本自動車聯盟）申請，不過申請時間約需30分鐘，不像台灣那麼快速方便，所以建議還是先在台灣申請，既便捷又安心。JAF在岐阜、名古屋都設有分部，如有交通相關問題也可前去詢問。

◎JAF(社團法人日本自動車聯盟)

www.jaf.or.jp

➔選擇租車公司

首先選擇喜歡的租車公司，建議大家可選擇品牌較為知名，且歷史悠久並值得信賴的租車公司，以下就推薦幾家常用的租車公司，在台灣就可以事先預約。

◎台灣Budget

www.budget.com.tw

記得攜帶駕照正本

許多人到日本都會選擇自駕，尤其擁有台灣駕照的話，只需要申請駕照的日文譯本即可，非常方便。但是千萬不要以為只要帶駕照譯本出國就好，在日本當地租借汽車時，租車公司除了檢查駕照譯本，也會要求出示駕照正本及護照，要是沒帶駕照正本可就無法租車了。

◎HONDA／ホンダレンタリース

www.hondarent.com

◎JR駅レンタカー

www.ekiren.co.jp

◎NISSAN Rent a Car／日産レンタカー

nissan-rentacar.com/tc/

◎TOYOTA Rent a Car／トヨタレンタカー

rent.toyota.co.jp/zh-tw/

➔如何選擇

建議依照自己的行程安排，尋找出發地附近的租車公司後再開始比較與選擇，部分車站周邊租車公司的選擇較少，提早預約會比較安心。如果覺得租車公司太多，看得頭昏眼花的話，也可以到統整多家租車公司資訊的比價網站查詢。

◎租車比價網站(皆有中文頁面)

Tabirai tc.tabirai.net/car/

ToCoo www2.tocoo.jp/cn/

➔線上租車

選定了租車公司、時間及地點後，接下來就可以在網路上預約了，要注意部分網站只有日文介面。

➔租車安心方案

到國外租車雖然方便，但也要考慮到意外發生的可能。一般租車費用中已包含意外保險，也就是所謂的「免責賠償」，但其中仍有部分金額需由顧客支付，比如「NOC」(Non-Operation Charges，營業損失賠償)，因此建議加購「免除NOC」的保險，可以免除意外後車子維修、無法出租的賠償問題。

➔實地取車

在日本租車時請記得一定要攜帶「台灣駕照」與「駕照日文譯本」，許多遊客就是因為忘記帶日文譯本，因而錯

失自駕的機會，所以千萬不要忘記唷！

建議要提早到達租車公司，抵達租車公司營業所後，辦理取車手續如下：

STEP1：提供駕照正本、駕照日文譯本，租車期間中會開車者都必須提供，必要時須出示旅遊證件或信用卡備查。

STEP2：仔細閱讀租車契約，包括租車條款、租金、保險範圍。

STEP3：簽訂租車合約，內含租車條款、租金、保險範圍。

STEP4：憑租車合約及收據至取車場所取車。

STEP5：由工作人員陪同檢查及確保車子沒有問題，並注意車身是否有刮痕，如果發現有刮痕，要請對方在合約內記載，釐清權責。

STEP6：檢查車子的基本操控以及詢問衛星導航的基本使用方式。

STEP7：取車時注意油箱是否加滿汽油。

STEP8：簽收所租汽車，記得帶走單據及地圖，完成手續，出發！

公路常見用字

IC：Interchange，交流道。

JCT：Junction，系統交流道，也就是兩條以上高速公路匯流的地方。

PA：Parking Area，小型休息站，通常有廁所、自動販賣機，餐廳則不一定。

SA：Service Area，這是指大型休息站，廁所、商店、餐廳齊全以外，一般也設有加油站。

➔還車

在約定的時間前將車開到指定場所歸還，建議事前將租車公司的服務電話及營業時間記下，若臨時有突發狀況，或是趕不及在預定時間內還車，才可盡快與租車公司聯絡。

還車時必須加滿汽油，並附上加油收據作為證明，否則租車公司會收取比市價高的油費。在職員陪同下驗車，如果車身在交還時有明顯刮痕、機件故障或是其他問題，租車公司會依照條款收費。

日本開車注意事項

市郊道路平直，整備得非常完善，再加上風景優美，可以盡享駕駛樂趣。不過畢竟國情和交通規則有異，請大家務必多加注意，記得安全是回家唯一的路。

◎左側行駛

日本與台灣的車子不僅方向盤的位置相反，而且是靠左行駛。雨刷和方向燈的控制也和台灣相反，往往在慌亂中就會誤打。

◎遵守交通規則

國道和高速道路都有監視攝影，雖然數量不多，但是罰款金額相當可觀。如果被快速照相，有可能會被警察追截或直接將罰款單寄往租車公司，並於信用卡扣除款項。另外，違規停車罰款由日幣15,000圓起跳。

◎保持安全距離

在郊區開車往往會越開越快，這時候保持安全距離就格外重要。台灣人開車往往習慣緊貼著前面一輛車，可是這

在高速行駛的時候就非常危險，一有閃失傷亡就很嚴重。

◎禮讓行人

日本有很多路口在綠燈的時候，同時容許車輛轉彎和行人穿越，所以原則上都必須讓行人先行。

◎按壓喇叭

在台灣按喇叭、閃車燈往往是駕駛者表達不悅、提醒的方式，而在日本則多為表示謝意以及提醒，像是遇到對方讓車，便會以亮雙方向燈兩次或是輕按兩次喇叭表達感謝。

◎路口右轉

在十字路口右轉時，即使是綠燈，也要等對面行車線轉為紅燈，或讓對面的車輛通過或是停下來方可右轉。需要右轉時，在市區通常有待轉車道(待轉區)，等對面行車線沒有車或是換燈號時才通過。在市區裡頭往往有些禁止右轉的標示是畫在地面上，要特別小心。另外，轉彎時可別進錯了車道。

◎穿越火車平交道

公路和鐵軌交會的地方，當有火車經過時，平交道兩側的柵欄會放下，因此要確認有足夠的時間和空間方可穿越，萬一卡在軌道上，要馬上下車啟動附近的緊急停車鈕，否則會釀成大禍。

◎緊急求助

很多路標下方會加設指示牌，顯示所在地內相關的道路情報中心的電話號碼。遇到緊急狀況時，可致電給他們或是租車公司尋求援助。

◎冬天駕駛

山區道路在冬天常會有積雪，雪地行車有一定的危險度，記得先確定好打滑、冰面、積雪過厚等冬季行車狀況的可能性。

◎注意野生動物

山區路段有時會有牛、鹿等野生動物出現，因此看到標示時，放慢速度，避免引起事故。一則減少動物傷亡，二來有些動物體積龐大，重達100公斤，如果撞倒牠們，人員的傷亡也就在所難免。

◎新手駕駛

新手駕駛標誌又暱稱為「若葉マーク」，在考取第一類普通駕駛執照的一年內都要貼著，形狀如箭的尾端，右側為綠色、左側為黃色；另外常見的標誌還有四色幸運草，此為70歲以上的高齡駕駛者標誌，跟車在這些駕駛者後方，要多點耐心也要多點小心。

◎止まれ

在路上看到「止まれ(停止)」時，記得一定要先完全停車，看看左右方有無來車與行人後再繼續行駛。

開車實用日文

異地還車
乗り捨て(のりすて)
no-ri-su-te
※意指甲地借、乙地還，不同區間則需要外加費用。

折價、優惠
割引(わりびき)
wa-ri-bi-ki

衛星導航
カーナビ(car navigator)
ka-na-bi

車禍
交通事故
ko-tsu-ji-ko

◎實用會話

請問這個地址在哪裡？
ここの住所を教えてください。
ko-ko no jyu-syo wo o-shi-e-te-ku-da-sai.

受傷了
ケガをしました。
ke-ga wo shi-ma-shi-ta.

有停車場嗎？
駐車場はありますか。
chu-sha-jo wa a-ri-ma-su-ka?

車子該停在哪裡？
車はどこに停めればいいですか。
ku-ru-ma wa do-ko-ni to-me-re-ba ii-de-su-ka.

車子不能發動
車が動かない。
ku-ru-ma ga u-go-ka-nai.

反鎖了
鍵を閉じ込めました。
ka-gi wo to-ji-ko-me-ma-shi-ta.

爆胎了
パンクです。
pan-ku-de-su.

電瓶沒電了
バッテリーが上がりました。
batte-ri ga a-ga-ri-ma-shi-ta.

沒油了
ガス欠です。
ga-su-ke-tsu-de-su.

拋錨了
故障しました。
ko-syo shi-ma-shi-ta.

汽車衛星導航／カーナビ

在日本租車大多會直接免費配備衛星導航，可選擇日文或是英文介面，也有部分導航有中文介面。日文的導航系統中，日文漢字出現的機率很高，且導航系統介面容易操作，大多數的店家(有些店家沒有登錄至系統)或景點，只要輸入電話號碼或地圖代碼(MAPCODE)便可鎖定，進而完整規劃路線，萬一不小心迷路還可以利用地圖確認自己所在位置。如果擔心衛星導航查詢不到想前往的地方，也可事先將景點名稱的日語平假名記下。

◎查詢MAPCODE

有些景點無法用電話號碼搜尋，這時候MAPCODE就是方便又萬無一失的選擇，常用的Mapion網站有兩種搜索方式，其一直接輸入地點搜索，其二就是從網頁中的地圖一步步縮小範圍，以下介紹第二個方式。

◎Mapion www.mapion.co.jp

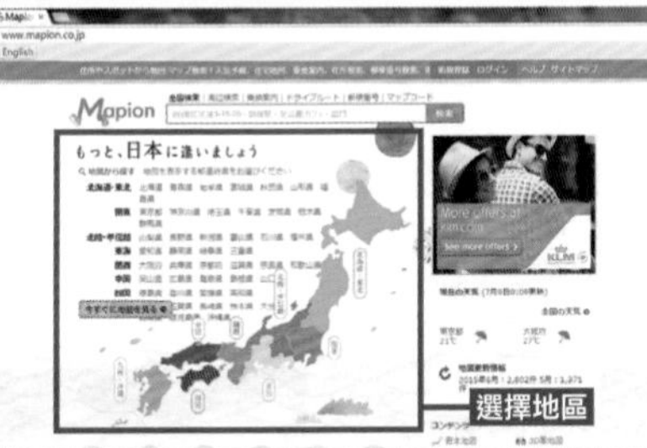

STEP1 點選地圖中欲前往的都道府縣，再一步步縮小範圍到要去的區域。

STEP2 出現了範圍地圖後，拖曳地圖讓想去的地方對準中心的紅色十字。當然也可以直接輸入地址。

STEP3 將滑鼠游標移到右上角的「便利ツール」，從出現的下拉選單中點擊「地図URL」，MAPCODE(マップコード)即會出現。

衛星導航日文

即將轉彎時，導航系統便會以語音通知駕駛者，不過因為駕駛者對日文及導航系統較不熟悉，所以常常會錯過轉彎時機，以下就介紹幾句導航系統的語音提醒。

導航：前方約500公尺處右轉/左轉。(提醒前方需要轉彎)
およそ30メートル(キロメートル)先、右方向 / 左方向です。
o-yo-so go-hya-ku me-to-ru sa-ki mi-gi ho-ko / hi-da-ri ho-ko de-su

導航：即將右轉/左轉。(提醒已靠近轉彎處)
まもなく、右方向/左方向です。
ma-mo-na-ku mi-gi ho-ko / hi-da-ri ho-ko de-su

導航：右轉/左轉。(已抵達轉彎處)
右/左です。
mi-gi / hi-da-ri de-su

加油方式

日本常見到的加油站為ENEOS、JOMO、SHELL、コスモ石油、Exxon Mobil Corporation等，在都市周邊或交通運量大的幹道旁皆可輕易找到，不過若是到郊區或是車運量少的地方時，數量就會銳減，建議不要等到油快耗盡了才加油，以避免沒油可加的窘境。還有，記得還車前一定要把油加滿喔！在日本加油時請學會「満タン(man-tan)」，也就是「加滿」的日語，並將貼在方向盤旁的油種標示貼紙指給服務人員看，一般為「レギュラー(regular)」，服務人員就會把油加滿。

加油日語

92無鉛汽油
レギュラー(regular)
re-gyu-ra

98無鉛汽油
ハイオク
hai-o-ku

柴油
軽油(diesel)
ke-yu

加滿
満タン(まんたん)
man-tan

找零
お釣り(おつり)、釣銭(つりせん)
o-tsu-ri, tsu-ri-sen

(倒車時引導人)再來、繼續
オーライ
o~rai

公升
リッター、リットル
ri-tta, ri-tto-ru

自動金額計算機、補票機
自動精算機
zi-do-sei-san-ki

信用卡
クレジットカード(credit card)
ku-re-zi-tto ka-do

◎請這樣說

92無鉛汽油加滿
レギュラー 満タン！
re-gyu-ra man-tan

92無鉛汽油加10公升
レギュラー 10リッター！
re-gyu-ra jyu ritta!

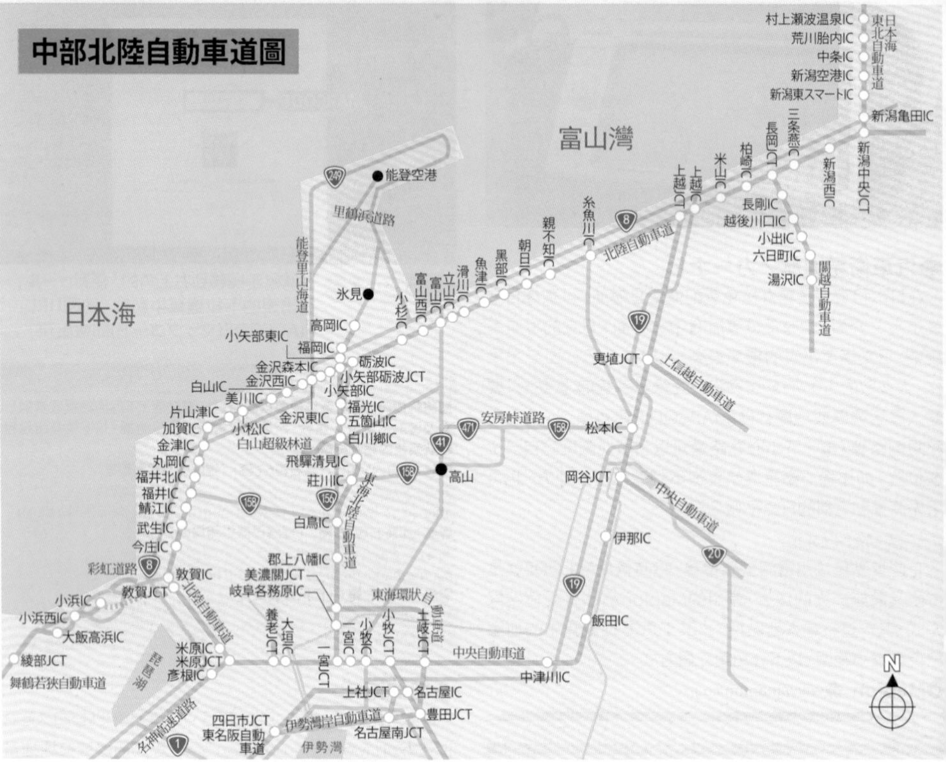

中部北陸自動車道圖

富山灣
日本海
村上瀨波溫泉IC 荒川胎内IC 中条IC 新潟空港IC 新潟東スマートIC 新潟亀田IC 東日本北海動車道
新潟中央JCT 新潟西IC 三条燕IC 長岡JCT 柏崎IC 米山IC 上越IC 上越JCT 長剛IC 越後川口IC 小出IC 六日町IC 湯沢IC 關越自動車道
糸魚川IC 親不知IC 朝日IC 黒部IC 魚津IC 滑川IC 立山IC 富山IC 富山西IC 小杉IC 北陸自動車道
能登空港 里山浜道路 能登里山海道 氷見 高岡IC 小矢部東IC 福岡IC 砺波IC 小矢部砺波JCT 小矢部IC 金沢森本IC 金沢西IC 白山IC 美川IC 金沢東IC 片山津IC 小松IC 加賀IC 金津IC 白山超級林道 丸岡IC 福井北IC 福井IC 鯖江IC 武生IC 今庄IC 彩虹道路 敦賀IC 敦賀JCT
福光IC 五箇山IC 白川郷IC 飛驒清見IC 荘川IC 東海北陸自動車道 白鳥IC 郡上八幡IC 美濃關JCT 岐阜各務原IC 高山 安房峠道路 松本IC 更埴JCT 上信越自動車道 岡谷JCT 中央自動車道 伊那IC 飯田IC 中津川IC
小浜IC 小浜西IC 大飯高浜IC 綾部JCT 舞鶴若狭自動車道 米原IC 米原JCT 彦根IC 琵琶湖 名神高速道路 養老JCT 大垣IC 一宮JCT 一宮IC 小牧IC 小牧JCT 土岐JCT 東海環狀自動車道 上社JCT 名古屋IC 豐田JCT 四日市JCT 東名阪自動車道 伊勢灣岸自動車道 名古屋南JCT 伊勢灣

➔高速道路

中部區域廣大，如果想快速到達目的地的話，有時勢必得利用高速道路才行，可以省下不少的交通時間，但唯一缺點就是費用稍貴，需多加衡量。

想進入高速道路，順從導航系統的指示開車（設定時選「使用有料道路」），途中會看到綠色看板，這即為高速道路的專用標誌，依方向指示開車，若車上沒有ETC卡，即開往「一般」車道，因日本高速道路的收費方式為「入口取通行券，出口付過路費」，在入口處的發券機抽領通行券後即可上高速道路。抵達道路出口時，放慢速度，通常出口附近都有價目表可查看，在收費站將通行券交給收費員並支付費用，即可順利出高速道路。

➔推薦網站

◎查詢高速道路費用

ドラぷら www.driveplaza.com

◎規劃路線

YAHOO!JAPAN map map.yahoo.co.jp

Google地圖 maps.google.com.tw

NAVITIME www.navitime.co.jp

➔港澳特區居民開車遊日本

港澳兩地特區為日內瓦道路交通公約成員，只需出國前申請好國際車牌（國際駕駛許可證），連同護照、本國駕照，便能在日本租車自駕。

◎香港特區

需要文件：TD51表格、有效香港駕照、正面近照2張(50mm×40mm)。身分證明文件＋最近3個月內發出的地址證明(皆須正本／副本)

申請地點：香港運輸署牌照事務處

申請時間：親辦當日可取；郵寄申請的話約10天

費用：HK$80

◎澳門特區

需要文件：043/DLC號表格、正面近照2張(一寸半)。身分證明文件＋有效澳門駕照(皆須正本／副本)

申請地點：中華廣場等三個事務局

申請時間：親辦當日可取

費用：MOP$300

逛遍中部國際機場

這幾年新特麗亞名古屋中部國際機場越來越進化，不但好吃好玩好買，還推出數個導覽行程，帶你一遊一般遊客不一定都能走進去的地方，像是接近機場跑道的導覽行程，讓你更加接近跑道觀看飛機起降的臨場感，或是騎上電動賽格威(Segway)的導覽行程也都很新奇。如果時間不夠的話，就專攻吃喝玩買吧，尤其2018年10月新開幕的FLIGHT OF DREAMS，將整台波音787飛機放進來，變成一處超炫的體驗型遊樂空間，絕對不能錯過！

買東西

3樓銘品館&商店區

還沒入海關前的機場報到大廳，總是人山人海，很多人報到完、掛好行李，趁著沒入關前總是會先直奔4樓的SKY TOWN大啖美食，但如果想備給親友的禮物還沒購齊，往4樓手扶梯右側就有以伴手禮為主的銘品館及おみやけ館(伴手禮館)、左邊則有一些服飾商店與藥妝。

↑銘品館
集結以名古屋為主並包含東海一帶所有名特產、洋菓子、和菓子等，甚至貼心為有選擇困難症的人，列出熱門排行，像是名古屋炸雞口味的洋芋片、貼上金箔的蜂蜜蛋糕、連續5年被伊勢神宮選為奉納的栗福柿、両口屋是清的和菓子、坂角総本舗的蝦餅等。
銘品館6:30~21:00

吃東西

4樓SKY TOWN

4樓廣闊的SKY TOWN是一處以街區造景方式打造的美食購物休憩處。首先上樓後會看到中央廣大的活動廣場，以這裡為中心點，右側是以江戶街屋及土藏等建築樣式打造的街區「ちょうちん横丁」(燈籠横町)，另一邊的街區造景則是洋式造景的「レンガ通り」(紅磚通道)，總共60多家的店舖以外，還有一區集合式美食街FOOD COURT，光選哪家來吃，都好難抉擇，而且街區造景美，光在這裡拍照也消耗不少時間。

7:00~21:00(依店舖而異)

↓ちょうちん横丁
集結餐飲與購物服務，裡面有像是咖哩烏龍麵「若鯱家」、コメダ珈琲店、名物雞翅「世界の山ちゃん」、鰻魚飯三吃まるや本店、味仙、宮きしめん等名店，還可以找到大家最愛買的蝦煎餅，甚至還有景觀風呂「風のゆ」，享受一邊欣賞飛機與伊勢灣美景，一邊泡湯的樂趣。

↑レンガ通り
這裡有味噌豬排名店「矢場とん」、迴轉壽司店「丸忠」，還有TSUTAYA書店、咖啡館等，另外像是無印良品、UNIQLO、藥妝、電器等也都在這一區，還有新特麗亞的官方商店，可以找到官方原創商品。

↑4樓SKY DESK
穿過SKY TOWN往裡走，就會抵達戶外區的SKY DESK，這個頂樓戶外區最大魅力就是看飛機，更奇特的是，往遠處看就是海面、還有許多船舶就往來海上，真的是天上飛的飛機、海上航行的大船，一次一起入鏡。

整台波音787都搬進來的體驗館

FLIGHT OF DREAMS

2018年10月開幕的「FLIGHT OF DREAMS」複合式設施，就位在機場南側的2航廈區域中，最近重新整合再開幕後，整個空間分成FLIGHT PARK及SEATTLE TERRACE兩區。以波音所在的西雅圖為意象的FLIGHT PARK，不但將整台波音787超大客機擺進這個空間，還設計各式互動體驗，讓每個有飛行夢的大小朋友都能在這裡玩得很開心。另一區則是以西雅圖美食為主的餐飲商店區SEATTLE TERRACE，連味蕾體驗都照顧到了。

機場南側的2航廈　10:00~17:00　www.centrair.jp/service/flightofdreams.html

FLIGHT PARK

以波音787初號機(ZA001)為視覺主打，除少部分設施需要收費，幾乎是免費歡迎入場參觀，包含展示、遊戲區、體驗區、商店區等，適合老少一起來感受實體飛機的超大震撼力。

©Centrair

©Centrair

787模擬器／787 Simulator

波音787退役的實體飛機展示，光站在下方看氣勢就驚人，可以上到機長室看看駕駛室外，也能付費在教練指導下，體驗LUXURY FLIGHT模擬駕駛樂趣。有747 Dreamlifter、波音787兩種模擬駕駛選項。

10:00~20:00　15分鐘¥3,850

737flight.com/plan2/　需事先預約

兒童遊戲區

全新推出的兒童遊戲區，就位在波音飛機的周邊，包含5大區域，除了大型網具遊戲區「もくもクラウド」需收費外，通通免費開放，各式遊具滿足學齡前到國小，想耗些體力的遊戲都有。

「もくもクラウド」1次¥300

平面展示區

圍繞著巨型的波音787下方，有2處資料展示區，緊鄰飛機一旁的展示，詳細解構飛機的組成與飛行原理；另一處獨立的展區則有各式飛機模型、以樂高積木組成的中部國際機場等展示。

波音賣店BOEING STORE

緊鄰著波音飛機另一旁，以波音命名，想當然耳，裡面的商品都是以飛機為意象或是機上可用的相關商品為設計概念，商品相當多元，從食品、杯碗、衣服、飾品、飛機模型等，琳瑯滿目，光是隨意逛逛都得花點時間。

SEATTLE TERRACE

位在2~3F的 SEATTLE TERRACE是個集合西雅圖及日本在地美食為主的空間，除了指標型咖啡館星巴克之外，也引進多家來自西雅圖的美食店鋪，像是西雅圖人氣餐廳SEATTLE FISH MARKET、THE PIKE BREWING RESTAURANT & CRAFT BEER BAR等。

FLIGHT OF DREAMS 3F 餐飲10:00~22:00，購物10:00~18:00，依店舖而異

©Centrair

星巴克

位在787波音這座陳列大廣場視野第一排的絕佳位置，讓這個星巴克總是吸引不少旅人來這裡喝咖啡看飛機，3樓的高度、成L型的座位陽台區，可說是餐飲區中佔有最棒觀賞位置的地點，而且早早就開店，搭飛機前也很適合來吃早餐。

7:00~19:30

THE PIKE BREWING RESTAURANT & CRAFT BEER BAR

來自西雅圖的精釀啤酒名店，從啤酒到漢堡，每一樣餐點都是道地的美國西岸滋味，而且這裡一樣是日本首間分店。

11:00~22:00

©Centrair

機場住宿服務

CENTRAIR HOTEL

從中部國際機場車站出來，往改札口正對著的方向前行，就會來到機場飯店CENTRAIR HOTEL。對需要在機場停留一晚的旅客來說，CENTRAIR HOTEL是當仁不讓的最佳選擇，位置便利不說，客房內寬敞的空間更是可以讓人好好休息，2018年更新建了Pacific Side，不僅有再升級的舒適房型，還與三麗鷗合作，推出了可愛的凱蒂貓客房，飛機、雲朵、列車，與機場相互呼應的彩繪以外，飛機造型的沙發更是可愛，坐在上面跟咪咪一起合照吧！

0569-38-1111 check in 15:00、check out 10:00 Hello Kitty Room二人一室含早餐¥13,900起/人 www.meitetsu-gh.co.jp/centrairhotel/tw

中部北陸特色鐵道之旅

Chubu Hokuriku Railway Trip

中部北陸特色鐵道之旅 ★ Chubu Hokuriku Railway Trip ★

中部北陸幅員廣闊，鐵道交通不只JR系統，更有多家地方鐵道營運，串聯都市與鄉鎮之間，穿梭於山海風光之中，加上地方特色鮮明，鐵道公司便順勢推出主題觀光列車，每一台都巧妙運用當地的傳統工藝與文化，創造出充滿在地風情的鐵路旅行體驗，下一次到中部北陸遊玩，別忘了排進行程，感受一下特色各異的鐵道之旅！

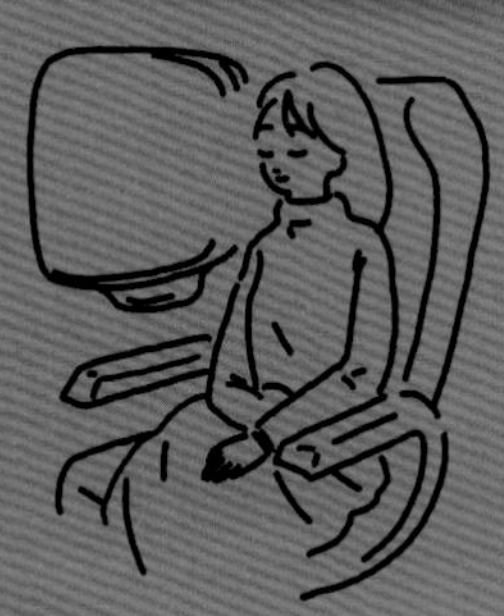

中部北陸特色鐵道之旅
Chubu Hokuriku Railway Trip

Belles montagnes et mer

ベル・モンターニュ・エ・メール～べるもんた～

美麗山海線列車

列車名稱取自法文「美麗的山與海」之意，但因為實在太難發音，所以列車經營公司不斷呼籲大家記得它的暱稱「貝爾萌噠」(べるもんた)。雖然名稱看起來很萌，其實Belles montagnes et mer走的可是正經八百的復古風格，有著深綠色車體與銘黃色飾邊的沈穩外型，雖然只有短短一節車廂，車內各處都巧飾以工藝等級的內裝，包括井波雕刻等工藝裝飾等，將富山縣最有名的傳統都收在這小而美的空間中。寬大的車窗最寬有兩公尺半，可以收納窗外美好風光，帶給乘客一路精彩的流動風景畫。

Belles montagnes et mer以北陸新幹線連接的新高岡駅為中心，分為週六運行欣賞亮麗山景的城端線，以及週日運行欣賞無垠海景冰見線兩條賞景線路。由於車程不到1小時，車上提供的餐食是小食性質的握壽司、海鮮丼等，雖然餐點的份量不多，可用料都是自富山灣捕捉到最新鮮的海產！由於餐盒販賣數量有限，至少需要提早三天前預約，另外也有當地清酒與零食的微醺套餐。

一邊欣賞風景一邊暢飲當地美酒。

公司➔JR西日本 **路線➔城端線**：高岡→新高岡→砺波→福野→福光→城端；**氷見線**：新高岡→高岡→伏木→雨晴→氷見 **時間➔**週六、日各2班車往返。週六運行**城端線**：高岡駅9:38、13:08發車，城端駅10:43、14:10發車。週日運行**氷見線**：新高岡駅10:01、13:55發車，氷見駅11:05、15:15發車。 **票價➔**高岡駅~城端駅¥1,120，新高岡駅~氷見駅¥860，車內套餐¥1,800~3,500，需3日前預約 **車型➔**國鐵40型氣動車 **網址➔**www.jr-odekake.net/navi/kankou/area_hokuriku/berumonta

雪月花

Setsugekka

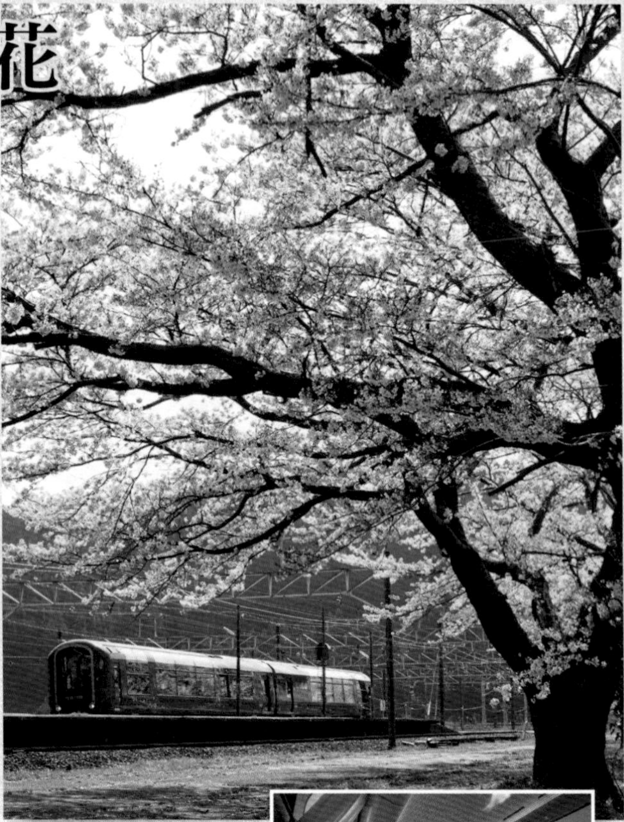

白居易的詩中「寄殷協律」一句「雪月花時最憶君」，傳至日本後成了日本文學中自然美景的代表。新潟越後心跳鐵道推出行動度假村概念的豪華賞景美食專車，就直接提名「雪月花」，強調包括列車產製、車上餐食，到行駛路線等鐵道觀光元素，全都是新潟自產。奢華體驗但價格卻又平易近人，讓雪月花獲得2017年度鄉名品大賞，已然是新潟縣輕鬆奢華觀光的新指標。

雪月花從連接北陸新幹線的上越妙高站發車，終點站也是同樣可以轉乘北陸新幹線的糸魚川站，只要算好車班時間，旅客們完全可以順利銜接旅程。

列車號稱「日本最大級行動展望台」，編制上只有2列，從設計製造到調度完全都在新潟縣當地完成，全車限定55個座席，讓旅客們擁有寬敞乘車空間；大片的賞景窗讓沿線風光一覽無遺，無論是被稱為越後富士的妙高山，或是閃著湛藍波光的日本海，雪月花可說是銜接了兩條新潟最美風光路線。

列車上專屬的鐵路便當也不可錯過，選用新潟在地食材、在地老店料理達人設計，分別呈現西式及和風懷石，2023年的去程以新潟獲得100大美食賞的不同店家、陸續端出的精緻料理，回程的餐點則是系魚川料亭老店監製的和風懷石，更可至車上酒吧選用新潟產的美酒佐餐，從眼際到味蕾，再再都充滿了新潟的好滋味。

日本最大級
行動展望台

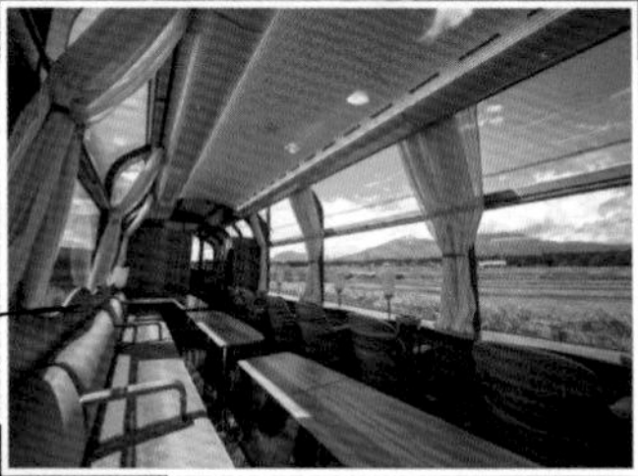

©越後トキメキ鉄道

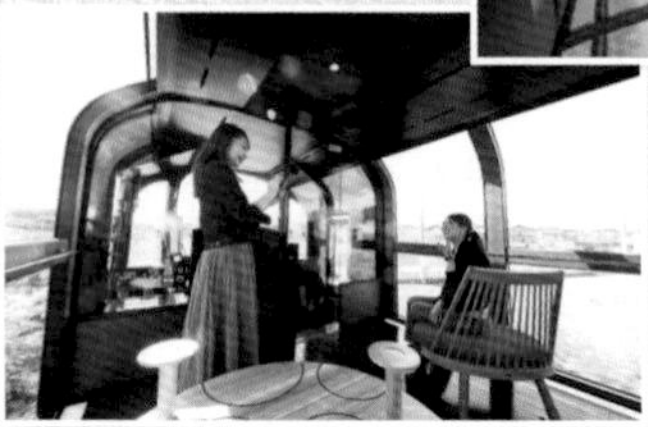

©越後トキメキ鉄道

大啖當地的特色鐵路便當。

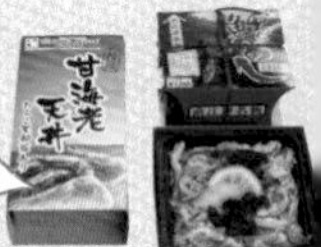

公司➔越後心跳鐵道　路線➔越後心跳鐵道妙高躍馬線、日本海翡翠線　‧上午去程：上越妙高→二本木→妙高高原→直江津→筒石→糸魚川　‧下午回程：糸魚川→筒石→直江津→二本木→妙高高原→上越妙高　時間➔週六、日及假日1班往返運行，去程上越妙高駅10:35發車，回程系魚川駅13:59發車　票價➔上越妙高駅~系魚川駅，含套餐￥24,800、￥29,800，全景展望包廂另加價￥15,000(限2~4人使用)　車型➔ET122系1000番台　網址➔www.echigo-tokimeki.co.jp/setsugekka

醇酒美食交錯競演
愜意造訪富米之鄉

©JR東日本

越乃Shu＊Kura

Koshino Shu＊Kura

隨著北陸新幹線通行，前往新潟縣比起以前更為輕鬆，而提到新潟縣的名產，大家的第一印象幾乎都是白米。其實新潟縣也因為蓬勃的在地釀酒業而被稱為「地酒王國」，利用當地稻米釀造出來的日本酒，蘊含了在地優良風水的醇厚韻味，而運行於新潟縣內的「越乃Shu*Kura」，就是將在地銘酒與釀酒業的風情融入旅程中的移動式酒倉。

列車內裝風格沉穩樸實，車廂一共有三節，其中一號車廂跟三號車廂是客席，一號車廂內雖然是一般座椅，空間卻比普通列車來的寬敞，也可以迴轉座椅變成四人空間。而三號車廂則是「View旅行」的專案車廂，車內備有有四人座的小包廂以及橫式景觀座，此車廂內全座席都附有桌檯，讓大家好好享用旅途中的佳餚醇酒。

二號車廂是賣店及活動車廂，除了有販賣當地各家酒莊釀造的日本酒以外，還會有當地銘酒的試飲活動，有時是當地音樂家組成的爵士樂團現場演奏。這裡還有釀酒桶造型的吧檯桌，就像是把酒造倉庫搬到了列車上，完全呼應列車主題。

公司➔JR東日本，越後心跳鐵道 **路線➔**越後心跳鐵道妙高躍馬線、JR信越本線、JR上越線、JR飯山線 ・越乃Shu＊Kura：運行《上越妙高駅～十日町駅》區間 ・湯沢Shu＊Kura：運行《上越妙高駅～越後湯沢駅》區間 ・柳都Shu＊Kura：運行《上越妙高駅～新潟駅》區間 **時間➔**週五、六、日及假日1班來回，每日運行路線不同 ・越乃Shu＊Kura上越妙高駅10:02發車、十日町駅14:49發車 ・湯沢Shu＊Kura去程上越妙高駅10:02發車、越後湯沢駅14:45發車 ・柳都Shu＊Kura上越妙高駅10:02發車、新潟駅14:52發車 **票價➔**上越妙高駅~十日町駅成人￥8,800、兒童￥5,400(附餐食)，其他路線請查閱網站 **車型➔**キハ40、48系 **網址➔**www.jreast.co.jp/railway/joyful/shukura.html

花嫁暖簾號

はなよめのれん

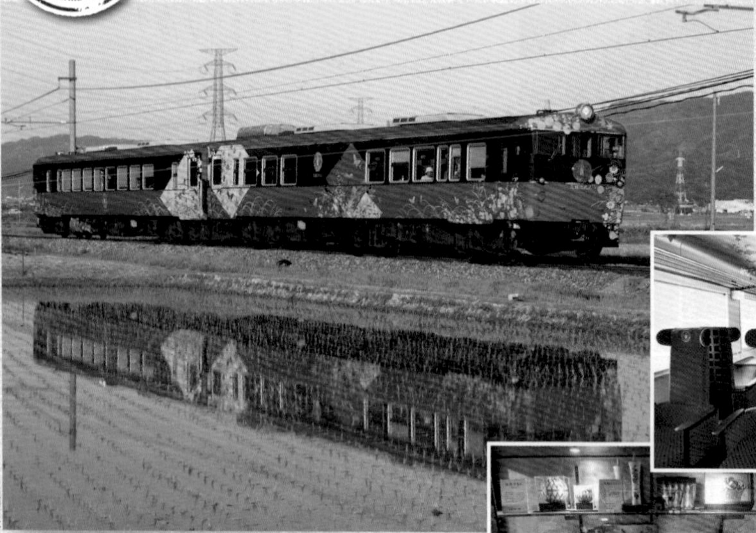

©JR西日本

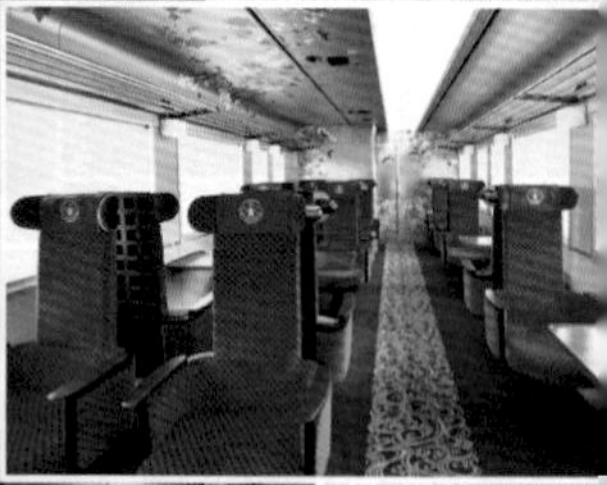

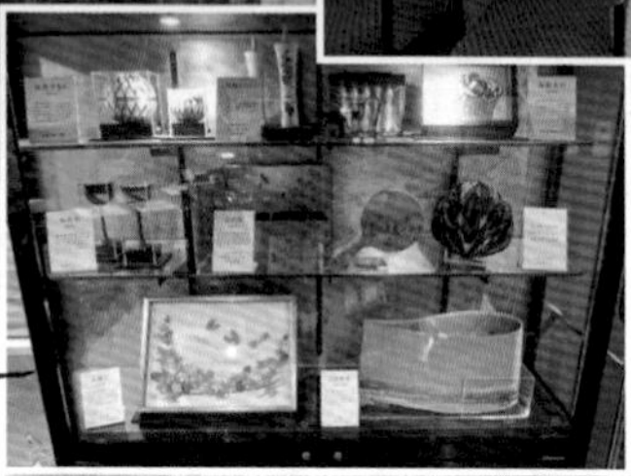

展現極致工藝之美

以石川縣為中心的加賀藩一帶，婚禮習俗中「花嫁暖簾」是女子出嫁時的重要嫁妝(日文中花嫁是新娘、暖簾為布製門簾)，雖然使用期間很短，但在擅長工藝的北陸地方，可說是極盡奢華之能事，而花嫁暖簾號就是石川縣帶給旅客最風光的款待。

初看到花嫁暖簾號的人，無一不被其華美震撼。設計將當地工藝巧思發揮至極致，外觀呼應著主題「和與美」，採日本漆器常見的紅黑兩色為主，綴以金色花飾；車廂內採用北陸兩大工藝：漆器的「輪島塗」與織品的「加賀友禪」為主視覺，全車的座椅以大紅色統一風格，椅背上的木格則是另一個隱晦地展現工藝手法之處。列車上除了有隨車販賣的當地工藝品與土產外，還會舉辦當地風情介紹活動、當地特產品販賣。而餐食也不負北陸工藝之名，推出了宛如寶盒般呈現出精緻的料理，不同套餐分配於不同車次發售，還必須提早4天以上預約才能在旅途中品嚐，想要完全征服，可得多次乘車才有機會呢！

公司➔JR西日本　**路線➔**IR石川鐵道線、JR七尾線：金沢→津幡→羽咋→七尾→和倉溫泉　**時間➔**週五、六、日及假日2班往返，去程金沢駅10:15、14:15發車，回程和倉溫泉駅12:06、16:30發車　**票價➔**金沢~和倉溫泉￥2,900，餐券￥2,000~2,900(依車次不同、供餐內容不同)。餐券最少需提前4天預購　**車型➔**國鐵48型氣動車　**網址➔**www.jr-odekake.net/navi/kankou/area_hokuriku/hanayomenoren

能登里山里海號

Satoyama satoumi go

所謂的「里山」、「里海」，正是指與人們相近的山海。運行在能登鐵道上的里山里海號穿梭於在地的山林、海灣之間，可以飽覽半島上的風景，其實能登半島與新潟的佐渡島都被列為日本的「世界農業遺產」，島上保留著傳統的農村風情，珍貴的文化風貌吸引許多人造訪。

在這樣的土地上行走，當然是需要慢慢感受的行程。列車天天運行，但週末及例假日的班次，列車上可預訂餐食或甜點，能在車上邊賞景邊享用。全車指定席、需先預約，平日班次若有空位，也可當日購票。最大的特色便是花比普通車更多的時間，一般普通車約40分能從七尾至穴水，搭乘此列車則需花1小時才能達，多出的時間可享用車內飲食，慢慢欣賞美景，沿線壯麗的七尾灣風景，尤其是冬季天寒地冰的壯麗景色與春季的櫻花瀾漫，更是吸引人們一再到訪的原因。

此外，平時不開放的鐵道郵便車「オユ10」，也只有搭乘里山里海號抵達能登中島駅時，會趁著停留的10分鐘開放內部給乘客參觀，記得事先準備好明信片並貼好郵票，投入車內的郵筒，收到信時會有特別的郵戳。

©能登鐵道

©能登鐵道

©能登鐵道

沿著海灣穿越半島

©能登鐵道

公司➔能登鐵道　**路線➔**能登鐵道七尾線：七尾→和倉溫泉→穴水　**時間➔**七尾8:58、12:30、15:32發車，穴水11:00、14:15發車　**票價➔**七尾~穴水：大人¥1,350、小孩¥930。週末假日班次有提供車上壽司御膳套餐¥2,550、甜點套餐¥1,530(需6天前預訂)　**車型➔**NT300系　**網址➔**satoyama-satoumi-go.net

Oykot號

おいこっと

運行在JR飯山線上的「おいこっと」，拼音寫成「Oykot」，正好與東京的拼音tokyo相反，取的正是與都會完全相反的原鄉之地。就算Oykot號沿線的鄉鎮完全不知名，但沿路的翠綠的農田、荷塘近在眼前，搭配上遠景的山稜森林鬱鬱蒼蒼，描繪出的正是日本人心中「故鄉」該有的樣子，就是療癒的魅力所在。

僅有兩節車廂的Oykot號，外觀也非常地樸實，內裝以木地板與豆沙色座席為主題，配上障子概念的窗格設計，展現十足的民居風格。車內也安排女性乘務員穿著傳統的鄉村服飾，除了講解觀光景點，並會幫忙旅客拍照，非常親切。而且因為經過的鄉鎮都太不知名了，每次列車靠站前，車內便會流淌著慈祥老爺爺的聲音介紹在地特色，這可是以動畫《まんが日本昔ばなし》出名，日本人都知曉的著名配音員常田富士男為列車特別錄製的！

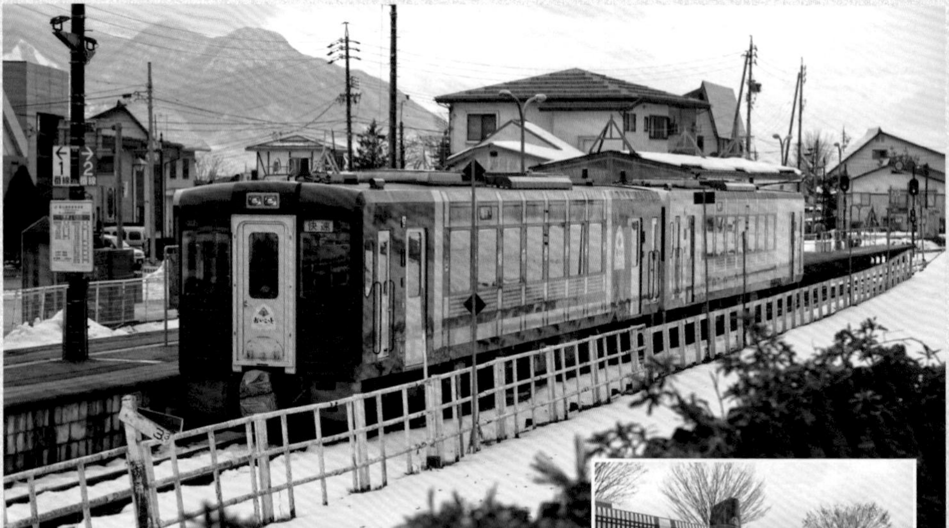

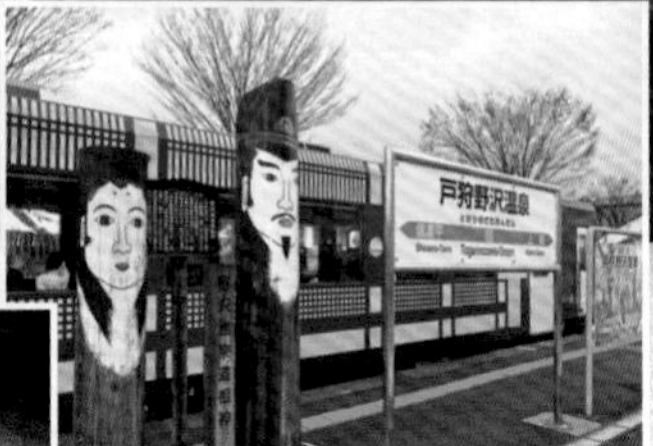

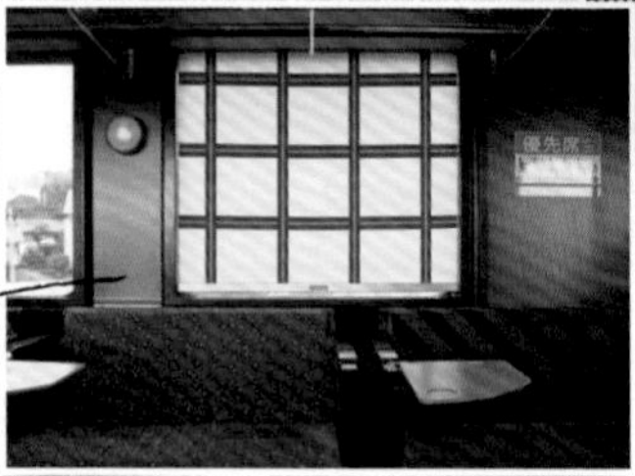

日本原鄉風景列車

公司➔JR東日本　**路線➔**JR飯山線：長野→替左→飯山→北飯山→戸狩野沢温泉→森宮野原→津南→十日町　**時間➔**只在週末、例假日才運行，一日一班往返。3~9月9:15長野發車，十日町13:05發車。冬季因為大雪，運行區間會視狀況改動，詳見官網。　**票價➔**長野~十日町￥2,310　**車型➔**キハ110系　**網址➔**www.jreast.co.jp/railway/joyful/oykot.html

©JR東日本

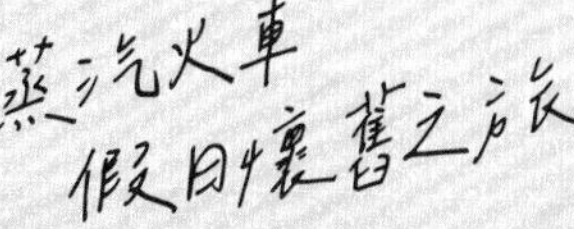
蒸汽火車
假日懷舊之旅

©JR東日本

©JR東日本

可愛的白鼬鼠是列車吉祥物。

SL磐越物語號

SLばんえつものがたり

日本鐵道迷看到SL兩字絕對不陌生，蒸汽火車要上路了！1946年製造的C57-180蒸汽牽引車頭，玲瓏有致的外觀，被暱稱為火車頭界裡的「貴婦」。原本已經退役保存在新津站的火車頭，在當地居民們的殷切盼望之下，在1999年修復後服役至今，特別在夏季的週末假日往返一個班次，運行在被稱作「森與水的浪漫鐵道」的磐越西線上。

黑色的蒸汽火車頭有著威風的大煙囪，噴出的陣陣煙霧劃過田野山林間，吸引鐵道迷、攝影師追尋。車廂搭配蒸汽火車頭的復古沉穩，內外皆採用赭紅色調塗裝與實木色來統一視覺，七節車廂中除了一般與商務豪華客席，也設置了大型展望車廂與紀念品販賣部，還設有專屬郵筒，可以在這裏寄一張明信片回家。

磐越西線沿線風景優美、四季風光分明，從列車設置的大片觀景窗可將沿線美景一覽無遺。沿線民眾見到列車駛來，都會停下手邊的事，以燦爛笑容揮手道別。列車至中途的津川站會停留15分鐘添加煤火，以藍天小站為襯，此時是與噴煙的SL合影的最佳時機！

公司➔JR東日本　**路線➔**磐越西線：新津→五泉→咲花→三川→津川→日出谷→野沢→山都→嘉多方→塩川→会津若松　**時間➔**7月下旬~9月底的週末、例假日，每日1班往返，新潟津10:03發車、会津若松駅15:27發車　**票價➔**新津駅~会津若松駅￥2,790　**車型➔**C57-180、12系氣動車　**網址➔**www.jreast.co.jp/railway/joyful/c57.html

中部北陸熱鬧祭典

除了合掌村、傳統工藝，中部北陸還保留有許多精彩的風俗文化，每年依照時序輪番上陣的祭典活動就是其一，不管是吸引萬人參與的盛大祭典，或是鄉鎮里舉辦的特色祭典，都富有地方文化的色彩，要是剛好遇上祭典，不妨就排入行程，參與其中，感受祭典的熱烈氛圍吧。

中部華麗美祭

高山八幡祭

與京都祇園祭、秩父夜祭(一說是長浜八幡祭)合稱為「日本三大美祭」的高山祭，是秋天八幡祭與春天山王祭的總稱。高山祭的源起已不可考，但應該是1586年到1692年，飛驒山國的領主大名金森氏掌權之時，就有舉行高山祭的傳統。而高山祭的主角「屋台」，則是在1718年時確立了結構和表演型式；這些金碧輝煌、爭奇鬥豔的屋台，一直是由高山稱之為「三町眾」的富商出資，由木匠、雕師、塗師等最高手藝的飛驒藝匠設計和製作。眾屋台中，最受注目的是裝設著機械人偶からくり的屋台，站在屋台上的機械人偶能舞動、能環視參加祭典的人群，活靈活現的演出常引來眾人的歡呼。

兼顧華麗、絢爛、哀愁、玄幽意境的屋台車，是日本指定的文化財，當屋台一年一度被拉出來展示時，吸引日本國內外的觀光客，連國外媒體都經常現場連線直播呢。

時間➔10月9日、10日

華麗人偶表演

秋天舉行的八幡祭，總共出動11座屋台，和春天山王祭的12台屋台全然不同，甚至更加華麗，其中以布袋台最出色，因為它的機械人偶巧妙複雜，總共動用8個人用36條操作繩操作，是高山屋台中的傑作。

布袋台的表演向來是八幡祭的最高潮，機械人偶包括一個很像笑咪咪彌勒佛的和尚，和兩個木偶小人。和尚先出場，走到伸出屋台外的單木，和觀眾們打招呼，隨後小人從半空中的竹鞦韆上現身，沒線沒絲綁著的木偶小人竟在半空中翻滾，還準確無誤地坐在和尚的肩上。

除了模樣討喜的人偶和尚被舞得似乎有靈性般，舉手投足逗得觀眾大樂，木偶小人跨坐肩上後，心花怒放的和尚伴隨著突然快節奏的竹板音樂，不停地兜圈子，最後竹鞦韆上的彩球爆開來，彩紙滿天飛，和尚左手拿的彩布也剎時張開，上面寫著「和光同塵」，人偶和尚的表情看來滿意極了，看得觀眾們如痴如醉拍紅了手。據說布袋台的表演秘訣是不傳之秘，只有少數的師父才能登上布袋台表演，並終其一生不得對外洩露；總之，傳承自中國的技法，高山的師父們靠著自身的研究，已經代代相傳200多年。

白天到夜晚

祭典的屋台平時存放於各地的屋台藏中，祭典當日早上9:00，屋台由穿著古代人力服的工作人員合力拖往櫻山八幡宮集合，移動的過程煞為有趣。觀光客早就鎖定喜好的屋台，隨著拖行的屋台往八幡宮前進。「御神幸」的遊行行列高達千人，加上神輿、獅子舞、神樂、雅樂、鬥雞樂等表演，熱鬧上一整天。到了夜晚，各屋台點亮上百個提燈，更顯華麗。第二天祭典繼續舉行，黃昏再以神樂台的太鼓指揮，各屋台依序返回屋台藏，等待明年秋天的賣力演出。

秋祭 屋台

神樂台

台頂的太鼓是其特色，外輪黑木架上有三束古代金幣，前後著尾翼大開的鳳凰，十分金碧輝煌。

布袋台

上段向前伸出的木通是人偶和尚表演的地方，屋頂上則前伸出竹鞦韆，小人偶就從這裡出場。

金鳳台

不是極度華麗，保留傳統屋台的古風，是十分重要的文化財，也是高山祭典的人氣屋台之一。

大八台

直徑1.56公尺的黑色古車輪「輦」非常搶眼，掛著多彩布幔更讓人一眼就能認出。

鳩峰車

是眾屋台中歷史最久遠的一台，以大津繪著名。而中段前的綴錦織幕是其最大特色。

神馬台

屋台上緣雕著彩雲，左右兩側的掛帳上繡著鬼頭，上段台頂鳳凰逆立尾翼前翻，造型特別。

仙人台

十分有歷史的屋台，推斷已有200年歷史，上段人偶是具白髯老翁，即是屋台名稱的由來。

行神台

行神台上的修行老人像原被供在神社中，幾經流轉才被人發現腹中寫著必需供在屋台上而聞名。

寶珠台

原本下段有七色寶珠，改建後在屋台頂裝飾了一對大龜，搭配著雲形鰭，又稱作龜屋台。

豐明台

4車輪上趴著玩球的小獅子木雕，中段四面欄上雕著各色牡丹，圍欄上浮雕著十二生肖，栩栩如生。

鳳凰台

下段浮雕白獅，中段高掛著玉毛房，襯托金竹簾和菊花木雕，而上段裝飾得超級豪華，貴氣十足。

屋台構造大解析

鳳凰

屋台設計中第一個吸引人目光的結構，除了展翅的鳳凰造型之外，還演變成許多不同的設計，基本上以金色為主，陽光下顯得耀眼奪目。

羅網

玉房

刎高欄

胴幕

襯托整座屋台華麗富貴的重要部位，通常每台都有不同的設計，有些以金線和彩線混合刺繡的設計，精緻而絢麗。

車（共四輪）

車輪大部份都隱藏在後面，但有些台車卻以黑漆、金箔互相點綴的大車輪著稱。

木雕

是欣賞屋台的重點之一，通常獅子、龍紋、鯉魚、十二生肖、牡丹花等等是常見的設計。

人形

又是屋台吸引人的另一個焦點，無論電動木偶或布袋偶的動作、姿態、神情都非常傳神，通常會引來大批圍觀的人潮觀賞表演。

見送

掛著長形水墨畫或刺繡，位置是面向台車行進方向的反側，也就是台車經過之後才看得到。

上段屋台

常常是樂師表演的舞台，同時，操演布袋偶的師傅也是藏在這裡。

窗

參加祭典快速上手指南(以八幡祭為例)

祭典舉行背景	祈求感謝秋季五穀豐收
時間	10月9日、10日
會場或地點	岐阜縣高山市 櫻山八幡宮
祭典程序 	御神幸　10月9日13:00八幡宮出發，約14:00抵達旅所(神明在遶境途中休息或住宿的地方) 10月10日8:30八幡宮出發，12:30從旅所出發，16:00回到八幡宮解散
	屋台曳き揃え　10月9日9:00~16:00 將秋祭的屋台從保存的屋台藏內拖出來，並一路牽曳到櫻山八幡宮，其中一台擺設於八幡宮內，10台置放於櫻山八幡宮表參道上展示。
	屋台曳き廻し　10月9日13:30起4台屋台從櫻山八幡宮表參道出發，繞中新町、久美病院後往西，再通過大新町本通，回到櫻山八幡宮表參道繞行祭典區一圈。神樂台、鳳凰台為每年固定繞巡，另兩台則由布袋台以外的屋台輪流繞行。
	からくり奉納　10月9日12:00起和14:00起，一日兩次 10月10日11:00起和13:00起，一日兩次 在八幡宮境內有布袋台的機械人偶表演
	夜祭　10月9日18:00~21:00屋台點燈繞行，櫻山八幡宮表參道→下一之町→安川通り→下二之町→下三之町→安川通り→下一之町，詳細路線請參考每年活動宣傳

高山祭／山王祭

除了秋天的八幡祭之外，春天的山王祭在落櫻繽紛的季節中舉行，向世人宣告著春神降臨，唯美的氣氛更是讓人驚豔。山王祭以舊高山城南部的日枝神社為主要場地，除了屋外、舉行場地與八幡祭不同之外，型式、藝術性與可看性可是一點也不會輸給八幡祭，也就是說，在一年之中秋、春季都可以一睹高山祭典的盛大與華美。

JR高山駅東口徒步10分即達各場地　岐阜縣高山市日枝神社(主場地)　4月14日、15日　0577-36-0270(高山祭案內本部)

傳承1300年的古老傳統

長良川鵜飼

夏季的夜晚永遠是充滿色彩和浪漫情懷的，岐阜這個地方更因為保存了1300年的水上傳統活動——鵜飼，而大放光彩。關於鵜飼最早的記載是在7世紀的《隋書倭國傳》中有記述，證明最早是從中國傳來的捕魚技術，但是隨著觀光發展，在岐阜，鵜飼已成為一個華麗而神秘的儀式。

時間➔約5月中旬~10月中旬，4月上旬開放預約乘船

觀賞鵜飼盛事

下午6點15分左右，河岸邊就聚集了許多要前往觀賞鵜飼的客人，10多艘帶著棚子的傳統小舟一字排開，在黃昏映照成金黃色的河面上顯得特別典雅。工作人員們忙著準備船上的餐飲，船底鋪上草蓆中央放上長桌，晚餐要用的日式便當和啤酒一一上桌。岸邊，鵜匠穿上傳統服飾：烏帽、簑衣、草鞋，帶著鸕鶿給客人們拍照。上船之後，船隊往長良川上游前進，趁夜色還沒完全暗下來之前先遊覽一下兩岸風光，遠遠可以看到矗立在山頭的岐阜城。船隊到岐阜城下一處較寬廣的水域靠岸停下來，這裡是鵜飼表演的主要舞台。此時一艘比客船稍微寬一點的傳統蓬舟從下游緩緩上行經過你面前，船上三位拿著扇子的藝妓正隨著笛聲起舞，這是鵜飼活動的開場白，也是傳承幾百年的儀式，經過這一場約10分鐘的表演之後天色已經完全暗下來了，在空靈的樂聲催眠下，還以為自己進入古代的日本。

烈焰下的古老儀式

熱鬧中，從上游傳來木頭敲擊的聲音，客人們都從位子上起身擠到船頭去觀望，距離客船幾十公尺的遠方有兩團火焰在水面熊熊地燒著，從上游往下漂近，排在上游的幾艘客船划離岸邊，撲向兩團火焰，停留了幾分鐘之後才又分開，接下來又是另外幾艘客船靠過去。

懸掛在船頭的一團火把，烈焰將方圓10公尺內的景色照得通明，連水面都呈現一片通紅。小舟共有兩艘，每艘上面各有兩位鵜匠，年輕的一位負責划槳，而站在船頭、身穿全套行頭的老師傅就是今晚的主角，他一手握著十多條繩子，每條繩子的另一端都繫著一隻鸕鶿，一手拿木棍敲擊船身，鸕鶿似乎聽得懂這暗示，拼命向前游並不時潛入水裡補魚，補到魚的鸕鶿就會返回船邊，讓鵜匠將魚從喉嚨裡取出來。

這場鵜飼表演在黑夜和火紅的烈焰襯托下顯得格外神秘，在船隻一來一往交錯下進行1個多小時，最後在大家的讚嘆聲中緩緩落幕。

鵜匠的傳統穿著

鵜飼的職人們早期在日本宮廷裡擁有一個特殊的職位，稱為「宮內廳式部職鵜匠」。正因為屬於傳統文化的一個要角，鵜匠們的穿著絕對要講究正統、不能絲毫馬虎。而從百年前傳承下來的裝束，都是手工染和編製而成的，這些服裝製作的技術也必須同時傳承下來，才有可能保持正統穿著。

風折烏帽子

顏色與衣服統一是黑色或深藍色，材質為麻布。緊纏繞在頭上，將頭髮完全包住，功用在於防止船頭「篝火」燒到頭髮。

胸當

胸前一塊圍襟，目的在防止飛來的火屑及松脂燙傷皮膚，同時中央也成了一個口袋，可以放置隨身用品。

魚服

一定是黑色或深藍色的棉布製成，為了操控鵜鶘方便，上臂部分寬鬆而袖口剪裁漸窄。

腰蓑

稻草編製而成的裙子，目的在阻擋飛濺起來的水花，保持身體的溫暖。

足半

同樣也是稻草編成的，長度只有一般草鞋的一半，目的是為了增加腳底的抓地力，避免踩到魚脂或水漬而滑倒。

一起加入舞蹈行列。

盛夏夜晚的祭典盛宴

越中盆舞

－ おわら風の盆 －

富山縣的越中八尾町平時是優閒而安靜的山間歷史小鎮，但一到夏末初秋，小鎮處處都騷動了起來，因為越中八尾的「盆踊り」「おわら風の盆」是全日本最有魅力、最唯美的。由於地形關係，越中八尾幾乎全年都吹著來自日本海的強風，開始有了在淨土宗寺廟聞名寺念佛跳「風の盆」舞蹈的習俗，以鎮風災。

傳統歌謠與舞蹈

「風の盆」指的是舞蹈，而配合舞蹈吟唱的おわら(owara)則是歌調，也是祭典中不可或缺的一環，以胡弓為主角，加上三味弦，奏出哀愁又清徹的樂音。舞蹈動作大約可分成12個基本動作，且男女舞者都戴著人字型用稻草編織的斗笠，往前傾的戴法，遮住視線，露出後頸背，讓人不禁想窺視舞者的廬山真面目。女舞者的每個動作看起來雖然簡單，但優秀舞者的一舉手一投足一轉身，只有優雅唯美可以形容，而男舞者的舞姿並不在突顯蠻力，講究俐落分明；在群舞時，每個定格的動作都能組成一幅舞畫，讓人百看不厭。

加入行列跳舞同歡

越中盆舞的醍醐味是在各條坂道上進行稱之為「おわら町流し」的活動，各町的男女舞者、演奏隊伍、歌人，於先導人員的引領下，在街道上前進、演出，到了各定點停下來，男女老少的舞者圍成圓圈一起跳，演奏隊伍及歌人則在圈內配合著彈唱。祭典會一直持續到深夜，舞蹈和樂音在昏黃夜燈的催化下，染上妖豔的色彩；人氣最盛的夜場，在古色古香的諏訪通、鏡町公民會館前的鏡町通、若宮八幡社，而靠近車站前的交流廣場，則有全套的教舞活動，讓大家留下美好的回憶。

交通➔JR高山本線「越中八尾」駅下車，祭典期間從車站就開始熱鬧非凡 **電話➔**076-454-5138(越中八尾観光協会) **時間➔**前夜祭8/20~30間的20:00~22:00；おわら風の盆9/1~3，1日、2日的17:00~23:00、3日19:00~23:00 **網址➔**www.yatsuo.net/kazenobon

看看有
哪些祭典
可以參加。

熱力四射瘋祭典

除了主要幾個大祭典，其實不管春夏秋冬、陸地海上，中部北陸的祭典不只有得看，連吃喝玩樂都通通包！快來感受讓人暖呼呼，熱燙燙的祭典魅力吧！

祭典	時間	地點	內容
三寺参拜	1月15日	岐阜縣飛驒古川	傳承200年以上的「三寺参拜」在每年這一天，信眾分別會巡拜圓光寺、真宗寺、本光寺三大寺廟。而在連接這三個寺廟的参道上，排列著雪白的蠟燭，氣氛莊嚴而壯觀。另外在瀨戶川邊，千支以上蠟燭排成一列，更將整條街映照成金黃色。
水仙祭	越前町約12月中旬、福井市約1月中旬~下旬	福井縣福井市、越前町	福井縣的水仙花是日本的三大產地之一。在祭典當天每個人都可以待到一株水仙花，加上現場的地方特產販賣，一直是人氣很高的活動。
宇奈月溫泉雪之嘉年華	2月上旬	富山縣宇奈月溫泉鄉	以宇奈月溫泉街為舞台，不只能參加點燃松樹的「松明」遊行、還能吃到名水豬肉鍋、2月每週的星期六還有盛大的花火大會。
雪人祭	2月上旬	石川縣白山市桑島、白峰地區	每年的冬天，白山市桑島、白峰地區的居民親手堆起一個又一個可愛逗取的雪人，配合晚上的點燈，讓整個社區都成為雪人公園。
十日町雪祭	2月15~17日(中旬)	新潟縣十日町市(車站周邊及廣域範圍皆有)	在豪雪之地十日町舉辦的雪祭，於市區、各地展出當地居民親手製作的雕像，還有雪上活動可以參與，最後一天更會舉辦十日町和服女王的選美比賽，可以見識這個和服重要產地的華麗之美。
送水儀式	3月2日	福井縣若狹神宮寺	相傳流經若 神宮寺前的遠敷川是運送神明來到此地的神水，所以每年的3月2日都會舉行送水儀式祭神。祭典的最高朝在晚上的火祭，眾人持火把渡過河岸，充滿神祕古老氛圍。
古川祭	4月19~20日	岐阜縣飛驒古川	有「世界奇妙祭典」之稱的古川祭，在日本以「裸祭」而聞名。參與祭典的男人們都裸著上半身，扛著鼓面直徑80公分的大鼓在古川市內巡行，為祭典掀起高潮。
砺波鬱金香博覽會	4月下旬~5月上旬	富山縣砺波鬱金香公園	每年的4~5月是鬱金香產季，在其中，全日本最大規模栽培鬱金香的 波鬱金香公園會舉辦各種活動，適合全家大小遊玩。
SPA馬拉松In宇奈月	4月，詳細時間請參官網(spamara.jugem.jp)	富山縣宇奈月溫泉鄉	初春來宇奈月溫泉泡湯時別忘了穿上浴衣參加馬拉松比賽，以「快走」的方式在宇奈月溫泉鄉中的各大景點觀光，說不定還能得到獎品哦！
九谷茶碗祭	5月3日~5日	石川縣加賀溫泉鄉九谷陶芸村	每年的5月3~5日，在九谷燒窯地的加賀溫泉鄉都會舉辦茶碗祭，這時九谷燒的店家都會出來擺攤，是以最優惠價格購入優質九谷燒陶器的好時機。
金沢百萬石祭	6月上旬舉辦，共3天	石川縣金沢駅~金沢城公園	最能呈現金澤城武士的驍勇善戰的就屬金澤百萬石祭了。藉由遊行行列重現前田利家的加賀絢爛風華，盛大的排場不要錯過了！
加賀友禪放水燈	金澤百萬石祭第一日的夜晚19:00至21:00舉辦	石川縣淺野川大橋~天神橋一段	每年「金沢百萬石祭」的第一天晚上，淺野川上就會出現點點亮燈。仔細一看，燈籠上描繪著加賀友禪的花樣，為古街美景增添韻味。
湯涌溫泉冰室開室	6月下旬	石川縣湯涌溫泉	每年冬天冰室小屋中都會積存冰雪，到了夏天便會打開，將冬天的冰雪奉獻給藥師寺，祈求今年的繁榮與無災。
七尾祇園祭	7月第2個週六	石川縣七尾市街地東部	從京都發祥的祇園信仰在能登半島也十分興隆。融和能登半島的特殊信仰，主祭時作為奉燈之用的キリコ在燃燒的熊熊火焰下舞動，聲勢甚是壯大。
越前夏之祭	7月第2個週六	福井縣越前町	夏天是充滿花火的季節，但要看到從海上發射的花火就很難得。在這裡不只可以看到迫力滿點的海上花火還能參加傳統的盆舞大會，讓夏天更不一樣。
北國花火金沢花火大會	7月底	石川縣金沢犀川河畔	從5個發射點同時發射，有1000發以上的美麗的花火將燃亮整片夏日夜空。
長岡大花火大會	8月1~3日	新潟縣長岡市長生橋下	紀念二戰時於轟炸中死去的人們，告慰亡靈與祈願和平而生的祭典，1日的和平祭結束後，2日、3日晚上都會舉辦煙火大會，將長岡夜空變得絢爛繽紛，名列「日本三大花火節」之一，尤其以直徑90公分的「三尺玉」最具代表。
輪島大祭	8月22~25日	石川縣奧津比咩神社、重 神社、住吉神社、輪島前神社	輪島大祭是在4天間由4座神社輪流舉辦的盛大祭典。塗上口紅腰別鮮花，男扮女妝的年輕人扛著神轎在海中巡行，藉此讓鎮守輪島的男神與位在舳倉島的女神相會。
謙信公祭	8月25、26日	新潟縣上越市春日山城跡	在上杉謙信的出身地上越市舉辦的祭典，為了紀念這位戰國名將，不僅會點起狼煙，最精彩的就是第二天的對陣行列，重現川中島合戰的場景。
濁酒祭	10月中旬	岐阜縣白川鄉荻町合掌集落	每年為了慶助秋天豐收，白川鄉各村莊都會舉行濁酒祭。早上有神社的祭典，下午還有舞獅與民謠奉納、濁酒奉納等精彩的活動。
庄川鮭魚祭	11月間的週末及國定假日	富山縣石瀨庄川左岸河川敷	秋天是鮭魚逆遊而上的時節，來到這裡可以體驗鮭魚的捕捉，還能夠吃到完整一隻鮭魚下去烤的烤魚，是很有生態教育性的趣味活動。
三國溫泉螃蟹祭	11月中旬	福井縣三國町	越前是捕獲螃蟹的大港口，有名的程度甚至連螃蟹都以越前來命名。每年11月開始開放捕捉，是吃螃蟹的最佳季節，趁機來到三町參加祭典，就能吃到最便宜且最新鮮的道地越前蟹。

備註➔祭典日期逐年異動，出發前請上網確認

台灣拉麵

台湾ラーメン

♥

名古屋人最愛的拉麵居然是「台灣拉麵」，辛香微辣的湯頭正好搭上日本多年前的「激辛」風潮。台灣拉麵將台南的担仔麵和肉燥麵加以改良研發，調配出適合名古屋人的口味。新鮮的肉燥與韮菜搭配油麵，以雞湯為底的鮮辣湯頭大獲好評，不但日本人喜歡，也很合台灣人的胃口。

名古屋早餐

♥

早上來到名古屋的咖啡廳，只要點一杯咖啡，就會免費附上吐司與水煮蛋，而且不只早餐時段，有些店家甚至全天都有提供，是當地特有的飲食體驗。

棊子麵

きしめん

♥

棊子麵的特色是麵條特別寬，約1.5公分左右，最早是在江戶時代開始流行於名古屋一帶，成為當地特色美食。其湯頭勾芡，吃起來有點像台灣的搶鍋麵，因為麵條較寬較薄，在煮的時候不用花費太多時間，深受許多上班族人士的喜愛，在下班回家途中總要來上一碗。

中部北陸必吃美食

中部北陸地區廣大，每個縣市都有其獨特的鄉土料理，除了口味偏重的名古屋料理是一般旅客較熟悉以外，還有很多充滿地方風味的料理，千萬不能錯過。

味噌烏龍麵

味噌煮込うどん

名古屋的味噌烏龍麵是家喻戶曉的鄉土美食，湯頭使用柴魚、香菇、昆布、醬油等精熬而成，加上赤色八丁味噌為底，再調入秘傳的名古屋白味噌，配上特製的超Q烏龍麵條，裝在陶鍋中大火精燉後直接上桌，熱呼呼地讓人吃來大感滿足。

味噌豬排

味噌カツ

♥

日本的炸豬排何其多，但就以沾著味噌醬汁品嚐的名古屋流最具特色。昭和初期，因為有人將炸豬肉沾了味噌鍋的醬汁吃，因而開啟了名古屋味噌豬排的飲食習慣。堅持好吃的味噌豬排取決於嚴選食材、炸豬排的方法與味噌醬汁的熟成度，來到名古屋就該品嚐看看這正宗美味。

鰻魚飯

ひつまぶし

♥

名古屋鰻魚飯有別於其他地方，除了將鰻魚用高超刀法劃上刀痕，沾上特製醬料燒烤過後再放在飯上炊蒸，還有大名鼎鼎的「鰻魚飯三吃」，原味之外，可以搭配蔥花、海苔、山葵等「藥味」，或加入香茶變成「茶泡飯」，一次品嚐不同滋味。

壽司

因為坐擁地利之便，北陸地方擁有非常豐富的漁獲，其中還有不少是日本海一帶才能吃到的海鮮，因此這一帶自然有許多壽司店，不管是正統的握壽司還是輕鬆的迴轉壽司店，都能夠吃到當地新鮮海產，鮮美滋味讓人大呼過癮。

炸雞翅

手羽先

名古屋土雞(名古屋コーチン)聞名日本，特徵是肉質緊緻濃香有彈性、脂肪分佈適中不乾澀。在各種名古屋土雞做成的料理中，又以炸雞翅最出名。各大店家使用秘傳的醬汁與特殊香料刷在炸雞翅上，每一家的口味都不一樣，不變的是重口味雞翅最適合搭配上清涼的啤酒。

越光米

コシヒカリ

目光放到各式料理之前，先注意一下裡的白飯吧，日本海側是鼎鼎大名的光米的產地，其中福井跟新潟更是主產地，尤其是新潟魚沼一帶的越光品質最佳，許多餐廳更會強調是使地產越光米，到北陸地方一定不能錯。要是吃不夠也可以買回家。

天然炸鰤魚丼

炸鰤魚丼是佐渡島的B級美食，以天然鰤魚為素材，經過簡單油炸，就成為外皮酥脆魚肉多汁的美味，再淋上獨家醬汁更是讓人胃口大開。島上有多家販售炸鰤魚丼的店家，只有插上這小旗子的才是有經過認證的哦！

福井羊羹

福井是日本的豪雪地帶，但當地人卻有個奇妙的喜好，那就是在冬天裡吃羊羹！冰冰涼涼的羊羹通常都是夏日的點心，但福井人就是喜歡冬日裡圍著暖桌、吃著咕溜羊羹，也因此當地有多家羊羹老店，平常吃就已經很美味了，要是冬天造訪，不妨學當地人一樣，試試看最道地的滋味。

螃蟹

說到日本螃蟹，首先想到的或許會是北海道，但其實金沢、福井都是螃蟹產地，又以福井的越前蟹最為出名，體型巨大不說，肉質更是甜美；每年冬季11月到3月是螃蟹盛產的季節，不僅是北陸一帶溫泉旅館的特選晚餐，福井更有放滿蟹肉的螃蟹飯(かにめし)，而且鐵路便當就有這個品項，全年都吃得到！

蒲燒泥鰍

どじょうの蒲焼

在金沢說到蒲燒，當地人最先想到的可是「泥鰍」。據說明治年間長崎天主教徒被流放到金沢卯辰山，為了生活，他們把野生泥鰍做成蒲燒販售，甜辣醬汁搭配泥鰍，成為金沢獨有的滋味。

日本酒

中部北陸有許多知名酒藏，尤其新潟可以說是最有名的日本酒產地，光是新潟縣內就有超過90家釀酒藏元，而且在新潟市、越後湯沢的ぽんしゅ館就能品嚐到縣內所有名酒，喜歡品酒的話，到中部北陸千萬不能錯過。

金沢關東煮

♥

關東煮通常是冬天的食物，但在金沢卻是通年的平民美食，因此市區裡有不少老店。金沢的關東煮大多利用北陸盛產的魚類及地產的加賀野菜，可以吃到季節的美味，尤其冬天限定的名物「カニ面」，是用整隻母蟹(香箱蟹)煮成，吃完蟹肉跟蟹黃後，還可以倒入溫熱的清酒，用「甲羅酒」享受最後的精華。

和菓子

♥

中部北陸保有日本的傳統風情，因此各地都有獨到的和菓子，尤其金沢的東茶屋街裡有許多可以品嚐和菓子的喫茶店，每一樣都是精緻的點心，從眼睛到味蕾都能享受和菓之美。

豬排丼飯

♥

福井與新潟都有當地口味獨特的豬排丼飯，這兩種都可以翻譯為「醬汁豬排丼」，福井的是由老舖歐洲軒研發的「ソースカツ丼」，以薄片里肌裹上特別細緻的麵包粉，起鍋後迅速淋上調和各種香辛料的特調伍斯特醬汁；而新潟的則稱作「タレかつ」，是把炸好的豬排快速浸泡到醬汁裡，都是當地人喜愛的口味，可以的話不訪兩種都吃吃看，比較哪裡不同。

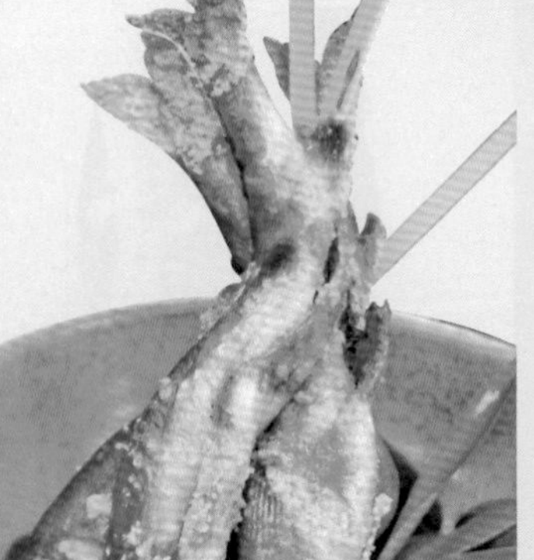

へぎ蕎麦

♥

除了一般蕎麥麵，新潟還有「ふのり蕎麦」，也就是加入海藻作成的蕎麥麵條，吃起來特別滑順有咬勁，而「へぎ蕎麦」其實就是指海藻蕎麥冷麵，當地人會將海藻蕎麥麵捲成一口大小，放在四方形的「へぎ」盤子上，因而得名。

金箔霜淇淋

♥

來到以金箔聞名的金沢，一定不能錯過近年興起熱潮的「金箔霜淇淋」，濃郁的霜淇淋放上一整片金箔，雖然金箔沒有什麼味道，但光是這樣就讓簡單的霜淇淋也變得奢華，也是到訪時不可錯過的有趣體驗。

香魚

アユ

♥

岐阜的長良川鵜飼是傳承千年的捕魚方法，當地漁家會利用鸕鷀捕魚，而且在岐阜是隸屬日本宮內廳管理的世襲職業。鵜飼中抓的魚就是香魚(鮎)，來到這裡可以品嚐看看天然的香魚，不管是整隻以爐火鹽烤，或是做成握壽司，都吃得出鮮甜軟嫩的肉質，這可是產地才有的美味。

越前蕎麥麵

越前おろしそば

♥

蕎麥麵是日本的代表食物之一，福井的蕎麥麵有些不同，這裡的蕎麥麵稱為越前蕎麥麵，吃蕎麥麵時不是搭配常見的醬汁，而是配上加入滿滿蘿蔔泥的沾醬，新鮮蘿蔔的鮮甜與嗆辣十分鮮明，與蕎麥搭配更加清爽，但是不小心沾太多的話，味道可能會有些過於刺激。

紅喉魚
のど黒

♥

在台灣也是高級魚類的紅喉，在北陸地方被稱作「のどぐろ」(喉黑)，富山、石川、新潟一帶都是產地，所以當地有不少餐廳、居酒屋都能品嚐到，可以吃到細緻且富含油脂的美味魚肉；另外，因為新潟相較之下較不那麼「觀光」，在新潟吃的話價格最為划算。

五平餅

♥

五平餅是日本中部地方的傳統料理，在岐阜的飛驒地方或富山縣南部山地，都可以找到這項點心。五平餅類似烤飯糰，不過大多會將米飯揉成橢圓形，再以扁竹成串，塗上醬油燒烤，有的還會加入芝麻、胡桃、味噌等調味料。

拉麵

♥

中部北陸地方有許多特色拉麵，像是清爽的高山拉麵，或是加入秘傳黑醬油的富山黑拉麵，還有新潟縣內的醬油、濃味噌、生薑醬油、背脂拉麵、咖哩拉麵這五大拉麵，每一款都各有擁護者，值得一嚐。

笹寿司
ささずし

♥

「笹」就是指竹葉，笹寿司也就是用竹葉包起來的壽司，這種壽司在石川、新潟都可以找到，不過稍有不同，石川縣的笹寿司更像是押壽司，而且車站就有販賣，而新潟則更像是鄉土料理，當地人會用竹葉當成容器，放上醋飯、鋪上各式山菜，各地作法也有所不同，據說是上杉謙信出征時沒有食器可用，因此利用竹葉當作容器而流傳下的料理。

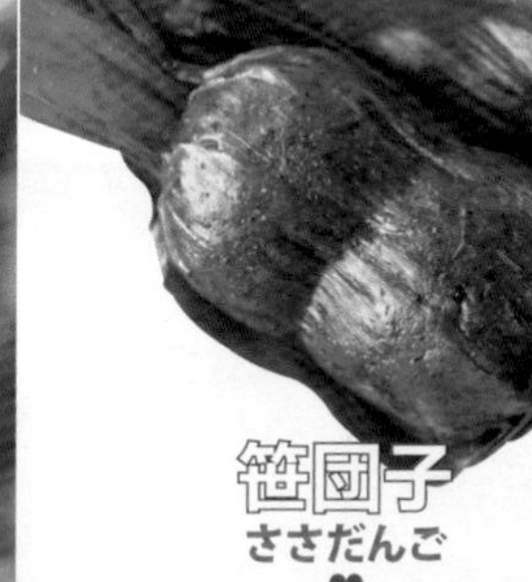

笹団子
ささだんご

♥

笹団子(竹葉糰子)是新潟的特產，其實就是把包了紅豆的艾草糰子用竹葉包起來，再用草繩綁起，蒸熟或水煮來吃的點心，據說是戰國時為了保存食物，而選用有殺菌效果的竹葉做成的。多了一層竹葉的清香，而且糰子的甜味也恰到好處，是新潟必吃的代表點心。

白蝦
白えび

♥

甘甜美味的白蝦，可說是富山灣的美味特產，這種大小約6公分的蝦子有著透明般的色澤，雖然盛產於日本海沿岸，但又以富山灣是最大產地，簡單炸成的炸蝦最能吃出白蝦的香氣，當然還有各種料理或仙貝，都是來富山必嚐的美食。

鱒魚壽司
ますのすし

♥

鱒魚壽司是發祥於富山的獨特料理，一般是將壽司飯放入鋪好竹葉的容器，接著擺上肥嫩鱒魚，再以竹葉包起、用力壓實就行了，這可是傳承百年的鐵路便當，想要品嚐看看的話，富山車站就可以買到。

飛驒牛

網狀般分布均勻的油脂與細緻軟嫩的口感，讓飛驒牛成為高山的名物之一。來到高山一帶，不論是以精緻料理方式呈現，或做成牛丸燒、炸肉餅、飛驒牛握壽司、肉包、漢堡等庶民料理，美味的飛驒牛都帶來不同以往的美味享受。

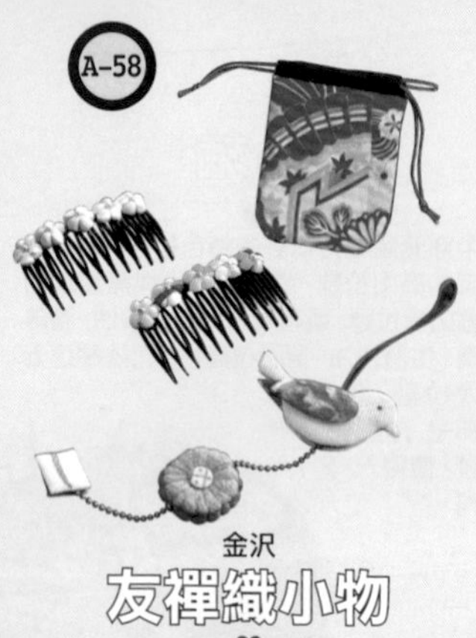

金沢

友禪織小物

用加賀友禪的和服布料做出來的和雜貨都十分可愛。有髮飾、零錢包、手提袋等等。花樣和種類都會隨著季節做變化，是十分實用的紀念品。

輪島

輪島漆器

歷史超過600年的輪島漆器，據說在正常情況下使用，經歷家族三代都不會損壞；且其特殊的製材，無論冷熱都能保持食物溫度，美味不打折。

金沢

加賀麩

加賀麩設計成櫻花、楓葉等風雅的模樣，顏色也十分豐富，可以代替豆腐加入味噌湯中，很有裝飾效果。現在也有用麩做成的小零嘴，直接吃也很美味。

中部北陸 必買伴手禮

金箔、陶器、和紙、漆器，這些都是中部北陸的著名工藝品，除了這些傳統工藝品，其實還有許多值得入手的伴手禮，不管是饒富趣味的地方商品，或是包裝可愛的小物，各具特色的物品讓人每樣都想買。

加賀

九谷燒

源自山中町九谷地區的優良陶土工藝九谷燒是石川縣重要的傳統工藝，色彩鮮豔是一大特色。最近有藝術家將傳統的九谷燒結合創意，燒出一個個實用物品。

金沢

落雁

以和三盆糖製作的落雁將各種和風味濃濃的形狀通通濃縮於和菓子上，讓品嚐的人從視覺就能夠感受到優雅的日本風情，而入口即化的頂級糖味更能讓人回味。

加賀

加賀八幡不倒翁

從前在鎮國神社八幡宮前的一位老人，用木頭刻了個強褓模樣的不倒翁送給孩子們，希望他們能建康成長。從此八幡不倒翁漸漸精緻化，成了結婚、產子的賀禮。

金沢

寒天菓子

♥

金沢的石川屋本舖運用寒天做成的和菓子，每一粒成品都要費時6天才能造就外層脆甜內部純潤的口感，色彩不同全是天然食材原色，是別的地方吃不到的干菓子。

金沢

YUKIZURI

♥

金沢冬天最著名的景致是兼六園的「雪吊り」，這是為防積雪壓折樹枝的傳統園藝技法。石川縣出身的糕點名廚辻口博啓以此為題，創作出「YUKIZURI」(雪吊り)，以地產食材，製成法式的杏仁千層酥，取前田家紋能登梅的「梅」，在千層酥上塗飾加了能登梅酒的皇家蛋白糖霜。可以在車站內的商場買到。

福井-鯖江

眼鏡硬麵包

眼鏡堅パン

♥

福井的鯖江以眼鏡產地聞名，其實這裡還有一種流傳許久的硬麵包，是從前的軍糧，因為硬度驚人，還被稱做「日本最硬的麵包之一」，近來就有店家結合這兩種特產，做出眼鏡造型的硬麵包，很適合拿來送人。

金沢

金箔製品

♥

石川的金箔非常有名，也因此可以找到許多金箔製品，不管是利用金箔加速保養品有效吸收的特性，做成的保養品，還是加入金箔的零食、咖啡、茶包，都是充滿當地特色的伴手禮。

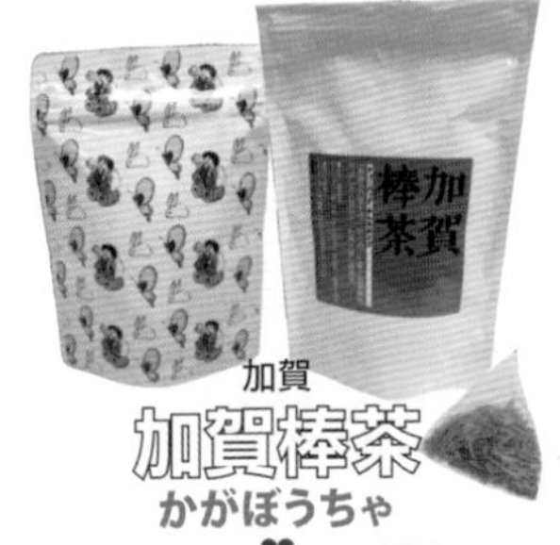

加賀

加賀棒茶

かがぼうちゃ

♥

「棒茶」是指在製作茶葉時，特別蒐集茶莖製成的茶品。日本其他地方雖然也有，但大多為深焙，加賀地方因採用淺焙，香氣清爽鮮明，咖啡因含量較低，也因為百年老舖「丸八製茶場」曾上貢「献上加賀棒茶」給昭和天皇，故稱為「加賀棒茶」，也成為當地的茶品代表。

新潟

新潟米菓

♥

新潟是著名的農業大國，盛產稻米，因此也有許多用米做成的點心，就連日本各地都找得到的「柿種」都是源於新潟，多種口味的米菓之中，記得不要錯過亀田製菓的「サラダホープ」，簡單的鹽味米菓擄獲新潟人的心，而且這可是新潟才買得到的產品。

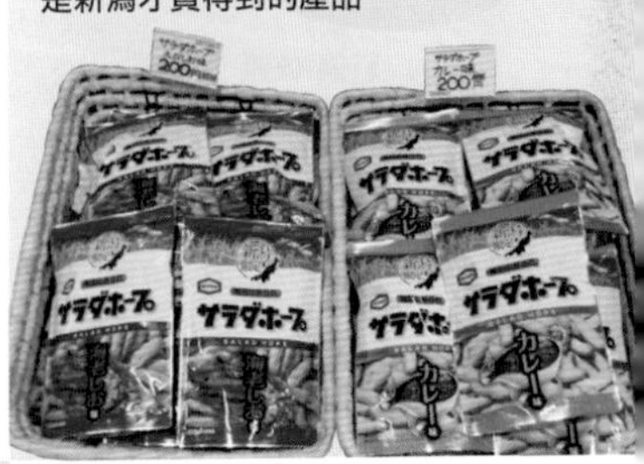

高山

飛驒猴寶寶

♥

猴寶寶是飛驒的代表吉祥物，各個店家都會擺上個幾隻，更有與人氣卡通結合、與當地名物結合的造型猴寶寶，種類繁多，每樣都很可愛。

新潟

雪室咖啡／茶葉

♥

新潟地方因為冬天都會下大雪，衍生出不少利用雪做成的製品，像是放在雪室裡發酵熟成的咖啡與茶葉，有著獨特的香氣，喝來更是順口，不妨試試。

新潟妙高

寒作里

かんずり

♥

寒作里是依循古法做成的辣椒醬，將辣椒以鹽巴醃漬後放在雪地裡曝曬，然後再加入米麴、柚子等配料調製，再經過3年發酵熟成，是新潟妙高獨有的美味醬料。

金沢
麥芽糖
♥
用米混和大麥製成的麥芽糖，是當初俵屋(あめの俵屋，原為米店)店主想出來代替奶水餵食嬰兒的食品，現在則因為麥芽糖中許多健康成分而大受歡迎。

名古屋
青蛙饅頭
カエルまんじゅう
♥
清柳總本家是名古屋的百年和菓老店，店內最具代表的就是青蛙饅頭，可愛的青蛙饅頭包著紅豆餡，除此之外還會不時推出季節口味，有機會可以找到抹茶、巧克力等口味的饅頭。

新潟
浮き星
♥
將傳統米菓「ゆか里」加以改良，做成有著年輕色彩的「浮き星」，雖然看似金平糖，但其實是小小的米菓類點心，可以直接吃，也可以加入熱水、熱茶或是撒在冰淇淋上增加風味。

新潟
燕三条餐具
♥
新潟除了各式點心、清酒，燕三条生產的餐具、刀具也很值得購入，燕三条是日本最大的食器產地，包括擁有200年歷史的頂級銅器品牌「玉川堂」、刀具名牌「藤次郎Tojiro」都是這裡的品牌，可以在CoCoLo購入這些絕佳好物。

新潟-佐渡
佐渡乳業餅乾
♥
佐渡盛產牛奶，高品質牛奶加上佐渡海洋深層水製作成的奶油，加了塩置於木桶中熟成，是島內外民眾的最愛。使用佐渡奶油製成內餡，再以香濃餅乾夾起，一口咬下不油不膩，是最佳伴手。

新潟
越乃雪
こしのゆき
♥
新潟的越乃雪是日本三大銘菓之一，其實也是落雁的一種，以越後地方生產的糯米為原料，加上四國產的和三盆糖製成，方形的菓子有著入口即融的口感，雖然使用了大量的糖，但卻能吃出細緻的糖味與米香，味道十分雅致。

名古屋
宇宙食物
♥
名古屋科學館的賣店裡，除了天文或科學相關的小物，還有各式各樣的宇宙食物，從白飯、飯糰、咖哩到甜點都有，甚至連名古屋限定的小倉紅豆點心都有，不用到NASA基地也可以找到宇宙食物。

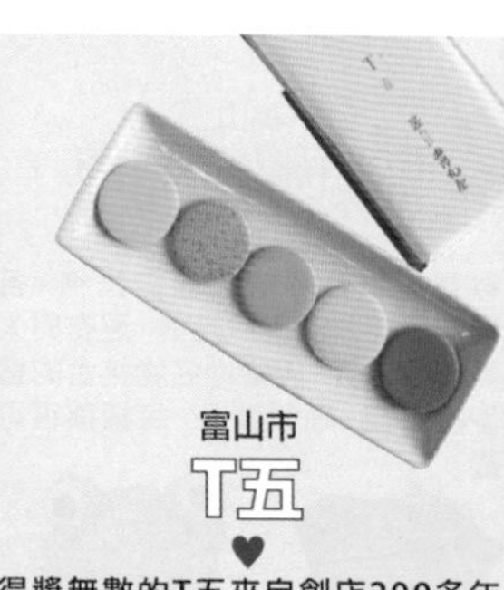

富山市
T五
♥
得獎無數的T五來自創店200多年的老舖五郎丸屋，以創店時薄冰般口感的脆餅為商品本體，製作出宛如馬卡龍般的粉嫩五色餅乾，分別有櫻花、抹茶、柚子、和三盆及胡麻口味，以五色(TONE)、五味(TASTE)，故取名T五，是送人絕對驚豔的特別和菓子。

福井-若狹

若狹塗箸

♥

福井縣的若狹塗工藝最特別的地方在於數十道的漆工中，間雜鑲嵌以貝殼、蛋殼、松葉，施以彩漆並又押上金、銀箔，最後再細磨出圖案。又以「若狹塗箸」最有名，以木、竹為主的輕巧筷子上有著纖細動人的裝飾紋路。

富山市

富山藥箱和菓子

♥

除了復古包裝的藥品，還有結合文化的「越中富山の常備菓子」，因為以前民家常備的藥箱都會由藥郎固定前去補充藥品，藥郎還會附贈紙風船作贈品與廣告，這款商品也將不同米果做成小袋包裝並附贈紙風船，把藥都文化與米食特色都放入其中，送人超有話題。

福井

羽二重餅

♥

提起福井的特產，在地人推薦的首選就是羽二重餅，羽二重餅口感有如高級絹布織錦般滑順細緻，以「羽二重」為名可說是當之無愧，除了傳統的白豆餡，近年更有多種口味可以選擇。

富山市

白蝦仙貝

♥

有「富山灣寶石」之稱的白蝦，甜味多過腥味的高雅滋味，特別適合作成零食，尤其以名聲一樣響噹噹的富山米合體變成各式蝦仙貝，有的還把一整隻蝦子壓在仙貝裡，看得到也吃得到，各式口味都讓人一吃就上癮。

富山市

甘金丹

♥

超人氣點心甘金丹，包裝得好像藥膏外盒但又帶著紅色喜氣，其實是個吃起來頗富西洋味的洋果子，鬆軟渾圓淡黃色海綿蛋糕裡包覆濃厚奶油風味的內餡，冰鎮後享用更美味，適合當午茶點心。

福井

竹人形

竹人形就是竹製娃娃，福井嚴寒的氣候造就品質優良的真竹及孟宗竹，適宜製造精巧的花籠和瓶器，昭和年間當地職人創作出竹人形，在全國竹製品展中獲獎而聲名大噪。利用竹節彈性及其自然曲線雕琢而成的越前竹人形，凝縮著優雅的日式美感。

富山、新潟

特色麵條

♥

新潟地方加入海藻的蕎麥麵，富山口感Q卻又入口滑順的冰見烏龍麵，還有來自砺波市的「大門素麵」，細長的捆狀捲麵咬勁足又滑潤，更特別的是會把生產者名字標在包裝上，這些都是中部北陸的特色麵條，也都很適合當成伴手禮。

高岡

高岡ラムネ

♥

說到汽水糖，好像是小朋友專用糖果，但創業超過180年的大野屋所製造的這款高岡ラムネ可是大人進化版的高雅汽水糖，以和菓子的技巧，搭配季節優雅造型，以手工一個一個細心製作，前所未有的入口即化優雅口感，完全是為大人打造的風雅。

名古屋

黃色小雞商品

♥

名古屋車站內的Gentiane，多年來幾乎天天大排長龍，大家為的就是想吃到這隻蓬鬆鬆、軟綿綿的黃色小雞布丁蛋糕。如果沒辦法把這知名小黃雞美味帶回國，也有各式小雞可愛商品、常溫年輪蛋糕可以買回家。

金沢

丸柚餅子

♥

加賀藩前田家的料理長所傳下的柚菓子，由輪島的百年菓子舖「中浦屋」重現。以竹篦挖去果肉及中果皮，填入以地產醬油調味的糯米糕，稍蒸過再自然乾燥熟成半年。完成的丸柚餅子外皮呈美麗的焦糖色，有著清甜微苦的柚子香氣，切片後配茶享用最對味。

名古屋

ういろ

♥

以米粉與糖調成漿後再放入蒸籠蒸熟而成的ういろ，不甜不膩口感恰恰好，名古屋老舖「大須ういろ」更創新設計一口包裝，推出各種不同口味，光視覺都滿足，當伴手禮非常適合。

名古屋

小倉紅豆商品

♥

小倉紅豆可説是名古屋知名早餐中的要角，而且名古屋人更是喜愛到不但麵包上可以塗，咖啡中也會放入一匙小倉紅豆餡呢。如果你也是個紅豆控，在名古屋車站的伴手禮店，各式小倉紅豆商品非常多，怎麼選都美味。

金沢

豆菓子

♥

專售各種豆菓子的金澤菓子舖「まめや 金沢萬久」，將各式美味豆菓子融合金澤藝匠手藝，讓一份小巧的菓子，瞬間高級感大提升，包裝優雅又好吃，能把金澤和風氣息一起帶回去。

名古屋

蝦仙貝

♥

愛知半島以盛產蝦類著稱，江戶時代便已創業的桂新堂，更是以蝦仙貝美味，擄獲許多人的喜愛。老舖不僅將整隻蝦變成仙貝，也有壓碎後烤製成不同趣味造型，重量輕好攜帶，美味帶回國超無負擔。

常滑

常滑陶器、招財貓

♥

常滑陶器自古便以隨時代轉化前進的生活陶著稱，許多新創作家在此不受傳統束縛，反而發展出更多豐沛創意，是個買陶賞陶的好去處。當然以日本招財貓最大生產地為傲的這裡，讓人眼花撩亂的各式招財貓，也是當伴手禮的好選擇。

新潟

新潟清酒

♥

新潟產好米著稱，更生產不少高品質、專供釀造清酒用的米種，而新潟更是越後一帶的釀酒師(杜氏)大本營。百年酒造相當多，沒時間一一造訪的話，ぽんしゅ館店鋪、集結縣內超過93個酒藏好酒，買酒最便利。

愛知縣

あいち

愛知怎麼玩

愛知是日本的工業重鎮，日本的汽車工業、航太工業都以此地為發展基地，來到名古屋更能感受愛知的現代風情，除了可以在市區各大百貨、商圈逛街、品嚐特色美食，還有豐田產業技術博物館、Noritake之森、名古屋市立科學館等設施，讓人見到愛知現代工藝發展的模樣，名古屋之外則有近郊的犬山、愛·地球博記念公園可以一訪，感受都會之外的愜意步調。

❶名古屋市中心

名古屋市中心交通便利，以地下鐵串聯發展出數區各具特色的購物或是歷史街區。

◎名古屋駅周邊：是中部北陸地方的重要門戶，作為都會的中心蓬勃發展，車站周邊是一棟又一棟的摩天大樓，與東京的都會區相比也毫不遜色，這裡百貨雲集，美食購物一把抓。

◎名古屋城周邊：中部地方曾是日本戰國時期的兵家必爭之地，德川家康一統天下之後，興建了名古屋城，其後成為尾張德川家的居所。與姬路城、大阪城並稱為「日本三名城」。

◎榮：名古屋市最熱鬧的商圈，三越、松坂屋、LACHIC等百貨一字排開，形成百貨一條街；而以電力塔為中心的久屋大通公園綠帶、OASIS 21更是名古屋最具代表性的景點，加上周邊各式知名餐飲、店鋪、名品精品，越夜越熱鬧。

◎大須：名古屋的下町商店街，這裡與東京淺草一樣，以觀音寺為中心發展，從江戶時代發展到今日，整個商店街範圍裡有將近1,200多間店家，更是不論服飾、電器、生活用品等的二手店鋪大本營。

❷熱田

地處江戶時代的東海道之上，也是昔日重要的宿場町之一。以熱田神宮為重點，這裡是供奉三大神器的草薙神劍所在，具有僅次於伊勢神宮的重要地位。周邊可見古墳的遺跡外，此區也是名古屋鰻魚飯三吃的始祖店所在地。

❸覺王山周邊

名古屋地下鐵範圍內的覺王山，風格優雅，百年前即是名古屋名流、皇家貴族、外國學生聚集交流的區域，許多豪宅依舊低調隱身其間外，也是一訪這百年前豪風遺緒的散步街區，許多甜點咖啡、文青小店也隱身其間，可一起順訪。

⑧愛·地球博記念公園

萬國博覽會後保留下的這個超大公園會場，大片林地與多樣設施，吸引許多當地人假日時到這裡遊玩踏青，2022年區域內的吉卜力樂園陸續開放設施後，更是吸引大批粉迷到訪。

④名古屋港

名古屋除了都會景觀以外，港口風情也不容錯過。尤其名古屋港周邊幾乎都是遊園地集結地，有名古屋水族館、濱海遊樂園、南極觀測船，再延伸腳步往金城ふ頭的話，有日本唯一的樂高樂園，磁浮鐵道館則可見識最新的鐵道科技。

⑦犬山

犬山因為擁有日本現存最古的天守閣，被列為「國寶城」之一，來到這裡除了能夠欣賞犬山城的模樣，還可以在古風的城下町散步，品味古老街道的古典氛圍，除此之外還有國寶茶室「如庵」、木曽川上可觀賞1300歷史的鵜飼難得體驗。

©犬山市観光協会

⑥常滑

日本六大古窯之一、更是其中歷史最悠久的，至今仍保留不少明治到昭和年間的老磚窯場與老建築，許多廢棄的紅磚煙囪直挺天際，咖啡、特色小舖隱身其間，也能玩陶、買陶、參觀藝術館，遊走陶窯老街充滿歷史風情與意外驚喜。

⑤有松

屬於東海道上的驛站，因江戶年間特許的絞染生意而繁榮發達，至今仍是日本最大絞染生產地。老街上因絞染生意而致富的豪商老宅比鄰而立、矗立老街沿線，遙想絞商繁盛面貌同時，也能親身體驗各式絞染手作。

名古屋駅周邊

なごやえきしゅうへん
Around Nagoya Station

日本三大城市之一的名古屋，是進出中部北陸的主要出入口，也是連結關東關西的交通要衝。超高樓層的複合型大樓陸續在JR名古屋駅前落成，像是購物美食兼商務摩天大樓「MIDLAND SQUARE」，就以46層的絕景傲視關西，從頂樓鏤空露天的展望塔看出去，將名古屋市區全景盡收眼底，一覽無遺。在這座城市裡，嶄新的大樓建築與名古屋城相望，我們看到了現代與傳統在名古屋找到最協調的融合詮釋。

交通路線&出站資訊

電車

JR名古屋駅◇JR-東海道新幹線、東海道本線、中央本線、關西本線
名古屋駅◇地下鐵-東山線、桜通線
名古屋駅◇名古屋臨海高速鉄道-西名古屋港線(あおなみ線)
名古屋駅◇名鐵-名古屋本線
名古屋駅◇近鐵-名古屋線

出站便利通

◎桜通口為東口，太閣通口則是西口。
◎桜通口通往主要鬧區，各大百貨都在這一側，也可轉乘地下鐵東山線。
◎位在桜通口的「金の時計」、太閣通口的「銀の時計」是站內兩個主要地標。
◎新幹線改札位在太閣通口，要利用新幹線的話從太閣通口最快。
◎要利用名鐵、近鐵，或是前往名鐵百貨的話，広小路口距離最近。
◎名古屋駅與高島屋、JR Gate Tower、KITTE等百貨相連，還可以從地下街通往名鐵百貨，十分方便。
◎Nagoya Station Guide是介紹車站資訊的官網。
www.nsk-eki.com/nagoya/service/
◎遊客最常利用到的地下鐵為東山線、名城線、鶴舞線與名港線，掌握這幾條地下鐵的串聯路徑，便可自在地暢遊名古屋。

周邊巴士指南

◎打算搭乘JR高速巴士串聯其他縣市的話，JR高速巴士站就在太閣通口外的噴水池旁。
◎名鐵巴士總站位在名鐵百貨3、4樓。
◎市區巴士總站在KITTE百貨一旁。

觀光案內所

名古屋駅觀光案內所
JR名古屋車站一樓的大廳裡有遊客服務中心，可以索取觀光地圖等情報。
JR名古屋駅1F(桜通口側)
052-541-4301
8:30~19:00
休 12/29~1/1
www.nagoya-info.jp/useful/guide/

名古屋駅的著名地標

◎金の時計
位在櫻通口側的鐘塔，就在JR名古屋高島屋百貨的旁邊，這裡可以說是名古屋車站人潮最多的地方了。

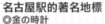

◎銀の時計
位在名古屋駅太閣通口、新幹線出入口的正前方，比金の時計小一點，很好認，也是另一處集合地標。

◎噴水広場
一出太閣通口就會看到巨大的噴水池，噴水池一旁就是JR高速巴士的乘降處。

◎NANA巨型人偶
ナナちゃん人形
NANA巨型人偶就位在名鐵名古屋駅前、名鐵百貨Men's館的正門口，NANA誕生於昭和48年(1973)，原本只是名鐵百貨的形象大使，現在幾乎可以說是名古屋最知名的女性了，不僅每隔一段時間便會換上不同服裝，不時還會有活動限定的打扮，到名古屋一定要跟NANA合照才行！

名古屋待幾天才好？

名古屋是旅遊中部日本的國際出入口，通常第一天抵達名古屋會住宿一晚，第二天就前往下呂、飛驒、高山等地旅遊，行程的最後再回到名古屋購物。由於名古屋並不像東京、大阪等地熱鬧，如果只想逛市中心，大約2晚就足夠，如果想多遊逛周邊幾個區域，那麼至少停留4天。

札幌螃蟹家 名古屋店

おすすめ 薦

札幌かに家

來自北海道的生猛螃蟹料理店，美味圈粉無數。

別冊P.4,C4 JR名古屋駅步行5分、地下鐵東山線-名古屋駅步行3分 052-562-0001 名古屋市中村區名駅4-4-16 11:30~15:00(L.O.14:00)、17:00~22:00(L.O.21:30)；週末例假日11:00~22:00(L.O.21:30) ズワイかにすき (松葉蟹壽喜燒/1人分)¥6,050 www.kani-ya.co.jp/chine/kani/

來自北海道生猛活螃蟹入菜的螃蟹料理專賣店「札幌螃蟹家」名古屋店，名古屋車站步行5分鐘能抵達，地理條件好。美味又新鮮的北海道帝王蟹·毛蟹·松葉蟹等來到這裡，依舊圈粉無數，**店內提供各式螃蟹料理外，必推一道則是店家招牌「螃蟹壽喜燒」。**

肉質鮮美的螃蟹肉，熱騰騰一口咬下，不僅口感Q彈紮實，還有鮮甜滋味齒頰留香，**更讓饕客讚不絕口的、就是餐後凝聚螃蟹精華的剩餘鍋底會煮成雜炊**，搖身成為另一道別具美味的圈粉料理。而名古屋店除了螃蟹外，還有各式餐點選擇，想吃肉的，日本品牌牛「飛驒牛」的涮涮鍋、壽喜燒亦是人氣料理。多達220個座位的店內，不論和式、一般座位區皆有，B1還附設主打螃蟹和肉類的鐵板燒「蟹遊亭」，搭配選單豐富的酒類一起享用，奢侈品味雅致的「大人時光」。附近也有姐妹店「北海道螃蟹將軍」今池店(離名古屋車站約20分)。

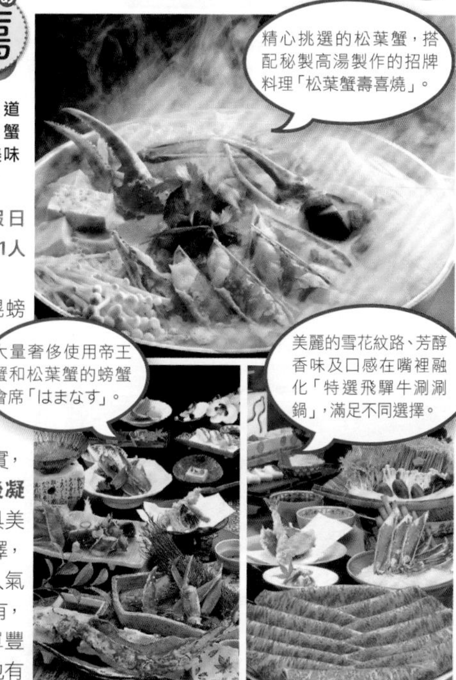

精心挑選的松葉蟹，搭配秘製高湯製作的招牌料理「松葉蟹壽喜燒」。

大量奢侈使用帝王蟹和松葉蟹的螃蟹會席「はまなす」。

美麗的雪花紋路、芳醇香味及口感在嘴裡融化「特選飛驒牛涮涮鍋」，滿足不同選擇。

義大利麵雖是店內明星品項，但被紐約時報指名推薦的Salt Water漢堡也非常推薦。

Salt Water by David Myers

おすすめ 薦

品嚐得起的星級主廚美味。

別冊P.4,C4 名古屋駅徒步3分 名古屋市中村區名駅3-28-12(大名古屋ビルヂング大樓1F) 052-414-5423 11:00~22:00 (L.O.21:00) Salt Water漢堡¥1,280 synergyinc.jp/brands/#brand_2

由美國米其林星級知名主廚David Myers所開設，融合加州與義式料理的餐廳，繼東京第一號店後，2號店就開設在名古屋。歷經法式一星主廚、義大利餐廳等各式經歷，讓這裡的餐飲也呈現精緻又風貌多變，除了義大利麵、漢堡系列，也有沙拉、各式肉類主食與甜點、飲料等，不論午餐、下午茶、晚餐到Night Bar都很適合。

JR名古屋駅中央雙塔

JRセントラルタワーズ

別冊P.4,B4 JR名古屋駅櫻通口即達 名古屋市中村區名駅1-1-4 12F~13F餐廳10:30~23:00(各店營時不一) www.towers.jp

JR名古屋駅中央雙塔共53層樓，高245公尺。南塔B2~11樓為高島屋百貨公司，東急手創館也隱身在5~11樓。12~13樓的雙塔廣場美食街有40多家餐廳，名古屋的著名餐廳都能在這裡找得到。**特別的是15樓的Sky Street是一個離地70公尺的空中走廊，挑高的玻璃帷幕讓你可以一眼看盡整個名古屋市**，為了吸引遊客，還特別設計了一個從1樓直達12、15樓的透明電梯Sky Shuttle，讓你先享受視野由小擴大的驚喜，再慢慢享受空中漫步的悠閒。

名古屋代表性超高大樓。

高島屋百貨

別冊P.4,B4 JR名古屋駅櫻通口直通 名古屋市中村區名駅1-1-4 052-566-1101 10:00~20:00、餐廳10:00~22:00(依店舖而異) www.jr-takashimaya.co.jp 辦理退稅至11F

位於JR名古屋駅中央雙塔B2~11F的高島屋百貨，是**名古屋駅裡最大的購物中心**，從服飾、化妝品、首飾、書籍、雜貨、禮品、土產等，全部在這裡都可以買到，其中還包含年輕人最愛的「東急手創」，佔了5F~11F南區的空間。除了種類齊全之外，高島屋百貨的商品也以最具流行感、質感好著稱，吸引女性目光。

連金繼工藝相關用品材料、工具都找得到。

也設有名古屋的禮品專區，找伴手禮也很方便。

東急手創館 名古屋店

おすすめ 薦

喜歡手創的你，這家特別限定店一定要逛！

JR名古屋高島屋 052-566-0109 10:00~20:00 休同高島屋 nagoya.hands.net/

來到日本，不論哪個城市都能找到東急手創館分店，依不同區域各分店也會在商品上有所不同。高島屋裡的這家店，佔據了5~11樓的區域，宛如高島屋店中店般的存在，龐大的店鋪面積，也**入駐了多達11家不同主題的專門店**，像是男人的書齋、地球研究室、PET FIRST、骨董MJQ等各式專門店，獨特的商品內容可說別處東急手都找不到，因為**全日本有專門店入駐的，只有這家東急手才有**。當然原本東急手該有的各式商品，也都一應具全。

山海百味 そら豆

別冊P.4,C3 JR名古屋駅徒步4分；從地下街Unimall的6號出口徒步3分 名古屋市中村區名駅3-17-28 052-566-5550 17:00~翌日0:30(L.O.23:45) 休週日 $マグロと炙り焼きとマッシュポテト(炙烤鮪魚生魚片佐薯泥)¥1,100、若鶏の唐揚げ(炸雞)¥700 soramame-nagoya.owst.jp 官網上還有折價券可以使用

由有70年歷史錢湯(澡堂)改裝而成的古民家居酒屋有著老舊外觀，內部裝潢以和風摩登呈現，昏暗的空間讓人在裡頭能夠安心的喝上一杯。店裡的料理走創作風格，利用本地食材、調味料結合各國的烹調手法，創作出一道道有別於一般居酒屋的料理，價格稍稍偏高，但絕對值得一訪。

炙烤鮪魚生魚片佐薯泥，是店內人氣長青菜單。

それいけ精香園

おすすめ 薦

超過一甲子的烤肉美味，吸引世界饕客前來一嚐。

別冊P.4,C4 JR名古屋駅步行5分，ユニモール5號出口出來。或是利用MIDLAND SQUARE的地下街 052-551-2555 名古屋市中村區名駅4-4-31(マルケイ大樓2F) 17:00~23:00(L.O.22:00) 不定休、12/31~1/1 ユッケ(生拌牛肉)￥1,650，炙り極みリブロース(肋眼牛)￥1,078，カルビクッパ(牛肉湯泡飯)￥1,188，冷麵￥1,078 soreikeseikouen.com/

昭和34年開業的精香園，可說是名古屋地區燒肉店的開拓者之一，超過60年來競競業業、只為保留廣受大家喜愛的的傳統好味道。招牌秘訣就是**自創業以來始終保持傳統的醬料風味，不僅在地人及觀光客都愛，許多國際的藝人和名人也都曾造訪。**

而讓大家念念不忘的獨家烤肉醬有三種風味，分別適用於紅肉、內臟以及一般沾醬，**以16種香料調配、近3小時的熬煮**，在10至15度的環境下靜置15天，製作過程費時又費力，難怪吃過的人都成回頭客。為搭配美味醬汁、多樣化的菜單上也下了很多心思和創意，除了必點燒肉外，風味豐富的自家製牛骨湯、傳統的自家製泡菜、使用有機蔬菜的韓式炒雜菜等，也都很受歡迎。

ユッケ「滑嫩香甜的生牛肉」，一定要試試這道美味佳餚。

CHAMPA
PERRIER
大量使用日本產大蒜的橫膈膜，蒜香、肉香跟醬香一次到味。

從創業至今維持一樣味道的牛肉湯泡飯，再飽都想來一碗當收尾。

可選擇只有果醬，或果醬+奶油，最澎湃的則是再加上紅豆，是店內最熱賣的一款。

小小店內飄散一股昭和優雅氣息。

Coffee House Kako 花車本店

おすすめ 薦

入選2022年名古屋百名店。

別冊P.4.D4 国際センター駅3號出口，徒步3分 名古屋市中村區名駅5-16-17 052-586-0239 7:00~17:00、週末例假日7:00~19:00。(早餐~11:00) 不定休 Moring Set Special (果醬+奶油+紅豆吐司)依咖啡價格+￥400 www.instagram.com/kako_coffee_honten/

這家咖啡老舖，即使在名古屋這個咖啡早餐一級戰區，仍**大受當地人及觀光客的喜愛**，小小的店內座位相當少，但**大家都心甘情願為了美味的果醬紅豆吐司，而在店外大排長龍**。將酥烤吐司切成四等分後，再各自擺放一球小倉紅豆、奶油跟不同口味果醬。只見老闆切麵包的手從沒停過，而美味的自製各式果醬瓶就一字排開，紅豆、奶油跟果醬層疊在麵包上，一口咬下，甜味優雅，果醬也個性鮮明，保留原本水果的酸香甜，不但視覺美味、也好吃到想立即再來一份，難怪大受歡迎。

炉端焼き かぶと

別冊P.4,C4 名古屋駅櫻通口徒步6分 名古屋市中村區名駅3-16-8 052-541-0727 15:00~翌日3:00(L.O 2:00)，週日及假日~24:00 kobekangroup.com

以「頭盔」(かぶと)為名，這家爐端燒**有著古民家般的風情**，外觀十分顯眼，店內提供豐富食材，尾張牛、名古屋地雞「名古屋コーチン」、知多三元豚，可以一次吃到這些在地的極品肉類，還有每天新鮮進貨的海產，簡單燒烤就很美味，而且店家**營業到凌晨3點，再晚都不怕沒東西吃。**

1樓中庭以名古屋城的金鯱為設計意象，高達9公尺兼具休憩座椅的雕塑格外吸睛。

KITTE名古屋

おすすめ 薦

別冊P.4,B4 名古屋駅直結，出站從2F步行者通路或地下通路前往 名古屋市中村區名駅1-1-1(JP Tower) 10:00~20:00，餐廳11:00~23:00 jptower-kittenagoya.jp/

2016年開幕，KITTE名古屋也是不可錯過的購物天堂。

從名古屋站出站後，如果以JR中央雙塔所在的高島屋百貨一路走，就會接續抵達 JR Gate Tower、JP Tower，這三棟建築看似獨立卻又以地下樓及2樓廊道串連，是車站旁的超大型商場群。KITTE名古屋所在的 JP Tower，雖然也高達40層但商場面積較小，僅B1-3樓，因結合郵局所以商場取名KITTE名古屋。**這裡專攻美食及伴手禮，尤其廣受歡迎的清柳總本家及販售知名今治毛巾的專賣店伊織，都是不可錯過的必逛處。**

清柳總本家

おすすめ 薦

可愛度爆表的療癒系甜點。

KITTE名古屋1F 052-433-8112 10:00~20:00，咖啡區11:00~閉店前2小時 休元旦 青蛙饅頭¥443(3入)，青蛙風呂饅頭¥390 www.aoyagiuirou.co.jp

以青蛙為店招的清柳總本家，看似年輕又色彩繽紛的商品，其實是一家超過百年的老字號和菓子甜點老舖。從百年前就使用的青蛙招牌，現在也成了店內可愛的招牌青蛙饅頭的意象來源，而且**只要提到名古屋伴手禮，清柳總本家的商品絕對不會被「漏溝」，米粉糕(ういろう)、小倉サンド、青蛙饅頭通通都好熱門**，KITTE店更是唯一設有座位吧檯的，可以點份喜歡的點心配杯飲料先嚐為快！

KITTE店限定的青蛙風呂饅頭，可愛的青蛙泡在奶油口味的甜點中，心都快被融化了。

名古屋車站高樓排排站，快來認識一下！

這幾年名古屋車站周邊高樓林立，除了指標性的JR中央雙塔之外，又增蓋了數棟超高大樓，且就緊鄰著JR中央雙塔，讓人一抬頭，以為來到曼哈頓了，並且都是購物、美食、辦公、飯店等多功能合一，在複雜的車站地下街逛不過癮？那就繼續瘋逛這些美美的超高大樓商場吧！

❶名鉄百貨❷近鉄名古屋駅❸JR中央雙塔(高島屋百貨、JR名古屋駅)❹JR Gate Tower(高島屋Gate Tower Mall、市區巴士總站)❺JR Tower名古屋(KITTE名古屋)❻大名古屋ビルヂング

另外追加200日圓，還能有小雞砂糖，可愛到捨不得吃掉。

Cafe Gentiane

おすすめ 薦

車站限定的小雞蛋糕。

別冊P.4,B4 名古屋駅中央改札口徒步1分 名古屋駅內-名古屋中央通り 052-533-6001 7:00~22:00(L.O. 21:30) ぴよりん(小雞布丁蛋糕)￥420、小倉紅豆吐司午間套餐￥1,300 piyorin.com/shop/gentiane.html 中央改札口旁還有一家ぴよりん外帶專賣店

Cafe Gentiane位在中央通道上，靠近新幹線南改札口的位置，除了是一家咖啡甜點店之外，最吸引人的還是店內**超人氣小雞布丁蛋糕「ぴよりん」**了。小雞**以海綿蛋糕為底，中間包覆香草幕斯、布丁**，更利用海綿蛋糕屑做出毛茸茸的外表，再用巧克力作出嘴巴、翅膀，模樣超萌，因為是手工製作，每隻小雞都長得略有不同，可愛極了。中午來的話，還有限定小雞紅豆吐司、沙拉等套餐，都會附上小雞布丁蛋糕，午餐+下午茶一次解決。

蛋糕裡的布丁是選用地雞「名古屋コーチン」的雞蛋製作。

柳橋中央市場

別冊P.4.D4 名古屋駅地下通道M5出口，徒步3分 名古屋市中村區名站4-11-3 052-581-8111 市場：清早~10:00左右(依店鋪而異)，食堂：~午餐過後 休 週日、例假日，週三不定休 www.marunaka-center.co.jp/

很難想像在名古屋駅這個光鮮摩天高樓林立的正前方，就然藏身一個達4,000坪區域、300家店鋪的**生鮮交易市場「柳橋中央市場」，宛如名古屋廚房地位的存在**，有生鮮、乾貨、料理相關器具的批發販售，雖然不是觀光客取向的光鮮亮麗，但**一般人也能來此採購**。當然來這目標就是海鮮，周邊有一些海鮮店家營運到晚上外，**市場內通道也有些清晨就開店的食堂，便宜新鮮是最大特色**，像10貫各式生魚片的握壽司、滿滿生魚片丼飯都只要1,500日幣左右，中午有不少上班族會前來用餐。

鬧區中想轉換飲食氣氛，不妨來這裡尋找市場美味海鮮。

名駅地下街

別冊P.4,C4 名鐵名古屋駅B1~B2 商店10:00~20:30，餐廳11:00~20:00 www.towers.jp/gatewalk

廣闊複雜的名古屋站地下街，由數個不同命名與所在區域的地下街串起來。兼具通道功能外，也是購物與飲食的便利所在。**最靠近新幹線出口的地下街為ESCA，賣名古屋土產的商店居多**。貫穿車站南北口的地下通道Fashion One連接高島屋百貨，成為流行服飾集中的一個區域。

而隨著地下鐵開通時同時開幕的**MEICHIKA位在東山線改札口旁，喫茶店、特產店等林立**，是通勤族必經之路。再往南走，則是**連接名鐵百貨、MIDLAND SQUARE地下的Sun Road地下街**，在這裡可以找到各式各樣的名產。若是想要找到流行服飾與小物，那就要來到**連接名古屋駅與國際Central駅的地下街Unimall**。

吉田きしめん エスカ店

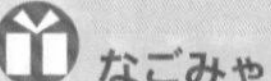

別冊P.4,B4 名古屋駅太閤口徒步3分 ESCA地下街內 052-452-2875 11:00~15:00、17:00~20:30(週末至21:00) 休元旦，以ESCA地下街為準 きしめん(碁子麵)¥850 www.yoshidamen.co.jp

吉田きしめん是名古屋的碁子麵(きしめん)**製麵老舖，創立於明治32年(1900)**，店家不用任何添加物，只使用小麥粉、鹽、水製成麵條，也因此對原料更為要求，特選愛知縣、三重縣產的小麥製成粉，加上日本國產的鹽巴以及澄澈的軟水，再配合天氣調整配方，才做出這一碗碗**有著手打麵般滑溜口感的麵條**，搭配上經典的魚湯，就是深受許多上班族喜愛的美味了。

碁子麵口感偏軟滑，也是名古屋的特色美食。

なごみゃ

別冊 P.4,B4 名古屋駅太閤口徒步3分 ESCA地下街內 052-451-7538 10:00~20:30 休以ESCA地下街為準

なごみゃ是**專賣各式名古屋土產的店家**，店內塞滿五花八門的商品，常見的零食以外，還有名古屋才有、或者是地方限定的商品，另外還有鐵道、棒球、各觀光景點、地方縣市的周邊商品，超多種的吉祥物讓人眼花撩亂，就連岐阜的さるぼぼ也有，**想找些在地特色或話題商品的話，不妨到這裡看看**。

Gate Tower Mall (JR Gate Tower)

別冊P.4,B4 名古屋駅直結 名古屋市中村區名駅1-1-3 052-566-2202 10:00~21:00(Gate Tower Mall) jr-tgm.com

2017年4月新完工OPEN的JR Gate Tower，總共樓高46層，就緊鄰著JR中央雙塔。這棟商業大樓的出現也讓名古屋車站的逛街美食更吸引人，**B1到7F由高島屋所營運的Gate Tower Mall，引進許多日本話題店之外，很多店鋪商品也是既年輕又充滿吸引力**。繼續往高樓層一路攀爬，還有8F的三省堂書店、9-10F的Big Camara、11樓的Uniqlo和GU、12-13F的美食街、18-24F的新話題飯店等。

星巴克 JR Gate Tower店

おすすめ 薦

白天可飽覽名古屋風光，夜幕低垂時還可以欣賞夜景。

JR Gate Tower 15F 052-589-2834 7:00~22:00 休不定休 www.towers.jp

星巴克不稀奇，但位在JR Gate Tower 15樓的這一家可是**日本最高星巴克**！坐擁高樓風景當然不能浪費，**店內空間經過設計，所有座位都可以眺望市內景觀**，而最搶手的當屬寬敞的天台座位，可以在玻璃帷幕下享受陽光與自然風，更能夠欣賞正對著的名古屋都會高樓景色，開闊風景絕對超值。

名鉄格蘭飯店

名鉄Grand Hotel・名鉄グランドホテル

別冊P.4,C5 JR名古屋駅徒步2分，名鐵名古屋駅出站即達 名古屋市中村區名駅1-2-4，11F 052-582-2211 Check in 14:00，Check out 11:00 www.meitetsu-gh.co.jp/tw/ 大廳位於11F，客房為13~17F

名鉄格蘭飯店位於名鐵百貨紳士館樓上，簡直搭乘電梯一下樓就能立刻啟動購物模式。由於**飯店所有客房都位在高樓層的13~17樓**，加上飯店所在的車站櫻通口這一側，光鮮亮麗大樓集結，行走街道其間宛若被高樓夾侍的曼哈頓區一樣，**住在這裡不用出門，光打開窗戶，JR中央雙塔、名店集結的百貨、屋頂空中花園等，通通都在眼前**。更棒的是飯店的餐廳位居最高的18樓，不論早晨時光在這裡看著眼前雄偉的高樓景觀用餐，或是傍晚來這裡喝杯咖啡，看著城市燈光閃耀，都讓人舒適到不想離開。

早餐最享受的莫過於窗外的景致了，下午及晚上這裡也提供餐飲，不妨留點時間享受一下名古屋的美麗夜景。

豪華雙床客房，寬敞的客房空間利用矮櫃將空間巧妙區隔出客廳區，氣氛舒適溫暖。

名鉄百貨

別冊P.4,C4~5 JR名古屋駅徒步2分，名鐵名古屋駅出站即達 名古屋市中村區名駅1-2-1 052-585-1111 10:00~20:00，餐廳11:00~23:00 www.e-meitetsu.com/mds 辦理退稅請至本館6F

由名古屋的鐵路大公司所經營的名鐵百貨，是**名古屋市的老牌百貨**，本館幾乎皆為女性用品，從日本海內外品牌服飾、化妝品到雜貨、童裝等一應俱全。除了本館之外，一旁還有名古屋最大的Men's紳士館，提供男性更多流行與品味選擇。**在紳士館門口還可以見到NANA巨型人偶**，每到節慶她還會換上不同的衣裝。

モーニング喫茶 リヨン

おすすめ 薦

別冊P.4,C5 JR名古屋駅徒步5分 名古屋市中村區名駅南1-24-21(三井ビル別館B1) 052-551-3865 8:00~16:00 不定休 小倉あんトーストセット(紅豆吐司套餐)¥850起，飲料450起

下午也吃得到名古屋特色早餐！

在名古屋無人不知的早餐名店リヨン，**只要點一杯飲料便可從六種口味的吐司裡挑選一種，而且還是全天候都提供**，晚起床也想要體驗名古屋早餐的人，可千萬不要錯過啦！另外這裡也提供了紅豆吐司套餐，由此便可見名古屋人熱愛紅豆的程度。

コメダ珈琲店 ユニモール店

別冊P.4,C4 位在地鐵名古屋駅及国際センター駅中間的地下街，與車站直結，徒步2分 名古屋市中村區名駅4-5-26 (Unimall, B1) 052-583-5525 7:30~22:00 ブレンドコーヒー(咖啡)¥460，シロノワール(冰淇淋可頌)¥650。早餐時段(11:00前)點飲料免費送吐司與水煮蛋 www.komeda.co.jp コメダ珈琲在名古屋市內是三步一家的狀態，詳細分店可上官網查詢

點杯咖啡，端上來的竟然還有吐司與水煮蛋！？這就是名古屋特別的早餐文化。來到コメダ珈琲店，若是錯過早餐時段也沒關係，**午茶時段點一分烤得熱熱酥酥的丹麥可頌放上霜淇淋，再淋上糖漿，就是獨家的甜點，**更早已經是名古屋的名物甜點。

名古屋「Morning service」為何這麼盛行？

來到名古屋，當地人幾乎把去咖啡廳當成日常習慣，一天去個2~3次也不稀奇，因此咖啡廳的服務也特別好，濕紙巾、熱毛巾，甚至早餐時段點咖啡就送吐司+水煮蛋的「Morning service」(モーニングサービス)更是特色。原來在宗春藩主時代，貴族喝茶的習慣也變成一般庶民的生活習慣，只是當時是喝茶，現在則成了喝咖啡，加上競爭激烈，各式加值服務也很多樣。

MIDLAND SQUARE

ミッドランド スクエア

別冊P.4,C4 JR名古屋駅櫻通口 名古屋市中村區名駅4-7-1 052-527-8877 11:00~20:00，餐廳：11:00~23:00，展望台：11:00~22:00、11:00~23:00(7/1~9/30)、13:00~21:00(1/2~2月末)，最後入場為閉館前半小時 Sky Promenade：大人¥800，國高中¥500，小學生(含以下)¥300 www.midland-square.jp

MIDLAND SQUARE高247公尺、46層，是名古屋備受注目的新型態商務與購物大樓，也是**中部地方的第一高樓**。地下一樓到地上5樓為高質感的購物中心與高級餐廳，有6處出入口與JR名古屋駅、名駅地下街相連，交通十分便捷。**頂樓的Sky Promenade號稱是日本最高的完全露天展望台**，從1樓搭超高速電梯約40秒便可直達42樓入口，購票便可至46樓一覽名古屋街景。

豐田產業技術紀念館

おすすめ 薦

トヨタ産業技術記念館

以豐田發跡廠區改建的超大型博物館。

別冊P.4,A1 觀光巴士在「豐田產業技術紀念館」站下車即達；或名鐵名古屋本線「榮生駅」徒步3分 名古屋市西區則武新町4-1-35 052-551-6115 9:30~17:00(最後入館16:30) 休週一(遇節日順延至次日)、年末年初 成人¥500、國高中生¥300、小學生¥200，持地鐵、巴士等一日乘車券購票享折扣 www.tcmit.org/chinese-tw/ 名古屋市郊還有專門展示汽車的「豐田博物館」，愛車人要是覺得這裡看不過癮，千萬別錯過。(見P.1-80)

以豐田集團發源地「舊豐田紡織總公司工廠」重新運用改成的博物館，是豐田第一代創始者豐田佐吉所打造，接著豐田喜一郎又發展出豐田汽車王國，父子倆的創新發明精神，為日本近代化產業歷史產生巨大影響。**這裡以珍貴的大正時期紅磚產業遺構廠區，把豐田這兩大產業做一完整而鉅細靡遺的展示，驚人的是，超大型的展示空間更結合各式實演，讓原本生硬的機械變得讓人覺得興趣盎然。**

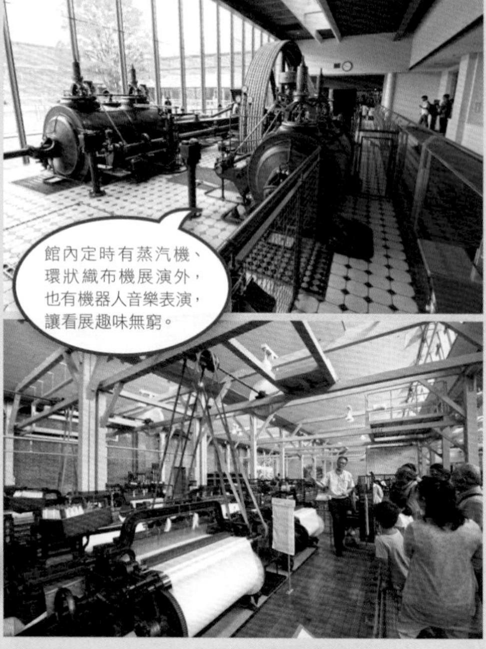

館內定時有蒸汽機、環狀織布機展演外，也有機器人音樂表演，讓看展趣味無窮。

這座紀念館不僅內部展示精彩，連建築本身也被列為近代化產業遺產。

纖維機械館

踏進紀念館後首先會來到**纖維機械館，這是豐田王國發跡的起始產業，廣達3,468平方公尺的廠房內，原封不動的沿用了大正時代建設的紡織工廠與建物**，從最早的人力紡織到以動力、電腦控制的織造技術與機器，透過現場人員的實際操作與講解，讓參觀者不再只是無趣的看著生硬的機器設備，而是能感受到技術進步與織造機器的巧妙之處。

入口大廳展示象徵豐田創新企業精神的環狀織布機，這是豐田佐吉於1906年所發明，被世人評鑑為「夢幻的織布機」。

這台1936年開始量化生產的AA型乘用車，確立了當時豐田汽車王國的起始地位。

自動車館

共7,900平方公尺的汽車館，**宛若一個超大型體育場般，這裡將整座汽車工廠搬進來**，鉅細靡遺的展示各種汽車拆解後的各部零件、結構，與不同時代下的零件樣貌外，各年代汽車實體以及零件生產製造的產品線，甚至還有大型自動組裝線與自動機器手臂，實演汽車的組裝過程，相當逼真，**簡直就是將一座活生生的汽車組裝工廠變成一座博物館。**

善用交通一日券享各類門票優惠

在名古屋想一日跑遍幾個知名重要景點，購買一張地鐵·市區巴士「一日乘車券」或是「名古屋觀光路線巴士"ME~GURU"1日票」，絕對必要。「一日乘車券」運用範圍更大外，觀光巴士也能搭，重點是不論買哪一種票，許多景點或店家都能享優惠，尤其如果有一些需購票景點想去，記得善用交通一日券，肯定省更多。

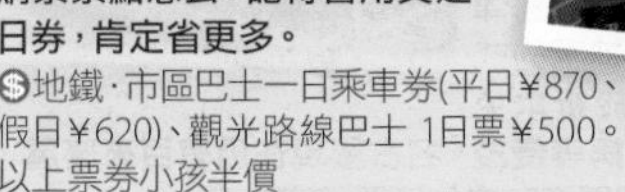

地鐵·市區巴士一日乘車券(平日￥870、假日￥620)、觀光路線巴士 1日票￥500。以上票券小孩半價
www.nagoya-info.jp/access/traffic/#ticket

Noritake之森

薦

ノリタケの森

認識陶磁以外，還有上色體驗可以參加。

別冊P.4,B2 地下鐵東山線亀島駅2號出口徒步5分；名古屋駅徒步約20分 名古屋市西區則武新町3-1-36 052-561-7114 10:00~18:00，Noritake博物館10:00~17:00 休日：週一(遇假日改隔日休) 免費入園。Noritake博物館￥500(高中以下免費)。與豐田有推聯票 www.noritake.co.jp/mori

說到日本的高級磁器，大多數人第一個就會先想到Noritake(則武)這個品牌，而為了紀念該社創立100周年，於2011年就特地在其總公司內設立了Noritake之森，提供了**以陶磁為主題的複合休閒園地**，並以文化區、歷史區、販賣區三大主題劃分全域，在綠意環繞的環境下、古老紅磚建物中讓人感受陶磁工藝品的美好。

來到這裡，**建議可以停留半天，在館內的各個展示館中欣賞名貴磁器，再到森林中散步欣賞則武留下的磁窯遺跡**，中午到餐廳用Noritake的餐具品嚐美食，離去前再到賣店挑選喜歡的磁器，將日本餐具的高級質感帶回家。

百年老建築裡近來有許多低調又高級的餐廳進駐，也有不少咖啡店、藝廊。

四間道歷史街區

おすすめ 薦

保存城下町老面貌的街區。

しけみちの町並み

別冊P.4,D3；P.7,A4 地下鉄桜通線在「国際センター駅」下車徒步5分 名古屋市西區那古野

想追尋名古屋城建城時的城下町古老氣氛，其實在四間道就還殘存著這種江戶風情。沿著堀川而立的四間道，可說是這個歷史街區中建築較完整的一條街道，西元1700年因大火重建的這處商人街區，特地將街幅放寬至四間(約7公尺)，因此稱之。安靜的街區裡，町家長屋敷、雪白土藏一字排開，並連接円頓寺商店街，適合優閒走逛感受老時代氛圍。

喫茶まつば

別冊P.7,A4 名古屋市西區那古野 1-35-14 (円頓寺商店街) 052-551-0669 8:00~18:00 週三 咖啡¥450~，綜合三明治¥750 cafe-19276.business.site/

沿四間道往五条橋方向轉円頓寺商店街，就會看到位在商店街頭的喫茶まつば，看似嶄新的建築，其實這家咖啡店**已經傳承3代，1933年在商店街內創業至今，可說是名古屋最悠久的咖啡店了**。第一代店主曾在「満(ま)つ葉」老店修業、也就是掀起小倉紅豆吐司熱潮的起始店，後以まつば的分店模式，繼續供應美味名古屋咖啡早餐，自家烘培咖啡也培養不少死忠顧客。

円頓寺商店街

おすすめ 薦

最老商街變身年輕潮流味。

えんどうじ商店街

別冊P.7,A3 地下鉄桜通線在「国際センター駅」下車徒步5分 名古屋市西區那古野 依店家而異 endojishotengai.com/

這條名古屋最古老的商店街區，從慶長17年(1612)就與四間道商人街町並存於此，明治20年(1887)以円頓寺門下町，正式蓋建成一條加頂的商店街道。飄散著濃濃昭和味的這條商街，雖歷經蕭條，**數年前由建築師起始的街道保存運動，讓這裡進駐不少新餐廳、咖啡廳，甚至有劇場與各式活動在此舉辦**，連結四間道歷史街區，成為城下町裡的特殊亮點。

商店街裡的NAGOYA座劇場，門外逗趣開場後，再引領觀眾入內欣賞演出。

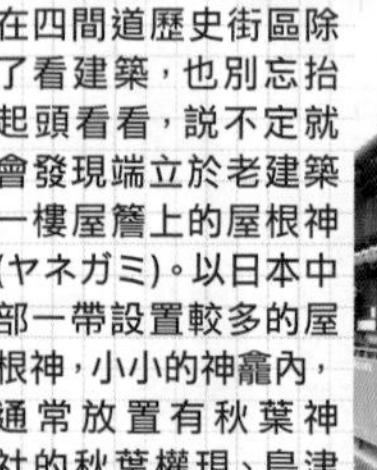

藏身屋簷上的屋根神

在四間道歷史街區除了看建築，也別忘抬起頭看看，說不定就會發現端立於老建築一樓屋簷上的屋根神(ヤネガミ)。以日本中部一帶設置較多的屋根神，小小的神龕內，通常放置有秋葉神社的秋葉權現、島津神社及熱田神宮的式神，主要用於祈求免除火災與疾病等侵擾。名古屋現在仍有百來座屋根神，又以四間道所在的西區保存最多。

名古屋城周邊

なごやじょうしゅうへん
Around Nagoya Castle

16世紀是日本的戰國時期，曾經是兵家必爭之地的中部地區，歷經了織田信長、豐臣秀吉、德川家康三位武將的經營管理，成就了許多名城。這些城樓的位置大多位於險要的戰略據點，居高臨下易守難攻，視野非常壯闊，而其中最著名的當屬名古屋城了。來到名古屋城周邊，除了可以領略「日本三名城」的風采，周邊還有金鯱橫丁可以品嚐當地美食，也可以到名城公園踏青賞花，或是到鄰近的白壁一帶，逛逛市政資料館、文化のみち二葉館等文化設施，感受名古屋的文化氣息。

交通路線&出站資訊

電車
市役所駅◇地下鐵-名城線
浅間町駅◇地下鐵-鶴舞線

出站便利通
◎從市役所駅7號出口出站徒步5分即可達名古屋城
◎若是從浅間町駅出站，從1號出口徒步約12分可達

周邊巴士
名古屋觀光巴士Meguru／なごや観光ルートバスメーグル
除了利用地下鐵系統，也可以搭乘名古屋的觀光巴士，巴士從名古屋駅11號乘車處出發，沿途停靠豐田產業技術館、Noritake之森、四間道、名古屋城、広小路栄、中部電力MIRAI TOWER(舊名-名古屋電視塔)、市政資料館、文化のみち二葉館、德川美術館，名古屋市區重要的觀光景點都會抵達，而且若購買一日券，部分購票景點都享有額外折扣，不妨多加利用。
週二~日。平日每30分~1小時一班，週末及例假日20~30分一班
休週一(遇假日順延)、12/29~1/3
$單次大人¥210、小孩¥100，一日券(1DAYチケット)大人¥500、小孩¥250
❗一日券可在車上購買
www.nagoya-info.jp/useful/meguru/

名古屋市市政資料館

別冊P.6,E2 地下鐵名城線市役所駅2號出口，徒步8分鐘 名古屋市東區白壁1-3 052-953-0051 9:00~17:00 休週一(遇假日順延)、每月第3個週四(遇假日順延一週)、12/29~1/3 $免費

名古屋市政資料館完工於大正11年(1922)，**鮮明的新巴洛克風格建築十分吸睛**，當年是作為名古屋控訴院地方裁判所的區裁判所廳舍之用，**曾是中部地方的司法中心**，裁判所移轉之後才改為資料館保存下來，**昭和年間被指定為國家重要文化財**。館內除了市政及司法資料展示，還可以看到復原的法庭模樣，建築更是本身也很值得欣賞，大理石階梯以及細緻的花窗都是大正年間的風采。

名古屋城與姫路城、大阪城並稱為「日本三名城」。

名古屋城

おすすめ 薦

見證戰國風華！由德川家康建造的輝煌居所。

別冊P.7,C2 地下鐵名城線市役所駅7號出口，徒步5分鐘 名古屋城中區本丸1-1 052-231-1700 9:00~16:30(天守閣9:00~16:00) 休12/29~1/1 入場¥500，中學以下免費 www.nagoyajo.city.nagoya.jp/ 天守閣因補強耐震結構，即日起關閉中，其他設施依舊開放

德川家康一統天下後，於1612年完成的名古屋城，為名古屋在歷史上帶來無比榮耀。一直到**日本戰國時代結束之前，名古屋城都是歷代德川家族的居所**。明治維新之後，名古屋城才被天皇納入離宮之一，成為皇家的財產。

二次世界大戰期間，名古屋城最主要的建築：木造的大、小天守閣、本丸御殿(即將軍住所)都被燒毀，重建後的天守閣以水泥建成一座地上7層樓、地下1層的雄偉建築，總高48公尺，成為名古屋市的地標。

重建之後的名古屋城**最受人注目的是，屋頂一對黃金打造的吉祥物：雌雄「鯱」，重量達1200公斤！**製作這對黃金吉祥物的模型，現在展示在5樓。這對黃金吉祥物除了用來鎮守城樓之外，主要還是為了炫耀名古屋城在歷史上的地位及誇耀德川家的財富與榮譽。現在名古屋城的1F~5F設置為展示廳，展出名古屋城的歷史、故事和各種貴重的資料，頂樓是展望室，可以眺望名古屋市街。

二丸茶亭

9:00~16:30 抹茶+和菓子¥540

位於本丸御殿東側的二之丸庭園，初蓋建時原屬於枯山水迴遊式庭園，戰爭時被陸軍所進駐遭到一些破壞，重建後的庭園悠閒又風雅，尤其推薦來位於**庭園中的二丸茶亭，用一盞茶湯與茶食，感受被綠意充分圍繞的放鬆時光。**

名古屋おもてなし武将隊

名古屋城二の丸廣場 週末、例假日。原則上於週末演出，平日裡武將也會駐城，詳細行程請上官網查詢 busho-tai.jp/

以織田信長、豐臣秀吉、德川家康三大武將為首，結合其它三名與名古屋有緣由的武將、4名陣笠隊而成，以帥哥與武將裝扮在日本掀起一陣風潮。武將隊致力於推廣名古屋觀光，**每週會在名古屋城演出**，帥氣的武將們武演殺陣，現場看更是魄力滿點！

名古屋城禮品店

9:00~17:00

一遊名城當然別忘買點特別的小物當紀念，禮品店設置點有3處，分別是正門旁、天守閣內及內苑，可以買到多款這裡才有的限定商品，尤其**以有德川家的家紋或是金鯱等圖樣的商品或點心最受歡迎。**

名古屋城見所巡禮

本丸御殿

建造於1615年，位於名古屋城天守閣南側的本丸御殿在被戰火燒毀前，與京都二条城二の丸御殿並稱為「近世城郭御殿的最高傑作」。當時是作為尾張藩主的住宅，木造建築群內部極盡華麗且廣闊，因空襲而遭燒毀，所幸戰前已經進行縝密的紀錄並將內部珍貴紙門壁畫等予以保存。2009年開啟的漫長復原工作，2018年6月終於完工，重現當時工法與材料，並透過珍貴紀錄將最重要的野獸派畫作一一再現，絕對值得花一小時以上細賞。

多達1047面被取下保存的珍貴國寶障壁畫，雖以擬真方法重畫展示，但精采度不容置疑。
武家風書院風格的本丸御殿，被譽為近代城郭建築最佳傑作之一，內部木做、金工無一不精雕細琢。
表書院之間作為藩主與家臣或訪客的謁見所，猛虎下山畫作及可見一處床(ゆか)稍高供藩主座敷之處，顯示藩主氣勢。

表二之門

被列為重要文化財的表二之門，因固守著進入本丸也就是本丸御殿及天守閣的門戶之一，加上在空襲時幸免於難，讓我們能見證到當時這扇門的各項保衛設計，更顯珍貴。可見門及柱子都被鐵皮所包覆外，所有材料都特別粗壯牢固，並設有射擊孔。

清正石

名古屋城建蓋時，石材來自日本各處，是許多人觀賞重點外，城垣內有一塊高度達2.5M、寬達6M的大石被取名清正石，一說是猛將兼築城名家「加藤清正」率眾所搬運的石頭，雖屬傳說，但對於城區內大量石塊的搬運與堆砌，在現代看來都很不可思議。

隅櫓

隅櫓是入城後設置用於守望天守閣的望樓，用於看守、防禦及存放武器等，原本設有4個，空襲後僅剩3座，目前僅正門進入後所見的西南隅櫓開放參觀，東南及西北隅櫓則僅有特定期間才會開放。

金鯱

金シャチ

名古屋城代表物「金鯱」，絕對是訪名古屋城必見名物，以約44公斤黃金打造、虎頭魚身，用於守護城免於邪氣與火災侵擾，但高懸於天守閣屋頂上的金鯱，怎麼也看不清楚，別擔心，實際大小金鯱複製品也在天守閣內另外設置展示，高於成人的金鯱還能跟它一起拍紀念照。

©NCVB

金鯱橫丁

おすすめ 薦

名古屋城下最具話題美食地。

金シャチ横丁

別冊P.7,C2~D2 (宗春區)地下鉄名城線「市役所駅」7號出口即達；(義直區)搭乘巴士在「名古屋城正門前」站或觀光巴士「名古屋城」站下車即達 宗春區 名古屋城東門；義直區 名古屋城正門 宗春區10:30~22:30；義直區10:30~17:30 休依各店鋪而異 kinshachi-y.jp

2018年3月底盛大開幕的這處新美食據點，就分據在名古屋城入口處的正門與東門入口外。取名自第一代初代藩主義直、個性嚴謹剛健，第七代藩主宗春、個性華麗豪放，這兩人將名古屋帶向基盤穩固與商業繁花盛開，因此**義直區(義直ゾーン)以江戶建築造街，聚集名古屋各式知名美食老舖，並推出限定版料理；而宗春區(宗春ゾーン)則是融和傳統的新建築，以流行美食為主打**，各有千秋。

義直ゾーン裡聚集名古屋名店，像是矢場どん、山本屋総本家、鳥開総本家等。

宗春ゾーン集結新話題美食，因位在地鐵站口，營業時間也特別晚。

とん八

別冊P.6,G3 高岳駅徒步10分 名古屋市東區代官山町32-5 052-931-2301 11:00~13:30、17:00~20:00 休週日、例假日 味噌おでん(味噌黑輪)¥170起

名古屋人熱愛味噌，除了味噌豬排以外，熱呼呼的味噌黑輪更是當地名物。とん八是**備受在地人喜愛的味噌黑輪老店**，小小的店裡瀰漫著八丁味噌熬煮的香氣，數十年的老味噌醬汁經過每日調味，還保有味噌的甘甜與清透感，食材經過這鍋湯底一煮，都會染上味噌烏黑的色澤，卻依然有清爽的滋味，**是名古屋冬天必吃的溫暖美味。**

栄
さかえ
Sakae

「栄」是名古屋最熱鬧的商圈，酷似東京鐵塔的名古屋電力塔，就佇立在栄的中央，炫耀這區的繁華。像是三越百貨、松坂屋本店、栄地下街、LACHIC等購物商場都集中在這裡，大街小巷裡也聚集許多年輕人喜愛的潮流服飾店及熱鬧的居酒屋，從逛街購物到品嚐美食，榮都可以一次滿足你。這裡不只有許多購物商場，名古屋電視塔與久屋大通公園，都是適合下午散步閒晃的好地方，在一連串疲累的行程之後，不妨來到這裡放慢腳步，逛逛街、曬曬太陽，以另一種心情來看待這一座城市。

交通路線&出站資訊

電車
栄駅◇地下鐵-東山線、名城線
栄町駅◇名鐵-瀨戶線
久屋大通駅◇地下鐵-桜通線、名城線

出站便利通
◎栄商圈位在栄町，而栄町範圍大約是從白川公園到伏見駅、矢場間駅、栄駅間的區塊。
◎栄與大須距離很近，若是時間有限，不妨將這兩區的景點串聯。
◎名古屋科學館距離伏見駅較近，如果想一早先到科學館遊玩，建議直接搭到伏見駅最便利。
◎栄駅巴士總站就位在OASIS 21裡，停靠巴士包括市巴士、名鐵巴士、JR東海巴士、三重巴士，是市區重要的交通中心。

水晶廣場串接新光三越。
Central Park不僅店鋪充實，還直通OASIS 21，如果時間不多，只要逛這一段就很足夠了。
Central Park

栄地下街

おすすめ 薦

Sakae chikagai

別冊P.5,D3 久屋大通駅~栄駅 商店10:00~20:30，餐廳10:00~21:30
www.sakaechika.com

商品不但很多元，價格更是划算。

栄地下街位於地下鐵栄的車站通道裡，面對周圍將近10家百貨公司的競爭，其流行服飾比名古屋駅地下街的品質高一點，價格卻一樣經濟。其範圍很大，區域大致呈L形，比較不容易讓人迷路。地下鐵名城線栄到久屋大通這一段稱為Central Park，這裡店鋪充實，流行服飾居多；除了Central Park之外，森之地下街裡有許多名古屋老店與餐廳；栄地下街這區佔地很廣，除了飲食店之外流行服飾也很多，中央的水晶廣場也是這裡的著名地標之一。

OASIS 21屋頂上，也是欣賞電力塔的另一個好去處。

OASIS 21

おすすめ 薦

オアシス21

別冊P.5,D2 栄駅4號出口即達 名古屋市東區東 1-11-1 052-962-1011 商店10:00~21:00，餐廳10:00~22:00，水之宇宙船步道10:00~21:00 依各店舖不同 免費 www.sakaepark.co.jp

龐大飛碟狀玻璃建築，是休憩拍照最佳熱門地。

以休憩、餐飲為主要功能的這裡，無論平假日，都人潮滿滿。

名古屋電視塔旁邊，有座巨大的飛碟狀圓盤形物體，那就是OASIS21。這座高14m、連結地下鐵栄駅的建築物，正是以「水之宇宙船」為概念而打造出來的一座複合式休憩功能建築，有**舉辦各式活動的開放廣場、購物美食區、自由休憩區、巴士總站等**。此外，還可登上OASIS21狀似宇宙船的扁平玻璃大屋頂，在微斜的屋頂上來場空中散步，從另一種角度來欣賞城市風情。

OASIS21巴士總站

OASIS21 Bus Terminal

OASIS21，1F

串聯電力塔、愛知縣美術館的OASIS21，本身就是許多市區巴士、觀光巴士的重點停靠站，因此也在這棟圓形建築的1F，**除了長途巴士外，也兼市區路線巴士總站，以玻璃帷幕設置的站體內，等車完全不受天候影響**，寬廣的等車區，區分成10區等車月台，以螢幕清楚提示前往方向、及班車抵達時間，想搭乘巴士往明治村、東京、靜岡等長途路線，集中在8~10月台；其他則以市區公車為主，臨時想搭公車順便看看這個城市風景，很容易找到想搭乘的路線。

光鮮亮麗的氣派巴士站，空間舒適，螢幕會顯示車班時間，可先在座位區暫等。

OASIS21 i Center

OASIS21 B1 052-963-5252 10:00~20:00

OASIS 21的銀河廣場，除了是市民活動的舉辦空間，還設有觀光案內所「OASIS21 i Center」，**提供遊客地圖、景點諮詢，也有販售交通套票、美術館門票等服務**，有什麼觀光上的問題，都可以到這裡諮詢。

OASIS 打卡拍照新地標

OASIS 這座有著“水的宇宙船”的人氣景點，一直以來就是吸引大量在地人或觀光客聚集拍照的好地方，現在又在建築旁的綠地上，設立了一處有著「NOGOYA」字樣的拍照處，從這邊的角度不但能把 OASIS及電力塔一起入鏡，現在多了超大「NOGOYA」字樣，讓擺拍起來姿態更豐富，人多一起來擺拍，更能玩拍出許多創意角度。

名古屋榮三越

おすすめ 薦

世界精品、日本知名品牌齊聚一堂。

別冊P.5,C3 栄駅出站後，有直通三越的地下街走道 052-252-1111 名古屋市中區栄3-5-1 10:00~20:00 休不定休 www.mitsukoshi.co.jp/nagoya 購物前可先至9F免稅櫃台，辦理「來賓卡」可享購物5%折扣。(※部分品牌及商品不適用)，另外這裡也有外幣(日圓)兌幣機。

位於名古屋最繁華商業區「榮商圈」的中心，榮出站後就能直接以地下街直結，不受天候打擾，可說是榮商圈交通最便利的百貨。來此購物不妨將目標鎖定1~2樓男女複合精品區、6樓名錶珠寶區。**2樓精品區有世界知名的日本設計師品牌外，有時還會出現僅這裡才有的限定商品呢！**另外，B1有東海地區中僅名古屋三越榮才設點的高級巧克力專賣店，也是購買熟食、水果、人氣甜點的好去處。

也推薦三越百貨的9樓，能邊用餐邊欣賞窗外的中部電力MIRAI TOWER美麗景觀。

三越屋頂上的摩天輪設有拍照打卡點，讓遊客在購物同時能玩樂。(※摩天輪無法搭乘)

美麗精緻的和菓子非常適合當日本伴手禮。名古屋和菓子店<菓匠 花桔梗>的「寒氷」為外觀可愛的傳統干菓子。

2樓精品和6樓名錶珠寶，提供優雅卻又能讓人放鬆購物空間，喜愛名品者一定要來找找限定品。

BISTRO CAFE THE FLOWER TABLE

おすすめ 薦

來一場如繁花盛開的餐飲饗宴。

三越百貨3F 052-252-1525 10:00~20:00(L.O.19:00) 休同百貨 "たい焼き"と彩り野菜、海の幸のガーデンプレート(野蔬海鮮花園餐盤)¥1,800，飲料¥690~

由東京最難預約的米其林星級餐廳"sincere"主廚石井真介，所監製的菜單，在名古屋的THE FLOWER TABLE裡，終於也能輕鬆吃到了。位在榮的新光三越3F，提供一處購物中的優雅休憩用餐及午茶的處所。其中各式如繁花盛開、優雅又美得令人捨不得吃的甜點，吸引許多人來朝聖外，宛如被多彩花園所包圍的一尾「鯛魚燒」，悠游於餐盤中，打破味覺想像。餐食不論視覺、口味都優雅至極外，連店中的麵包、火腿等也都選用自名古屋的超級名店。

像一首春天詩歌，主食的鯛魚燒，其實是以派皮內包裹魚肉。

LACHIC

ラシック

別冊P.5,C3 栄駅16號出口徒步3分可達 名古屋市中區栄3-6-1 052-259-6666 B1~6F商場11:00~21:00，7F~8F餐廳11:00~23:00 休不定休 www.lachic.jp

LACHIC時尚明亮的空間設計，帶給人煥然一新的遊逛感受。從地下一樓到地上八樓共集合了170多家名店，其中50多家店是引自東京、大阪，第一次在名古屋出現的話題品牌。另外的店家則是名古屋原創品牌與商店，正如同「LACHIC」這句日文的意思「像自己」，希望能提振與鼓勵名古屋人的原創精神。

松坂屋

別冊P.5,D3 矢場町駅5、6號出口直通，栄駅16出口徒步5分 名古屋市中區栄3-16-1 052-251-1111 B2~3F10:00~20:00，4F~8F10:00~19:30，餐廳11:00~22:00 元旦 www.matsuzakaya.co.jp/nagoya/

松坂屋百貨是名古屋市內佔地最大，也是最能代表日本百貨業的老品牌之一。強調新潮、前衛是松坂屋本店的一貫作風。在榮的大津通上就有龐大的三棟松阪屋，其中「本館」內的品牌較為傳統，地下街的食品區則是主婦們的最愛。另外還有「南館」設定為時尚流行區。而「北館」則以家具、雜貨為主要商品。

松阪屋 史料室

與松阪屋美術館同樣位於南館7樓的松阪屋史料室，規模雖不大，但卻是輕鬆窺看松阪屋這個與名古屋共同發展的歷史小旅行。發展400年的松阪屋，家大業大到何種驚人程度，其實在名古屋旅行時，大概都很難略過它的存在，大津通上的松阪屋從北館、本館到南館，幾乎佔了百貨街區一半的規模就可知。美術館的特展很推薦之外，如果沒有預計看展，一旁的史料室免費開放，在逛街途中，不妨花個10分鐘輕鬆觀覽。

松坂屋南館7F
10:00~19:00

從2樓望出去的景色綠意一片，適合姊妹淘的優雅下午茶。

HARBS栄本店

おすすめ 薦

風靡日本海內外的水果蛋糕本店。

別冊P.5,C2 地下鉄名城線·桜通線「久屋大通駅」4B出口，徒步2分 名古屋市中區錦3-6-17(セントラルパークビル2F) 052-962-9810 11:00~20:00(L.O.19:00) 年末年始 飲料￥800~，切片蛋糕￥800~ www.harbs.co.jp

知名的水果蛋糕店HARBS光在名古屋就有9家店。位在電力塔旁馬路邊2樓的本店，不論何時來都人潮滿滿，一定要排隊。**美味的蛋糕每日都有十多款選擇，尤其光看滿滿五顏六色的各式水果，夾在奶油蛋糕裡的橫切面，心都被療癒了**。酸味甜味被高明的融合在一起之外，海綿蛋糕體更是口感輕盈，吃完還想再來一片。除了蛋糕下午茶，也有義麵、三明治等餐食。

ひつまぶし花岡

おすすめ 薦

日本唯一可以享用梅子茶泡鰻魚飯的名店。

◎別冊P.5,C3 ◎栄駅下車，從栄地下街S8號出口、步行5分 ◎052-252-2733 ◎名古屋市中區栄3-8-115 (サンリツノース大樓2F) ◎11:00~16:00、18:00~22:00 ◎週一 ◎上ひつまぶし一尾(鰻魚三吃)￥4,510、上うな重一尾(鰻魚飯)￥4,158、肝焼き(烤鰻魚內臟)￥1,023 ◎hitsuabushi-hanaoka.shopinfo.jp/ ◎店內有提供中文菜單

份量大到快滿出來的鰻魚飯，不論單吃、三吃、獨創五吃，都很推薦。

位在鄰近繁華喧鬧的榮駅附近，是享受名古屋知名美食鰻魚飯、相當便利的選擇。ひつまぶし花岡**以鰻魚飯知名，是許多名人都曾來享用過的名店**，也是許多觀光客的口袋名單。店內除了提供名古屋知名的「鰻魚三吃」外，更自創令人驚豔的「鰻魚五吃」，當然最**不可錯過的就是獨創以梅子茶泡飯、當作鰻魚多吃的最後一道美味結尾**。光「鰻魚V.S.梅子」滋味可能很難想像，但卻意外碰撞出超搭滋味，加上嚴選在地美味白米、獨門醬汁，以及輕鬆又充滿和風的舒適用餐空間，讓一個人、多個人都能隨時來此大啖美食。

梅子可以幫助消化鰻魚的油膩，以梅子茶泡飯配上「鰻魚三吃」當結尾、超完美！

店內牆上滿滿名人簽名，美味掛保證！和風店內也有吧台座位，一個人用餐也很適合。

山本屋總本家

おすすめ 薦

必吃味噌烏龍麵老店。

◎別冊P.5,C3 ◎栄駅徒步10分 ◎名古屋市中區榮3-12-19 ◎052-241-5617 ◎11:00~16:00(L.O. 15:30) ◎週二、三 ◎親子煮込み(雞肉味噌烏龍麵)￥2,108 ◎yamamotoya.co.jp

裝在陶鍋端上來的烏龍麵，吃的時候要用蓋子來當碗。也因為這樣蓋子並沒有開洞哦！

名古屋的味噌烏龍麵是家喻戶曉的鄉土美食，而**山本屋則是創業於大正14年(1925)的超級老店**，本店就位在松阪屋附近，店面簡單卻有著濃濃日式情調，端上桌的烏龍麵裝在陶鍋之中，熱呼呼的蒸氣下就是吸滿味噌湯底的烏龍麵，**以赤色八丁味噌為底，調入秘傳的名古屋白味噌，再配上店家手打而成的烏龍麵**，濃郁滋味與Q彈口感，讓人大呼過癮。

風来坊 錦呉服通店

おすすめ 薦

名古屋人心中炸雞翅的始祖店。

◎別冊P.5,C2 ◎栄駅徒步5分 ◎名古屋市中區錦3-13-11(デリシアムマドーロ 2F) ◎052-963-0272 ◎18:00~23:30(L.O.23:00)、例假日17:00~24:00(L.O.23:30) ◎週日(遇假日營業) ◎元祖手羽先唐揚(炸雞翅)1人份5支￥583 ◎www.furaibou.com ◎名古屋市內分店眾多，詳細請上網查詢

打著元祖雞翅的號招，風來坊分店遍佈愛知縣，好吃不在話下。其實店內跟一般的居酒屋一樣，也有其它料理，但最受注目的當然就是炸雞翅了。以**低溫炸熟，再以高溫炸脆的技巧，加上秘傳醬汁**，那微辣鹹香的口味征服了老老少少的心，也讓炸雞翅成為名古屋名物。

展望台也不定期舉辦特別光影活動，讓夜景更添夢幻魅力。

頂樓的室外展望台，拍夜景時不會有玻璃反光，但缺點是風較大。

中部電力 MIRAI TOWER

おすすめ 薦

全新整裝改名再開放，名古屋璀璨顏值代表。

別冊P.5,D2 久屋大通駅4B出口即達，栄駅3號&4號出口徒步3分 名古屋市中區錦3-6-15 052-971-8546 展望台：週日~五10:00~21:00，週六10:00~21:00，最後入場為閉館前20分 休每年2天(檢修日) 大人¥1,300、中小學生¥800(特殊展出時，夜間票價會不同) www.nagoya-tv-tower.co.jp/

MIRAI TOWER與東京鐵塔一樣，**是整個城市最顯著的地標之一**，也是觀光客最愛拍照留念的人氣景點。2021年4月迎來設立70周年紀念，在2020年重新整修開放後，也順勢換上「中部電力 MIRAI TOWER」新名稱。餐廳、賣店、咖啡店等設施入駐，也讓登塔賞景更多選擇角度。由於電力塔**位於最熱鬧的商圈「榮」中間，從展望台上360度眺望的夜景更耀眼**。位於頂樓2層的展望台則分為室內與頂樓室外，休憩座位區也都以Outdoor風重新妝點，相當特別。

TOWER STATION

電力塔 3F Shop多仲：10:00~19:00、base lab. Cafe： 10:00~21:00、餐廳：9:00~21:00 休同電力塔 飲料¥400~850 tachu.jp/；baselab.jp/

在2022年晉身成為日本首座名列國家重要文化財的電力塔，整修後休憩設施也更充實。**除了塔下一樓廣場的餐廳外，3樓也設有觀景餐廳、觀景咖啡廳base lab.，及以當初電力塔設計者內藤多仲為名的商店**。咖啡廳與商店合而為一的空間，清爽簡潔，最重要的賣點在於、可以居高欣賞下方美麗的久屋大通公園。而商店內也有許多電力塔設計紀念品可以選購，無論日夜都是很適合來訪的地方。

總是抬頭向上看的「ウエミーヤ」，是電力塔代表公仔。

花一杯咖啡的費用，就能居高欣賞美麗城市景致。

名古屋塔璀璨夜景

日本夜景觀光會議局曾評選2018年日本10大夜景，名古屋夜景就名列其中，尤其近年來名古屋超高大樓不斷增多、也大都設有觀景台，因此可賞夜景的地方也增多。從東山這邊可以看到整個市區閃耀夜景；而經典的電力塔則是位居市中心、周邊又是最繁榮的榮商業圈，360度一圈賞景最經典；名古屋車站的各高樓觀景台可以看到一旁其他高樓與電力塔，魄力十足。

The Tower Hotel Nagoya

おすすめ 薦

入住絕對獨特又具奢華設計的電塔內飯店。

別冊P.5,D2　同電力塔　名古屋市中區錦3-6-15(電力塔4F・5F)　052-953-4450　Check-in 15:00~、Check-out ~12:00　2人一房、一泊(單人費用)約¥31,000~　thetowerhotel.jp/

一座代表城市偉大地標的電塔、況且還是名列國家有形文化財的重要歷史建築，竟然能夠住在裡面?!「THE TOWER HOTEL NAGOYA」跟著這次電力塔的整修，也入駐在這座電塔裡，**與東海地區一帶的藝術家們一起合作**，孕育出的這個塔裡的小巧飯店，不但是世界**首個建構在電塔內的獨立品牌飯店**，其充滿藝術性與設計感的獨特風格，甫開幕，便快速被全世界目前僅520家入列、**成為「小而獨具特色個性的奢華飯店」認證成員之一**。

以電塔本身獨具魅力的複雜鋼構為經緯，讓整個飯店呈現出不可思議的迷人魅力，而**2層樓的飯店內，僅規劃出15間住房**，其中4樓的13間客房，由10位新銳設計師帶入不同的藝術住房風貌；5樓僅有的3間客房，則由在地知名建築師規劃，將名古屋傳統文化藝術注入到住宿的沉浸感受中。一個偉大的城市電塔、一座展現歷史的先驅建築遠見、加上風格迷人的電塔飯店，讓這座電塔不僅是電塔，也是向世界傳遞別致風貌的發信站。

不同的藝術家為不同空間帶來新奇的空間風格。

電塔本身的鋼架結構，成為空間中特殊的設計視覺衝突。

久屋大通公園

おすすめ 薦

Hisaya-odori Park

名古屋最浪漫的約會聖地&聚餐熱點。

別冊P.5,D2　久屋大通駅4B出口徒步1分，栄駅3號&4號出口徒步3分　名古屋市中區錦3　公園24H，各店家營時不一　各店家休日不一　mitsui-shopping-park.com/urban/hisaya/index.html

與電力塔同時於2020年整頓完畢開幕的久屋大通公園，其實是一個包含電力塔前水池廣場，繼續往北延伸至大崛通，約達1公里長的長型城市公園。這個長型公園內被切分為4大區，每區都有入駐一些店家，提供市民休憩的好所在，其中又以**電力塔前水池區的ZONE 4最精華、也是人潮最多的地方，這裡融合公園、水景池、電力塔、周邊高樓等美景**，水景池周邊還聚集了40多家人氣商店，有服飾、餐飲、咖啡等，**是許多人來這約會散步的好地方**。

串聯地下鐵的直結便利度，讓這裡成為最受歡迎的區域。

黃昏時電力塔燈光亮起，搭配水中倒影，讓這裡浪漫度破表，是戀人的約會聖地。

Maison YWE

別冊P.5,C4 矢場町駅5號出口徒步6分 名古屋市中區栄3-23-9,2F 052-684-7486 12:00~19:00、週末例假日11:00~23:00。(L.O.餐飲閉店1H前、飲料0.5H前) 休不定休 手沖單品咖啡¥700、檸檬塔蛋糕¥650 www.instagram.com/maisonywe/

這家遠離市區中心點，位於服飾店2樓的咖啡餐廳，**大量玻璃的通透空間，宛如溫室般的柔和感，融合了餐酒館的氣氛**，下午時即使只來喝杯咖啡或甜點，也氣氛相當自在。將「飲食形塑出人格」的概念引用到餐廳的經營上，You are What you Eat. 的YWE便是店名由來，**從食材到咖啡豆選用上，都要有Good Food的概念**，透過契約農家取得食材，咖啡則來自東京烘培者千里至產地向豆農取得的精品咖啡豆，舒適的空間內，也提供各式精釀啤酒、葡萄酒等，讓用餐氣氛更隨興愉快。

以岐阜縣產的無毒檸檬，製作出優雅酸香的檸檬塔。

大通公園與大津通共同夾著百貨一條街，讓建築兩側都能導入濃濃綠意。

大津通

別冊P.5.C3-4 榮駅出口地下街可直結三越、矢場町駅地下出口可直結松阪屋南館 古屋市中區栄3丁目

榮這區可說是個購物及景點集中的區域外，又有久屋大通公園穿過，形塑出一股既悠閒貴氣，又充滿活力的街區購物氛圍，尤其是**大津通這條熱鬧的四線道大通上，綠樹掩映、紅磚人行道寬闊外，幾乎各式大型店、百貨都在此插旗**，從榮駅一路往南到矢場町駅，三越、LACHIC、SUNSHINE、松阪屋、PARCO沿途串接，一家比一家規模龐大，當然像是ZARA、LOFT、MUJI及其他世界精品品牌街邊店，也都沒缺席，不喜歡鑽在大樓中或地下街逛街的人，這裡能讓你感受宛如東京表參道般的優閒購物氣息。

世界の山ちゃん 錦三大津店

おすすめ 薦

名古屋必吃定番代表美食。

別冊P.5,C2 栄駅2號出口徒步3分 名古屋市中區錦3-15-12(ユース榮宮地大樓2~3F) 052-971-2278 17:00~24:15、週日例假日17:00~23:15(L.O23:30) 幻の手羽先(炸雞翅)1人份5支¥605 www.yamachan.co.jp

世界の山ちゃん**名聲響遍全日本，好吃的秘訣便在其使用秘傳的醬料、與中國江蘇產的天然鹽巴仔細地刷在雞翅上**，帶點微辣的重鹹口感最適合搭配夏天清涼的啤酒。除了烤雞翅，以名古屋傳統料理為主的居酒屋式菜單，也頗受歡迎，是上班族下班後聚會的好地方，連台灣都有分店。名古屋市區內雖然分店眾多，但用餐時間大都得排隊，可盡量錯開高峰時間，或早點去通常比較會有位置。

べら珈琲 栄店

別冊P.5,B3 栄駅8號出口徒步5分可達 名古屋市中區錦3-21-18(中央広小路大樓1F) 052-951-8658 7:30~17:00，Morning Service~11:00 週日 維也納咖啡¥520

以維也納咖啡知名的咖啡老店べら珈琲，自昭和45年創業時就推出這款咖啡，每日仔細打發的**生奶油，就大量的蓋在一整杯咖啡上，意外清爽的口感光單吃奶油都覺美味**，淡淡甜味搭配上炭火深焙帶苦味的咖啡，簡直絕配。除了早餐，黑糖系列的土司三明治，也是美味必點單品。

建議不要攪拌直接喝，可嚐到三段式風味，早餐時段也搭配店內招牌黑糖麵包。

SUNSHINE SAKAE

サンシャイン サカエ

別冊P.5,C2 栄駅8號出口直通 名古屋市中區錦3-24-4 052-310-2211 各店鋪不一，服飾約11:00~21:00，飲食約11:00~24:00。3F摩天輪Sky Boat 12:00~22:00(最末班21:45) 摩天輪Sky Boat¥600 www.sunshine-sakae.jp

位在榮的市中心，建築物上有座巨大的摩天輪的就是SUNSHINE SAKAE，這棟大樓是榮最具話題性的流行購物商城之一，**年輕個性的服飾在此聚集，領導名古屋二十代年輕人的品味流行**。而近年來火紅的SKE48劇場也設在這裡，讓這裡也成為偶像活動的大本營。

名古屋市科學館

おすすめ 薦

世界最大的天象儀就在這裡！

別冊P.5,B4 地下鉄「伏見駅」下車，4、5號出口徒步5分 名古屋市中區栄2-17-1 052-201-4486 9:30~17:00(最後入館至16:30) 週一(遇假日順延)、每月第3個週五(遇假日順延至下一週)，12/29~1/3 展示室成人¥400、高中及大學生¥200；展示室+天文館 成人¥800、高中大學¥500；中學生以下免費，門票不包含特展 www.ncsm.city.nagoya.jp

2011年重新整修開幕的名古屋市科學館，好玩程度可能連從沒想踏進去的人都覺得好玩。尤其**整棟科學館那顆佔據至少5層樓高的巨蛋天文館Brother Earth，這可是世界最大的巨蛋天文館，當然也是許多人首號參觀目標**。廣達7層的建築包含生命館、理工館及天文館，幾乎每樣展示都以趣味的互動展示，讓人邊玩邊理解所有科學原理。

位於白川公園裡的科學館占地廣大，對面就是名古屋市美術館。

球狀天文館正下方一部分則是「宇宙的樣子」展示廳，對天文有興趣的不要錯過。

© NCVB

© NCVB

天文館

需購票入場，每天6場、每場50分鐘

廣達35公尺直徑的銀色球狀天文館，遠看就相當驚人，站在建物底下更是魄力十足，環狀座位的天文館，依據季節不同播放天象，**躺坐在裡面看著巨大的環狀星空，宛如置身浩瀚宇宙之中**。

極寒實驗室

極寒ラボ

無需購票，每半小時開放一次，需抽整理券排隊入場，每場限20人、每場20分鐘

體驗極圈溫度零下30度以下會是什麼感覺？體驗館的極寒ラボ提供極地保暖衣，讓你在館內體驗極寒中邊觀看北極光影像、結晶的冰結構與南極的冰展示。

龍捲風實驗室

龍捲ラボ

完全無須排隊，直接就設立在館內3至樓直通4樓的開放空間，**透過煙霧的可視度，將龍捲風的形成展演給你看，每幾分鐘就會重複一次**，有時還會搭配工作人員現場的講解與演出搭配，也是館內最人氣項目之一。

戶外實體火箭展示

日本展示的火箭實體中就屬這裡的體積最大，這是一個真真實實的火箭，它是用來代替宇宙實際飛行用的實驗機，分層的火箭結構就真實展示，可以感受真正火箭的體積大小。

就位在科學館戶外，免購票即可盡情欣賞。

可買到太空人的食物。

Museum Shop SO-NANDA

9:30~17:30，週末例假日~18:00 休週一

位在1樓的科學館賣店，**除了各式有關天文或科學知識的小物、益智遊戲或紀念品外，最吸睛的要算是為數不少的各式宇宙食物**，從白飯、飯糰、咖哩到甜點都有，甚至連名古屋限定的小倉紅豆點心都有，相當新奇，可以買包回家嚐鮮一下。

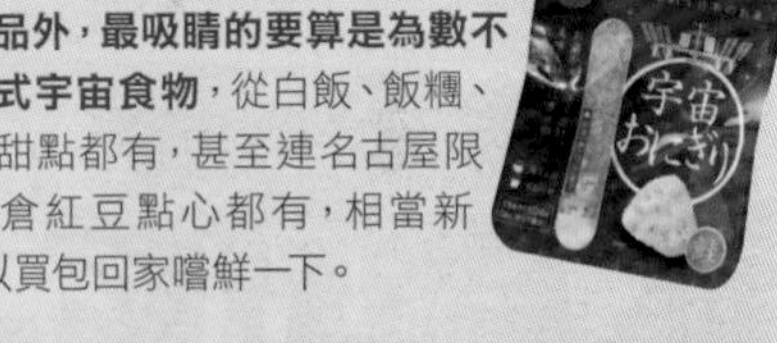

想要體驗館內熱門點，一定要早點去排隊

這個科學館，光是買一般常設展的入場券就夠開心大逛2個小時了，但入場後除了天文館必須另購入場券，極寒跟放電體驗館，也得抽整理券現場排隊，為了在開放場次內進入，排隊有時都得耗30分鐘以上。若太晚才到科學館買票，有時連天文館當日所有場次都額滿，所以記得早早去、並避開假日吧。

大須
おおす
Osu

大須是個很特別的地方，跟東京的淺草一樣，以一座觀音寺為地標，並以其為中心點開始繁榮，發展出充滿下町風情各式各樣的商店街，非常好逛。本來大須的商店街以二手貨、雜貨為主，但近些年來商店街明顯年輕化，色彩繽紛且便宜的流行商品充斥，就像是原宿的竹下通一樣，若不太在乎品質，大須會是個可以快速掌握流行的血拼區。

交通路線&出站資訊

電車
上前津駅◇地下鐵-鶴舞線、名城線
矢場町駅◇地下鐵-名城線
大須観音駅◇地下鐵-鶴舞線

大須観音寺

別冊P.5,B5 大須観音駅徒步2分鐘 名古屋市中區大須2-21 052-231-6525 自由參拜

紅豔外觀的**大須觀音寺是大須商店街發展的起點**，廟宇正式的名稱為北野山真福寺寶生院，原本位於大洲這個地方，自從德川家康在名古屋建城之後，派人將整座寺廟建築搬移到大須這裡來。觀音寺搬到大須之後，香火鼎盛，**有「日本三大觀音」之稱**，而周圍的市街門前町也跟著熱鬧起來，慢慢發展成現在的人氣購物商區。

大須観音寺古董市集

大須観音境內 5:00~16:00 只有每月的18、28日開市

名古屋市每個月都有數個市集在不同地方輪流上演，而其中唯一一個古董市集，就在人潮洶湧的大須觀音寺的寺前廣場，每月只有18、28日開市，如果剛好遇到假日，那肯定會更加熱鬧。**古董市集什麼都有**，古書、和服、古相機、陶瓷盤、老和服、古布、玩具、飾品、刀劍等，有時連大政、昭和年代的古書、老雜誌都有，**什麼都賣、什麼都不奇怪，光繞繞看看都覺得很有趣**。持續將近一整天的市集，由於並無遮蔭，如果盛夏前來，記得防曬要做好，5點就開市，可以的話早點來，逛完後，鄰近也有數家名古屋早餐咖啡名店，可以享用。

千奇百怪的商品，是逛觀音寺古董市集的最大樂趣。

万松寺通・仁王門通

別冊P.5,A5~C5 大須觀音駅徒步2分鐘、上前津駅徒步3分鐘 名古屋市中區大須 依各商店而異

來到大須，**建議先參拜完觀音寺後，再到仁王門通和万松寺通來逛逛，這裡有許多二手貨、雜貨等小商店**。仁王門通是位於大須觀音寺前的一條商店街，整條街(包括東仁王門通)約600公尺，兩旁商店以顏色豐富的服飾、雜貨為主，靠近東仁王門通一帶餐廳比較多。万松寺通則是與仁王門通平行的一條商店街，起點在觀音寺旁的鐘樓，前一小段稱觀音寺通，後段就稱為万松寺通，兩條平行商街的商店都非常類似，穿越其間的小巷子裡也有許多精緻的小店。而大須最有人氣的兩大商店アメ横與コメ兵都在此區，也都是外地來的遊客必逛的地方。

万松寺

別冊P.5,C5 上前津駅徒步3分鐘 名古屋市中區大須3-29-12 052-262-0735 受付處10:00~18:00 自由參拜 www.banshoji.or.jp

萬松寺起源於1540年，原本座落在名古屋城內供奉觀音菩薩，後來遷移到大須，就位在商店街裡。也由於跟戰國名將織田信長有點淵源，**在本堂後方大樓的三樓牆面上也上演織田信長的機關人偶，信長人偶每次會演出5分鐘**，戲碼為織田信長的父親過逝時在萬松寺舉辦的祭禮，與信長在出征時的一段歌詠，在時間內經過時不妨欣賞一下。

大須大道町人祭

每年10月中旬的週五到週日約3日間，大須商店街會舉辦熱鬧的大須大道町人祭，約40組的街頭表演藝人會輪番在此擺陣獻藝，有模仿古代的花魁出巡、小丑扮裝表演，還有森巴舞等豪華燦爛的演出，甚至還有全身塗上金粉的金人秀，非常熱鬧有趣。

萬松寺演出

近年新整裝後的萬松寺除了原本的機關人偶演出，也新增了「白龍」的燈光煙霧的演出，白龍就在寺院前的商街邊，很容易發現，反倒是機關人偶有點隱蔽地在寺院後邊大樓的上方演出，想就近看，其實只要轉進去隔壁巷子、コンパル咖啡店正前方，就剛好是最近的觀賞點。但其實演出內容也沒精彩到要特地來等，如果剛好整點有經過，順便欣賞一下也不錯。

「信長」機關人偶：10時、12時、14時、16時、18時。「白龍」：11時、13時、15時、17時、19時、20時

大須ういろ 本店

別冊P.5,B5 大須観音駅2號出口徒步3分 名古屋市中區大須2-18-42 052-201-2000 10:00~18:00 ういろ￥270起 www.osu-uiro.co.jp 名古屋市內分店眾多，請上官網查詢

「ういろ」是約600多年前由中國傳到日本的點心，以米粉與糖調成漿後再放入蒸籠蒸熟而成。由於傳來的人職稱為外郎，漸漸地這種和菓子便稱為外郎的讀音ういろ了。在仁王門通上的**大須ういろ創業於昭和24年(1949)**，店內主打當然就是ういろ，**吃起來就像是蒸過的米糕，有著恰好甜度**，除此之外還有一口大小的一口ういろ，或是加入紅豆泥的「ないろ」，也都很美味。

別忘了試試道地冰咖啡的喝法。
美味的炸蝦三明治，是必吃推薦。

KONPARU大須本店

おすすめ 薦

足以代表名古屋的老舖喫茶店。

コンパル 大須本店

別冊P.5,C5 上前津駅12號出口徒步3分 名古屋市中區大須3-20-19 052-241-3883 8:00~21:00 エビフライサンド(炸蝦三明治)￥1,050、アイスコーヒー(冰咖啡)￥450 www.konparu.co.jp メイチカ店、今池店等，市內共有9家分店

要提到名古屋的老喫茶店，就絕對不能漏掉這一間。KONPARU為人津津樂道的名料理是炸蝦三明治，一份三明治有三隻炸蝦，炸蝦Q彈、麵包也很有咬勁，加上炒蛋、豬排醬、塔塔醬共同織出美妙味覺，讓人念念不忘。而點冰咖啡時，端上桌的卻是一杯冰塊與熱咖啡，原來要先在熱咖啡中加入喜好的糖量，再將熱咖啡倒入裝冰塊的杯中，配上奶精，香濃的冰咖啡便完成啦！

逛累了或約人，就來大須招財貓廣場集合吧！

大須是名古屋最大商店街區，以年輕購物美食為主打，兩條隔鄰的平行拱頂商店街，又因中間被門前町通切開，因而變成4條商店街(觀音通、万松寺通與仁王門通、東仁王門通)，想一次細細逛完其實也挺累的，萬一累了或是跟朋友走散了，最佳集合休憩地除了觀音寺，還有東仁王門通入口的廣場，大大的招財貓地標很好找之外，也常有在地藝人表演，常常聚集很多人。

KANNON COFFEE大須店

薦 おすすめ

別冊P.5,B5 大須観音駅 2號出口徒步4分 名古屋市中區大須2-17-25 052-201-2588 11:00~19:00 咖啡¥480~、和紅茶¥530~ www.kannoncoffee.com/

仁王門通上，難得一見的木質調文青咖啡館。

飄散著一點異國風情感的仁王門通商店街上，位在靠近東仁王門通側的KANNON COFFEE，則是呈現一種歐風街邊咖啡店的優閒氣息。**KANNON名字來自於觀音的日文發音，目前在日本就有多家風格各異的分店。以木質調裝飾為主的大須店內**，基本提供調和豆、單品豆、espresso、拿鐵、美式等5種咖啡系列選單外，也有來自靜岡直接入貨的茶，當然每月用心開發的特調飲品，光可愛視覺都讓人覺得開心。不論坐在店內或店外，都有著街邊店般的開闊視野，輕鬆舒適感滿點。

呈半開放式風格的店裝，有街邊般的開闊氛圍。

也有每日特製的精巧小點心提供。

モノコト

別冊P.5,A5 大須観音駅2號出口徒步3分 名古屋市中區大須2-25-4 (久野ビル2F) 052-204-0206 12:00~21:00 週二

位在仁王門通上，モノコト**集結了許多作家的作品**，在廣闊的空間中靜靜展示著。而店內也不定期請來作家現身開個展甚至是教課，讓使用作家作品的人也有機會可以與作家本人見面。除了作家作品以外，店內**也有不少奇妙的古道具**，而且不時還會開辦服裝製作或吉他課程，甚至還會有現場演出，十分有趣。

Archer

別冊P.5,B5 上前津駅8號出口徒步2分、大須観音駅 2號出口徒步7分 名古屋市中區大須3-42-32 052-212-7342 平日13:00~19:00、週末12:00~19:00 www.instagram.com/archer0206/?hl=ja

在大須一帶可說是二手古著的天堂，各式風格古著都能找到，位在仁王寺通商店街與汽車道交叉口的Archer，二層樓居家雜貨風格店裝，光視覺就足以吸引人想入內一探。店內除了**男、女服裝及包包、帽子、鞋子等配件外，用乾燥花及飾品老件裝點的店內，飄散一股優雅香氣，逛起來相當自在舒適。**

KOMEHYO本館

コメ兵 名古屋店 本館

別冊P.5,B5 大須観音駅2號出口徒步5分，上前津駅8號出口徒步5分 名古屋市中區大須3-25-31 052-242-0088 10:30~19:00 休不定休 komehyo.jp/kaitori/

KOMEHYO是**大須最有人氣的大型二手店之一。平常除了販賣之外，也專門收購轉賣高級舶來品、珠寶等等**。本館1樓以寶石、首飾為主，3樓則是名牌皮包，許多都是全新商品，折扣又高，愛用名牌的年輕女性必逛。4~6樓則是以名牌服飾及二手和服為主。

本館7樓以「公克重量」計價的專區搬家囉

剛整裝完畢的KOMEHYO本館，整體更舒適鮮亮外，也順勢把原本設在7樓的秤重販售的服飾區，獨立搬到東仁王門通上，仍維持超低銅板價，衣服每g只要1~4日圓，雖然比以往稍稍貴了一點，但仍是便宜到讓人掉下巴，有興趣撈寶的，倒是可以去看看。

位於東仁王門通商店街、接近仁王門通

KOMEHYO 名古屋本店 きもの館

おすすめ 薦

各式和服二手商品，貨品齊全非常好逛。

別冊P.5,B5 大須観音駅2號出口徒步5分 名古屋市中區大須2-19-22 052-203-0116 10:30~19:00 休週三 www.komehyo.co.jp/store/nagoya-kimono

KOMEHYO是名古屋二手服飾的大型專售店，光在大須這邊的商店街就有2家大型店，而**きもの館這家僅有一樓店鋪，但卻是一家和服二手專門店**，店內除了和服數量繁多外，**各式搭配和服及浴衣用的腰帶、包包、鞋襪、裝飾用小物，通通一應具全**，可在此一次購足。店內又將和服區分兩個區塊，須脫鞋子入內的區域是因應試穿需求，以免將和服弄髒。而不用脫鞋的區域，則以不同色標，將和服直接一口價便宜銷售，瞄準預算區內的衣服一一翻看，也不失為快速選購的好方法。

各式和服、浴衣、配件，品項及數量都相當充實。

千壽 本店

天むす 千寿

別冊P.5,C5 地下鐵上前津駅下車徒步3分 名古屋市中區大須4-10-82 052-262-0466 8:30~18:00 週二、週三 天むす(炸蝦御飯糰)一人份￥825

風靡日本的炸蝦御飯糰據說是由位在三重縣津的千壽所發明，大須的千壽則是繼承發祥店的字號，也傳承了美味。千壽**以北陸產的越光米、鮮蝦與伊勢灣的海苔，捏成一個個美味的炸蝦御飯糰**，讓人一吃難忘。營業時段裡只有中午12:00~14:00可以吃到剛捏好的炸蝦御飯糰，趁熱吃更美味。

記得搭配一旁的醃漬昆布，解膩更好吃。

矢場とん 矢場町本店

おすすめ 薦

滋味濃郁的味噌豬排，還有超多種餐點選擇。

別冊P.5,C4 矢場駅徒步5分 名古屋市中區大須3-6-18 050-5494-5371 11:00~21:00 みそかつ丼(味噌豬排飯)￥1,370、極上リブ鉄板とんかつ(鐵板豬排)￥1,570 nb0c101.gorp.jp/

若你以為味噌豬排不過就是將味噌和豬排燒在一起那可就大錯特錯了，一開門就造成排隊的矢場とん強調新鮮的食材，**嚴選自鹿兒島、吃芋頭長大的黑豬肉就有這樣的美味，配上該店絕不外傳的神秘味噌醬料**，絕妙好味不用多言。

味仙 矢場店

別冊P.5,C4 矢場町駅4號出口徒步5分 名古屋市中區大須3-6-3 052-238-7357 11:30~14:00、17:00~01:00 台湾ラーメン(台灣拉麵)￥820 misenyaba.owst.jp/ 名古屋市內分店眾多，請上官網查詢

名古屋人最愛的拉麵居然是「台灣拉麵」，由味仙研發的這款拉麵，辛香微辣的湯頭，正好搭上日本多年前的「激辛」風潮，將台南的担仔麵和肉燥麵加以改良研發，調配出適合名古屋人的濃郁口味。**新鮮的肉燥與韮菜搭配油麵，以雞湯為底的鮮辣湯頭大獲好評**，不但日本人喜歡，也很合台灣人的胃口。除了拉麵外，也有許多其他合菜類菜色。

天麩羅 八重垣

別冊P.5,C5 從矢場町駅站徒步約5分 名古屋市中區大須4-2-10 052-263-1818 預約制11:30~14:00、17:00~22:00 不定休 套餐料理，午餐¥4,500~、晚餐¥8,000~ tempura-yaegaki.com/

於昭和元年(1926年)創業的這家低調的高級天婦羅料亭「八重垣」，**自開業以來便廣受歌舞伎、皇家家族、大臣官員及演員等名人的喜愛**，而為了維持一貫的極致餐飲內容與服務，更堅持決不開分店的原則，將所有料理美味與待客款待，維持近百年不變。嚴選旬食材，透過不同的油炸程度，精準拿捏食材的美味瞬間，以無菜單的套餐式提供，而店內雖有2層樓空間，但其實接待組數卻少到5根指頭數得出來，因此**想來用餐，務必要預先訂位**。

店內商品項目多到難以計數，絕版或已經很難找到的商品，不妨來這碰碰運氣。

Lashinbang Nagoya Osu Store

おすすめ 薦

らしんばん 名古屋大須店

動漫迷的挖寶處。

別冊P.5,C5 上前津駅8號出口徒步5分、大須觀音駅2號出口徒步9分 名古屋市中區大須3-10-35(MultinaBox 2F) 057-000-8620 11:00~20:00 www.lashinbang.com/store/38/

沿著萬松寺前的商店街走到底，就會看到挑高一樓有著電扶梯往上的顯眼建築，走上2樓就是滿滿各式動漫商品的 Lashinbang。**在二手天堂的大須，這裡賣的當然也是動漫的二手商品**，寬闊的店內，商品多到令人眼花撩亂外，**最有趣的是連骨灰級的老遊戲機的遊戲卡夾都找得到**，這還真的是逛新品店難以擁有的樂趣。當然新進熱門的動漫商品像是間諜家家酒的人物，也能找到周邊，而且狀況都宛如新品般，店內也有部分新品販售。如果自己手邊有想脫手的周邊，這裡也是個收購點。

Sugakiya 大須万松寺通店

別冊P.5,B5 大須觀音駅2號出口徒步5分 名古屋市中區大須3-25-28(万松寺通商店街內) 052-241-3733 11:00~20:30 拉麵¥260~550 www.sugakico.co.jp

發跡於名古屋的Sugakiya，從一開始經營刨冰店，後因遇到拉麵達人向其學習而轉型，因此店內拉麵與冰都是一起賣的，還曾因此出了款叉子結合湯匙的特殊餐具呢。**很多名古屋人都是從小吃到大，除了價格平實、店舖多之外，也可學學在地人吃拉麵搭配刨冰或是冰淇淋**，也有飯類跟沙拉等配菜選擇，超市裡還有Sugakiya泡麵適合當伴手禮。

Sugakiya
TAKE OUT
配料豐簡任選，但最貴也不超過¥550的銅板價格，難怪大受歡迎。

Solo Pizza

別冊P.5,B5 上前津駅8號出口徒步5分 名古屋市中區大須3-36-44 052-251-0655 11:00~21:30(L.O.21:15) 窯烤披薩¥500起 www.solopizza.jp

由奪下拿坡里披薩職人大賽優勝的牧島昭成，開設的人氣披薩店 Solo Pizza，位在年輕流行的大須，其實惠的價格當然是吸引年輕男女的原因之一，但能夠如此廣受歡迎，使用道地義大利食材與熟練的揉皮技巧才是關鍵。

LOCO-BURGER

別冊P.5,B5 大須観音駅2號出口徒步4分 名古屋市中區大須2-17-35 052-203-8161 11:30~20:00 不定休 ロコバーガー(招牌漢堡)¥580 loco-burger.com/

曾經入選愛知縣漢堡節名店的LOCO-BURGER，在大須中開設的小小店面採外帶形式，店門口兩張桌椅讓客人也可以坐著品嚐。其中**招牌漢堡由100%純牛肉製成的漢堡肉香嫩多汁**，加上起司、荷包蛋、蕃茄、培根、生菜、牛蒡新鮮食材製成，十分受到歡迎。

juicy的漢堡肉讓人驚豔。

昭和風情的古著店。

昭和Store

昭和ストアー

別冊P.5,B5 大須観音駅2號出口徒步3分 名古屋市中區大須2-18-45 052-231-0776 12:00~19:00

從昭和63年創始一直到現在，時間像是沒有流逝般，店內仍保留著古樸樣貌，架上的二手衣也全都是昭和的懷舊風格，讓這間**充滿昭和懷舊情緒的二手衣店深受古著女孩的歡迎**。除了二手衣外，店內也販售可愛的小鈕釦、帽子、圍巾、皮包等配件，種類眾多，價格實惠的也不在少數。

覺王山周邊

かくおうざん しゅうへん
kakuozan area

搭 乘地下鐵東山線僅距離名古屋站20分鐘的覺王山，呈現著與市中心光鮮高樓、熱鬧購物街截然不同的氣氛，悠閒而安靜的街區，偶有上上下下的彎曲坡道，這一帶在百年前曾是許多名流貴族居住聚集的區域，最具代表的便是松阪屋家族的「揚輝莊」。今日的覺王山依舊是高級住宅區、優雅風貌不減。觀光散策可以日泰寺參道為中心點，周邊鄰近各條小巷弄裡則隱藏不少文青風小舖、洋果子蛋糕店，讓散步途中充滿驚喜，是想遠離市中心人潮，喜愛文青風者的悠閒遊逛好去處。

交通路線&出站資訊

電車

覚王山駅◇地下鉄東山線

出站便利通

整個覺王山周邊的散策範圍，涵蓋池下駅、覺王山駅、本山駅，及地下鐵名城線的自由之丘駅，以覺王山駅為中心點擴散開來，當作起點也最為便利，也因各個景點都距離不遠，慢慢走也就都環繞到了，如果不想走回頭路，其他周邊站點就很適合利用。

◎覚王山駅(地下鉄東山線)
出站後從1號出口就是商店最聚集的日泰寺門前町，可前往日泰寺、揚輝莊等。

◎池下駅(地下鉄東山線)
往古川美術館、為三郎紀念館& 寄屋咖啡。

◎自由ヶ丘駅(地下鉄名城線)
往日泰寺-奉安塔等。

每月21日的緣日，門前町參道上熱鬧非凡

寺院除了依季節舉辦不同的法會、祭典外，每個月21日「弘法の日緣日」，覺王山商店街也同時舉辦「緣之日市集」，可說是覺王山每月人潮最洶湧的日子。從車站到日泰寺前約600公尺的參道，擺滿了各式攤位，有食物、雜貨生活用品、手創小物、蔬果、花束...，而且攤位還一路跨過日泰寺山門，連寺院內廣場也擺滿小攤，超過100個攤位，人潮更是比肩而行，如果時間遇得到，推薦一定要來親自感受這股熱鬧氣氛。

⌂日泰寺參道
◷早上~下午3、4點左右

釋迦佛骨灰並不在大殿內，而在寺院後方山坡上不遠處的奉安塔。

卍 覺王山 日泰寺

別冊P.11,C2 覚王山駅下車，1號出口徒步6分 ⌂名古屋市千種區法王町1-1 ☎052-751-2121 ◷5:00~16:30，境內自由參拜 $免費參拜 www.nittaiji.or.jp/?rd=00

日本唯一一座不屬於任何宗派的佛教寺院便是日泰寺，因為**這裡是象徵日、泰友好，在明治年代由泰王贈送釋迦佛骨灰、所建蓋的奉祀寺院之處**，嶄新的寺院沒有一般歷史悠久古寺氛圍，但卻因供奉珍貴的釋迦佛骨灰，也成為許多人來此祭拜的原因。而人潮最多的時間則是每個月的21日(緣日)，寺院前門前町參道上各式攤位聚集、熱鬧非凡，也是當地人攜家帶眷、朋友相約，一起來祭拜與休閒的重要日期。

院門外有著兩尊明朝服飾造型的石雕象。

紅葉山鉈薬師堂(医王堂)

別冊P.11,B1 覚王山駅下車，1號出口徒步12分 名古屋市千種區田代町四観音道西13-2 10:00~14:00 每月僅21日開放1天 免費參拜

如果21日來到覺王山，推薦順訪藥師堂，只要順著日泰寺左側圍牆外的四観音道，就能一路沿著坡道來到隱身樹林中的藥師堂。每個月只在21日開放，小小的寺院內高聳樹林掩映，因而顯得幽靜而神祕，最重要看點在於裡面代表12時辰的木雕神像。這裡是尾張藩主德川義直的御用醫張振甫所建，這位明朝醫生後來也歸籍於此，並用名古屋城剩餘木材，蓋了這處奉祀藥師如來的寺院，**如來兩側的12時辰神將，都是一刀雕，手法自由而粗曠，宛如12塊浮雕木，藝術感滿點。**

papiton

おすすめ 薦

パピトン

氣質優雅的甜點咖啡名店。

P.11,B2 覚王山駅下車，1號出口徒步7分 名古屋市千種區山門町1-1(日泰寺山門左側) 052-752-3146 11:00~18:00 週三、四，不定休 莓果派¥780，冰拿鐵、自家製梅子汁-各¥600 papiton3.com/

大片的美麗花草植物圍繞下的老公寓建築，目光很難不被吸引，而植物圍繞中，會忽然發現階梯地面上一塊低調的店招，原來這裡就是相當受女生喜愛的甜點名店papiton。以**使用最簡單的食材，呈現季節感的烘焙甜點滋味**，因此在食材選擇上就相當挑剔，難怪大受歡迎。店內各式木製老家具的組合，舒適中飄散著一股輕柔氣息，**店中擺放的鋼琴，也會在每月舉辦2場結合甜點品嚐的古典音樂會。**

綠意圍繞的建築，低調而優雅，庭院內種的藍莓也成為甜派上的美味。

步知步智

別冊P.11,B2 覚王山駅下車，1號出口徒步4分 名古屋市千種區山門町2-58 052-761-5553 11:00~19:00 週一、二

老屋改裝、以粗糙水泥表面塗敷的素淨店面，反而讓這家陶藝器具屋&陶藝教室，在隔鄰都是老屋的參道街上顯得相當亮眼，**小小的店內擺滿各式雜貨風格滿點的素雅設計陶器，後半部更大的空間則是工作室兼陶藝教室**，同一地點除了步知步智，一旁陡斜的階梯走上2樓，則又是另一處小小藝廊空間iroiro，會有不同手創者來租用空間展出，都是免費參觀，展出作品也會標價出售，喜歡的話也能買。

揚輝荘

おすすめ 薦

一窺松阪屋經營家族的別邸豪奢風貌。

別冊P.11,C2 覚王山駅下車，1號出口徒步10分 名古屋市千種區法王町2-5-17 052-759-4450 9:30~16:30 休週一(遇假日或祭日，延隔日休)、年末年始 北園：免費。南園(聽松閣)：中學生以上¥300 www.yokiso.com/

曾經廣達1萬坪的私家庭園別莊——揚輝荘，就坐落在覺王寺右側，這處莊園內部曾包含30棟各式用途的建築，可說是昭和年代覺王山一帶豪門別邸的代表，而它的主人便是**松阪屋百貨創辦人——伊藤次郎左衛門祐民所建蓋**。往來別莊的人除了商界，更大量包含文化界、貴族、名人等，後來也包含來自世界各國的學生，冠蓋雲集、熱鬧非凡的別莊，讓它自帶著一股不可一世的光芒與風采。二戰時莊園開始走向損毀的命運，再加上後來城市的擴張，敷地逐漸被徵收，如今**倖存的將近2,700多坪的庭園及5個建築，開啟大門歡迎大眾進入參觀，感受日式優雅庭園之美，也看見過往豪邸建築的講究。**

揚輝荘(北園)

おすすめ 薦

仿京都修學院離宮打造的日式庭園。

入口處在日泰寺的山門東側方向，亦可從五重塔旁下階梯後右轉即可達

揚輝荘原本是一個完整的大莊園，但因近現代的城市擴張，莊園中間變成一般的大樓建築，揚輝荘因而被分割成為南、北園的兩個區塊，靠近日泰寺這側的**北園，以日式迴游庭園內包含著伴華樓(宅邸空間)、白雲橋、三賞亭(茶屋)等建築，及一個豐彥稻荷社**，遊賞其間，幽靜中又處處別具設計巧思，可以想像當時的賓客是如何在此庭園中覽景作樂。

庭園中借景外面日泰寺的五重塔，轉成自家庭園美景。

和洋結合的伴華樓，以尾張德川家移築來的老屋加以洋風合併，相當特別。

宴舞廳將歐風、印度風等巧妙融合，卻又不違和。

聽松閣(揚輝荘南園)

おすすめ 薦

曾經冠蓋雲集，融合各式風格的迷人建築。

主入口同北園，北園在左側，南園在右邊，往南園需順著綠籬小徑前行1分鐘即達 南園於11:00、14:00各有一場45分鐘免費導覽，想聽更多精采故事細節，不妨善用

南園目前僅剩的面積約北園的1/2不到，但這裡有著幸運躲過戰火的當時迎賓館——**聽松閣，赭紅色的顯眼外觀，宛如英國式氣派別莊，是揚輝荘5個建築中，唯一開放進入參觀的建築**，也是當時最重要的一棟建築。內部可見當時的起居空間及配置，還有各式裝飾細節。最特別的是融合了英式、日式、中式、印度風格的裝潢，展現出當時這裡國際交流繁盛狀況下所產生的影響。最特別的是地下一樓有個融合歐風及印度風格的宴舞廳，還可連接一個地下通道(非公開)，是個充滿謎樣又獨特的建築。

覚王山アパート

おすすめ 薦

覺王山公寓

老公寓內集結手作、展覽等文青風格小鋪。

別冊P.11,B2 覚王山駅下車，1號出口徒歩5分 名古屋市千種區山門町1-13 052-752-8700 11:00~18:00 休週二、三(遇假日、緣日則無休)，年末年始 kzapt.nagoya/

位在參道後方巷弄中的**覺王山公寓，宛如手創小型市集般的存在，以近70年歷史木造老公寓改造**，保留最大限度的老屋空間樣貌，提供9組設計創作者們進駐創作、販售與交流的空間。這裡的手創商品，有以鋼絲製成的藝術創作品、可愛的裁縫布包、插畫文具、咖啡古書屋…等，以及以覺王山為主題的限定設計品。遊逛中也能看到創作中的作者，當然也有機會親自和他們交流。這裡每隔一段時間後，就會重新招募不同設計者及店家進駐，也許隔個半年、一年再來，裡面又是另一番新的風景。

集合二手書、印度拉茶、咖哩的咖啡書屋「甘露」，適合小憩。

名古屋限定PISCHOCO，層層不同風味堆砌出法式甜點精隨，外層灑上伊朗產高級開心果，提亮口感。

Chez Shibata Cakes and Cafe

別冊P.11,B2 覚王山駅下車，1號出口徒歩4分 名古屋市千種區山門町2-54 052-762-0007 10:00~19:30 休週二 $PISCHOCO甜點¥860，冰咖啡¥600 chez-shibata.com/

在甜點店不絕於途的覺王山街區上，還有一家甜點店也不能錯過，那就是**由國際知名的甜點大師柴田武所經營**，而這家法式甜點店也在不同國家開了數家分店，都大受歡迎。曾在法國修習並在當地甜點店工作，奠基了柴田深厚的法式甜點技巧與創作力，善用季節與不同地區的食材，讓甜點既具風味，外觀更一個個**宛如珠寶盒般令人捨不得吃**，想朝聖大師甜點滋味，這裡就有一家，而且也有不少常溫甜點與餅乾禮盒可以購買。

犬山市
名古屋市區
愛·地球博記念公園
常滑市
覺王山
有松
熱田
名古屋港

熱田
あつた
Atsuta

位居名古屋南部的熱田發展比名古屋城更早，早在1900年前就以三大神器的草薙神劍所在的熱田神宮而成為參拜重要神社所在地，與名古屋城以堀川串聯，江戶時代因位於江戶與京都間的東海道上，成為重要的宿場町而繁榮發展。至今來熱田區旅遊，熱田神宮仍是最主要的參觀重點，鄰近則有白鳥古墳及白鳥庭園，較現代新穎的區域則以金山駅附近為主，周邊圍繞不少購物及美食。

交通路線&出站資訊

電車
神田宮西駅◇地下鉄-名城線
神宮前駅◇名鉄-名古屋本線
JR熱田駅◇東海道本線

出站便利通
◎不論利用哪一條路線，從名古屋駅過來大約12分鐘，下車後約徒步5~7分鐘。
◎若要順遊白鳥古墳及白鳥庭園則利用地下鉄名城線「神宮西駅」較便利。

如果持一日乘車券，回程要注意搭車站方向

想去熱田神宮祭拜，有兩條路線可以抵達，一條是名鉄名古屋本線的「神宮前駅」，另一個則是地鉄名城線的「神宮西駅」，剛好分據神宮東西兩側。如果是買一日券，那麼就只能搭乘地鉄名城線，當想從熱田神宮離開時，要注意車站指標，別看到車站指標就傻傻走，畢竟神宮非常大，一走錯方向，保證你不會想再走回頭路的。

あつた蓬萊軒 本店

別冊P.8,B4 伝馬町駅4號出口徒步3分 名古屋市熱田區神戸町503 052-671-8686 11:30~14:00(L.O.)、16:30~20:30(L.O.) 週三、每月的第2·4個週四(遇國定假日營業) ひつまぶし(鰻魚飯)¥4,600 www.houraiken.com

あつた蓬萊軒創業於明治6年(1873)，當時是一家料亭，第二代店主推出了「ひつまぶし」而迅速成為當地名店，也讓這一道料理成為名古屋代表美食。作為**名古屋鰻魚飯創始店**，あつた蓬萊軒**從創業時使用至今的秘傳醬汁，讓許多人為之著迷**，除此之外店家更選用備長炭，以穩定火源慢慢烤出美味的鰻魚，而且有別於其他地方，職人還會用高超刀法在鰻魚身上劃上細緻刀痕，接著沾上特製醬料燒烤再在飯上炊蒸，讓鹹香醬汁更入味。

名古屋鰻魚飯這麼吃最對味

名古屋鰻魚飯有別於其他地方，特殊吃法，先分成四等分，第一份舀起吃原味，第二份加入稱為「藥味」的細蔥花、海苔絲及山葵等佐料吃，第三份加入香茶變成「茶泡飯」，最後一份當然就是依照個人喜好，隨便你怎麼吃！

熱田神宮

おすすめ 薦

僅次於伊勢的最高神格神宮。

あつたじんぐう

別冊P.8,C2 名鉄名古屋本線「神宮前駅」徒步3分；地鉄名城線的「神宮西駅」徒步5分 名古屋市熱田區神宮1-1-1 052-671-4151 時間：神宮境內自由參拜，宝物館9:00~16:30(最後入館16:10) 宝物館¥300(持交通一日券¥250) www.atsutajingu.or.jp/jingu

充滿神話傳說的熱田神宮，是以祭拜「草薙神劍」(天照大神的另一種神體化身)而起始的神宮。**草薙神劍是日本三大神器，且這把劍來自伊勢神宮，後恭奉於此，從此熱田神宮成為許多古代武將、皇族甚至一般民眾的廣泛信仰與朝聖**。廣達19萬平方公尺的蔥鬱境內，古木籠罩，除本宮外，另有一別宮、十二攝社、三十一末社分佈其中，每年吸引700萬人到訪參拜。

本宮

「日本三大神器」(草薙神劍、八尺瓊勾玉、八咫御鏡)原本保存在伊勢神宮裡，因景行天皇年間(71年~130年)日本武尊東伐，當時以草薙神劍(くさなぎのみつるぎ)平定東方諸國，後來便將草薙神劍留在熱田神宮裡。如今**神器被供奉在本宮內，由於神格崇高，甚至被判定與伊勢神宮相當，因此殿社也以神明造的建築方式改建**。

清水社

しみずしゃ

沿著本宮後方的森林小徑(こころの小径)散步，就會來到宛如被森林包圍的清水社，顧名思義這裡供奉的是專司管轄水的罔象女神，社殿後方有**一處自然湧泉，據說舀水連續三次灑向池中的古石就能願望成真，用水拍打臉還能變美**。

大楠

おおくす

熱田神宮內巨木成群，不少都被推斷至少具有千年的樹齡，其中又以**具傳是弘法大師親手種植的這棵巨大楠樹最知名**，粗壯又龐大的樹冠直伸入天，站在其下抬頭仰望，宛如被神明擁抱般得到療癒與力量。

宝物館

歷史悠久的熱田神宮，**宝物館內也典藏不少珍貴寶物，其中不乏被國家及愛知縣指定的重要文化財**。寶物館不算大，但從繩文時代到現代，包含各個時代武將或大名或是一般民眾等進貢品，從刀劍、繪畫、書跡、工藝雕刻品都搜羅在內。

宮きしめん

9:00~16:30 宮きしめん

大正時代創業的宮きしめん老舖，就位在清め茶屋旁。**從熱田神宮起始營業，獲得宮司樣同意將「宮」放在麵食上的來取名**，至今雖然分店眾多，但來熱田神宮仍是不能錯過的一碗溫暖美味。

烏鴉與雞出沒注意！

烏鴉是神使早就是很多人知道的事，但熱田神宮裡竟然還有雞出沒！？原來在神話中，雞也是神使之一，當天照大神有次躲在岩石中不願照亮大地，眾神便用雞來鳴叫喚出祂。不過據說這裡的雞不是特地養的，不知何時他們就野生在這裡生活，雖然很新奇，但也得注意牠們飛上樹枝頭、或是跑到用餐處覬覦你的餐食。

有松
ありまつ
arimatsu

曾為江戶到京都的東海道上的宿場町之一，有松更以其絞染布製品而知名。江戶年代隨著名古屋城的建造，工人也帶來織染技術，並在有松發展，發展各式商品，也成為往來東海道旅人的伴手禮。繁榮的「有松絞染」風景，更在江戶末期到明治年代，達到高峰，如今的有松老街區，依舊保留著濃厚的江戶、明治時代老建築街區氛圍，各式染商的豪邸、店鋪，依舊是老街上最顯眼的風貌。緊鄰著車站邊、從名古屋市區也僅20分鐘車程，也成為散策江戶氛圍、拜訪精彩絞染傳統工藝的最佳去處。

交通路線＆出站資訊

電車
有松駅◇名鉄名古屋本線
出站便利通
從有松駅出站後，串連著天橋，一邊是AEON購物中心，轉頭望向另一側，只見傳統街屋一棟接一棟就在眼前展開，老街區就與鐵道幾乎呈平行的位置，只需徒步1~2分鐘就能走到歷史街區中心點，交通可說是相當便利。

善用車站旁的AEON購物中心

有松老街上由於購物、用餐地點並不多，若再加上休日多的狀況，有時光想找個廁所或休憩點都困難，幸好車站相當靠近老街區，而緊鄰車站的AEON購物中心就是個好據點，不論是用餐或是休憩、廁所，可以當作備用點，可善加利用。

1608年最早來此造町發展的木棉商竹田家，目前仍在街區裡營運中。

建築看似統一，卻涵蓋不同年代，細看能發現不同年代建築展現。

有松傳統建物群保存地區

おすすめ 薦

有松の町並み

感受江戶風情＆400年絞染歷史悠遠情緒。

別冊P.10.D4 有松駅下車，徒步2分 名古屋市綠區有松 自由參觀。岡家住宅10:30~15:30(僅週末開放) 免費參觀(岡家住宅) www.arimatsunomachi.com/

有松傳統建物群保存地區主要以舊東海道的路徑為主，大約800公尺的街區，只見幾乎都是2層樓的建築、外壁為黑色漆喰塗敷的外觀，讓整條街區，散發低調安靜的氣氛。以「有松鳴海絞り」而繁榮發展的街區，曾因大火而在江戶末期重建，而有松絞染最繁盛的時期就在明治至昭和初年間，**多達100種以上的絞染技法，放眼世界也算獨霸一方，讓染商各個家大業大，只見老街區的建築大都是當時染商的豪邸、店鋪，而店鋪的開闊立面也是這裡的特色**，最精采的大概是各個染商圍牆內的寬闊建築群，2019年被認定為日本遺產的街區，**有多達7處建築名列市指定文化財**，有些仍是私人地產或仍經營中，目前僅「岡家住宅」在週末有開放參觀。

おすすめ 薦

有松・鳴海絞会館

認識有松歷史與絞染風景的拜訪起始點。

別冊P.10.D4 從有松駅徒步5分 名古屋市綠區有松3008 052-621-0111 9:30~17:00(絞染實演至16:30) 休6月第一個週末的隔日(有松絞染祭典)、不定休、年末年始 $1F Shop：免費；2F展示區：大人¥300、小學~高中生¥100；絞染體驗¥1,800~ shibori-kaikan.com/ ❶絞染體驗需預約，但成品仍需後續加工，約3週後才能拿到

有松400年來的絞染盛況，都曾在浮世繪大師葛飾北齋、哥川広重等筆下，成為江戶年代的東海道上美麗傳唱風景。這個因絞染而興盛的宿町，歷經400年的絞染發展，至今依舊是日本絞染生產最大據點，也發展出更多絞染技法與商品，**想一探需歷時超過1個月才能完成的繁複絞染作品如何製作、有松的發展歷史軌跡，甚至親身來體驗有松絞染、購買有松染商品等，這裡都能滿足。**

有松絞體驗

有松絞染最吸引人的地方便是此地的絞染花樣風格，圖樣、技巧多到令人驚豔，因此也吸引很多人前來體驗，不論是用縫的、用繩子綁的、或是用板子摺疊染出雪花圖型，雖然無法像職人般將多樣技巧混搭來設計圖型，但光是學習體驗1~2種，完成後，還是會非常有成就感。在老街上像是有松．鳴海絞会館有固定的體驗課開放預約，其他部分店家也會有，或是旅遊中心的特別課程，有松絞染祭時，也有許多精采體驗課釋出，都是來有松時，務必要嘗試看看的活動。

依體驗絞染作品而異，約1~2小時可完成一件作品
❶大都需要事先預約

絞り商「井桁屋」(服部家住宅)

別冊P.10.D4 有松駅下車徒步約5分 名古屋市綠區有松2313番地 052-623-1235 10:00~17:00 休不定休 $各式圖案絞染手巾¥500~

建於江戶末期的建築，是服部家族所經營的絞商，建築可見江戶時代風格，低矮的二樓、及2樓的柵欄狀虫籠通風窗，加上建築主屋周邊的土蔵造等，**家族的建築群沿街成排，可說是街區裡建築群面積第一大的絞商，也是市指定文化財**。而至今仍營運中的老舖，可入內看看商品，雖然只能在商店內遊逛，但可細看一些空間配置，大部分的主交易都在榻榻米區，以和服為主的絞染商品，仍是重視質感的日本人重要選擇，加上達上百種的花色，光是商談如何搭配，都需要不少時間。

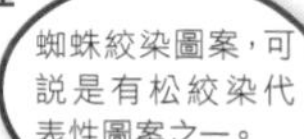

蜘蛛絞染圖案，可說是有松絞染代表性圖案之一。

繩綁絞染未拆線前樣態的手巾，送人有趣又實用。

喜MARUKI

別冊P.10.D4 有松駅下車徒步約4分 名古屋市綠區有松3001-2 10:00~18:00、週末例假日9:30~18:00 休週三 $綠茶飲￥450、手工餅乾￥450

這家位在老街中段轉角的小舖，可說是散步街區時，難得的飲品休憩處，在商店稀少的街區，渴了如果想找個地點休息，其實選擇相當少，即使有，也都空間小而座位稀少，而**這家可愛的日本茶舖，提供冷熱日本茶飲品外，也有手工製小點心，當然店內最主要的商品就是健康少鹽的各式烘焙堅果**，完全是個健康取向的清新小舖，可以在店鋪內的長椅上點杯飲料小點，坐下休息，補充完體力，再繼續走訪街區。

有松絞り店 中濱商店(中濵家住宅)

別冊P.10.D4 有松駅下車徒步3分 名古屋市綠區有松2306番地 052-621-1046 10:00~17:00 休週二、三 $豆染和風小袋￥1,000

一樣**名列市指定文化財的絞商中濵家住宅，內部一樣持續營運著絞染商品的販售**，商品種類多元，可愛的、傳統的都有，以不同絞染技法混和的裝飾布品小物相當吸睛，很容易就能找到可以送人的小物，當然占最大分量的仍是服飾及布料，屬於明治中期的建築，在裡面遊逛時，不妨可將建築內外與「井桁屋」比較看看。還有，每家絞商都有自家努力開發的染法與商品設計，看中意就買回家，最好不要在裡面隨便拍攝喔。

圖樣可愛的豆絞染，指的是圖案型態，講究山、谷與距離配置，看似簡單卻有職人複雜的巧思。

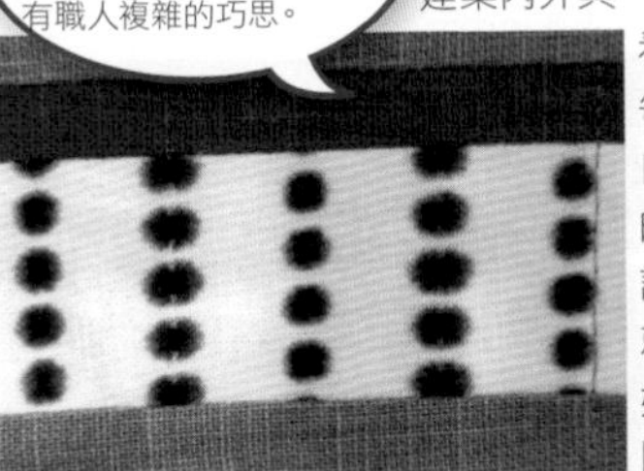

走過老屋邊廊進到最裏端，就有美味麵包可以享用。

Dasenka Bakery

おすすめ 薦

別冊P.10.D4 有松駅下車徒步3分 名古屋市綠區有松2304 052-624-0050 麵包坊10:00~17:00，中庭咖啡11:00~16:00 休週一、二 $麵包￥230~、冰咖啡￥550 ishigamapan.jp/main/top.html

絞商老屋改建的餐廳及麵包烘培屋。

大約位於老街區的中段位置的舊絞商的問屋・神半邸，傳承至13代的神半家族，一直都以這裡當作絞染商品的批發據點，重新整修後，則由日本料理 やまと及Dasenka Bakery麵包咖啡屋所入駐。**昭和年代建築的木造老屋**，往內走有個被屋宅圍繞的裏庭園，而麵包屋則以庭園後方的藏為烘焙工坊，**每天新鮮現烤美味的石窯麵包**。精選季節食材搭配上以水果發酵的自製酵母，讓每個麵包都展現獨具的美味，小小店鋪以販售麵包為主，庭園則放上幾個椅子，可以點杯飲料搭配麵包一起舒服地享用。

旧山田薬局

別冊P.10.D4 有松駅下車徒步3分 名古屋市綠區有松1811 052-626-6030 10:00~16:00 休週一~五

同樣位於老街中間位置的旧山田薬局，以其特殊的歷史地位而成為老街的旅遊中心，真的再適合不過。**建於1791年的建築，可說是江戶年代那一把大火後，少數殘存的建築**，歷經400多年的歲月，從絞商到二戰後的平成年代變成藥局，如今再變成一處提供旅遊資訊及特展處。平常建築內部並不對外公開，旅遊資訊大都擺在外面隨時可取，但**會不定期舉辦各式特展或絞染體驗，此時一般人就有機會進入建築內部參觀**。

紅磚道邊數條彩色絞染布幅，店舖就藏身在竹林小徑的底端。

おすすめ 薦

まり木綿

別冊P.10.D4 有松駅下車徒步2分 名古屋市綠區有松1901 052-693-9030 10:00~16:00 休週二~四 marimomen.com/

展現輕柔粉彩畫面的絞染作品。

有別於老街上、以藍色等傳統絞染圖案為主調的商品，**まり木綿展現出的絞染方式，則宛如水彩渲染於畫布般輕柔又多彩**。女性設計者所經營的這家店鋪，果然也展現女生喜愛的風格，商品也都是**以時下流行服裝、包包、小物等為設計取向**，而最吸引人的還有店鋪的風格設計，在彩色絞染的長型布幅後，引導出一條濃密的綠色竹林小徑，往裏面探秘後，才會發現這家迷你又精緻的小店，但其實店就位在鐵道邊的大馬路，相當好找。

外行看熱鬧、內行看門道的「有松歷史之旅」

其實來到這個歷史街區，意外安靜，因為大部分建築並無商店進駐，雖保留了建築原始風貌，或因私人產業不開放入內，想看懂多一點老街歷史與建築，不妨先前往有松鳴海絞會館一覽歷史發展，或是也有數家百年絞商老舖仍營業中，進去商店中逛一逛，也能感受江戶時代商販氛圍；唯一開放入內的建築「岡家住宅」因只在週末開放，如果時間不剛好、但懂日文的話，也可以預約導覽散步。另外直接報名一場絞染體驗，也是最簡單有趣、認識有松的方式。

***有松あないびとの会(導覽)**
052-621-0111(需兩週前預約)
1人¥1,000
info@shinori-kaikan.com

suzusan factory shop

おすすめ 薦

別冊P.10.D5外 有松駅下車徒步6分 名古屋市綠區有松3026 052-693-9624 11:00~17:00 週三、四 www.suzusan.com/

將有松絞染化身為日常的穿著與布飾精品。

創業超過百年後，1996年改以英文「スズサン」為名，不但創作出有松絞染的新風貌，更在歐美打造近百家有松絞染的絢麗版圖。位於發跡地的suzusan factory shop是**唯一的直營店，從質感男女服飾、飾品小物到生活居家布飾品，店內展示出轉變後的有松絞染新風貌**，而位於店旁的另一家店鋪「tetof 1608」，則以傳統有松鳴海絞染為圖騰展現，透過向傳統致敬的方式，再度將新舊工藝與創意在此完美融合。

6月的「有松絞りまつり」，是有松最歡樂的絞染祭典

有松歷史街區除了10月的山車祭典熱鬧繽紛外，另一個也不遑多讓的熱鬧祭典活動，便是「有松絞りまつり(有松絞染祭)」，這兩天可說是有松絞染這項傳統工藝最歡騰的嘉年華會，整個街頭除了各式絞染展覽、示範演出，許多小舖也都在街頭展售各式絞染創意商品，還有美食販售及各式絞染體驗、導覽等可以參加，當然有松山車此時也會出來定點跟大家相見歡，氣氛歡樂。

每年6月的第一個週六、日
shibori-fes.nagoya/

山車上裝置有機關人偶也是看點。
有松
清安

有松山車會館

別冊P.10.D4 從有松駅徒步5分 名古屋市綠區有松2338 052-621-0111 週末例假日10:00~16:00 大人¥200、高中生¥100、中學生以下免費 www.arimatsunomachi.com/dashi.html

整個有松最重要的歷史巡禮，除了老街建築、有松絞染之外，另一個便是每年10月第一個週日舉辦的有松祭典。在慶祝有松天滿社秋季大祭時，三台分屬不同年代打造的山車，便會在老街區上巡遊，而這三台山車，則分別被擺放在老街的前中後三個位置點的山車館內，以山車館為定位，剛好也是完整走完老街的指標。三台山車製作精細，皆列定為市指定有形文化財，不訪進去看看這屬於有松的400年祭典風貌。

名古屋港

なごやこう
Nagoya port

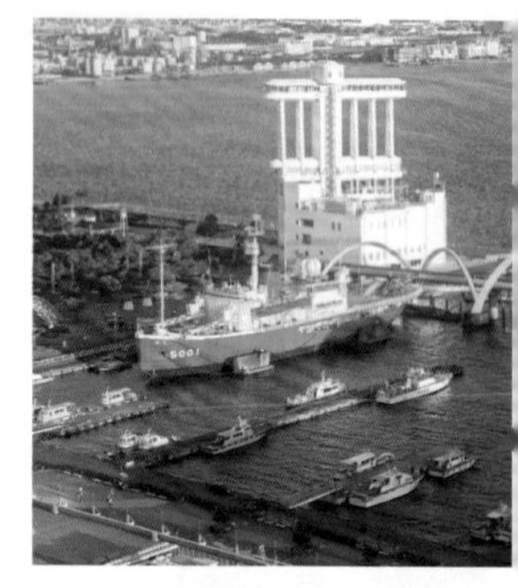

從名古屋市區搭乘地下鐵名港線約30分鐘就能來到名古屋港，這裡有濱海遊樂園、南極觀測船、水族館、海洋博物館等，浪漫的海景搭配豐富設施，讓人玩上一整天也不會厭倦，更是名古屋人最熱門的約會去處。前往金城ふ頭則可參觀日本最新鐵道科技的磁浮鐵道館、在樂高樂園盡情玩耍，享受不同的主題遊玩樂趣。

交通路線&出站資訊

電車

名古屋港駅◇地下鐵-名港線
金城ふ頭駅◇あおなみ線

出站便利通

市區~名古屋港：從名古屋市中心出發，可從栄駅搭乘地下鐵名港線至名古屋港駅下車，車程約18分，車資¥270
www.kotsu.city.nagoya.jp/jp/pc/

市區~金城ふ頭：於名古屋駅搭乘名古屋臨海高速鐵道あおなみ線，至終點站金城ふ頭駅下車，車程約25分，車資¥360

名古屋港~金城ふ頭：名古屋港區廣大，名古屋水族館所在的名古屋港、與磁浮鐵道館所在的金城ふ頭相距甚遠，其間沒有鐵道相連，只有高速船銜接兩地。
・名古屋港Triton Line高速船
運行區間：ガーデンふ頭~金城ふ頭
單程¥900
ガーデンふ頭→金城ふ頭，10:20~15:40，航程約25分，一天約4~5航班，時間會依季節改變，詳見官網
cruise-nagoya.jp

觀光旅遊攻略

◎若要串聯名古屋港與金城ふ頭兩區，建議先利用地下鐵至名古屋港駅，之後從ガーデンふ頭搭乘高速船至金城ふ頭，結束行程後再搭臨海高速鐵道-あおなみ線回名古屋駅。

名古屋港濱海遊樂園

名古屋港シートレインランド

別冊P.8,A6　名古屋港駅3號出口徒步約5分鐘　名古屋市港區西倉町1-51　052-661-1520　時間不定，約12:00~19:00、週末假日12:00~21:00，詳洽官網　疫情期間休日不定(見官網)　免費入園。フリーパス(全部設施玩到飽)小學生以上¥2,500、小學以下~3歲¥1,400。親子券(1名大人+1個小學以下)¥3,100。(也可針對想玩的項目單買設施券即可)　www.senyo.co.jp/seatrainland

名古屋港濱海遊樂園**入場不收門票，只需付遊樂設施的費用**，而且假日最晚營業到晚上9點，成為名古屋市年輕人最喜歡賞夜景的場所之一。其摩天輪高85公尺，號稱日本中部最大，一到傍晚就點起七彩霓虹燈，顯得特別華麗。其他還有「大迴旋」、「旋轉木馬」等等遊樂設施，場地不大，約1個小時就可以逛完。

南極観測船ふじ

別冊P.8,A7 名古屋港駅3號出口徒步約6分鐘 名古屋市港區港町1-9號(名古屋港ポートビル旁) 052-652-1111 9:30~17:00(最後入場閉館前30分) 週一(遇假日隔日休),7~9月、連假無休 共通券(名古屋港ポートビル7F展望室+名古屋海洋博物館+南極観測船ふじ)¥900,中小學生¥600。單獨一設施入場¥300,中小學生¥200 nagoyaaqua.jp/garden-pier/fuji/

與名古屋港ポートビル3樓名古屋海洋博物館的展示相呼應,南極観測船ふじ的展示則著重在實境的展出,登上這艘曾在昭和40年啟用後、活躍了14年的南極碎冰船上,我們可以看到當初南極探險的實際環境。展示分為兩大部份,一是**重現往南極航海時的船上日常狀況**,一是**介紹觀測南極的目的與南極自然介紹**。

南極犬——次郎與太郎

觀測船前方有兩隻哈士奇(樺太犬)雕像,這兩隻就是大名鼎鼎的雪橇犬「次郎與太郎」。次郎與太郎是昭和31年(1956)第一次越冬南極觀測隊中的雪橇犬,因為天氣惡劣,隔年交接的第二隊只能勉強救出第一隊隊員,留下15隻雪橇犬折返,昭和34年第三隊到達時,發現次郎與太郎奇蹟生還,因此特地設立雕像紀念,這段故事還曾被翻拍為電影及電視劇。一旁還有觀測船的螺旋槳展示。

名古屋港ポートビル

別冊P.8,A7 名古屋港駅3號出口徒步約4分鐘 052-652-1111 名古屋市港區港町1-9號 9:30~17:00(最後入場閉館前30分) 週一(遇假日隔日休),7~9月、連假無休 共通券(名古屋港ポートビル7F展望室+名古屋海洋博物館+南極観測船ふじ)¥900,中小學生¥600。單獨一設施入場¥300,中小學生¥200 nagoyaaqua.jp/garden-pier/port-building/

矗立在名古屋港的巨型建築,依照海上揚帆的意象而建,遠遠看起來還真像是艘在海上航行的船隻。名古屋港ポートビル是個休閒空間,**7樓為展望室,能夠一望名古屋海港美景;3樓為名古屋海洋博物館**,以海、船、港三個主題切入,帶領遊客更加了解海洋文化與歷史。在2樓則有餐廳與免費展示空間,可以休閒放鬆,體會名古屋的海港風情。

JR磁浮鐵道館

おすすめ 薦

精彩展示與趣味體驗絕對值回票價。

JRリニア鉄道館

別冊P.8,D7 金城ふ頭駅徒步約2分 名古屋市港區金城ふ頭3-2-2 050-3772-3910 10:00~17:30，最後入場17:00 週二(遇假日延隔日休)，12/28~1/1 入場¥1,000、中小學生¥500，3歲以上幼兒¥200 museum.jr-central.co.jp 館內有多項模擬駕駛體驗設施，需另付費。每日皆有人數限制，最好提早進場購買：「新幹線N700模擬駕駛」一次¥500，「在來線模擬駕駛」一次¥100，「在來線車掌模擬體驗」一次¥500

佔地1萬4千平方公尺的展示場地大小與名古屋巨蛋差不多，需要如此寬敞空間的原因，正是因為這裡**以超導電磁浮電車為首，展示著包括歷代新幹線、在來線共39輛退役電車**，並推出實物大的模擬駕駛體驗空間、鐵道模型、賣店、鐵道便當區等，創造了一個休閒與學習的娛樂空間。館內可以自由拍照，**大多的車輛都可親手觸摸甚至進入車廂內體驗**，若想要深入認識各列車源由的人，可以利用館內的語音導覽(有中文)，利用自己的手機串聯即可，但記得自備耳機。另外，如果喜歡體驗駕駛樂趣的話，建議最好早點入館，因為熱門體驗都有人數限制。

讓人大興奮的展示內容

世界高速記錄車輛

一進入鐵道館，會先看到三輛在歷史上留下高速記錄的列車，也是鐵道館的象徵車輛。

◎C62形式蒸氣機關車

這是**日本最大的蒸氣機關車**。昭和29年(1954)時以時速129km，創下窄軌蒸氣機關車的最高計錄。據説松本零士《銀河鐵道999》漫畫，便是以此車之模型為靈感來創作。

◎955形新幹線試驗電車(300X)

這是為了實現新幹線更快速更舒適的追求目標而設的實驗列車，也是**N700新幹線的研發基礎**。在1996年時創下時速443km的世界最快速度。

◎超導電リニア MLX01-1

結合日本高超的技術而研發的磁浮列車，是未來超越新幹線速度的新時代交通工具，預計2027年開通後，名古屋～東京單程只要40分鐘。2003年在實驗階段曾測出時速581km的記錄，創下當時的世界最高速。

鐵道模型

10:30起每隔30分上演一次

鐵道館內有著日本面積最大的鐵道模型，縮小了JR東海道東京至大阪沿線各大著名景點，並以鐵道的24小時為主題，從白天繁忙交通至半夜的寢台列車、維修工程等，重現鐵道的一整天。除了看見各式列車模型之外，連一旁的房子人物都做得維妙維肖。

模型裡還偷偷加入小紅帽、浦島太郎等童話人物，讓人不管看幾次都會有新發現。

模擬駕駛體驗

鐵道館除了可以看之外，更受歡迎的是能夠親自體驗模擬駕駛的樂趣，購票入館時可以加購，但因每日有人量限制，最好盡早入場購票，若遇連假等也可能在開館前先抽整理券預排等狀況。熱門項目「新幹線N700模擬駕駛」、「在來線車掌模擬體驗」，兩者僅能當日擇一體驗。

體驗項目	開放體驗時間	受理購票時間	購票處	費用
新幹線N700模擬駕駛	10:30~17:30(每次15分鐘)	開館~17:15	館內綜合案內處	￥500
在來線車掌模擬體驗	10:30~17:30(每次15分鐘)	開館~17:15	館內綜合案內處	￥500
在來線模擬駕駛	10:30~17:30(每次15分鐘)	開館~17:15	館內售票機	￥100

◎新幹線N700模擬駕駛

能將新幹線N700駕駛座原封不動搬來給民眾體驗的，全日本就只有這裡了！超逼真的CG影像配上實物大小的空間，能夠感覺新幹線最高速270km/h的樂趣。可依實力選擇見習、練習、達人三階段。

◎在來線車掌模擬體驗

小時候有嚮往成為列車掌嗎？在來線車掌模擬體驗，在313系列車實物大小的模擬空間中展開行程，車上廣播、車門控制、警告音等都與實際的列車一樣，來到這裡就能實現夢想。

◎在來線模擬駕駛

比起新幹線駕駛，在來線列車的控制較為困難。這裡的機器模擬313系與211系的列車運行，共有8台，以JR東海駕駛員訓練時的模擬器為基礎製作，相當逼真。

Dr. Yellow

被暱稱為「Dr. Yellow」的新幹線電氣軌道總合試驗車，作用正如其名，是用來檢測新幹線軌道、電路信號設備等是否正常運作的列車，也因為它的車體鮮黃，才會有黃色醫生的暱稱。因為極少能夠看見，在日本流傳著看到Dr. Yellow就能得到幸福的傳説哦！

名古屋港水族館

おすすめ 薦

Nagoya Port Aquarium

豐富的展示讓水族館早已是名古屋必遊景點。

別冊P.8,A7 名古屋港駅3號出口徒步約5分 名古屋市港區港町1-3 052-654-7080 時間依季節調整，約9:30~17:30，旺季時開放夜間入館，詳細請參考官網 休週一，7~9月無休 $大人¥2,030，中小學生¥1,010，4歲以上¥500 www.nagoyaaqua.jp

廣闊的水族館分南北兩館，展示除了日本海、當地海域生物外，更擴及南極、北極等海域，讓人眼界大開。進入名古屋港水族館先看到「日本海」，以特殊的照明效果呈現黑潮帶鮪魚群游過的壯觀景象。在「赤道海」的海底隧道中看到大海龜從頭上游過。至「南極海」親見企鵝在人工造雪的技術下自在地玩耍。除了室內的展示區之外，還有露天的展演區，在能容納3000人的座位區，可以觀賞館內虎鯨與海豚的精彩水上表演。

水族館亮點

進化之海

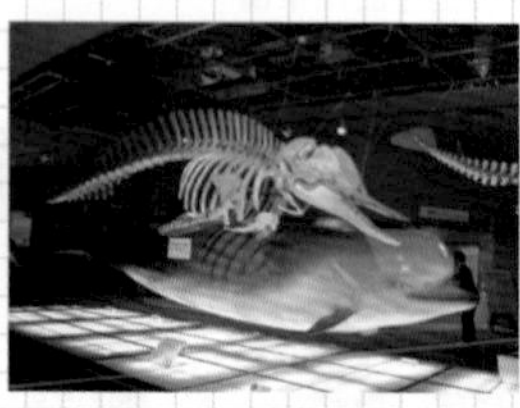

懸掛的巨大鯨魚骨骼充滿魄力，北館的進化之海裡用真實的骨骼與模型，讓訪客看到鯨魚是如何演化，甚至還有4900萬年前的鯨魚類始祖，不僅能夠比較牠們演化前後的差異，更能了解鯨魚類是如何再次回歸大海，趣味又富有意義。

深海迴廊

南館1樓通往2樓的迴廊，不僅有深海生物標本，還看得到世界最大的甲殼動物甘氏巨螯蟹(タカアシガニ)、大王具足蟲、紫盲鰻等少見的深海生物，此外也有古代潛水道具，可以看到人類對深海無止盡的想像。

黑潮大水槽

溫熱的黑潮與千島寒流交會，讓日本海成為海中生物的天堂，「日本之海」裡不僅有海底隧道、豐富的水槽展示，黑潮大水槽更是超級吸睛，魟魚、鯊魚在其中悠游以外，還會舉辦餵食秀、鯡魚群的聲光秀(マイワシのトンネル)，湛藍水槽裡，集體行動的大群鯡魚迅速移動，搭配上音樂與燈光，是館內的超人氣演出。

南極之海

極地與深海一樣引人好奇，南極之海裡可以看到在嚴寒氣候中生活的海洋生物，當然也不能少了企鵝，坐在座位上就可以看到可愛企鵝的模樣，在岸上理毛、搖搖擺擺的走路以外，還有不少企鵝就在水中浮游呢。

樂高樂園

おすすめ 薦

大人小孩都瘋狂的樂高世界。

LEGOLAND® JAPAN

別冊P.8,C6 金城ふ頭駅下車即達 名古屋市港區金城ふ頭2-2-1 050-5840-0505 時間依季節調整，約10:00~18:00，詳見官網 $1 Day Pass(樂高樂園)大人¥5,800、3-12歲¥4,400，1 Day Pass通票(樂高+Sea Life)大人¥6,600、3-12歲¥5,200。票價採浮動，每日不一樣，建議網路預購較便宜 www.legoland.jp 各項遊樂設施都會註明身高、體重限制，建議事先確認

2017年4月盛大開幕的樂高樂園，是繼馬拉西亞之後，**亞洲第二座樂高遊樂園**。朝著城堡前進、穿越城門，就會來到中世紀的樂高國度Knight's Kingdom，這裡有大人小孩都喜愛的雲霄飛車，跨上龍背、跟隨巨龍飛過城堡的速度感，讓人大呼刺激，一樣有著高人氣的Pirate Shores則可以在船上與岸上遊客對戰，感受海盜的激戰，還有充滿探險風的Adventure、可以看到樂高生產過程的Factory……，**七大主題園區、豐富的遊樂設施，讓大小朋友一起玩個過癮！**

園區內使用了1700萬個樂高積木，還有超過1萬個樂高模型。

© 2018 The LEGO Group

© 2018 The LEGO Group

© 2018 The LEGO Group

飯店旁還有適合5~12歲小孩的水族館「SEA LIFE名古屋」。

© 2018 The LEGO Group

© 2018 The LEGO Group

LEGOLAND® JAPAN HOTEL

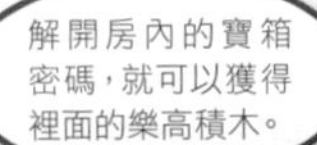

LEGOLAND JAPAN

別冊P.8,C6 金城ふ頭駅下車即達 名古屋市港區金城ふ頭2-7-1 050-5840-0505 Check in 16:00，Check out 11:00 www.legoland.jp/legoland-hotel/hotel

樂園之外，2018年4月時更推出了樂高飯店，樂高積木般的繽紛外觀就讓人忍不住雀躍，**房間更是超級可愛，共有五種主題房型**，其中又以海盜、王國、冒險最受歡迎，**房內不僅裝潢繽紛，就連備品也都有著樂高圖樣**，連肥皂都做成樂高積木的模樣，還有讓小朋友興奮的樂高積木池、室內遊樂區，就連游泳池裡都有樂高，繽紛的樂高世界讓人難忘。

解開房內的寶箱密碼，就可以獲得裡面的樂高積木。

© 2018 The LEGO Group

常滑
とこなめ
Tokoname

與中部國際機場同一區域的常滑市，距機場僅2個車站、5分鐘的車程，但旅客通常很少將眼光停駐於此。其實常滑可說是個歷史發展久遠的日本「六大古窯」之地，從桃山年代開始燒陶，至今歷史已超過千年，因當地土質富含鐵質，燒製的朱泥色急須(泡茶器具)，品質俱優，在江戶年代成為常滑燒最知名代表，而招財貓更是日本製作量第一。過往產製合一的居宅型態，也為這個幾乎窯場大量位在山丘上的古窯場，帶來現在幽靜又美麗的尋陶路線風貌，木造老屋、古窯場、紅磚煙囪，躲在小徑老屋內的低調咖啡店、陶器屋、雜貨器屋，適合散步尋訪。

交通路線&出站資訊

電車
常滑駅◎名古屋鉄道(常滑線、空港線)

出站便利通
常滑相當靠近海岸，常滑駅出站後，往東側方向可見小山丘區域，就矗立在車站前約10分鐘徒步方向，山丘上老屋林立、磚紅煙囪伸向天際，是主要觀光拜訪區域，也因是山丘區域、路徑窄小蜿蜒，因此徒步拜訪是主要方式。

電車
◎從中部国際空港過來
從中部国際空港駅搭乘名古屋鉄道(常滑線、空港線)至常滑駅，約5分鐘，車資¥310。
◎從名鉄名古屋駅過來
從名鉄名古屋駅搭乘名古屋鉄道(常滑線、空港線)至常滑駅，約30~45分鐘，車資¥660。

招財貓右手招財、左手招人，超大招財貓象徵招來人氣福氣滿滿。

おすすめ 薦

常滑招財貓

とこにゃん

來常滑必訪、必拍的貓貓代表。

別冊P.10,B1 名鉄「常滑駅」下車、徒步5分，或常滑陶瓷器會館前徒步3分 とこなめ招き猫通り 自由參觀

從常滑陶瓷器會館前左轉大通(招き猫通り)，順著指標走，大約3分鐘就會看到這隻代表常滑市最具指標的幸運物。常滑可說是日本燒製招財貓的最主要重鎮，因此招財貓成了常滑市幸運物，全名為とこなめ見守り猫「とこにゃん」，意指守護常滑的「常滑貓」。超巨大的貓頭高度3.8m、寬6.3m，就立在車行繁忙的車道上方山坡上，守護著市民安康與幸福。想跟招財貓合拍也不用擔心，招財貓旁設有人行天橋，不論要跟招財貓來個近距離特寫，或是走過天橋到對岸來個廣角寫真，都很好拍。

常滑招財貓、急須日本產量NO.1

常滑燒自古以來便以生活陶為製產主軸，因著便利的海運，千年製陶史暢旺不墜。當地因土質富含天然鐵質，燒製的朱泥色急須(泡茶器具)，可以吸附茶澀味，品質極高、名家也輩出，在江戶年代成為常滑燒最知名代表。而可愛的招財貓從昭和年代以來，更是日本製產量第一，常滑系招財貓特徵是大圓眼、二頭身，身上抱著小判。來到常滑，除了可參觀、購買到名家製作的急須，各式招財貓相關商品，更是超乎想像的選擇很多，當然豐沛的創作生活陶，也都是選購的好目標。

常滑市陶磁器会館

おすすめ 薦

常滑陶器散步道最佳資訊收集、起始點。

別冊P.10,C1 名鉄「常滑駅」徒步約5分 常滑市栄町3-8 0569-35-2033 9:00~17:00 年末年始 免費 www.tokoname-kankou.net/spot/detail/5/

想一探常滑燒千年風貌，散步探訪是最推薦方式，而位在散步道其中一站的陶磁器会館，更是當作起點的最佳站點。会館位在距離車站不到5分鐘路程的山丘下方、平面道路「とこなめ招き猫通り」上，內部除了展示許多各式常滑燒的商品、名家作品，可參觀也可買，附設的旅遊資訊中心，更是收集相關資訊、索取常滑陶器散步地圖的好地方，有任何疑問的話，也可一次在此獲得解答後再出發。

会館外郵筒上，有一隻陶燒的郵差貓，可愛又帥氣。

店內精選人氣陶藝家作品，數量都很少，看中一定要入手。

ni:no

ニーノ

別冊P.10,C1 常滑市陶磁器会館的對面 常滑市陶郷町1-1 0569-77-0157 1F商店10:00~17:00，2F Cafe 11:30~17:00(L.O.16:30) 週四 (遇假日營業) プリンアラモート(布丁聖代)￥980，咖啡￥550 www.facebook.com/tokoname.nino

位在90年歷史木造長屋內的ni:no，白色斑駁帶著滿滿雜貨風格的店鋪外觀，讓它即使位在車水馬龍的大通上，卻仍能自顯一股悠閒自在風格。**店內分為一樓的賣店與二樓的咖啡店，一樓以常滑燒的作家陶器展售為主**外，也能買到廚房小物雜貨、文具、布飾生活用品等，空間雖不大品項卻相當充實。二樓的咖啡空間布置著各式古家具，幽靜的木質調空間，提供各式飲品與自製甜點外，午餐也能享用到以在地知多半島生產蔬果食材，所烹煮的美味料理，店內的所有食物，都使用設計家作品盛裝，更顯質感與美味。

以在地知名雞蛋農場的雞蛋，製作的布丁，可說是店內招牌甜點。

伸向天際的廢棄磚紅煙囪，成了大樹的棲身所。

常滑陶器散步道

薦

常滑やきもの散歩道

常滑陶器歷史與景觀，是最具精華的路線。

別冊P.10,常滑散步道A路線 以陶磁器会館為始點，以徒步為主 常滑市栄町 24小時、自由散策 www.tokoname-kankou.net/

從常滑車站東側出來，會看到不遠處有一個山丘，而常滑這個千年古窯歷史與人文風貌，就都藏身在這個山丘裡與周邊。自古以來常滑的製陶風貌，就是生活與產業合一，因此**工坊、窯場與住家比鄰而建，也造就一股既幽靜又充滿生活感的特殊訪陶風貌。**

常滑可說是日本六大古窯(常滑、瀨戶、信樂、越前、丹波、備前)之一，又以常滑歷史最悠久。**想一探這千年古窯風貌，以徒步探訪的「陶器散步道」最適合**。共2條路線，分別以山丘上為主軸的60分鐘路線，以及山丘外圍包含博物館群的150分鐘路線，其中又以60分鐘的A路線最精華，也最受歡迎。透過A路線不但可以看到傳統窯場區域、以廢棄窯甕打造的牆垣、或舖於坂道上止滑的瓦窯碎片，更有一根根伸向天際的紅磚煙囪等，而沿著山丘上蜿蜒散步的小徑裡，更藏著一家家以老屋改造的工作室、小藝廊、陶器店、咖啡店等，**古今交融、歷史感滿滿的療癒路線，也曾入選為「最美日本歷史風土100選」**。

窯場跡

別冊P.10,散步道 位在陶器散步道上各處 24小時、自由參訪 在暮布土屋通り周邊最密集

不論漫步在常滑市區平地區域，或是前往陶器散步道途中，一定會發現不少廢棄的紅磚煙囪矗立在街道旁，或是紅磚煙囪與紅磚窯組合的小型窯場，因窯燒的方式轉變也讓這些**紅磚窯遺跡都已退役不用，但在刻意保留維護下，也成為常滑最具代表的風景與歷史見證**。高高的煙囪有的佈滿藤蔓、有著煙囪頂直接長出大樹，有的則因頃頹僅剩一半，還有木造老窯場斑駁外觀、兩建築間的運陶用木造通道橫過天空等，讓散步道的窯場漫訪，充滿滄桑歲月風情。

陶器散步道賞景TIPS

以A路線為主的山丘散步路線，共規劃有25個拜訪景點，可在陶磁器会館索取紙本地圖外，也可掃描QR Code電子地圖一一尋訪更便利。

TIPS-1 順著地上指標走就不會迷路啦

整個山丘上路線相當曲折又彎來繞去，但即使不小心迷路也沒關係，沿途都有各式清楚指標，或是地面上的陶管標誌，都是讓旅人不迷路的貼心設計喔。

TIPS-2 街頭就是露天陶器美術館

除了窯燒工房、小美術館外會擺上可愛陶燒吸引旅客目光外，其實一般宅屋角落，或是不起眼的小街角地上、屋簷、圍牆上等，也都會出現融化人心的可愛陶器裝置，也很吸睛。

TIPS-3

許多煙囪美景矗立的天空

走在散步道上，隨時一個轉角，都能看見已經廢棄的美麗紅磚煙囪伸向天際，曾經多達300多根煙囪的景象雖已不再，但建議盡量往高處走，仍能居高一覽這常滑最具代表的美麗風景。

TIPS-4 處處黑色木造老建築的優美街景

整個山丘區域上除了磚造老窯場、煙囪外，幾乎到處都是有著黑色煤焦油塗佈的木造古屋，據說是為了抵擋海風吹來的鹽分侵蝕，一方面也防止煙燒的侵蝕，宛如「黑色之町」風貌，景致靜謐又特殊。

TIPS-5 貓咪出沒的散步道

散步道上處處有陶藝戶外裝置，又以貓咪最多外，當然這裡是招財貓最大生產地，也少不了他們的身影，這裡很多民家、店家，也都有家貓、店貓的存在，尤其在早晨跟傍晚，更是與貓咪們街頭偶遇的最佳時間。

TIPS-6 安靜散步拜訪、勿擾民居

由於山丘上的散步道，民家、商家、窯場、工作室都比鄰而立，散步拜訪務必維持旅人禮儀，帶走垃圾、勿大聲喧嘩。再者本區坡道坂道陡坡不少，務必注意鞋子的選擇，夏日更要注意日曬預防及自備飲水。

土管坂

おすすめ 薦

どかんざか

別冊P.10,B5 距陶磁器会館徒步15分鐘 常滑市栄町4丁目 24小時、自由參訪

散步道上最具代表的景點，入選「故鄉坂道30選」。

位在陶器散步道上最具代表的景點之一便是這裡，窄小的陡坡兩側邊牆駁坎，一邊是粗厚的陶管鋪排而成，一邊則是高高疊滿了一個又一個的陶酒甕，而地上更是鋪滿各式陶器碎片，而這樣的景象並非造景的理由而形成。原來在明治時代工業的需求，也讓土管之父-鯉江萬壽，在常滑大量打造出適合地下水道用的陶管，而當**不再被需要的陶管與酒甕，或是陶器不良品，後來也都成為最適合支撐山丘地形的輔助品**，尤其地面的陶器瓦片，更讓以往需靠推車往來坂道的陶器運送，獲得止滑支撐，**小小一段坂道，訴説著常滑的過往製陶日常風景**。

往坡下方向望去，常滑市街、名古屋鐵道等一覽無遺。

常滑陶器老街區，也是熱門動漫電影取景地

2020年推出的動漫電影《想哭的我戴上了貓的面具》，可説是一部完完全全都以常滑市為場景的故事，片中的坂道、土管坂、煙囪、貓咪、黑色老木屋、主角的家中營運陶屋工坊等，幾乎把常滑最真實的日常，變成一部充滿幻奇的故事，在台灣也能從影視平台欣賞到，即使沒去過常滑，也能透過電影畫面感受常滑風光。

休憩所還有個特別點，那就是將老倉庫「藏」變成廁所啦，務必使用一下喔。

土管坂休憩所&遊客中心

別冊P.10,B5 位於土管坂上坡處 常滑市栄町4-120 0569-77-6012 10:00~16:00 休年末年始 免費進入，招財貓彩繪體驗￥600~(免預約) www.dokanzaka.jp/

位於土管坂上坡處的這個老屋宅邸，居高的無遮蔽視野，既是**提供遊客散步道中途最佳休憩據點外，內部也有旅遊資訊提供與賣店，更能在此參加拉陶體驗**，或是招財貓彩繪體驗，可説是一個兼具多功能的休憩旅遊據點。而且內部榻榻米的寬廣休憩處，光坐在廊緣，就能邊吹著微風，邊欣賞眼下的常滑街區風景，天氣好時更能遠眺伊勢灣。另外這裡也有飲料自動販賣機，在坂道走累了，一定要上來歇歇腿、順便補充水分。

MADOYAMA

おすすめ 薦

まどやま

別冊P.10,B4 距陶磁器会館徒步3分鐘 常滑市栄町3-111 0569-34-9980 10:00~17:00(咖啡L.O.16:00) 休年末年始 バターチキンカレー(奶油雞肉咖哩)￥1,580 www.instagram.com/madoyamaniino/?hl=ja

獨棟木造老建築內的咖啡、陶器雜貨屋。

與ni:no同為姊妹店的這裡，空間更為寬敞而舒適，且與暮布土屋通り緊鄰，也成為最多旅人聚集的區域。**以常滑最具代表的黑色木造土管工場改建，庭園植上大量綠意花草，穩重感的內部也被整裝成飄散古民家風格的氛圍**，內部空間區分為一樓的陶器家用雜貨區、二樓餐廳咖啡，尤其午後坐在二樓窗邊來杯咖啡，更感舒適恣意。

除了一樓**必注目的常滑燒各式創意作品外，也推薦來這裡用餐**，以大量的在地生產新鮮蔬菜，呈現出色彩繽紛的健康餐盤，搭配上店家特調咖哩主食，讓飲食既舒心也風味俱足。餐飲器具也都是選用常滑燒創作家們的作品，搭配美食相得益彰。

蔬菜多多的美味餐盤料理，供餐時間長，晚點來也沒問題。

一樓除了各式生活雜貨外，常滑燒陶器作家們的個性作品，更是不可錯過。

有時這裡也會有戶外市集舉辦。

暮布土屋通り

おすすめ 薦

別冊P.10,B4 距陶磁器会館徒步3分鐘 常滑市栄町3-89 各店家約11:00~17:00 休週二

聚集多家店舖、古老窯場跡的優雅長屋區域。

以紅磚製倒焰式角窯跡為中心點，圍繞著數個木造老屋及2棟長屋，這裡可說是長滑散步道中較為平坦開闊的區域，徒步1~2分內也有不少店家聚集在此，而煙囪的聚集密度，這裡也可說是最多。暮布土屋通り則是**角窯跡前方這條不到50公尺的小徑，兩旁是黑色木造長屋，以往都是土管工場用建築，如今成了各式店家入駐處**，有窯烤麵包、長滑牛奶鋪、甘味 侘助、雜貨器物屋、窯燒陶器屋等，小徑雖短卻充滿風情，大樹掩映的涼蔭下，坐在戶外喝杯飲料邊賞老屋、窯跡，非常舒適。

滿滿綠藤圍繞的牆垣與老建築窄巷，入口就低調藏在藤蔓的空隙中。

nuu

おすすめ 薦

ぬう

別冊P.10,B3 距陶磁器会館徒步8分鐘 常滑市栄町2-73 0569-89-8755 10:00~16:00 週四~六 咖啡￥500、手作蛋糕￥450 www.nuu-kimono.com/

綠藤密布小徑中的秘密花園。

充滿懷舊風格的幽靜店家nuu，幾乎位在你想不到的幽靜小徑中，似乎是一種在迷路的途中才可能意外發現的驚喜般，店家幾乎被綠藤所滿滿盤繞，若不是經過小徑時意外傳來幽幽地談笑聲，幾乎很難被發現。這個以往是**窯燒倉庫的百年建築，經過巧手改裝後，成為一個秘密花園般的咖啡雜貨屋**，結合咖啡餐飲及陶器販售、和服小物、裁縫教室，也是店名「縫う(ぬう)」的由來。不論坐在室內感受懷舊老屋風格，或是坐在戶外花園享受天光，氣氛都十足迷人。

登窯(陶榮窯)

おすすめ 薦

のぼりがま (とうえいがま)

別冊P.10,A5 距陶磁器会館徒步15分鐘 位在登窯広場旁 可從外圍自由參觀

日本現存最大古窯、名列近代化產業遺產之列。

被指定為國家重要有形文化財的登窯，範圍及規模，比坂道沿途所見的窯場大上非常多，只見8個大型磚製窯洞(焼成窯)就一個接著一個，宛如階梯般在這個小坡上展延而上，開放式圍籬緊圍繞著窯場，即使不入內仍能很清楚看見這個大窯場的樣貌。可以繞著小坡繞行窯場看一圈，尤其繞到窯場後方上坡處，可說是**最精采處，10根高聳天際的磚造煙囪就立在窯場上方，驚豔的視覺體驗，絕對讓人大呼值得。**

緊鄰樹林，蚊子不少，要小心叮咬。

建於1887年、直到1974年退役，是日本現存最大古窯場。

一旁坂道，當時在此就能望見船隻入港，並通知主人(伝-デン)，因此稱デンデン坂。

おすすめ 薦

廻船問屋 瀧田家

回溯製陶與海運興盛的年代。

別冊P.10,A4 距土管坂徒步2分 常滑市栄町4-75 0569-36-2031 9:30~16:30(最後入館16:10) 休週三(遇假日開館)、年末年始 ¥200，國中生以下免費 www.facebook.com/TAKITAKEtokoname

在山丘上一片黑壁式木造建築的區域內，以白壁及寬闊敷地的宅屋建築，相當少，這裡也是被列為市指定文化財的史蹟建築。**在江戶時代的常滑，除了陶業興盛外，海運也是支撐當地相當重要的經濟活動。**發跡於江戶時代的瀧田家，在這個山丘上蓋了包含主屋、土藏、離屋等6個建築的居所，**歷經整修復原後，現在以史料館的形式對外開放參觀**。除可看到當時住宅內的空間運用外，也將運輸船模型、海運史等作展示，其中也有當時代新發明、以菜種油當燃油的無盡燈，也被保留下來。

Pizzeria Terreno

別冊P.10,B1 從常滑駅徒步2分 常滑市北条3-126 056-989-9217 11:30~14:00、18:00~22:00 休週三 PIZZA¥1,400~2,100 pizzeria-terreno.business.site/

緊鄰車站附近，**以石窯PIZZA為主打的這家店，說他是Pizza店，卻又有著小酒館般的輕鬆自在氛圍**，不大的店內，最顯眼的便是那座白磚紅土砌成的PIZZA窯，菜單上光PIZZA選擇便洋洋灑灑羅列達30多種選擇，當然除了PIZZA，也有其他菜色，像是烤魚、燉牛肉、烤蔬菜、沙拉、甜點、飲料等，也有一些適合搭配酒的小點，提供酒類選單也不少，從紅、白酒到啤酒，晚上就很適合跟朋友來這喝酒、用餐聊天。

Q彈略帶焦香的餅皮，讓配料簡單的瑪格麗特PIZZA，滿口美味。

登窯広場

別冊P.10,A5 距陶磁器会館徒步15分鐘 常滑市栄町6-145 0569-35-0292 登窯広場展示工房館：10:00~16:00 休週三(遇假日開館)、年末年始 免費參觀，陶體驗¥550~¥1,650 kobokan.jimdofree.com/

也可作為坂道散步途中休憩處的這座小公園，2個碩大的土管般作品就矗立在廣場中，也是動漫電影《想哭的我戴上了貓的面具》中，女主角首次變成貓與男主角一起躲雨的地方。廣場邊就有一根直達天際的高聳紅磚煙囪被移到這裡，**一旁是登窯広場展示工房館**，裡面提供各式常滑燒的彩繪體驗外，也複製了一處両面焚倒焔式角窯，可以入內看看窯燒是如何作業，二樓有常滑燒展示，也蒐羅其他地方陶器的展覽、銷售等，**可當知識吸收點，輕鬆入內參觀。**

展示工房旁設有公共廁所，也可自由利用。

犬山

いぬやま
Inuyama

擁有日本現存最古老的天守閣，並以犬山城下町繁榮一時的犬山，古老的街道氛圍有「尾張小京都」之美稱。聳立的天守閣雄距山頭，由高而下守護著這座小鎮。想要體會這裡，不妨到國寶茶室「如庵」品嚐抹茶的風雅、到城下町散步體驗庶民風情，再到どんでん館感受祭典的熱力，犬山的魅力讓人吟詠。除了歷史情緒之外，木曽川流經此區，將岐阜與犬山分開，在木曽川也能看到傳統的「鵜飼」表演、稍遠的明治村能體驗明治時期的老舊氣息，玩上一整天也沒問題。

交通路線&出站資訊

電車

犬山駅、犬山遊園駅◇名鐵犬山線

出站便利通

◎從犬山駅西口出站，會先抵達城下町再到犬山城，直走約7分鐘就是店家眾多的城下町街區。

◎不管從犬山駅或犬山遊園駅下車，距離犬山城都需約20分鐘路程，但從犬山駅下車的話沿路較為熱鬧。

觀光案內

◎犬山駅觀光案內所

犬山市犬山富士見町14 (名鐵犬山駅改札口外)

0568-61-6000 9:00~17:00 休12/30~1/3

inuyama.gr.jp/

◎犬山城前觀光案內所

犬山市犬山北古券12-17 9:00~17:00 休12/31

三光稲荷神社

別冊P.9,B2 犬山遊園駅徒步約10分 犬山市犬山北古券41-1 0568-61-0702 自由參拜

三光稲荷神社位在城山山麓、造訪犬山城的必經之途上，也因為如此，每到假日，朱紅鳥居下總是遊人如織。三光稲荷神社主要是在**保佑商業繁盛、五穀豐收等；境內還有處「銭洗池」，據説只要用這裡的水洗過錢就可以開運！**因為半澤直樹劇中加倍奉還的情節炒作，日本許多網友將這裡暱稱為「加倍奉還神社」，也吸引了大批觀光人潮來此「洗錢」。

犬山城

おすすめ 薦

日本現存最古老樣式的貴重天守。

別冊P.9,B2 犬山駅西口徒步約20分，犬山遊園駅徒步約15分 犬山市犬山北古券65-2 0568-61-1711 9:00~17:00，最後入場16:30 休12/29~31 大人¥550，中小學生¥110 inuyama-castle.jp

犬山城興建於室町時代的天文6年(1537)，城址遺蹟只殘存天守閣，是日本五大國寶城之一。外觀三層，實際內部有四層樓，雖然佔地不大，但精巧且保存完善，於1935年被指定為國寶。城池後方是木曾川，天守就在斷崖之上，立於易守難攻之地。風雅人士見此景猶如李白《早發白帝城》詩中所描述的風景，便稱此城為白帝城。值得一提的是，犬山城在當初廢藩令施行後，因為政府無力修復，而一度交回成瀨家修復，也成為日本唯一一座私人擁有的城池，直至2004年移交給財団法人犬山城白帝文庫保管。

天守閣的屋瓦上有龜殼乘著桃子的模樣，據說有著避邪作用，被稱作「除魔瓦」。

針綱神社

おすすめ 薦

每年4月還會舉辦盛大的犬山祭。

別冊P.9,B2 犬山遊園駅徒步約10分 犬山市犬山北古券65-1 0568-61-0180 自由參拜 www.haritsunajinja.com

與三光稻荷神社一樣，位在犬山城城南入口附近的針綱神社為尾張五大社之一，也是**犬山市內的鎮座神社**。1641年，城下町的本町、魚屋町等地為了祭祠針綱神社，將馬車改成車山形狀並放上人偶裝飾，據說這就是每年4月盛大的犬山祭的由來。**這裡也是歷代犬山城主的祈願所**，更是聚集了庶民信仰的重要神社，至今仍香火鼎盛。

可愛的Hello Kitty御守。

國寶城

犬山城的天守是所謂的「現存天守」，也就是指於江戶時代或更早之前就已存在，並保存至今的天守，除了昔日的戰爭、天災，明治6年(1873)頒布的廢城令，更是讓各地古城蒙難，也因此大多數天守都是現代重建而成。目前日本共有12座現存天守，其中，犬山城與姬路城、彥根城、松本城被列為「四大國寶城」，再加上2015年列入國寶的松江城(島根縣)，就是珍貴的「國寶五城」。

犬山城下町

おすすめ 薦

別冊P.9,B3 犬山駅西口徒步10分 犬山市犬山 inuyama.gr.jp/castle-town.html

完整保留江戶時代城下町結構，難得一見的活歷史街廓。

從犬山城前面的本町通，往南到犬山駅前的馬路交叉口，大約600公尺長的**老街，不論從城到老街，因未經戰火波及，仍保留著舊時的樣貌**，尤其江戶時代整個町依民居及職人等不同身分，而命名分配區域，像是鍛冶屋町、魚屋町等名稱至今依舊沿用，可以依著老名字追尋江戶時代城下町的結構，相當難得。如今從江戶至昭和時代各式老屋在老街上一字排開，有老店舖也有新式文青小鋪、咖啡、餐廳等入駐，古今融合，光散步也很有氛圍。更難得一見的則是**老街最北端的犬山城、有樂苑的茶室如庵，雙雙名列國寶，在一個小城町裡也算相當罕有。**

許多老建築內，變身成咖啡店與紀念品店等，假日時總是人潮滿滿。

©（一社）犬山市観光協会

どんでん館

別冊P.9.B4 犬山駅西口徒步約9分 犬山市犬山東古券62 0568-65-1728 9:00~17:00，最後入館16:30 休12/29~31 ¥100，中學以下免費

「どんでん」指的是犬山祭拖曳大型車山時，將車山拖運轉角的轉彎的樣子，どんでん館**1樓展示著犬山祭時會用到的4台大型車山，每台高達8公尺**，藉由音樂與燈光讓人在館內就能感夠到祭典的熱情活力，將犬山祭的一天融縮在6分鐘內。2樓的展示室則有車山上的人偶、犬山祭的紀錄影片等，讓人能更加清楚了解犬山祭的緒由與樣貌。

山田五平餅店

薦

城下町必吃名物。

別冊P.9,B3 犬山駅西口徒歩約10分 犬山市東古券776 0568-61-0593 11:00~16:30 休週一 五平餅(糰子型)¥100

要提到犬山城下町的名物，必吃的就屬這小小的串糰子了。**每一串糰子堅持手工製作，在炭火上烤個10分鐘後，沾上以芝麻、花生、核桃調成的秘傳醬汁，**再烤一下便香氣四溢，讓每個散步經過的人都忍不住停下腳步，買個幾串邊走邊吃。除了五平餅外，冬天會有烤蕃薯，夏天有刨冰，在被指定為文化財的120歷史老屋前總是排著長長人龍，為的就是這些美味的小吃。

藤澤げんこつ

薦

純手工製作的傳統糖果，最適合當作伴手禮。

別冊P.9,B3 犬山駅西口徒歩約10分 犬山市東古券161 0568-61-0336 9:30~17:00 休不定休 げんこつ飴(わん丸君)¥390 fujisawa-genkotu.com

げんこつ飴是以黃豆粉與麥牙糖製成的日本傳統糖果，源自飛驒地區。犬山的藤澤げんこつ創業至今將近150年，是犬山知名的老舖。其**長年堅持純手工製作**，所以無法大量生產；**特別的是其在麥牙糖中加入波間照產的黑糖**，再加上大量國產黃豆粉，成分不含化學添加物，放入口中時黃豆粉的香氣撲鼻，含入口一陣子變軟後愈嚼愈好吃，是犬山的最佳伴手禮。

店主林さん親手做的げんこつ飴等大家來品嚐。

犬山市文化史料館

別冊P.9,B2 犬山駅西口徒歩約14分 犬山市犬山北古券8 0568-62-4802 9:00~17:00，最後入館16:30 休12/29~31 ¥300，中學以下免費

犬山市文化史料館展示著犬山城下町的歷史與傳統，**介紹了以江戶城下町為中心的正家文化與町人文化**。來到這裡可以藉由展示看到江戶時期犬山城與城下町繁盛的一面。而舊犬山城城主成瀨家族在犬山城白帝文庫設立時，將許多古文物、書卷與工藝品捐出，每到春秋這裡會不定期舉辦特別展。

芳川屋

別冊P.9,B4 犬山駅西口徒步約6分 犬山市東古券195-2 0568-65-9881 11:00~16:00 いちごソフトクリーム(新鮮草莓霜淇淋)¥700

芳川屋是一間水果店，店頭以實惠的價格販售當季新鮮水果。也因為如此，其對新鮮水果十分堅持，也用**新鮮牛奶製成霜淇淋，上面再疊上新鮮水果，美味又健康**的水果聖代便成為犬山城下町的新名物。除了冰品外，還有新鮮水果汁、水果蛋糕等甜點可以選擇。

昭和横丁

別冊P.9,B4 犬山駅西口徒步約8分 犬山市犬山西古券60 090-9226-5325 依店舖而異，約從11:00起陸續有店舖開門 休依店舖而異 shouwa-yokotyou.com/

在犬山城下町裡，**有一處充滿昭和庶民風情的室內空間，數間店家分佔兩側，重現了昭和年代熱鬧的氛圍**。昭和横丁裡以飲食店家居多，每家店舖的營業時間不太一樣，有的專賣白天，有的則營業至深夜，如果用餐時間不知道要吃些什麼的話，不妨進來繞繞，找間喜歡的店家坐下吧！

旧磯部家住宅

別冊P.9,B3 犬山駅西口徒步約10分 犬山市犬山東古券72 0568-65-3444 9:00~17:00，最後入場16:30 休12/29~31 免費

旧磯部家住宅是**登錄為有形文代財的貴重町家建物**。建物保留了江戶時期房舍的風格，從外面看來像是二層建築，實際上內部只有一層。整幢建築分佈由外至內呈細長狀，**最特別的是屋頂的部份從側面看呈現微微圓弧，被稱為「起り屋根」**，是一種很費工的建築樣式，這也顯示出當時屋主想從這裡誇示自己的權勢與財富。

特殊的圓弧形屋頂。

有楽苑

別冊P.9,B2 犬山遊園駅徒步約8分，犬山有樂苑英迪格酒店對面 犬山市御門先1 0568-61-4608 9:30~17:00，最後入園16:30 週三、不定休、12/29~1/1 入園￥1,200(小孩半價)，抹茶￥600。国宝二ツ巡り(犬山城+有楽苑)￥1,450 www.meitetsu.co.jp/urakuen/ 每月有一天開放可進入如庵參觀，行程附導覽(日文)與 茶持待。需事先報名，報名費￥3,500，時期與報名方式詳洽官網

位在犬山城東旁的有楽苑，保存的**日本現存三大國寶茶室之一「如庵」，是由織田信長的胞弟織田長益所建**。織田長益曾向千利休學習茶道，晚年專念於茶，也自創了有樂流；京都建仁寺再興建時，其所建造的茶室於昭和47年移築至現址，也就是現在我們看到的如庵。園內除了如庵之外，還有重建的元庵、新造的茶席弘庵等建築，與日本庭園融和，四季折衷的景緻更彰顯茶道的風雅。

推薦在參觀庭園後坐下來品嚐點心與抹茶，更能體驗茶文化之美。

犬山有樂苑英迪格酒店

おすすめ 薦

Hotel Indigo・ホテルインディゴ犬山有楽苑

以犬山故事為設計主角的精品奢華飯店。

別冊P.9,B2 犬山遊園駅徒步約7分 犬山市犬山北古券103-1 0568-61-2211 Check in 15:00，Check out 11:00 inuyama.hotelindigo.com/

2023年3月隆重新開幕的精品飯店犬山有樂苑英迪格酒店，以精緻細膩的建築與裝飾風格，為犬山的旅宿風貌，呈現新低調奢華饗宴。

被犬山3大最具特色的文化歷史近身圍繞，**犬山城、国宝茶室如庵、木曽川鵜飼，只須探頭望向窗外，國寶美景隨伺在側**，而飯店自身的姿態與設計風格，也令人驚艷。以傳統和風建築為基調，將犬山的歷史、文化、美食，甚至是木曽川上的千年鵜飼文化&器具、國寶城的威穩姿態歷史、茶室如庵的優雅建築細節等，都一一被呈現在飯店的各個角落中，以西式姿態重新演繹後，讓人不感到歷史文化的厚重，卻宛如24小時看見**空間中娓娓訴説著犬山故事，令人感到不一樣的飯店體驗**。餐飲採用在地食材或是從在地傳統食飲取得靈感，一趟美好的五感體驗住宿，在這裡徹底實現。

摩登設計的餐廳車山照，可見許多在地文化轉換後的新設計語彙。

摩登的客房設計內，也融入許多犬山的歷史與文化。

木曾川鵜飼

おすすめ 薦

1300年在地捕魚文化如實呈現、讓你親身體驗。

きそがわうかい

別冊P.9,C1 犬山遊園駅東口徒步3分，可達木曾川うかい乘船處 犬山市大字犬山字北白山平2番地先 0568-61-2727 運航日：6/1~10/15，每週一五六日13:00~、19:00~ 船資(白天不含餐)：大人￥3,000、小孩￥1,500；(白天含餐)：大人￥5,000、小孩￥3,600 kisogawa-ukai.jp 純遊船須前1日前預約、含餐須3日前預約，亦有夜晚行程。無餐行程皆約1小時20分、含餐多1小時。報名請洽官網，更多鵜飼的傳統請參考P.A-50

緊鄰著國寶犬山城的木曾川，千年來在入夜後，捕魚人點上火把燈火，帶著鵜(鸕鶿)與鵜籠，在木曾川上捕魚，漁火點點，夜空中的犬山城偶因燈光浮現，宛如夜空中的天空浮城般夢幻，雖然鵜飼以岐阜聞名，其實在犬山也是**有1300年的傳統活動。每年6月至10月也有為觀光客設計的活動，可親眼看見鵜飼的捕魚技術**。一般是搭上船跟著漁夫划到河川中，看著隔鄰的漁船上的漁夫及鸕鶿上演著捕魚及吐魚的實際捕魚法，雖不能親身體驗，但光看著也很有實感。為了讓觀光體驗有不同感受，傳統的夜晚捕魚外，也多了白天捕魚實演的場次，而且不論白日或夜晚捕魚場次，**除了純欣賞外，也多了船上用餐的行程選擇**。

捕魚風景搭配犬山城當遠景，是來木曾川看鵜飼的優勢。
除了看鸕鶿捕魚外，漁夫身上的傳統服飾也是吸睛重點。

©(一社)犬山市観光協会

©(一社)犬山市観光協会

犬、雉雞、猴子，神社境內到處都是桃太郎相關的塑像。
日本一

桃太郎神社

別冊P.9,C1外 犬山市區無大眾交通連結，建議可搭乘計程車前往，車程約10分。從犬山遊園駅東口徒步約30分 犬山市栗栖大平853 0568-61-1586 境內自由參觀 境內自由參觀，寶物館￥200

桃太郎的傳說膾炙人口，**據説木曾川便是桃太郎的誕生地**。在這裡有這麼一處奇妙的神社，**境內除了桃太郎之外還有各式各樣妖怪的塑像，在神社前有桃型鳥居**，神社一旁還有處寶物殿，收藏了許多與鬼(妖怪)相關的奇珍物品與照片。每年3月節分之日時會舉辦撒豆驅鬼的活動，而5月5日這裡還會舉辦桃太郎祭典，來自全國的小男孩打扮成桃太郎齊聚一堂，也算是奇觀。

びすとろMARU

別冊P.9,D4外　犬山駅搭乘岐阜巴士明治村線，在犬山中央病院東站下車即達　犬山市五郎丸東1-108-1　080-4227-0141　11:30~15:00(L.O.14:00)、17:30~。(用餐需先預約)　週二&不定休　午餐¥1,300起、晚餐¥2,980起　bistrocafemaru.blog47.fc2.com

來自倫敦的雙層巴士就停在犬山市郊的田野中，一樓改裝成廚房，二樓則是用餐的餐廳，店主在小小的空間中展現手藝，**將南歐的鄉村料理結合地方食材，精緻的擺盤與紮實的料理技巧吸引不少老饕不遠千里前來用餐**。晚上是許多人用餐飲酒的小酒館，由於用餐空間較小，若有確定時間的話先向老闆預約才不會撲空。

烤得金黃酥香的鰻魚，令人難以抗拒，特選米飯也相得益彰。

ひつまぶし 備長 本店

おすすめ 薦

名古屋鰻魚飯名店。

別冊P.9,A4外　距名鉄犬山線柏森駅約2km、計程車約5分　丹羽郡大口町下小口5-176-1　0587-96-0141　11:30~14:30、17:00~20:30，週末例假日 11:30~15:00、17:00~21:00(最後點餐30分鐘前)　週一(遇假日延隔日休)　うなぎ丼(鰻魚丼)¥2,950、まぶし会席¥5,500　hitsumabushi.co.jp/

代表名古屋美食之一不可或缺的便是鰻魚飯，在名古屋有不少地方都有美味鰻魚飯店家，也各有擁護者，而ひつまぶし備長也**是許多人口袋名單中的名店**之一，本店就位在犬山這帶，雖然在名古屋市區就有多家分店，但有著日式庭園圍繞的本店，光在這裡用餐，氣氛就很不一樣。鰻魚飯美味的秘訣除了獨家醬汁，**鰻魚不經蒸煮而直接以備長炭燒烤**，考驗師傅功力外，這樣直烤的鰻魚，**表面亮澤金黃，口感外酥內軟嫩，而且噴香風味還沒入口就讓人食慾大開**。享受鰻魚飯的同時，當然還是推薦點能夠鰻魚三吃的套餐形式，最能感受名古屋式的獨特美味。

博物館明治村

The museum Meiji-Mura

別冊P.9,D4外　犬山駅東口搭乘開往明治村的巴士，約20分即達，單程￥430。或可從名古屋駅-名鐵巴士中心或OASIS 21巴士轉運站，搭乘高速巴士・桃花台線至終點站明治村，約80分、單程￥980　犬山市字内山1　0568-67-0314　9:30~17:00，8月10:00~17:00，11月9:30~16:00，12~2月10:00~16:00　休12/31、1/7~1/11的維護日；不定休，詳見官網　大人￥2,000，大學生￥1,600，高中生￥1,200、國中小學生￥700　www.meijimura.com

明治時代是日本初與西洋接觸，也是大量吸取新知的一段時期，這時候的文化和洋交融，在日本國內獨成一格。

當時的建築承襲江戶時代的木造傳統，加上從歐美傳來的房舍樣式、建築技術等，讓日本也愈來愈多石造、紅磚煉瓦的洋風建築。隨著戰爭與天災，這樣的建築漸漸消失，而在都市發展下許多優美且具歷史意義的建築，也面臨被拆除的命運，於是明治村的創始人谷口吉郎、與前名古屋鐵道社長土川元夫共同發起保存活動，並創立了博物館明治村。

從開創初期園內只有15件設施相比，現在的明治村**以明治時期的建築物為主，將日本國內外各地的珍貴建築移築至現址展示，總數在60幢以上，佔地十分廣闊，可說是一座大型的戶外博物館。**

重回明治浪漫時代

老建築巡禮

明治村將許多老建築移築至現址，其中也有不少被指定為國家重要文化財。除了日本國內，園內也有夏威夷、巴西等地移來的老建築。

東松家住宅原是名古屋堀川沿岸的商家，呈現明治時期日本建築之美。

從北海道移築來的札幌電話交換局，石造牆面給人強烈的厚重感。

三重縣廳舍於明治12年在縣長岩村定高任內完成，木造建築結合西式構造，可以看出當時和洋並存的特色。

搭乘懷舊交通工具

除了老房舍之外，村內舖設鐵軌，讓明治初期的京都市電、蒸汽火車、巴士等古老的交通工具也能運行其中，成為遊客的代步工具。

SL・市電一日券(一日乘車券)￥800，SL蒸汽火車單程￥500，京都市電一次￥500；村營巴士一日乘車￥500

ハイカラ衣裝館

喜歡變裝的女孩們可以來這裡換上明治時期的女學生裝扮，或是優雅的晚宴禮服，感受昭和年代的複古洋風。而男生也不用擔心，這裡也準備了男大學生的制服等可選擇。

安田銀行会津支店(2丁目20番地)

至閉村前30分鐘為止

著裝紀念照1張￥800、戶外散步￥3,500 (16:00前返還服裝)

愛·地球博記念公園周邊

モリコロパークしゅうへん
Around Moricoro Park

2005年舉辦的愛知萬國博覽會讓愛知縣的知名度大大提升，愛·地球博記念公園正是當年的會場之一。萬博落幕後，這裡也被保存下來，不僅擁有廣大的綠地，園內設施也很豐富，尤其吉卜力主題公園設施陸續開幕後，更讓這裡熱度爆棚。記念公園附近，則有豐田博物館，可認識汽車工業的歷史，順道欣賞各款好車，很值得順遊！

交通路線&出站資訊

電車

愛·地球博記念公園駅◇磁浮列車リニモ

◎從名古屋駅搭乘地下鐵東山線，至終點站「藤が丘駅」轉乘磁浮列車リニモ，在愛·地球博記念公園駅下車即達，車程共50分。

愛·地球博記念公園

モリコロパーク·Moricoro Park

別冊P.9,C5~C8 長久手市茨ケ廻間乙1533-1 0561-64-1130 8:00~19:00，11~3月8:00~18:30。週一休息日也可進入公園8:00~17:30 週一，12/29~1/1 免費入場。各設施價格不一 aichi-koen.com

愛知萬國博覽會於2005年舉辦，此次萬博以向自然學習為主題、強調人與地球交流的重要，也是日本史上參展國數(超過120國)最多的一次萬博。隨著萬博落幕，日本方面也決定保留會場之一的「愛·地球博記念公園」，由於原為青少年公園，**園內有溫水泳池、兒童廣場、摩天輪等適合一家大小共同遊訪**。而從開幕時便一直受到注目的**「皐月與小梅的家」更能夠親眼見到宮崎駿動畫裡的世界**，至今仍十分熱門。另外敲碗多年，終於在2022年底開啟部分設施的吉卜力公園，更一躍成為最人氣設施。

愛・地球博記念館

別冊P.9,C6 愛・地球博記念公園駅徒步約8分，可利用園內巴士前往 愛・地球博記念公園內 9:00~17:00，最後入場16:30 週二(遇假日順延)(春假、暑假&寒假不休)，12/29~1/1 免費 www.aichi-koen.com/moricoro/shisetsu/kinenkan

為了記念愛知萬國博覽會，在博覽會結束後，以會期中的迎賓館改建而成記念館，在**館中展示著當初萬博的資料、畫面與參展國所贈的各式物品，是想了解愛知萬博的必訪之處**。而每到週末假日，大約在14:00左右還會有愛知博覽會的吉祥物morizo與kikkoro到現場來與大家同樂哦！

大観覧車

別冊P.9,A6 愛・地球博記念公園駅徒步約10分，可利用園內巴士前往 愛・地球博記念公園內 0561-64-1204 平日10:00~17:00，週末例假日、春假、暑假、寒假9:00~17:00 週二(遇假日順延)，12/29~1/1 ¥600

想要由高處一覽愛・地球博記念公園的全境，搭上摩天輪會是最好的選擇。位在**公園西側的摩天輪高達88M，繞行一圈約15分，號稱是東海第一高**。摩天輪為了吸引人潮，還在車廂內放上巨大玩偶，從小熊維尼到麵包超人，讓人每個車廂都想坐坐看。

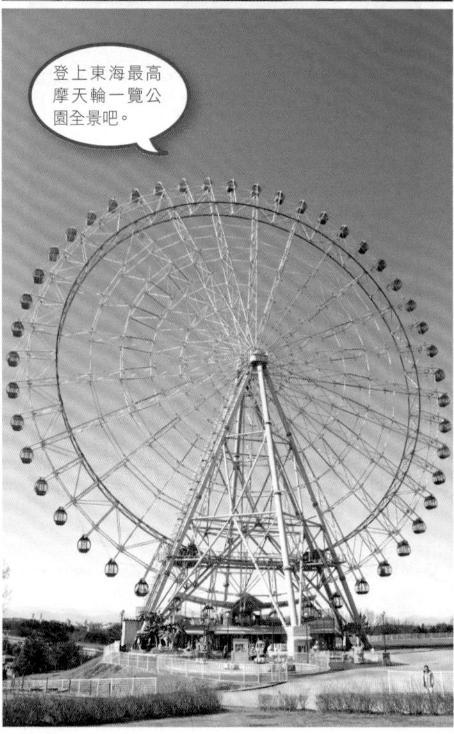

登上東海最高摩天輪一覽公園全景吧。

AEON MALL長久手

おすすめ 薦

世界精品、日本知名品牌齊聚一堂。

イオンモール長久手

別冊P.9,A6外 東部丘陵線(リニモ)長久手古戰場駅下車直結 0561-63-7711 愛知県長久手市勝入塚501 10:00~21:00 nagakute-aeonmall.com/

在搭乘リニモ電車前往愛・地球博公園前幾站，一定會在長久手古戰場駅邊、看見這棟外牆黃綠線條相間的龐大購物中心──AEON MALL。廣達46,000平方米的4層購物中心。內部集結許多大型店中店的專賣店，像是EDION家電量販店、飲食店，電影院和遊樂場等娛樂設施也都非常充足，也有許多針對家庭客、小小孩的休閒設施，幾乎任何人都能在此找到喜歡的區域。尤其**距愛・地球博記念公園(吉卜力公園)僅間隔3站，在吉卜力公園玩樂後，非常推薦來這邊用餐**。除了可以採購家電、3C用品之外，SEIKO、CITIZEN、CASIO等日本製的手錶店「TIME STATION NEO」、以及日本化妝品的「Parfum」等商店，也是很多人的購物最愛。

AEON
AEON STYLE
AEON CINEMA
ENTRANCE
AEON MALL
長久手
EDION
おかしのまちおか
店中店的EDION家電量販裡，有許多日本最新家電。
餐廳及美食街裡多達47家店鋪，不論壽司、火鍋、拉麵等一應具全。
零食專賣店「おかしのまちおか」，價格實惠，很適合買來當伴手禮。

花の広場休憩所

別冊P.9,B6 愛・地球博記念公園駅徒步約7分，可利用園內巴士前往 愛・地球博記念公園內 9:00~17:00，1F賣店9:30~16:30，2F Sugakiya拉麵11:00~17:00、假日10:00~17:00 週二(遇假日順延)(春假、暑假&寒假不休)，12/29~1/1 免費

圓型的建築四周環繞著四季花卉，這裡是公園內的免費休憩所，天氣好時在室外賞花吃便當，天氣不好時也可以到室內的休憩所內小坐。1樓內有小賣店可以找到許多園藝相關產品，2樓則有愛知的拉麵店Sugakiya進駐，想嚐嚐愛知縣人們口中懷念的味道，來到這裡就能嚐到。

愛知縣兒童綜合中心

愛知縣児童総合センター

別冊P.9,A6 愛・地球博記念公園駅徒步約12分，可利用園內巴士前往 愛・地球博記念公園內 0561-63-1110 9:00~17:00 週二(遇假日順延)(春假、暑假&寒假不休)，12/29~1/1 ¥300，中學生以下免費 www.acc-aichi.org

愛知縣兒童綜合中心打造了一個讓孩子從日常生活的束縛中解放的空間，由於遊樂佔了健全成長極大一部份，希望藉由遊樂來建全體能、增長知識、增養協調性。**全館分為兩層樓，依照各種主題的遊戲來激發兒童的各種潛能，也附設餐廳，在這裡玩上一整天也不會厭煩。**

吉トカ公園

おすすめ 薦

ジブリパーク

將吉トカ經典動畫場景，全部一次收集。

別冊P.9.C5-8 地下鉄東山線「藤が丘駅」下車，轉乘リニモ至「愛・地球博記念公園駅」下車即達 長久手市茨ケ廻間乙1533-1(愛・地球博記念公園) 平日10:00~17:00、週末例假日9:00~17:00 休週二(遇假日順延)、年末年始、設施維修日 ジブリの大倉庫¥2,000~2,500、青春の丘+ジブリの大倉庫¥3,000~3,500、どんどこ森¥1,000 (以上票價為大人，小孩半價，票價分平日及假日費用不同) ghibli-park.jp/ 入場票券全部採網路預約購票制，現場無售票，票券於入場前3個月開放預約，且須指定日期及勾選入場的時間場次，每30分~1小時一個場次選擇

在許多吉トカ粉迷們萬般期待下，2022年11月吉トカ公園「ジブリパーク」，終於在愛・地球博記念公園內正式誕生！結合先前已經在園區完成並開放的「皐月與小梅的家」(現在併入成為吉トカ公園內「どんどこ森」的設施之一)，在2022年的第一期設施，**開放了「ジブリの大倉庫(吉トカ大倉庫)」、「青春の丘」、「どんどこ森(DONDOKO之森)」這三區**，而第二期預計2023年的秋天，將再陸續開幕「もののけの里(魔法之里)」、2024上半年完成「魔女の谷」，將更多完整的吉トカ的動漫世界在這裡集結。現在就趕快來看看，第一期開幕的設施有哪些精采好玩的，還有那些隱藏設施也別錯過喔！

©Kome

©Kome

青春の丘

位在最接近電車站的吉トカ公園設施便是「青春の丘」，作為迎接所有吉トカ粉迷的第一站，**這個區域以『心之谷』故事舞台為中心**，打造了故事中主角偶然間發現的骨董、手錶修理屋「地球屋」及「圓環廣場」，**還有在『猫的報恩』裏登場的「猫の事務所」也在這區**，可以試著蹲低身軀，看看男爵是否在裏面；融合『天空の城』及『霍爾の移動城堡』的異想城堡高塔，則是充滿異元素的結合體。

©Hayley Wallace

©Kome

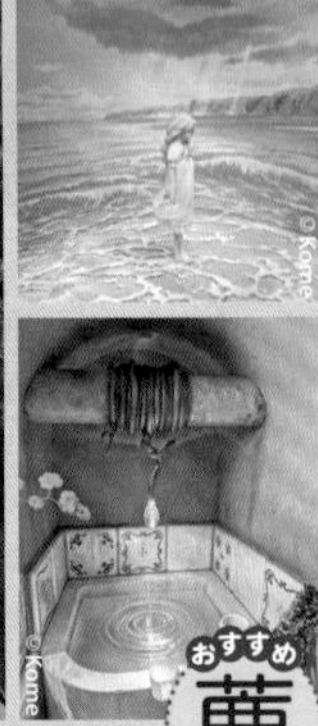

©Kome

©Kome

吉トカ大倉庫

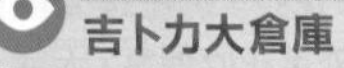

おすすめ 薦

ジブリの大倉庫

所有經典中的經典，通通都在這裡啦！

這區可說是吉トカ最熱門經典集結的博覽會，如其名大倉庫，這區可是包羅萬象，從『龍貓』、『神隱少女』、『借物少女艾莉緹』、『魔法公主』、『崖上的波妞』、『天空之城』、『來自紅花坂』...等，其中的**經典場面幾乎都在這裡一一呈現**，不論走進湯婆婆簽契約的辦公室場景、龍貓公車、天空之城裏機器人傷兵的經典場面、或是與無臉男一起搭電車....，全都是粉迷們的心頭好。各式經典場景重現外，也另有特製的短影片播出及企畫展示室，呈現吉トカ各式背後製作故事的展出，也會有沒在電影中出現的片段的遺珠，**這區也有咖啡館及賣店進駐，一定要多留點時間逛這區喔。**

DONDOKO之森

おすすめ 薦

皐月與小梅的家原汁原味、真實版完整尺寸呈現。

どんどこ森

從吉卜力大倉庫出發繼續往南經過日本庭園、走15分鐘，就會到達宛如被森林圍繞的「DONDOKO之森」，而這裡就是以『龍貓』場景為主的區域，以『皐月與小梅的家』場景最具代表，這棟紅瓦白牆的木屋、將**動畫主人翁皐月與小梅住的地方，依真實尺寸原汁原味重現！**而且在建造時不只技法完全遵造古法，連材料也故意弄得老舊，只為重現動畫裡老屋的氛圍。

房子內部的擺設全是從各地搜羅來的昭和古物，房屋內的抽屜都可以打開來一探究竟，擺設也會依季節更換，但請遵守禮節，只能看不能碰觸喔。繼續往山頂方向，可以搭電車或走路上去，有超大龍貓設置，是一區提供小孩遊戲的區域。

©Kome

©Hayley Wallace

這些地方也別錯過

整個吉卜力除了目前需要門票的三大區之外，其實在各區之間的公園內行走，也有很多不經意的驚喜藏在角落喔，讓各區串連散步時，也變的很有趣。

ロタンダ 風ヶ丘(@在公園北口)
逛完吉卜力後往車站方向前進，當需要吃吃喝喝補充體力，或是想再補充蒐羅一些商品，甚至是愛知縣的伴手禮，這裡一次滿足。

ジブリの忘れもの(@公園各處的座椅)
就跟龍貓裡的小精靈一樣，吉卜力裡的角色們，也會在路徑中掉落遺忘的小物而不自知，你發現了嗎？座椅上竟然有一本書、橡實？總共有15處喔，趕快來找找看吧。

稲楼門(@吉卜力大倉庫外南側)
原本是名古屋市內「旧料亭稲本」的門樓，後來移到這裡保存，飄散著一股『神隱少女』中油屋般類似氛圍。

©Hayley Wallace
©Hayley Wallace

購票SMART TIPS & 掌握參觀時間

早期當東京三鷹的吉卜力美術館開幕時，複雜又限制不少的購票規定，相信去過的都有經驗，但為了參觀品質，這還真是必要之舉。吉卜力公園的購票方式也延續這標準，入場券預購制之外，一樣要押入場時間，但問題是台灣目前並無代理售票處，這票到底要怎麼搶呢？以下4種購票方式，可以自行評估選擇。(未來園區完整開放後，可能會再更新，可見官網新公告)

①官網：需有日本手機註冊會員後才能買，除非有日本親友協助。

②便利超商：Lawson、FamilyMart的機台都能買，但除非你預計3個月內會再去，否則搶到票也沒用。

③日本旅行社：JTB等都有賣，海外也能利用，但通常會跟飯店交通等包成套票，或是售價會貴一些。

④海外售票官網：提供海外可便利刷卡購票的官方網站，但3個開放區域都只提供2場時間選擇，彈性較少。

ghibli-park.jp/en/ticket/ticketb.html(海外購票)

❶非官網售票都會需多付¥110(每張票)。公園很大，務必預留每個點之間徒步距離，以免因錯過時間被取消入場，可參考地圖別冊P.9的徒步時間標示

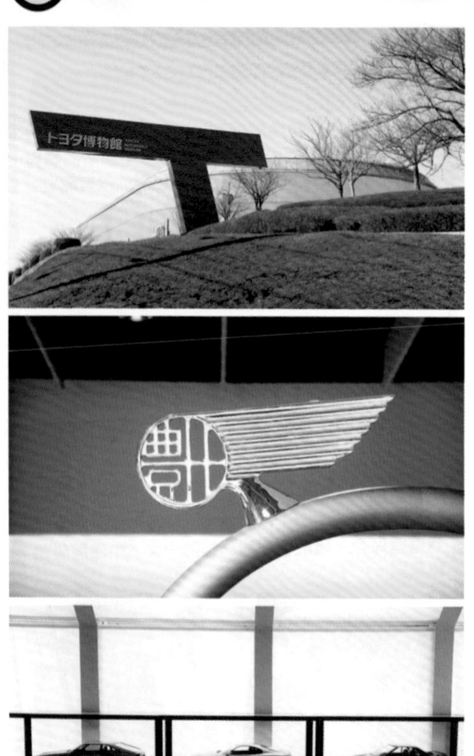

豐田博物館

Toyota Automobile Museum

別冊P.9,A6外 從名古屋駅搭乘地下鐵東山線，至終點站藤が丘駅時轉乘磁浮列車リニモ，至芸大通駅下車，1號出口徒步約5分 長久手市横道41-100 0561-63-5151 9:30~17:00，最後入場為16:30 週一(遇假日順延)、年末年始 大人¥1,200、國高中¥600，小學生¥400 www.toyota.co.jp/Museum

豐田汽車行銷全球，是知名的汽車大廠，為了其汽車事業創立滿50周年，於1989年設立此博物館的本館，而1999年再設立新館，分別展出汽車的歷史與汽車對人們生活的影響。本館展示著1800年至1960年代的汽車，也依年代講述了汽車的發展史。而**本館中展示的車輛不只是豐田自產，更有多輛來自世界各大廠的珍貴名車，難得一見的古董車也不在少數**，絕對會讓汽車迷大大瘋狂。另外不定期會有各式特展，以各種主題切入，讓汽車博物館的展示更加生動有趣，愛車一族絕對值得來此一遊。

汽車迷看過來！

本館2F：歐美車展示

一上到本館2F，以擺在入口的德國製三輪車(世界上第一台汽油自動車)為首，共有60輛代表各個汽車進化階段的老爺車，由各國車廠生產的老汽車形式各異，光是看造型與設計就夠讓人眼花瞭亂了。

本館3F：日本車展示

這裡展示著二次世界大戰後至現代，日本各大汽車大廠所生產的汽車。各大廠的代表車輛與劃時代的車型等皆有看頭。總共約有60輛汽車展示，並不定時會更換車輛。

新館2F：生活與車

為了慶祝本館開館10周年而設的新館，館內分為6個區域，依時間順序來説明汽車在近代文明與生活上的演進與影響。而在此也能看到一些與汽車有關的資料文獻、早期海報等。

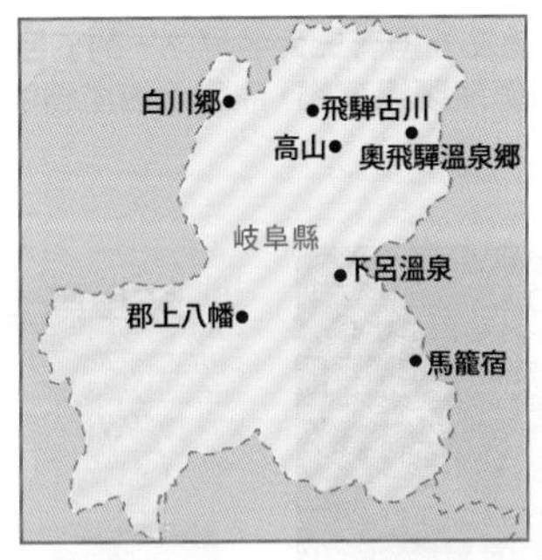
白川鄉
飛驒古川
高山
奧飛驒溫泉鄉
岐阜縣
下呂溫泉
郡上八幡
馬籠宿

岐阜縣

ぎふ

岐阜怎麼玩

岐阜的自然景觀以山地為主，最出名的景點要屬世界遺產白川鄉，是許多人心中必訪的日本景點之一，除了夢幻的白川鄉，熱鬧的高山也是重點觀光處，可以在市區逛逛景點或是到老街上來一趟味蕾之旅，品味高山的美食，除此之外還有三大名湯之一的下呂溫泉、以清澈水流與傳統建築聞名的飛驒古川，可以享受溫泉秘湯的奧飛驒溫泉鄉、欣賞水鄉風情的郡上八幡，特色各異之外，也充滿不同魅力。

❶高山

高山是日本有名的觀光聖地，盛大的高山祭是日本三大祭點之一，可以欣賞到華麗的山車與熱鬧景色。而三之町老街更是吸引許多人前來，保有傳統木造建築風景，讓這條老街充滿濃濃日式風情，加上店家販賣的飛驒牛握壽司、可樂餅、醬油糰子、手工煎餅，每一種都讓人想吃吃看，也是三之町老街迷人的滋味。

❷白川鄉

白川鄉不僅是中部北陸的代表景色，甚至可以說是整個日本的代表風景之一，童話小屋般的合掌造建築吸引無數人前來一訪，可進入合掌造建築之內，參觀從前人們的生活模式與建築特色外，也有許多改為喫茶店、住宿設施對外營業，可以放慢步調，盡情享受合掌村優美又純樸的原鄉景觀。

❸飛驒古川

這座自古規劃良好的城市，以人工水渠「瀨戶川」為界線，外圍規劃成壹之町、貳之町、三之町等商業區域。白土藏壁街是當地最有情調的街道，除了在瀨戶川裡放養的錦鯉，為這條小河增添繽紛色彩外，三寺參拜時更會在這裡點起蠟燭，雪地中亮起的火燭搖曳，浪漫景色讓人難忘。飛驒古川因為是動畫電影《你的名字》的重要場景，也帶起一波朝聖風潮。

❼馬籠宿

馬籠宿雖然不大，但卻是江戶時代的重要驛站，充滿歷史故事的街道、建築，讓人不禁回想從前的風貌。這裡也是文豪島崎藤村所生長的地方，他多本小說都是以此地為舞台描寫。除了在馬籠宿的街道上慢慢走逛，還可以選擇踏上木曾路，穿越山中小路前往長野的妻籠宿，體會一番江戶人行走於中山道的心情。

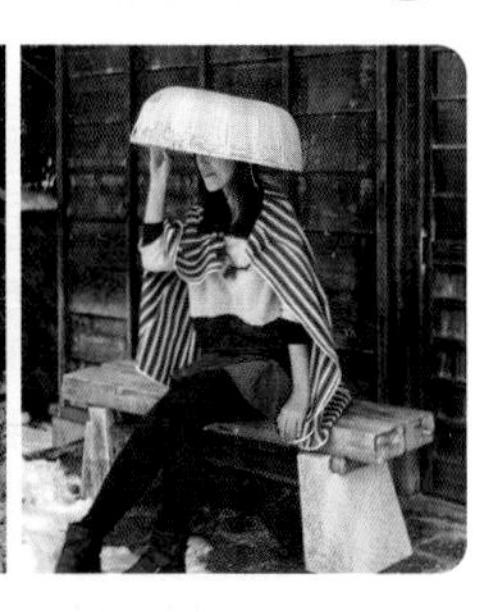

❻郡上八幡

岐阜著名的水鄉，城市裡的水道「井川小徑」、水源「宗祇水」，都是這座水都的象徵之一，優美的水鄉風情之外，每年7~9月的郡上盆舞祭期間更可看到最具代表的風情畫，全村老小穿著浴衣跟著樂笛聲跳著快樂的「盆舞」，甚至會邀請遊客加入同樂，歡樂氣氛感染全場。此外，郡上八幡城的天守據說是日本最古老的木造天守，也不可錯過。

❺奧飛驒溫泉鄉

加上了「奧」這個字，可以想見奧飛驒溫泉鄉的交通一定沒那麼便利，但因為擁有五處不同的溫泉地，坐落山林之間的自然風情，依舊吸引許多遊客在逛完高山老街後，搭上巴士，深入奧飛驒溫泉鄉，尋訪位在平湯溫泉、福地溫泉、新平湯溫泉、栃尾溫泉，和最深處的新穗高溫泉，感受不同的溫泉風情。

❹下呂溫泉

下呂溫泉是具有千年歷史的傳奇名湯，與兵庫縣的有馬溫泉、群馬縣的草津溫泉並稱為「日本三大名泉」，可以在旅館裡享受充滿自然風情的溫泉風呂外，也可在溫泉街上來一趟足湯巡禮，試試不同設施裡的足湯，徹底紓解旅途的酸乏，還可以到朝市享用各種當地水果、新鮮農產，為下一趟旅程備好精力。

高山
たかやま
Takayama

擁有日本古鎮老街風情的高山，一直排在日本人最想去的國內旅行地點前三名，濃厚的傳統文化、優雅的木造建築街道、恬靜的鄉間風情，加上讓遊客流連忘返的民藝品與和風雜貨小舖，以及令人垂涎三尺的飛驒牛鄉土料理、甘美的高山清酒，恰到好處地使它保有傳統風味與觀光需求，也難怪成為海內外旅客熱門的必遊焦點，走在高山的老街「三之町」的街上，除了日本與台灣旅客，金髮碧眼的歐美面孔也不少，大家都在此尋覓到純樸迷人的東瀛味。

交通路線＆出站資訊

電車

高山駅◇高山本線、JR特急飛驒號

巴士

高山~名古屋線

在名鐵巴士中心或名古屋駅搭JR／濃飛／北鐵的高速巴士，經郡上八幡交流道，抵達高山濃飛BT，1天約9班，車程約2小時40分，車資¥3,100

高山~白川鄉・金沢線

從金沢駅西口4號乘車處搭乘濃飛／北鐵巴士，途經白川鄉抵達高山濃飛BT，巴士須預約，1天約3班車，車程約2小時15分，車資¥4,000

高山~白川鄉・富山線

從富山駅南口1號乘車處搭乘濃飛／富山地鐵巴士，經白川鄉抵達高山濃飛BT，採預約制，1天2班車，車程約2小時25分，車資¥3,700

・濃飛巴士

www.nouhibus.co.jp/

出站便利通

◎高山駅東口出站，就是往高山老街的方向，高山濃飛BT、高山觀光案所也都在東口

◎飛驒高山周遊巴士：高山有「匠バス」、「まちなみバス」及「さるぼぼバス」三種周遊巴士，匠バス集中巡遊於市中心(含高山老街、高山陣屋等)，まちなみバス行經高山老街、高山陣屋、高山祭屋台會館等主要景點；さるぼぼバス則會經過飛騨の里、飛騨高山美術館、飛騨高山まつりの森等地，可以善加利用

$所有路線單程¥100(高中以下免費)；1日乘車券(三種周遊巴士皆適用)¥500

kankou.city.takayama.lg.jp/2000007/2000371.html

觀光案內所

飛騨高山観光案內所

高山市昭和町1-1(JR高山駅旁)

0577-32-5328

8:30~18:30(依季節不同)

高山駅本身就是一個小型鄉土博物館

2017年6月重新設計整建後的高山駅，以三町老街的木造黑格子為意象，站體新穎又現代，站內運用大量木造，呼應這個木匠工藝重鎮，站內2樓東西自由通路被打造成「匠通り」，以高山祭屋台為主題，展示各式裝飾道具，其中最吸睛的是兩個實物大小屋台模型。

高山陣屋

おすすめ 薦

彷若走入歷史般，值得細細體會和欣賞。

別冊P.13,D4 JR高山駅徒步約10分 高山市八軒町1-5 0577-32-0643 8:45~17:00，11~2月8:45~16:30 休12/29~1/3 入館¥440，高中生以下免費 jinya.gifu.jp/

高山陣屋本是高山城主金森家的屋子，幕府主政後，代幕府視事的官員就以此為行政中心，改成**「陣屋」，也就是所謂的官邸**。在還政天皇後的明治時期，政府官廳也利用這裡辦公，**數百年來都是高山的權力象徵**。在廣達49塊榻榻米的大廳中，不難看出它的氣勢；以廣大的空間和簡單的書畫帶出日本一貫的簡約設計，倒也有著一份莊嚴寧靜感。

其他房間也維持原貌，並展出相關物件。

人力車

完全日式風情的人力車是遊客的最愛，除了可以省些腿力，還可高高地坐在車上穿過三町老街，車伕會用日文解說老街的有趣典故，但英文程度可能就只限於簡單的打招呼了。

・ごくらく

可在中橋兩岸、藤井美術民藝館附近乘車 0577-32-1430 8:30~17:00 (11~3月9:30~15:30) 休暴風雨、下大雪的時候 15分鐘¥4,000、30分鐘¥7,000、60分鐘¥14,000(以上為2人共乘) 39hida.com/jinriki

飛騨国分寺

別冊P.13,B2 JR高山駅徒步約5分鐘，住於國分寺通上 高山市総和町1-83 0577-32-1395 境內自由，本堂9:00~16:00 休本堂12/31~1/1休館 境內自由，參觀本堂¥300 hidakokubunji.jp

飛驒國分寺是**高山市的第一古剎，境內有一棵樹齡超過1,250年的大銀杏樹**，每到秋季銀杏轉黃成為國分寺的象徵，寺廟內優雅的三重塔原為七層，無奈遭逢祝融之災而改建為三重。而從高山城移築而來的鐘樓門，讓人遙想高山鼎盛時期的榮景，更是珍貴的日本文化財之一。另外每年5~10月的每月8日，也會舉辦八日市青空市集，時間剛好的話，也可以順道一訪。

宮川朝市

おすすめ 薦

充滿在地風情又熱鬧的市集。

別冊P.13,D2 JR高山駅徒步10分 高山市宮川旁(鍛冶橋到弥生橋之間) 7:00~12:00(11~3月8:00~12:00) www.asaichi.net/

高山這種鄉間，一大早竟然還可以發現人群擁擠的地方，大概就是宮川朝市了，**在日本各地朝市中屬前4大的這個朝市**，聚集了除朝市常見的一些蔬果、自製熟食外，這裡還有一些手工雜貨、小紀念品、咖啡，非河岸這側原本的店家像是駄菓子店、飲食店、酒藏等，還有聚合近十家店鋪的右衛門町、匠屋這兩大棟商家。

喜歡牛奶風味可以點卡布奇諾，看店家邊沖泡邊在你面前畫出奶泡圖案，趣味加倍。

KOMA COFFEE

おすすめ 薦

把一整杯咖啡吃光光吧。

宮川朝市(靠河邊攤位) 7:30~11:30 休不定休 卡布奇諾￥700(餅乾杯)

從鍛冶橋往朝市入口走，靠河的這一側都是一些攤位，其中一攤總是被年輕人群團團圍住，濃濃飄散出的咖啡香氣，讓一早起床來這逛的人精神都振奮起來了。由咖啡店GARAGE CAFE DOTO在這裡所擺的咖啡攤，**自家烘培的豆子及專精的Espresso頗獲好評外，店家創意把烤餅乾做成杯子，裡面還抹上一層糖霜，讓濃厚Espresso與糖融合，簡直享受。**

走到賣場最後方，可見挑高木造天井之美。

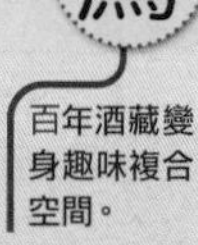

右衛門橫町

おすすめ 薦

百年酒藏變身趣味複合空間。

高山市下三之町19(宮川朝市) 0577-57-8081 8:00~14:30，例假日8:00~16:00 ueyoko.skyworld.co.jp

就位在宮川朝市裡，由**超過120年、連接三個酒藏的老建築所改建的右衛門橫町，是個既可入內欣賞空間、又可買到各式高山名產、品嚐高山小吃的複合式設施**，集合吃與買的商家共有9個，有高山牧場奶製品區、味噌、集合式伴手禮區等，特別的是走到最裡面有展示一間町家小房間、酒藏的水井上則設有右衛門神社等，讓人可以追溯建築原本用途。

熱鬧的高山早晨

高山市有兩處觀光朝市，除了位在宮川畔的「宮川朝市」，還有高山陣屋前的「陣屋前朝市」。沒有亮麗的包裝、沒有炫麗的店面，沾著泥沙的蔬果、樸實的土產品、自家醃製的醬菜、牧場直送的鮮奶、香氣迷人的味噌，都帶點高山的醍醐味，也是最迷人的朝市風情。

・陣屋前朝市

JR高山駅徒步10分，高山陣屋前 約6:00~12:00，冬季為7:00~12:00 www.jinya-asaichi.com/

櫻山八幡宮

おすすめ 薦

歷史悠久的高山祭主社，千萬不要錯過。

別冊P.12,D1 JR高山駅徒步20分 高山市桜町178 0577-32-0240 、自由參觀 www.hidahachimangu.jp

創建於仁德天皇元年(377)的櫻山八幡宮，為難波根子武振熊命為了祈求戰爭勝利所搭建的神社。境內祭拜的神殿除應神天皇的本殿外，亦有增進學問的天滿神社、消除災難的琴平神社、祭祀火神的秋葉神社、求生意興隆的稻荷神社、供奉齒神的照前神社等5社。一整片杉樹圍繞的八幡宮，一到秋天本地就成為高山最熱鬧的地區。**每年10月9、10日上演的高山祭就是以此為主社**，因此秋天的高山祭又稱為八幡祭。而充分展現飛驒藝術美的這個祭典，以11台美輪美奐的屋台繞行市區掀起高潮，並吸引成千上萬的旅客聚集於此。

高山祭

與京都祇園祭、長浜八幡祭一起被合稱為「日本三大美祭」的高山祭，由春天的山王祭與秋天的八幡祭組成，至今已有五百年的歷史。每年配合春櫻與秋楓的季節，幽古濃厚的山城處處擠滿為了一睹屋台風采的遊客。

高山祭詳細內容請見P.A-46

以細緻雕刻功夫重現東照宮之美。

櫻山日光館

別冊P.12,D1 JR高山駅徒步20分，位在櫻山八幡宮前方 高山市桜町178 0577-32-5100 高山屋台會館+櫻山日光館共通門票：大人¥1,000，中小學生¥500 9:00~17:00，12~2月9:00~16:30

同樣位在櫻山八幡宮境內的櫻山日光館，則**展出日光東照宮的縮小模型**。東照宮的雕刻名聞天下，正是出自日本雕刻界的翹楚左甚五郎之手。為了**保留日光東照宮的藝術之美，永久、並懷念飛驒出身的左甚大師**，於是延請當代名匠，包括有「大正左甚五郎」之稱的長谷川喜十郎等33人，花了長達15年的歲月以10：1的比例所雕琢出的，精密重現陽明門、五重塔等共28景。

二樓處的放映區，更會播放高山祭的介紹影片。

高山屋台會館

おすすめ 薦

別冊P.12,D1　JR高山駅徒步20分，位在櫻山八幡宮的前方　高山市桜町178　0577-32-5100　高山屋台會館+櫻山日光館共通門票：大人¥1,000，中小學生¥500　9:00~17:00，12~2月9:00~16:30　www.hidahachimangu.jp/yataikaikan

平日也可以感受祭典氣息，觀賞華麗的屋台。

如果無法親臨高山祭的盛會，那麼就請來到高山屋台會館沾染點祭典風采。展示廳放置了秋天高山祭的主角──屋台，雖然只有4台，但**每年的3月、7月、11月都會從全數11台屋台中挑選不同的4台展覽，讓旅客在不同時期造訪，皆可觀賞到不同的屋台。**而最棒的是特殊的高低樓層設計，讓觀賞者可以透過玻璃近距離的欣賞它細緻的雕工、優美的造型、生動的機關人偶，也可以居高眺望它們壯觀的排場。

飛驒猴寶寶商店

ひだっちさるぼぼSHOP

別冊P.13,E2　JR高山駅徒步14分　高山市上一之町53　0577-34-2558　10:00~17:00，體驗為16:00前　不定休　さるぼぼ作り体験(猴寶寶製作體驗)¥1,300起　takayamap.hida-ch.com/

猴寶寶是飛驒的代表吉祥物，各個店家都會擺上個幾隻，或是販賣可愛的玩偶，更有與人氣卡通結合、與當地名物結合的造型猴寶寶，種類繁多，每樣都很可愛。在這家店裡**除了可以買到商品之外，也能動手做出屬於自己的猴寶寶**，說是「做」，其實也只是把衣服、御守組合到猴寶寶身上，但也不失為高山旅行的美好回憶。

さるぼぼ是保護小孩子的吉祥物

「さる」是猴子、「ぼぼ」是寶寶，紅通通的猴寶寶是中部一帶常見的鄉土傳統玩偶，一般家中有寶寶出生時，媽媽或奶奶會手工縫製給小孩當玩具並當作保佑平安長大的吉祥物，傳統是紅色，現在也變成多種顏色及造型，成為最佳伴手禮。而在京都一代看到的猴寶寶則是不同造型的「身代猿」(身代わり猿)，多用於居家檔厄吉祥物。

猴寶寶製作體驗

① 選出喜歡的猴寶寶顏色與配件

② 在布上畫出喜歡的字樣

③ 黏到猴寶寶身上

④ 幫猴寶寶穿上衣服、掛上御守就完成了！

寿美久

傳承四代的手打蕎麥麵。

別冊P.13,C3 JR高山駅徒步7分 高山市有楽町45 0577-32-0869 11:00~20:00 休不定休 $山菜ざるそば¥1,450

來到高山想品嚐道地的飛騨そば(飛騨蕎麥麵)，那一定不能錯過老店寿美久，從昭和8年開店至今，已經傳承四代，沉穩又深具鄉間和風氣息的店內，讓等待蕎麥麵上桌前，都充滿視覺樂趣。店內最自豪的是一直維持著**以石臼磨製蕎麥粉、手打蕎麥麵，且都是依據當日販售量才當日新鮮製作**，將十割蕎麥麵的香氣、甜味展現無遺。

朴葉上放上蕎麥麵及各式店家自採的飛騨山菜，是店內代代相傳的必點美味。

位在小巷口的店，門口放上一台店主親手繪製的唐草摩托車，模樣逗趣又吸睛。

拍照熱門地！來跟手長、腳長銅像合照

前往宮川朝市及老街起點，幾乎都會經過的鍛冶橋，橋上中央兩側，立有兩尊造型相當幽默有趣的銅像，一尊是腳特別長、另一尊是手特別長，常見很多觀光客就模仿著他們的樣貌一起入鏡，是打卡率相當高的地方。這兩尊據說是出雲神話裡的人物，而實際上這兩尊的原像是被放置在高山祭屋台的「恵比須台」上，橋上則以銅製再現。

日下部民藝館

別冊P.12,C1 JR高山駅徒步約10分鐘 高山市大新町1-52 0577-32-0072 $大人¥1,000，高中生¥500、中小學生¥300 10:00~16:00 休週二(遇假日延至隔日休) www.kusakabe-mingeikan.com

日下部民藝館的格局屬入口窄但內部寬的二層兩段造建築。樑柱豪放，窗形多變。館內**展示多樣江戶末期至明治初期一般平民家庭的生活用品**，還有日下部家收藏的美術品。逛累了的話，還可以免費在休息室喝茶，品嚐高山著名的鹽味仙貝。

桔梗屋

おすすめ 薦

簡單配料搭上精心熬煮的湯頭，就是當地人大推的道地滋味。

別冊P.13,C2　JR高山駅徒步10分
高山市本町3-58　0577-32-2130
11:00~14:30，17:00~20:00　週四
中華(拉麵)¥750、チャーシュー麵(叉燒麵)¥1,100

若要推薦一家連**在地人都讚不絕口的拉麵店**，桔梗屋可說是當仁不讓！由雞骨與魚干、蔬果熬出的高湯甘甜，調和過醬油的湯色略帶透明，控制得宜的鹹度配上捲曲細麵，一味傳承60多年。吃到一半後別忘了加點桌上的醋，酸味讓湯頭更顯甘甜，這可是吃高山拉麵的定番！

曾獲日本知名美食網站「食べログ」話題店，超過半世紀的樸實美味，值得一嚐。

二四三屋 鍛冶橋店

別冊P.13,D2　JR高山駅徒步10分　高山市本町3(鍛冶橋頭)　8:00~17:30　不定休　五平餅¥300、烤糰子一串¥100

以烤糰子及烤五平餅而大受歡迎的這家超過50年老店，就位在鍛冶橋頭，與宮川朝市對望。宛如一個售票亭般大小的迷你小烤店，只賣烤糰子及五平餅，**融合3種醬油的自家特調風味，加上烤的微微焦香的表面，甜甜鹹鹹的特別均衡口感，讓人一口接一口停不了。**

高山拉麵？中華麵？

會日文的朋友都知道，拉麵的日文是「ラーメン」(ramen)，但來到高山，如果想靠這個字找到好吃的高山拉麵，那可是難上加難，這是因為高山人稱拉麵為「中華そば」(中華麵)，因此不管是想尋找店面，或是打開菜單點餐，可千萬要記住這個字，才不會錯過道地美味喔。

陣屋だんご店

別冊P.13,D4 JR高山駅徒步10分 高山市八軒町1-5 9:00~16:00 休週二、三 $みだらしだんご(烤糯米糰子)¥90

創業超過60年，**陣屋だんご店的みだらしだんご可以說是高山名物之一**，日本其他地方的烤糰子大多使用偏甜的醬汁，陣屋だんご店則是**使用不甜的醬油**，細細烤出醬汁的香氣，微微焦脆的表面下有著軟糯口感，再配上鹹香醬汁，就是充滿高山風味的點心了。

弥生 角店

やよいそば

本店與角店就位在斜對面，可以看看哪一家比較快吃得到。

別冊P.12,C1 JR高山駅徒步10分 高山市七日町1-43 0577-32-2088 11:00~19:00，12~3月11:00~18:00 休週二 $中華そば(拉麵)¥800 www.yayoi841.com

弥生創業於昭和23年(1948)，也是高山拉麵的名店。店家**以雞骨柴魚高湯加上豬骨與蔬菜熬煮湯頭**，因此湯頭帶有柴魚和風，是弥生的招牌特色，煮得恰到好處的捲麵，入口雖不致彈牙但也不軟爛，配上甘美湯頭，清爽的風味連女生也能吃掉一大碗。

本舗飛驒刺子 本店

本舗飛騨さしこ

別冊P.13,D3 JR高山駅徒步10分 高山市片原町60 0577-34-5345 9:00~17:00 休週三 hida-sashiko.jp/ 上三之町也有分店

刺繡這種中國風味濃厚的手藝在日本比較少見，「飛驒刺子」就是**高山地區特有的刺繡工藝**，圖樣比較純樸簡單，一針一線地在藍染布上繡出幾何圖型，是冬季下雪時婦女們的傳統女工。現在演變成一種民俗工藝，做成杯墊、餐巾、零錢包等日常生活用品販賣。

飛騨花里の湯 高山桜庵

おすすめ 薦

泡湯賞景舒適又放鬆。

別冊P.13,A4 JR高山駅徒步5分 高山市花里町4-313 0577-37-2230 Check in 15:00，Check out 10:00 www.hotespa.net/hotels/takayama/

鄰近高山駅，**以飛驒高山古街的深色木造建築為意象，將大量木作、木格子窗等運用在飯店空間**，全館不論公共空間到各樓層樓間的走廊，全部都鋪上榻榻米，營造出既古樸又深具和風的氣氛。

13樓的頂樓整層都是溫泉處，除了設有廣闊的半露天男女溫泉外，更有3間完全免費、也免預約的個人溫泉池，大浴場的戶外展望風呂，白天可一覽高山街道與遠方北阿爾斯山脈美景，夜間則可賞夜景與星空，連冬季都有雪景可賞，相當推薦。一夜好眠後，早上也別忘享受飛驒牛等在地美食大集合的豐盛朝食。

晚上有點餓？館內晚上10:30~11:30還有夜宵的高山拉麵可以免費吃喔。

門口處也有一個足湯，即使不是住客也可以享受。

寬闊的大浴場包含室內區與戶外區，日、夜可享受不同泡湯風景。

稲豊園

おすすめ 薦

別冊P.13,C2 JR高山駅徒步9分 高山市朝日町2 0577-32-1008 9:00~18:00 休週二 招福猫子まんじゅう(招福貓饅頭)￥215/個 tohoen.com/

開業已經超過120年的稻豐園，是在地和菓子老店，除了各式依季節推出的和菓子，**模仿高山街道巷弄裡的貓咪模樣而創意變身的招福貓饅頭，也成為話題商品**。依據各種貓咪樣子而創作出的5種饅頭，有白貓、黑貓、三毛貓、俄羅斯貓及虎斑貓，用黑糖、竹炭、抹茶等來入色外，也依照貓咪個性給予北海道紅豆、起士、抹茶、黑芝麻等口味，既可愛又美味。

可愛的貓咪饅頭以外，羊羹、大福都很美味！

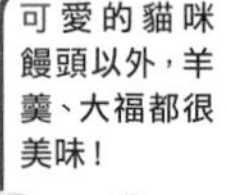

高山屋台村 でこなる橫丁

別冊P.13,C2 JR高山駅徒步12分 高山市朝日町24番地 18:00~24:00(依店家而異) 休依店家而異 dekonaru.com

入夜後當高山最熱鬧的三町老街進入一片寂靜，鄰近老街的でこなる橫丁，一盞盞紅色燈籠才漸次亮起，美味與歡笑隨夜色越深而升高。這是一區**聚集十多家各式餐飲店的露天野台村**，包含居酒屋、壽司吧、拉麵屋、燒烤店、章魚燒、餃子、黑輪、PIZZA、酒吧等，甚至引發歡笑聲的射擊、手裡劍都有，一家挨著一家的小店，感受滿滿高山活力夜生活。

連結居酒屋食堂的一番街，吃喝大滿足！

想尋訪高山夜生活，でこなる橫丁所在的區域應該是最集中，而でこなる橫丁設在此區也有原因，因為一旁原本就有一條充滿各式居酒屋、餐廳的一番街，兩區串連起來，讓高山夜間尋食方便又超多選擇。

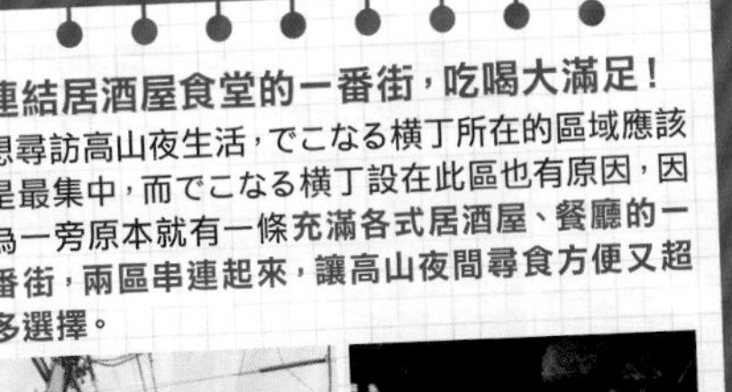

旅館翌檜

旅館あすなろ

別冊P.13,B1 JR高山駅徒步約10分鐘 高山市初田町2-96-2 0577-33-5551 Check in 14:00，Check out 10:00 www.yado-asunaro.com

旅館翌檜將整棟江戶時代留下來的富農房舍從北陸地區移築過來；挑高的空間交錯著深褐色的樑木，四四方方的地爐位在大廳中央，堆著煤灰和炭，可以讓人圍在四周一邊聊天一邊取暖，充滿鄉野情懷。料理也以山菜與飛驒牛為主，農村風情滿喫。

豆天狗 本店

おすすめ 薦

高山拉麵的超級名店！

別冊P.13,D2 JR高山駅徒步12分 高山市下一之町3-3 0577-33-5177 11:00~16:00 休週四 中華そば(高山拉麵)￥750 mametengu.com/

豆天狗是高山市非常有名的一家拉麵店，創業於昭和23年(1948)，店家以正宗的「高山拉麵」自傲。高山拉麵特有的醬油系湯底搭配自家製麵，麵條部分是**以3種小麥粉調配成原料，做成獨家的手工製細捲麵，以雞骨、蔬菜與鰹魚節等材料，經過8小時熬燉成的湯頭格外清爽**，一點也不油膩！另外沾麵也有很高人氣，值得一試。

吉島家住宅

別冊P.12,C1 JR高山駅徒歩約17分鐘 高山市大新町1-51 0577-32-0038 9:00~17:00，12~2月9:00~15:00 週二~四，年末年始 大人¥500，中小學生¥300

吉島家原為製酒商，是高山地區的富豪，在**這棟明治40年(1907)築成的古老建物裡，至今仍保留著高山建築的傳統樣貌，也被稱為是日本町屋最高水準的代表**。最有看頭的當屬玄關入口處的挑高空間裡，樑柱組成的厚重建築之美，立體又有優良木質創造出來的日式氛圍令人陶醉。

COREO Hida-Takayama

別冊P.13,D3 JR高山駅徒歩10分 高山市本町2-8 0577-57-8852 10:00~18:00 不定休 木製清酒杯¥388 www.coreo.club/coreo

各式傳統工藝發展興盛的飛驒高山，木匠工藝也相當有名，從傳統樣式到現今的簡約設計家具製作、家居小物的木製小物等，都能看見傳統技巧的被傳承運用，**COREO就是一家將高山木匠傳統手法運用於現代生活的家具家飾店**，由自家木工廠製造設計，簡約又兼具現代美感，即使大型家具帶不走，也有許多木製雜貨小物，適合買回家自用。

光是這些充滿質感的木質小物就值得一逛。

民宿 惣助

別冊P.12,B3 JR高山駅徒歩約10分鐘 高山市岡本町1-64 0577-32-0818 Check in15:00~，Check out~10:00 www.irori-sosuke.com 衛浴共用

便宜的價格與樸實的接待是這裡吸引人的地方。儘管房間內沒有衛浴設備，但離廁所和澡堂很近，並不會太麻煩。此外，民宿會有一定的用餐時間，請遵照規定的時間到一樓的餐廳用餐。雖是民宿但餐點可是一點也不馬虎，來到此就可以吃盡高山所有的特產，像是朴葉味噌、山菜、飛驒牛肉和醬菜等。

入住飯店就能飽覽高山美景。

ASSOCIA TAKAYAMA RESORT

別冊P.12,A4外 JR高山駅前有免費接駁巴士 高山市越後町1134 0577-36-0001 Check in15:00~，Check out~12:00 www.associa.com/tky

位在高山市郊的ASSOCIA度假飯店，位在一處標高640m綠意盎然的山腰上，**因地處高處且樓高17層，所以可以由高往下遠望高山市景，以及包圍高山市的飛驒山脈群峰**。擁有天然溫泉的溫泉設施樓層最有人氣，其中可以展望到北阿爾卑斯群峰的「天望之湯」裡，10多種不同造型與功能的溫泉風呂讓人大呼過癮。

飛驒之里套票／飛騨の里セット券

從高山到飛驒之里，可以選擇購買濃飛巴士發行的套票，包含高山駅來回飛驒之里的來回車票與飛驒之里門票，原價¥900，大人套票只要¥800，可至高山濃飛BT購買。

·濃飛巴士

www.nouhibus.co.jp

園內也有許多民藝表演，值得花上半天走走看看。

飛驒民俗村 飛驒之里

別冊P.12,A4 高山濃飛BT搭乘「さるぼぼバス」線周遊巴士，約10分在「飛騨の里」下車 高山市上岡本町1-590 0577-34-4711 8:30~17:00 大人¥700，中小學生¥200 www.hidanosato-tpo.jp 各種傳統飛驒工藝表演不是每天都有，大約是4月中到10月中的週末及假日，詳洽官網

飛騨の里
HIDA NO SATO
HIDA FOLK VILLAGE

飛驒之里以五阿彌陀池為中心，佔地13萬5千萬平方公尺。**園內集合了30多棟飛驒山國最特殊的茅葺合掌造的民家**，建築彼此間各有不同，都是為了適應環境、氣候和民家生計的結果，但基本上坐北朝南，屋中間是個圍爐，前後門戶直通、窗戶也開向南北，為的是夏季通風和冬季擋住嚴寒，粗樑橫木用稻草縛結，兩段造屋中上段是三角形小屋，不但讓民家可以養蠶維生，還讓炊煙可以從屋頂通口排出去。

三町老街
さんまち古い町並

綿延約400公尺長的三町老街，黑色木製的格子窗櫺、古意的店家、穿梭於巷弄間的人力車，營造高山獨有的古意氛圍，而且老街裡有五花八門的零嘴，走在三町老街裡，根本不怕餓肚子，沿路都是美味的、有趣的小吃，東吃一個西吃一口，包你感到大大滿足。以三町這條老街為分界，往柳橋方向是所謂的「上三之町」，左手邊則是「下三之町」，就玩樂、觀光重心來說，上三之町比下三之町有趣，但下三之町的建築、飛驒藝匠的專賣店也很精彩。

別冊P.13,D2~D3　JR高山駅徒步約10分　高山市上三之町~下三之町　依店家而異，但時間大多集中在9:00~17:00

熱鬧老街拍美照 就是一大早或傍晚！

離高山車站有點小距離的三町老街，很難想像日本這麼內陸的一條老街，竟然白天時觀光客可以擠滿整條近400公尺長的街道，想拍個空景美照都很難。真想拍張美照建議一早9點前就來或是等到傍晚商店關門的5-6點，但也因老街商店關的早，7點過後天一黑，整條街道還真的黑漆漆一片，若晚上想來散步，恐怕會失望。

老街的的特殊風景

低屋軒

作為金森氏城下町而繁榮的高山，在老街底靠中橋的高山陣屋就是高山城主金森氏的下屋敷，為了不要高於陣屋的屋高，整條三町老街的街屋高度都特別壓低，形成相當特別的老街風景。

屋台藏

走在幾乎一片黑色為主、屋高又特別低的的老街上，有時會發現幾棟白色、屋子又特別高的封閉建築，這就是知名祭典「高山祭」所用的屋台存放處，一台台華麗的屋台就被分散存放在市內個別的白色土壁藏內，如果順地圖一一走訪，應該高山精華區域也算走遍了。

飛驒版画喫茶ばれん

別冊P.13,D3　JR高山駅徒步10分　高山市上三之町107　0577-33-9201　8:30~17:00(L.O.16:30)，12~3月9:00~16:30(L.O.16:00)　休週四　$クリームあんみつ(蜜紅豆冰)¥750　cafebaren.business.site

利用180多年歷史的町家木造樓房所改造而成的咖啡廳，小小的樓面裡就屬二樓的位置最搶手，因為從這可以透過格子窗觀賞三町老街的街景。除了風景，店內裝飾的飛驒木版畫也十分古樸有看頭，一些版畫作品與名信片也是值得採購的記念品。

老街上的咖啡名店。

藍花珈琲店

別冊P.13,D3 JR高山駅徒步10分 高山市上三之町93 0577-32-3887 9:00~18:00 休週四(8月無休) 茶プチーノ(抹茶牛奶)¥680 www.rankacoffee.com/

由老舊倉庫改建而成的藍花珈琲店，**內裝全是木頭建築，連瓦斯燈、老鐘都絕對地有氣質**。炭火焙煎的咖啡風味深蘊，糕點都是由天然素材製作，微酸口味特別多，也很受到女性顧客歡迎。

平瀨酒造

別冊P.13,E3 JR高山駅徒步15分 高山市上一之町82 0577-34-0010 8:15~17:00 免費見學(需預約)。ひだほまれ純米大吟釀720ml¥3,300，久寿玉梅酒180ml¥480 www.kusudama.co.jp

平瀨酒造從1623年創立至今已傳承15代，**擁有380多年歷史，是高山知名的清酒品牌「久寿玉」的生產酒藏**。來到這裡，除了可以試喝、購買各式酒類之外，最特別的便是可以參觀百年酒藏。雖然現在的釀酒器具大多已經改為現代製品，但釀酒職人的經驗、手工也對成品好壞有極大的影響，參觀酒藏可以更了解日本的製酒文化。

喝 酒 不 開 車 · 開 車 不 喝 酒

おすすめ 薦

飛驒こって牛

花少少錢就可以品嚐飛驒牛的美味。

別冊P.13,D3 JR高山駅徒步15分 高山市上三之町34 0577-37-7733 10:00~17:00 飛驒牛にぎり寿し(飛驒牛握壽司-2貫)¥700 takayama-kotteushi.jp

飛驒牛是高山必吃的食材，不用到餐廳，老街上的這家握壽司專門店就吃得到！店家選用與越光米同等級的地產米「ひとめぼれ」，再放上獲得認證的飛驒牛肉，**將有著絕佳鮮度的現切牛肉炙燒，塗上自家製醬油、灑上用能登半島產竹炭鹽與義大利岩鹽調成的鹽巴增添風味**，展現出飛驒牛獨到的鮮美，晚來可是會吃不到！

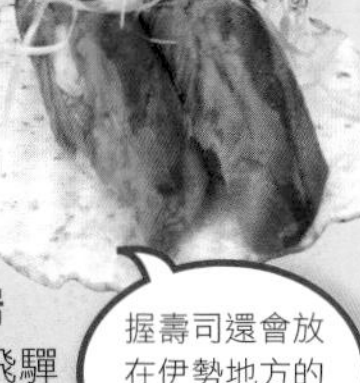

握壽司還會放在伊勢地方的手工仙貝上。

飛驒牛 匠家 安川店

別冊P.13,D2 JR高山駅徒步15分 高山市下二之町2 0577-36-2989 10:00~20:30 休週三 飛驒牛ジャンボコロッケ(飛驒牛可樂餅)¥200 nikunotakumiya.jp/

熱湯湯的可樂餅也很美味。

想要大啖飛驒牛的話，匠家是個不錯的選擇。匠家其實是肉品專賣店，一樓販賣新鮮肉品以外，也併設餐廳，專門**販賣飛驒牛三吃(飛驒牛まぶしい)等定食套餐，也有握壽司、可樂餅等小巧的點心**，另外二樓還可以大吃飛驒牛烤肉、牛排，想吃肉到這裡就對了。

使用舩坂酒造名酒「深山菊」的獨創各式保養品。

舩坂酒造店

おすすめ 薦

老酒造變身複合式空間。

別冊P.13,D3 JR高山駅徒步12分 高山市上三之町105 0577-32-0016 8:30~18:00 www.funasaka-shuzo.co.jp

創業超過200年的舩坂酒造，就位在老街裡，穿過低矮的木門入內，可見寬敞的清酒賣店及各式高山在地特產外，也有舩坂獨家的清酒杯猴寶寶及清酒系列保養品。繼續往裡走，會有一個**安靜的內院中庭空間，四周圍繞的建築除了製酒及酒藏處，也有味の与平餐廳**，中庭內的休憩桌椅，提供旅客遠離街上人群，可在此小憩點杯咖啡或清酒品嚐。

味の与平

おすすめ 薦

酒藏內品嚐飛驒牛與清酒。

別冊P.13,D3 高山市上三之町105(舩坂酒造店內) 0577-32-0016 11:00~14:30(L.O.)、17:00~20:00(L.O.) 飛驒牛すき焼き御膳(飛驒牛壽喜燒套餐)￥2,618，飲み比べset(品酒組合，自選3種)￥880 funasaka-shuzo01.jimdo.com

味の与平是**能品嚐高級飛驒牛的餐廳**，以套餐供應，從1千多到5千多日幣，燒烤牛排、壽喜燒到燉牛肉都有，不吃牛的也有蕎麥麵套餐、天婦羅套餐、兒童餐等選擇，**搭配舩坂酒造各式清酒，尤其新酒更是季節限定**，想品嚐多款，也有品評組合選擇，美食配美酒盡情享受氣氛優雅的酒藏用餐時光。

入口即化的軟嫩霜降飛驒牛搭配秘傳醬汁、自家製酒粕豆腐等，美味讓人難以抗拒。

大方讓顧客試喝各式清酒。

原田酒造場

別冊P.13,D3 JR高山駅徒步10分 高山市上三之町10 0577-32-0120 9:00~18:00 山車の原酒￥150/杯，山車純米上澄720ml￥1,595 www.sansya.co.jp

飛驒地區由於水質好，所以適合造酒。三之町老街上就數原田酒造最有人氣，門口擺了一車七彩酒瓶，常成為遊客拍紀念照的景點。裡面**可以試飲十多種高山產的清酒**，舉凡大吟釀、濁酒、本釀酒等都可試飲，並可順便參觀高山地區天花板特別架高的町家建築。

喫茶去 かつて

別冊P.13,D3 JR高山駅徒步約10分 高山市上三之町92 0577-34-1511 10:00~17:00 休週三 $わらびもち(蕨餅,附茶)¥600 wdo-kao.jp

喫茶去是老街裡的名店,曾在米澤穗信的推理小說《氷菓》中登場,也在後來改編的動畫、電影中出場。這一棟150多年歷史的老屋,經過改裝後變成了**揉合和風與摩登風情的喫茶店**,尤其是格子窗前的座位,不僅可以享受透入室內的舒服光線,還能夠欣賞人來人往的老街風景。點上一份滑溜的蕨餅,配著煎茶慢慢享用,最能感受到店內靜謐又舒適的氛圍。

大のや釀造

別冊P.13,D3 JR高山駅徒步11分 高山市上三之町3 0577-32-0480 8:30~17:30 休1/1 $四年醤油300ml¥550,赤味噌500g¥630 www.ohnoya-takeda.co.jp

大のや是家**專賣醬油、味噌的老舖,堅持純手工釀造,不加任何添加物**是老舖對客人的保證,從日本各地慕名而來購買的人不在少數。本店就位在上三之町最熱鬧的地段,全天候都提供由自家品牌的味噌煮出來的味噌湯給大家試喝,不管買不買都可以品嚐純和風的味噌美味。

福田屋

別冊P.13,D2 JR高山駅徒步10分 高山市三之町63 0577-32-0065 9:00~17:30 tw.yasugawa.com/fukudaya

福田屋陳設的全都是春慶塗的作品。傳承自江戶初期的製漆法隱藏著深厚的工藝技術,像是重箱、果碟、茶具、碗盤等,都是成品範圍,價格也從最容易入手的數百圓日幣到高價格的數萬元都有,想要帶些飛驒漆器工藝品,來到這裡準沒錯。

住真商店

別冊P.13,D3 JR高山駅徒步10分 高山市上三之町8 0577-32-0980 9:00~16:30 休週二 $十二支のぬいぐるみ(十二生肖染畫布偶)¥1,090~/隻

住真商店裡賣的紀念品非常有特色,除了有一般的記念品之外,其用木版畫染製的技巧創作,讓龍、蛇、虎、兔等十二生肖的小動物們都活靈活現起來,成為**獨樹一格的木版染畫布偶**,讓人忍不住想將所有的生肖都收集起來。

木造町家的外觀，入內穿過長廊，卻又是一處內藏多個小藏元的趣味空間。

老田酒造&藏

おすすめ 薦

百年老町家內隱藏的店中店。

◎別冊P.13,D2 ◎JR高山駅徒歩12分 ◎高山市上三之町67 ◎0577-32-0166 ◎9:00~17:00 ◎不定休 ◎醬油霜淇林¥360 ◎www.onikorosi.com

位在鍛冶橋側老街頭的老田酒造，超過300年的酒造歷史，以辛口的「鬼ころし」清酒最具代表，由於酒藏已經轉移至高山其他區域，目前以超過百年的這處**老町家建築為據點，融合老田酒造直營店及多處店中店，像是咖啡店、菓子店、雜貨店等**，一路鑽進去，有著柳暗花明又一村的探險樂趣。

和と暮らし<青>

おすすめ 薦

高山在地人氣和雜貨屋。

◎別冊P.13,E3 ◎JR高山駅徒歩15分 ◎高山市上之一町85 ◎0577-34-9229 ◎10:00~17:30 ◎年末年始 ◎繪形香¥1,188 ◎www.wa-ao.com

店位在稍微離開老街區的外圍，以飛驒綠色群山為意象取名「青」，是一家**和風雜貨及服飾用品店，可說是高山老牌人氣雜貨屋**。不論是身上穿的、家居使用的布物或器物，透過每季精選的生活提案，讓每個來這裡的人，都能找到實用又兼具設計風格的好物。

布製達摩裡藏著優雅香氣，可卡放在木盒上凹槽，既是薰香也是裝飾品。

榻榻米爐端入口，飄散舊式町家優雅氛圍，需脱鞋入內走過穿廊後，才是隱密咖啡空間。

Cafe青

おすすめ 薦

老町屋的療癒系咖啡空間。

◎別冊P.13,D2 ◎JR高山駅徒歩12分 ◎老田酒造&藏內 ◎0577-57-9210 ◎10:00~17:00(L.O.16:30) ◎不定休 ◎甜點¥500~ ◎cafeao.hida-ch.com

與高山的高人氣和雜貨店「青」屬同系列店，就位在老田酒造店內後方，運**用町家木造空間區域，打造出一處安靜又療癒的私密處所**。榻榻米的咖啡空間，鄰接兩處綠意內庭院，提供以飛驒牛奶等在地食材所製作的季節甜點與茶、咖啡等，和洋混搭的空間中，連甜點也是和洋都有，自家強項的雜貨也在這裡有個小販售區。

坂口屋

別冊P.13,D3 JR高山駅徒步12分 高山市三之町90 0577-32-0244 11:00~15:00 週二 朴葉みそ定食(朴葉燒定食)¥1,900 hidatakayama-sakaguchiya.com

坂口屋是三町老街上提供高山鄉土料理的日式小館，用餐處隨處可見高山町家建築的舊時風情。提供**以飛驒牛肉為主的套餐**，像是飛驒牛排、飛驒牛蓋飯、飛驒牛壽司、飛驒牛朴葉味噌燒等。**要注意的是坂口屋只在白天營業，晚上可別撲空了哦！**

朴葉味噌燒是飛驒當地的鄉土料理，將食材放在朴葉上燒烤，帶有獨特的香氣。

布ら里

別冊P.13,D2 JR高山駅徒步9分 高山市上三之町82 0577-32-1980 9:00~17:30，11~3月10:00~16:30 不定休 古布吊飾¥577~

布ら里店舖門面很小，但豐富精緻的布偶藏品卻讓店裡總是擠滿了人。利用古布及和服布所裁製的布偶與雜貨都非常漂亮，**因為每塊布料的顏色錯落起來都不一樣，所以每個商品都是獨一無二**，值得好好把玩。

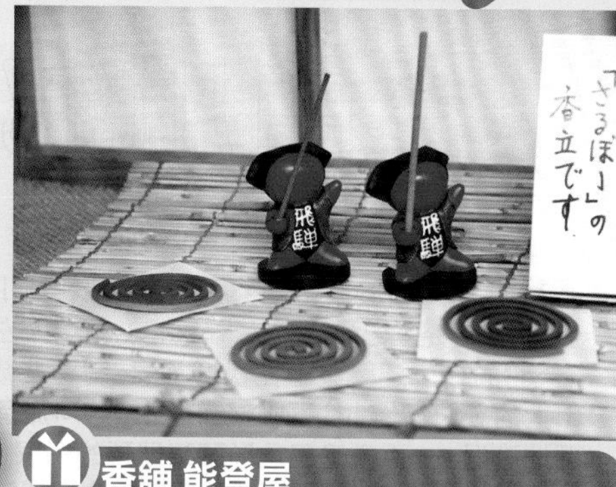

香舗 能登屋

別冊P.13,D3 JR高山駅徒步10分 高山市上三之町104 0577-33-0889 10:00~16:00 週三 立香¥210~，香包¥399~ hidanoto.stores.jp/

香舖能登屋的門特別低且小，使遊客彎身進入店內後能立刻聞到不含雜質的清香。**150多種的日本傳統香氛**，分別做成線香、香包、立香、車內掛飾等商品，讓古典的香味能輕鬆活用在日常生活中。

琳瑯滿目的兔子商品。

兔子舍

うさぎ舍

別冊P.13,D2 JR高山駅徒步10分 高山市上三之町37 0577-34-6611 9:30~17:00 不定休 うぼぼ人形(兔寶寶玩偶)¥1,080 www.usagiya.jp

滿屋子兔子造型的和風雜貨讓女生為之瘋狂，除了模樣討喜的和服布製玩偶，還有精巧的陶瓷兔，以及兔子圖案的吸油面紙包、髮飾，美麗的和風提包、首飾等商品。**特別的是將兔子結合飛驒名物猴寶寶的「兔寶寶」可愛討喜**，是人氣伴手禮。

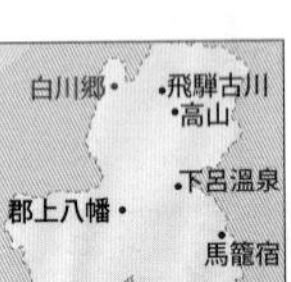

白川鄉

しらかわごう

Shirakawa-go

觀 白川鄉位於岐阜縣，靠近富山縣和石川縣的邊緣上，人口大概只有1,900人左右。它的合掌建築集中在荻町，站在制高點城山上的荻町城跡，往下眺望盡是水田，河流靜靜地流過，一百多幢三角形茅草屋頂的民家，點綴其間。樸實不張揚又聲名遠播的合掌建築民家，和四周景色濃郁的大自然，構成一幅田園風景畫。

交通路線&出站資訊

巴士

高速名古屋白川鄉線

在名鐵巴士中心3樓7號乘車處搭乘岐阜巴士，經郡上八幡抵達白川鄉BT，車程約2小時50分，1天5~6班，車資¥3,000~3,500(依日期不同)

www.gifubus.co.jp/highway/shirakawa

高山～白川鄉・金沢線◇濃飛／北鐵／富山鐵道巴士

・高山出發：從高山濃飛BT乘車約50分可達白川鄉BT，1天15~16班，車資¥2,600，須預約

・金沢出發◇金沢駅西口4號乘車處上車約1小時15分可達，1天約9班車，車資¥2,600，須預約

・富山出發◇富山駅南口1號乘車處乘車，1天2班車，車程約1小時20分，車資¥2,400，須預約

www.nouhibus.co.jp/#

世界遺產路線(五箇山・白川)

從高岡駅前7號乘車處搭乘加越能巴士的世界遺產路線，約2小時10分後抵達，1天5班，車資¥1,800

www.kaetsunou.co.jp/company/sekaiisan

定期觀光巴士

由濃飛巴士推出的定期觀光巴士，從高山出發，可以一次遊覽白川鄉及五箇山，大人¥6,000、小孩¥4,000，不含餐。另外也有點燈期間的巴士行程

出站便利通

◎近年大量遊客湧入白川鄉，尤其冬季點燈時更是人滿為患，為了維持觀光品質，2019年起點燈改採事前預約制，想參加點燈活動的話，需透過旅行社、巴士公司預約參加行程

◎因為白川鄉是當地人的生活空間，若是自駕前來的話，記得注意停車場時間，除了活動日以外，停車場開放時間大多為8:00~17:00

觀光案內所

白川鄉觀光案內所

白川村荻町1086(白川巴士總站內)

05769-6-1013

9:00~17:00

休 www.shirakawa-go.gr.jp

往白川鄉巴士一定要先預訂

想往白川鄉大部分都是從高山或是金澤前往，且只能巴士抵達，由於班次有限，因此都採預約制，一定要事先買巴士券，太隨興有可能會去不了而掃興。國外旅客可以網路上先預訂付款，並以手機取票。如果有買包含往白川巴士的「JR高山・北陸PASS」，先預訂後、取票時將有效的PASS給櫃檯看，就可以直接免費取票。

secure.j-bus.co.jp/hon

世界遺產——合掌造

早在1940年代，合掌建築因德國建築學家在《日本美的再發現》一書中稱之為「極合乎邏輯的珍貴日本平民建築」而聲名大噪。1995年年底，聯合國教科文組織把白川鄉(荻町合掌集落)與五箇山(相倉、菅沼集落)登錄為世界文化遺產。小小的山村，一下子成為觀光焦點，平均一年的觀光客人數超過110萬人次，因而改善了當地的經濟狀況，讓古老的合掌建築建築得以保存。

但一幢好的合掌建築要能擋得住年年的強風大雪，這得靠好的木材、茅草和專業的好手，可惜這些職人都越來越少了，如果要重建一幢合掌建築，造價驚人，不少已不堪再使用的合掌建築只好放棄，改建新建築，或在新建築上勉強搭個三角形茅草屋頂混充合掌建築。基於此，現存的完整合掌建築，更顯得是彌足珍貴。

長瀨家

ながせけ

別冊P.27,C1 白川鄉巴士總站徒步8分 白川村荻町823-2 05769-6-1047 9:00~17:00 大人¥400，小孩¥200

在白川鄉中長瀨家不是最大，但**高度卻最高**，共有5層。1樓有500年前的佛壇，2至3樓則有傳統農具等展示。平成13年時，由NHK轉播500人翻新屋頂的傳統工事「結」使長瀨家聲名大噪，為了接待遊客，冬季在地爐邊也提供暖呼呼的野草茶、蕎麥茶等，讓參觀者能夠在這裡小憩一下。

第一~三代屋主都是醫生，可以看到江戶時期的醫療用具。

白川鄉旅遊時間怎麼規劃

白川鄉這個位在山坳裡的聚落，說大不大、說小也不小，如果能安排一整天，是最適宜的，可以悠悠閒閒慢慢逛，並好好拜訪數個可供參觀的合掌屋、美術館、鄉土館，若是再住上一天，更能感受遊客離開後的山村靜謐夜晚與清晨風光。**如果時間就是不夠長，半天其實也可以玩得盡興，但就得鎖定重點，像是荻町城跡展望台、和田家、野外博物館合掌造民家園、明善寺鄉土館，然後吃個飯或咖啡，差不多就要4小時了。**

和田家

おすすめ 薦

わだけ

別冊P.27,B2 白川鄉巴士總站徒步約3分 白川村荻町997 05769-6-1058 9:00~17:00 不定休 大人¥400，小孩¥200

不僅被列為國指定重要文化財，也是白川鄉最具代表的合掌造民家。

建於400多年前的和田家是白川鄉最古老的合掌造民家，位於往荻町城跡的路上，十分好認，也是白川鄉中規模最雄偉、完整的合掌造民家。和田家從江戶時代起就是白川鄉的士紳，同時也是煙火設計製造的大戶，所以住宅蓋得堂堂大方，在民家聚落中，顯得很氣派。

合掌建築介紹

以優美三角形為基調的合掌建築，其與四周圍繞的高山與水田形成獨特的農村風情，至今仍是觀光客爭相拜訪的人氣景點。究竟是什麼樣的建築特色讓旅人們一再到訪呢？跟著我們的腳步，將帶你一同揭開合掌建築的神祕面紗。

樑、桁、結繩

只有上等品質的木材才能成為桁和樑，桁的下端削尖，樑則挖穴，桁的尖端牢牢地插入樑穴中，比用釘子還穩固。為了讓合掌桁能更有力量，它的外側繼續架上橫木和縱木，橫木和縱木則用一種柔軟有彈性的木條綑綁，加強其韌度。

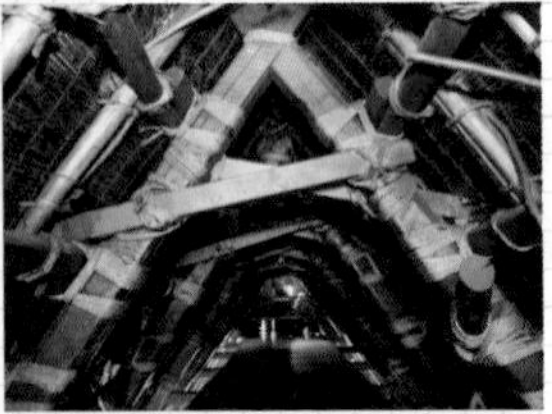

閣樓

江戶中期受養蠶業興盛的影響所致，合掌建築都會有一個小閣樓。結構上來看是在大房子中架小屋，形成自己的支撐，所以屋沿斜度非常高，重要的是小屋必定是正三角形，冬天是大雪才不致壓垮屋頂。寬闊的閣樓通常並不住人，而是再隔出好幾層，做為養蠶的蠶架。同時也是放置農具、草編物品的空間。

窗

南面的牆在夏季可以拆下，形成落地窗似的開放空間，可以曬棉被、屋簷下還可以晾白胖胖的白蘿蔔或柿乾。

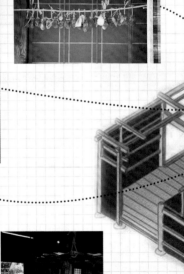

地爐

標準的合掌建築起居室一定都有地爐，從屋頂垂下長長的勾子，上面可以掛水壺或鍋子烹煮食物，地爐中央堆著煤灰、木材，整天都燒著火，煙從頂上的縫隙飄到閣樓，這也是為什麼閣樓總是燻得黑漆漆的，據說這有防蟲蛀的功用。

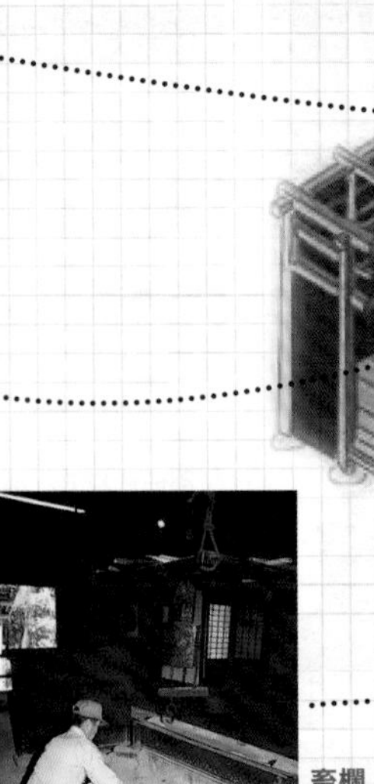

畜欄

在玄關旁還有設計畜欄，方便管理，現在多改成倉庫貨車庫。

玄關

合掌建築的玄關通常小而不明顯，進門有一方泥土地讓人脫鞋，再登上木板地。有些住戶還保留舊式的木造信箱，古意盎然。

三角結構

由於中部北陸的深山冬季氣候嚴寒，從古時就有穴居文化，並於出口處以如兩手合成三角狀的合掌形遮蔽吹入的風雪，隨著時代轉變為小屋，考量到抵抗大風雪，便利用茅草和篙等在地特有的建材，沿用合掌狀作為屋頂，演變成如今所見的合掌建築。

屋頂

農家的互助和人情味全在那屋頂上的茅草，蓋合掌建築可不是一家人的事而已，而是全村的人都會來幫忙，大家同心協力編好一片片後，往屋頂鋪設、一層層地結緊，所以一幢幢的合掌建築其實就是飛驒農家的純樸之情。

圍牆

冬天時用篙草作圍籬擋住寒風經窗戶縫隙吹進房子裡。

佛堂

一樓除了起居室、臥室之外還有一間佛堂，位置在中央，佛像朝西方，是合掌建築民家標準的格局。

照明

在沒有電的時代，煤油燈是主要的照明工具。

雲飾

屋簷大多沒有裝飾，但講究一點的房子，還是會在屋簷下突出的地方雕刻雲紋裝飾，展現飛驒木工的美感。

荻町城跡展望台

おすすめ 薦

おぎまちしろあとてんぼうだい

一覽白川鄉風景的最佳位置。

別冊P.27,A2 白川鄉巴士總站徒步約15~20分 白川村荻町城跡展望台 自由參觀 免費 冬季不開放，建議可至城山天守閣的展望台(免費)欣賞風景

從觀光案內所走到荻町城跡至少要20分鐘，爬坡路讓人揮汗如雨，但**登高一望，遠方白山和山谷內的合掌聚落、水田共織秋景，美麗如畫**。冬季點燈活動時，展望台上從下午4點左右就擺滿各地來攝影師的腳架，準備抓住難得一見的奇景。

坐上巴士，輕鬆前往展望台

荻町城跡展望台可說是來白川鄉必訪之處，一覽整個聚落宛如童話般的風景，就只有這裡。有些人會選擇沿步道慢慢散步往上走，但腿力不夠或是老小都有的旅行者，不妨利用接駁巴士前往，每20分鐘就有一班、車程大約10分鐘，輕鬆又便利。

9:00~16:00，每20分鐘一班 (中午不開) 單程¥200

廣闊的戶外廣場，適合坐在這裡悠閒欣賞周邊建築。

荻町公園休憩所ゆるり

別冊P.27,C2 白川鄉巴士總站徒步5分 白川村荻町167 9:00~16:00 不定休

2016年設置的**這處旅遊中心，就位在一棟合掌建築內，作為給旅遊者休憩並提供相關旅遊資料**的空間中，還包含有廁所及戶外廣闊的廣場休憩座椅區，連飲水及嬰兒需要的哺乳兼尿布更換室都有設置，雖不是一棟空間相當大的旅遊處，但基本功能確是相當足夠的。

神田家

かんだけ

別冊P.27,B1 白川鄉巴士總站徒步8分 白川村荻町796 05769-6-1072 9:00~17:00 冬期(12~2月)休週三、年末年始 大人¥400，小孩¥200

神田家的展示空間開放至4樓，除了1樓的地爐之外，**2樓的「火見窓」更是別處看不到的生活風景。**由於地爐在冬季炭火不絕，為了怕半夜發生火災，所以在2樓開了個低窗正對地爐，讓值夜的男丁躺著就能注意。除此之外，農具、養蠶道具等也都讓人能夠更了解早期合掌屋裡人們的生活樣貌。

根據推定，神田家建於1850年左右，建築的完成度也相當高。

樓裡的梵鐘在二戰時被徵收鑄造武器，現在的梵鐘是戰後才製作的。

おすすめ 薦

明善寺鄉土館

みょうぜんじきょうどかん

別冊P.27,C1 白川鄉巴士總站徒步約15分 白川村荻町679 05769-6-1009 8:30~17:00，12~3月9:00~16:00 大人¥400，小孩¥200

茅葺的合掌造寺廟不僅少見，也是白川鄉的代表建物。

明善寺是日本很少見，用茅草架屋頂的合掌造寺廟，興建於1748年。寺廟本堂當然是完整的合掌造，比較奇特的是它的兩層樓鐘樓門，一樣有個用最好的篙草編成的屋頂，那三角茅草頂讓鐘樓門看來更巍峨，樓門一樓還少見地設有屋簷，也是看點。來到2、3樓的鄉土館則可以體會傳統的合掌建築生活，從前這裡是僧侶的居所與廚房，地爐四季皆有使用，能感受炭氣冉昇的氛圍。

夜間點燈

白川鄉四季都美，特別是秋天和冬天。隆冬大雪中的全荻町點燈，讓合掌造美得如夢如幻。舉行點燈的日子合掌村會有車流、人數管制，且住宿十分難訂。每年舉行時間不定，大約在1~2月的週六日，詳細情況請洽官網。

點燈時間約17:30~19:30 www.vill.shirakawa.lg.jp/

こびき屋

別冊P.27,B2 白川鄉巴士總站徒步3分 白川村荻町286 05769-6-1261 9:30~16:00

從巴士總站往白川村內走，**こびき屋這間以販賣在地特產及各式紀念品、特殊限定商品的合掌屋店家就位在村子口**，鄰近一旁後方就是國家重要文化財的和田家。這裡除了一些和菓子、醬菜、酒、當地水果、民藝品之外，依據季節也會出現一些像是是柿子乾等商品，當然想找可愛的合掌造的小物紀念品，這裡也有。

幸工門

別冊P.27,C2 白川鄉巴士總站徒步約10分 白川村荻町456 05769-6-1446 Check in15:00~18:00，Check out~9:00 一泊二食¥9,000~，冬季另外加暖氣費用¥200~400(實際費用需電洽) www.shirakawago-kataribe.com

眾多民宿當中，幸工門因為1998年改建的時候，日本NHK電視台現場全程轉播，不但全村的人來幫忙，還有來自世界各地的人都參加這數十年一次的盛會，整個重建過程經由轉播，立即聲名大噪，成為**白川鄉合掌造民宿中人氣最旺的一個**。屋主精心改造暖氣、照明、廁所等設備，讓居住的人更方便，而木材生火的圍爐和女主人道地的山里料理，絕對能讓人留下深刻的回憶。

金藤商店

おすすめ 薦

銘酒小吃豐富的店。

別冊P.27,B2 白川鄉巴士總站徒步約5分 白川村荻町226 05769-6-1041 10:00~17:00 不定休 どぶろく風ソフト¥900(濁酒冰淇淋) www.kondou-s.com/

金藤商店不僅僅是一家聚攏飛驒各式銘酒的店家，可單杯品嚐外，也販售飛驒牛可樂餅、飛驒牛串燒及濁酒冰淇淋等小吃，常見許多觀光客就坐在門口休息邊吃小吃。尤其白川銘酒どぶろく(濁酒)冰淇淋可說是老少咸宜，控制在僅約1%的酒精度，**飄散濃濃甜酒香氣的冰淇淋，有酒香、無酒氣，連不善酒力的人也會喜愛**。

であい橋

別冊P.27,C2　白川鄉巴士總站徒步約18分　白川村荻町

如果是自己開車來，則車子只能停在野外博物館合掌造民家園這側的停車場，從停車場想進入白川村，或從白川村想到野外博物館、焰仁美術館，就一定要經過であい橋這座吊橋，它不僅是通道，**全長107公尺的優美橋身與河面，在合掌村中也是一道美麗風景，成為攝影者最愛取景之一。**

おすすめ 薦

合掌造り 焰仁美術館

區內唯一合掌屋小美術館。

別冊P.27,C3　白川鄉巴士總站徒步約14分鐘　白川村荻町　05769-6-1967　9:30~16:00(僅4月20日~11月20期間營業)　休週三、冬季休業　大人¥300、高中以上¥200、國中小¥100　www.hidatakayama.ne.jp/j-homura/

由日本知名畫家焰仁氏作品為主題的美術館，他不但以白川鄉鄰近木谷村落的合掌家屋作為工作室，創作出許多個性風格強烈的作品，更是主催多次白川藝術祭的藝術家，位於村內的這棟合掌屋，也是焰仁氏所捐出並作為美術館的空間。其繪畫不拘泥紙上，木板、石頭等都是創作所在，風格多元的現代畫風，與老合掌屋碰撞出特別的火花。

野外博物館合掌造民家園

別冊P.27,D3　白川鄉巴士總站徒步約16分　白川村荻町2499　05769-6-1231　8:40~17:00，12~2月9:00~16:00　休夏期無休，12~3月休週四　大人¥600，小孩¥400　www.shirakawago-minkaen.jp

為了保存合掌造建築，**1967年從白川鄉各地移築過來不再使用的民家房舍，設立許多不同的設施，讓合掌造村落的建築及傳統生活型態，都能再現於遊客眼前**。在合掌造民家園內，有手打蕎麥麵、染布、織布等等體驗設施，有時間的話不妨安排半天的行程來參觀。

白水園

別冊P.27,B2　白川鄉巴士總站徒步2分　白川村荻町354　05769-6-1200　11:30~14:45　飛驒牛石燒和膳￥3,600　shirakawa-go.gr.jp/shop/23/

有烏龍、蕎麥麵、牛肉、豬肉等各式套餐選擇。

位在白川鄉主要道路旁的白水園已有近50年的歷史，除了提供著名的蕎麥麵、朴葉味噌等鄉土好味道給遊客品嚐外，也能吃到飛驒牛美味。在充滿鄉里老建築氛圍的空間，邊品嚐各式在地鄉土料理，氣氛特別。

消防演練

每年到了秋天，為了保護合掌建築，白川鄉都會舉行消防演練，預防因為天候乾燥而引起的火災。白川鄉的每一幢合掌建築旁都會設有消防栓，到了演練的時候就會一齊放水射向天空，蔚為奇觀。每年時間不一定，約在10~11月的假日。

不管認不認識，大家圍著爐端吃飯，然後從陌生變成開心聊天的關係。

落人

おすすめ 薦

有著囲炉的溫暖咖啡屋。

別冊P.27,C1　白川鄉巴士總站徒步約8分　白川村荻町792　05769-6-1603　11:00~16:00　不定休　咖哩飯￥800、厚片吐司￥400、咖啡￥500

就位在白川村中最受旅客喜愛的連三棟一字排開的可愛合掌屋的中間棟，常見許多遊客總以這三棟為背景，拍個不停。落人是由夫婦所經營的溫暖咖啡屋，**以在地天然水沖泡的美味咖啡、放在爐端上煮個不停的紅豆湯圓，是許多人最愛的風味**。點個咖哩飯就會附贈紅豆湯圓，可以自由從爐端上舀取，充滿鄉間自在樸質風情。

文化喫茶 鄉愁

おすすめ 薦

合掌屋裡的咖啡專賣店。

別冊P.27,C2 白川鄉巴士總站徒步約10分 白川村荻町107 05769-6-1912 10:00~16:00 休週二 咖啡¥500

隔著田園、鄰近明善寺的這棟獨立合掌屋咖啡屋，將面對明善寺這面的屋牆，全部改成透明玻璃窗，而**店內一半的座位就幾乎是面窗而座，窗外的合掌屋、明善寺、鐘樓、蒼翠遠山與樹林，通通在眼前展開**，只需一杯咖啡時光就能享有這醉人美景。

榻榻米的安靜咖啡空間，僅單純提供咖啡與美景，想吃東西這裡可是不提供喔。

©岐阜県白川村役場

館內保存不少重要文化資料。

©岐阜県白川村役場

濁酒祭之館

どぶろく祭りの館

別冊P.27,C2 白川鄉巴士總站徒步約11分 白川村荻町559 05769-6-1655 9:00~17:00 休10/13~16、12~3月 大人¥300，小孩¥100 入館可免費試喝一杯濁酒

每逢十月中旬，白川鄉就會為一年一度最重要的濁酒祭(どぶろく祭り)忙碌起來，這個祭典是在秋收之後舉行，當地人會獻上濁酒給神靈，一方面感謝上天帶來豐收，另一方面期待來年的好運，並祈求村內平安。沒有機會趕在祭典當時前往體驗的遊客，可以經由資料館中的展示了解這個特殊的祭典。

還有這裡可以看合掌建築！

如果因為行程的安排，沒有辦法親自到白川鄉或五箇山體驗傳統的合掌建築文化，那也不代表無法參觀合掌建築。不妨再檢視一次行程，看以下這些景點能否穿插進去。這些地方的規模雖然不及白川鄉與五箇山，但對想了解合掌建築的人也不失為一個不錯的選擇。

◎下呂溫泉合掌村→P.2-43
◎高山飛驒之里→P.2-15
◎奧飛驒溫泉平湯民俗館→P.2-53

圍著溫暖的地爐，與初次見面的旅人一同用餐，聊聊旅途的發現。

獨立的房間讓人可以好好休息。

H 孫右エ門

おすすめ 薦 夜宿古樸合掌屋。

別冊P.27,B2 白川 巴士總站徒步約10分 大野郡白川村荻町360 05769-6-1167 Check in 15:00~，Check out 10:00 一泊二食¥24,200起(雙人房、1人費用) yado-magoemon.com/

延著庄川畔而立的孫右エ門，江戶後期建造、是間**已有280多年歷史的老合掌屋**，所在位置稍稍遠離白川鄉熱鬧市街的庄川旁，造訪時正值隆冬，厚重的白雪壓著茅葺屋頂，屋簷也結著冰柱，頭頂雪花飄落，腳下的積雪深度及踝，這麼一路走來，還真有些遺世獨立，寂靜蒼悠之感。

進入高挑的大廳、正燒烤著香魚地爐傳來陣陣暖意，與一般開放參觀的合掌屋一樣的古樸擺飾，直到進了這空間才真確定了今晚要投宿於這棟古蹟之中。**這裡的住客們通通集中於一樓，卻擁有各自的獨立房間；晚餐時刻一同圍著地爐品嚐山菜料理**，熱情又健談的老闆娘就穿梭其間，一邊上菜，一邊和住客們聊天，興致一來，還會和住客們喝上一杯，或者介紹毫不熟識的住客們一起暢飲，讓這寂靜小山村的夜晚更加熱鬧。老闆娘表示，常常可以和不同的客人交流，知道許多領域的事情，是當老闆娘的最大快樂，住客多是感受到這熱情款待而回籠，甚至還有連續住上三晚的客人。

不妨找一天來到山城之中，一邊聽著川音喨喨，嗅著大廳地爐傳來的淡淡炭味，靜靜體會這近乎奢侈的鄉野田趣。

飛驒古川

ひだふるかわ

Hida Furukawa

江戶時代，將軍金森可重在古川建立增島城，並且以其為中心，仿造高山規劃出一個井然有序的城市，圍繞在城周圍的是貴族的住宅「武家屋敷」，以人工水渠「瀨戶川」為界線，外圍規劃成壹之町、貳之町、三之町等商業區域。明治維新之後漸漸現代化，瀨戶川被污染成一條臭水溝，許多宏偉的木造房舍也一一拆掉。但是經過居民發起的社區營造活動之後，瀨戶川恢復清澈的水質，並且放養了三千多隻錦鯉，成為古川最浪漫的一條散步道，周圍商家也配合這項社區運動，盡量保存建築的傳統特色，甚至定了一條「飛驒古川故鄉景觀條例」來限制新建築的高度，避免破壞老建築的景觀。

交通路線&出站資訊

電車

飛驒古川駅◇JR高山本線、JR特急飛驒號

出站便利通

◎從車站出來後就是巴士及計程車站

◎古川町並不大，整條散步路線慢慢逛，最多也不過3小時，如果在高山住宿2晚的話，其中半天可以安排到古川一遊

觀光案內所

飛驒市觀光案內所

飛驒市古川町金森町8-32 (JR飛驒古川駅前)

0577-73-3180 9:00~16:00

飛驒古川まちなか観光案内所

飛驒市古川町壱之町8-3

0577-73-7463

9:00~16:00

飛驒之匠文化館

別冊P.12,B6 JR飛驒古川駅徒步5分 飛驒市古川町壱之町10-1 0577-73-3321 9:00~17:00，12~2月9:00~16:30 休週四、12/28~1/5 $大人¥300，小孩¥100

飛驒地區的木工師傳從奈良建都的時代起就非常有名，即使到了現代，當地人仍以此為傲。**飛驒之匠文化館所展示的，就是這些木工建築師傅累積多年經驗的建築知識**。從模型可以學習從前的人如何不用釘子架起屋樑，還有繁複的格子窗設計等等，最引人注目的，就是屋簷下雕樑末端會漆上一抹白色，代表古川建築特色的「雲」。另外館內也有一些木工體驗可以參加。

©飛驒市

©飛驒市

當日現摘的新鮮蔬果，看起來美味無敵外，連價格都讓人相當驚喜。

三寺めぐり朝市

別冊P.12,B6 JR飛驒古川駅徒步10分 飛驒市古川町壱之町10-1（飛驒の匠文化館廣場邊） 8:00~15:00(5~6月中旬僅週末營業) 休週二

由一群平均70歲以上、在地高齡農業生產者所組成的朝市，可說是來飛驒古川不能錯過的在地交流好地方，**日夜溫差大的飛驒高原孕育出美味又乾淨的蔬果，來這裡當然目標就是鎖定各式旬之季產水果**，有些還被做成果汁，也是入手推薦，當然一早抵達先來逛逛，跟老人家們聊聊也能獲得一些不錯的情報。

電影《你的名字》場景聖地巡禮

2016年放映造成人氣話題噴發的動畫電影《你的名字》，除了大賣座之外，以日本多個地方場景實地入畫，也造成影迷前往朝聖，其中又以飛驒古川場景地最多，是劇中女主角三葉所住的地方，因而也有聖地之稱。如果你也喜歡這部電影，一定要找個機會來飛驒古川聖地巡禮一番，好好回味電影裡的經典畫面。

飛驒古川駅

為了尋找三葉，當男主角瀧搭上火車來到糸守町，列車抵達車站的那一幕，就是取景自飛驒古川車站，由上往下整個列車進站的視角，當然在車站月台裡是看不到的，只要出站往右手邊通過巴士站，就會看到一座天橋，從這裡便能輕鬆拍到經典畫面。對了，連巴士站那邊也是主角們搭計程車的場景地喔。

別冊P.12,C6

気多若宮神社

距離車站約13分鐘步行距離的気多若宮神社，不僅是當地的重要神社，這裡一般也被認定是最接近電影中、三葉與妹妹四葉擔任女巫職務的宮水神社的參考場景之一。無論真實如何，神社那道長長往上攀爬的的参道階梯確實是電影中場景，當時瀧就在這裡詢問當地居民關於糸守湖的事。

關於気多若宮神社 詳見P.2-35

飛驒市圖書館

來到糸守町，瀧為了探查彗星墜落的真相，而到圖書館查資料，這圖書館也確實存在，那就是飛驒市圖書館，離車站約6分鐘的徒步距離，來到這裡也別擔心找不到場景地，圖書館都有張貼海報，維持安靜並向櫃台詢問，也可以獲得拍照的許可喔。

別冊P.12,B5 飛驒市古川町本町2-22 9:00~20:00，週日~17:00，依季節調整 休 週一、年末年始 hida-lib.jp

味処古川

飛驒古川除了逛老街，也有不少老店的美味鄉土料理可以嚐，老街上的味処古川是一處集合食堂、小吃與賣店的地方外，也是電影中陪瀧來糸守找人的司及奧寺前輩、在店外吃著美味五平餅的地方，依據場景位置大約是在店正門外的左邊座位。五平餅是以熟米飯擠壓成扁形狀插入木棒，再沾醬燒烤的小吃，常見於日本中部一帶，既然都來了，一定要試試這鄉間美味。

別冊P.12,A6 飛驒市古川町壱之町11-3 0577-73-7100 10:00~14:30 ajidokoro.jp

蓬萊「聖地の酒」

位在老街上的渡邊酒造店，以在地高品質米及飛驒山脈的伏流水，製作出連司馬遼太郎都讚不絕口的「蓬萊」，也是這百年酒廠最具代表的大吟釀。2016年又依據電影中三葉的口釀酒的酒瓶造型推出蓬萊「聖地の酒」，以渡邊的造酒技術將吟釀，裝入這個美濃燒的白色瓷瓶中，光推出第一天就賣出1,200瓶造成大轟動。

關於渡邊酒造店 詳見P.2-39

飛驒古川祭會館

飛驒古川まつり会館

想認識古川最重要的祭典就到這裡來！

別冊P.12,B5　JR飛驒古川駅徒步5分　飛驒市古川町壱之町14-5　0577-73-3511　9:00~17:00，12~2月9:00~16:30　大人¥700，小孩¥300　www.okosidaiko.com　酒標製作需預約，¥2,000(含一瓶清酒)

館中**展示古川祭相關的歷史資料**，同時，祭典中採用的神轎、祭屋台及雕工精湛的機械木偶也是展出的重點。除了靜態展覽之外，**最受歡迎的是以4K高畫質將古川祭的臨場感表現出來的紀錄片**。2層樓的空間，用各式實展、互動等設計，將整個祭典完整呈現，另外也可以自製酒標後，貼在地酒上帶回家的體驗活動。

古川祭

古川每年最重要的祭典，就是4月19日、20日在氣多若宮神社前舉行的「古川祭」，古川祭不僅被列為日本的重要無形民俗文化財，也以「山・鉾・屋台行事」之名，與其他祭典一起被列入世界文化遺產。祭典連續兩天，其中，4月19日晚上的大鼓遊行是整個祭典的高潮。

參加的男性都赤裸上身，著白色短褲，頭綁白色頭巾，一齊抬著稱為「櫓」的大轎，在櫓上站上十幾個人和一只大鼓，鼓上騎坐著兩個人。整個遊行當中，不同組的團隊之間會互相推擠，爭著跑頭陣，大鼓磅礴的氣勢加上團員的嘶吼聲，讓古川的夜晚變得特別喧鬧。因為這種發洩精力的形式乍看之下有點像吵架，所以古川祭也戲稱為「吵架祭」(けんか祭り)。

©飛驒市

©飛驒市

©飛驒市

從神社階梯眺望當地景色。

気多若宮神社

別冊P.12,D5外　JR飛驒古川駅徒步約13分　飛驒市古川町上気多1297　自由參拜

多若宮神社位在古川市區的反方向，參拜者都得爬上長長的階梯才能見到社殿，也因為神社座落在小山丘之上，爬梯之時還可以一邊欣賞風景。神社歷史已不可考，**相傳建於平安時代，後來因為增島城主金森可重、將神社敬為當地鎮守而備受尊崇**，境內樹林茂密，氣氛十分靜謐。當地最重要的祭典「古川祭」正是是気多若宮神社的例大祭。

©飛驒市

円光寺

別冊P.12,B6 JR飛驒古川駅徒歩5分 飛驒市古川町殿町11-11 0577-74-2954 、自由參拜

©飛驒市

円光寺的大殿重建於1667年，**保留三百多年前室町時代的寺廟建築風格**。而**大門也大有來頭，是江戶時代的增島城城門**，後來改遷至此。傳說，大殿屋簷上的「喚水神龜」雕刻，在古川最大的一次火災中，引來大水，確保円光寺不被祝融波及。參觀過円光寺，建議你沿著外牆的瀨戶川散步，會發現古川最古典精緻的一面。

三寺參拜
三寺まいり

円光寺是著名祭典「三寺參拜」的寺廟之一，每年冬天這裡就被巨大的蠟燭點綴得莊嚴典雅。每年1月15日這天信眾分別巡拜円光寺、真宗寺、本光寺三大寺廟，在連接這三個寺廟的參道上，排列著雪白的蠟燭，氣氛莊嚴而壯觀。

三寺參拜同時也被認為是一種「結姻緣」的活動，相傳明治時代末，從古川嫁到信州的新娘都會在行前到三寺巡拜，祈求好姻緣。現代年輕的女孩也會在三寺巡拜的同時祈求良緣，許願後再點燃蠟燭放在瀨戶川邊，讓這項傳統祭典多了一分浪漫。

©飛驒市

©飛驒市

本光寺

別冊P.12,C7 JR飛驒古川駅徒歩7分 飛驒市古川町壱之町1-17 0577-73-2938 自由參觀

壱之町珈啡店的對面就是本光寺，想見識以木匠工藝聞名的飛驒，當然不能錯過本光寺。**整座寺院在木工雕刻上，處處可見名匠工藝與裝飾作品**，尤其光是山門就相當精采。走到寺院裡面，氣派的扁柏木造本堂，也可見許多精彩雕刻外，也是飛驒地區最大的木造建築。

寺廟裡細緻的木雕是最大看點。

古川老街

古い町並み

別冊P.12,B6 JR飛驒古川駅徒歩5分 飛驒市古川町壱之町 0577-74-1192(飛驒市観光協會) 、自由參觀

老街上兩層樓的木造建築、木條組成的格子狀窗戶、雙重屋簷等等，都是**典型江戶時代商家的建築**，在京都、高山等地的老街也都看得到。比較特別的是，屋簷下每個樑木尾端都雕刻成曲形花紋，向外的一面漆成白色，這種特殊的裝飾稱為「雲」，是飛驒地區木造建築的特色。

代表木匠工藝徽章的屋簷上的「雲」

自古就以「匠の里」而繁榮發展的飛驒市，尤以高超的木匠工藝聞名，從藤原京、平城京時代起，飛驒工匠們的手藝都是一時之選。來到飛驒一帶更常見建築屋簷下方雕刻有精美的「雲」狀紋式，這是因為匠師們習慣在自己修建的建築屋簷下方木條，加上雲狀雕飾，就像是簽名一樣，各匠師雕刻紋樣不同，也因此，成為一種辨識建築時期、建築者的標誌，來這裡不妨一一細看。

有機會看到和蠟燭的製作過程。

三嶋 和蠟燭店

三嶋和ろうそく店

別冊P.12,B7 JR飛驒古川駅徒歩5分 飛驒市古川町壱之町3-12 0577-73-4109 9:30~17:00 休週三，1/1~1/3 www.hida-kankou.jp/features/82

三嶋屋是**和式蠟燭的製作老店，歷史已超過220年**。和式蠟燭的蠟，是用一種稱為「八ゼの木」的種子去蒸煮之後，榨出來的汁作成的，蕊則是採用藺草的心，再加上和紙、棉等材料，一層層捏製成。古川「三寺參拜」祭典上用80公分高的超大蠟燭，都是出自三嶋屋的傑作，店裡除了販賣現成的手工和式蠟燭，還有工作室，運氣好的話可以看到老闆在現場製作。

瀨戶川・白壁土藏街

おすすめ 薦

短短500公尺的小街道，是古川的代表風景。

別冊P.12,B6 JR飛驒古川駅徒步3分 飛驒市古川町壱之町 0577-74-1192(飛驒市觀光協會) 自由參觀

古川保存了許多江戶時代木造的建築，這些建築主要分布在瀨戶川以西，其中，**「白壁土藏」(倉庫)黑白分明的特殊建築風格與瀨戶川互相映照**，顯得最美。

瀨戶川是在江戶時代建造城池時候就挖掘出來的人工水渠，主要的目的在區隔屬於上流階級住宅區的「武家屋敷」、和一般的市井房舍，現在已成為古川的一大特色，**川中放養三千多隻錦鯉**，逆水而上的優雅姿態總讓人駐足，瀨戶川沿岸鋪著石坂步道，還設置許多長椅，是一條非常寧靜而浪漫的散步路線。

瀨戶川魚群與白壁土藏街共同入鏡必備～魚飼料！

瀨戶川與白壁土藏街一直以來都是飛驒古川最經典風景，但曾幾何時，連瀨戶川裡的鯉魚們，也成為越來越吸睛的老街名物了，如今數量已經超過千條，光看他們悠遊水中，心都被療癒了。但想把魚、川、建築一起入鏡，怎麼拍都不滿意？別擔心，川邊好多像郵箱的小木盒，可以買魚飼料來餵，飼料一撒、魚群大聚集，保證要拍多少就有多少！

店內也有一個臨著中庭小院落的和式榻榻米座位區。

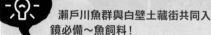

壱之町珈琲店

おすすめ 薦

氣氛優雅的老町家咖啡屋。

別冊P.12,C7 JR飛驒古川駅徒步7分 飛驒市古川町壱之町1-12 0577-73-7099 10:00~17:00 週二、日 飛驒牛咖哩飯套餐￥1,000

改建自百年老町家的咖啡屋，大門入口就位在白壁土藏街上。搭配地產的農園蔬菜及水果，製作出各式美味甜點與蛋糕、人氣菠蘿麵包外，咖哩飯也是用飛驒牛仔細燉煮，並搭配季節蔬菜。**安靜的空間中流洩著輕柔爵士樂，舒適又自在，有時也會舉辦展覽及音樂會。**

さくら物産館

別冊P.12,B7 JR飛驒古川駅徒步7分 飛驒市古川町三之町2-20 0577-73-7770 10:00~16:00 週四(遇假日營業)、年末年始 hida-sakura.jp/

さくら物産館雖然不大，裡面**販賣的都是當地特產**，煎餅、味噌、米、飛驒拉麵以外，更多的是當地工藝的相關商品，木製品、陶藝品、草木染，各種手工藝商品都很豐富，另外**還有當地工藝的體驗活動**，像是和蠟燭的彩繪體驗或組紐(くみひも)體驗，尤其組紐還曾在動畫《你的名字》中出現，有興趣的人不妨前去嘗試看看。

建築被登錄為國家的有形文化財。

渡邊酒造店

別冊P.12,B6 JR飛驒古川駅徒步5分 飛驒市古川町壱之町7-7 0120-359-352 9:00~17:00 休1/1~1/4 上撰蓬 300ml¥435，聖地の酒420ml¥3,240 www.watanabeshuzouten.com

渡邊酒造店於1870年創業，是**歷史超過150年的老舖**。木造建築非常有特色，雖然沒有開放酒藏參觀，但是在店頭就可以看到它的**內部挑高結構，深黑色、粗重的櫟木懸空交錯**，看得出來建築的功力。渡邊酒造店主要是生產及輸出到其他地區的酒商，與一般賣酒的店不一樣，但是仍有展售當店產品，尤其是**採用地下伏流水和飛驒特產米製成的清酒「蓬萊」，是古川當地的名酒。**

蒲酒造場

別冊P.12,B6 JR飛驒古川駅徒步5分 古川町壱之町6-6 057-773-3333 9:00~17:00 休12/31~1/4 白真弓大吟釀720ml¥3,850 www.yancha.com

蒲酒造場是古川的名酒老舖，創業於1704年，**320年的歷史曾經10多次榮獲日本「全國新酒評鑑會」金牌獎**。在建築方面，也是非常引人注目的舊式木造房舍，1981年，蒲酒造場重建的時候為了顧及瀨戶川旁景觀的整體感，特花費數倍的價錢，請師傅建造傳統的土藏建築，被指定為國家的有形文化財。形式之美可以與渡邊酒造店的建築做個比較。

除了冰淇淋，莫札瑞拉起士也曾獲頒在地金獎，以醬油芥末浸漬的特殊口味，適合搭配清酒。

牧成舍

おすすめ 薦

中部人氣必吃冰淇淋。

別冊P.12,D7外 JR飛驒古川駅徒步15分 飛驒市古川町增島町17-8 9:00~17:00 0577-73-2226 休週日 冰淇淋¥380、莫札瑞拉起士¥756 www.bokuseisya.com

飛驒一帶乾淨的高原環境與優良水質，孕育出的鮮乳也特別美味。工廠就位在**飛驒古川老街外不遠處的牧成舍，不但在日本中部相當知名，商品更進軍東京、大阪一帶**。明治30年就創業至今超過百年歷史，自家牛奶製作的冰淇淋、起士更是美味必嚐，工廠旁設有唯一的直營店，值得多走幾步去吃。

下呂溫泉

げろおんせん

Gero Onsen

下呂溫泉與兵庫縣的有馬溫泉、群馬縣的草津溫泉並稱為「日本三大名泉」，是享譽日本的傳奇名湯，早在千年前就因其溫泉水具有療病的功能，而聲名遠播。位在飛驒川畔的下呂溫泉遠離城市的喧囂，青碧色的山野水景孕育出嫻雅的溫泉鄉情調，最適合穿著傳統日式浴衣，在飄揚著柳枝的街道上漫步，感受名湯之國的獨特魅力。

交通路線＆出站資訊

電車

下呂駅◇JR特急飛驒號

可從名古屋、富山搭乘JR特急飛驒號直達

巴士

下呂溫泉直行巴士◇名古屋~下呂

由南飛驒観光巴士公司運營的直達巴士，從名古屋駅太閤通口前乘車，約2小時30分就可抵達下呂駅前，一天一班車，採預約制，14:00從名古屋出發，10:30從下呂溫泉出發；來回¥3,700、單程¥2,800

www.gero-spa.or.jp/bas/

濃飛巴士◇高山~下呂

從高山濃飛BT出發，約1小時20分即可抵達下呂溫泉鄉，每天8~13班次，單程¥1,060

www.nouhibus.co.jp/

出站便利通

◎從下呂駅出站之後，正面是幾家溫泉飯店與店舖，後方才是主要觀光區，飯店也更多

◎從車站要到主要觀光區，只要沿著行人專用步道徒步，走過下呂大橋即可抵達

觀光案內所

下呂市総合観光案內所

下呂市幸田1357(JR下呂駅前) 0576-25-4711

8:30~17:30 www.gero-spa.com

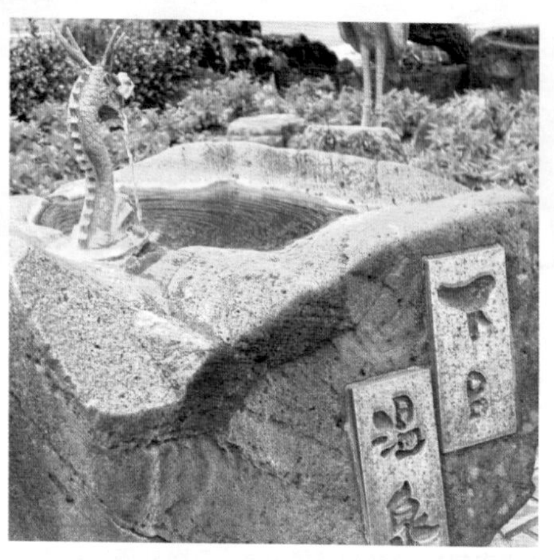

溫泉小檔案

泉質：鹼性泉

效用：除了美容以外，對風濕、運動傷害、神經麻痺、術後回復、疲勞等都有療效

足湯

下呂溫泉的特色是到處都可見到「足湯」，足湯是近年來風靡日本的公共健康設施，多設在溫泉豐富的溫泉鄉車站前、或是街角，且可以免費使用。人體足部有許多血管通往全身臟器，透過將膝蓋以下的部份泡在足湯裡，40度左右的湯溫除了讓身體整個都暖和起來，還可改善虛寒體質、促進血液循環，對健康十分有益。

www.gero-spa.or.jp/ashiyu/

・鷺の足湯

下呂市湯ノ島(中央停車場旁)

24小時

免費

・ビーナスの足湯

下呂市湯ノ島856-1(白鷺乃湯前)

10:00~21:00

休 週三

免費

・足湯の里 ゆあみ屋

下呂市湯ノ島801-2(旅館会館前)

9:00~18:30

免費

・合掌の足湯

下呂溫泉合掌村內

8:30~16:40

免費(需付門票¥800)

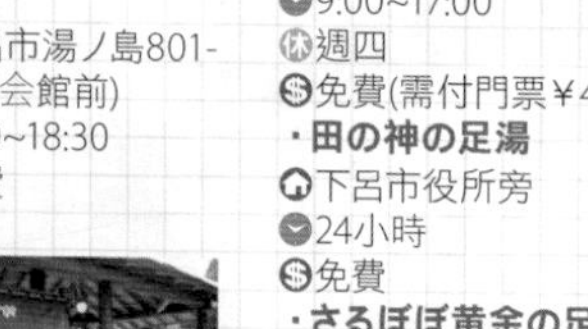

・雅の足湯

下呂Royal Hotel雅亭前

7:00~22:00

免費

・溫泉博物館の足湯

下呂発溫泉博物館

9:00~17:00

休 週四

免費(需付門票¥400)

・田の神の足湯

下呂市役所旁

24小時

免費

・さるぼぼ黃金の足湯

下呂市湯ノ島758-15(さるぼぼ七福神社)

9:00~21:00 免費

下呂溫泉朝市

感受在地風情的好去處。

いでゆ朝市

別冊P.11,D5 濃飛巴士「朝市前」巴士站即達；JR下呂駅搭計程車約5分鐘 下呂溫泉合掌村入口下 0576-24-2222(下呂市觀光課) 8:00~12:00 休冬季(12月~3月上旬) 蔬果只於週五~週一期間販售

下呂溫泉朝市位在下呂溫泉合掌村旁，是遊客們最愛的一處觀光景點，**販賣下呂溫泉一帶的各項新鮮農產品，以及產自飛驒高山的土特產品**。像是下呂溫泉特產的美味紅蕃茄、牛乳、蒟蒻，以及當地農家自產自銷的果醬、蜂蜜、清酒與當季水果，還有純樸的手工藝品，舉凡和風雜貨、陶瓷器都可在朝市裡找到！

下呂溫泉夜市

いでゆ夜市

每年7月下旬到8月下旬，每到星期六，下呂溫泉街上還會有熱鬧的夜市，歡迎旅客穿著日式浴衣前往散步，撈金魚、章魚燒等攤販林立，非常適合大人小孩同樂，感受日本的夏日風情。

下呂溫泉街 白鷺橋至阿多野橋間 7月下旬~8月的週六19:00~21:00 休雨天中止

©岐阜縣觀光連盟

博物館裡還有足湯。

除了解說各種泉質以外，還會連代表的溫泉一併介紹。

下呂発溫泉博物館

別冊P.11,B4 下呂駅徒步13分 下呂市湯之島543-2 0576-25-3400 9:00~17:00 休週四 大人¥400，小孩¥200 www.gero.jp/museum

博物館隨處都有，但是像「下呂発溫泉博物館」這樣專門以溫泉為主題的博物館就很少見。具有療養與休閒功能的溫泉，在日本生活中占有一席之地，有溫泉之國美稱的日本國更是處處可見溫泉鄉，而「下呂発溫泉博物館」就是座**專業的溫泉博物館**，由「溫泉科學」、「溫泉文化」、「歡迎來到下呂溫泉」、「溫泉博士之家」、「有趣的溫泉挑戰」五個展示區構成，透過深入淺出的介紹及豐富的館藏，**讓人可以輕鬆了解關於溫泉的神秘知識，以及各地的溫泉發現傳說**。

ゆあみ屋

別冊P.11,C5 JR下呂駅徒步8分 下呂市湯之島801-2 0576-25-6040 9:00~18:30 不定休 温玉ソフト(溫泉蛋霜淇淋)¥470、ほんわかプリン(布丁)¥400 www.yuamiya.co.jp

ゆあみ屋店內**販售飛驒地區的工藝品與和風小物**，並在門前設了足湯，讓人可以免費泡湯歇腳。不過這裡會受歡迎，正是因為其推出了溫泉蛋霜淇淋，一邊泡足湯一邊吃實在享受。除了**溫泉蛋霜淇淋**外，來到店內也可以品嚐**泡在溫泉水裡的布丁**，暖呼呼的可是冬天的人氣首選。

溫泉鄉才有的獨特點心。

下呂溫泉祭

連著舉行四天的下呂溫泉祭，是下呂溫泉規模最大的祭典，除了在飛驒川上有精彩的煙火表演，還會有閃耀在爆竹火花中的舞龍表演「龍神火祭」，並有嬌豔的藝妓抬著神輿繞境祈福，是每年夏天絕不容錯過的熱鬧盛事。

8/1~8/4(其中3晚都有煙火表演、另一晚為音樂會)

從寺廟所在位置可以眺望市景。

溫泉寺

別冊P.11,C4 JR下呂駅徒步15分 下呂市湯之島680 0576-25-2465 、 自由參拜 www.onsenji.jp

下呂溫泉在傳說中是由變身成白鷺鷥的藥師如來所發現，而讓這處優質的名泉得以讓世人知曉，**因此溫泉寺即為供奉藥師如來的神社**。沿著173段的階梯往上爬，兩旁整齊排放著墓碑，在階梯的正上方即為溫泉寺本堂。從本堂前的空地往下眺望，下呂溫泉街景、飛驒川與遠山連峰，從眼前展開來，一覽無遺。尤其是深秋11月的楓紅時節，寺內的紅葉楓林透過夜間的燈光投射，更顯得綺麗夢幻。

下呂溫泉合掌村

別冊P.11,D5 濃飛巴士「合掌村」站即達，JR下呂駅徒步約20分 下呂市森2369 0576-25-2239 8:30~17:00。12/31~1/1： 9:00~16:00(最終入場為30分鐘前) 大人¥800、中小學生¥400 www.gero-gassho.jp

在高山有「飛驒之里」，在下呂則有「溫泉合掌村」，**作為現代人了解過往飛驒山區生活的最佳模擬村落**。下呂溫泉合掌村以從飛驒一帶遷移而來的10棟合掌造民家展示為主，並將**整個村落規劃為合掌之里、歲時記之森二大區域**。從大門進去後即進入合掌之里的部分，此區域林立著資料館和博物館，對於昔日生活的樣貌有深入的介紹。再往內部走，即可來到國家指定的重要有形民俗文化財的舊大戶家住宅與手作體驗等，能看能玩的地方十分豐富。而另一區域歲時記之森，則以森林散步為主題，營造山里人家的幽靜感，來這裡可至茶房萬古庵品嚐美味甜點，也能登上山頂從溜滑梯溜下來，樂趣十足。

不僅有合掌造建築，吃喝玩樂的設施都很齊全！

合掌村內的趣味設施

合掌の足湯
「合掌之足湯」是下呂溫泉合掌村裡頗受好評的設施，走累了不妨用溫泉泡泡腳，緩解一下疲累。

舊岩崎家
作為民俗資料館的舊岩崎家，展出佛像、草鞋、工具等和一般人民生活相關的用品，現場並有草鞋的製作和販賣。

舊大戶家住宅
高13公尺、深度12.3公尺，為切妻合掌造中最大的屋舍。館內展出當時的生活用具，並以真人般大小的模型重現大家族的生活。

萬古庵
這是位於歲時記之森裡的古民家茶房。在老建築中品嚐以地產蕃茄、紅豆、蕨餅等組成的甜點，感到格外幸福。
9:00~16:15
萬古あんみつ(招牌餡蜜)¥750

青蛙神社
青蛙神社展出世界各國的青蛙像，因為日文青蛙かえる和日文「回來」的發音相同，所以日本人將青蛙視為吉祥物，像是「無事青蛙」，就是表示一切平安的意思。

飛驒工房
合掌之里的盡頭可以體驗傳統工藝，像是陶磁彩繪、捏陶(需要預約)、製作手工和紙的飛驒工房。完成的作品可以寄送回國，不妨來此為旅行留下美好紀念。

陶磁彩繪依製品不同¥900~。捏陶¥2,800起。手工和紙：名信片(3張)¥1,200 運費另計

養老軒

おすすめ 薦

有著獨特香氣的在地銘菓。

別冊P.11,B4 JR下呂駅徒步10分 下呂市湯之島852 0576-25-2050 9:30~16:30 不定休 栃の実せんべい(櫪子煎餅)9入¥750 www.yoroken.co.jp

櫪樹是溫帶常見的樹木，其果實長得與栗子相似，但帶有苦味，故不若栗子廣受歡迎。養老軒正是利用這樣的櫪樹果實，以獨特的去澀技巧製作了煎餅。獨家的麵粉與雞蛋比例讓煎餅厚脆，而故意加入砂糖加熱起泡，讓煎餅表面形成小洞，更增酥感。**櫪子獨特的香味也讓這煎餅獲獎無數，是下呂的代表銘菓之一。**

青蛙神社

おすすめ 薦

超可愛的青蛙神社，投錢進賽錢箱還有可愛的聲音打招呼哦！

加恵瑠神社

別冊P.11,B4 下呂溫泉駅徒步8分 下呂市湯之島543-2 自由參拜

你以為日本的神社都很古老嗎？這座青蛙神社建於2010年、以「下呂（ゲロ）」為靈感命名，**青蛙的叫聲帶有與「無事帰る」（平安歸來）等幽默諧音相似**，成為造訪下呂溫泉另一個能夠享受吉祥和神聖利益的旅遊景點，吸引了許多人前來朝聖。

社前一株櫻花樹，每到春天櫻花綻放十分美麗。

河鹿之湯

クアガーデン露天風呂 河鹿の湯

別冊P.11,B4 JR下呂駅徒步10分 下呂市湯之島894-2 0576-24-1182 8:00~21:00，暑假8:00~22:00，最後入館為關門前45分 週四 大人¥700、小學生¥400

對於**只想單純泡湯、當天來回的遊客，河鹿之湯是最好的選擇**。在這裡能聽著清涼的溪水聲入浴，享受圍著岩石的露天風呂、拍打湯、三段溫度之湯、箱蒸浴、泡沫按摩浴等多達六種的泡湯法，館內還有附電視的榻榻米休憩室及用餐區，春天還可欣賞露天風呂外盛開的河濱櫻花。

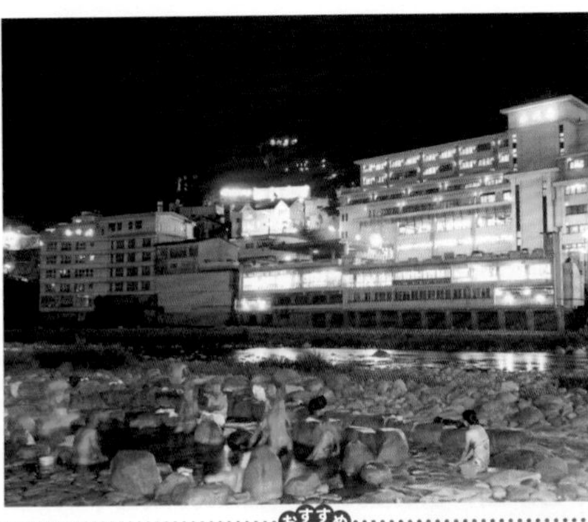

噴泉池

別冊P.11,B5 下呂駅徒歩3分鐘 下呂市幸田河川敷 0576-24-2222(下呂市観光課) 24小時開放 休 河水暴漲、維修時 免費

相傳受傷的藥師如來化身為白鷺來到下呂療傷，意外找到的溫泉源頭即為今日的下呂溫泉。站在橋中央往下眺望，兩旁的溫泉旅館沿著飛驒川排開來，橋底下的**河床上赫然可見利用湧出溫泉所作成的噴泉池**，是個開放感十足的自然溫泉池。飛驒川從旁穿流而過，以天空為屋頂以河流為地基，風景是百分百無遮蔽！原本需裸身入浴，但近年的新規定不分男女都要穿著泳裝才能下池，也讓許多女性能夠放心泡湯了。

幸月本家

おすすめ 薦

結合西洋點心做法的美味和菓。

別冊P.11,B4 JR下呂駅徒歩5分 下呂市幸田1145-4 0576-25-2815 8:30~18:30 休 不定休 幸月の生どら(招牌銅鑼燒)¥250

幸月本家是下呂的和菓子老舖，經過第二代的洋菓子經驗融和日本傳統，開發出許多美味菓子；店內和洋菓子分成兩櫃，一次想要品嚐日式與西洋菓子不是夢想。**招牌的銅鑼燒以當地產的雞蛋與鮮奶製成，在麵皮部份加入蜂蜜，吃來軟鬆香甜；而內餡除了夾入紅豆外更加入鮮奶油**，傳統日式甜點融入洋風做法、美味大受歡迎。

依季節還會推出限定口味，滿足老饕的口腹之慾。

奢侈的露天溫泉風呂。

望川館

別冊P.11,B3 JR下呂駅徒歩15分。有接駁巴士於14:30~16:45間運行於JR下呂駅間，詳洽旅館 下呂市湯之島190-1 0576-25-2048 Check in 15:00，Check out 10:00 www.bosenkan.co.jp

緊鄰河畔修築的望川館有著絕佳的視野，從位在高台上的飯店露台往下望，清涼中帶點蒼綠的飛驒川從腳下流過，擁有76間客室、容客數450名的望川館，可說是下呂溫泉數一數二的規模。除了優美的景色，**氣派的露天溫泉風呂以及1,100坪的廣大庭園更吸引人**。這座一次可容納50人同時泡湯的露天溫泉風呂，初落成時立即成為話題，冬可賞雪、夏天滿山新綠，當春天來臨，溫泉池畔盛放櫻花真是美不勝收。

布丁配上霜淇淋，美味雙重享受！

超可愛的青蛙招牌就在下呂溫泉街上。

下呂布丁

おすすめ 薦

下呂プリン

別冊P.11,B4 下呂溫泉駅徒步8分 下呂市湯之島545-1 0576-74-1771 10:00~17:00 週三 下呂布丁¥400，布丁+霜淇淋¥600 www.gero-purin.com

超萌的可愛布丁，假日排隊人潮雖長，但動得很快！

以青蛙為招牌，下呂溫泉街上第一家布丁專賣店「下呂布丁」，**使用下呂牛奶與馬達加斯加產的頂級香草莢**，製作成柔軟順滑的布丁，口味就有6種，每一樣都超級可愛又好吃。店內裝潢以錢湯浴室為意象，有臉盆、黃色小鴨等可愛裝飾，營造出一種懷舊的氛圍，讓人將泡溫泉與吃布丁聯想在一起，充滿童趣。

Resort Restaurant + Tapas Bar桜

別冊P.11,B4 下呂溫泉駅徒步10分 下呂市湯之島867-3 0576-25-2007 12:00~20:00 週二 黃芥末雞肉¥1,210，烤肋排1份（2根）¥1,650 cafedine-sakura.net

來自德國的Erwin在飛驒川畔開設了美味的異國料理餐廳，可以一邊透過大片窗戶欣賞下呂的飛驒川景色，一邊享受美食和飲品。**特別推薦特製的烤肋排**，使用秘密的燒烤醬醃製後，再用上火慢慢將多餘的脂肪烤掉，吃起來也不會覺得油膩。尤其是**獨特的微甜原醬汁，展現出其他餐廳無法比擬的風味**，令人回味再三。

食事處 松園

別冊P.11,B5 下呂溫泉駅徒步2分 下呂市幸田1182-1 0576-25-2110 11:00~14:00，18:00~20:00 雞ちゃん定食¥1,500，朴葉味噌燒（豆腐）¥1,400

朴葉味噌燒也可以選擇豆腐的版本，吃素的人也能享用鄉土美味。
當地名物「雞ちゃん」油香味美，超級下飯的好滋味，讓人吃完就飽到不行。

松園是下呂溫泉鄉的一間民宿，雖然不像溫泉旅館氣派，但泉質可不馬虎。館內1樓附設的**食堂採用當地季節食材，製作美味的鄉土料理**外，家庭的味道更是讓人感到安心美味，用餐時段開放給一般遊客使用，十分貼心。店內也選入不少當地啤酒和清酒，讓人忍不住小酌。

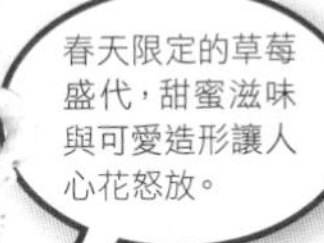

春天限定的草莓盛代，甜蜜滋味與可愛造形讓人心花怒放。

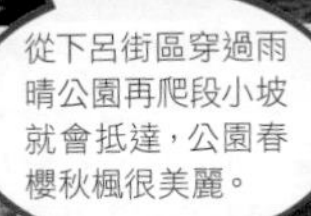

從下呂街區穿過雨晴公園再爬段小坡就會抵達，公園春櫻秋楓很美麗。

oreg cafe

薦

隱身在山腰的烘焙咖啡廳，沿路散步景致絕佳！

別冊P.11,D5 下呂溫泉駅徒步20分（後半段爬坡，請注意） 下呂市森2612-2 090-738-02951 六日一、例假日11:00~天黑 週二~週五 點心盤¥1,250，咖啡¥550起 www.instagram.com/oreg_cafe/

這是**名古屋的蛋糕店REGNIE在下呂所開設的分店**，營業時間僅限於週末和假日。開放式的店鋪可以大口呼吸清新的空氣，同時也**能居高一覽下呂的街市風景**。若想遠離人群，不妨選擇這裡，在綠意環繞的露天座中悠閒地享受美味蛋糕和咖啡。

H 水明館

おすすめ 薦

和風與現代完美交融的人氣飯店。

別冊P.11,B5 下呂駅徒步3分 下呂市幸田1268 0576-25-2801 Check in 14:00，Check out 11:00 www.suimeikan.co.jp

水明館一方面用心經營日式的庭院，維持純粹的日式房間，嚴格要求服務生遵循傳統的禮儀，使用累積了10年的老木材，去裝修木造的復古迴廊、屋簷、宴會場；另一方面，又大刀闊斧地引進國外經驗，設置許多現代的休閒設施。**整個旅館裡有3個溫泉大浴場**，山水閣1樓的是「野天風呂」，顧名思義就是露天的浴池。臨川閣3樓的「下留之湯」面積最寬闊，檜木浴池散發一股清香。位於飛泉閣9樓的「展望大浴場」，則可以一眼望盡飛驒川，讓旅客完全解除旅途的勞頓和日常累積的壓力，享受一個舒適的溫泉假期。

一邊眺望飛驒川風景，一邊享受溫泉的療癒。

川之湯v.s山之湯

下呂溫泉鄉將近50家旅館當中，就屬水明館與湯之島館的名聲最響。從地方發展的歷史來看，水明館在湯之島館開業後的一年開始營業，當時的規模與「湯之島館」不相上下，於是當地人稱位在河邊的水明館為「川之湯」，位在半山腰的湯之島館為「山之湯」，即使到了現在，往下呂溫泉的計程車司機還是會問客人：您要去「川之湯」還是「山之湯」呢？

建築、溫泉、景色、料理，無一不是頂級享受。

H 湯之島館

おすすめ 薦

入住百年氣派建築！

別冊P.11,C4 JR下呂駅有免費接駁巴士，13:35~17:25每小時一班(需預約) 下呂市湯之島645 0576-25-4126 Check in 15:00，Check out 11:00 www.yunoshimakan.co.jp

一片濃郁的林蔭下，最搶眼的就是後面一排蜿蜒的三層木造建築，灰藍色屋瓦、紅棕格子木造窗台、透明的德製玻璃窗，這就是湯之島館。夜幕低垂時湯之島就彷彿是黑森林中的一盞木造燈籠，外面的世界正要入眠，而裡頭的歌舞饗宴才要開始。**湯之島館的精華都在大浴場外的露天風呂**，雖然**男女浴池的設計、風景各不同，但都同樣地開放寬敞，加上池水深，會讓你有泡在野外天然秘湯裡的錯覺**。浴池24小時開放，而且在深夜2點的時候，男湯女湯會互換，讓前一晚泡過湯的客人第二天可以換到另一邊去泡，同時享受兩種不同的露天風呂。

H 下呂觀光飯店 本館

おすすめ 薦

在大片自然景色中享受溫泉。

別冊P.11,A3 下呂駅徒步約15分、計程車2分 下呂市萩原町西上田2148-1 0576-25-3161 Check in 15:00，Check out 10:00 www.geroyado.co.jp/honkan

稍稍遠離下呂溫泉街，下呂觀光飯店位在車站後方的山林高處，將車馬喧囂都屏除在綠意之後，擁有精心屏除俗塵後的閑靜。**除了館內寬敞的露天風呂，散落在館外的「石之湯」、「陶器之湯」等七處溫泉個室，男湯「紅葉」、女湯「若葉」的景致更是迷人**，夏天可享受涼爽的綠意，秋天則是滿目楓紅，大自然毫不矯飾的原色之美在此得到印證。

鶏ちゃん 杉の子

別冊P.11,C6外 從JR下呂駅搭計程車約5分，徒步約30分 下呂市小川1311 0576-25-7011 11:00~15:00 休週一 鶏ちゃん定食¥1,500，鶏ちゃん2人份¥1,900 www.suginoko.net

稍稍遠離下呂市中心的杉の子，專賣岐阜的鄉土雞肉料理「鶏ちゃん」。其實這道菜就是將雞肉與高麗菜炒在一起，是每個家庭都會自己做的料理。不過可別小看這道料理，**老闆娘的獨門醬汁加了大蒜，讓雞肉美味更加分**。吃剩一半時再加入麵條一起炒，滿腹又美味。

H いずみ荘

泉荘

別冊P.11,B3 JR下呂駅徒步約15分，可預約接送 下呂市湯之島212 0576-25-3160 Check in 15:00，Check out 10:00 www.izumi-so.com

在下呂要找家頂級的溫泉旅館不是件難事，沿著飛驒川盡是迷人、各具特色的溫泉旅館。但是如果要找家**便宜、又可以泡湯、嚐美食的旅館**，建議你來泉荘(いずみ荘)。建於1967年的本旅館為三層樓高的木造建築，洋溢著舒適溫暖的感覺。浴池雖不大，可分為用石頭堆砌的室內風呂，和具野趣的庭園風呂，但整體營造的氣氛卻足以媲美高級旅館。

奧飛驒溫泉鄉

おくひだおんせんきょう

Okuhida Onsen

許多人都喜歡在遊逛完高山老街後，就從高山車站搭乘巴士，前往約莫1個多小時車程的深山溫泉區「奧飛驒溫泉鄉」。山水秀麗的奧飛驒溫泉鄉主要由五個泉質不同的溫泉區聚落所組成，分別為標高最低的平湯溫泉，依次到福地溫泉、新平湯溫泉、栃尾溫泉，和最深山處的新穗高溫泉。每個溫泉鄉之間皆有巴士行駛串聯，各約相距10~15分鐘，遊客可選擇欲住宿的溫泉區地點，再安排前後遊玩的路線行程。

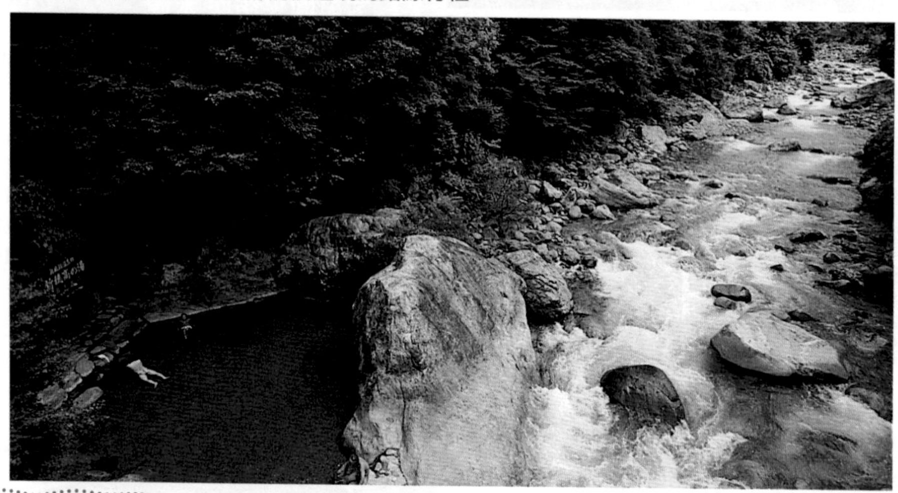

交通路線&出站資訊

巴士

平湯・新穗高線

由濃飛巴士營運的直達巴士，高山濃飛BT~平湯溫泉~福地溫泉口~栃尾溫泉~新穗高溫泉口~新穗高纜車，從高山濃飛BT一天約13班車，車資￥1,600~2,200

www.nouhibus.co.jp

高山~松本線(經平湯溫泉)

由ALPICO Bus／濃飛巴士聯合營運，從高山濃飛BT一天4班車，1小時即可直達平湯溫泉，車資￥1,880；從松本BT出發一天則有4-5班車，到平湯溫泉車程約1小時50分，車資￥2,700

觀光旅遊攻略

◎大多都以高山為進出奧飛驒的據點。若從長野縣松本則巴士班次較少

◎奧飛驒景點之間有些距離，建議安排兩天一夜的行程，才比較充裕

◎優惠車票

・奧飛驒溫泉鄉2日乘車券

(奧飛驒温泉郷2日フリー乗車券)

持此票券可在連續2天內無限次搭乘奧飛驒溫泉鄉(平湯溫泉~新穗高纜車站間)的濃飛巴士

高山濃飛BT、平湯溫泉BT販售

大人¥1,800，小學以下¥900

・高山・新穗高2日乘車券

(高山&新穂高2日フリー乗車券)

持此票券可在連續2天內無限次搭乘高山~新穗高溫泉間的濃飛巴士。若從高山進山奧飛驒，購買此票券比買單程票划算

高山濃飛BT販售

大人¥4,400，小學以下￥2,200

・奧飛驒溫泉鄉2日全包式超值票

(奧飛騨まるごとバリューきっぷ)

如果以高山進出的2天1夜行程、且有計畫搭乘乘纜車，就買這一張

1-高山巴士總站～新穗高纜車站的2日自由乘車券

2-平湯溫泉發車：平湯溫泉～新穗高纜車站的區域內巴士2日自由乘車券

3-新穗高纜車往返票券搭乘各1次

高山濃飛BT販售

2日券：大人￥6,800，小學以下￥3,400。 3日券：大人￥7500，小學以下￥3,750

www.nouhibus.co.jp/hida/ticket/

巴士搭乘僅能利用濃飛巴士

◎旅遊資訊

奧飛驒溫泉鄉 www.okuhida.or.jp

平湯溫泉 hirayuonsen.or.jp

新平湯溫泉 shinhirayuonsen.com

福地溫泉 www.fukujionsen.com

新穗高溫泉 shinhotaka.com

觀光案內所

・奧飛驒溫泉鄉総合案內所

高山市奧飛驒溫泉鄉神坂710-9

10:00~17:00

0578-89-2458

新穗高纜車

新穂高ロープウェイ

別冊P.19,G1 濃飛巴士「新穂高ロープウェイ」站下車即達 高山市奧飛驒温泉郷新穂高 0578-89-2252 發車時刻依季節改變，約8:00~17:00間，詳洽官網 新穗高温泉~西穗高口單程￥1,900，來回￥3,000(小孩半價) shinhotaka-ropeway.jp

位於奧飛驒溫泉鄉最深處、標高1,117m的新穗高溫泉，搭乘「新穗高空中纜車」到標高2,156m的山頂「西穗高口」下車，**從展望台可清楚見到山形獨特的燒岳、穗高連峰**，許多人特地來這裡的登山步道往山區健行。新穗高纜車分為兩段，第一段為載客車廂較小的纜車，約4分鐘後在中繼地「鍋平高原」下後，再走幾步路去搭乘分成上下層的超大「空中纜車」，7分鐘左右便可快速地到達「西穗高口」，2020年起新車廂也改成更大玻璃觀景窗，觀景更加360度無障礙。

夏季美麗翠綠，但最美的還是每年10月上旬～中旬的楓紅，滿山紅葉景色壯觀。

©奧飛驒觀光協會

日本唯一的兩層觀景纜車。

奧飛驒觀光提示

奧飛驒溫泉鄉的交通費不低，如果行程重點在高山，建議可以將行李寄放在高山駅的大型寄物櫃，輕裝前往奧飛驒溫泉鄉住宿1~2夜。另外，奧飛驒溫泉鄉又分成5個不同的溫泉區，最好先決定要住宿在哪一個溫泉區再出發，才不會浪費往來的時間和交通費。

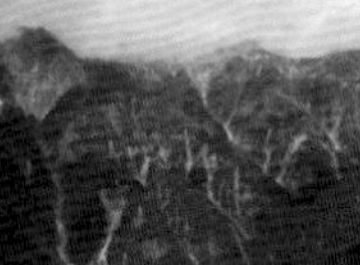

福地溫泉朝市

在福地溫泉的公共設施「昔ばなしの里」的早上都會有當地農家在這擺攤，是個嚐鮮的好去處。在木頭建蓋的老屋內，一走入內除了各式農產及在地農產再製品、伴手禮小物外，最吸睛的內部以各式老物件、照片滿滿佈置各處，完全昭和復古風格，跟山村的老派朝市風格當得益彰。

・高原蔬果

奧飛驒溫泉鄉裡隨處可見注滿山泉水的木槽，裡面浮著農家鮮採的紅蕃茄與黃瓜，鼓勵遊客主動自發地留下銅板，就可自行取食，完全是良心事業。

・溫泉蛋

溫泉蛋也是奧飛驒溫泉鄉的名物，泡在滾燙的溫泉水裡，跟泡在水槽裡的高原蔬果一樣，自動投錢取食，一個約日幣50~100圓。

別冊P.19,F3 奧飛驒温泉郷福地110 0578-89-3600 6:30~11:00、冬季8:30~11:00 www.okuhida-asaichi.jp/

旅館有提供女生專用的泡湯浴巾，經過精心設計的浴巾有鬆緊帶，圍上後不易掉下來，可安心地使用在混浴風呂裡。

水明館 佳留萱山荘

おすすめ 薦

◎別冊P.19,F2 ◎濃飛巴士「佳留萱」站即達 ◎高山市奧飛驒溫泉鄉神坂555 ◎0578-89-2801 ◎Check in15:00，Check out 10:00 ◎一泊二食¥13,800~ ◎www.karukaya.co.jp/ja-jp

充滿野趣的飯店露天溫泉是一絕。

位在新穗高溫泉溪流畔的水明館，擁有奧飛驒溫泉鄉面積最大的男女混浴溫泉風呂，山間水際的美景無比開闊，號稱可容納250人同時入浴，且因**其野趣十足的開放式泡湯法獲選為「日本秘湯之宿」**。許多情侶與家族都喜歡把握這難得的共浴機會，全家大小一起泡湯、欣賞奧飛驒溫泉鄉的明亮星空。水明館的和室房間也許不是很豪華，但置身山間聽蟲鳴鳥叫的純淨感受，卻是最奢侈的享受。

平湯之森

ひらゆの森

◎別冊P.19,F4 ◎濃飛巴士「平湯溫泉」站徒步5分鐘 ◎高山市奧飛驒溫泉鄉平湯763-1 ◎0578-89-3338 ◎泡湯10:00~21:00 (最後入場20:30)。住宿Check in 15:00，Check out 10:00 ◎純泡湯大人¥700、小孩¥500。一泊二食，每人¥9,980~ ◎www.hirayunomori.co.jp

佔地15,000坪，**整個旅館建在一片森林當中**，圍繞在森林中央的，就是「平湯之森」的露天風呂。以木板圍牆圍起，讓森林中散步的人看不到裡面，但感覺上圍牆裡外的森林其實是連成一氣的，泡湯有一種開放的自在感，浴池與浴池中間還有健康步道連接。**平湯之森也開放給非住宿客泡湯，如果你當天來回奧飛驒溫泉鄉、不打算住宿的話，推薦你來這裡享受一下森林中泡湯的滋味。**

夏天的涼意也十分宜人。

平湯大瀑布

平湯大滝

◎別冊P.19,G4 ◎濃飛巴士「平湯キャンプ場前」站徒步10分。在平湯大滝公園入口有接駁巴士至瀑布前 ◎高山市奧飛驒溫泉鄉平湯768-47 ◎0578-89-1250(平湯大滝公園) ◎免費

從64公尺高的山壁上直瀉而下的平湯大滝，是**奧飛驒溫泉鄉最壯觀的一座大瀑布**，奔騰的水勢十分驚人，帶來無比涼意。每逢寒冬，平湯大瀧會凍結成華麗的冰瀑，每年2月中旬還會在瀑布下舉辦「平湯大滝結冰祭」，夜晚打上燈光的冰瀑散發著神秘的青藍色澤，領人進入奧飛驒溫泉鄉的冬雪世界。

奧飛驒熊牧場

奧飛騨クマ牧場

別冊P.19,F3 濃飛巴士「クマ牧場前」站徒步5分 高山市奧飛驒溫泉鄉一重ヶ根2535 0578-89-2761 8:00~17:00、冬季11~4月8:00~16:30 入園大人¥1,100，小孩¥600 kumabokujyo.com

高度現代化的日本，居然在深山裡還可找到野生熊類生活的蹤跡，真是不可思議。位在奧飛驒溫泉鄉的這處熊牧場，就**豢養了150多頭各種年齡與品種的熊**，像是生長在奧飛驒的熊、月輪熊、棕熊等，遊客除了可以在裡面看到熊熊各式自在姿態，也能付費跟熊寶寶一起拍照紀念，還可購買果乾等飼料來餵熊，是奧飛驒最受歡迎的熊之主題樂園。

平湯民俗館／平湯之湯

別冊P.19,G4 濃飛巴士「平湯溫泉」站下徒步約6分 高山市奧飛驒溫泉鄉平湯29番地 0578-89-3338(平湯之湯) 民俗館9:00~17:00。泡湯6:00~21:00，11月中~4月中8:00~21:00 民俗館：週四。泡湯：不定休 參觀免費，泡湯￥300 www.okuhida.or.jp/tourist_facility/detail?id=1779

平湯民俗館從一進門起就顯得樸質親切，**整個園區佔地不大，隱沒在一片自然山林之間，其中最顯眼的就是2棟茅茸屋頂的「合掌造」建築**，這是飛驒地區昔日最典型的農家。「合掌造」內部有2~3層樓，展示許多農家的服飾、農具等等，可以一窺當時的生活型態。

園區內還有一間木造的露天風呂，參觀完可以順道泡個湯。

想體驗的話記得要帶泳衣！這裡是男女混浴。

新穗高之湯

おすすめ 薦

風景絕佳的露天溫泉。

別冊P.19,G1 濃飛巴士「中尾高原口」站即達 高山市奧飛驒溫泉鄉新穗高溫泉 0578-89-2614 (奧飛驒溫泉觀光協會) 8:00~18:00 冬季(11~4月)，河川暴漲時 自由樂捐￥300

千里迢迢到深山裡的新穗高溫泉區其實只有一個理由，就是為了親身體驗這個開放的露天溫泉「新穗高之湯」！位於舊中尾橋下，與湍急的蒲田川只隔著一塊大岩石，新穗高之湯乍看之下就像河床上一方天然的深池，仔細看才發現水面冒著薄薄的煙，沿著山路邊的石階走下去，脱鞋子下水，才發現水溫微燙，與山谷河川的冰冷成對比。

新鮮的山蔬、活
魚，簡單烹調就能
吃到最佳美味。

隱庵飛驒路

おすすめ 薦

旅館的慢步調讓人拋卻世俗、徹底放鬆。

隠庵ひだ路

別冊P.19,F3　濃飛巴士「福地溫泉」站徒步1分鐘　高山市奧飛驒溫泉鄉福地溫泉687　0578-89-2462　Check in 14:00，Check out 11:00　一泊二食￥24,000~　www.kakurean.com

由於旅館營造安靜空間，不接受兒童入住

位在奧飛驒溫泉鄉的福地溫泉區，隱庵飛驒路是間私密性高的溫泉旅館，這棟**曾是富豪農家擁有的房舍**雖過改建，但仍散發出沉靜帶著氣派的風格，**高挑的古農家建築屋頂下吊著飛驒地區傳統的地爐，讓人一踏進去就被其氛圍所感染。**

全館只有12間客室，竟奢侈地每間都附有露天溫泉風呂，無論是四周漫開著野花的檜木風呂、亦是飄落著紅葉的岩石風呂，都格外有韻味。晚餐除了美味的燒烤飛驒牛肉，還有隱庵女將所特別烹調的鄉土菜餚，每項蔬菜都是親自在山裡摘取的，生魚片也是取自深山裡養殖的新鮮鱒魚，素雅的香氣充滿健康氣息。

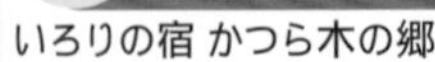

地爐之宿 桂樹之鄉

おすすめ 薦

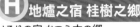

彷彿獨立村落的設計，也獲得了日本秘湯的認證。

いろりの宿 かつら木の郷

別冊P.19,F3　濃飛巴士「福地溫泉」站徒步1分　高山市奧飛驒溫泉鄉福地溫泉10　0578-89-1001　Check in 15:00，Check out 11:00　一泊二食￥20,000~　katuraginosato.co.jp

地爐之宿桂樹之鄉在建築設計上想要**呈現的是一個山野村落的感覺，以其中最大的一棟母屋，然後延伸出去許多各自獨立的子屋**。其中，母屋是將一棟歷史150年的豪農家屋整個移築過來，所以在大廳你會看到深色的粗樑交錯，這是飛驒地區最典型的農家造型。而在粗曠中，點綴著典雅的插花、手染布簾和精巧的木雕等等，十足展現主人的藝術品味。

槍見之湯 槍見館

別冊P.19,G1 濃飛巴士「中尾高原口」站徒步5分 高山市奧飛驒溫泉鄉神坂587 0578-89-2808 Check in 14:00，Check out 11:00 一泊二食￥18,510 www.yarimikan.com

槍見館的名字，來自於它的位置，可以眺望北阿爾卑斯山脈中的名山「槍ヶ岳」。從它粗曠的農家建築、原木樑柱結構、員工清一色草染粗布制服、山菜野味做成的精緻料理、利用河谷岩盤打造出來的露天風呂等，可以感受到它隱居山野、一貫的「山男」氣概。而**8種不同設計的露天風呂各有千秋**，其中「槍見之湯」面積最大，是男女混浴池(7:00~9:00屬女士專用時間)，從浴池可以眺望「槍ヶ岳」，視野最佳。

女性專用的「岩見之湯」隱蔽在大岩塊之間，有穴居岩洞的原始神秘氣氛。

湯元長座

別冊P.19,F3 濃飛巴士「福地溫泉」站下車即達 高山市奧飛驒溫泉鄉786 0578-89-0099 Check in 15:00，Check out 10:00 一泊二食￥17,000~ www.cyouza.com

湯元長座是**以豪農之家為主題的旅館**。飛驒地區的住家一般都習慣在房間中央的榻榻米或木質地板上挖出一塊區域，堆上煤灰，中央放木炭生火煮食物或取暖，在湯元長座可以體驗這種舊日的溫情。料理的內容，除了在小爐上加熱的朴葉味噌、飛驒牛肉，還有川魚、五平餅以竹子串起、插在圍爐炭火邊烤，也有鐵網燒烤等充滿趣味的「爐端料理」。

深山莊

別冊P.19,G1 濃飛巴士「深山莊前」徒步3分 高山市奧飛驒溫泉鄉神坂720-1 0578-89-2031 Check in 15:00，Check out 10:00 一泊二食￥13,110~ shinzansou.com

位於絕壁下的「深山莊」隔世獨立，餐點卻出乎意外地豐富又美味，沒有過多的矯飾，顯出山裡的豪氣。當然，與蒲田川相隔一步距離的露天風呂更是極力推薦，雖然露天有分男、女、混浴池，但**建議女性遊客走出有圍牆遮蔽的女性浴池，包著專用大圍巾、到最大的混浴池裡享受與自然融合的舒暢**，晚上泡在位於溪邊的露天溫泉裡，聽著蒲田川湍急的水聲，十足享受。

白川鄉・ ・飛驒古川 ・高山 ・下呂溫泉 郡上八幡・ 馬籠宿

郡上八幡

ぐじょうはちまん
Gujo Hachiman

城裡城外都悠淌著涓涓流水的郡上八幡，是岐阜縣著名的水鄉，許多前往高山一帶的旅遊團，都會順道帶到這個優美的小城，除了欣賞美麗的水鄉風光，還可登上八幡山參觀山頂的郡上八幡城。每年7月到9月的郡上盆舞祭期間，是最熱鬧的時候，全村的人都會穿上浴衣在街上跳舞，也非常歡迎遊客一起加入！

交通路線&出站資訊

電車
郡上八幡駅◇長良川鐵道
從名古屋搭火車需在美濃太田駅轉乘長良川鐵道。美濃太田駅→郡上八幡駅，車程約80分

巴士
岐阜八幡線◇岐阜巴士
從JR岐阜駅14號乘車處搭車，約1小時10分可抵達「郡上八幡城下町プラザ」站，一天9班次，車資¥1,550
高山～京都・大阪線◇濃飛巴士
從高山巴士中心搭高速巴士，約1小時30分可抵達「郡上八幡インター」站，一天2~3班次，車資¥2,000
高速名古屋白川郷線◇岐阜巴士
從名鐵巴士中心搭乘開往白川鄉的岐阜巴士，約1小時30分可抵達「郡上八幡インター」站，一天4班次，車資¥2,200

周邊巴士
路線巴士
從郡上八幡駅可搭乘路線巴士明宝線、和良線，於「郡上八幡城下町プラザ」下車，車資¥110
www.8kan.net

觀光案內所
郡上八幡駅舎café
郡上市八幡町城南町188-54 (郡上八幡駅前)
9:00~17:00，咖啡廳L.O.16:00
ekisya-cafe.com

郡上盆舞

郡上おどり

郡上盆舞起源於江戶時代，是為了鼓勵士農工商和樂融合的同樂活動，每到了祭典時期，城內新町一帶的街道會暫時封街，全村老小穿著浴衣跟著樂笛聲跳著快樂的「盆舞」。郡上盆舞的曲目多達10幾首，跳法繽紛多樣，大家圍成一圈，在高手帶領下先從慢板的舞曲開始跳，等舞步熟悉後再逐步變快，熱鬧極了。而在8月中旬開始的連續4日間，郡上盆舞更是進入「徹夜跳舞」的高潮，從夜晚跳到天明。遊客可在投宿的旅館裡借到浴衣，漂漂亮亮地下場同樂。

每年7月中旬~9月上旬 新町一帶，每天會場不一，請上官網查詢 www.gujohachiman.com/kanko

井川小徑

いがわ小径

別冊P.19,C3 巴士「城下町プラザ」站徒步5分 郡上市八幡町島谷 0575-67-0002(郡上八幡觀光協會)

井川小徑是**郡上八幡這裡規模最大的水道**。住在此地的人們的生活與水道息息相關，走在這綠蔭林立的水道邊，看著水中戲游的鯉魚，給人一種靜下心的感覺。另外，在這裡有一塊郡上之舞發祥碑，不妨來尋訪。

郡上八幡城

推薦

ぐじょうはちまんじょう

別冊P.19,C2 巴士「城下町プラザ」站徒步15分 郡上市八幡町柳町一の平659 0575-67-1819(郡上八幡產業振興公社) 9:00~17:00、6~8月8:00~18:00，11~2月9:00~16:30 休12/20~1/10 $大人¥400，中小學生¥200。郡上八幡城+郡上八幡博覽館共通券 大人¥750，中小學生¥400 castle.gujohachiman.com

位在在標高354m八幡山山頂的郡上八幡城，是**現存城蹟中珍貴少見的4層五階的木造建築**。登上天守閣可以眺望郡上八幡的街道，春天時櫻花繽紛，秋天是楓紅層層。初夏舉行新樂祭典，在11月中旬也會舉行夜間點燈的活動，讓晚上的郡上八幡城更添風采。

昭和8年重現的天守閣，是日本最古老的木造天守呢。

郡上八幡城的歷史，最早可回溯到戰國末期永祿2年(1559)。

宗祇水

別冊P.19,A3 巴士「城下町プラザ」站徒步3分 郡上市八幡町本町 0575-67-1122 、$自由參觀

獲選為日本名水百選的「宗祇水」是郡上八幡的象徵，因室町時代的一位詩歌名匠飯尾宗祇而得名，這位一代宗師最愛喝這裡的水，傳為美談。位在吉田川旁邊的宗祇水，是市民們的生活用水來源之一，除了取水飲用，還常見到歐巴桑們在這裡洗菜、閒話家常。

沒辦法參與祭典的話，就到這裡來看看郡上盆舞的演出吧！

郡上八幡博覽館

別冊P.19,B2 巴士「城下町プラザ」站徒步2分 郡上市八幡町殿町50 0575-65-3215 9:00~17:00（最後入館16:30，郡上盆舞舉行期間開放到18:00） 休12/24~1/2 $大人¥540，中小學生¥320。郡上八幡城+郡上八幡博覽館共通券 大人¥750，中小學生¥400 www.gujohachiman.com/haku/

郡上八幡博覽館這座古典的洋風建築，在大正時代曾是鎮上的稅務署，現在則改裝成**展現郡上八幡「歷史」、「水語」與「技藝」的博覽館**。裡面最有看頭的莫過是「郡上盆舞」表演，穿著傳統浴衣的女士們，會為遊客示範好幾種郡上盆舞的舞姿，還會邀大家一起跳舞同樂。表演時間為每日11:00、12:00、13:00、14:00及15:00，每場15分鐘，要把握機會喲！

可以事先上官網預約體驗活動。

食品樣本 岩崎

サンプルビレッジ いわさき

別冊P.19,B3 郡上八幡駅徒步5分 郡上市八幡町城南町250 0575-65-2832 10:00~16:00，體驗~15:00 週二，10月第一個週四，2月第一個週六、12/29～1/5 入館免費，食品樣本創作體驗(需預約)¥1,200起 www.iwasakimokei.com

在日本點菜時最便利的方法、就是指著餐廳櫥窗裡栩栩如生的食品樣本，這些**食品樣本最大的生產地就在郡上八幡**。郡上八幡裡有多處食品樣本的體驗工坊，其中**規模最大的就是岩崎的店面了**。這裡可體驗製作可愛的炸蝦天婦羅、包心菜等，還可以買到精美又便宜的食品樣本，其他像是鑰匙圈、擺飾品等小玩意，也可買回家做紀念。

郡上八幡飯店

ホテル郡上八幡

別冊P.19,A4外 可於郡上八幡駅接送，需預約。或是搭乘計程車約5分可達 郡上市八幡町吉野208 0575-63-2311 Check in 15:00，Check out 10:00 一泊二食¥12,960 www.chitora.co.jp

外型氣派的郡上八幡飯店屬觀光飯店，卻有著純和風的服務精神，從大廳進入便在服務人員的帶領下換上舒適的拖鞋，踩過柔軟的花地毯到散發著榻榻米香的和風客室休息，享用一盅美味的抹茶、嚐點和菓子，感受生活在郡上八幡的悠閒感。

飯店位在長良川畔，環山抱水的風景不但優美，還湧出稱為「郡上溫泉」的天然溫泉。飯店內除了有可眺望長良川水景的露天風呂，**大浴場內還有7種溫泉美容設施**，這裡的溫泉據説對神經痛、筋骨酸痛、運動傷害等特別有療效。每天晚上飯店大廳還會有郡上盆舞表演，歡迎遊客穿著浴衣一起下場共舞，就算不是在盆舞舉行期間前來郡上八幡，也能很輕鬆地在飯店裡感受盆舞的樂趣。

溫泉不僅對各種酸痛有療效，更可消除旅途疲勞。

おすすめ 薦

牧歌の里

冬季限定！雪地玩樂去。

別冊P.19,A1外 搭乘岐阜巴士名古屋白川鄉線，於「ひるがの高原」下車即達 郡上市高鷲町鷲見2756-2 0575-73-2888 4/20~7/20、9~11月初10:00~17:00，週末及例假日9:00~；7/21~8/31 9:00~17:00；11月10:00~16:30，週末及例假日9:00~；冬季10:00~15:30。溫泉「牧華」：14:00~21:00(最後入場20:00) 冬季休週二 牧歌の里：大人¥1,200、國高中生¥900、4歲~小學¥600；溫泉「牧華」：¥900、4歲~小學¥500。冬季¥700、4歲~小學¥400，冬季+溫泉¥1,300、4歲~小學¥700 www.bokka.co.jp

遠離郡上八幡市區的牧歌之里，有著純靜環境與複合式設施，不分季節都是玩樂的好趣處。**原則上園內開放時間會依季節分為夏期(Green Season)與冬期(Winter Season)**，夏天的牧歌之里有著青翠草園，牛羊三五成群近在眼前，是許多日本人郊遊踏青的選擇，但最推薦台灣遊客可以在冬天來到這裡。**每到12月**，天空降下白雪後鬆軟如糖霜般的雪覆蓋大地，**牧歌之里就會特別整理出適合玩雪的場地，讓不會滑雪的人也能享受冬季玩雪的樂趣**。而園內也有一處溫泉「牧華」讓人享受溫泉潤澤，玩雪後不妨泡個溫泉消除疲勞。

牧歌の里豐富精彩活動

雪上活動

冬天來到牧歌之里，當然就是要大玩特玩雪上活動。牧歌之里提供了幾種有趣的雪上活動供人選擇。大人小孩都愛的滑雪橇是玩雪的初級，在平穩的坡道向下滑去，連小朋友都會十分開心。而較刺激的雪地泳圈從冰做的滑道上溜下，重力加速度讓人驚叫連連。另外也可以參加雪地兜風，坐在橡皮艇上任雪地摩托車拖行，雪打在臉上的感覺讓人難忘。

Ⓢそり滑り(滑雪橇)¥300/1h，スノーチューブ(雪地泳圈)¥500/1h，スノーラスト(雪地兜風)¥500/一圈

木ぼっくりミュージアム

郡上八幡的藝術家水野政雄所創造出來的小木偶世界，就在牧歌之里的博物館裡。由樹枝、栗子等組合而成的小木偶活靈活現，完全像是個地底世界，讓人看了大呼精彩。

牧舍

別以為冬天來玩雪就看不到可愛小動物。冬天雪季時，牧歌之里會將動物們集中於牧舍，在這裡可以看到乳牛、小白兔、馬等可愛動物，還能夠買飼料親手餵食可愛動物！

Ⓢ飼料¥200

超人氣布丁

在牧歌之里養了約30多頭乳牛，其中擠奶體驗的乳牛名為「あんこちゃん」。由自產的鮮奶製成的布丁大受歡迎，嚐來香濃不膩，是人氣第一的伴手禮。

Ⓢ郡上の美味しくて濃いプリン(香濃布丁)¥3,500 /6入

白川鄉 飛驒古川 高山 下呂溫泉 郡上八幡 馬籠宿

馬籠宿

まごめ

Magome

馬籠宿是木曾路最南端的一個驛站，總長約600公尺，從巴士站沿路走下去，看到的是長長的石坂道路，映入眼簾的是江戶時代所遺留下來的古代街道，深咖啡色的木造建築，每一間都有屬於自己的歷史故事。明治28年與大正4年的大火，將江戶時代所建的房屋幾乎全毀，村民為了保留這裡原有的古街道氣氛，著手重建，完整重現江戶時代的街景。這裡也是文豪島崎藤村所生長的地方，也因此這裡就成為藤村多本著名小說的舞台背景。

交通路線&出站資訊

巴士

馬籠線⇨北惠那巴士

可以從名古屋駅搭乘JR信濃號約1小時20分可至中津川駅，再轉乘巴士約25分即可抵達馬籠

kitaena.co.jp/timetable/

馬籠線⇨おんたけ交通

從長野縣南木曽駅搭乘馬籠線巴士，每天4~5班車，約32分可達，車資¥800

ontakekotsu.com/

觀光旅遊攻略

中山道健行

搭乘巴士抵達馬籠宿以後，體力好的人也可以考慮來趟中山道健行，徒步連接馬籠宿與妻籠宿這兩個江戶時代的驛場，只要沿著指標前行就可以抵達，路程約3小時(詳見下方)

馬籠~妻籠(馬籠線)⇨おんたけ交通

除了健行，也可以搭乘連接馬籠宿與妻籠宿的おんたけ交通巴士，每天4~5班車，約25分即可抵達

10:55、13:25、15:00、17:15固定運行(黃金週及暑假增開9:20)

大人¥600、小孩¥300

行李寄送

為了體貼中山道健走的遊客山路不好搬運行李，馬籠與妻籠的觀光案內所聯手幫旅客運送行李。從馬籠走到妻籠的人可以在馬籠觀光案內所寄送行李，抵達妻籠後再到妻籠觀光案人所領回。反之亦然

行李一件(不分大小)¥1,000

可寄送期間：3/20-11/30。行李寄送時間8:30~11:30、領取行李的時間13:00

請洽兩地觀光案內所

tsumago.jp/walk/

觀光案內所

馬籠觀光案內所

中津川市馬籠4300-1

0573-69-2336 8:30~17:00

妻籠觀光案內所

長野縣木曽郡南木曽町吾妻2159-2 0264-57-3123 8:30~17:00

穿梭江戶宿場町，中山道健行

江戶時代為了連接江戶(東京)與京都，以江戶為中心建設五條主要道路，其中，「中山道」全長約530km，沿途設置了69個宿場，而穿越長野縣木曾山脈的這一段路又被稱作「木曾路」，馬籠宿就是最南端的一個驛站。

長野的妻籠宿與岐阜的馬籠宿相距約9km，順著江戶時代遺留下的石坂道慢慢前行，就可以連接兩地，不僅可以享受森林浴，更讓人不禁遙想當年木曾路的熱鬧。完成中山道健行的話，還可以到兩地的觀光案內所購買「完步證明書」(¥300)，紀念一下這段旅行。另外，中山道依山而建，為了避免與熊正面遭遇，沿途設有不少鈴鐺，路過時記得拉一下。

kiso-magome.com/hiking

一窺昔日生活風貌。

清水屋資料館

別冊P.14,F3 馬籠巴士站徒步3分 中津川市馬籠4284 0264-59-2558 8:00~17:00、12~3月8:30~16:30 不定休 大人¥300、小中學生¥100

清水屋是曾經任職於馬籠宿官吏原家的家屋，曾經在島崎藤村的小說《嵐》裡出現的「森」這個角色，就是以原家第八代的原一平來設定的角色。**館內展示以島崎藤村的手寫信、書畫掛軸、照片為首，另外還有宿驛最昌盛的江戶時期所遺留下的文件、書畫、九谷、伊萬里、唐津等陶瓷器**，也有輪島市的漆器類等，馬籠宿的生活文化歷史都可以在這裡看到。

馬籠脇本陣史料館

別冊P.14,G3 馬籠巴士站徒步10分 中津川市馬籠4253-1 0264-59-2108 9:00~17:00 休不定休 $大人¥300、中小學生¥100

脇本陣也曾經在島崎藤村的小説《破曉前》以桝田屋的姿態登場過，這裡也曾經是蜂谷家的遺址，後來才將史料館建在此地。裡面展示著蜂谷家所遺留下來的生活用品、文獻資料及民俗資料等，**館內還有復原當時大將軍所居住過的房間可參觀**。

藤村記念館

別冊P.14,G3 馬籠巴士站徒步10分 中津川市馬籠4256-1 0573-69-2047 9:00~17:00，12~3月9:00~16:00；最後入館為閉館前15分 休12~2月的週三 $大人¥500、高中大學生¥400、中小學生¥100 toson.jp

島崎藤村出生的房子也是馬籠本陣所在地，在明治28年因大火燒毀，直到昭和22年馬籠的村民為紀念藤村，於是請建築設計師谷口吉郎建造了藤村紀念館。館內展示著藤村所著小説《嵐》、《破曉前》等作品原稿，還有他生前愛用的東西及周邊資料、明治大正詩書等約6千樣展示品，透過這裡**可以了解藤村生前的點點滴滴**。

日本文豪 島崎藤村

島崎藤村(しまざき とうそん，1872~1943)出生於馬籠宿，9歲離開了馬籠之後就再也沒有住過馬籠，但卻在晚年時發表了代表作《破曉前》以及多本小説與詩集，全部都是以馬籠的人、事、物為背景，詩作《初戀》裡的女主角就是大黑屋的小姐小夕(おゆう)，在這裡處處都可以看到藤村所遺留下來對馬籠的愛戀。

傳統風情的店內空間。

大黑屋茶房

別冊P.14,G3 馬籠巴士站徒步10分 中津川市馬籠4255 0264-59-2504 9:00~16:30 休冬季不定休 $栗子麻薯紅豆湯¥800 kiso-magome.com/spots/19

大黑屋是藤村的初戀情人小夕(おゆう)的家，一直到明治時代都是以造酒為主，之後才改成經營小吃與各式工藝紀念品店。目前也是由小夕的家族後代在經營。**熱熱的栗子飯定食是這裡的超人氣招牌餐**，在小説《破曉前》也出現過，飯後甜點可以來碗栗子麻薯紅豆湯，熱熱的紅豆湯吃了身體都變暖和。

惠盛庵

別冊P.14,H3 馬籠巴士站徒步1分 中津川市馬籠5438-1 0573-69-2311 11:30~14:30，賣完為止 休 不定休 山菜そば(山菜蕎麥麵)¥1,100 www.takenet.or.jp/~keiseian/

專賣手打蕎麥麵的惠盛庵至今還是使用石臼在磨粉，每天只磨一定的份量，細心的作成手工麵，放點蔥跟海苔在柴魚醬油裡、再將麵條沾著吃，是最能吃出蕎麥麵原本風味的吃法，吃起來帶渣的口感正是蕎麥麵的特色。而別具特色的山菜蕎麥則是有蕨草與筍子、草菇等，野味滿點。

但馬屋

別冊P.14,F3 馬籠巴士站徒步5分 0573-69-2048 中津川市馬籠4266 Check in 15:00，Check out 10:00 一泊二食¥9,350起 kiso-tajimaya.com

馬籠宿為山中道的最南端，早期是旅人住宿的驛站，而**但馬屋則是僅存少數的傳統旅館**之一。但馬屋仍留有地爐，不定時會在這裡舉辦活動與旅客們同樂。另外，但馬屋準備豐盛的晚餐以山菜溪魚為主，純日式的烹調手法加上新鮮食材，讓人食指大動，能品嚐這裡的美味更是入住時最令人期待的事。

民宿 馬籠茶屋

別冊P.14,F3 馬籠巴士站徒步5分 中津川市馬籠4296 0264-59-2038 Check in 15:00~18:00，Check out 9:00 一泊二食¥8,532~ magomechaya.com

馬籠茶屋是當地的民宿，玄關內以古玩裝飾，並設有交誼空間，可以坐在這裡與其它旅客交換心得。房間寬敞，雖不華麗但簡樸乾淨，對走了一天的旅人來說已經是高級享受。**馬籠茶屋的客房皆在2樓，要注意的是房內皆沒有衛浴設備，需與其他旅客共用**，而且晚上也得要自己鋪床，但別擔心，房內都有鋪床的說明，其實不難。

富山縣

とやま

富山怎麼玩

位在日本海側的富山是品嚐各種海產鮮魚的好地方，縣內各地都有其獨特之處，藥都富山市近年逐漸成為美術之都，傳統與現代文化在這裡交融，氷見、高岡也各有特色，卻都可以感受到童趣的一面；還有世界遺產五箇山，以及超人氣的立山黑部，自然與人文相互影響，營造出富山迷人的景觀。

❶富山市

富山市是前往立山黑部、黑部峽谷等重要景點的出發城市，因此有許多人都會到這裡一遊。從前富山大多被當作中轉地，不過隨著近年市區新開設了玻璃美術館、富山縣立美術館等景點，還有整治完善的富岩運河環水公園，都為富山增添了觀光魅力，吸引不少人專程前來一訪，感受這座優美都市的文化魅力。

❷立山黑部阿爾卑斯之路

說到中部北陸的觀光地，不能不提「立山黑部阿爾卑斯之路」(Alpine Route)，這裡是國際級的山岳觀光路線，每年吸引上千萬觀光客造訪，最讓一般遊客開心的，就是只要利用銜接完善的大眾運輸工具，所有人都能輕鬆登上這段風景秀麗的山地，立足於高聳的雪壁之中，近距離接觸雪壁、冰河、高原生態，欣賞開闊的美景。

❻五箇山

與白川鄉同列名世界文化遺產，五箇山也是合掌造建築的聚集地，因為白川鄉真的太出名了，五箇山相較之下更顯得幽靜自然，相倉、菅沼兩處合掌造聚落值得細細探訪，雖然交通不那麼方便，但只要利用世界遺產巴士，就可以抵達五箇山，對傳統合掌造文化、生活感興趣的話，不妨到這裡一遊、停留一晚，慢慢體會其中的韻味。

❺高岡

高岡是個充滿歷史的古城，不僅有慈祥的日本三大佛之一，還有高岡建於江戶時期的國寶寺廟，以鑄銅為業的金屋町以及保有百年土藏的山筋町，都是值得一逛的老街區，有趣的是，因為藤子•F•不二雄兩位漫畫家是在這裡出生、求學、認識，也因此高岡被稱為哆啦A夢的城市，可以在街道上看到不少可愛的哆啦A夢雕像。

❹氷見

富山灣是日本海側的重要漁場，而富山灣西北側的氷見也是重要港口，在這裡不僅可以大啖新鮮海產，還可以隔著海灣遠眺立山連峰，要是日出時分前來賞景的話，染成橘色的天空與山稜景色更是一絕。自然美景之外，氷見還有充滿童趣的一面，因為作者出身於此，可以在街上找到不少忍者哈特利的塑像，還有畫廊可以參觀，甚至還有彩繪列車呢。

❸黑部峽谷

黑部川流長期侵蝕而形成連綿不絕的谷地，營造出美景秘境，黑部峽谷的風景讓人驚嘆，尤其是秋天時的紅葉景色，搭上小火車，就能輕鬆遊覽峽谷風景，飽覽色彩璀璨的秋日之美後，最後還能在溫泉鄉泡湯放鬆，盡情享受自然絕景與溫泉療癒的加乘魅力。

富山市

とやまし

Toyama City

富山市為富山縣的縣政府所在地，也是北陸地方最重要的都市之一，由於交通便捷，無論是前往熱門觀光勝地的立山黑部或世界遺產五箇山，最適合以富山為根據地，再利用各種交通工具前往遊覽。在歷史上這裡曾是富山藩所屬的繁榮城下町，如今雖然富山城已經廢城，但所存留下的文化資產，例如賣藥產業、鱒魚壽司等，都成為富山市的特色，近年更多了設計新穎的多處美術館，加上保留傳統風景的民藝村、岩瀨地區，吸引遊客一再前往。

交通路線&出站資訊

電車

富山駅◇北陸本線、北陸新幹線、高山本線、JR特急飛驒號、愛之風富山鐵道線(あいの風とやま鉄道線)

電鐵富山駅◇富山地方鉄道-本線、立山線、不二越上滝線

富山駅◇富山市電

◎從金沢、新潟、東京、可搭乘北陸新幹線直達

◎從大阪、京都、名古屋、高山等地可搭JR特急飛驒號抵達

◎金沢與富山之間除了可利用北陸新幹線，也可搭乘私鐵IR石川鐵道線(IRいしかわ鉄道線)，連接通往富山市區的愛之風富山鐵道線

出站便利通

◎富山駅南口可以通往玻璃美術館以及市區百貨等地

◎北口方向可通往富岩環水公園、星巴克、富山縣美術館

◎車站內的購物百貨「とやまマルシェ」位在南口一側

◎市區巴士、周遊巴士大多在南口巴士總站乘車

市區交通

富山市周遊巴士／富山市内周遊ぐるっとバス

由富山地鐵巴士營運的周遊巴士，分「北西回」及「南回」兩個方向，北西回路線為富山駅~富山縣美術館~環水公園~樂翠亭~民俗民藝村~水墨美術館~高志の国文学館~富山駅；南回路線則為富山駅~秋水美術館~科學博物館~玻璃美術館~城址公園~富山駅；市區主要景點皆有抵達

一天各3~4班

單程大人¥210、小孩¥110；一日券大人¥750、小孩¥380

www.chitetsu.co.jp/?p=29523

富山市電

想要輕鬆遊富山市內各個景點，那麼靠市內電車就幾乎可以暢通無阻了，富山市內總共有3條路面電車系統。行走富山駅南側最主要的鬧區及景點，尤其又以環狀線對旅人最便利，一圈大約28分鐘；往北則是前往岩瀨浜。

6:20~22:30

單程大人¥210、小孩¥110；1日乘車券(市電+巴士)大人¥650；小孩¥330

www.chitetsu.co.jp/english/cn2/trams.php

1日乘車券(市電+巴士)適用範圍限距富山駅¥280以內的區間

觀光案內所

富山駅総合案内所

富山市明輪町1-225(富山駅內)

8:00~20:00

とやま観光案内所(富山市観光協会)

可以在此購買各式票券

富山市本丸1-230（富山駅内クラルテ1F)

076-439-0800 8:00~20:00

www.toyamashi-kankoukyoukai.jp

月世界本舗

別冊P.15,C6 市電「西町」駅徒步5分 富山市上本町8-6 076-421-2398 9:00~18:00 週日 月世界¥540 (4入) www.tukisekai.co.jp 富山縣內有許多分店櫃點，可上官網查詢

創業於明治30年的和菓子老舖，其推出的同名和菓子「月世界」是知名的富山名菓，**以新鮮雞蛋和頂級和菓子才會使用的和三盆糖、寒天、白雙糖，一同熬煮出的高級甜味**，看起來像是塊石膏般，實際上是入口即化的乾爽口感，配日本茶或是咖啡都相當對味。

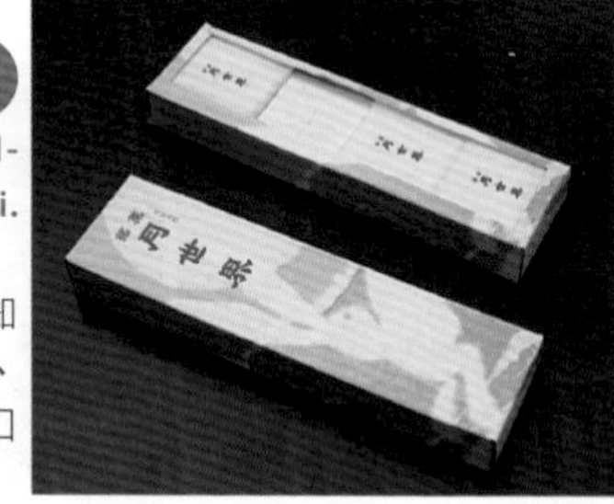

ととやま

おすすめ 薦

銘菓、工藝、藥品全蒐羅。

別冊P.16,D4 JR富山駅南口正前方，徒步3分 新富町1-2-3號(CiC大樓1F) 076-444-7137 10:00~20:00 休每月第3個週二 www.ikiiki-toyama.co.jp

與車站面對面的ととやま，也是一家可以大肆蒐羅伴手禮的地方，雖然還需過個馬路才會到，但這裡的品項跟きときと市場也有些不一樣，最大的不同就是這裡是集合式賣場，把**富山熱門品項全蒐羅外，還闢有工藝品區及富山家用藥品區，可一次綜覽富山產物全貌**，也是走進去就很難全身而退的地方。

這裡設有富山家庭常備藥品區，各式復古包裝，自用送人都很特別。

麺家いろは CiC店

別冊P.16,D4 JR富山駅徒步3分 富山市新富町1-2-3 (CiC大樓B1) 076-444-7211 11:00~22:00(L.O.21:30) 富山ブラックらーめん(富山黑拉麵)¥870，白エビ塩らーめん(白蝦鹽味拉麵)¥870 www.menya-iroha.com

在日本拉麵是最平易近人的庶民美食，每個地方幾乎都會有結合在地特色的拉麵口味，在富山，「黑拉麵」則是廣受歡迎的一品。麵家いろは的**湯頭混合雞高湯與魚干高湯兩種，加上秘傳黑醬油，看起來重鹹嚐起來卻清爽不油膩**，秘訣正是因為使用了富山灣的深層水。另外，除了黑拉麵之外，白蝦拉麵湯頭用曬乾的白蝦殼熬煮，甘甜美味也值得一試。

黝黑的湯頭可是富山正統口味。

15樓的高樓層早餐用餐處，可以悠閒在餐食間邊欣賞城市與立山連峰。

從大廳到飯店走廊、客房內，都以立山連峰意象作為設計風格。

富山東急飯店

TOYAMA EXCEL HOTEL TOKYU

別冊P.16,D4 JR富山駅南口徒步3分 富山市新富町1-2-3(CiC大樓) 076-441-0109 Check in 14:00，Check out 11:00 www.tokyuhotels.co.jp/toyama-e

正對面就是富山車站的EXCEL HOTEL富山東急，高聳的飯店建築，成為一出車站最顯眼的建築。**位居交通、美食、購物最便利的南口，光飯店本身的所在不用走出建築外，就可以立即啟動美食與購物按鈕了。**飯店大廳內的玻璃門一推開就與CiC這棟美食購物商場內部連結，不用5秒即可進到ととやま這個特產直售店內進行大採購，當然必吃黑拉麵就在地下樓，若還嫌不夠，飯店高樓景觀餐廳或是外面周邊就有很多居酒屋、餐廳，加上站前廣場周邊的百貨等，方圓百公尺內吃買一次滿足。

きときと市場 とやマルシェ

おすすめ 薦

好吃好買名店齊聚一堂。

Kitokito市場ToyaMarche

別冊P.16,E3　JR富山駅南口出口左側，徒步1分　富山市明輪町1-220(富山駅)　076-471-8100　9:00~20:30、餐飲10:00~21:30(依店舖而異)　www.toyamashi-kankoukyoukai.jp/?tid=101104

位在JR富山駅直結的這處購物廣場，不僅**集結富山各式特色名店、食品、銘菓、保養品、地酒、雜貨，就連在地人氣黑拉麵元祖店家、排隊白蝦飯、迴轉壽司名店等，一共超過50家店通通聚集在這裡**，加上離車站超級近，即使趕車時間所剩不多，快速解決餐飲或購物也沒問題。

聚集知名商品店家，不論買伴手禮或用餐一次滿足。

與賣場裡的白えび屋為姊妹店，餐點也會附贈一片美味的白蝦仙貝！

白えび亭

おすすめ 薦

富山美味白蝦專門店。

きときと市場とやマルシェ1F　076-433-0355　11:00~14:00、16:00~20:00、週末例假日11:00~20:00　白蝦天丼¥1,290、白蝦赤身丼¥2,600　www.shiroebiya.co.jp

甘甜美味的白蝦，可說是富山灣的美味特產，以白蝦製作的各式餐飲或仙貝，更是來富山必嚐及必買伴手禮。**排隊名店白えび亭就是一家以白蝦為主打的料理專門店，店內可以嚐到炸蝦天婦羅、蝦赤身兩種料理方式**，以薄薄麵衣沾附蝦子，吃得到爽脆及整隻蝦的鮮味與營養；赤身則堅持手撥蝦殼保留蝦的甘甜口感，且一碗就放90隻，口口豪邁又滿意。

富山市玻璃美術館

おすすめ 薦

隈研吾設計的話題美術館。

別冊P.15,C5 市電1~3線「西町」下車徒步1分 富山市西町5-1 076-461-3100 9:30~18:00，週五・六~20:00 第1・3個週三、年末年始 ¥200，高中以下免費 toyama-glass-art-museum.jp

2015年開幕的美術館就位在Toyamaキラリ這棟複合式設施大樓裡。**由日本知名建築師隈研吾所設計，外觀以立山連峰的意象來設計、內部則以挑高直達6樓的大量木造結構，呈現出建築大師一貫風格，令人驚艷。**2至6樓的空間一半是玻璃展，另一半則是圖書館，其中6樓的美國玻璃藝術大師Dale Chihuly常設展如夢似幻，令人醉心。

2樓附設咖啡廳之外，一旁的商店聚集作家商品，不可錯過。

整個富山街道都是美術館

富山除了是藥都、也是個玻璃之城，為了彰顯玻璃產業與藝術在富山的重要性，從外地進入富山駅出站後，就能發現玻璃藝術無所不在，除了站內牆壁、地面甚至玻璃水晶吊燈等，出了站外，不經意的轉角又是一片玻璃藝術作品展示牆。而從縣民會館到城址公園間的綠園道，也用一個個的櫃子展示作品，也是除車站外，戶外玻璃藝術最集中的區域。

マリエとやま

MARIER TOYAMA

別冊P.16,E4 JR富山駅南口前廣場邊，徒步1分 富山市桜町1-1-61 076-445-4511 10:00~20:00，6F餐廳11:00~23:00

以年輕女性流行為主的這個站前百貨，就圍繞在站前廣場的一側，總共6個樓層，除了6樓是餐飲店外，其他樓層幾乎都是販售女性的服飾、雜貨、鞋子、美妝等用品商家，而一樓也有星巴克、甜點店、小型超市，富山知名金工錫器「能作」，也在這裡設有專櫃。

池田屋安兵衛商店

おすすめ 薦

到創業超過80年的老藥舖一遊，了解富山藥都的歷史。

別冊P.15,D5 市電「西町」駅徒步2分 富山市堤町通り1-3-5 076-425-1871 9:00~18:00 反魂丹(胃腸藥)¥10袋裝(每袋10粒)¥1,944。製藥體驗免費 www.hangontan.co.jp

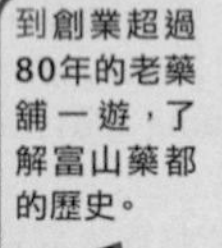

門口高掛著大大的招牌「越中反魂丹」，就說明了池田屋安兵衛商店悠久的賣藥歷史。反魂丹是胃腸藥的一種，由於功效極佳，被人讚為「靈魂被救回來」了一般而得名。**池田屋安兵衛商店賣的藥除了真正有效外，包裝全都復古又可愛，有許多人不是買來吃而是收藏做紀念。**而店內有一處**製藥體驗區**，挑戰古人如何將藥揉成均等的藥丸，出乎意料之外的難呢！

大小均一的藥丸。

各式各樣包裝的藥品，是富山的特色伴手禮。

以立山湧泉種植的黑米加上各式季節蔬菜，搭配出融合漢方智慧的美食。

健康膳 藥都

おすすめ 薦

認證藥膳融入旬之美味。

池田屋安兵衛商店2F 076-425-1873 11:30~14:00 休週二、三 藥膳餐分¥2,750、¥3,300、¥3,850共3種套餐 藥膳餐須預約，一般套餐及午茶不用預約

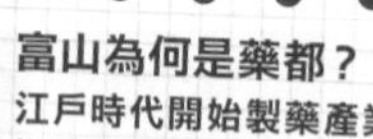

富山優良的水質、健康的食材加上自古對藥食同源的注重，讓市區裡也有多處地方都能吃到認證的藥膳餐。以傳統製藥知名的池田屋安兵衛商店2F也提供藥膳餐，但可別以為藥膳餐會有中藥味，其實這裡的餐食依據季節，從中提取對身體有益的食材，**人參、枸杞、山藥、黑米、野草茶等，吃起來跟一般飲食風味無異，卻又道道具有細緻健康考究。**

富山為何是藥都？

江戶時代開始製藥產業的富山，從第一代蕃主的推動，到第二代藩主田正甫心本身對藥草也相當有研究，因而讓製藥業益加興盛，300多年的歷史，不但是富山重要產業之一、2015年依舊穩占日本製藥產值NO.1。悠久的製藥史也讓這裡保有許多能一窺這歷史與傳統之處，像是「富山市売藥資料館」、「くすりみ博物館」、「池田屋安兵衛商店」、「金岡邸」、「廣貫堂資料館」等。

ますのすし本舗 源 おむすび屋

別冊P.16,E3 JR富山駅中央改札前 富山市明輪町1-1-227 076-431-2104 7:00~21:00 ますのすし小丸(鱒魚壽司 小丸)¥1,200 www.minamoto.co.jp 本店位在富山市南央町37-6，可免費參觀工廠

ますのすし本舗 源是富山的鱒魚壽司老店，店家最早創立於江戶時代，不過當時是旅館以及紙屋，明治33年(1900)創立料亭，8年後鐵道建設完成，國鐵富山駅開通，便進駐車站開始了「駅弁」(鐵路便當)事業，明治45年(1912)將原為祭典供品的鱒魚壽司製成便當販賣。源堅持使用縣產米飯製成壽司飯，將壽司飯放入鋪好竹葉的容器，接著擺上肥嫩鱒魚，再以竹葉包起、用力壓實，就完成這**熱賣百年的經典鐵路便當**了。不僅吃得到百年美味，**本店更設立了鱒魚壽司博物館，可以參觀工廠、動手做壽司**。

鱒魚壽司

ます寿司

鱒魚壽司是許多日本人對於富山的印象，這種來自富山的鄉土料理押壽司，更成了北陸的美食代表。鱒魚壽司是以神通川流域為中心的在地美味，從平安時代開始就是受到崇敬的頂級食物，將從神通川捕獲的鱒魚以鹽醃漬，成為春日祭典的供品，到了江戶時代，結合發酵米飯，成為如今所看到的鱒魚壽司。1912年以火車便當形式登場後，立刻知名度大增，今天在富山縣的各主要車站都可買到。

總曲輪通り商店街&Grand Plaza

別冊P.15,C5 市電「西町」駅下車徒步1分，或市電環狀線「GRAND PLAZA前」駅下車即達 富山市總曲輪 9:00~21:00，依店舖而異 休依店舖而異

原本是富山城的外堀，明治時代外堀被覆蓋成了一條商店街，至今更發展成**富山市最繁華的商店街，就位在玻璃美術館對面**，除了多家老店所在的熱鬧商店街外，還連結大和百貨、FERIO商場、書店等及一處超大半露天活動廣場Grand Plaza，相當熱鬧。

富岩運河環水公園

おすすめ 薦

富山市人氣景點NO.1。

別冊P.16,D1　JR富山駅北口徒步10分鐘，或搭乘周遊巴士(西北周路線)在「環水公園」下車即達　富山市湊入船町　076-444-6041　自由參觀，天門橋瞭望塔9:00~21:30　天門橋免費參觀　www.kansui-park.jp

以運河景致重新活用開發，富岩運河環水公園是個巨大的複合式設施，在廣達**近10公頃的腹地內集合美麗水景公園、富山美術館、市民運動中心、運河觀光船、景觀餐廳、景觀咖啡廳**等，從早到晚都美，立即躍昇富山人氣景點NO.1。

星巴克 富山環水公園店

おすすめ 薦

周遭景致最美的星巴克。

別冊P.16,E1　富山市湊入船町5(富岩運河環水公園內)　076-439-2630　8:00~22:30　不定休　www.starbucks.co.jp

位在環水公園內天門橋邊的這家星巴克，曾號稱是世界最美的一家星巴克。宛如玻璃屋般的空間，將眼前的運河、水瀑、天門橋、美麗草皮及綠樹景致一次收納入眼底，加上入夜後的天門橋映在水上的夢幻燈光倒影，是環水公園內經典景致代表，難怪店內從早到晚，幾乎一位難求。

戶外的座位區可無障礙賞景，更是黃金座位區。
STARBUCKS COFFEE

必玩必看CHECK POINT！

天門橋

作為環水公園的地標，天門橋既是橋也是展望塔及富岩運河歷史展示廳。搭乘電梯上到上面的兩端展示塔，可玩「命運的紅線」，以線來傳聲的遊戲外，也可一覽公園全景，天氣好時還可一望遠端的壯闊立山連峰。

3~12月9:00~21:30，冬期休館

富岩水上LINE(水上交通船)

作為富山早期重要經濟支撐的水運路線富岩運河，如今成了觀光用途，富岩水上 LINE串聯富山環水公園至濱海的「岩瀨」港，沿途綠意與春櫻外，也會經過一處高低水位差的中島閘門，是感受歷史與景致的悠閒之旅。

4~11月，航班及費用見網站　fugan-suijo-line.jp

夢幻夜景

環水公園不僅白日美麗，晚上當燈光亮起，更成為一處有著夢幻水景的夜景地，尤其周邊可賞景的餐廳、咖啡廳甚至是美術館頂樓，都至少營運至晚上10點，讓這裡越夜越美麗又熱鬧。

Light Up~22:00

富山縣美術館

おすすめ 薦

以設計為主題的景觀美術館。

別冊P.16,D1 JR富山駅北口徒步15分鐘，或搭乘周遊巴士(西北周路線)在「環水公園」下車即達 富山市木場町3-20 076-431-2711 美術館9:30~18:00，屋上庭園8:00~22:00 休美術館休週三(假日正常開放)、假日的隔日及年末年始。屋上庭園休12/1~3/15 常設展¥300，企劃展另外收費；高中以下常設展、企劃展免費。屋上庭園免費 tad-toyama.jp

2017年8月全面完工開館的富山縣美術館，一開幕即成話題朝聖地，**以20世紀設計美術展出為主軸的這裡，充滿年輕與活潑風格，館藏除了有畢卡索、米羅、夏卡爾等20世紀美術巨匠作品外，設計海報、椅子等作品都在展出之列**，並以各式設計風格強烈作品展開特展，除了1-3樓展示廳，頂樓以佐藤卓氏所設計的遊戲庭園，是趣味設計感強烈的免費遊憩地。

可居高一覽環水公園。

熱門！溜小孩免費去處~樓頂設計親子公園

取名為「オノマトペの屋上」(「オノマトペ」意為擬音語、擬態語)的這個美術館屋頂庭園，是由設計師佐藤卓所設計，跳脱傳統遊樂器具樣態，乍看像是個戶外設計展示空間，但每個作品都是可以玩樂的器具，以各式擬音語、擬態語來為每個遊戲取名，可愛之外也是另類體驗型設計遊樂區。

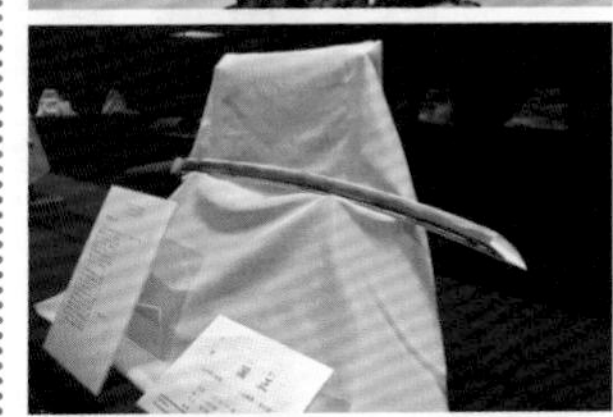

秋水美術館

別冊P.15,C6 市電環狀線「大手モール」駅下車徒步5分 富山市千石町1-3-6 076-425-5700 10:00~17:00(最後入館16:30) 休週一、二(遇假日順延至隔日)、年末年始 大人¥800、大學生以下免費 www.shusui-museum.jp/

宛如日本古代戰士身上的鎧甲般、黑色意象的建築外觀，秋水美術館是間以此為相關收藏主題而開始的美術館，現在則是以日本繪畫、工藝為主軸。**館藏展除了日本珍稀等級的日本刀、加上鎧甲等多達40多件，件件都是珍品**，像是被指定為重要文化財的虎徹及名家正宗所打造的刀等，**也有橫山大觀、川合玉堂等日本近代美術史大師繪畫收藏**，並定期推出不同主題的各式特展。

OARKS CANAL PARK HOTEL富山

別冊P.16,E3 JR富山駅北口徒步2分(北出口有地下道與南口相連) 富山市牛島町11-1 076-432-2000 Check in 14:00，Check out 12:00 www.oarks.co.jp/canal

與富山車站南口的車水馬龍不同，北口寬闊的林蔭大道與人行道空間，飄散悠閒氛圍，飯店就位在車站地下道北口這側、徒步僅需2分鐘。**充滿洗練簡約設計風格的飯店，尤其進入到廣闊的大廳，就讓人感受到充分的放鬆感，選住高樓層的房間內甚至一開窗，不論是城市景觀、環水公園或是立山群峰，都在眼前一一展開**。緊鄰著林蔭大道的飯店，宛若被公園包圍般充滿休閒氣味外，8分鐘徒步距離就可抵達富山人氣NO.1的富山環水公園，即使想到熱鬧的南口，過個地下道不到5分鐘，一樣可以立即轉換成充滿衝勁的吃喝玩樂氣氛，動靜風景皆在咫尺距離。

早餐的餐廳就臨著林蔭道，有種國外咖啡館的悠閒用餐氣氛。

沉穩又溫暖的大廳，讓住客初次抵達就能感受放鬆與安定。
房間設有大片的觀景窗，隨時都能欣賞眼前廣闊景色。

富山市役所展望塔

別冊P.15,C4 JR富山駅徒步約7分 富山市新櫻町7-38 076-443-2023 週一~五9:00~21:00(11~3月9:00~18:00)；週末及例假日10:00~21:00(11月~3月10:00~18:00) 休12/29~1/3 $免費

從外觀看來，富山市公所沒有一般政府機關的呆板形象，反而像是豪華感十足的五星級飯店，而走入大樓內，8層樓的挑高大廳絕對讓人留下深刻印象，**搭乘專用電梯直上70公尺高的展望台，天氣晴朗時，透過大面的潔淨玻璃，360度的開放感可眺望雄偉的立山連峰、富山灣**等，也可以透過附上聲音導覽的望遠鏡俯瞰各地。

松川河岸／松川遊覽船

松川べり／松川遊覧船

別冊P.15,C5　JR富山駅南口徒步約10分　富山市本丸1-34(富山城址公園北側松川茶屋)　076-425-8440富山観光遊覧船　3月下旬~11月，每日10:00~17:00間運行，發船時刻請查詢網站　週一(假日除外)、假日隔日、天候惡劣　遊覽船大人¥1,600，小孩¥750；3月底~4月中櫻花季大人¥1,800，小孩¥900　matsukawa-cruise.jp

流經富山城址公園的松川是富山市中心的重要水道，也是富山市民的休閒場所。**水道兩旁短短1.5公里中，種植了633株櫻花樹**，每到春天的賞櫻時節就吸引許多市民甚至是外地遊客，特地前來欣賞絕美壯麗的春日勝景，為了提供更有藝文氣息的自然景致，市政府特地在松川兩旁設置許多雕刻作品，而松川上更有遊覽船穿梭其中。

除了咖啡飲品，也提供富山旬之美味，人氣滿點經常座無虛席。

D&Department TOYAMA

おすすめ 薦

在地設計&食飲風貌發信地。

別冊P.15,C5　市電「県庁前」駅徒步5分　富山市新総曲輪4-18 (富山県民会館1F)　076-471-7791　商店10:00~19:00，咖啡10:00~17:00(L.O. 16:30)、假日10:00~19:00(L.O. 18:00)　依市民會館休日為主　www.d-department.com/ext/shop/toyama.html

dd系列的富山店，一樣以挖掘與在地長久共生的優良設計品為概念，這裡也展示販售許多富山縣的設計良品、食材等，像是富山玻璃工房作品、能作的金工錫器、桂樹舍的和紙設計品等。同樣在dd Cafe裡也是利用味覺來開啟富山在地食材嚐味之旅，也不定期展開小特展與課程，成為富山設計與傳統傳承發信地。

超人氣壽司店。

すし玉 掛尾本店

別冊P.15,C6外 JR富山駅前搭乘往笹津的31號巴士，在「今泉」巴士站下徒步約3分 富山市掛尾榮町5-8 0120-88-1897 11:00~21:00 休1/1 壽司一盤￥110起 sushitama.co.jp/ 富山駅、金沢駅也有分店

距離富山駅一段車程的すし玉是一家**人氣迴轉壽司店，每天2次從金沢港、富山灣進貨的新鮮當季食材是吸引饕客上門的關鍵**，雖然位於市郊，照樣每天都高朋滿座，更成為富山人招待外地友人品嚐富山灣海鮮的首選，也曾有許多日本藝人造訪，例如個性女歌手木村カエラ、演員小栗旬等，都大讚美味滿分。建議可品嚐鮮炸白蝦、生魚片或軍艦壽司，另外特殊口感的バイ貝(梅貝)可是日本海限定滋味。

天婦羅天米 掛尾店

別冊P.15,C6外 JR富山駅前搭乘往笹津的31、32號巴士，在「掛尾」巴士站下徒步約3分 富山市掛尾町340-3 076-492-6966 午餐 11:30~14:00，晚餐17:00~20:30(L.O.) 休週三(遇假日營業)，週四不定休 套餐形式供餐￥3,570起、天丼￥2310 www.tenyone.com/

創業超過50年的天婦羅老店天米的分店，嚴選食材及讓來客享用到剛炸出的熱騰騰美味都高標準要求，光從油炸用的芝麻油就相當講究，海鮮則以富山在地甚至遠從東京海鮮市場送來的魚鮮等。店內氣氛也是讓食客們喜歡的原因之一，舒適又自在的餐區，分吧台區、榻榻米座位區，和風氣氛讓美味與空間相輔相成。

富山水質NO.1！

日本有許多地方都標榜擁有好水質，日本公認的好水則以「名水百選」最具指標。富山被立山連峰圍繞，湧泉、甘泉處處，光入選「名水百選」就高達8處，日本名水數量可謂名列前茅，有許多標榜以優質富山水、海洋深層水製作的保養品、可口可樂也在此設廠等，買水喝時，記得找富山水喔，感覺喝了以後，全身都清新了起來呢。

手工蠟燭加上原創圖案，就是獨一無二的最佳紀念品。

松住蠟燭店

別冊P.15,C6 市電「廣貫堂前」駅徒步1分 富山市中野新町1-3-31 076-421-4427 9:00~20:00 休週日、例假日下午 絵付け体験(手繪蠟燭體驗)￥860 www.matuzumi.com 手繪蠟燭體驗需事先預約，且最低須三人

北陸地區自古以來就與佛教有著深厚關係，富山又因擁有許多寺院而被稱為佛教之國。**松住蠟燭店創業於1910年**，如今已進入第四代老闆經營。松住蠟燭店的蠟燭都是自家製作，**為了讓更多人認識日本傳統文化，便提供了手繪蠟燭的體驗活動。**

富山市民俗民藝村

別冊P.15,A4外 搭乘往「呉羽山老人センター」的巴士至「富山市民俗民藝村」站徒步即達 富山市安養坊1118-1 076-433-8270 9:00~17:00，最後入場16:30 12/28~1/4 共9館，單館入場大人¥100，全館¥530，高校生以下免費 www.city.toyama.toyama.jp/etc/minzokumingei

位於富山市近郊的民俗民藝村是一座**野外型的主題博物館**，以「民藝」作為主要概念，規劃了富山土人形工房、民藝館、民藝合掌館、民俗資料館、考古資料館、陶藝館、賣藥資料館、茶室円山庵與篁牛人紀念美術館等9棟獨立的展示館。

富山市博物館3日票

富山市博物館3日間共通パスポート

可連續三日參觀富山市內的14處博物館、公共設施。可參觀設施為：鄉土博物館、佐藤記念美術館、玻璃美術館（常設展）、科学博物館、民俗民芸村(1個館)、Family Park、森家、馬場家、浮田家、大山歷史民俗資料館、猪谷関所館、八尾曳山展示館、八尾おわら資料館、八尾化石資料館。

とやま観光案内所、可參觀的14處公共設施、指定飯店等處購票 ¥700 www.city.toyama.lg.jp/bunka/kanko/1010539/1011570.html 需連續3日使用、同一處不限參觀次數，遇休館日不補發，且票券售出後不接受退票

富山玻璃工房

富山ガラス工房

別冊P.15,A5 JR富山駅前搭乘往「富山大学付属病院」的地鐵巴士在「ファミリーパーク前」巴士站下，徒步5分 富山市古沢152 076-436-2600、076-436-3322(體驗預約) 9:00~17:00 週一(遇假日順延)，12/28~1/4 免費入館，吹きガラス(吹玻璃)¥2,900起，運費另計 www.toyama-garasukobo.jp

稍稍遠離市區的富山玻璃工房，是富山市為了推廣在地的玻璃工藝，讓技術、產業與文化結合所設立，期盼能夠創造出以玻璃工藝聞名的城市。**富山玻璃工房融合了商店、藝廊與創作工房等設施**，入口處的商店展售了許多作家寄賣的作品，每件可都是獨一無二，最特別的就要算是和富山大學合作的技術，推出命名為「蔓陀蘿彩」、「越碧」的技法，花色鮮豔透亮，只有來富山才買的到。由於這裡的創作工房提供給在地的藝術家們使用，經常可看到藝術家們的實際工作風景，若想體驗吹製玻璃，只要30分鐘就可擁有專屬的玻璃藝品。

岩瀨

有別於富山市區的現代感，搭上前往富山港灣的輕軌電車，就彷彿穿梭時光隧道進入懷舊感濃濃的區域般。岩瀨從加賀藩主時期就是重要的港口，到了江戶時代更成為許多貨物的輸入港，來到這裡不只體會舊時風情，半天的港町小散步更能感受悠閒的美好。

北前船廻船問屋 森家

おすすめ 薦

きたまえぶねかいせんどんや もりけ

日本海最具代表的海運富商之家，也是國指定重要文化財！

別冊P.14,F5 富山輕軌PORTRAM「岩瀬浜駅」徒步10分 富山市東岩瀬町108 076-437-8960 9:00~17:00(最終入館至16:30) 休12/28~1/4 大人¥100，高中以下免費

廻船問屋，指的是經營海運、利用運送物資與交易賺錢的商家。森家擁有**超過140年歷史大宅裡完全保存當時為了貨物轉運儲藏的廻船問屋形式**，從玄關、廚房到茶室、房間，參訪者可以完整看到江戶的港口生活型態。也因為經營船運的關係，在大宅中能看見屋久杉做的門、小豆島巨石鋪的地板、俄羅斯的琥珀等，在在説明當時的富裕。

富山港展望台

別冊P.14,F5 富山輕軌PORTRAM「岩瀬浜駅」徒步15分 富山市東岩瀬町地内 076-437-7131(富山港事務所) 9:00~16:30 休不定休 免費

以北船前時代琴平神社前的長夜燈型狀為模型，富山港展望台的外觀讓人過目難忘。**登上展望台，可以看見港口邊作業的大型船隻**，據説這裡將許多中古汽車賣至俄羅斯，所以在街上偶爾能見俄國船員呢！

大塚屋

別冊P.14,F5 富山輕軌PORTRAM「岩瀬浜駅」徒步11分 富山市岩瀬大町152 076-437-9678 8:30~17:30，週日例假日8:30~16:00 休週一 三角どらやき2入(三角型銅鑼燒)¥230

大塚屋在百年老舖林立的日本算不上歷史悠久，但傳統的和菓子工夫紮實，**著名的三角型銅鑼燒外皮香Q內餡飽滿，十分美味**。雖是和菓子店舖，仔細一看，店內竟也有冰櫃並擺著泡芙、瑞士卷等洋菓子，同樣受到歡迎。

酒商 田尻本店

別冊P.14,F5 富山輕軌PORTRAM「岩瀬浜駅」徒步10分 富山市東岩瀬町102 076-437-9674 10:00~19:00，週日10:00~18:00 休週一 満寿泉純米大吟醸720ml ¥4,000 www.tajirisaketen.co.jp

田尻本店不釀酒，是專門賣酒的酒舖。來到這裡除了有日本的清酒外，歐美的進口紅酒也不在少數。一般觀念中認為只有紅酒需要靜置熟成，但在這裡也找得到10年、20年以上的清酒，在溫度濕度都被控管的空間中，清酒的口感更臻圓融，極具層次。

立山黑部阿爾卑斯之路

たてやまくろべアルペンルート

Tateyama Kurobe Alpine Route

立山連峰和黑部峽谷連成的阿爾卑斯之路(Alpine Route)，沿著富山縣和長野縣間的中部山岳國家公園主脈而行，三千公尺級的群山連峰，構成日本北阿爾卑斯山的屋脊，是國際級的山岳觀光路線，一年至少有1,000萬以上的觀光客造訪這條景觀線。立山黑部以冰河地形、高原生態、高海拔氣候而觀光魅力無窮，過去因興建水壩而建設的阿爾卑斯之路，把只有登山家才能登頂的立山、黑部峽谷，以最方便輕鬆的交通工具，讓一般人也能親近美景。

交通路線&出站資訊

電車

立山駅◇富山地鐵立山線、立山登山纜車

信濃大町駅◇JR大糸線

觀光旅遊攻略

◎立山黑部阿爾卑斯之路的觀光建立在多種交通工具的乘換。進入立山黑部阿爾卑斯之路的主要入口有兩處，分別是富山縣的立山駅，和長野縣的信濃大町駅

◎從電鐵富山駅搭乘富山地鐵本線約1小時可抵達立山駅

◎從JR松本駅乘車前往信濃大町駅，再轉乘ALPICO巴士約40分可抵達扇沢駅

◎相關旅遊訊息可至官網確認

www.alpen-route.com/tw

雪之大谷

おすすめ 薦

立山黑部最具代表的雪壁風景。

別冊P.14,F1 搭乘行駛在天狗平和室堂站的立山高原巴士，或是直接用步行的方式參觀雪之大谷 天狗平和室堂之間 每年春天視積雪狀況，宣布「立山開山」的通車日期，約在4月15日前後，也是雪之大谷最壯觀的時候 雪之大谷的平均溫度約在零度到十度之間，保暖衣物要帶夠，像是雪衣、不易滑倒的鞋靴

最受遊客們歡迎的雪之大谷是從室堂到天狗平，每年春天才開放的一條車道。由於高山雪封時間長達四個多月，讓阿爾卑斯之路一年只運行三季，每當春天山路再開時，就會利用**除雪車開出阿爾卑斯之路**，也因此**在道路兩邊留下高達15公尺的雪壁**。天狗平至室堂平之間的道路，在這一段開山的期間，開放給遊客體驗行走在雪壁裡的冰凍感受，絕對是難忘的奇妙經驗。

行程安排建議

想要體驗立山阿爾卑斯之路全部的交通工具，建議安排2天1夜最為理想。但若只有一天的時間，卻又要一天之內從立山駅一路玩到扇澤的話，大約要6~8小時，且為走馬看花行程，很趕很趕。可以的話還是有所取捨，改玩立山駅至室堂一帶，若有多出來的時間，頂多再坐隧道電軌車到大觀峰，坐纜車到黑部平，由高空俯瞰大地的美景。

請你跟我這樣穿

立山黑部的氣溫比平地平均低12~13度，所以在服裝方面需要特別留心。4~6月的春天，需穿厚長褲，穿脱容易的雪衣、雪靴。就算到了夏天，山上仍有些許殘雪且早晚溫差大，最好準備太陽眼鏡，通風的長袖衣褲與布鞋。秋天賞紅葉的季節則穿厚外套與厚長褲。不管是哪個季節，只要天氣放晴的話日照就會變得強烈，所以最好都要準備防曬油與帽子，以免被曬傷。

圖解立山黑部阿爾卑斯之路

橫斷雪壁交通解析

阿爾卑斯之路除了大山的開闊、登高的景色變化之外，最迷人的還有最多樣化的交通工具。為了減少環境破壞，由立山黑部觀光與關西電力等單位聯合開發而成的路線，以低污染的交通工具提供遊客直攻美景，隨著一路可以體驗許多不同的交通工具，不僅讓人讚嘆人類在自然中開路的偉大技術，更是構成旅客們美好回憶的旅遊樂趣。

立山隧道電軌巴士

立山トンネルトロリーバス

區域：室堂駅～大觀峰駅 3.7m 約10分 ¥2,200

這條**貫穿立山主峰雄山的中腹，專供電軌巴士行走的隧道**，是日本海拔最高的隧道，標高2,450公尺。為了保持青山綠水，其使用以電力為動力的巴士，而非過去的高污染的柴油巴士。立山隧道電軌巴士做了最好的環保示範。

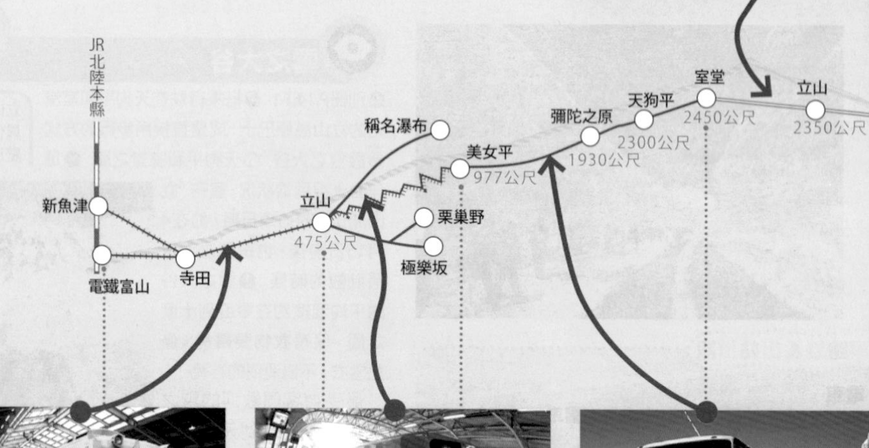

富山地方鐵道

富山地方鉄道

區域：富山駅～立山駅

31.3m 約60分 ¥1,230

由富山側進入立山阿爾卑斯之路最重要的交通幹線，以緩慢的速度前進，且每站都停留，上班族、學生或主婦們以此通勤，可以看到在地人的日常生活風景，即將抵達立山站前所行經的鐵橋，可以眺望溪流美景，電車還會特地放低速度讓遊客們欣賞。

立山電纜車

立山ケーブルカー

區域：立山駅～美女平駅

1.3m 約7分 ¥1,090

連結立山站和美女平站之間的爬坡纜車，兩站間高低落差500公尺，俯瞰的景觀當然不同凡響，但搭乘電纜車只需要7分鐘即可到達，上升得很快很快，美景稍縱即逝。

立山高原巴士

立山高原バス

區域：美女平駅～室堂駅

23km 約50分 ¥3,000

行走於美女平和室堂間的立山高原巴士，行駛時間約50分鐘。這條景觀道路又叫Park Line，窗外景致從中海拔林相漸漸變為高海拔林相，景色變化豐富，秋季紅葉季節更是壯觀。天狗平～室堂駅則是知名的雪壁區。

立山纜車

立山ロープウェイ

區域：大觀峰駅～黑部平駅 ⊖1.7m ⊙約7分 ⓢ￥1,700

搭乘立山纜車進入立山連峰的山區，秋天時黃紅綠交織錦繡奪目，西北遠方的黑部湖則隨著光線閃著金黃的光線，是立山最佳的眺望點。**長1,710公尺的立山纜車，是日本第一長的纜車**，而且中間一根支柱都沒有，而是運用技術以鋼索支撐，加上大觀峰和黑部平的標高落差500公尺，風景壯觀無比，有「移動的展望台」的稱號。

關電隧道電氣巴士

関電トンネル電 バス

區域：黑部湖・黑部ダム～扇沢

⊖6.1km ⊙約16分 ⓢ電氣巴士￥1,800

關電隧道電軌巴士行駛於總長超過6公里的隧道內，**採用低公害的電力來行駛，爬坡時氣壓與電力並用，以達到省電目的**，但這台服勤54年、觀光客熟悉的電軌巴士已於2018年11月底停駛，關西電力公司引進同樣環保的電氣巴士，一次可乘載80人，以白色為車身主色，不僅代表新氣象，同時也帶有阿爾卑斯之路的雪白意象，2019年起這台巴士也繼續帶領遊客，跨越富山與長野的交界，領略阿爾卑斯之路之美。

2316公尺 大觀峰
黑部平 1828公尺
黑部湖 1455公尺
遊覽船乘船處(走路200公尺)
徒步15分鐘
黑部水壩 1470公尺
赤澤岳 2678公尺
1433公尺 扇澤
839公尺 大町溫泉鄉
大系線
信濃大町

黑部隧道電纜車

黑部ケーブルカー

區域：黑部平駅～黑部湖駅

⊖0.8km ⊙約5分 ⓢ￥1,150

這是**日本唯一一條走在隧道中的爬坡電纜車**，長872公尺。蓋一條隧道專給電纜車走，為的是不破壞自然景觀和防止冬季大雪造成的危險，方便工作人員冬季進入黑部水壩區工作及維護。黑部平和黑部湖高低落差有377公尺，所以電纜車的坡度大概有30度，車內的座位和走道都呈陡坡狀，非常特別。

必看！！旅行中的大行李

大部分前往黑部立山旅遊，不是從富山出發，就是從長野縣側的信濃大町前往，如果不是往返回原住處，而是帶著行李一路前進，如何處理大行李就很傷腦筋，例如：如果從富山預計一路往長野方向，就可利用行李寄送服務，直接把行李送到可以收件的信濃大町駅或當地15家住宿飯店。通常一大早在規定時間(大約早上10點前)內填單，就可以當日傍晚送達。

但如果是住阿爾卑斯之路上的高山飯店，行李隔日才會到，對於國外旅客來說不一定便利，建議輕裝前往，大行李則寄送至富山或信濃大町，畢竟一路上不斷地換交通工具，旺季時、人潮也不少，山區主要車站大都設有投幣寄物櫃，也可善用，再去周邊步道走也比較輕鬆。

公司：立山黒部サービス株式会社 ⊙4月中到10月底立山開山期間(每年微調)。詳細收件時間、送件時間請見網站 ⌂行李投遞&收送點：電鐵富山駅(富山地方鉄道)、信濃大町駅前 ⓢ行李以件計價，每個￥2,500 ⓦ www.alpen-route.com/information/forwarding.html

稱名瀑布

薦 おすすめ

稱名滝

別冊P.15,C1 從立山駅搭乘往稱名滝的立山高原巴士，約20分鐘於終點站下車，徒步至觀瀑台約30分鐘 立山町室堂平 076-463-1121

顯著的高低落差加上奔騰水流，日本第一巨瀑的聲勢讓人印象深刻。

稱名瀑布源自立山的主峰雄山，四段式自高處流下，上下落差350公尺，更壯觀的是，每一段的落差也很可觀，分別是70公尺、58公尺、96公尺、126公尺，因此「聲」勢浩大，真是不同凡響。稱名滝和其右側的阿吽瀑布在視覺角度上呈V字型，水量最旺時，兩股瀑布一洩而下的水勢，**據測量每秒有10噸的水量**，難怪是日本第一巨瀑。

美女平

別冊P.15,B1 立山電纜車美女平下車

美女平中約有60種野鳥，5月時鳥聲最清脆，是賞鳥人的最愛；享受森林浴或觀察自然的人，也會收獲豐富。其散步路線共有三條，步道指標清楚；腳力健的人可以一路往「ブナ平」的方向前進，沿途樺木林相伴，是日本森林浴百選之一的路段；**如果只想小試一下，1小時的內迴步道路程也就足夠享受美女平原生林的生機了**，最後再回到美女平，繼續行程。

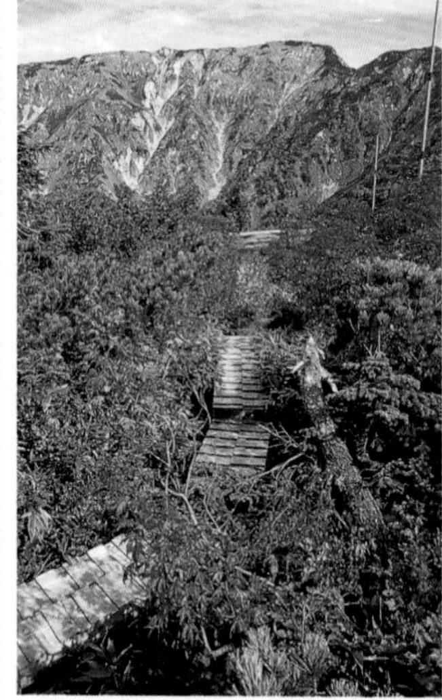

天狗平

別冊P.14,E1 立山高原巴士室堂站下徒步1小時可達 立山町

室堂到天狗平、天狗平到彌陀之原可以說是立山景觀和生態最豐美的一段。室堂到天狗平先是下坡的平路，到了大谷後健行輕鬆，景色如畫，花田、白雪溶化的溪流讓健行步道更加有意境，也是眺望2009年日本賣座電影《劔岳》主角劍岳的最佳地點。突然間，群山從四面傳來激勵，從天狗平經獅子ヶ鼻岩到彌陀ヶ原則是挑戰級，山稜變得無情，陡坡深壑，但一切的辛苦在抵達彌陀ヶ原後都值得。

彌陀之原

彌陀ヶ原

◎別冊P.15,D2 ◎立山高原巴士彌陀ヶ原下 ◎立山町

彌陀之原名稱是受佛教的影響，以阿彌陀如來命名，其位於標高1,630~2,100公尺之間，**是日本最高的高原之一**。這片台地由立山火山千萬年來數度爆發所噴出的熔岩形成，現在則如一片大草原般，面積廣達6萬平方公里，**是整個立山黑部觀光和自然生態最精華的地方**。由於緯度高，6月才融雪，7月初高山植物就在一夜間綻放，生命力驚人，9月中旬秋天就來拜訪了，繽紛的高山植物展現出自然的調色盤，讓秋意美得讓人讚嘆。

餓鬼田

◎別冊P.14,E2 ◎立山高原巴士彌陀ヶ原下，健行約50分，在外迴路線上 ◎立山町

彌陀之原的草原上到處可見池塘，特別是餓鬼田一帶，大小沼池點綴其間，大山的倒影讓大地的色彩更搖曳更清透。走上接近餓鬼田的叉路，正前方是藥師岳，腳旁鑲黃邊翠綠的熊笹草，佔據了高原的一片，無窮無盡地伸向遠方。在立山還是神山的信仰時期，傳說這裡是死人種田的地方，才取名餓鬼田，但踏上這裡，絕沒有鬼氣陰森之感，反而有景色如畫、身在虛無異世界的錯覺。

室堂平

◎別冊P.14,F1 ◎立山高原巴士室堂站下徒步2分 ◎立山町

立山連峰在長野縣境的黑部側非常陡峻，但在富山縣側，美女平到室堂間卻是一片大高原，高原的最高點即室堂。**位於立山主峰雄山正下方的室堂平，標高2,450公尺，是立山的中心地，也是展望立山三山(雄山、大汝山‧別山)、劍刃岳、大日連山等3,000公尺級高山的第一景觀點**。不論腳力如何，「雲上的散步」健行路線時間約1到2小時，車站三樓室外的展望台，即是前往各健行路線的起點。

從室堂平車站到秘庫立池一周的路線，最受歡迎。

秘庫立池

おすすめ 薦

みくりが池

◎別冊P.14,F1 ◎立山高原巴士室堂站下徒步12分 ◎立山町

一路上冰河遺跡的圈谷地形明顯，是絕佳的大自然教室。

前往秘庫立池，必須先登上室堂車站三樓，有個出口直通往室堂小屋和秘庫立池的步道，步行數分鐘就可以到達。秘庫立池是個火口湖，周圍600公尺、水深15公尺，是北阿卑斯山系中最深的高山湖，湖的周圍有不少珍貴的動植物，冰河時期留下的鳥類雷鳥，也常出沒在這一帶。**池畔的步道打造完善，沿著走一圈約1小時**，深藍色湖面映著立山連峰，自然而神秘，池沼清徹，倒映陡峰，非常美麗。

記得務必走在遊步道上，以免過度接近地獄谷有毒的氣體。

地獄谷

別冊P.14,F1　立山高原巴士室堂站下徒步30分可達　立山町

從秘庫立池一周的路線可直接走入地獄谷路線，不需回到室堂車站原點，叉口就在可眺望山崎圈谷，全程約3小時。**地獄谷可說是日本海拔最高的溫泉，離室堂車站約徒步半小時**，尚在沸騰的溫泉熱氣從池沼中噴出，硫磺的氣味不好受，很有身處地獄的感覺；在鍛治屋地獄中更有一根由噴煙和硫黃凝固成的塔柱，十分詭異。

玉殿湧水

別冊P.14,F1　立山高原巴士室堂站下徒步2分　立山町　076-463-1121　免費

位於立山主峰雄山下的玉殿湧水是**日本海拔最高處的名水**。1968年在室堂至大觀峰中央的立山隧道工程中發現了這一處清泉，每天會湧出2萬噸，為了讓更多人能夠品嚐，**特別引至室堂巴士站後方的飲水場，從5月下旬至10月下旬都可嚐到**，水溫攝氏2~5度的泉水潔淨又涼透人的心脾。

天然記念物 雷鳥

立山有許多珍貴的動物，其中尤以雷鳥最寶貝了。雷鳥是冰河時期至今都還存在的鳥類，目前立山約還存有300隻。雷鳥全身毛茸茸的，會隨著季節更換保護色，夏天雄鳥是黑或白色，雌鳥是褐色，而到冬天則全身變白，融入雪景中。雷鳥雖然是鳥，但牠不會飛，只會高高的跳，幸運的話，在立山室堂平的立山飯店後方，或通往立山溫泉小屋的健行路徑上，可見牠們的蹤影。由於牠的珍貴，關西地區開往北陸的特急火車就是取名自此。如果有機會利用到「雷鳥號」(サンダーバード)的話，可以順便觀察它車頭上畫的雷鳥喲。

立山自然保護中心

立山自然保護センター

別冊P.14,F1　立山高原巴士室堂站下即達　立山町室堂平　076-463-5401　8:30~17:00 (7/16~8/31為8:00~17:00)　休11月中旬~4月中旬　免費　tateyama-shizenhogo-c.raicho-mimamori.net

位於室堂平車站旁的立山自然保護中心，是一個**專門展示立山生態的小型博物館**，館內以生動而有趣的展示手法詳細介紹立山的高山植物、動物；夏天和秋天有自然解說員在館內，等著服務有需要的遊客，**還可以報名參加自然生態導覽解說**。

立山飯店

おすすめ 薦

想要飽覽立山風景，入住立山飯店是最佳選擇。

Hotel Tateyama

別冊P.14,F1 立山高原巴士在「室堂」巴士總站下即達 中新川郡立山町芦峅寺室堂 076-463-3345 立山開放期間，Check in 15:00~，Check out~10:00 h-tateyama.alpen-route.co.jp

被稱為離星星最近的度假聖地，立山飯店位於海拔2,450公尺的立山黑部室堂地區，是中部山岳國家公園少數的飯店之一，也是全日本位處最高的飯店，四周盡是3,000公尺以上的高山，眼前就是壯闊絕美的北阿爾卑斯群山與立山連峰，健行、觀星可盡情感受大自然的擁抱。除了住宿客房，立山飯店也提供登山客許多美味，經濟又好吃的和食堂與咖啡廳，讓登山旅客能稍作休息。

必買名產·星の雫

於號稱只有在「離星星最近的車站」室堂才買得到的星の雫，糖如其名，不只美麗也十分美味。用香濃白巧克力包裹著杏仁，外表再灑滿了香甜粉末，是立山黑部阿爾卑斯之路中最受歡迎的人氣伴手禮之一。在立山飯店的1樓賣店就買得到。

¥1,100

在太陽照射之下還會出現美麗的彩虹。

黑部水壩

おすすめ 薦

水壩洩洪的氣勢與周邊山林景色相襯，堪稱一絕！

黑部ダム

別冊P.14,H2 搭乘黑部隧道電纜車在黑部湖站下，徒步約10分即達展望台 立山町黑部水壩 自由參觀 www.kurobe-dam.com/index.html

黑部水壩是立山最大的能源開發案，高186公尺，堤長492公尺，為**日本最大的拱型半圓型水壩**，可發電3億3千5百萬瓦，所供應的電力輸送到關西地區，如果有時間，爬上200多階的樓梯，**登上水壩的展望台，可以瞧見整個水壩的巨大和後立山連峰的全景**。每年6月下旬至10月中旬，會不定期放水，每秒10立方公尺的水勢十分壯觀。

從湖上欣賞壯麗風景。

黑部遊覧船GARVE

部湖遊覧船ガルベ

別冊P.14,H2 搭乘黑部隧道電纜車在黑部湖站下，徒步約8分即達 立山町 080-1140-5641 6/1~11/10每天7班 休冬季11/11 ~5/31、水位低時 大人¥1,200，小孩¥600 www.kurobe-dam.com/kankou/mirutanoshimu13.html

要更親近黑部湖，可搭乘黑部湖遊覽船。在阿爾卑斯之路通行的時間內，**只要海拔高1,448公尺的黑部湖不結冰，遊覽船就會開航，用30分鐘帶領遊客們環湖一周**，從湖上欣賞這個日本最高的湖的山光水色，以及黑部川上游源頭的赤牛岳、立山連峰的冰河地形。

黑部峽谷

くろべきょうこく

Kurobe Gorge

位於北阿爾卑斯立山連峰和後立山連峰間的黑部川，長期侵蝕而形成連綿不絕的谷地，便是今天我們知道的美景秘境黑部峽谷。黑部峽谷最美的秋景，紅葉紅得令人印象深刻；山頂終年白頭、中腹的楓紅及密林的黑、近山的綠、溪流的藍，五色層的景致遠近馳名。而小火車搭乘處的宇奈月溫泉鄉，更是遊客攬景後泡湯放鬆的好地方。要注意的是黑部峽谷小火車的行駛時間為4月底~11月底（視當年積雪情況調整），冬季不開放。

交通路線&出站資訊

電車

宇奈月温泉駅➡富山地鐵本線・特急

◎從富山駅可搭乘富山地方鐵道本線直達宇奈月溫泉，要轉乘小火車也很方便

出站便利通

◎從宇奈月溫泉駅出站，經過溫泉噴水池後繼續朝前徒步，就是飯店、餐廳聚集的溫泉鄉

◎除了飯店溫泉以外，也有公共溫泉澡堂「湯めどころ宇奈月総湯」可以利用，就算不住宿也可享受溫泉

・湯めどころ 宇奈月総湯

黑部市宇奈月溫泉256-11 9:00~22:00

休 週二、5~11月只休第4個週二

高中以上¥510、中小學生¥250

yumedokoro-unazuki.jp

觀光案內所

宇奈月溫泉觀光案內所

黑部市宇奈月溫泉256-11(宇奈月溫泉總湯內)

0765-62-1515 9:00~17:00 休 12/29~1/3

黑部市地域観光ギャラリー「観光案内所」

黑部市若栗3212-1(北陸新幹線黑部宇奈月溫泉駅旁)

0765-57-2851 9:00~19:00

宇奈月麥酒館

別冊P.17,D1外 富山地鐵「下立駅」徒步8分；宇奈月溫泉街開車10分 0765-65-2277 黑部市宇奈月町下立687 餐廳11:00~18:00、12月~3月~15:30。賣店9:00~18:00、12~3月9:00~15:30 休 夏季休週三，冬季休週二・三，年末年始 缶ビール350ml-3缶セット(宇奈月地啤酒350ml 3罐組)¥1,580 www.unazuki-beer.jp

以海拔3,000公尺所流下的黑部川名水及宇奈月的黑部二条麥作為原料釀造，宇奈月地啤酒深受日本國內旅客喜愛，比起一般的啤酒有更多活性酵母，**光國際啤酒大賞就有多達八次獲獎紀錄**，有4種風味可以選擇，想一品宇奈月名水與地啤酒的人絕對不能錯過。

宇奈月溫泉

別冊P.17,A1 富山地方鐵道本線直達宇奈月溫泉駅 黒部市宇奈月温泉 0765-65-0022(黒部・宇奈月温泉観光局) www.kurobe-unazuki.jp

切割黑部峽谷的黑部川，在峽谷出口處轉了一個大彎，彎邊的崖上聳立著一幢幢溫泉旅館、高級飯店，這就是宇奈月溫泉地。其實宇奈月原本沒有溫泉，而是從距離7公里遠的黑部川上遊的黑薙引來的。早期因交通不便，到黑薙去很麻煩，再加上黑薙湧出高達100度的溫泉，引到宇奈月後仍保有60度左右的高溫，經由這樣龐大的工程，才造就了宇奈月溫泉。

位於深山玄關處的溫泉鄉。

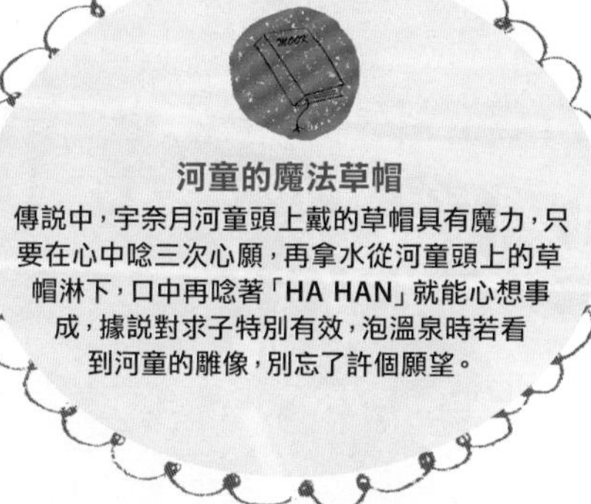

河童的魔法草帽

傳説中，宇奈月河童頭上戴的草帽具有魔力，只要在心中唸三次心願，再拿水從河童頭上的草帽淋下，口中再唸著「HA HAN」就能心想事成，據説對求子特別有效，泡溫泉時若看到河童的雕像，別忘了許個願望。

部峽谷行程建議

建議白天先在別處遊玩，下午到宇奈月溫泉休息一晚，隔天搭上小火車喀隆作響穿過山洞，一路置身於山林溪谷之間，盡情欣賞黑部峽谷的壯麗景觀。如果對野溪有興趣的話，一定要試試鐘釣溫泉，必能留下美好的回憶。

延対寺荘

別冊P.17,F1 宇奈月溫泉駅徒步5分，事先預約可從車站接送 黒部市宇奈月温泉53 0765-62-1234 Check in 15:00，Check out 10:00 一泊二食￥10,000~ www.entaiji.com

延対寺荘沒有一般溫泉旅館的氣派排場，室內空間巧妙融入裝飾，**尤其是面對溪谷的露天溫泉從黒薙引來，讓人在泡湯時也能邊聆聽大自然的合唱**，邊享受溫泉滋潤，秘境溫泉鄉當之無愧。川端康成、与謝野晶子等文人雅士，也都曾是座上賓，優雅經典的和風空間與日本服務美學讓人難忘。

穿越峽谷的橘色精靈

黑部峽谷小火車

黑部トロッコ電車

黑部峽谷鉄道原本是為了開發水力而鋪設的軌道。沿著斷崖絕壁前進的輸送小火車，意外提供了觀賞高山峽谷秘境之美的絕佳視野，因而打響了名號。於是輸送小火車變身為觀光用途的黑部峽谷小火車，讓大人小孩乘著涼風，深入雄壯的大自然中。黑部峽谷小火車穿過41個山洞、25座橋，但中間停的站不多，主要是黑薙、釣鐘和欅平三大站。下車處不多，但可欣賞的黑部峽谷景觀點可不少，一路還有廣播説明歷史、建設過程和景點。

公司：黑部峽谷鉄道 ⊖宇奈月~柳橋~森石~黑薙~笹平~出平~猫又~鐘釣~小屋平~欅平 ◷4~11月間行駛，1小時1~2班車。宇奈月首班8:17發車，末班14:56發車。欅平首班10:01發車，末班16:43發車(依季節時間稍有不同) Ⓢ宇奈月駅~欅平駅￥1,980，搭乘特別客車需加￥370，搭乘リラックス客車需加￥530 ⓦwww.kurotetu.co.jp ❗全車皆為對號座，行前一定要事先訂位，以免徒留遺憾。以上發車時間為2023年夏秋時刻表，實際發車時間請見官網

晚秋割引

黑部峽谷小火車在旺季時，常常一票難求，但到了尾聲時，旅客相對較少。也因為這樣，在封山之前(約11/11~11/30)車票會以8折優惠價售出，這段時前造訪的人不妨撿個便宜。

五段紅景觀

五段染め

黑部峽谷最美是在秋季時節，特別是秋景的楓紅令人印象深刻，溪谷兩旁的連峰山勢巍峨高聳，林木依山區氣溫由上而下漸次轉紅，交織出變化萬千的絕妙秋景。其中最精采的莫過於五段紅景觀了，遠方山頂的終年白頭與密林的黑、中腹的楓紅、近山的綠、溪流的藍，構成宛若浮世繪的景象。

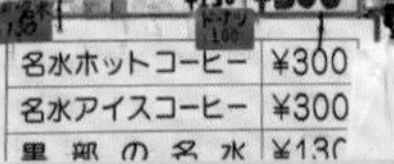

新山彥橋

小火車一發動不久，就來個大轉彎，通過這座紅色的鐵橋。鐵橋跨越黑部川，長163公尺，離溪谷約40公尺高，而且為了遷就峽谷兩岸的高度差，而形成稍微仰角的橋面，小火車在這裡就已經開始爬坡了，也可想像小火車工程的不易。**黑部峽谷最有名的一景「紅橋與深秋紅葉」，就是這座橋與秋天楓紅時的景象。**

出平水壩

位於出平駅的水壩，**最美的景點是出六峰，它是六座背靠背的六座山峰，連成一片肌理分明的岩山**，天晴時，陽光照出金黃的岩壁，陰天時雲層低靠，也另有一番風情。

後曳橋

這座橋是**整個黑部峽谷最美的一座橋**，橋長64公尺、離溪谷60公尺高，這一帶的山壁和林相是黑部峽谷中最巍峻的，色彩飽滿的景致賞心悦目。黑部峽谷的宣傳照常是一列小火車通過清澈溪流、黃紅綠山林包圍的谷地和這座鐵橋，仰角的拍攝讓人印象深刻。

黑薙溫泉

黑薙溫泉是宇奈月溫泉的泉原，**泡這個湯要從黑薙駅走路約20分鐘**，才可以找到這個位於溪流畔的溫泉，而且溫泉旅館就這麼獨一無二的一間。由於遠離鐵道和道路，所以非常有秘湯的獨特氣氛。

老鼠回頭的岩壁

ねずみかえしの岩壁

這是貓又站的名所。這裡有個岩壁高達200公尺，猶如一片屏風般從溪谷往天際聳立，由於**幾乎如90度般陡峭**，被貓追到這裡來的老鼠，也無可奈何只好回頭。

東鐘釣山

在進入黑部峽谷小火車的第二人氣停留站前，火車進入鐘釣山的山腹，首先是東鐘釣山，一座**像吊鐘的倒V山，火車經過的路線離溪谷有350公尺高**，坐在火車上仰望寬大的東鐘釣山，錦彩如畫就是這個景像了。

新柳河原發電所

黑部川上共有九座水壩，**新柳河原發電所就位於宇奈月水壩旁**，外型像一座歐洲古堡，坐在小火車上看，非常顯眼。

錦繡關

在鐘釣露天溫泉的溪谷地上，往上流望去，鐘釣橋和遠方山林構成的錦繡模樣，而往下游望去，黑部川支流穿過窄小的峭壁，山險溪湍，使這裡贏得「錦繡關」的名號，也是**黑部峽谷的第一紅葉名景**。

欅平

似乎下了欅平駅的遊客，第一件事就是在車站廣場找個好位置吃便當。車站廣場上的遊客中心，可以自由進出，**這裡展示著黑部峽谷的開發過程和四季景觀**，生態解說也很詳細。

猿飛峽

猿飛峽這裡是整個黑部川最狹窄的地方，窄到猴子從一邊掛著樹枝一盪就會盪到對岸去了，這就是猿飛峽名稱的由來；**猿飛峽不但窄，絕壁和溪流呈現90度，一路以Z字形往奧黑部展延而去**，景觀很特殊，因此又稱為「景雲峽」。

鐘釣溫泉

如果你能夠在眾目睽睽下泡露天溫泉，請趕緊在鐘釣駅下車，**這裡可眺望黑部峽谷第一秋景錦繡關、對岸直壁式的百貫山，還有野溪泡湯的樂趣**。鐘釣駅是僅次於欅平駅，黑部峽谷小火車上第二人氣站，這個車站很窄小，下車後往欅平方向走，約10分鐘可以到達鐘釣溫泉及黑部川溪谷。

奧鐘橋

走下車站廣場的階梯，另一段的黑部峽谷景觀又展開了。再往下坡可以走到川畔溪谷，以仰角的方式欣賞紅色奧鐘橋，以及婉延向遠方的秋色峽谷。奧鐘橋長87公尺，距溪底有35公尺高，**通過這座橋，約健行半小時可以到達山中秘湯名劍溫泉、祖母谷溫泉**，如果你想前往這些秘湯泡個溫泉，可得注意回程小火車的時間。

西鐘釣山

在進入終點站欅平駅之前，火車行走於西鐘釣山區，**這裡最醒目的是兩座緊靠的花崗岩**，在一片岩石中特別地鶴立雞群，於是大家給它取了一個甜蜜的名字：夫婦岩。

小屋平

火車出了鐘釣駅後，接連通過多個隧道，明暗明暗間，火車正走在岩頂距谷底1,500~2,000公尺的峭壁上，一路的風景也很精彩，在陽光的照耀下，呈現非常金亮的色彩，不知是不是出隧道乍見從樹葉中漏下的陽光，產生的錯覺呢。

食人岩

人喰岩

一過奧鐘橋後的食人岩，字面上的意思是會吃人的岩石。巨岩騰空凸懸在頭頂上，人走在下頭像是走進石頭巨人的大嘴裡似的，**這裡是大家最喜歡攝影留念的地方，但要小心被上頭突然流下的水弄濕了**。如果打算從欅平駅到名劍溫泉，往返一計算，至少得80分鐘，因此得你至少準備在欅平駅停留2小時，所以在欅平駅購買回程車票時，得選擇距抵達時間2小時以上的回程班次。

氷見 黒部峡谷 高岡 富山市 五箇山 立山黒部阿爾卑斯之路

氷見

ひみ

Himi

氷見位在富山灣的西北，自古被稱為自然漁場，漁貨海鮮豐富，但除了以海鮮聞名之外，可能有很多人不知道氷見的日出美景是日本的百選之一，還有從這裡可以隔著富饒的富山灣遠眺立山連峰絕景。因為地型的關係，氷見也有優質的氷見溫泉，來這裡邊泡湯邊欣賞海岸風景，是個讓心情放鬆，胃口也飽足的休閒好去處。

交通路線&出站資訊

電車

氷見駅◇JR氷見線

出站便利通

◎氷見駅距離主要景點及商圈至少需要10分鐘路程

◎市區周遊巴士配合JR氷見線到站時間營運，可以多加利用

市區交通

氷見市街地周遊巴士

氷見市內的主要觀光景點用走的都能到達，但若時間剛好或是不想走上半小時路程的話，從氷見駅搭上由加越能巴士營運的周遊巴士也是不錯的選擇

平日7:24~16:05氷見駅→氷見番屋街，一日約6班車，詳洽官網

大人¥100，小孩¥50

www.kaetsunou.co.jp/regular/himi-banyagai/

觀光案內所

氷見市観光協会 観光案内所

氷見市伊勢大町1-12-18 (氷見駅旁)

0766-74-5250

9:00~17:00

休 12/30~1/3

kitokitohimi.com

©富山觀光推進機構

富山灣的恩惠，遠眺立山連峰之美。

©富山觀光推進機構

海上連峰

おすすめ 薦

別冊P.16,B2 氷見市幸町16-6 以上為比美乃江公園資訊

推薦從朝日山公園的展望台望去，最為漂亮。

從海岸線眺遠浮在富山灣上的立山連峰，一直是氷見特有的壯麗景色。雖說晴天就遠眺得到這項絕景，但是因為北陸多雨且冬季漫長的天候狀態，使得**海上連峰大概一年中只有50~70天左右看得見**。為了不要讓來訪的遊客因看不到海上連峰而失望，在海鮮館旁還設設置了立山連峰的立牌，讓每一個遊客都能與這項絕景合影。

氷見番屋街

別冊P.16,B2 氷見駅徒歩20分；氷見駅搭乘加越能巴士至「ひみ番屋街」站下車即達 氷見市北大町25-5 0766-72-3400 賣店、美食區8:30~18:00，餐廳11:00~18:00，迴轉壽司10:00~20:00。総湯10:00~23:00(最後入館22:00，週末例假日7:00~23:00) 1/1 入館免費，総湯：大人¥600，小孩¥300 himi-banya.jp

氷見番屋街本是以寒鰤魚聞名的氷見市舊魚市場，經改建後成為**結合現代化的漁貨販賣處、餐飲、景觀展望台、溫泉等的複合設施**。館內販售的全是剛撈上岸的海鮮、有名的乾貨等等，而且也設置了使用早晨剛捕獲漁產為食材的海鮮餐廳，是能親身體驗氷見海文化的場所。除了購物與餐廳外，在室外還有一處免費足湯，走累了不妨就來這裡泡泡有名的氷見溫泉，消除足部疲勞。

吃喝玩買一次滿足！

出世魚？！新娘鰤？！

氷見最有名的魚就是冬天盛產的鰤魚了。但是你知道鰤魚在日本又被稱為是「出世魚」嗎？所謂出世魚，指的是從幼魚至成魚的階段中名稱的轉變。其名稱依地域而有所不同，在氷見，分別從「こずくら」、「ふくらぎ」、「かんど」，最後到「鰤」才算是「出魚頭地」。

而在氷見這裡又把鰤魚稱為「新娘獅」(嫁ぶり)；新嫁娘嫁到夫家的頭一年年末，娘家的人會送來一尾完整的鰤魚做為禮物，而夫家這裡的人則要依習俗砍下這條鰤魚的下半部送回娘家。這個舉動就代表了娘家希望女兒的丈夫會出人頭地之意。

卸貨、叫賣，漁港一早的活力都在這裡。

氷見漁港市場

氷見セリ市場

別冊P.16,C3 從JR氷見駅徒步約15分 氷見市比美町435 (2F食堂) 0766-74-2018(比美漁業協同組合) 約6:30~15:00左右 週日(漁市休市)，食堂無休

一般人如果來到氷見，可能都只會到氷見番屋街走走看看，但其實在地漁師或是居民推薦的另一個能吃到新鮮漁貨的好地方，就是氷見漁港了。不同於海鮮館的魚攤，這裡能看到大批的漁貨從船上卸下來的景象。**如果早上起得來的話，不妨來氷見漁港的市場見識見識叫賣漁貨的功力，再到二樓的食堂餐廳區享用美味的海鮮大餐。**

熱鬧的舞獅是氷見的傳統藝術。

氷見舞獅博物館

氷見獅子舞ミュージアム

別冊P.16,A2 氷見駅轉搭計程車約10分 氷見市泉760 0766-72-2454 9:00~17:00 休週一，12/29~1/3 免費入館

說到氷見的傳統藝能，舞獅就是最具代表的一樣。在氷見舞獅博物館裡面，**可以看到舞獅的展示、表演之外，甚至還能親自體驗舞獅**，感受當地傳統文化。除此之外，在田園漁村空間博物展示空間內，還能看到氷見的傳統生活形態。

海明旅館

うみあかり

別冊P.16,C1外 氷見駅14:00~18:00有免費接送車，須預約 氷見市宇波10-1 0766-74-2111 Check in 15:00~20:00，Check out ~10:00 www.umiakari.jp

位於海岸線上的海明旅館**擁有絕佳的地理位置，天氣晴朗時白天能從溫泉池遠眺海上連峰，晚上則看得見海上點點漁火**，隔著溫泉的水蒸氣彷彿置身仙境般令人沉醉。至於料理方面，配合富山灣四季補獲的時令漁獲，春天的螢烏賊、夏天的岩牡蠣、秋天的螃蟹、冬天的寒鰤魚，都能在這裡吃得到。

おすすめ 薦

看得到漫畫大師的珍貴手稿。

潮風畫廊

潮風ギャラリー

別冊P.16,B3 氷見駅下徒步16分，或氷見駅轉乘巴士「氷見中央」站下車即達 氷見市中央町3-4 0766-30-2100 10:00~17:00 休12/29~1/3 大人¥200，高中生以下免費 himi-manga.jp/shiokaze_gallery

原本是北國銀行舊址的潮風畫廊，經改裝後**展示出身於氷見市的漫畫家藤子不二雄Ⓐ的許多著名畫作，其中不乏藤子不二雄Ⓐ的親筆手稿**，都是珍貴難得一見的文化資產。館內除了重現藤子不二雄Ⓐ的畫室，在二樓還有收藏850冊漫畫，是漫畫迷一定要來朝聖的地方。

光禪寺

別冊P.16,B3　氷見駅徒步約20分，位在氷見市役所旁　氷見市丸之內1-35　0766-72-1842 (寺內參觀須先以電話預約)

已700年歷史的光禪寺是藤子不二雄Ⓐ兒時居住的地方，因此也是許多漫畫迷來到氷見的必訪之地。在寺內有許多跟藤子不二雄Ⓐ相關的擺設，從掛在牆上的漫畫到佇立在庭院的卡通人物石像，都代表了藤子不二雄Ⓐ在氷見人心目中的地位有多麼重要。

門口有幾座卡通人物雕像，沒預約的話就只能在寺外看看了。

忍者哈特利列車
忍者ハットリくん列車

因為忍者哈特利的作者藤子不二雄Ⓐ出身於氷見市，所以特別讓人氣漫畫主角哈特利擔任觀光大使，躍上列車。這輛列車行駛於JR氷見駅與高岡駅之間，是連接氷見對外的重要交通工具。坐在車上除了可以欣賞美麗的海岸風景，天氣好時更能遠眺雄大的立山連峰，留下無限美好的記憶。

JR氷見線氷見駅~高岡駅~城端駅　076-251-5655(JR西日本北陸案內中心)　氷見→高岡：週末及例假日10:50、12:05、13:23、14:46各一班。高岡→氷見：週末及例假日10:16、11:30、12:48、14:12各一班。平日不定期運行，詳細時間若有變動，以JR公告為準　johana-himisen.com/hattori/　依日期、時間運行的忍者哈特利列車有所不同，詳洽JR公告

岩風呂民宿 小境莊

別冊P.16,C1外　JR氷見駅轉搭計程車約15分　氷見市小境81　0766-78-1934　Check in 15:00~，Check out ~10:00　一泊二食￥11,900~　kozakaisou.com

小境莊**運用早期用來存放食糧的岩窟改為浴池，**在充滿青苔的岩壁旁泡湯，感覺特別幽靜也很特別。而當地的漁師料理更是不能錯過；小境莊**使用富山灣的各種新鮮海產，配上自家栽種的各項有機蔬果，連雞蛋也是自家養殖的地雞所產，**對食材的用心可見一斑。

高岡

たかおか

Takaoka

高岡位在富山縣靠西側，居交通要衝位置。從這裡要到南邊的五箇山、北邊的氷見、西邊的金沢、東邊的富山市區都十分方便。高岡同時是個歷史風情十足的古町，高岡城建完後，隱居於高岡的加賀二代藩主前田利長帶領多名鑄師在此開設工房，也將這裡建設成以鑄銅為業的城下町，至今仍殘留下國寶寺院、古老的街道風景。除了市區，搭上路面電車万葉線往新湊，就能感受不同市區內的海港風景。

高岡是多拉A夢的城市

來到高岡一出車站北口，就會看到迎面而來的多拉A夢裡面的各式人物立在廣場各處，原來高岡市是藤子·F·不二雄這兩位漫畫家出生、求學並認識的地方，這裏雖然沒有主題大型博物館，但市區到處都會忽然與這些漫畫人物們碰面，不用買票、愛怎們拍就怎麼拍，是高岡旅遊時的小驚喜。

交通路線&出站資訊

電車

高岡駅◇JR城端線、JR氷見線、愛之風富山鐵道

新高岡駅◇北陸新幹線、JR城端線

◎從富山駅搭乘愛之風富山鐵道(あいの風とやま鉄道線)約20分可抵達高岡駅

◎若是利用北陸新幹線則會抵達新高岡駅，從新高岡駅搭乘JR城端線3分即可抵達高岡駅

出站便利通

◎高岡駅瑞龍寺口為南口，古城公園口為北口方向

◎高岡駅是由JR西日本鐵道與愛之風富山鐵道共構的車站

◎万葉線電車於古城公園口搭乘

市區交通

万葉線電車

串聯高岡市以及射水市的路面電車，從高岡駅經過山筋町一帶，開往新湊町等射水市市區

單程車資¥200~400，一日券(万葉線一日フリーきっぷ)¥900；小孩半價(親子套票¥1,100)

www.manyosen.co.jp

觀光案內所

高岡駅観光案內所

高岡市下関町6-1 JR(高岡駅南北自由通路)

0766-23-6645 9:00~19:00

www.takaoka.or.jp

高岡大佛

別冊P.18,C2 高岡駅徒步10分 高岡市大手町11-29 0766-23-9156 大佛台座下回廊6:00~18:00 免費 www.takaokadaibutsu.xyz

日本三大佛之一的高岡大佛慈眉善目，臉型比起一般佛象的圓潤顯得更有稜角，被稱為是日本美男的原型。高岡大佛原為木造，經過火災後只剩頭部，目前存於大佛台座下的拜殿裡。**現在看到的大佛是1907起花了26年才建造完成的銅鑄佛像，也是高岡鑄銅工匠們展現技巧與精華的代表作。**

大佛台座下除了拜殿外，還展示描繪地獄的畫作，具有警世作用。

作為弔唁加賀藩二代藩主前田利長公的菩提，花20年建蓋，是評價相當高的寺院建築。

高岡山 瑞龍寺

おすすめ 薦

富山縣唯一國寶級景點。

別冊P.18,B3外 高岡駅瑞龍寺口下車徒步12分 高岡市関本町35 0766-22-0179 9:00~16:30，12/10~1/31：~16:00 大人¥500、國高中生¥200、小學生¥100 www.zuiryuji.jp

瑞龍寺的前身是金沢的法円寺，於慶長18年(1613)移築至現址，在前田利長死去後以其法名「瑞龍院」而改名為瑞龍寺，是**富山縣內唯一的國寶**。境內山門曾多次燒毀，現存的是文政3年(1820)完成的二重門建築；而另一處國寶法堂內則有木造烏蒭沙魔明王立像，高117公尺，是境內最老的佛像。

格局工整的瑞龍寺雖是建於江戶時代，卻是以鎌倉時代較常見、模仿中國寺院型制而建造的寺院。**以山門、佛殿、法堂三進式順序，兩側則有庫裏、禪堂、茶堂等建築，再以回廊方正圈圍起所有建築，型成一宏偉的伽藍式布局寺院。**佛殿、法堂、山門登錄為國寶，大門、石廟、禪堂、回廊、大庫裏、大茶堂等則被指定為重要文化財。

不破福壽堂

別冊P.18,B3外 高岡駅瑞龍寺口徒步13分 高岡市京田140-1 0766-25-0028 9:00~19:00 週二 鹿の子餅6個¥951 www.kanokomochi.co.jp

鹿の子餅以糯米、蛋白為原料，並裹上一層北海道產的馬鈴薯而製成的日式麻糬，手中的溫度可溶化表面的白色粉末，一入口即可嚐到異常滑順的外皮，而內部有彈性的口感，還添加了蜂蜜醃過的紅豆顆粒，甜而不膩的好滋味，令人讚不絕口。

海鮮問屋 柿の匠

別冊P.18,B3外 高岡駅瑞龍寺口徒步15分 高岡市大野156 0766-28-0003 11:00~15:00(L.O.14:00)、17:00~21:30(L.O.21:00) 週三 海鮮高岡丼¥2,970 www.kakinosyo.jp

民家建築的用餐環境，是當地大人氣的海鮮料理餐廳，有6種海鮮丼餐點供顧客選擇，且皆採用當地新鮮食材製作，**其中推薦的是海鮮高岡丼，使用15種季節交替的海鮮食材，滿滿好料的海鮮丼，鮮甜美味**。此外店家也很貼心的提供熟食餐點，不敢吃生食的旅客也不必擔心。

榻榻米用餐空間，不特意改裝，仍保留古民家老式特有氛圍。

おすすめ 薦

あんしんごはん

町家內品嚐家常美味。

別冊P.18,B2 高岡駅古城公園口徒步13分；万葉線「片原町駅」下車徒步6分 高岡市守山町11 0766-28-0082 11:00~19:00 週日 japanese-delicatessen-133.business.site/ 秤重計價(每道菜都須單獨盛裝，不可混搭，以方便計算)

以古民家改建、位在高岡御車山会館斜對面的**あんしんごはん食堂，宛如來到一般人家中般的自在空間**，一入內只見像是buffet餐檯般，至少30~40道以上各式現做熟食一字排開，讓人食慾大開，想吃什麼、吃多少都可以自己挑選，選好後到櫃檯結帳時再決定是否需要加點白飯及味噌湯，也可外帶便當回家。

走一趟金屋町，了解高岡鑄物400多年的歷史。

金屋町

別冊P.18,A1 高岡駅古城公園口徒步20分；万葉線「片原町駅」下車徒步12分 高岡市金屋町 0766-20-1301(高岡市観光交流課) 、 各店舖不一

高岡的銅器被指定為日本傳統工藝品，生產量佔全日本95%，以細膩多彩的鑄造技術聞名；金屋町正是古時聚集工藝的城下町。千本格子的建物並排而立，兩旁店家大多與鑄銅相關，精湛絕美的手藝讓銅器看起來有如浮透的玻璃藝品，如花瓶、風鈴、茶具、佛具等通通都很適合入手。老街上也有處高岡市鋳物資料館，展示鑄銅工具與資料文獻。

大寺幸八郎商店

別冊P.18,A1 高岡駅古城公園口徒步20分；万葉線「片原町駅」下車徒步12分 高岡市金屋町6-9 0766-25-1911 10:00~17:00 週二 福うま(馬生肖、小)¥5,500 www.ootera.com

保留江戶時代風情的大寺幸八郎商店，早先為鑄造工廠，現今則改經營店舖兼咖啡廳，一進門，柔和的古典樂搭配一陣陣濃郁的咖啡香，飄香在這古意盎然的老店內，**處處擺放銅鐵製的工藝品以及骨董器皿**，更增添不少懷舊氛圍。特別推薦由林悠介設計的干支系列，將生肖設計成可愛的擺飾，值得購入。

山筋町

おすすめ 薦

百年歷史土藏保存街區。

別冊P.18,B1 高岡駅古城公園口徒步12分;万葉線「片原町駅」下車徒步2分 高岡市守山町、木舟町、小馬出町

山町筋以加賀藩的2代藩主、前田利長從金澤退居至此居住後，而開始繁盛發展，又因豊臣秀吉用於迎接天皇的御車山，後來被利長帶來這裡，因而以山町稱呼。**江戶時代這裡就發展熱鬧商店街，直到大火、明治時代以土藏建築重建成為現今所見樣貌**，土藏仍保存不少之外，老店卻大都不復存在，但有許多具特色小店進駐，且這裏每年也是高岡御車山祭舉辦處。

山町筋因商業繁盛也引來銀行聚集，明治時代紅磚建築的銀行，成為老街上的醒目焦點。

土藏之街建築見學POINT

明治後期因大火後重建的山町筋，重建的街區土藏建築，也特別講究細緻度及防火性，像是建築外觀幾乎都是厚水泥、塗上黑色厚灰泥；房屋之間以稍高於1F屋子的防火壁隔開；大門也設有兩道，外面有鐵門片，內部是一般木門，當火災時會將鐵門片拉出阻擋。

客間上方的雕刻是重點，刻意以坐下後的視線來做透雕的處理，相當特別。

菅野家住宅

別冊P.18,B1 万葉線「片原町駅」下車徒步3分 高岡市木舟町36 0766-22-3078 9:30~16:00 休週二、お盆8/13~8/17、12/28~1/4 ¥200，中學生以下免費 www.takagas.co.jp/suganoke

走在山町筋，大部分都是晦暗的黑色土藏建築，幾乎很難想像號稱豪商多、重建一樣耗費巨資到底用在哪？其實**黑色土藏建築只是表面，進到屋裡後卻是跟一般木造日式建築格局一樣，細節都一一隱藏在裡面**。至今仍在高岡財政界活躍的菅野家住宅，就是最好的參觀重點，精雕的內部木造隔間、華麗的黃金佛壇、屋後隱藏的庭園，甚至屋瓦細節、走廊的立柱紋樣裝飾，處處講究。

山町ヴァレー

おすすめ 薦

老屋改造的複合式設施。

Yamacho Valley

別冊P.18,B2 万葉線「片原町駅」下車徒步3分 高岡市小馬出町6 0766-75-9614 商店10:00~17:00，餐廳11:00~22:00(依店舖而異) 休 依店舖而異 www.yamachovalley.com/

以「旧谷道邸」在明治時代建蓋的老建築為基地，**原本是文具製造販賣處的這裡，2017年整理後變身成一處融合數家商店、旅客休憩與行李寄放、活動舉辦、空間租賃等複合式空間**。外觀像是昭和時代洋樓，但一踏進裡面會有個中庭，卻又出現5個日式小土藏，如今一個個土藏都變身小店舖，有咖啡、手作、賣店、餐廳等。

山町筋少見的三層樓洋式建築，就位在菅野家對面，進到裡面又藏有5座土藏。

部分車站沒月台，上下車要注意！

利用路面電車的万葉線去高岡部分景點，是便利又輕鬆的選擇，像是想去山筋町的話，從高岡站出來可直結万葉線車站搭過去，但沿途下車的車站可不是通通都是正常站體，像是去山筋町要在片原町站下車，這裡沒車站月台，就是馬路中央地上一長條不同顏色塊顯示而已，下車要特別注意後方來車外，等車最好站在一旁的騎樓邊，等車來停好再過去，電車會等你不用擔心。

令人驚豔的挑高3層的御車山展示空間，顯現高岡御車山祭不凡氣勢。

高岡御車山会館

別冊P.18,B2 万葉線「片原町駅」下車徒步6分 高岡市守山町 47-1 0766-30-2497 9:00~17:00(最後入館16:30) 休 週二(遇假日延至隔日休)、年末年始 $ 一般(高中以上)￥300 mikurumayama-kaikan.jp

與祇園祭、高山祭等同列日本五大重要有形・無形民俗文化財的「高岡御車山祭」，每年5月初盛大舉辦，如果你沒辦法躬逢其盛，那麼於山筋町內的高岡御車山会館正是最佳體驗處。**館內實體展示一台極盡華麗裝飾與集結工藝結晶的御車山實體，並融合多媒體、體驗與影片等，展現高岡職人工藝及讓人感受祭典的風華。**

搭上哆啦A夢列車出遊去

万葉線

万葉線行駛於富山縣的高岡市與射水市之間，是連接高岡市區與新湊的路徑。由於高岡市為哆啦A夢的作者藤子・F・不二雄的故鄉，2012年為了紀念哆啦A夢誕生前100年，推出了這列期間限定的哆啦A夢路面電車，以哆啦A夢藍色為主體的車廂與內裝，車門則是粉色任意門的造型，踏進車廂內就像真的開起任意門，悠遊在哆啦A夢的奇幻世界裡，隨處可見童趣的裝潢巧思，讓大人小孩都無法敵擋它可愛的魅力。

高岡駅~越ノ潟每站皆停，全程約40分 0766-25-4139 高岡駅~海王丸¥400，一日券(ドラえもんフリーきっぷ)¥900，一日券+海王丸入場¥1,100 www.manyosen.co.jp

・哆啦A夢電車(ドラえもんトラム)

每天有7~8班次(詳見官網)

新湊きっときと市場

別冊P.18,C1外 万葉線「東新湊駅」徒步10分 射水市海王町1 0766-84-1233 9:00~17:00(依店舖而異，詳見官網) 休1/1~1/3 kittokito-ichiba.co.jp

包含海鮮市場**販售當天捕獲的各式新鮮海鮮**，像是有富山縣寶石之稱的白蝦、螢烏賊、螃蟹、甜蝦、鰤魚、鯛魚等，還有專賣土產的展區，販售如魚板、壽司等，當然也少不了能立即**品嚐新鮮海鮮的各式餐廳**，這裡讓你有逛有買又有得吃，走一趟保證收穫滿滿。

七時的叫賣

一般的魚市場都是在天還沒亮的凌晨時段最熱鬧，新湊漁港的市場很特別的是除了早市外，在中午1:00後也有叫賣市場內叫賣吆喝聲此起彼落，好不熱鬧，「昼セリ(中午叫賣)」當地人也稱為「七時(などき)的叫賣」，並開放遊客預約參觀體驗，一般遊客可在2樓規定區域觀看，要特別注意的是拍照時禁用閃光燈、也不能大聲喧嘩影響交易！

12:30~ 休週日、週三、休市、禁漁期間(6月~8月) 昼セリ見學(僅9月~5月)：1人¥100，需事先向新湊きっときと市場電話預約 www.info-toyama.com/attractions/21003

海王丸

別冊P.18,C1外 万葉線「海王丸駅」徒步5分 射水市海王町8 0766-82-5181 一般公開9:30~17:00(夏季延長至~18:00)、9:30~16:00(冬季)、最後乘船時間為閉館前30分鐘。揚帆啟航時間詳見官網 休週三(遇例假日順延)、12/29~1/3、帆船整修期間(年2次) 大人¥400、中小學生¥200、家庭票(1位大人+1位國中小學生)¥500 www.kaiwomaru.jp

有海上貴婦人之稱的帆船海王丸為商船學校的實習船，昭和五年開航後航行距離達106萬海浬(約繞地球50周之距離)，現在則放置在海王丸公園內展示，特別的是接近船尾有個時鐘，是以前船員用敲鐘次數來告知時間的工具，**由於海王丸生日2月14日適逢情人節，現在這個鐘就變成為幸福鐘**，許多情侶們會一起來敲鐘，象徵幸福滿滿，見證彼此的愛情誓言。

冰見 黑部峽谷 高岡 富山市 五箇山 立山黑部阿爾卑斯之路

五箇山
ごかやま
Gokayama

位在富山縣西南部的的五箇山與白川鄉一樣列名世界遺產，目前留存有相倉與菅沼兩個合掌建築群落，一幢幢合掌建築型的古老茅草屋構成美麗的鄉里圖畫，比起白川鄉因知名度太高而觀光團川流不息，五箇山的合掌建築群落比較起來幽靜許多，不妨體驗住宿在合掌建築民宿裡，感受日本鄉間生活的傳統韻味。

交通路線＆出站資訊

巴士

世界遺產路線巴士(五箇山・白川鄉)

從高岡駅前7號乘車處搭乘加越能巴士的世界遺產路線，約1小時20分可抵達「相倉口」站，再15分可抵達「菅沼」站，1天固定5班；也可從白川鄉乘車，1天6班

高岡駅~相倉口¥1,000、~菅沼¥1,200；白川鄉~相倉口¥1,300、~菅沼¥870

www.kaetsunou.co.jp/company/sekaiisan

觀光旅遊攻略

五箇山フリーきっぷ

購票2天內可於「高岡駅前・新高岡駅~ささら館前」之間任意乘車，可用於串聯五箇山的不同區域

大人¥2,500、小孩¥1,250

五箇山・白川鄉フリーきっぷ

若要串聯白川鄉與五箇山，可利用此張票券，發行2日內可於高岡駅前・新高岡駅~白川鄉之間任意乘車

大人¥3,500、小孩¥1,750

H 与茂四郎民宿

別冊P.18,B4　加越能巴士約「相倉口」站下車徒步10分　南砺市相倉395　0763-66-2377　Check in15:00，Check out~ 10:00　一泊二食¥11,000，冬季增收¥500暖氣費用　www.yomosirou.com

想要體驗住宿在世界遺產合掌屋裡的感覺嗎？位在相倉的與茂四郎民宿，就有提供這樣的住宿體驗。**除了睡在蓋著茅草頂的傳統榻榻米和室，還可坐在地爐旁品嚐鄉土風味十足的鄉間美味**，純樸健康的調味跟合掌屋四周優美的自然環境非常相合，就連簡單的白米飯也因炊煮的水質好而格外香甜。

體驗樸實的合掌屋住宿。

夠新鮮才能做成少見的岩魚握壽司。

いわな

別冊P.18,A5　加越能巴士「ささら館」站下車徒步10分　南砺市西赤尾町72-1(道の駅上平ささら館)　0763-67-3267　11:00~20:00　休 週二　いわな握り(岩魚壽司7貫)¥950

いわな是日文岩魚的意思。在日本料理中，岩魚往往都以鹽烤方式調理，來到這世界遺產中的いわな餐廳，卻**能夠嚐到獨一無二的岩魚握壽司**。這道由老闆突發奇想的原創菜色，使用生鮮度絕佳的岩魚，可細細品味這肉質細緻卻有口感的夢幻美味。

おすすめ 薦

岩瀬家

以昂貴木材打造，五箇山最知名的宏偉合掌造。

別冊P.18,A5 加越能巴士「西赤尾」站下車即達 南砺市西赤尾町857-1 0763-67-3338 9:00~17:00、11~5月~16:00。最後入館閉館前30分 大人¥300，中小學¥150 www.iwaseke.jp

被**列為日本國家指定重要文化財的岩瀬家，是五箇山地區最大規模的合掌屋**，於300年前使用最昂貴的櫸木，約耗費8年光蔭，只為了存放進貢給城主的火藥而打造，是當時加賀藩主前田家所擁有的領地。一般合掌屋為三層樓，而完整保存的岩瀬家則擁有5層樓，1~2樓為使用者的住居，3~5樓則是養蠶，如今這裡仍有人居住，只開放一半的空間供人參觀。

村上家

別冊P.18,B4 加越能巴士「上梨」站下車徒步10分 南砺市上梨742 0763-66-2711 9:00~16:00(15:40最後入館)(依季節變動) 休週二、三(遇假日營業)、12/15~2月底 高中生以上¥300，國中小學生¥200，筑子舞蹈鑑賞¥500 (20人以上才表演，5天前需預約) www.murakamike.jp

村上家是一棟擁有4層樓的大型合掌造建築，建於16世紀後半，被指定為國家重要文化財，**現在則化身成合掌屋博物館，供人入內參觀其空間的建築構造及居住環境**，館主會請每個遊客喝杯藥草茶，然後圍坐在圍爐旁聽取合掌屋的故事。團體遊客可事前預約民謠舞蹈表演，穿著五箇山傳統衣飾的舞者，會用特殊的樂器筑子(こきりこ)表演流傳在中世紀的古老民謠之舞。

一邊喝著藥草茶，一邊聽館主娓娓道出合掌屋的故事，閒適氛圍讓人難忘。

有各式豆製品外，別忘了來一支豆腐霜淇淋！

喜平商店

別冊P.18,B4 加越能巴士「上梨」站下車即達 南砺市上梨608 0763-66-2234 7:00~19:00 五箇山豆腐¥500，豆腐霜淇淋¥350 www.kihei-shouten.com

雖然不是合掌屋，**但製作五箇山豆腐出名的喜平商店使用富山產的黃豆與深山裏所湧出的清流，以獨特而傳統的方式製作**，雖然是豆腐，居然可以直接用麻繩綁住而不會碎裂，相當特別。

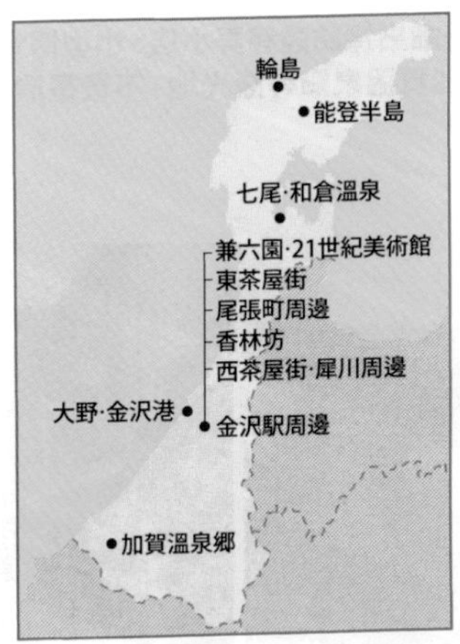
輪島
能登半島
七尾·和倉溫泉
兼六園·21世紀美術館
東茶屋街
尾張町周邊
香林坊
西茶屋街·犀川周邊
大野·金沢港
金沢駅周邊
加賀溫泉鄉

石川縣

いしかわ

石川怎麼玩

石川縣以金沢市最為出名，光是一個金沢市就有21世紀美術館、兼六園、近江町市場、茶屋街等重要觀光景點，加上周邊值得細細探訪的巷弄小店、小型博物館，市區就可以停留個2~3天，除此之外還有輪島、七尾和倉溫泉、加賀溫泉鄉等觀光地，不管是欣賞傳統工藝、享受泡湯之樂、品嚐新鮮美食，在石川縣都能獲得滿足。

❶金沢市中心

◎金沢駅周邊：金沢駅是北陸地方的交通樞紐，同時也是進入金沢這座古城的門戶，車站周邊自然十分熱鬧，光是站內共構的百貨商場就讓人逛不完，此外還可以到車站外的百貨逛逛，尋找金沢的現代氣息。

◎兼六園·21世紀美術館周邊：金沢是一座宜古宜今的城市，兼六園與21世紀美術館就是這座城市「古」與「今」的門面，光是這兩大景點就吸引無數人前來一訪，其實這兩者距離相近，周邊街道裡也隱藏許多店家，適合在這裡放慢腳步，仔細走走逛逛。

◎東茶屋街：國指定重要傳統建築群的「東茶屋街」，是江戶時代的娛樂場所，藝妓展演才藝的舞臺，富商文人雲集，是金沢最具代表的遊藝文化，東茶屋街保存良好，是感受金沢茶屋文化的最佳去處。

◎尾張町·近江町市場周邊：尾張町是所謂的「商人之街」，這裡最有名的就是近江町市場，想知道當地人都吃什麼，或是想大啖新鮮的生魚片丼、海鮮料理，到近江町市場走一趟就對了。另外，這一帶保留了許多老舖，也可順逛。

◎香林坊·長町·片町：有別於傳統與古典意象的金沢，香林坊一帶可以說是最都會的地區，這裡百貨、精品聚集，加上片町一帶的餐飲店家，最適合到這裡來購物、吃美食。長町則是從前武士們的居住地，與香林坊形成鮮明對比。

◎西茶屋街·犀川周邊：與熱鬧的東茶屋街相比，西茶屋街一帶更顯典雅，適合好好欣賞茶屋建築婉約之美，這裡最出名的就是妙立寺了，隱藏機關的寺廟讓人大呼驚奇，也是造訪金沢不能錯過的景點。

6 能登半島周邊

除了輪島、和倉溫泉之外，能登半島的景點也十分繽紛。尤其是夏天，沿岸四處皆是絕美靛藍海景，吸引許多日本人前來玩水。雖然整個半島的景點較為分散，利用大眾運輸比較難串聯，所以國際觀光客一直較少，但也相對的更有秘境感。

5 輪島

位在能登半島之上，儘管三面環海、交通天氣不佳，卻因精緻的輪島塗而聲名大噪，每年8月22開始的輪島大祭也是觀光重點，輪番上陣的祭典裡，可以看到由漆器製成的豪華燈籠(切子)、熱烈的御幣爭奪戰、祈禱豐收的鯛魚行神轎，一連四天的熱鬧氛圍是整個能登半島的盛事。要是自己開車的話，也很推薦到白米千枚田欣賞壯闊的梯田風景。

4 七尾·和倉溫泉

和倉溫泉是能登半島上最大的溫泉地，各家旅館之中，最有名的就是大名鼎鼎的加賀屋，來此除了可以享受傳承千年的湯療，還可以到一本杉通走走，挑挑當地老舖的用心商品、看看花嫁暖簾的優美文化；推薦多留點時間在此住一晚，好好享受溫泉的療癒，也很推薦搭上能登鐵道，不管是觀光列車或普通列車，都是欣賞在地山海風情的最佳方法。

2 大野·金沢港周邊

金沢大野產的醬油聞名全日本，這一帶就位在港口旁，有悠長的歷史與繁盛的釀造工藝，除了老式的醬油釀造廠轉型開放觀光之外，還有新興的啤酒釀造廠、琴酒釀造廠等，為懷舊街區注入年輕新活力，在這帶走走逛逛，還有不少美食小店，值得漫遊。

3 加賀溫泉鄉

由山代溫泉、山中溫泉、片山津溫泉、粟津溫泉組成的範圍，除了粟津溫泉位在小松市內，其餘三處溫泉都在加賀市裡。加賀溫泉鄉的歷史十分悠久，自開湯以來已有1300餘年歷史，粟津溫泉的溫泉旅館「法師」，更是受認證的「世界最古老旅館」，不僅溫泉旅館，溫泉地特色各異的總湯更是讓人充滿驚喜，加上此地的漆器、九谷燒等工藝，更添豐富的文化氣息。

金沢駅周邊

かなざわえきしゅうへん

Around Kanazawa Sation

JR 金沢駅是北陸地區的鐵道交通樞紐，東口上方籠罩著像蜘蛛網般的玻璃巨蛋，彷彿像一把超級大傘將車站包圍起來。現代感十足的玻璃巨蛋配上傳統意境的鼓門，象徵著金沢是個宜古宜今的華麗城市。金沢車站裡還有可買到各項金沢土特產品的「金沢百番街」。

交通路線&出站資訊

電車

金沢駅◇北陸本線、北陸新幹線、IRいしかわ鉄道線(IR石川鉄道線)

北鐵金沢駅◇北陸鉄道 野川線

出站便利通

◎金沢駅兼六園口為東口方向，金沢港口為西口方向

◎主要景點、市區觀光巴士站都在兼六園口方向

◎高速巴士大多停靠金沢港口的巴士總站，部分停靠兼六園口，建議事先確認

◎往來小松空港的利木津巴士，於西口3號起訖

◎兼六園口前設有巴士總站各站牌的案內板，不確定如何搭車的話可以先到這裡看看

◎北陸鐵道也位在兼六園口，需轉乘的話可從地下通道前往

市區交通

金沢市內沒有地下鐵，鐵道也只有聯外的JR與北陸鐵道，市區觀光主要利用巴士。觀光客其實不用管一般的路線巴士，只要搞懂觀光巴士路線，便能夠暢遊市區

金沢市一日自由乘車券／金沢市內1日フリー乘車券

金澤市區以往依據區域及主題，有各式巴士一日券，現在只要一張「金沢市一日自由乘車券」，包含「城下町金沢周遊巴士(左、右迴)」、「北鉄路線巴士」、「西日本JR路線巴士」、「金沢ふらと巴士」等巴士，只要一張一日券，通通可以混搭。且持一日券也能搭乘鐵道 野川線(北鉄金沢~上諸江)、石川線(野町~新西金沢)的指定區域內，並享有在一些指定景點、店家等的優惠，相當划算。

⌂不能在車上購買一日券，必須在金沢駅東口-巴士總站(北鉄駅前服務中心、北鉄東口案內所)、金沢駅西口-巴士總站(北鉄西口案內所)、黑門小路內(北鉄巴士服務中心)、野川線-北鉄金沢駅、石川線(新西金沢駅 、野町駅)才能購買

$一日券¥800，小孩半價 (一般巴士單程為¥200)

www.hokutetsu.co.jp/tourism-bus/oneday

城下町金沢周遊巴士／城下まち金沢周遊バス

這是觀光客最常利用的景點周遊巴士，由四台不同造型的復古巴士運行在金沢市區的各大景點，要注意的是最後一班車在18:05從金沢駅發車，超過時間就只能搭一般路線公車了

◷右迴8:35~18:05、左迴8:30~18:00。每隔15分發一班車

➡金沢駅東口7號乘車處→橋場町→兼六園下・金沢城→広坂・21世紀美術館→広小路→香林坊→武蔵ヶ辻・近江町市場→金沢駅東口(更多停靠站，詳見地圖別冊：P39)

www.hokutetsu.co.jp/tourism-bus/castle-town

❗持「金沢市一日自由乘車券」可以搭乘

Machi Bus／まちバス

藍色的Machi Bus運行在金沢市內的主要觀光區域，要觀光、吃美食或是購物都很適合。這台車只有假日才運行，而且不管坐多遠都是均一價¥100，讓假日在金沢的遊玩更省荷包

◷週末、例假日的9:40~20:00，約每20~30分鐘一班車

➡(主要停靠站)金沢駅東口→武蔵ヶ辻→香林坊→片町→金沢21世紀美術館・兼六園(真弓坂口)→武蔵ヶ辻→金沢駅東口

$單程¥100、小孩¥50

www.machibus.com

❗「金沢市一日自由乘車券」不適用

金沢點燈巴士／金沢ライトアップバス

每到了週六晚上，金沢市主要的觀光景點就會打上燈光，增添夜色。金沢點燈巴士就會運行在有點燈的各大景點之中。每週六19:00~21:45運行，約每隔15分鐘一班車。巴士由從金沢駅東口發車。

$單程¥300，一晚無限搭乘¥500。小孩半價

www.hokutetsu.co.jp/tourism-bus/lightup

❗「金沢市一日自由乘車券」不適用

觀光案內所

石川縣金沢觀光情報中心

除了提供觀光旅遊諮詢與交通案內、票券販賣，館內也提供許多貼心的服務，像是雨天可以借傘，下雪時也能來借雪靴，都是免費的，只要登記姓名及預計歸還的時間就好，十分便民。而這裡也有英文櫃台，不會日文也能溝通

⌂金沢駅兼六園口(在 JR 金澤車站內)

☎076-232-6200

◷8:30~20:00

www.kanazawa-kankoukyoukai.or.jp/spot/detail_10053.html

加賀料理 大名茶家

おすすめ 薦

依著四季細品加賀海鮮旬味，享受老舖優雅款待。

別冊P.22,C2 金沢駅東口步行3分
金沢市此花町7-5-1 076-231-5121
11:30~14:30 (L.O. 13:45)，17:00~22:00 (L.O. 21:00) 不定休 全蟹會席(11~4月)￥31,900、紅鱸會席(4~10月午餐、晚餐)￥9,350、金沢名物中午套餐「金沢海鮮丼膳」(4~10月)￥3,520 螃蟹套餐及其他會席料理皆須預約，可請住宿飯店櫃台協助。 www.kanazawaryouri.com/

昭和年間開店的老字號割烹餐廳，主要提供傳統加賀會席料理，大量採用日本海海鮮，讓顧客能**以實惠價格盡情品嚐美味的金沢道地鮮滋味**。以螃蟹知名的產地金沢，絕對不能錯過這一味， 推薦可以充分大啖螃蟹的全蟹會席料理(螃蟹刺身、炭火燒蟹、蟹小鍋、蟹腳天婦羅、水煮蟹、蟹雜炊)！除此之外也有含螃蟹的會席料理或螃蟹涮涮鍋套餐等，都以實惠價格供應。而依循季節的料理內容，有春季的螢烏賊、夏季海鰻、冬季鰤魚等，搭配上滋味優雅的加賀蔬菜，讓四季無論何時來訪，都是尚青的旬滋味。

使用金沢港直送藍標(表示品質特佳)活蟹的名店、加上絕佳的地理位置，也讓這裡顧客穿流不息，從金沢車站只要3分鐘即可到達，更貼心地將一般只在晚餐才會供應的**會席料理，午餐時段就能點餐**，廣受顧客好評的滋味，不但在地人推薦，也吸引當地的美食節目來此採訪。三層樓的餐廳建築位置相當多、也配備電梯，讓家庭客也都很便利來用餐。

紅雪蟹套餐(紅ずわい蟹コース)，4~10月/午餐、晚餐¥7,700，需事先預約。(可享用金沢港直送的紅雪蟹。)

全蟹會席(蟹づくし会席)(11~4月¥31,900)，記得先預約。

使用金沢港直送標籤活蟹「螃蟹涮涮鍋」，也是美味推薦一品。

おすすめ 薦

加賀彌助

別冊P.22,C2　金沢駅東口徒步約5分
金沢市本町2-19-15　076-221-6357
12:00~22:00　休週一　本日のおまかせ握り（握壽司8貫+海苔卷2種）¥4,180
www.kaga-yasuke.com/

高貴不貴的板前握壽司，食材新鮮服務親切，壽司初體驗者也能輕易上門。

加賀彌助致力於提供**多樣豐富的上質海鮮，主要使用來自北陸三縣（能登、氷見、若狭）等地的漁獲**，不夠新鮮絕不選用。1樓是吧台桌，可以最快速直接享用大將現捏的握壽司，還能與大將近距離對話。2樓則是座敷，適合三五朋友相聚聊天。

金沢駅之美

配合北陸新幹線開通，金沢駅全面翻新，3,019枚採光玻璃在鋁合金支架支撐下，如大傘向天際開展。知名老舖商品齊聚站內商場內，以嶄新包裝吸引旅客視線，琉璃色天光灑落，裝置藝術散發文藝風，感覺就像是置身在以金沢為主題的精美展示櫃裡。

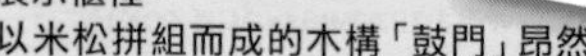

以米松拼組而成的木構「鼓門」昂然矗立玄關口，細膩的螺旋結構靈感來自當地傳統藝能「加賀寶生」，也象徵絢爛的加賀工藝文化。

金沢還可以騎乘單車悠閒玩

まちのり

除了公車，還有公共單車系統「まちのり」可以利用，就像台灣的U-bike一樣，不過這裡的車都是電動單車。單次租借30鐘內¥165、之後每增加30分鐘增加¥110，須下載APP以手機登錄會員及登錄信用卡，APP內單次購買，會獲得一組號碼，外國人如果不方便使用APP的話，建議直接買一日PASS實體IC卡，免登錄會員(需在指定地點櫃檯、付現購買)，會最方便。

◎借還方式：在車子上的鍵盤輸入單次租車碼(4碼數字)，或是以一日PASS(IC電子卡)觸碰，車子就會自動解鎖，就能開始利用了。還車時一樣尋找站點，車子卡入還車柱，再將車上鎖後，電子鍵盤會出現「施錠」字樣，按Enter鍵即可，這樣就算成功還車。

0120-3190-47(まちのり事務局)
借車點：市區內達70多處，可官網查詢可借還地點。一日PASS購卡點：まちのり事務局、兼六園觀光案內所、日航金澤飯店、金澤港碼頭遊船中心等8處
一日PASS¥1,650，可在購買當日23:59前無限次借還
www.machi-nori.jp

不論卡片觸碰式鍵盤或是數字鍵盤，都位在坐墊後方。

下載APP可便利搜尋單車站點。

關東煮黑百合

おすすめ 薦

一甲子的關東煮美味，至今不變。

季節料理 おでん黒百合

別冊P.4,C4 P.22,A2 JR金沢站直通的金沢百番街裡 金沢市木ノ新保町1-1(金沢百番街「あんと」) 076-260-3722 11:00~21:30(L.O.21:00)售完為止 一年內會有幾次休日 關東煮每樣約￥150~700、天婦羅組合￥1,100、どて焼き(土手燒)￥580 oden-kuroyuri.com

1953開業至今的關東煮老舖，從一開店就在金沢車站地下街裡立地至今。第一代來自金沢白山的和田屋(料亭)出生，所以**除了名古屋代表性美食外，也有提供加賀鄉土料理**，其他像是板豆腐、淡水魚料理、季節時蔬等山珍海味皆備，每天早上從市場採買來自日本海的魚鮮，有各式適合配酒的料理，豐富酒品中，白山麓鶴酒廠的「萬歲樂」地酒，也是老闆精選。

店內必點的關東煮，**使用昆布、魚乾、鯖魚骨熬煮的湯底，清爽到可以一飲而盡，是創業時傳承下來的好味道**。而金沢關東煮才有的海螺、車麩、魚板赤卷，以及沙丁魚丸、高麗菜肉捲等，都是自家製，也有稍微奇特的燒賣、麻糬福袋等，鮮嫩的燉煮牛筋(土手燒)也非常推薦。

豐富的菜單，大啖關東煮外，店內其他鄉土料理也很推薦。

店內用餐氣氛輕鬆、交通又便利。

有選擇障礙時，不妨直接點份天婦羅組合吧！

飯店鄰近車站，客房內仍十分安靜，可以享受一夜好眠。

©ANA Crowne Plaza Kanazawa

早餐更有百種選擇，豐富的和洋料理一次擺出、任君選擇。

©ANA Crowne Plaza Kanazawa

ANA Crowne Plaza Kanazawa

別冊P. 22,B2 金沢駅兼六園口徒步2分 金沢市昭和町16-3 076-224-6111 check in 15:00、check out 11:00 www.anacrowneplaza-kanazawa.jp

飯店緊鄰金沢駅，只要從兼六園口出站，沿著車站迴廊就可抵達，大廳內以華麗的水晶燈裝飾，飄散典雅氣質。飯店客房依照樓層區分，6、7樓是標準客房，現代簡約的風格適合所有旅人，**8~16樓為Middle樓層，可以看到車站人來人往的都會景色，享受更為寬廣的空間**，最高級的Premium客房則坐落在17、18樓，維持飯店內部的現代風格主調，點綴上亮眼的燈飾，營造出與金沢這座城市相似的華麗情調，讓人享受愜意的住宿體驗。

薦 おすすめ

金沢百番街

一次蒐羅金沢的美食、和菓、代表伴手禮！

別冊P. 22,B1 金沢駅內 金沢市木ノ新保町1-1 076-260-3700 依店舗而異 www.100bangai.co.jp

金沢百番街是車站內的購物商場，主要可以分為Anto(あんと)、Rinto與Anto西三大區域，舉凡**甜點伴手禮、生活雜貨、藥妝、百貨、餐廳，甚至是超市，在這一區域裡都找得到**。光是車站這裡就超多店家可以逛，經過時可千萬別錯過。

Anto

あんと

金沢駅內靠南 8:30~20:00；依店舖而異

Anto聚集了金澤的知名老字號和名店，提供名產、傳統工藝品、加工食品等。在商店街的味覺小巷（味わい小路）裡，還有中華料理、麵類、咖哩專門店、壽司、金澤燉物、當地料理等各種美食。此外，還設有提供宅配服務的櫃台，方便選購禮品後直接寄送，絕對是購物時的好幫手。

金沢限定和菓

金沢的許多和菓子老店都在金沢百番街裡設有賣店、分店，可以說逛一圈百番街，幾乎就能逛遍各大老店，當然也可以知道金沢有哪些特色點心，快來看看有哪些不能錯過的和菓子吧。

森八╳長生殿

長生殿小墨 6枚入¥540

金沢歷史最悠久的「加賀藩御用菓子司 森八」，代表銘菓「長生殿」，原型是江戶城七夕宴上的干菓子落雁，以細研的米穀粉加和三盆糖，製成唐墨形干菓子。不僅是加賀菓子文化的巔峰之作，更是日本三名菓之一。

まめや金沢萬久╳豆菓子

豆箱¥864~/個

菓子舖「まめや 金沢萬久」的豆菓子——以地產有機大豆、能登黑豆、大浜綠大豆及能登大納言小豆，製成炒豆、甘納豆、黑豆粉巧克力「しみみ」和巧克力豆，和洋風味融會的創意豆菓子。

中田屋╳きんつば

きんつば5入¥972

中田屋備受歡迎的代表銘菓「きんつば」(金鍔)，嚴選北海道產的極上大納言

小豆，加寒天與砂糖熬煮成餡，冷卻凝固後切成小方塊，塗上薄麵衣，手工烤製而成。從中一剝兩半，小豆餡粒粒分明，剔透如寶

越山甘清堂╳羽二重 加賀れんこん餅

羽二重 加賀れんこん餅¥1,696/6入

取石川縣能登契作農家的有機加賀蓮藕為素材，和菓子老舖越山甘清堂創作新式的 米菓子「羽二重 加賀れんこん餅」(加賀蓮藕糯米糕)，以加賀蓮藕特有的黏性結合糯米與蓮子，製成一口大小的蓮藕糯米糕，以小巧竹籠盛裝。

金沢 福うさぎ╳福うさぎ

銘菓 福うさぎ(5種詰め合わせ)¥993

兔子形狀的蒸饅頭，小巧可愛，鬆軟的饅頭裏了以金沢地產食材製作的內餡，共有五種口味：五郎島金時薯、加賀棒茶、能登產的大納言小豆與南瓜、石川縣產柚子，內餡細綿美味，是讓心情小雀躍的幸福美味。

中浦屋╳丸柚餅子

丸柚餅子 小¥2,052/個

使用契作農家產的柚子，以竹篦挖去果肉及中果皮，填入以地產醬油調味的糯米糕，稍蒸過再自然乾燥熟成半年。完成的丸柚餅子外皮呈美麗的焦糖色，有著清甜微苦的柚子香氣。

Rinto

金沢駅內靠北側 076-260-3700 10:00~20:00；依店鋪而異

Rinto以「每次光顧都能有新鮮的發現」為理念，集合了高感度的精選店鋪，包括時尚、美妝、雜貨、室內裝飾等受歡迎的店舖，還有書店和咖啡館等多樣化的選擇。**以流行服飾、生活百貨為主**，像是中川正七商店、studio CLIP、Fracnfracn等名店也都找得到，還設有伴手禮商店「おみやげ処 金沢」，一些熱門伴手都找得到。

100番Mart

100banマート

金沢駅西口2F 9:00~20:30；依店舖而異

小小的超級市場裡，集結了蔬果、生鮮、食品類商品的A-Gayia、熟食小菜Germans Deli、精肉店神戶屋與水產加工品魚河岸等店鋪，整體就像是在逛普通的**超市，旅途中需要水果、麵包或是小菜便當**，缺少什麼生活用品，**甚至是想要找特色伴手禮**，都很推薦來這裡逛逛。

超市裡必買地產伴手禮

超市裡常會找到只有這裡有的產品，不論是名店限定商品，或是量少無法普及至全國地方名物，這些東西別具地方特色，都超適合當作伴手禮帶回國送給親友。但要注意若含肉類的製品，當地嚐鮮即可，可別帶回國喔。

金箔珈琲

8入¥540

由咖啡專門店研發出來的即溶咖啡，華麗的金箔撒在黑咖啡上，不只滋味好，視覺更是享受，是小資族送禮的好選擇。

名店咖哩包

はづ貴のカレー¥670

はづ貴是一間位在金沢內灘地區的咖哩名店，小小的店外常常大排長龍，只為一嚐經典美味。咖哩包的滋味跟店裡吃到的一模一樣，有看到不妨試試。

金沢醃菜

金沢のピクルス・プチトマト¥600

金沢醃菜並非傳統的日式醃漬，而是更接近於醋味，擁有極簡溫和的味道，因此更能將蔬菜的美味凸顯出來。

野菜味噌拉麵

とり野菜みそラーメン¥175

金沢名物「とり野菜みそ」是每個家庭都深愛的好滋味。現在竟然出了泡麵版本！超鮮的味噌湯頭與Q彈麵條，讓人一吃上癮。

8番拉麵

塩味¥400

金沢人從小吃到大的8番拉麵，也出了即食包！經典的調味醬包與特製乾麵條，加上每包都附贈一片8番魚板，讓人在家就能復刻出店面的好味道。

地產琴酒

Alembic Dry Gin HACHIBAN¥3,636

獲獎無數的地產琴酒，首推大野蒸餾所生產的這支8番。取名8番，是因為這剛好是第8個成品，也與金沢的「百萬石」發音接近，是十分有代表性的一支酒。

金沢Forus

金沢フォーラス

別冊P.22,B1　位於金沢駅兼六園口旁

金沢市堀川新町3-1　076-265-8111　10:00~20:00，6F餐廳11:00~22:00；7F 電影院9:00~23:00　不定休　www.forus.co.jp/kanazawa

FORUS緊臨著金沢駅東口，交通十分便捷，是北陸地區少見的以年輕族群為訴求客層的百貨公司。**7層樓的營業空間裡聚集了與東京同步的流行服飾**，以及充滿了東京自由之丘感覺的生活雜貨店，其它像電影院、美食街等，絕大多數的品牌都是特別引進，就連甜甜圈美味都與東京、大阪同步，在北陸想買、想吃只有在這裡才找得到。

もりもり寿し 金沢駅前店

おすすめ 薦

新鮮又划算的人氣壽司店。

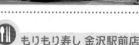

金沢Forus 6F　076-265-3510　11:00~22:00　依金沢Forus為主　壽司￥140起、もりもり三点盛り(推薦壽司三貫)￥1,980

發跡自近江町市場、位在金沢Forus的分店，**食材每日採買自近江町市場，另外還有從能登、七尾、輪島等地新鮮直送的高級海產**，送到饕客嘴裡時都還是十分新鮮，美味自然不在話下，也讓人從迴轉壽司便能看見金沢海鮮的驚人實力。

PLAZA

金沢Forus 3F　076-221-1911　10:00~20:00　依金沢Forus為主　www.plazastyle.com

與一般的藥妝店較為不同，PLAZA是日本的**連鎖流行美妝雜貨**，商品主要都是化妝品、保養品、護髮乳、洗髮乳等美妝用品，想知道最近日本流行哪一支眉筆、哪一款底妝用品，到這裡來一趟準沒錯！而且PLAZA不時還會推出自家的限定商品，另外也有史努比、迪士尼或是彩虹熊Care Bears等可愛角色的商品，玩偶、包包、文具一應具全，很容易讓人荷包大失血。

味噌專門
麵屋
大河
柚子皮與薑末增添清爽滋味。

おすすめ 薦

麵屋大河

波浪般的粗麵更能沾附湯汁，喜愛Q彈咬勁者，記得來試試。

Menya Taiga

別冊P.22,C1 金沢駅兼六園口徒步6分 金沢市堀川町6-3 076-260-7737 11:00~14:30、17:00~23:00 休週一 味噌拉麵￥850 www.facebook.com/WeiCengZhuanMenMianWuDaHe

麵屋大河是金沢車站旁的人氣拉麵店，位在小巷弄的店面裡只有10來個座位，但顧客們都甘心排上10幾分鐘。進到店內之後，店家會先提供一小杯自製蔬果汁，避免血糖上升造成脂肪增加，接著才是熱燙燙的拉麵上桌。**大河是味噌拉麵專賣店**，味噌拉麵有著黃澄澄的湯頭，**佐上柚子皮與薑末的清爽刺激，讓湯頭滋味濃郁卻不油膩**，低溫調理的叉燒呈現粉紅色澤，口感軟嫩之外還十分夠味，而咬勁十足的粗麵更讓人一口接一口，搭配筍乾等佐料一起入口更是美味！

No Side

別冊P.22,C2 金沢駅兼六園口徒步5分 076-232-2333 金沢市本町2-19-11 11:00~14:00(L.O.13:30)，18:00~23:00(L.O. 22:00) 休週日 ハントンライス(炸魚蛋包飯)￥850起，日替わりランチ(本日午餐)￥800 www.kanazawa-noside.com

改建自町建築的No Side，兩層樓的店面空間不大，但店面裝潢得溫馨休閒，很適合想輕鬆吃頓飯的人。1樓的開放式廚房讓空間瀰漫著料理的香氣，用餐時段來時**不妨點份金沢名物炸魚蛋包飯**，除了有炸魚外，No Side也將炸魚換成炸雞、炸蝦等，讓傳統洋食多了更多新選擇。

NO SiDE
到了晚上就搖身一變成為Dining Bar，想品嚐料理或是喝上一杯都很推薦。

Guest House Pongyi

別冊P.25,A2 金沢駅兼六園口徒步約5分 076-225-7369 金沢市六枚町2-22 Check in 15:00~21:00，Check out 10:00 住宿一晚(共房)￥3,000，個室一人￥6,000 pongyi.com

Pongyi**改建自有100多年歷史的町家建築**，提供乾淨服適的床位與主人最熱誠的心，為旅人帶來溫暖。若是住宿期間遇到週末，民宿主人Masaki會不定期在交誼廳舉行火鍋派對，讓來自世界各地的背包客齊聚一堂，一起度過個熱鬧的夜晚。**民宿主人十分熱心，英文也能溝通**，若是對行程有任何問題也都很熱心為旅客解答，親切度百分百。

也可以選擇隔天16:00前再歸還和服喔。

着物レンタル 心結

kokoyui

別冊P. 22,C3 金沢駅兼六園口徒步約5分 金沢市本町1-3-39 076-221-7799 9:00~18:00 不定休 基本一日方案「彩」¥4,950，加髮型¥6,000 www.kokoyui.com

市區的和服租借店「心結」裡除了有復古又現代的花色，還有淡雅的加賀友禪圖樣，雖然花色豐富到令人困擾，但挑選和服花色，再選擇帶結、帶結繩及搭配裝飾，一樣又一樣小物既是和服的講究，也是趣味所在。店家不僅提供妝髮服務，甚至**還與市區飯店合作，可以回到飯店後再脫下和服，交由飯店櫃台送回店家**，便利服務讓人倍感貼心。

金沢日航酒店

ホテル日航金沢

別冊P.22,B2 金沢駅兼六園口徒步約5分 金沢市本町2-15-1 076-234-1111 check in 15:00，check out 12:00 www.hnkanazawa.jp

坐落金沢車站前，**樓高30層，佔據城市的制高點，一側俯瞰熱鬧城下町，遙對立山與白山；一側展望日本海，波光湛藍美不勝收。**以大理石打造的挑高空間，飾以當代風格的藝術作品與陳設，率性時尚，卻又不失典雅的奢華感。

尊榮備至的奢華樓層「Luxe」坐落26至28樓，位於角落的豪華雙人房(Deluxe Double Room)擁有絕佳視野，備受旅客歡迎。飯店早餐於2樓的花園餐廳「Garden House」享用，以法國市集為概念打造地產旬味，美味程度曾**被票選為日本旅館朝食第9名。**

以金沢傳統工藝為概念，邀請加賀友禪圖樣設計大師上坂幸榮，以四季花卉為主題，打造世界唯一的加賀友禪套房 Suite 四季「MIYABI」。

不可錯過加賀車麩製成的法式吐司佐地產楓木櫪蜜。

兼六園·21世紀美術館周邊

けんろくえん·かなざわにじゅういちせいきびじゅつかんしゅうへん

Around Kenroku-en Garden, 21st Century Museum Kanazawa

說到金沢，最先想到的一定是兼六園或21世紀美術館了，這兩大景點是造訪金沢時絕不能錯過的觀光重點。其實兼六園與21世紀美術館可以說是比鄰而建，兩者之間不過5分鐘路程，遊玩時當然會把這兩個點排在一起，而且周邊還有金沢城公園外，更聚集了許多美術館、老舖，放慢腳步隨處都可發現美學。

下雨不用怕，友善的雨都金沢愛心傘

金沢是一座雨都，不少觀光客都曾遇上突如其來的雨勢，要是沒有事先準備雨傘的話，可就糟糕了。為了避免來到金沢的遊客淋成落湯雞，當地推出了愛心傘(置き傘)的服務「eRe:kasa」，將被忘記的雨傘再次利用，成為可免費借用的愛心傘，只要到市區內放置愛心傘的20多個定點，就可以找到免費愛心傘，而且不只可以A地借B地還，Machi Bus(まちバス)內也設有傘桶，搭巴士時就可順手歸還、取用，非常貼心。

金沢駅內的観光案內所、東茶屋街休憩館、長町武家屋敷休憩館、金沢城公園(二之丸案內所)等地

交通路線&出站資訊

巴士

兼六園下·金沢城站(石川門向い)➜北鉄路線巴士、城下町金沢周遊巴士(右回)

兼六園下·金沢城站(白鳥路前)➜城下町金沢周遊巴士(左回)

広坂·21世紀美術館站(石浦神社向い)➜北鉄路線巴士、城下町金沢周遊巴士(左回)

觀光旅遊攻略

◎各巴士站位置大多在對街，或是差一小段路，基本上都相距不遠

◎這一區為金沢的超人氣景點區，利用巴士的遊客也很多，建議做好巴士人很多的心理準備

觀光案內所

金沢中央觀光案內所

提供旅遊諮詢外，也可以寄放行李、購買金澤市1日乘車券、觀光巴士預約，還能出借雨傘等，想參加夜間導覽，也可來詢問預約

金沢市南町4-1

076-254-5020

10:00~21:00 休 無

www.kanazawa-kankoukyoukai.or.jp/spot/detail_50571.html

以在地陶藝家作品作為器具，從空間氛圍、味覺到食器，無一不講究。

金沢屋咖啡店 本店

おすすめ 薦

金沢必訪人氣咖啡屋。

別冊P.23,D1 巴士「近江町市場前」下車徒步7分 金沢市丸の内5-26 (金沢城公園 黑門口) 076-254-5411 9:00~17:00、週末例假日~17:30 休 週二~四 咖啡￥600~，檸檬冰￥980(季節限定) www.krf.co.jp

帶有古風情的町家建築設計，讓這家位於金沢城公園黑門口的本店，既能感受四季風情、氣氛溫暖又優雅，更曾獲頒過金沢都市美文化賞。**只要提到金沢哪裡喝咖啡，這裡一定名列其中，自家烘焙並精選來自世界莊園的精品豆**，細心沖泡出一杯不輸金沢古來茶湯風情的美味。除了世界精選咖啡，也有同樣好評的自家製甜點，依據季節也有風雅冰品提供。

おすすめ 薦

必訪經典，日本三大名園之一！

兼六園

けんろくえん

Kenroku-en Garden

別冊P.23,E3 搭乘巴士在兼六園下站下車，徒步3分鐘 金沢市兼六町1 076-221-6453(兼六園観光協会案内所) 3/1 ~10/15為7:00~18:00；10/16~2月底為8:00~17:00，時雨亭9:00~16:30 大人¥320，小孩¥100 兼六園無休，時雨亭12/29~1/3 www.pref.ishikawa.jp/siro-niwa/kenrokuen/

金沢的「兼六園」與水戶「偕樂園」、岡山「後樂園」並稱日本三大名園。

這座作為金沢城外庭的江戶庭園，隨著歷代城主的整建，特別是第13代藩主齊泰，挖掘打造了霞ヶ池，讓兼六園形態格局開闊宏大，**符合了中國宋朝詩人李格非《洛陽名園記》一文中「宏大、幽邃、人力、蒼古、水泉、眺望」等六勝，因而被取名為「兼六園」。**

北陸氣候四季分明，初夏時翠綠庭園綠波上悠遊的雁鴨訴出愜意，6月下旬紅紫色、白色的荻花盛開；當時序進入10月，園內落葉林試穿淺紅、深紅色的新衣，接著楓葉正式登場，熱情火紅地燃燒名園。紅葉季後只見職人在樹上架起雪吊、準備迎接日本海的嚴冬，霎時綴上雪白，天地寂靜無聲。春神來臨時花見橋附近的櫻樹奢侈地綻放著，炫麗耀眼。

時雨亭

享用一服茶的優雅時間。

煎茶＋和菓子¥310，抹茶+生菓子¥730

兼六園的主要茶室「時雨亭」是兼六園的起源，期間曾被毀損，到了2000年時才於現在位置重建，**再現了江戶時代的庭園風貌**。參觀者可以坐在和室中，一邊品嚐由專業茶道老師奉上的日本抹茶與和菓子，一邊欣賞雅緻的日本庭園與長谷池。

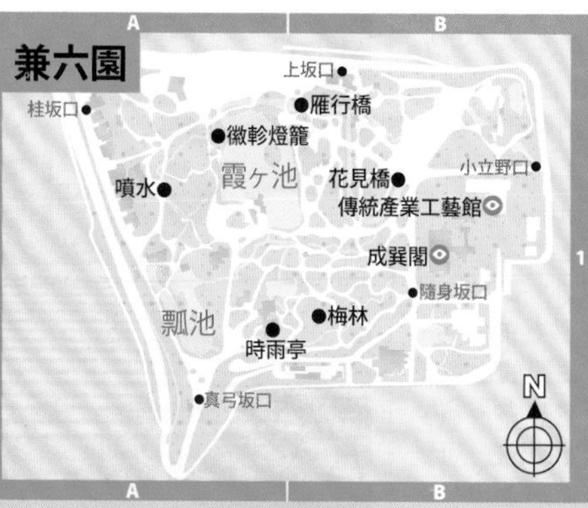

兼六園點燈

兼六園在每年的春季、秋季、冬季都會配合時令，開放夜間點燈且入園免費的活動，因為每年時間都不一樣，詳細時間請上兼六園網站上查詢。

兼六園見所巡禮

噴水

傳說這裡是日本最古老的噴水設施，利用霞池之水產生高低落差而設計，噴水的高度會隨著霞池的水位高低而不同，在當年可是相當新奇的一景。

雪吊り

所謂「雪吊り」，就是以超過樹木高度1公尺左右的柱子為中心，從頂端垂下繩子分別綁在枝幹上，開展成一個傘狀的繩架。等到冬季下雪的時候，樹枝因為有這一圈垂吊著的繩架支撐，而不至於被積雪壓垮，也成為兼六園的冬季名勝。

徽軫燈籠

兼六園以庭園造景居多，其中位在霞池上的徽軫燈籠，兩支腳狀似支撐琴絃的琴柱，也成為兼六園、甚至是整個金沢的代表印記。

曲水

曲水上架設有虹橋、月見橋、雁行橋、雪見橋、花見橋等石造小橋，其中雁行橋是以11枚赤戶室石，排列成雁鳥飛行狀。

四季景觀

除了空間性，兼六園的「時間性」更是它展現名園氣魄的一大要素。每年從9月下旬開始，紅葉搶先燃起一片烈焰，接著1月份的雪景、4月份的櫻花、6月份的新綠，一波一波隨著時節變化，令人嘆為觀止。

石浦神社

いしうらじんじゃ

別冊P.23,E4　「広坂・21世紀美術館」巴士站(石浦神社前)下車即達　金沢市本多町3-1-30　076-231-3314　自由參拜　ishiura.jp

帶著神官帽可愛的「きまちゃん」是代表公仔。

位在21世紀美術館對面，**石浦神社是當地著名的結緣神社，同時也是金沢最古老的神社**。相傳神社創立於古墳時代(547)，當時名為「三輪神社」，奈良時代因為神佛習合改為「石浦山慈光院長谷寺」，神佛分離令頒布後改以地名為名。歷史悠久以外，**石浦神社更因「可愛」出名，神社的繪馬、御守、籤詩上都有繽紛的水玉圖樣，吉祥物白兔「きまちゃん」(kimachan)更是無所不在**，可愛元素吸引女孩們前來朝聖。

美麗的鮮花妝點下，手洗舍也變得浪漫起來。

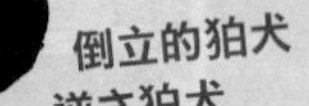

倒立的狛犬
逆さ狛犬

石浦神社本殿旁的「広坂稲荷神社」鳥居前，立著一尊倒立的狛犬。明治中期到昭和初期之間，加賀藩內不知為何流行起了倒立姿勢的狛犬，目前縣內共有113尊，統稱為「加賀逆立ち狛犬」。石浦神社境內的這尊狛犬，有著彷彿往上蹬在雲朵般的躍動感，突出的腳筋更是清晰可見，種種細節被認為是倒立狛犬的代表作，值得一看。

體現禪意的建築，靜下心便能感受其中意境。

鈴木大拙館

別冊P.25,C3　21世紀美術館徒步10分，或搭乘巴士至「本多町」下車徒步4分　金沢市本多町3-4-20　076-221-8011　9:30~17:00，最後入館16:30　週一(遇假日順延)、12/29 ~1/3　大人¥310，高中以下免費　www.kanazawa-museum.jp/daisetz

出身金沢的鈴木大拙(すずき だいせつ，1870~1966)是世界級的禪學權威，他鑽研禪宗、淨土宗等佛教思想，出版過多部著作，他的禪學思想影響了許多人，甚至曾獲得諾貝爾和平獎提名。為了紀念這位禪學大師，由現代主義建築大師谷口吉生操刀設計，他**以水為庭，照見一山天然風光，讓訪客能夠在壓水而建的冥想空間靜看波光樹影**，為時間留白，觀想真實自我，體會禪的意境。

美術館由日本名建築師妹島和世＋西澤立衛／SANAA 設計打造。
通往地下一樓的電梯有著玻璃外觀，更只利用一支垂直升降的圓柱支撐，讓搭電梯也充滿現代藝術的奇妙趣味。

広坂口(北口)
市役所口(西口)
Fusion21
Colour Activity House
紀念品賣店
壁畫
測量雲的男人
綠之橋
游泳池
本多通口(東口)
詹姆士的房間
N

金沢21世紀美術館

おすすめ 薦

21st Century Museum Kanazawa

傳統與當代，巧妙接軌的超人氣美術館。

別冊P.23,D4 「広坂・21世紀美術館」巴士站下即達；「香林坊」巴士站徒步約5分 金沢市広坂1-2-1 076-220-2800 免費進入的公共區域9:00~22:00，展覽區10:00~18:00(週五、六~20:00) 休 週一(遇假日順延)，年末年始 免費進入的公共區域免門票；特別展覽區依展覽而異 www.kanazawa21.jp

金沢21世紀美術館就位在兼六園旁邊，為這個擁有加賀百萬石輝煌歷史的金沢名城，帶來**當代藝術的豐厚洗禮**。美術館外型呈白色扁圓形、被透明玻璃圍繞；除去傳統美術館建築的沉重與包袱，改以**與市街融為一體、四方皆有出入口的生活交流空間，明亮的採光透過「光庭」流動在各個角落**，讓每個進入美術館的人能心情愉悅且輕鬆地與藝術產生共鳴。

「這是一座開放在市街裡像是公園一樣的美術館」，除了展示當代藝術，無論是具體的展覽品或是數位視像的觀摩，還是市民們學習與發表繪畫、雕刻、攝影、演劇，金沢21世紀美術館讓去美術館這件事變得很生活，不會有去美術館就一定要欣賞或接納某個偉大藝術所帶來的壓迫感。

紀念品賣店

10:00~18:30，週五‧六~20:30

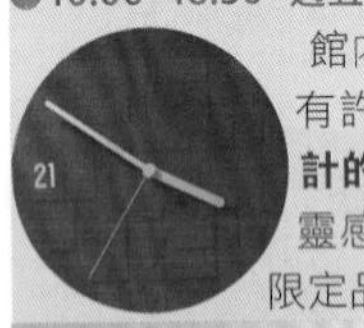

館內的紀念品賣店裡有許多原創商品，像是**妹島和世設計的T恤**，以及利用美術館平面圖為靈感所創作的咖啡杯及紙鎮，都是限定品。

Fusion21

10:00~20:00(L.O.19:00)，午餐L.O.14:00 休 以美術館為準 $ フュージョンランチ(前菜吃到飽+主餐+湯)¥2,600，金沢ぱふぇ¥1,300

既來到金沢21世紀美術館，就不可錯過**被稱為「美術館第二感動」的咖啡餐館「Fusion21」**，在充滿藝術氣息的美好空間之中，就著和暖日光，大啖備受歡迎的美食。午餐時段提供五郎島金時(地瓜)等加賀野菜製成的自助餐，廣受女性歡迎，而單點的主餐、蛋糕也毫不遜色。

「金沢ぱふぇ」以香草霜淇淋佐五郎島金時薯片和蜜薯，搭上芝麻冰淇淋、豆餡、白玉湯圓和旬果，再以金箔點綴。

美術館必看免費景點

測量雲的男人
1999年‧Jan Fabre
舉著長尺看起來像對著天空在測量些什麼，據說是創作者從電影《Bird Man of Alcatraz》一句台詞：「只能測量雲來過日子了」而得到的靈感。從市役所方面向美術館望來即能見到。

傳聲小耳朵
2014年‧Florian Claar
美術館外圍草坪上有許多銀色的小耳朵，對著它講話聲音就會從不知道是哪隻耳朵處傳出來，是小朋友們最愛的遊戲。

Colour Activity House
2010年．Olafur Eliasson
由丹麥藝術家設計的Colour Activity House由紅、藍、黃三塊半圓玻璃牆以漩渦狀交錯而成，眼前看到的顏色會隨著身處的角度而變化。

椅子
2014年．SANAA
美術館裡和外面草坪上有許多椅子，有的像兔子耳朵、有的像蒂芬尼的豆型項鍊墜，代表這個像公園般一樣的美術館，歡迎人們輕鬆進入，走累了便休息一下。

綠之橋
2004年．Patrick Blanc
身兼植物學家的創作者，在圓形設計的美術館中透過許多長形與方形的隔間，構成多長廊的格局，以綠色植物引入溫暖明亮的陽光與微風感。

詹姆士的房間
2004年．James Turrell
四方形的大房間的天井上出現了一個正方形的窗口，將天空切成「作品」，體驗空間轉移的靜寂與光線流動。

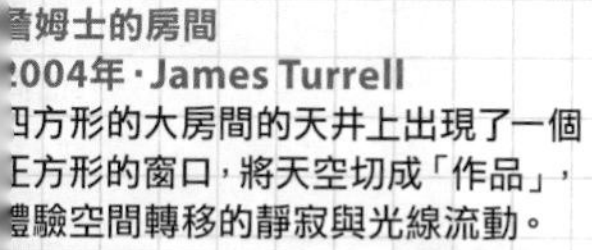

游泳池
2004年．Leandro Erlich
美術館出現游泳池？！坐在泳池底下的人可以從水中探望天空雲朵，站在泳池邊的人則可窺見泳池裡的人，暗喻人與人之間的奇妙相逢。

❗泳池底下為付費區

金沢城公園

別冊P.23,D1-3 兼六園桂坂口即達。「兼六園」巴士站徒步5分鐘 金沢市丸之內1-1-1 076-234-3800 3/1 ~10/15為7:00~18:00；10/16 ~2月為8:00~17:00，菱櫓·五十間長屋·橋爪門續櫓9:00~16:30，最後入館為16:00 入園免費；參觀菱櫓·五十間長屋·橋爪門續櫓¥310 www.pref.ishikawa.jp/siro-niwa/kanazawajou

從天正11年(1583)前田利家入主金沢城、修築城池起始，到明治2年(1869)為止，這裡都是**前田家14代的居城**。作為一座城池，金沢城內處處可見防禦、攻擊的設計，像是投石口(石落し)、隱藏式槍砲射口、菱櫓，都是禦敵考量的設計。明治年間火災之後，只剩下**石川門、三十間長屋及鶴丸倉庫是古建築，其餘都是再復元的現代產物，城內有資料館詳述加賀藩的歷史**。

回顧歷史，金沢城可說是多災多難。城內可分為本丸、二之丸、三之丸，慶長年間的落雷毀了本丸的天守閣(無重建)，遂改建三階櫓、於二之丸興建御殿為城主居所，寬永8年(1631)又遇祝融，整修時重整結構，擴大二之丸、引入用水，將城內的武家宅邸遷出，寶曆9年(1759)的大火更幾乎燒毀整座城池，此後便以二之丸為中心，也確立了城內基本樣貌。

五十間長屋三之丸側的窗戶上下錯落，這是為了禦敵時沒有死角而做的設置。
想真正了解金沢城的特色與歷史，建議買張票，一訪菱櫓內部結構。
利用卡榫技術重建的五十間長屋，還有卡榫可以動手拆解、組裝看看。
菱櫓不只外觀是菱形，連柱子也是菱形。

金沢城公園名所巡禮

石川門

正對兼六園的石川門由高麗門、櫓門、石川櫓組成，結構複雜，是天明8年(1788)重建而成，被指定為國重要文化財。遊客大多由此出入，但石川門其實是位在金沢城背後的後門(搦手門)。

河北門

入口右手邊的河北門，其實才是金沢城的正門。河北門也有著多重結構，除了瞭望的櫓台，一之門藏有槍砲射口、二之門設有投石口，十分注重防禦功能。與「石川門」、「橋爪門」，並稱為「金沢城三御門」。

橋爪門

因為金沢城沒有天守，二之丸就是其中樞，作為二之丸的正門，橋爪門也因此有著最高規格、複雜的枡形結構，也是三御門之中最大的一處。明治14年毀於大火中，現在所見是依據文化6年(1809)重建時的樣貌復元而成。

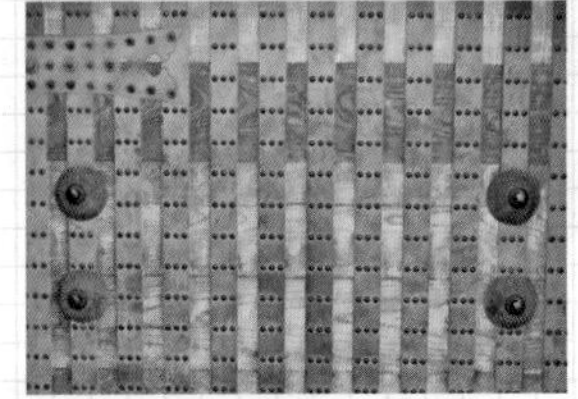

菱櫓

與五十間長屋、橋爪門續櫓相連，菱櫓是用來監視金沢城前後門動態的塔樓，設有投石口、槍砲口，還有灰泥牆、海鼠壁等防火結構。最特別的是，建築本身是菱形結構，重建時更以傳統工法建成，擁有華麗的千鳥破風，是金沢城的地標。

石垣

金沢城內的石垣也是看點，除了對應出入口、庭園所作的特殊設計，還有不同年代、不同工法的石垣，甚至還可看到建築時所做的記號，也因此被稱為「石垣の博物館」。

玉泉院庭園

玉泉院庭園是標準池泉迴遊式庭園，與常作為宴會場所的兼六園相較，這裡是藩主私人的休憩場所，最早由三代藩主前田利常於寬永11年(1634)時開始修築，明治廢藩後庭園隨之荒廢，平成27年(2015)才重現風采。庭園從瀑布到池底的高低差達22m，充滿立體感；一旁還有玉泉庵可稍事休憩。

成巽閣

別冊P.23,F4 兼六園隨身坂口即達。「出羽町」巴士站徒步2分鐘 金沢市兼六町1-2 076-221-0580 9:00~17:00，最後入館16:30 週三(遇假日延隔日休) 企劃展-成人¥700、高中¥300、小學¥250。茶室清香軒另加¥400 www.seisonkaku.com

成巽閣建於江戶文久3年(1863)，當時的第13代藩主為了讓母親能夠隱居，而興建了此座建築。**作為武家書院建築，成巽閣內十分華麗**，一樓的「謁見の間」裡擺有鏤空雕花、屏風，還有雅致的日式庭園，都是吸引人的焦點，其中，面對庭園的走廊一根柱子也沒有，讓欣賞庭園的人視野更寬廣。

金澤神社

別冊P.23,E4 兼六園隨身坂口即達。「出羽町」巴士站 徒步2分鐘 金沢市兼六町1-3 076-261-0502 境內自由參觀 kanazawa-jj.or.jp

加賀藩第11代藩主前田治脩於寬政6年（1794年）、在兼六園現在的梅林地區建立了藩校明倫堂，並在金城靈澤附近建立了神社奉祀學問之神。後來隨著兼六園的整修，藩校被遷至其他地方，**在第12代藩主前田斉広時期，這裡則作為竹沢御殿的鎮守神，同時也祈求遠離災難、生意興隆和交通安全**。相殿則是祭祀金運之神「白蛇龍神」，現已被指定為文化財。

金城靈澤

從前從前，據說住在村裡一名叫藤五郎的農夫，在這裡洗地瓜時竟然冒出了許多金子。藤五郎並不獨吞，而是將它們分給貧困的人們。於是境內的這方水池叫作洗出「金」子的沼「澤」，也是地名的由來。

夢牛

由舊帝展藝術家都賀田勇馬所創作的奉納作品。這是代表學問天神派遣使者的牛，據說摸摸它的頭，就能實現夢想。

只要5分鐘就可以完成體驗。

今井金箔 広坂店

別冊P.23,D3 「広坂·21世紀美術館」巴士站徒步1分，從21世紀美術館徒步2分 金沢市広坂1-2-36 076-221-1109 10:00~17:00 週一、五 金箔冰淇淋¥600、箔貼り体験 バッチ(貼金箔體驗 胸章)¥650~ www.kinpaku.co.jp

今井金箔是**擁有百年歷史的金箔店鋪**，市中心的広坂店**販賣非常豐富的商品**，從高級的金箔藝品、首飾、化妝品，到以金箔裝飾的餐具、筷子，或是加入金箔的梅酒、醬油，還有放上整片金箔的霜淇淋。除此之外，**店內也有手做體驗可以參加**，選好喜歡的花樣、自己動手貼上金箔，就可以迅速做出可愛的胸章或杯子等。

Kanazawa Crafts Hirosaka

金沢·クラフト広坂

別冊P.23,D3 「広坂·21世紀美術館」巴士站徒步2分 金沢市広坂1-2-25 (金沢能楽美術館內) 076-265-3320 10:00~18:00 週一(遇假日順延)、12/30~1/2 www.crafts-hirosaka.jp

Kanazawa Crafts Hirosaka**店裡匯集了金沢傳統工藝**，大片透明的落地窗讓來往行人看見店內繽紛的工藝，從鮮豔的加賀花てまり(加賀手毬)、加賀指貫(頂針)，到繽紛的水引、精緻的九谷燒，或是400年老店「目細八郎兵衛商店」製作的針具、縫紉小剪，**樣樣都是金沢精品。2樓則是藝廊空間**，不時會舉辦當地藝術家或職人的活動，有興趣的話也可以到樓上看看。

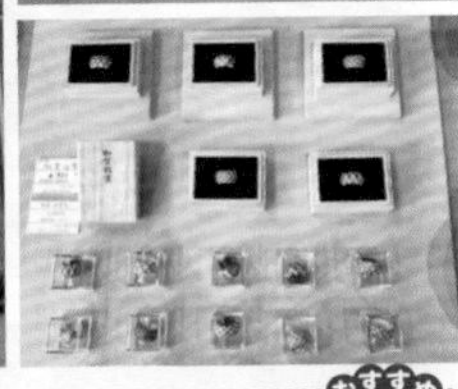

九谷燒、明信片、水引飾品，都是金沢風貌。

[g]ift

おすすめ 薦

別冊P.23,D3 「広坂」巴士站徒步3分，從21世紀美術館徒步3分 金沢市広坂1-2-18 076-222-2126 10:00~18:00 週一·二(遇假日順延)，年末年始 クルミのおやつ メープル(楓糖胡桃)¥810、はちまんさん(加賀八幡不倒翁落雁)¥594 www.gift-hokuriku.jp

想要尋找北陸地方的特色伴手禮，到這裡來準沒錯！

[g]ift是一家位在広坂的小店，**店內蒐羅了福井、富山、石川等北陸的精選商品**，與物產館、車站常見的伴手禮相比，這裡的商品較為少見，像是金沢佃煮老舖「大畑食品」製作的胡桃點心，原來胡桃食品從加賀藩時代起就是當地名產，這一樣小零嘴不僅有歷史意義，恰好的香甜更是老舖功力的展現，還有加賀八幡不倒翁造型的落雁、來自富山五洲製藥生產的老牌入浴劑、福井的PLECO環保袋…，**每一項都是北陸的代表好物。**

金沢鄉土偉人館

別冊P.23,D4　21世紀美術館徒步3分，或搭乘巴士至「本多町」下車徒步2分　金沢市下本多町6-18-4　076-220-2474　9:30~17:00，最後入館16:30　休週一(遇假日順延)、12/29 ~1/3　大人¥310，高中以下免費　www.kanazawa-museum.jp/ijin

金沢自古以來就是工藝王國，進入近代更是人才輩出，不乏站上世界舞台的佼佼者。其中最著名的莫過於化學家高峰讓吉、天文學家木村榮、土木技師八田與一、佛教思想家鈴木大拙等人。**開館最初以5名偉人的展示為主，現在則涵蓋了近40位不同領域的傑出人才**，而且持續增加中，展示相當豐富，可以一窺他們的成功軌跡。

展出八田與一的相關文獻，還有一座台灣捐贈的銅像。

石川四高記念文化交流館

別冊P.23,C3　「香林坊」巴士站徒步2分，從21世紀美術館徒步5分　金沢市広坂2-2-5　076-262-5464　9:00~17:00(最後入館16:30)　休12/29 ~1/3　石川四高記念文化交流館免費；石川近代文學館大人¥370，大學生¥290，高中生以下免費　www.pref.ishikawa.jp/shiko-kinbun/

石川四高記念文化交流館緊鄰著具有懷舊建築風情的舊縣政府旁，**這裡原為石川縣的第四高中校舍，如今則將各間教室改建為展示空間**。隔鄰的石川近代文學館，則展出和石川有深厚關係文學家的作品、手稿、昔日的服裝等。

博物館巡遊小祕訣

金沢市文化施設共通観覧券

除了金沢21世紀美術館，金沢還有無數精彩的小型博物館及文化設施，正等待你去發掘。可買一張文化設施通行券(金沢文化施設共通観覧券)，就能暢遊金沢大小博物館，發掘你所沒發現的各式金沢故事與面貌！

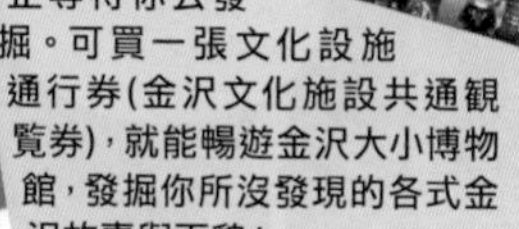

一日券¥520、三日券¥830

www.kanazawa-museum.jp/passport

尾崎神社

おざきじんじゃ

別冊P.22,B6 「武蔵ヶ辻・近江町市場」巴士站徒步約6分 金沢市丸の内5-5 076-231-0127 6:00~20:00

寛永20年(1643)，加賀藩第四代藩主的前田光高，特地在金沢城北の丸興建神社，祭祀天照大神、德川家康以及第三代藩主前田利常，名為「東照三所大権現社」，明治年間遵從神佛分離令，改名為尾崎神社，明治11年(1878)時遷至現址。**因為祭祀德川家康(東照大権現)，又名「金沢東照宮」；社殿有著精美朱塗與豪華雕飾**，還可以看到德川家的家紋「三葉葵」，故**被譽為「金沢城の江戶、北陸の日光」**。

建於江戶初期的拜殿、弊殿等都被指定為重要文化財。

買土產、玩體驗，都可以在這裡一次搞定。

石川縣觀光物產館

別冊P.23,F2 「兼六園」巴士站徒步約1分 金沢市兼六町2-20 076-222-7788 週一至六9:30~17:50、週日9:00~18:00；體驗時間不定，詳見官網 休 12月~2月週二(年末年始除外)、不定休 kanazawa-kankou.jp

石川縣觀光物產館**集合所有石川縣的工藝品、特產美食、地酒等，種類齊全**，且緊鄰著兼六園，對於想要買紀念品的觀光客來說非常方便。位於**3樓的體驗廳更是提供各種體驗活動**，包括製作和菓子、加賀八幡不倒翁上色、金箔、沙雕玻璃體驗等，只要按照職人所示範依樣劃葫蘆，人人都可以作出屬於自己獨一無二的紀念品。

能作

別冊P.23,C3 「香林坊」巴士站徒步5分 金沢市広坂1-1-60 076-263-8121 10:00~18:00 週三(8月無休) 漆器茶杯￥4,200起 www.kanazawa.gr.jp/nosaku

能作是**創業於1780年的漆器老舖**，從販賣漆器的原料起家，整個店面一共有4層樓，**1到3樓是漆器店面、4樓則是茶寮**。其實，金沢的漆器有許多種，包括最出名的輪島塗、簡單卻極富質感的山中塗，還有更高級的加賀蒔繪，其中1樓所展售的為價格比較普通的生活用品，2~3樓則多為較大型的漆器工藝，例如餐具、家具等。

甘味処 漆の実

能作本店4F 076-263-8121 11:00~17:45(L.O.17:30) 週三(8月無休) 抹茶クリームぜんざい(抹茶奶油紅豆)￥840 www.kanazawa.gr.jp/nosaku/urushinomi

搭上電梯來到能作四樓，玄關看到的就是貨真價實的漆樹，**店內所有的桌子與使用的餐具也全都是漆器**，同時還有個小藝廊，展示各種頂級漆器，桌上的糖罐是質樸單純的山中塗，享用美味點心的器皿則是輪島塗，集合了石川縣的各種漆器。**人氣度最高的招牌點心是抹茶奶油紅豆**，選用能登半島的大納言紅豆、客人點餐後才下鍋煮熟的白玉麻糬，再搭配上香氣四溢的抹茶冰淇淋，甜度恰到好處。

おすすめ 薦

LE MUSEE DE H KANAZAWA

ル ミュゼ ドゥ アッシュ KANAZAWA

甜點大師以當地食材做成的頂級甜點，在市區也吃得到！

別冊P.23,E4 「広坂」巴士站下徒步5分 金沢市出羽町2-1(石川縣立美術館內) 076-204-6100 10:00~18:00(L.O.17:00)，美術館休館也一樣營業 不定休 加賀棒茶ロール(加賀棒茶瑞士捲)¥435、辻口ロール ハチミツ(辻口瑞士捲 蜂蜜口味)¥435 le-musee-de-h.jp

位在石川縣立美術館內的咖啡廳LE MUSEE DE H，是**由頂尖的日本甜點職人辻口博啓所開設**。出身於能登七尾的辻口博啓，運用能登與金沢的在地天然食材，並以和風概念出發，研發出多彩多姿的和風法式甜點，像是將知名的棒茶、地產蜂蜜等融合進瑞士捲蛋糕以外，也**會推出金沢限定的甜點口味，依季節、產地不斷產生各式創意甜點，每次來訪都能嚐鮮。**

店內裝潢將窗外的綠意收納其中，打上燈光更顯美麗。

前廳裡簡單設了一張黑色皮革沙發、兩座立燈。牆面嵌一方玻璃長窗，映出窗外的風景。

以和食十二曆為概念，當日捕撈的能登魚蝦成為夏日開胃的美麗赤身。

綠草音的七間客室陳設格局皆不相同，展現不同意趣的生活之樂。

おすすめ 薦

金沢の宿 緑草音

隱逸於山中的町屋。

別冊P.23,F4外 21世紀美術館搭乘計程車約8分，金沢駅搭乘計程車約20分 金沢市天神町2-1-10-1 076-208-3999 Check in 15:00、Check out 10:00；土青：午餐11:30~15:00(L.O. 14:00)，晚餐17:00~22:00(L.O. 20:00)，非住宿客人亦可預約用餐 ryokusone.jp

遠離古都市街的喧囂，**隱居在坐落小山丘之上、綠意環繞的和式餐旅館**「金沢の宿 緑草音」，改建自一座木造舊町屋，保留建築的原有結構，整建並加入當代設計元素，以古董舊物陳設，並於館內設一處割烹料亭「土青」——簡素的空間之美、舒心暢懷的大自然、快適的作息起居、應合時令的山海旬味、體貼入微的待客，集生活之美於大成，演繹金沢最美好的和式餐旅館(和のオーベルジュ)，**於2016年獲評米其林指南紅四級旅宿的殊榮。**

東茶屋街

ひがしちゃやがい
Higashi Chaya District

淺野川右岸的東茶屋街，古時候是有名的享樂花街，而這一帶建築最大的特色，是兩層樓木造樓房外有整排的紅褐色細格子窗櫺，將整條街襯托得古色古香，與京都的祇園非常相似。

雖然現在的東茶屋街已經沒有當時的榮景，在街上也見不到藝妓的蹤影，但當時的建築、舞台、樂器等等都還完整地保存下來，而許多藝品小店與咖啡廳進駐，也為這裡帶來新的風情，成為遊客必訪的旅遊勝地。

交通路線＆出站資訊

巴士

橋場町站(ひがし・主計町茶屋街)➔城下町周遊巴士(右回)
橋場町站(金城樓向い)➔城下町周遊巴士(左回)、金沢點燈巴士、北鐵11、12、16號巴士

觀光旅遊攻略

◎要到東茶屋街的話，大多是搭乘巴士在橋場町站下車。要注意橋場町站有多個不同位置的停靠站
◎最靠近茶屋街的就是橋場町站(ひがし・主計町茶屋街)，因此城下町周遊巴士(右回)最便利，從金沢駅搭上車第4站就是東茶屋街
◎城下町周遊(左回)會停靠在金城樓對面，距離東茶屋街約5分鐘路程

觀光案內所

東茶屋街休憩館
金沢市観音町1-3-8
076-253-0087
9:00~17:00

Oriental Brewing

別冊P.20,D2 「橋場町(ひがし・主計町茶屋街)」巴士站徒步2分 金沢市東山3-2-22 076-255-6378 11:00~21:00(Food L.O.20:00) 精釀啤酒￥770起、PIZZA￥990~ orientalbrewing.com/higashiyama

儘管金沢被稱作「雨都」，夏日時的艷陽依舊熱度驚人，若是想要消消暑氣，東茶屋街入口的Oriental Brewing是個不錯的選擇。在這一家小酒館裡，**可以品嚐到店家自製的精釀啤酒**，店內**人氣第一的是「湯涌ゆずエール」(Yuwaku Yuzu Ale)，利用金沢湯涌溫泉區的名產柚子釀製而成**，除了啤酒香味以外，還帶有鮮明的柚子香，十分清爽，還有利用加賀棒茶釀成的黑啤酒，略帶酸味的口感也很值得一試，另外也有日式炸雞、現烤披薩等餐點，與啤酒搭配再對味不過了！

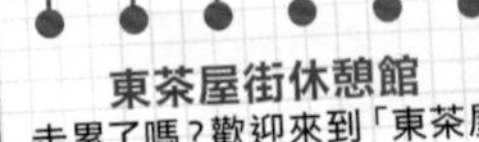

東茶屋街休憩館

走累了嗎？歡迎來到「東茶屋街休憩館」歇歇腿，這間將古老的江戶時代町家建築予以修復的設施，除了可讓遊客休息、提供地圖與資料外，還可聽到常駐在這裡的義工「まいどさん」為你解說東茶屋街的歷史，以及關於金沢百萬石的小典故。除此之外，東茶屋街休憩館的建築本身也值得一看，門前可以看到當年商家為了方便做生意的建築設計，以及冬天時為防豪雪與通風所做的傳統隔局，可以間接了解到東茶屋街附近一般民家的生活況味。

別冊P.20,E3 「橋場町(ひがし・主計町茶屋街)」巴士站下車徒步1分 金沢市観音町1-3-8 076-253-0087 9:00~17:00

志摩

おすすめ 薦

東茶屋街歷史最悠久茶屋，國指定重要文化財，是十分貴重的文化遺產。

別冊P.20,F3 「橋場町(ひがし・主計町茶屋街)」巴士站徒步5分 金沢市東山1-13-21 076-252-5675 9:30~17:30、12~2月9:30~17:00 成人￥500、中小學生￥300 www.ochaya-shima.com

在東茶屋街中，完完整整地將江戶時代典型的「お茶屋」建築形式保存下來的，就屬志摩。與淺野川茶屋街的設立同年，在兩層的木造樓房中，沒有一般家庭生活空間，空間設計包含舞台及客席，可明白看出完全是為了提供有錢人娛樂聚會而打造。由於建築特色保留著江戶時期金沢的茶屋風格，也被指定為金沢市文化財產，**進入參觀必須付費，志摩的主人會充當解說員，來講解房間特色以及表演狀況**。若想要更悠閒的享受氣氛，不妨在一樓的寒村庵品嚐抹茶與和菓子點心。

夏日時茶屋打起竹簾，感受一室影影綽綽的婉約之美。

館內展示藝伎在宴會上使用的三味線及鼓，可試玩體驗。

茶屋見學

以茶屋建築被列入重要文化財，唯有金沢的「志摩」是與京都島原的「角屋」，保存完好的建築內可以窺見昔日茶屋的風貌，相當有趣。

前座敷
塗上鮮豔色澤的牆面，是客人坐的地方。這裡的對面就是舞妓表演的ひかえの間

ひかえの間
藝妓的表演舞台，以拉門「襖」為帷幕，打開障子後藝妓便會在裡面獻藝漫舞。現在則擺設有三味線和鼓供來客觸摸賞玩

はなれ
以前提供來客單獨欣賞藝妓演出的空間，是志摩裡唯一的白木造空間

みせの間
昔作為藝妓後台準備之用的「みせの間」則改設資料室，展出茶屋器物用品和藝妓的衣裳髮飾

台所
茶屋通常只能提供簡單餐點，一樓的台所可以看到簡單廚房，以及水井、儲藏食物用的石室等設施

寒村庵
志摩的茶室，就著坪庭品味生菓子佐抹茶，十分愜意。抹茶附生菓子￥700

菓舖Kazu Nakashima

別冊P.20,E3 「橋場町(ひがし・主計町茶屋街)」巴士站徒步2分 金沢市東山1-7-6 050-5486-8456 10:00~18:00 週四 地酒に合わせた上生菓子セット(地酒與生菓子組合)￥1,200、大福￥540起 kazunakashima.gorp.jp

舊美容院改建的菓舖Kazu Nakashima，是與百年和菓舖協同企畫的新嘗試。百年老宅襯托普普風家俬，座席藏身厚實土藏裡，女將穿著和服在長吧檯忙碌，茶屋與酒吧結合，讓人聯想到**明治時代的時髦茶館氛圍**，加上**包裹著新鮮水果的Q彈麻糬**，魅力少有人能夠抵擋。不過**最讓人驚艷的，則是和菓老舖第四代當家中島一、研發出適合搭配日本酒與葡萄酒的新派和菓子**。季節生菓「黑」，使用竹炭、黑胡椒與山椒製作黝黑的外餡，包入卡波拉起司的白餡，酸香起司與白餡美妙融合，味覺在香辛料刺激下變得更敏銳，搭配爽口氣泡酒，彷彿打開味蕾的美麗新世界。

這裡是東茶屋街的人氣名店，想吃記得趁早！

各式鹹、甜鬆餅，口味選擇相當多。

咖啡 多聞

おすすめ 薦

Cafe Tamon

鬆餅的質地彷若舒芙蕾般輕柔，美妙口感讓人驚豔。

別冊P.20,G2 「橋場町(ひがし・主計町茶屋街)」巴士站徒步6分 金沢市東山1-27-7 076-255-0370 9:00~17:00(L.O.16:30) 鬆餅￥1,300~2,200 cafetamon.jp

東茶屋街邊陲區域的東山，一些店主相中這一帶僻靜的環境，將老町家改建成洋溢文藝風格的個性咖啡店或複合藝廊，町家咖啡「多聞」就是這樣一間讓人從心底感到舒服的店家，百年老宅散發沉緩氣質，蘊含手感的古董和九谷燒擺設在老書櫃前，宇多須神社的四季色彩透過窗戶傳遞，安靜地置身其中，就是一種享受。店內堅持在地食材，**使用加賀蔬菜和水果製作手工點心，鬆軟綿潤的煎餅搭配當地旬產**，在嘴化作濃郁蛋香和蜂蜜氣息，每一口都是輕飄飄的美好夢境。

邊走邊吃NG！

來到東茶屋街，除了採買伴手禮、尋找咖啡店坐下歇歇之外，各家點心舖販賣的冰淇淋、菓子也都讓人心動，但要注意，不可以在茶屋街邊走邊吃！其實日本文化中一般都不允許邊走邊吃，東茶屋街為了保護建築街景，更是如此。
買了點心之後，記得在店內座位或店外空間吃完，把垃圾丟到店家垃圾桶，才是有禮貌的好旅人。

懷華樓

おすすめ 薦

金沢規模最大的茶屋建築。

別冊P.20,F3 「橋場町(ひがし・主計町茶屋街)」巴士站徒步5分 金沢市東山1-14-8 076-253-0591 10:00~17:00 入館：大人¥750、小~高中學生¥500，黃金くずきり(金箔葛切)¥1,900 www.kaikaro.jp

懷華樓是今日仍能夠體驗茶屋文化的少數店家之一，建築已超過200年的歷史，步上醒目的朱漆樓梯，二樓是會員制的高級招待所，共有三間客室——塗飾朱紅、壁龕飾有美人圖、鮮花和加賀手毯的「朱の間」，塗飾群青的「群青の間」，及襖面繪有美麗藝妓的「市松の間」，一天限定只能有一組客人。現在則不定期舉行「豔遊會」由十多位藝妓現場演出各種日本傳統的舞蹈及樂曲，重現江戶時代的繁華時光，不事先預約無法參加。**一般觀光客雖然無緣欣賞茶屋的藝妓表演，仍然可以到懷華樓參觀傳統加賀建築的特色，或是在1樓的地爐茶室品嚐道地甜點和抹茶**，還可選購藝妓們愛用的金箔保養精華液。

以金箔水引打造榻榻米的黃金茶室。

自家製黃金葛粉，佐金箔黑蜜十分奢華。

懷華樓著名的心形木屐。

一見さんお断り

「一見さんお断り」指的是拒絕沒有來過或熟客帶來的客人。因為基於體面，客人當日在茶屋的消費不會當面收取現金，而是在日後茶屋派人前往結算收帳，為避免初來乍到的客人造成收款的不便與尷尬，才有這樣拒客的習俗。也因為如此，茶屋街的藝妓文化給人一種高不可攀的神秘印象。

自由軒

別冊P.20,E3 「橋場町(ひがし・主計町茶屋街)」巴士站徒步約3分 金沢市東山1-6-6 076-252-1996 11:30~15:00(L.O.)，17:00~21:30(L.O.)，週末例假日晚間16:30~21:00(L.O.) 休 週二、每月第三個週一 ハヤシビーフ (牛肉燴飯)¥1,295，オムライス(蛋包飯)¥915 www.jiyuken.com

位於東茶屋街入口廣場上的自由軒是**創業於1909年的洋食老舖**，從建築外觀就可看出其悠久風華與歷史，至今仍保留著開業初期的傳統滋味。所有的食材通通選自金沢與近郊的在地蔬果肉品，調味秘訣的牛肉醬汁、奶油等通通都是獨家傳承了百年的好味道，**最受歡迎的是以醬油為調味基底的蛋包飯、與有著濃郁番茄香氣的牛肉燴飯**。

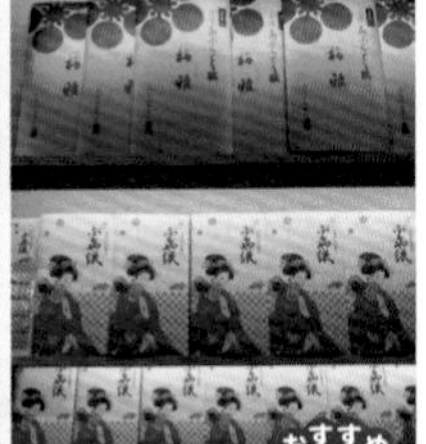

おすすめ 薦

箔一 東山店

別冊P.20,F3 「橋場町(ひがし・主計町茶屋街)」巴士站徒步約2分 金沢市東山1-15-4 076-253-0891 9:00~18:00，咖啡~17:00 あぶらとり紙(吸油面紙)￥385~，金華コスメティック(金華保養品)￥1,980~ kanazawa.hakuichi.co.jp

超熱門的金箔霜淇淋以外，還有不少新商品。

由於氣候、風土，使得北陸職人擁有堅忍的特質，也讓金箔工藝能夠從江戶時期一路傳承至今。**箔一創業於1975年，除了傳統金箔工藝之外，也涉足化妝品、食品、建築裝飾等領域**，將金箔文化推廣至日常生活之中。來到東茶屋街上的分店，廣闊的空間整齊擺放各式金箔工藝品，**角落還有一處輕食區專賣金箔霜淇淋**，散步累了很適合來這裡休息購物。

茶房 素心

別冊P.20,F3 「橋場町(ひがし・主計町茶屋街)」巴士站徒步4分 金沢市東山1-24-1 076-252-4426 10:00~18:30 週三 素心ブレンド(招牌咖啡)￥500

雖然名為茶房，但素心是間不折不扣的咖啡小館。座落在東茶屋街上的老屋改建成現貌，一進店內就聞到滿室咖啡香，輕鬆的音樂流盪於高挑的室內空間裡，營造出輕鬆自在的氛圍。**1樓的吧台區可以欣賞咖啡職人沖咖啡的技巧，2樓靠窗的位置能夠由高向下欣賞東茶屋街的街景**，推薦在東茶屋街散步時能來這裡品味金沢的悠閒時光。

老闆蒐羅的展示品讓人認識友禪之美。

久連波

別冊P.20,F3 「橋場町(ひがし・主計町茶屋街)」巴士站徒步約3分 金沢市東山1-24-3 076-253-9080 10:00~18:00 週三 抹茶+和菓子￥850 www.higashi-kureha.com

久連波是一家**結合紀念品與日式茶菓喫茶**的店。最早，久連波的老闆在東京銀座專門經營和服店，對加賀友禪這種傳統手工染布的品質、花色非常有眼光，因此店裡也收集了許多友禪的製品，領巾、手帕、小布袋到布玩偶等等，令人愛不釋手。1F還有和服區，2樓喫茶的部分，**最有名的就是抹茶製品，從抹茶丸子、抹茶冰淇淋、抹茶蜜豆冰等應有盡有**，還可點一份最單純但最和風的抹茶與和菓子組合。

箔座 ひかり藏

金燦燦的倉庫，也是東茶屋街必看風景。

別冊P.20,F3 「橋場町(ひがし・主計町茶屋街)」巴士站徒步約5分 金沢市東山1-13-18 076-251-8930 9:30~18:00(冬季~17:30) 店舗無休，金箔體驗教室週日一、例假日休息 大納言入り抹茶ケーキ黄金の焼菓子(金箔抹茶紅豆蛋糕)¥1,998，吸油面紙¥352起，箔梅酒200ml¥1,650 www.hakuza.co.jp

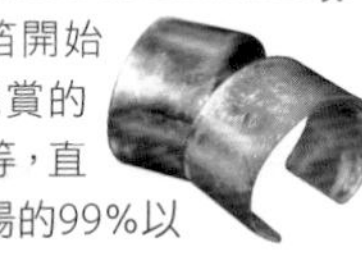

加賀藩以從京都而來的金箔開始研發打造，製作出更多令人絕賞的工藝品，如佛壇、餐具、文具等，直到現在，金沢箔的生產量占市場的99%以上，居全日本之冠。**箔座便是從製造金箔起家，如今發展為擁有多家店舖的金箔企業**，在東茶屋街上的ひかり藏除了可以選購金箔工藝品，甚至還有蛋糕、化妝品、首飾等，**最特別的就是完全以金箔貼成的倉庫，在陽光下閃爍著耀眼光芒，成為東茶屋街內一定要欣賞的絕世工藝**。2樓也有處金箔體驗教室，可以自己選擇想要的課程(需預約)，從簡單到難都有，十分適合觀光體驗。

茶屋美人

店內也有許多對女性美容有益的茶飲、茶包，累了不妨坐下來休息，喝杯美人茶。

別冊P.20,F3 「橋場町(ひがし・主計町茶屋街)」巴士站徒步約6分 金沢市東山1-26-17 076-253-8883 9:30~18:00(冬季~17:30) 黄金の美人茶¥1,080 www.hakuza.co.jp/shop/chayabijin

你相信金箔有美容功效嗎？在日本確實流行著金箔美容的風潮，特別在金沢市這個生產金箔的大本營，除了裝飾，金箔被用來製成各種美容保養品。而同為箔座經營的茶屋美人，就是**專門針對女性而製造許多金箔保養品**。其中最主要的產品就是金箔保養品、金箔面膜、金箔化妝品等，還依皮膚的性質分成許多不同的功能，值得買來試試。

ひがしやま酒楽

Higashiyama Syuraku

別冊P.20,G3 「橋場町(ひがし・主計町茶屋街)」巴士站徒步5分 金沢市東山1-25-5 076-251-1139 10:00~17:00，試飲~16:50 週三 試飲¥500起/杯 higashiyama-syuraku.com/

酒楽是一家**專賣石川縣地酒**的店舖，走進店內就會看到琳瑯滿目的酒品，**從當地限定的金沢百万石啤酒，到石川縣內各酒廠生產的清酒**，酒類選擇多樣以外，也有融入當地元素的設計，可愛包裝加上當地酒水的組合最適合當作伴手禮。另外，店內還有提供試飲服務，可以在右方吧台買酒，於一樓的立飲區試喝，也可以到2樓坐下慢慢品味。

甘味カフェ 茶ゆ

還有能登產的藍莓、草莓口味。

Chayu

別冊P.20,E3 「橋場町(ひがし・主計町茶屋街)」巴士站徒步2分 金沢市東山1-7-8 076-253-1715 10:00~日落 不定休 東山アイスもなか(東山冰淇淋最中)¥420 chayu.info

茶ゆ有著傳統日式的外觀，但店內外卻人手一個可愛冰淇淋，微妙的衝突讓人忍不住拉開老屋大門一探究竟。甘味カフェ 茶ゆ曾經是錢湯的休憩場，輾轉由店主接手後，變成提供**義式冰淇淋和點心**的茶屋。店內1F以石川縣物產，或是東茶屋町在地材料作成的義式冰淇淋，**從街坊老舖嚴選的玉露茶、味噌、甜酒、絹豆腐都成為獨創冰淇淋**，嚐一口醬油口味，甜美香草和鹹香醬油交融，回甘的滋味很特別，也很迷人。2F則是可坐下品嚐茶菓的甘味處。

金箔屋 作田

金箔屋さくだ

別冊P.20,E1 「橋場町(ひがし・主計町茶屋街)」下車徒步3分 金沢市東山1-3-27 076-251-6777 9:00~18:00 貼金箔體驗¥800起 www.goldleaf-sakuda.jp

一個像10日幣硬幣大小的合金，可以打造成2個榻榻米大的金箔，這樣高超的技術，只有在金沢這樣多雨多雪濕氣重的地方才辦得到。在作田這裡除了**可以買到最受歡迎的金箔吸油面紙、金箔美容精華液，還可嘗試在漆器上貼金箔的體驗**。二樓還有金箔藝品、屏風的展示，也相當值得一看。

連洗手間都貼滿金箔，記得到二樓參觀一番。

金箔體驗 Step by Stp

自己動手做出喜歡圖案的模型紙。

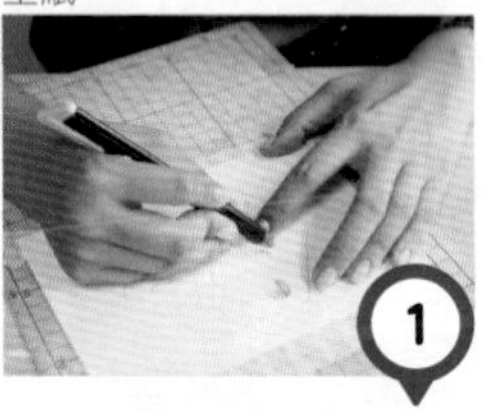

1

做好的模型紙放到物品上，再用接著劑薄薄的塗上一層。

2

貼上箔打紙(打得薄薄的金箔)，輕輕壓，確認有緊密貼合。

3

去掉箔打紙，用刷子輕輕刷掉多餘的金箔。

4

完全乾燥後將模型紙拿掉，漂漂亮亮的金箔圖案就出現囉！

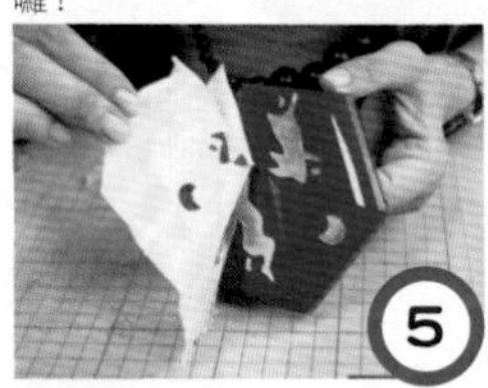

5

和栗白露

おすすめ 薦

現擠的能登栗子布朗，滋味絕妙！雖然高價但值得一試。

別冊P.20,G3 「橋場町(ひがし・主計町茶屋街)」巴士站徒步5分 金沢市観音町3-1-16 11:00~17:00 不定休 榛摺 ¥1,600，金茶¥1,200 www.instagram.com/wagurishiratsuyu/

出身自能登半島的店主，為了支持和栗農家，也希望讓人了解能登和栗農家的溫情與魅力，選在金澤的熱鬧街區開設了這間和栗甜點專門店。店裡的**招牌蒙布朗「榛摺」**使用「松尾栗園」自然掉落的栗子，仔細地進行熟成後，再加壓烤製，如此一來在不使用任何糖的情況下，也能達到30%的甜度。這樣的**能登熟成烤栗所做成的蒙布朗，有獨特的香氣和天然的甜味，滋味十分迷人**。

今日香

別冊P.20,G3 「橋場町(ひがし・主計町茶屋街)」巴士站徒步約5分 金沢市東山1-24-6 076-252-2830 11:00~18:00 週二、三 手ぬぐい(手式巾)¥840起

今日香裡**有許多精緻又美麗的金沢風雜貨**，像是擺滿整面牆的工藝筷子，每個都雕工細膩、花色動人，讓拿筷子吃飯也成為一件賞心悅目的事，當然也賣金箔吸油面紙，是金沢最受歡迎的人氣商品。

福嶋三弦店

別冊P.20,E3 「橋場町(ひがし・主計町茶屋街)」巴士站徒步3分鐘 金沢市東山1-1-6 076-252-3703 10:00~16:00，體驗13:00~16:00 週日、例假日，每個月第二、第四個週六 三味線體驗+茶點¥500 fukushima-sangenten.com/

在東茶屋街歌舞昇平的時代，遊藝各家茶屋的樂師們都一定會光顧這家店，進店裡一邊試試樂器的音色，一邊和師傅切磋技藝，而**像福嶋三弦店這樣，一邊製作三味線一邊販賣的店在日本已經不多見**。可以在一樓參觀三味線製作的過程，或是上二樓，親自體驗一下這項傳統的日本技藝，感受鏗鏘有力的弦音。

居酒屋割烹 田村

別冊P.20,E5 「橋場町(ひがし・主計町茶屋街)」巴士站徒步3分 金沢市並木町2-18 076-222-0517 17:00~22:30(套餐需預約)，午餐限週六日12:00~14:00(午餐6人以上須預約) 週三(遇假日營業) ブリの太巻き(鰤魚壽司捲)¥2,000 kanazawatamura.com

越過東茶屋街旁淺野川上的小橋，河的對岸就是「居酒屋割烹田村」，從牆上滿滿的藝人簽名照，便可知道這家店在日本演藝界多有人氣，**美味又量多豐富的料理更是高朋滿座的主要原因**。田村最好吃的除了味道有點類似大滷麵的田村烏龍麵外，旅客想吃的海鮮，像是切得厚厚的生魚片海鮮丼、包裹著鰤魚生魚片、頂上蓋滿鮭魚蛋、海膽、蟹肉的海鮮壽司捲等都很推薦。晚上是田村最熱鬧的時段，多樣的居酒屋式下酒料理十分美味。

RITSUKA

別冊P.20,G3 「橋場町(ひがし・主計町茶屋街)」巴士站徒步5分 金沢市東山1-23-10 11:00~17:00 銀朱（草莓泡泡刨冰）¥1,410 www.instagram.com/higashiyamaritsuka/

RITSUKA於2021年在東茶屋街底開業，是專門**以當地產的草莓為主打甜點的專門店，每到週三、夏季，就會化身只賣刨冰的冰菓子專賣店**。特別推薦嚐嚐他們的草莓泡泡刨冰，配料有莓果醬、牛奶糖漿、白葡萄酒果凍和自家製煉乳。特別的是，豐盈鮮紅的莓果泡泡醬滿溢而出，味道非常美味。

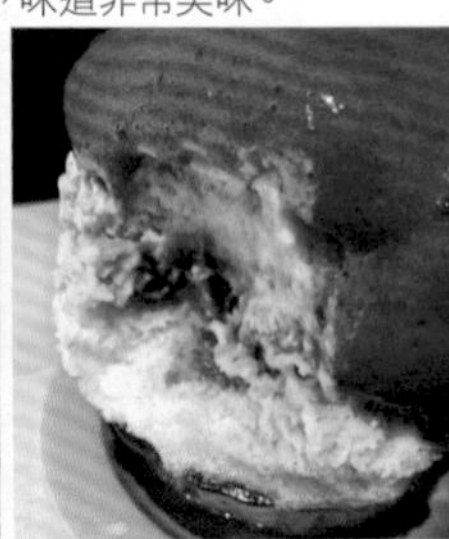

八百萬本舗

おすすめ 薦

別冊P.21,D4 「橋場町(ひがし・主計町茶屋街)」巴士站徒步1分 金沢市尾張町2-14-20 076-213-5148 10:00~18:00 不定休 www.yaoyoroz-honpo.jp/

二樓可以自由參觀，還能與可愛的百萬さん合照！

這是間**重新利用町家、再創生的選物店**。1樓分為許多區域，選入來自石川縣各地的職人工藝品、食料品等等，每一樣都十分區有特色。2樓則被稱為「百萬さん之間」，有休息室供人自由使用，也在坐敷擺了大大的百萬さん，一定要一起合照一張！

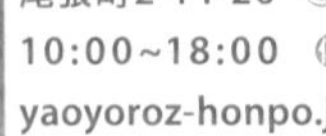

這裡也找
得到倒立
的狛犬。

看到神社裡的忍者
像可別嚇一跳，這是
由北陸大學的學生
所設的藝術品。

宇多須神社

別冊P.20,G2 「橋場町(ひがし・主計町茶屋街)」巴士站徒步6分 金沢市東山1-30-8 076-252-8826 自由參拜 www.ishikawa-jinjacho.or.jp/shrine/j0324/

宇多須神社的**歷史可回溯至養老2年(718)**，因為在淺野川旁山丘挖到了刻有兔子(卯)與龍(辰)的古鏡，便敬為神靈，興建「卯辰社」；慶長4年(1599)前田利家去世，二代藩主為了避免德川家猜忌，將前田利家與其他神靈合祭，選定金沢城鬼門方向(現址)建造「卯辰八幡宮」，成為加賀藩社，備受歷任藩主尊崇。廢藩之後，前田利家的神靈遷至尾山神社，卯辰社與卯辰八幡宮合併改名，才成為現在樣貌。**每年節分時東茶屋街的藝妓會在此獻舞、撒豆祈福**，場面十分熱鬧。

卯辰山山麓寺院群

別冊P.20,G2

仔細看看Google地圖，會發現東茶屋街到卯辰山山麓一帶，聚集了超過50間寺廟與神社，這是因為元和2年(1616)時，第三代藩主前田利常為了金沢城的防衛，加上宗教政策等因素，下令寺廟遷移、集中到三個區域，其中一個就是金沢城鬼門方向的卯辰山一帶。卯辰山寺院群裡坂道、階梯不斷，蜿蜒小路與靜謐氣氛營造出別樣風景。

金沢的三處寺院群，分別是東南方的「小立野寺院群」、東北側的「卯辰山寺院群」、西南隅的「寺町寺院群」，後兩者皆被指定為「重要傳統建造物群保存區」。

菅原神社

東山菅原神社

別冊P.20,G2 「橋場町(ひがし・主計町茶屋街)」巴士站徒步5分 金沢市東山1-27-8 自由參拜

東山菅原神社就位在宇多須神社對面，看起來小小的神社，其實是**東茶屋街的鎮守**。文政3年(1820)開放設置茶屋之後，茶屋街逐漸興盛，當時是在觀音町建立了神社、供奉菅原道真，作為**藝妓們的守護神**，後來才搬遷到此地。神社內有一對小小的狛犬，據說女生摸摸雌狛犬的頭，就可以得到幸福喔。

七尾・和倉溫泉
大野・金沢港周邊
尾張町周邊
加賀溫泉鄉

尾張町・近江町市場周邊

おわりちょう・おうみちょういちばしゅうへん

Around Owaricho・Qhmicho Market

尾張町是介於近江町市場和東茶屋街之間的一塊區域。明治時期兩旁商店林立，被稱為「商人之街」，是十足的富裕之地，到現在仍然保存許多老舖，有藥房、醬油店、刻印章工房、燈籠店等等，這裡不但在建築上保存了舊式的規模，連做生意的模式都維持傳統，可以説是一本活著的歷史課本。來到這裡可以漫步在小巷之間，尋找金沢的舊時面影。

交通路線&出站資訊

巴士

武蔵ヶ辻・近江町市場站➔城下町金沢周遊巴士、Machi Bus(まちバス)、金沢夜間點燈巴士(金沢ライトアップバス)

尾張町站➔金沢夜間點燈巴士

橋場町站➔城下町金沢周遊巴士、金沢夜間點燈巴士

東出珈琲店

おすすめ 薦

Higashide Coffee

別冊P. 22,B6　「武蔵ヶ辻・近江町市場」巴士站徒步約3分　金沢市十間町42　076-232-3399　8:00~19:00　週日及例假日　咖啡￥480起、手做甜點￥450，咖啡+甜點可折扣￥50　higashidecoffee.amsstudio.jp

每一杯咖啡都是點單之後才開始磨豆，保證新鮮。

位在巷弄轉角的東出珈琲店，店內彩窗、綠色絨布椅都有著昭和的典雅，是當地的人氣咖啡店。其實這裡原本是咖啡老舖「チャペック」，後來由現任店長東出先生接手，因為曾在老舖學習，繼承了老舖對自家烘培咖啡的堅持，**不僅豆子大小要盡量統一，還會一顆一顆仔細挑出不良的豆子**，表現出咖啡無雜質的美味，**加上手做焦糖布丁，大人口味的焦香苦甜與咖啡更是絕配。**

特調「Higashide Blend」有著恰好的香氣。

手做焦糖布丁。

動手畫出可愛的加賀八幡不倒翁！

中島めんや

別冊P.22,A5　從金沢駅徒步約15分鐘；「武蔵ヶ辻」巴士站下車即達　金沢市青草町88 (近江町いちば館 -地下樓)　076-232-1818　9:00~18:00，彩繪10:00~16:00　週二　加賀八幡起上り絵付け(加賀八幡不倒翁著色體驗)￥800~　www.nakashimamenya.jp

旅程中想要帶點什麼回家做紀念，莫過於自己創作的作品了吧！**中島めんや專賣加賀鄉土玩具**，加賀八幡不倒翁、獅子頭等每一樣都很精緻。但**最要推薦的便是來這裡體驗加賀八幡不倒翁的著色體驗了**，約莫只要30分，就能依自己的創意畫出喜歡的模樣，是獨一無二的金沢紀念品。

大樋美術館

おすすめ 薦

別冊P.21,D6 「橋場町」巴士站徒步2分 金沢市橋場町2-17 076-221-2397 9:00~17:00 ¥1,500(選用大樋焼茶碗喝抹茶+和菓子),茶室¥1,000 www.ohimuseum.com

用完茶菓,別忘了「拜見」手中茶碗,以指掌細細摩挲,感受以茶碗傳遞的豐厚文化。

大樋長左衛門邸坐落淺野川一帶,坐落內庭的大樋美術館,三層樓的當代建築,外牆飾有大樋家十代所燒製的陶壁磚。**館內展出大樋燒的初代長左衛門到十一代(大樋年雄氏)的作品**,還有加賀藩御用器物及大樋家的藝文界友人相關文物。館內的茶室「年々庵」中也能使用大樋燒的茶碗品嚐抹茶,讓人沉浸在茶道與日本美學之中。和紙與竹子所共建的空間由隈研吾設計建造,也為大樋美術館帶來全新面貌。

大樋邸是江戶時代的武家豪邸,被列為市指定建築。

茶室「松濤間」,加賀十八代藩主前田利祐命名。

大樋美術館的淵源

金沢茶道文化

加賀藩初代藩主前田利家熱衷茶道,曾請益茶聖千利休,是為金沢茶道文化之始。三代藩主利常推行文化獎勵政策,以小崛遠州等一干茶人為藩政顧問,自京都請來千家第四代宗室仙叟,於藩領教授茶道近四十年。樂燒茶陶四代傳人一入的得意弟子土師長左衛門,1666年(寬文6年)受五代藩主綱紀之邀,隨千仙叟同赴加賀,於金沢市郊大樋村開樂燒分窯,是為「大樋燒」。長左衛門後來定居金沢並改姓大樋,傳承不輟,至今已十一代,歷經三百五十餘年,可謂金沢茶道文化的開創者之一。

大樋燒

「樂燒茶碗」是樂家初代長次郎依千利休的指示所作,手捏的不規則器形和樸質釉色,蘊含了千利休的侘寂美學。大樋燒作為樂燒分窯,亦延續了手捏器形的傳統作法,並以加入弁柄(鐵氧化物)、色澤宛如焦糖般的「飴釉」聞名,深淺的瑩潤飴色佐翠綠抹茶,煞是好看。自十代開始更不再局限於器物製作,開始挑戰如抽象雕塑般的大型作品。

寺島蔵人邸

別冊P.21,C6 「橋場町(金城樓前)」巴士站徒步3分 金沢市大手町10-3 076-224-2789 9:30~17:00,最後入館16:30 休 週二(遇假日延隔日休)、12/29~1/3 ¥310,高中生以下免費。抹茶+干菓子落雁¥350 www.kanazawa-museum.jp/terashima

寺島蔵人是加賀藩的藩士,曾經在朝政上得意一時,但晚年與權臣對立,最後被流放至能登島(七尾市的外海)。寺島蔵人熱心繪畫,曾以號「王梁元」與「応養」留下多幅畫作,**其作品以山水圖為主,現在在這裡也能見到**。另外**這座宅邸只存留下奧室、茶室與庭園,可以付費進入茶室品嚐抹茶**,而四季皆美的庭園更是令人心折。

近江町市場

おすすめ 薦

Omicho Ichiba

別冊P.22,B5；P.26 從金沢駅徒步約15分鐘；「武藏ヶ辻」巴士站下車即達 076-231-1462(近江町市場商店街振興組合) 金沢市上近江町50 市場約9:00~17:00。餐飲店7:00~23:00，週日大多店家只營業至16:00 各店舖不一，大多為週三休息 ohmicho-ichiba.com

金沢人的廚房，有超多新鮮海產、海鮮丼屋，想大啖日本海的鮮美就到這裡！

海鮮，是金沢市最吸引人的特色之一，而便宜又大碗的海鮮，只有在近江町市場才找得到。面積將近8,000坪，包含7個通道、250個店面的近江町市場，**號稱「金沢お台所」，也就是金沢市的廚房的意思**。在這裡，不但可以看見金沢市民一般的生活常態，在通道出口的幾家餐廳裡，還可以優惠的價格吃到有地方特色的海鮮料理。

市場旁還設有「近江町いちば館」，可以找到不少特色美食。

近江町市場的金沢之味

螃蟹
靠近日本海的金沢，以肉質甜美的螃蟹聞名，每年冬季11月到3月是盛產的季節，成為北陸一帶的溫泉旅館的特選晚餐。

加賀野菜
加賀野菜指得是傳統種植在金沢一帶、非外來品種的蔬果，像是長得像胡瓜的大黃瓜、像小腳般的蓮藕，以及小茄子與甘栗南瓜等，是加賀料理的美味食材。

甜蝦
甜蝦顧名思義就是蝦肉中帶點甜味，肉也比較嫩，最適合做生魚片。

蒲燒泥鰍
在市場裡一定會看到蒲燒泥鰍，其實蒲燒泥鰍可是金沢的鄉土料理呢，市場裡可以找到一串串鰻魚蒲燒，吃得到醬汁的甜辣以及泥鰍略苦的鮮甜，敢吃的人不妨試試。

旬彩和食 口福

おすすめ 薦

市場裡的優雅海鮮旬味餐廳、享受至福美味。

別冊P.26,B1 近江町いちば館2F 076-225-8080 11:00~15:00、17:00~22:00(L.O.皆為閉店前30分) 休週二 $口福特色料理「海鮮ひつまぶし」一碗3吃(含茶碗蒸·味噌湯)¥2,750、螃蟹套餐 輝～かがやき～¥17,380、極～きわみ～¥20,680、のどぐろひつまぶし¥3,190 www.koufuku-kanazawa.com/ 店內備有中英文菜單

在近江町いちば館2F裡的 口福，以讓客人在口中品嚐後、帶回滿滿幸福感而命名，店主**中里先生廚藝了得，不但是石川県調理師會的理事，聲譽跟實力都是掛保證的**，也讓口福美味獲得在地及其他居民喜愛。由於店就位在近江町市場旁的近江町いちば館2F，便利的地理位置，讓中里先生每天早上都可前往近江市場，採買四季新鮮時令食材(螃蟹、紅鱸、牡蠣等)，讓客人能品嚐到最青、最正當時的旬之美味。

而位在2樓的餐廳，也非常雅緻舒適，以**現代的簡約清爽設計，大量木裝空間帶來和風感**，簡單俐落的店內有包廂(個室)、榻榻米和吧檯座位，滿足不同人數與目的聚會使用，加上豐富的菜單選項，也能輕鬆滿足不同饕客的喜好。其中以**螃蟹為主角的各式套餐，更是推薦**，因應不同季節盛產，幾乎全年大都能有螃蟹的美味的可品嚐，不論是做成刺身、天婦羅、烤蟹腳、火鍋、蟹肉腐皮卷等，多樣風味呈現令人驚艷。而金沢盛產的高級魚種のどぐろ(黑喉魚)，肉質油脂高，故香味濃，常見吃法包括鹽燒、壽司及炙燒刺身等，「海鮮ひまつぶし、のどぐろひつまぶし超有人氣」也一定要試試看。

店內採用金澤港直送藍標高品質蟹，風味就是鮮！
舒適簡約的用餐空間，讓享受美食無拘無束。
店主每天親自嚴選鮮魚等食材。
螃蟹料理是金澤與北陸地區的冬季佳餚，在口福可享受到各式螃蟹料理，也可以單點。

海鮮ひつまぶし，豐盛的魚鮮，可以(1)原味(2)鋪上海膽、醬油、佐料(3)加入高湯成為泡飯，一碗享受3種品嚐方式。

近江町食堂

近江町市場-エムザ口即達 076-221-5377 10:30~15:00(L.O.14:30)、17:00~22:00(L.O.21:30)、週日晚間只到20:00 休元旦 海鮮丼￥2,380 www.ohmicho-syokudo.com/

近江町食堂的菜單都寫在牆壁的黑板上，**種類價錢都隨著市場裡的產物、時價改變**。以鰤魚來說，有燒烤、生魚片、燉煮等做法，價錢比照鰤魚當天的價格來定，所以**到近江町食堂的客人，必須先決定要吃哪一種魚類海產，然後再選擇烹煮的方法**。除了海鮮料理，近江町食堂裡的地酒也很受歡迎，可以在餐廳裡點一壺嚐嚐味道。

近江町市場寿し 本店

近江町市場-市姫神社口即達 076-261-9330 8:30~20:00 季節海鮮丼(旬のおまかせ丼)￥1,880 www.ichibazushi.co.jp

這是間**迴轉壽司與海鮮丼的專賣店**，海鮮丼由主廚挑選當季最新鮮的各種魚貝海鮮，夏日的6月所品嚐到的有兩種螃蟹、竹筴魚、鮪魚、花枝、甜蝦、扇貝、鮭魚、鯽魚、鮭魚卵、鰆魚、煎蛋等，**還附上一大碗魚湯，絕對超值划算**，若是有任何不喜歡的魚種也可依自己喜好選擇，搭配出屬於自己的海鮮丼。

超豐盛的海鮮丼讓人難以下手。

山さん寿司

近江町市場-市姫神社口即達 076-261-0055 9:00~16:00賣完為止 休不定休 海鮮丼￥3,600 www.yamasan-susi.com

如果要找一家「澎派」的壽司店，山さん寿司絕對當仁不讓。在近江町市場裡已經營業60餘年，店家選用北陸、日本海的季節漁獲，讓來訪客人可以吃到最旬的滋味，最有名的就是滿滿一盆的海鮮丼了，**混合能登半島產的越光米與のとひかり，煮出搭配比例恰好的米飯，再豪氣地放上當季的18種海鮮配料**，淋上能登醬油，撒上金箔，就是最足以代表金沢味的一品。

市の蔵

近江町いちば館2F 076-261-3371 11:00~22:00(L.O.21:30) 海鮮丼￥1,800 www.ichi-no-kura.jp

市の蔵也是近江町市場裡的人氣食堂，店內**依照月份推出當季定食**以外，還有豐富的品項，基本的海鮮丼自然不用說，更有選用超過7種海產製成的炙燒丼飯，或是以鮮魚搭配時蔬的天婦羅定食，每一樣都划算又美味，而且**店內一年四季都吃得到螃蟹**，喜歡螃蟹的話，這裡多樣的烹調方式一定能滿足胃口。

近江町市場飲食街 いっぷく横丁

おすすめ 薦

氣氛輕鬆、價格合理，多樣美食一次吃好吃滿！

別冊P.22,B5 金沢市上近江町50 076-223-3789 9:00~18:00 週三 關東煮¥100~、燒烤4種組合¥2,200、炙燒紅鱸(2貫)¥900、A5等級能登牛可樂餅¥300 www.kachigumi.co.jp/ippukuyokochou/

來到金沢居民的廚房、近江町市場裡，好吃好買的實在太多，如果實在好難下決定該去那兒吃，那麼就來近江町市場飲食街裡的「いっぷく横丁」吧。這個**獨立的區塊裡宛如一處小型美食街，裡頭集結3個店家**「金沢關東煮 いっぷくや」、「浜焼き·寿司 七福丸」「北陸の地酒 六角」，從平價到奢侈食材都能在此做成料理供應，**不論想吃燒烤、壽司、海鮮料理、名古屋關東煮通通一應具全，**而地酒 六角則提供有北陸三縣的釀酒廠，約50多種的地方酒，只需把自己喜歡的菜、酒一一點好，挑個自己喜歡的位置坐下來，氣氛輕鬆又自在，人多人少都很適合。

可享用北陸季節食材的料理，直接來自市場裡的魚鮮，尚青最美味。

包含海鮮美味的關東煮，鮮美湯頭，讓人全部喝光光。

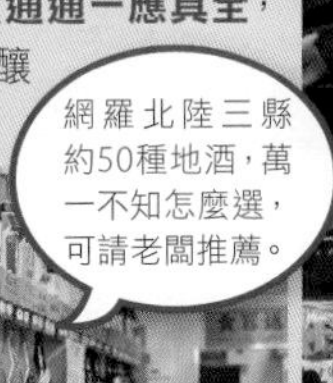

網羅北陸三縣約50種地酒，萬一不知怎麼選，可請老闆推薦。

舒適的大廳空間。

©ANA Holiday Inn Kanazawa Sky

©ANA Holiday Inn Kanazawa Sky

ANA Holiday Inn Kanazawa Sky

おすすめ 薦

近江町市場對面，交通便利、客房舒適的高CP值旅宿。

別冊P.22,A4 「武蔵ヶ辻」巴士站下車徒步4分 金沢市武蔵町15-1 076-233-2233、0120-056-658 check in 14:00、check out 11:00 標準單人房¥8,800起(附早餐) www.anahikanazawasky.com

就位在金沢廚房「近江町市場」對面，飯店距離巴士站不到5分鐘路程，前往兼六園、金沢城公園等必遊景點也十分方便，對觀光客而言可說是**絕佳地點**。

飯店大廳位在最高的16樓，舒適的沙發讓住客可以稍事休息，**大片窗戶更是將金沢市街收入其中，天氣晴朗時甚至可以遠眺海邊，視野十分開闊**。

客房利用金色等元素結合木頭的溫和色調，營造出和風情懷，簡簡單單的設計更讓人十分放鬆。**早餐有充滿金沢風味的治部煮、加賀麩等選擇，更叫人眼前一亮的是可以自己搭配的海鮮丼**，新鮮的甜蝦、生魚片任你挑選，在飯店裡也可以吃到金沢的當季海味。

自己搭配一碗豐盛丼飯。

泉鏡花記念館

別冊P.21,C4 「橋場町(金城楼前)」巴士站徒步3分鐘 076-222-1025 金沢市下新町2-3 9:30~17:00，最後入館16:30 週二、換展期間，12/29~1/3 ¥310，高中生以下免費 www.kanazawa-museum.jp/kyoka/

在淺野川左岸沿著主計町的細巷走，爬上暗闇坂的階梯，往尾張町方向前進，就會來到泉鏡花出生成長的地方。**泉鏡花是金沢出身的三文豪之一，開創日本的觀念文學**，其浪漫幻想的創作風格影響後世深遠。在這片曾是泉鏡花活動的地方，設置了紀念館，從作家的手稿、繪本收藏到小說改編而成的各種戲劇電影的記錄，都一一展示在紀念館中。

HATCHi

おすすめ 薦

別冊P. 21,D5 「橋場町(ひがし‧主計町茶屋街)」巴士站徒步2分 金沢市橋場町3-18 076-256-1100 check in 15:00、check out 11:00 附早餐¥4,500起 www.thesharehotels.com/hatchi

結合青年旅宿、咖啡的複合空間，隨處都是設計、理念、好物，也因此迅速成為文青聖地。

老屋改建的複合式空間HATCHi，以北陸作為概念出發點，既是時髦的背包住宿，又是都會風咖啡吧，同時還是開辦各種課程和私人行程的體驗工坊，以「分享」作為場域內所有人的共同語言。

「其實這間房子原本要拆掉改建成停車場的。」HATCHi的經營團隊說：「我們團隊決定透過食、宿、遊，讓不同國籍旅人和當地居民，把它當成認識北陸，分享生活經驗的地點。」來到這裡，不妨點杯手沖咖啡和旅行者共桌聊天，參加拜訪工匠等特色行程，從旁觀者變成文化交流的參與者，為旅行留住心中獨特的回憶刻印。

還有由[g]ift嚴選的金沢特色設計商品。

HATCHi設計各種的文化體驗課程。

也對外營業的咖啡廳。

HUM&GO#

霜淇淋選用加賀棒茶製成，有著濃濃的茶葉香氣。

HATCHi內 076-255-0207 7:30~18:00(L.O.17:30) 不定休 加賀棒茶霜淇淋¥500~、特調咖啡¥420起

進到HATCHi工業風的空間之中，右手邊就是咖啡攤「HUM&GO#」，**小小攤位卻有許多巧思，香氣迷人的手沖咖啡之外，也有金箔霜淇淋、百萬石啤酒、奧能登鹽汽水等特色飲品**。咖啡攤後方則是併設的旅館的餐廳，只要前一晚九點前預約，隔天就可以品嚐到和風早餐，每一道配菜都是當季的新鮮，也是最道地的美味。

每天11:00、14:00、16:00舉辦「蓄音器聴き比べ」。

金沢蓄音器館

おすすめ 薦

擁有日本最豐富的蓄音器收藏。

別冊P.21,C4 「橋場町」或「尾張町」巴士站徒步3分 金沢市尾張町2-11-21 076-232-3066 10:00~17:30(最後入場17:00) 休週二(遇假日延隔日休)、12/29~1/3 大人¥310、高中以下免費 www.kanazawa-museum.jp/chikuonki

金沢蓄音器館是間充滿人情味的小型博物館，初代館長八日市屋浩志氏以販賣蓄音器(留聲機)為生，但隨著留聲機逐漸式微，館長不忍看到一台一台留聲機被丟棄，因而將這些留聲機給收集起來，自行修理，才有了今天**多達540台留聲機、2萬張黑膠唱片的展品**。現任館長八日市屋先生也十分親切可愛，樂於分享他對蓄音器的熱愛，**每天還會有三場「蓄音器き比べ」(聽音比較)的活動**，可以考驗自己的聽覺與音感，非常有趣。

森八 本店

おすすめ 薦

金沢最知名的銘菓，2樓的菓子木型美術館也很值得一訪。

別冊P.21,D6 「橋場町」巴士站徒步2分 金沢市大手町10-15 076-262-6251 9:00~18:00；茶寮・美術館~17:00；落雁體驗(約40分)10:00~、15:00~ 長生殿4入¥1,080；菓子木型美術館門票¥200；落雁手作體驗¥1,650 www.morihachi.co.jp/shop_honten 手作體驗需2日前預約

森八自江戶時期便一直是**加賀藩的御用菓子老舖**，創業至今已有390多年的歷史。**其代表銘果「長生殿」是落雁的一種**，據説是以前田利長的創意而生。現在來到森八本店，除了可以購買和菓子外，**在2樓設有森八茶寮可以品味和風喫茶，還有落雁手作體驗、菓子木型美術館等設施**，讓人能夠藉此更加了解金沢的和菓子文化。

日本三大銘菓之一！

以和菓模具打造出的華麗美術館。

黑門小路

別冊P.22,A5 「武蔵ヶ辻」巴士站下車即達，金沢駅徒步約10分 金沢市武蔵町15-1 076-260-2195 10:00~19:00 www.kmza.jp/kuromon/

黑門小路是**位在めいてつエムザ1樓的伴手禮賣店**，就位在近江町市場對面，這裡可以找到各式各樣特產，あめの俵屋、金沢うら田、中田屋等和菓甜點名店以外，還可以找到金箔、輪島漆器、九谷燒、加賀八幡起上り等工藝產品，想找伴手禮的話也可以到這裡看看。

主計町茶屋街

別冊P. 21,C3 「橋場町」巴士站徒步3分 金沢市主計町

位在淺野川左岸的主計町茶屋街，雖然不及東茶屋街般繁華，但**因為有文豪泉鏡花與五木寬之的光環加持，被認為是一條富有人文氣息的街道**。主計町的街巷曲折窄小，更有幾分婉約幽微，這裡集結了許多料亭與茶屋，到了黃昏時分還有可能聽到從店裡流洩出來的三味線琴聲，想要來趟人文散步，來這裡就沒錯了。

土家

別冊P.21,C3 「橋場町」巴士站徒步5分 金沢市主計町2-3 090-8097-4702 10:00~15:00 休週一~三 $土家スペシャルコーヒー(招牌咖啡)¥500 tuchiya.sakura.ne.jp/

土家**改建自大正五年的茶屋**，現在室內仍殘留許多茶屋才會有的小設計。不同於一般咖啡廳提供冰水，一入座後店主人便端上熱茶與和菓子，讓人心頭一暖。點了杯咖啡，倚在2樓的窗枱邊，看向窗外美麗景色，**據說淺野川每到春天時兩岸櫻花齊放，從這裡正好能看見美景**。雖然造訪時值隆冬，但理想的美好的午後便該如此度過。

久保市乙劍宮

別冊P.21,C4 「橋場町」巴士站徒步3分 金沢市下新町6-21 076-221-2894 自由參拜

久保市乙劍宮的祭神是素戔嗚命，據說神社歷史最早可回溯到平安時代，因為神社座落此地已久，從前甚至在神社門前形成了市場，逐漸成為金沢市發展的中心，也因此**被視為當地市場與城鎮的發祥之地**，成為了保佑生意興盛、商家發展的神社，備受當地人崇敬。神社後方就是可通往主計町茶屋街的暗闇坂。

暗闇坂 暗がり坂

暗闇坂是連接主計町與久保市乙劍宮的一條石階道。這條石階道因為階上久保市乙劍宮的樹蔭遮罩，即使是白天也常常曬不到太陽而得名。據說暗闇坂是文豪泉鏡花小時候每天上學的必經之路，現在也是金沢熱門的文學散步之道。

主計町的細巷之內

菊乃や

別冊P.21,C3 「橋場町」巴士站徒步3分 金沢市主計町3-22 076-287-0834 check in 15:00、check out 11:00 不定休 「遊·學」入門體驗(茶道、插花、謠曲、書道、和服)¥13,000/2~7人，材料費另計，體驗時間約2小時，不限宿泊者預約 www.machiya-kanazawa.jp

建於明治31年(1898)的茶屋建築「菊乃や」，平成19年時(2007)由設計師武藤清秀改建為**町家旅宿**，設和室、茶室、坪庭和廚房，讓人有機會生活在金沢茶屋街文化。菊乃や並**為來客安排稽古入門「遊·學」**，茶道、花道、謠曲、書道與和服，不滿足於當個看客，而是親身體驗金沢的風雅遊藝。聽著身著和服的謠曲老師吟唱詞章的音調十分有韻味，在舊町屋內演習古遊藝，感受江戶時代備受歡迎的庶民之樂。

自能樂演變而來的謠曲，唱嘆古韻詞章。

手執一柄折扇正座，是演習謠曲的標準姿勢。

料亭坐落淺野川畔，二樓個室可一眺優美河景。

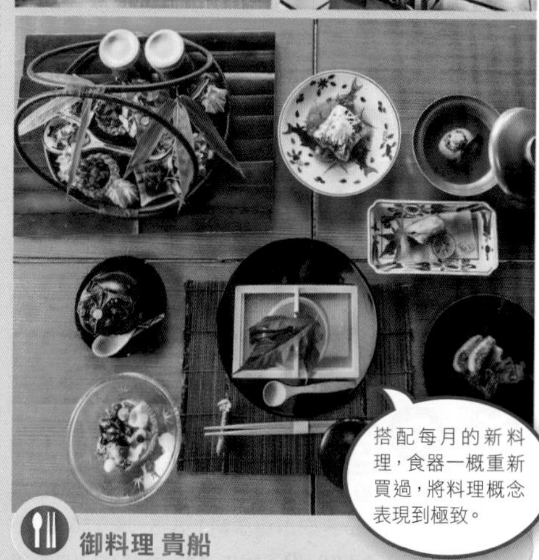

搭配每月的新料理，食器一概重新買過，將料理概念表現到極致。

御料理 貴船

別冊P.21,B2 「橋場町」巴士站徒步4分 金沢市彥三町1-9-69 076-220-6131 11:30~15:00、17:30~22:30 週三、每月第1個週二 午間會席料理「友禪」¥3,500、「鏡花」¥5,000；晚間會席料理「風雅」¥6,000、「金沢」¥8,000 預約制。貴船只有四間個室，一餐限定四組客人，故很難預約

2016年獲得米其林二星認證的金沢料亭「御料理貴船」，料理長中川清一嚴選當季的地產食材，以和洋折衷的手法詮釋加賀之味；中川料理長熱愛探索食材、挑戰自我，從未重覆同樣做法，**每個月15日還會更新料理內容，只選用最新鮮的石川縣產旬味**。他取入日本年中行事、季節風物詩和在地花草為元素，以其「原創性」重新詮釋加賀的料理傳統，並以宛如藝術品般的美麗擺盤，為原本帶有武家豪邁風格的加賀料理增添了細膩層次。

加賀麩不室屋 尾張町店

別冊P.22,C5 「尾張町」巴士站徒步3分；金沢駅東口徒步15分 金沢市尾張町2-2-18 076-221-1377 賣店10:00~17:30；甘味處10:30~16:30 週二、三 賣店：おやつ麩(麩餅乾)¥918。甘味處：しら玉生麩(白玉生麩紅豆甜點) ¥950 www.fumuroya.co.jp

各式加賀麩造型多元，可愛、優雅都有，為料理加分。

不室屋是製造「加賀麩」的百年老舖，而所謂的「加賀麩」，其實就是麵粉做的小餅，放入湯裡頭會吸水膨脹，吃起來有點像豆腐的口感。在不室屋店裡販賣的加賀麩設計成櫻花、楓葉等各種模樣，顏色也非常豐富，**可以代替豆腐加到味增湯中，非常有裝飾的效果**。如果想要坐下來品嚐生麩的美味，也可至店內附設的甘味處，可以吃到生麩做成的和風甜點。

Gallery三田(舊三田商店)

別冊P.21,C5 「尾張町」巴士站即達、「武蔵が辻」巴士站徒步5分 金沢市尾張町1-8-5 076-222-0056 10:00~18:00 不定休 九谷燒豬口(九谷燒酒杯)¥399起 gallery-mita.free.amsstudio.jp/

建於昭和5年的鋼骨水泥建物，於平成4年被指定為保存建物，洋派的外型與金沢市內古老的町家房舍並排並不讓人覺得突兀，卻因不同年代的老舊感而令人感到金沢文化的多元。巧克力色的外磚與二樓看似陽台的窗台是必看重點。**現在店內則是古董磁碗的賣店**，喜歡挖寶的人不妨造訪。

還有每週出爐一次的天然酵母麵包。

Collabon

別冊P.22,A4 「武蔵ヶ辻」巴士站徒步3分 金沢市安江町1-14 076-265-6273 11:00~19:00 週二、四 特調咖啡¥450 www.collabon.com

推開古老的門扉，映入眼簾的collabon雜貨無論是樸實手工質感的陶器，或是知名手作職人的作品都能立刻吸引目光，而從農家現採直送的有機蔬菜更是講究環保飲食的金沢人最愛。Collabon老闆特在能登半島最北端的珠洲地區挑選的地方**限定品牌「二三味咖啡」，這種由咖啡烘焙職人每天在海港小屋所烘出的特調咖啡豆數量稀少，更是讓舌尖擁有濃郁感受的夢幻香味**。此外，在店長的巧手下，金沢才有的加賀棒茶加入大量的鮮奶，成為歐蕾奶茶。

favori

別冊P.22,D5 「橋場町」巴士站或「武蔵が辻」巴士站徒步5分 金沢市尾張町2-6-36 076-223-2381 11:30~14:00 週日~三 麵包¥210起

在尾張町的巷子裡，有家完整的古民家掛出可愛招牌，賣的正是可口的各式麵包。Favori由年輕的姐妹經營，姐姐本在東京的麵包店工作，聽說奶奶家的老屋面臨被拆的命運，於是便回鄉開設了屬於自己的小店。Favori在每月初會列出麵包清單，標明哪幾天會有什麼麵包，**除了一般常見的吐司、司康、馬芬等，還會有許多店主的創意配料**，十分值得期待。

七尾·和倉溫泉
大野·金沢港周邊
香林坊·長町·片町
加賀溫泉鄉

香林坊・長町・片町

こうりんぼう・ながまち・かたまち

Korinbo・Nagamachi・Katamachi

香林坊百貨林立，與片町連成一氣，一路上逛的買的吃的讓人目不暇給。而這一帶的觀光重點莫過於位於長町一帶的武家屋敷。這裡曾是加賀藩政時期位高權重的藩士，也就是武士家族居住的地方，建築風格與一般百姓住家最大的不同在於每家都有高聳的土牆，以及黑得發亮的屋瓦，顯示武士的身份。如今大多數的武家屋敷都還有人居住，僅開放少部份供人參觀，此外有些成為餐廳，有些化身喫茶店，讓走在古意盎然的長町街巷裡的遊客們彷彿走入歷史。

交通路線&出站資訊

巴士

香林坊站→城下町金沢周遊巴士、Machi Bus(まちバス)、金沢夜間點燈巴士(金沢ライトアップバス)

南町・尾山神社站→城下町金沢周遊巴士、Machi Bus、金沢夜間點燈巴士

片町站→城下町金沢周遊巴士、Machi Bus、金沢夜間點燈巴士

神社內還有前田利家的雕像。

透明的社務所，要買御守就在這裡。

神門共分三層，以木造基礎結合磚石疊牆，再施以白漆，第三層設有西洋的彩繪玻璃，頂端還有日本最古老的避雷針。

尾山神社

おすすめ 薦

別冊P.23,C2 「南町・尾山神社站」巴士站徒步3分，「香林坊」巴士站徒步6分 金沢市尾山町11-1 076-231-7210 自由參拜 www.oyama-jinja.or.jp

尾山神社的神門是日本少見的和漢洋三體融合建築，被列入國家指定的重要文化財。

尾山神社主要祭祀的是加賀藩主前田利家，現址於1873年創建，在境內可以看到利家與松的塑像。而**顯眼的「神門」立在通往神社的階梯之上，為少見的和漢洋三體融和之建築**；原為供神的點燈所，但因為光芒照亮金沢的夜晚，早期漁民們從海上看到燈樓便知道金沢的方向，也有燈塔的作用。

武家屋敷跡 野村家

おすすめ 薦

別冊P.23,A2 「香林坊」巴士站徒步7分 金沢市長町1-3-32 076-221-3553 8:30~17:30，10~3月8:30~16:30(入館為閉館前30分鐘) 休12/26~27、1/1~1/2 大人¥550，高中生¥400，國中小學¥250 www.nomurake.com

庭園曾獲得米其林綠色指南2星評價，是不可錯過的參觀重點！

長町武家屋敷中唯一開放參觀的就只有野村家。野村家在加賀藩政時期曾是年俸1200石的家老，現在保留下來的房舍其實是從別處移築來的富豪家屋，**只有庭園保持當年野村家的模樣**。除了參觀豪奢的建築，**庭院裡高6尺的大雪見燈籠、400年樹齡的山桃樹都是引人注目的焦點**。

大野庄用水

沿著武家屋敷的圍牆，有條蜿蜒的水道，名為「大野庄用水」。這條武家屋敷不可缺少的風景，又被人稱作「御荷川」，其在金沢城修建時用以負荷水運、搬運貨物，也有防火及取水的功能。

和風典雅的細緻甘味。

茶菓工房 たろう 鬼川店

別冊P.23,A3 「香林坊」巴士站徒步約6分，長町．武家屋敷野村家旁 金沢市長町1-3-32 076-223-2838 8:30~17:30 抹茶(付上生菓子)¥700 www.sakakobo-taro.com

茶菓工房たろう將日本傳統的和菓子加上新概念，**創造出許多嶄新的和菓子，像是寒天菓子「もりの音」與巧克力羊羹等，都是知名的伴手禮**。來到武家屋敷野村家旁的鬼川店，坐在茶席中能眺望野村家的庭園美景，點份抹茶，嚐口綿密而不甜膩的生和菓子，品味和風之美。

おいしいいっぷく鏑木

薦 おすすめ

別冊P.23,B3 「香林坊」巴士站徒步8分 金沢市長町1-3-16 076-221-6666 商舖9:00~18:00、咖啡10:00~17:30、食事11:30~21:00(晚餐預約制) 休 不定休 午餐定食¥1,600~，おばんざいおまかせ(推薦番菜)¥6,000(限晚餐) kaburaki.jp

晚餐時段還提供日式家庭料理おばんざい，讓人一嚐日本媽媽的好味道。

創業於文政5年的鏑木商舖已有200年的歷史，是**江戶時代在金沢最早開業的九谷燒商店**，為了讓人可以實地親近九谷燒，鏑木特意選在同樣有著豐厚歷史的武家屋敷開了這家複合式商店，提供一處可以認識九谷燒的地方。**除了販賣各種器皿藝品之外，來此也可以稍作歇息喝杯咖啡或用餐**，所使用的杯碗具皆以正宗九谷燒上桌，坐在可欣賞庭園的吧台座位，來上一杯熱咖啡，絕對悠閒愜意地度過優雅時光。

和菓子村上 長町本店

別冊P.23,A3 「片町」、「香林坊」巴士站徒步約7分 金沢市長町2-3-32 076-264-4223 10:00~16:30、週末~17:00 www.wagashi-murakami.com

村上創業於明治44年(1911)，也是金沢的和菓子老舖，店舖就位在長町武家屋敷一帶。**村上最有名的商品就是寒天冰(わり氷)**，形狀、外觀就像冰塊一樣，表皮薄脆，但內裡依舊是的寒天軟軟口感，還有**包著細緻紅豆餡及求肥的「ふくさ餅」也是定番**，可以選擇抹茶加點心的組合，或是來支冰淇淋，在這裡稍事休息。

也有店家嚴選的金沢伴手禮。

吃得到健康的原味。

百藥Kitchen

百薬キッチン

別冊P.23,A3 「香林坊」巴士站徒步7分 金沢市長町2-3-23-2 076-255-1893 7:30~15:00(L.O.14:30) 休 週二 百薬ご膳¥1,400，塩豚そばパスタ(塩味豬肉蕎麥意大利麵)¥1,200 hyakuyaku-kitchen.blogspot.tw

相信人與人之間的交流是重要的，店主以開放的觀點打造室內空間，不提供個室，而**店內食材皆選自對農業栽培十分用心的農家，與日常生活中常見，在古代常被拿來做為藥材的植物**。調味方面則忠實呈現食材原味，藉由食物來傳達與人交流的真心。

金沢老舗記念館

おすすめ 薦

日本國家登錄有形文化財，而且還獲得了米其林的一星推薦呢！

別冊P.23,B3 「片町」、「香林坊」巴士站徒步5分 金沢市長町2-2-45 076-220-2524 9:30~17:00(入館至16:30) 休週一、換展期間、12/29~1/3 ¥100 www.kanazawa-museum.jp/shinise

金沢老舗記念館的前身是天政7年(1579)創立的「中屋薬舗」的店舗，建築本身是明治11年(1878)興建而成，捐贈給金沢市後，將其改為展示傳統市民文化的設施。**一樓「店の間」重現了江戶時的店內樣貌**，可以看到番頭坐鎮店中，還有當時的藥品包裝以及道具，對老店文化有興趣的話，**二樓的百年老舗展也不可錯過**，可以看到各家老舖的作品、工具，一旁還可以窺見傳統婚禮模樣，從不同面向認識金沢的生活文化。

以加賀水引工藝做成的豪華婚禮裝飾。
二樓的老舖展示每4個月會換展。

長町友禅館

おすすめ 薦

從製作過程、手做體驗，到穿上和服散步，可多方面感受加賀友禪之美。

別冊P.23,A2 「香林坊」巴士站徒步8分 金沢市長町2-6-16 076-264-2811 9: 30~17:00 休週二・三、12~2月 入館¥350，友禪著裝體驗¥3,000（外出散步¥4,000/一日），友禪著色體驗¥4,000(約2小時) www.kagayuzen-club.co.jp

造訪友禪館，需從外部樓梯上到二樓。二樓的展示室除了**陳列各年代加賀友禪名家的作品**之外，還有加賀友禪製作過程的照片，讓人對染色過程一目瞭然。如果覺得不過癮，**地下室有個體驗教室，可以教你用加賀友禪的技法製作手帕**。不過，對女孩子來說，**最吸引人的還是加賀友禪的試穿體驗**，分成館內試穿照相和著裝後館外散步(需預約)，後者在天氣好的時候非常受歡迎。

甘味処 金花糖

別冊P.23,A2 「香林坊」巴士站徒步10分 金沢市長町3-8-12 076-221-2087 12:00~17:00 週二、三、年末年始 クリームあんみつ(蜜豆冰)￥850 fubako.s150.xrea.com/

長町區域有許多家喫茶屋可讓走累的遊客歇歇腿。其中一間藏在小巷子轉角裡的甘味処「金花糖」，有著優雅的町家建築，讓人能在金沢的古風情下體會和風之美。在甜點方面，**老闆娘堅持從紅豆餡到湯圓都要自己手工製作**，讓客人不只吃得到美味，也吃得出達人的用心。

手工製作的日式甜點。

與上等武士的宅邸相較，這裡是較為少見的下級武士建築。

金沢市足輕資料館

別冊P.23,A2 「香林坊」巴士站徒步約5分 金沢市長町1-9-3 076-263-3640 9:30~17:00 免費

「足輕」是一種職稱，指的就是在江戶幕府統轄下，藩政時代裡擔任武士家的事務官與警備員，當年負責長町武家屋敷的2家足輕居住的房舍，遷移到大野庄水道旁，作為金沢市足輕資料館，**展示當時「足輕」一職的居家生活與工作職掌**。

Aguri

町屋ダイニング あぐり

別冊P.23,B2 「香林坊」巴士站徒步6分 金沢市長町1-6-11 076-255-0770 11:30~15:00、17:00~24:00，週末18:00~24:00 週一 套餐￥3,850起，釜飯￥1,600起 www.machiya-aguri.jp

名字取自英文農業「agriculture」簡稱的「あぐり」，是家創作和食居酒屋，改建自大正時期町家的店內氣氛復古，帶點時尚摩登。**採用了產自地方的蔬菜與食材，利用不同料理手法發揮食材最大美味。**香味四溢的炭火料理與釜飯是店家的得意之作。

TOKYU SQUARE

別冊P.23,B3 「香林坊」巴士站徒步1分 金沢市香林坊2-1-1 076-220-5111 商店10:00~20:00、餐廳10:00~23:00 www.korinbo-tokyu-square.com

香林坊109百貨於2016年全面翻新，改為TOKYU SQUARE，全館店鋪數量不算多，但依舊進駐了不少品牌服飾、生活雜貨，ABC-MART、United Arrows、Uniqlo都在其中，延續了年輕的時尚風格，此外還有TOKYU HANDS進駐地下樓層，文具、雜貨、零食，還有與金沢老舖合作的限定聯名商品，引領金沢的流行風潮。

Saint Nicolas香林坊店

別冊P.23,B2 「香林坊」巴士站徒步約2分 金沢市香林坊2-12-24 076-264-8669 11:00~19:00 週三、第三個週二 巧克力¥260，禮盒裝2入¥648、6入¥1,404 www.st-nicolas.co.jp

Saint Nicolas是金沢的**人氣巧克力專賣店**，除了一般的焦糖、酒味巧克力之外，最特別的是會**依照季節推出不同口味的巧克力**，其中使用石川產的柚子、地瓜、加賀棒茶等不同地產口味最是特別，櫥櫃內滿滿各式巧可力，可單個自由選擇。另外店內也有附設喫茶，可以在這裡細細品嚐蛋糕、巧克力等。

用石川物產做成的巧克力最值得一嚐。

2樓不定時會舉行展覽，可以自由參觀。

OKURA

くらふと&ぎゃらりぃ OKURA

別冊P.23,B2 「香林坊」巴士站徒步約5分 金沢市香林坊2-10-6 076-263-3062 11:00~17:00 週二 craft-okura.wixsite.com/craft-okura

改建自老倉庫的OKURA，小小的店面擺滿了陶藝作品，在這裡見不到大師級的正規杯盤，**有的只是由石川年輕工藝家結合創意而生的實用作品。**不只九谷燒，還有玻璃杯等，即使是同一花紋，但一個個由職人手工製作，每個都是獨一無二的。

香舖 伽羅

別冊P.23,B2 「香林坊」巴士站徒步約5分；從尾山神社徒步3分 金沢市高岡町19-17 076-233-0477 10:00~18:30、週日例假日~18:00 第1、3週的週三 おもいば伽羅の香(招牌線香)¥990，香道體驗¥2,750 www.kyara.co.jp/ 香道預約至少2人，體驗約需1小時

金沢因自古便受佛教薰陶，佛教相關傳統產業，如金箔佛壇、和蠟燭、香等都曾盛及一時。進入伽羅，撲鼻而來的香味帶著古僕與日式典雅，讓人融入歷史與自然的調和之中。**在店舖2樓接受預約體驗香道，藉由香道遊戲更深入了解香的文化**。老闆娘會一點點中文，逛到這裡時不妨打聲招呼，讓老闆娘為你介紹伽羅的薰香產品。

對香道有興趣的話可以來這裡體驗。

PREGO

別冊P.23,C4 「香林坊」巴士站徒步約5分 依店舖而異 金沢市片町1-3-21 依店舖而異，約11:00~20:00 依店舖而異 www.prego2001.net

PREGO是個**小型複合式商城**，小小的區域裡只有6間店舖、2間餐廳，但每間都是值得一逛的城市名店，像是TAKAHIROMIYASHITATheSoloist.、UNDERCOVER Kanazawa等，時尚風格明顯，販賣的**商品也屬較高價位精品**。

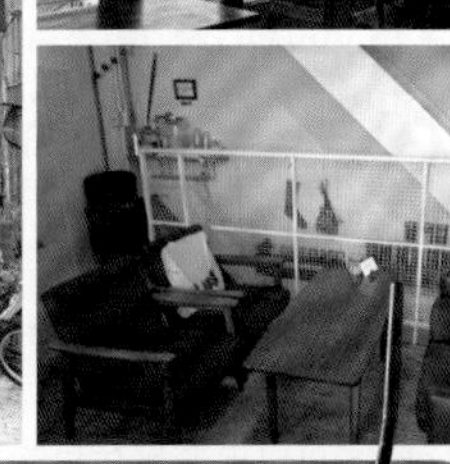

CAFE DUMBO

別冊P.23,B2 「香林坊」巴士站徒步5分 金沢市香林坊2-11-6 076-255-6966 12:00~18:00 週日、一 咖啡¥450 cafedumbo.tumblr.com

位在香林坊的巷弄裡，CAFE DUMBO是一家舒適的咖啡店，在一樓點完咖啡之後，可以上到二樓找座位坐下，紐約風的灑落空間裡，沙發或面窗的座位，各有各的愜意氛圍，**店內的咖啡都是手沖，熱咖啡會有漂亮拉花，而冰咖啡則會搭配一罐牛奶、一罐糖**，可以隨口味添加，另外也有自製甜點，在香林坊逛累的話，不妨到這裡休息一下。

洋食屋 Otsuka

おすすめ 薦

グリル オーツカ

別冊P.23,B3 「香林坊」巴士站徒步6分 金沢市片町2-9-15 076-221-2646 11:00~15:30、17:00~20:30 (L.O.19:50) 週三 ハントンライス(炸魚蛋包飯)¥1,100

金沢才吃得到的美味洋食。

要說到金沢最有名的洋食，首推Otsuka的炸魚蛋包飯了。在1957年開業的Otsuka以炸魚蛋包飯聞名，在煎得薄薄的蛋皮上擺上炸得酥脆的魚肉，再淋上店家特調的蕃茄醬與白醬，是除了金沢之外，別處吃不到的獨特的滋味，絕對值得親自來品嚐。

H OMO5 金澤片町 by 星野集團

おすすめ 薦

周邊嚮導的免費導覽，帶你更深入片町的小巷弄中，找到最庶民的美味！

別冊P.23,C4 「香林坊」巴士站徒步約4分鐘 金沢市片町1-4-23 Check In 15:00~，Check Out ~11:00 ￥15,000起(1晚1房/不含餐食) hoshinoresorts.com/ja/hotels/omo5kanazawakatamachi/

都市觀光飯店品牌「OMO」，於2022年5月再增一間「OMO5 金澤片町」，而**飯店所在的市中心片町，是個能夠享受金澤美食的聖地**，也深受各地旅客喜愛。共有6種房型、101間客房，可容納一至五人住宿，旅客可以根據旅行目的和人數選擇房型。「Go-KINJO 周邊活動」是 OMO 品牌的一大特色，**透過「OMO Ranger（周邊嚮導）」的導覽與「GO-KINJO 地圖（周邊地圖）」，探索飯店周邊的地區特色**，旅客可透過此活動了解金澤片町的人文風情與歷史文化。

下午還有免費講座，教你品嚐加賀棒茶與一般煎茶有什麼不同。

早餐時段來份庫克太太，可是現場內用才能嚐到的美味。

Hirami Pan

おすすめ 薦

ひらみぱん

金沢第一的人氣麵包店。

別冊P.23,B2 「南町・尾山神社」巴士站徒步6分 金沢市長町1-6-11 076-221-7831 8:00~18:00，早餐8:00~10:30(L.O.)，午餐12:00~15:30(L.O.) 週一 早餐套餐￥1,584 hiramipan.co.jp/

Hirami Pan的標誌是與三葉草和瓢蟲並列的幸運符號之一的「馬蹄」。店主人表示，一位法國廚師教導她如何製作麵包時曾經説過：「從古時起，在法國拾到馬蹄的人會獲得幸福。請在家門口擺放它。」這也是店主人的初衷，希望嚐到麵包的人會感到辛福。要説這裡是**金沢人氣第一的麵包點**也不為過，**假日的早晨許多人在店外排隊，就是為了品嚐美味的早餐**。若是無法久候，也可以外帶麵包回家好好享用。

特色「咖哩關東煮」在這裡是一道結尾料理，結帳前點一盤，加飯或是素線都超對味。

關東煮 高砂

おでん高砂

別冊P.23,C3 「香林坊」巴士站徒步約4分鐘 金沢市片町1-3-29 076-231-1018 16:00~21:00 週日 oden-takasago.com

要提到**金澤的關東煮老舖**，就不能漏掉高砂。高砂創業於昭和11年，從戰前就一直在片町營業，**店內充滿昭和懷舊的氛圍**，十分有在地文化。不過點餐是看牆上貼著的手寫菜單，而且每樣食材的價格也沒公開，建議還是要懂一些日文的旅客再前往，才不會有溝通上的誤會。

村田屋旅館

別冊P.23,B4 「片町」巴士站下車即達；「香林坊」巴士站徒步5分 金沢市片町1-5-2 076-263-0455 Check in 15:00，Check out 10:00 一泊¥4,900~，早餐¥550~850 murataya-ryokan.com

村田屋旅館位在金沢最熱鬧的購物逛街區「片町」，滿街的流行服飾商店、甚至還有西班牙連鎖品牌ZARA，十分好逛。村田屋旅館還保留著**傳統的榻榻米客房，便宜又經濟的價格深受海外背包客的喜愛**，且提供英文諮詢的服務，對於不懂日文的老外們真是非常方便。早餐可選擇西式或日式的早餐，簡單樸實的風味可吃得十分滿足。

走路約10分鐘便可到達兼六園、金沢21世紀美術館、妙立寺等景點。

おでん 赤玉本店

別冊P.23,B4 「片町」巴士站徒步1分，「香林坊」巴士站徒步6分 金沢市片町2-21-2 076-223-3330 1樓 12:00~22:00（週日及例假日~ 21:00）、2樓17:00~22:00（週日及例假日~ 21:00） 週一（週假日延隔日休） 車麩¥250、大根（白蘿蔔）¥280、おまかせ盛合わせ（綜合關東煮）¥1,200 www.oden-akadama.com

通常關東煮在日本是冬天的食物，但在金沢卻是全年皆可見的平民美食。片町的赤玉是**金沢的關東煮名店**，以昆布為底的高湯十分淡雅，更能引出關東煮食材的鮮甜。這裡的關東煮**以北陸的魚漿與加賀野菜為主**，是金沢的必吃名店。

不分季節的美味關東煮。

北陸必吃魚類——のどぐろ

「のどぐろ」（nodoguro／喉黑）的正式名稱叫做「アカムツ」（akamutsu／赤鯥），在盛產的新潟、富山、石川等日本海側，因為魚的喉嚨部分是黑色而稱為「喉黑」。喉黑其實就是台灣俗稱的「紅喉」，魚肉細緻且富含油脂，不帶腥味，很適合作為生魚片，加上產於遙遠的日本海側，故被視為高級魚類。來到北陸地方可以用更為平實的價格品嚐，金沢更是一年四季都吃得到喔。

醇厚的高湯讓人齒頰留香，是最完美的收尾。

のど黒めし本舗 いたる

おすすめ 薦

喉黑釜飯本舖itaru

曾被電視節目介紹的美味店家，數量限定供應，想吃記得趁早前來！

別冊P.23,B3 「香林坊」巴士站徒步8分 金沢市片町2-7-5 076-233-1147 12:00~14:30、17:30~20:30，L.O.閉店30分鐘前 週日 のど黒めし（喉黑魚釜飯）¥3,000 www.itaru.ne.jp/kakinoki.htm

「いたる」是金沢的超人氣居酒屋，主打日本海的新鮮海產，鰤魚、螃蟹等鮮美都吃得到，「喉黑釜飯本舖」**主打釜飯料理，以北陸高級魚「のどぐろ」（喉黑）製成，每一份釜飯都使用了一整條喉黑魚**，炙燒的焦黃色澤與閃耀的油脂讓人食指大動，吃喉黑釜飯有三階段，首先吃原味，細細品嚐魚肉的味道，接著依喜好搭配蔥、芥末、芝麻，增添味道的層次，可別就這麼吃完了，最後一定要請店家提供魚高湯，加入高湯做成湯泡飯，吸飽湯汁的釜飯多了鮮美，就連魚肉都帶有湯汁的濃郁香氣。

新豎町商店街

從片町沿著豎町商店街(タテマチ)一直走到底，過個馬路便會見到新豎町商店街的入口。雖名為「新」豎町，但比起流行商店林立的豎町商店街，這裡沒有高樓、沒有連鎖店舖，一踏進商店街彷彿時光退回昭和年代，兩旁小店矇著古老色彩，其中有不少古物賣店，於是也被暱稱為「古董街」。現在，許多有想法的年輕人進駐這裡，開設了雜貨店、藝廊、酒吧等，活化了地方也展現出金沢的古樸風情。

KiKU

別冊P.24,F3 「片町」巴士站徒步9分 金沢市新豎町3-37 076-223-2319 11:00~20:00 休週三 情侶體驗行程￥5,000，材料費另計、約2.5小時 www.kiku-sayuu.com

改建自大正時代的建築，店裝簡單的色調與線條，與主要販售商品「**金工飾品**」非常相襯，店內氣氛顯得文藝。這裡也有艸田正樹的玻璃碗、桐本泰一的漆器等，**也提供情侶體驗工房**，適合與心愛的他／她一同打造屬於你倆的專屬戒指。

GALERIE Noyau

別冊P.24,F3 「片町」巴士站徒步9分 金沢市杉浦町24 076-222-0014 12:00~17:00 休週一~四

Noyau是一家**融合服飾、雜貨、藝廊的小店**；店內主要販售石川縣工藝作家們的作品與皮革製品，還有店主精選的服飾，充滿質感的選物讓人倍感舒適，店內還不時會舉辦展售小展覽，換上玻璃、陶器等當地作家的作品，展售的生活道具充滿美感又實用，每一樣都是能妝點日常生活的美好物件。

KOKON

別冊P.24,F3 「片町」巴士站徒步9分 金沢市新豎町3-36 076-232-9255 11:00~20:00，週末及例假日10:00~19:00 休週三(遇假日營業) 手工鞋訂價不一，約￥4萬起 www.kanazawa-kokon.com/ 提供訂作鞋，但必需要有多次往返店家量腳型、試鞋的心理準備，可以用E-mail聯絡，英文可

這間**手工皮鞋店**，店內販售的有由店主人小紺先生的手工製作的鞋，與比利時皇家御用鞋廠ambiorix的鞋。小紺先生並不認為高價鞋便是好鞋，而是從穿鞋的環境、個人腳型、穿著場和等各個方面給予專業建議，希望客人能夠找到適合自己，能一起走一輩子的好鞋。

七尾·和倉溫泉
大野·金沢港周邊
西茶屋街·犀川周邊
加賀溫泉郷

西茶屋街·犀川周邊

にしちゃやがい·さいがわしゅうへん
Nishi Chaya District·Saigawa Area

除了東茶屋街、主計町，西茶屋街也是金沢著名的花街，細長的格子窗覆蓋住二層樓高的茶屋建築，飄散著婉約的古典氣質。有別於貴族與上流人士出入的東茶屋街，西茶屋街的客層平民許多，是古時庶民百姓們飲酒作樂的歡樂街。如今這條街上以提供高級懷石料理的料亭為多，還是有藝妓出沒，且也有適合觀光客的茶屋體驗行程，夜晚常可聽到伴著藝妓表演的三味線樂聲。

交通路線&出站資訊

電車
野町駅◇北鐵石川線
巴士
広小路站◇城下町金沢周遊巴士、金沢夜間點燈巴士(金沢ライトアップバス)、北陸鐵道34·44等路線巴士
片町站◇城下町金沢周遊巴士、金沢夜間點燈巴士

おすすめ 薦

妙立寺

金沢赫赫有名的忍者寺。

別冊P.24,C3 「広小路」巴士站徒步3分，從西茶屋街徒步3分 076-241-0888 金沢市野町1-2-12 9:00~16:00、週末例假日9:00~16:30 1/1，做法事的日子 成人¥1,000、小學生¥700

這座寺廟是西元1643年時，加賀百萬石的第三代藩主前田利常所建，主要是加賀藩御用的唸經所。由於藩主時常來到這裡，**為了逃避突如其來的暗殺，前田家便在妙立寺裡藏了許多秘密逃生的通道，以及五花八門的隱匿機關**，所以又被稱為「忍者寺」。其實妙立寺跟忍者並沒有關係，只因寺裡錯綜複雜的神奇通道及秘密機關，就像是專門提供給忍者藏匿的地方，所以才有此稱號。

忍者出沒！妙立寺的趣味看點

1 **引光梯(明かりとり階段)**
在樓梯底以和紙貼覆，由內而外可以看見敵人的身影，達到出襲不意的效果。

2 **下隱式梯(落とし穴階段)**
把本當向上的樓梯處走廊的木板移開，便可以看到一處向下的隱藏樓梯，可做為藩主等人逃避敵人的通道。

3 **謁見の間·主茶室**
這是妙立寺裡專門提供給歷代藩主使用的房間，另外大名茶室也在一旁。

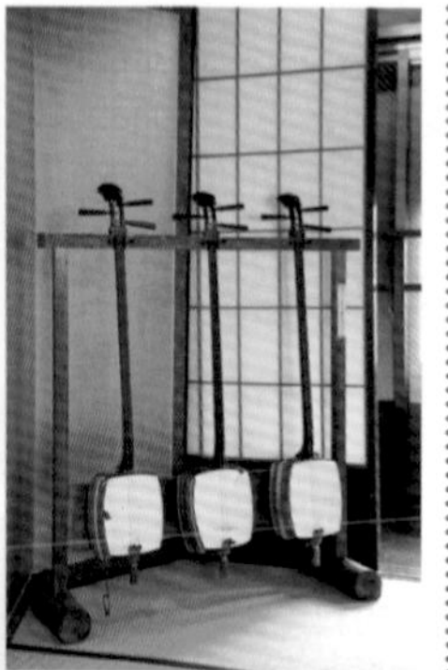

西茶屋資料館

別冊P.24,B3 「広小路」巴士站徒步4分 金沢市野町2-25-18 076-247-8110 9:00~17:00 免費

西茶屋資料館的建築物在大正時期的茶屋「吉米樓」遺跡上，以當時的建物規模、樣式而重建。由於吉米樓是小說家島田清次郎的小說《地上》的故事背景之一，所以館內也藏有相關文獻資料。來到西茶屋資料館2樓，還可以看到茶屋文化的裝飾、屏風、三味線、太鼓等，而房間牆上塗著的鮮豔紅色，也正訴說這裡有別於一般房舍的茶屋歷史。

甘納豆 かわむら

別冊P.24,B3 「広小路」巴士站徒步7分 金沢市野町2-24-7 076-282-7000 9:30~18:00，週日及例假日~17:00 每月第1個週二(5月·12月不休)、12/31~1/3 大納言甘納豆¥390(80g) mame-kawamura.com/

由於日本人的喝茶文化盛行，連帶也讓甜點的接受度大為增加。位在西茶屋街底的**かわむら是甘納豆專賣店**，店舖以黑色為基調，營造出不同於一般的日式情調，而產品甘納豆更是讓人讚不絕口，除了一般的大納言(紅豆)之外，青豆、白鳳豆、大豆、栗子等，**原料嚴選自品質有保証的農家，加上控制得宜的糖份與炊煮技巧，**吃來鬆軟香甜的豆類甜點廣受歡迎。

也成為女性間很受歡迎的伴手禮。

西茶屋菓寮 味和以

おすすめ 薦

別冊P.24,B2 「広小路」巴士站徒步6分 金沢市野町2-26-1 076-244-2424 10:00~18:00，冬季平日10:00~17:30。菓寮10:00~17:00 週二(遇假日順延) 抹茶(附干菓子)¥600 moroeya.co.jp

品味傳統干菓子的細緻滋味。

諸江屋是金沢的和菓子老舖，以落雁(由和三盆糖製成的干菓子)聞名全國。在**落雁諸江屋的西茶屋街分店裡有一處與庭院相連的雅靜空間——菓寮 味和以**，提供人們坐下來歇腳品嚐和菓子。每一位客人入座後便會奉上棒茶與小點心，讓人有真正被款待的感受。點一服抹茶配上干菓子，先品嚐落雁體會糖香，再啜一口甘苦的抹茶，沁入心房的暖意讓人難忘。

九谷光仙窯

おすすめ 薦

在市區就能深入窯元，認識九谷燒之美！

別冊P.24,A3 「広小路」巴士站徒步6分；野町駅徒步1分 金沢市野町5-3-3 076-241-0902 9:00~17:00 休1/1 窯元參觀免費，上色體驗¥1,650~5,500，運費另計(送至台灣約¥2,000左右) kutanikosen.com 參加上色體驗也包含窯元見學，全程共約1小時。上色完成後，約2週~1個月成品才會寄送回手上

創業於明治3年的九谷光仙窯，至今已有百餘年的歷史，**館內展示著傳統九谷燒作品**，黃、綠、紅三色交織的鮮豔色澤十足古味；**館方也很熱心提供製作過程見學**，從製坯到上色、窯燒等各個步驟詳細說明，若遇到職人正在工作，還能夠一睹職人工作的模樣。除了見學外，這裡也提供九谷燒的上色體驗，經由這些活動，讓人更了解九谷燒的製程與困難度，也更顯得這豔麗陶燒的迷人與珍貴。

犀川大橋

別冊P.24,D2 「広小路」巴士站徒步2分；「片町」巴士站徒步2分 金沢市片町與千日町間

犀川穿過金沢市流經日本海，與被暱稱為女川的淺野川相對，犀川又被稱為男川。**橫跨犀川的大橋建於大正13年(1924)，已被登錄為有形文化財**。建造之時剛好是關東震災後的重建期，日本中要鋼鐵十分難入手，於是橋身的一部分建材還遠從英國輸入。淺綠色的橋樑以簡單的幾合圖形組成，與遠方山巒相映，形成一幅美麗的城市人文風景。

Gallery
自遊花人
工作室坐落風景優美的犀川畔，1樓是藝廊。
裝飾贈禮的水引結，化身為別致的佩飾和器物。

Gallery自遊花人

別冊P.24,E4外 犀川大橋徒步15分 金沢市清川町7-9 076-244-6441 10:00~16:00 休週日及例假日、年末年始 www.jiyukajin.net/#gallery

日本人慣常在冠婚葬祭的贈禮上飾以繩結「水引(みずひき)」，藉此表達祝賀與結緣的真誠心意。金沢出身的當代水引作家廣瀨由利子，跳脫傳統思考，**以創新手法，將水引應用在時尚佩飾與空間設計之中**，是賦與水引時尚新貌的第一人。她以「遊樂日常」為概念，實驗各種應用水引於日常生活的可能性，表現和的精神與樣式，例如以水引編成的小提袋或佩飾，還創立了品牌的水引繩「四季の糸」，共有133色，大玩色彩的漸層變化，挑戰關於創作的各種想像。

室生犀星紀念館

別冊P.24,C2 「片町」巴士站徒步6分、犀川大橋徒步3分，「白菊町」巴士站徒步1分 金沢市千日町3-22 076-245-1108 9:30~17:00(最後入館16:30) 週二、不定休，年末年始 大人¥310、高中以下免費 www.kanazawa-museum.jp/saisei

室生犀星是金沢出身的三文豪之一，這一座紀念館是以其故居改建，毗鄰氣氛清幽的犀川，過去他時常散步的路徑如今是著名的散策路線「犀星之道」。室生犀星以抒情詩引領了大正時代的詩壇發展，同時也是一名小說家，**館內除了可以了解其生平，也可以看到他的作品手稿與書信**，還有一面以他著作的封面裝飾成的牆「心の風景」。

杉の井名物「葛粉」，不少人專程前來一嚐。
料亭建築的前身是金沢商工會議所舊址，建於明治末期，至今已逾百年歷史。
館內裝飾的鮮花皆是料亭女將的精心之作。

板長也負責為每一道料理選擇食器。器物大多是代表加賀工藝的九谷燒、金沢漆器或輪島塗，質地和紋樣亦有時令講究。

杉の井 穗濤

別冊P.24,D4 犀川大橋徒步6分、「片町」巴士站徒步10分 金沢市清川町3-11 076-243-2288 穗濤的午間套餐時段11:30~13:00、下午茶時段13:00~17:00、晚間時段17:30~22:00 午餐¥9,405~，晚餐¥16,940~ kanazawa-suginoi.co.jp 用餐皆須預約

2016、2021年皆獲頒米其林二星的金沢料亭「杉の井 穗濤」，**沿襲了加賀百萬石的食文化，以料理、器物、空間和庭院的絕妙搭配，奢侈打造極致的五感體驗。**以一餐的慢饗時光，深入品味金沢引以為傲的加賀之藝。

杉の井 穗濤的**會席料理內容十日一換，緊扣時令**，只選用當季的海鮮野菜，由主掌廚房的「板長」清早至近江町市場採買。料理方式以傳統為基礎，再以現代元素加以變化，不過度調味，保留最純粹的旬之美味，並巧妙搭配食材之間的味覺平衡及色彩。

大野・金沢港周邊

おおの・かなざわこうしゅうへん

Around Oono・Kanazawa Port

大野位於金沢市的西北部，是大野川河口地區面向日本海的港口城鎮，早期因是北前船的停靠港口而繁榮發展。江戶時期這裡以醬油聞名，是日本醬油五大生產地（大野、銚子、野田、小豆島、竜野）之一，現在仍保留了不少景點。港口除了作為漁港和北陸地區海產品集散地外，還設有供一般消費者購物的新鮮魚市場與郵輪碼頭。

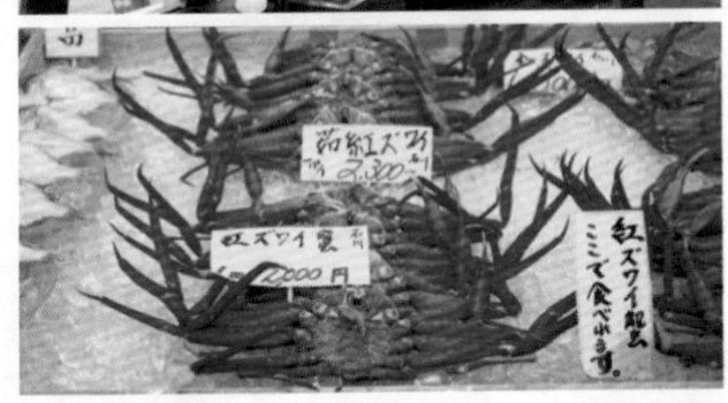

大廳設有代表石川豐富傳統工藝的象徵性紀念碑，熱情地迎接來自世界各地的旅客。

交通路線&出站資訊

公車

◎從金沢駅西口6號乘車處，搭乘北鐵路線巴士即可到達這一區。

03畝田住宅線➪往大野港方向

04笠舞駅西線➪往金沢郵輪碼頭（金沢港クルーズターミナル）方向

◎從離金沢駅往南走路約3分的巴士站「中橋」，亦可搭乘北鐵巴士61路線往大野方向。

開車

◎從北陸自動車道金沢IC、金沢東IC下，開車約15分鐘。

出站便利通

◎要前往郵輪碼頭、鮮活魚市一帶，搭乘巴士到「金沢港クルーズターミナル」徒步即可到達。

◎要前往山藤醬油味噌糀公園、大野機關人偶記念館，搭乘巴士到「大野」或「大野港」徒步即可到達。

◎由於巴士班次不多且分散，若要有效率的串聯玩這一區，最好還是自駕比較方便。若是搭公車，則要做好走路的心理準備。

金沢港郵輪碼頭

金沢港クルーズターミナル

別冊P.26,D4 從金沢駅西口搭乘往金沢港方向的巴士，在「金沢港クルーズターミナル」巴士站下即達 金沢市無量寺町リ-65 076-225-7030 9:00~21:00，海の食堂BayArce10:00~21:00，體驗室9:00~17:00 休海の食堂BayArce：週一休 www.kanazawa-cruise.jp

作為金沢的海之門戶，金沢港郵輪碼頭開放感十足的全玻璃外牆，配上屋頂的以日本海白浪為靈感的設計，**成為地方新地標**。站在靠海測的觀景台可以一覽無遺地欣賞到日本海，2樓還有海の食堂BayArce、與適合小朋友了解港務操作的體驗室，**每天晚上日落後至21:00**，還會在港邊三公里的沿岸點上炫麗燈光，**營造出幻想的異世界**。

山藤醬油味噌糀公園

おすすめ 薦

ヤマト醤油味噌糀パーク

參觀百年糀藏，感受發酵食的美味與美好。

別冊P.26,C3 從金沢駅西口徒步約3分至「中橋」巴士站，搭乘北鐵巴士61路線往大野，在終點站下車，徒步約5分即達 金沢市大野町4丁目イ170 076-268-1248 10:00~17:00 休週三 入園免費 www.yamato-soysauce-miso.co.jp/

金沢市的大野地區，在江戶時代被譽為日本醬油的五大生產地之一，憑藉著白山山系豐富的地下水和能登產的海鹽，作為「大野醬油」的生產地而繁榮發展。**擁有百多年歷史的山藤味噌醬油**，在堅守使用木桶的傳統製法的同時，融入現代衛生管理技術，將石川的發酵文化傳承至今。除了味噌和醬油，更進一步拓展了發酵食品的範疇，並在工廠**本址開設了這座醬油味噌糀公園**，不斷提供符合現代人生活方式的飲食建議。

百年煙囪與釀造倉庫共同讓出復古風情。

來一支醬油口味的冰淇淋¥350，嚐起來就像是焦糖般，十分美味。

醬藏

ひしほ蔵

076-268-5289 10:00~17:00 休週三

這是**山藤醬油的直營店舖**，蔵元所推薦的醬油、味噌，以及各種風味的調味料都有供應，種類齊全，推薦可以在這裡試吃味道後再選擇喜愛的風味購買。另外在**東山（東茶屋街）、金沢百番街也都有直營店**，若想大量購買的人不必急著在這裡採購，才不用提大包小包。

発酵食美人食堂

076-266-8500 11:30~14:30 休週三 午間套餐¥1,800 預約、用餐皆需加入會員，也可當日申請

「発酵食美人食堂」是一家僅限會員使用的會員制餐廳，造訪當日也可以免費加入會員。在這裡可以品嚐到美味的熟成玄米，以及使用金沢的當令食材製作的季節糀料理，**健康又美容，深受女性喜愛**。

@発酵食美人食堂

米與花

こめトはな

076-268-5289 10:00~16:30 休週三 起司蛋糕6吋¥2,160 kometohana.com

甜點控千萬不能錯過由**老字號味噌醬油廠和發酵專家共同研發、外層綴以焦糖的絕品乳酪蛋糕**。香脆的餅乾底層倒上用金沢牛奶和糀製成的香濃乳酪麵糊，仔細烘焙而成。特別的是，客人點餐後才會在現場進行最後的焦糖處理，表層焦香脆口、內餡綿密，風味獨特。

大野機關人偶記念館

大野くりから紀念館

別冊P.26,B3 從金沢駅西口徒步約3分至「中橋」巴士站，搭乘北鐵巴士61路線往大野，在「大野港」巴士站或終點站下車，徒步約10分即達 金沢市大野町4-2-29 076-266-1311 9:00~17:00 休週三 入館¥500，小國高中生¥300 www.ohno-karakuri.jp

大野機關人偶記念館**展示幕末的發明家與科學技術家「大野弁吉（本名：中村屋弁吉）」的成就，同時收藏了許多代表現代技術的各種機關人偶作品**。透過這些機關人偶的巧妙製作，我們可以窺見江戶時代以來日本獨有的科技，與日本工匠對創意、精心設計和美的執著。

大野弁吉

大野弁吉出生於京都五條通的羽細工師之家，他在二十歲左右前往長崎學習物理化學、醫學、天文學、礦山學、攝影術和航海術，據說他還去過對馬和朝鮮。他創造了當時最先進的科學發明，還留下了許多優秀的機關人偶作品。弁吉親筆撰寫的《一東視窮録》包含了科學儀器圖解、彩色玻璃、火藥、攝影器材、大砲、藥品的製作方法、配方和尺寸等記述，十分珍貴。

可以現買鮮吃，鮮蚵、生魚片、熟螃蟹等都超級美味！

おすすめ 薦

金沢港鮮活魚市

金沢港いきいき魚市

別冊P.26,C4 從金沢港郵輪碼頭徒步10分 金沢市無量寺町ヲ52番地 076-266-1353 9:00~16:00 休週三 ikiiki.or.jp

雖然不比觀光地近江町市場大，但現流尚青的地產好物，都集結在這裡了！

金沢港鮮活漁市是北陸金沢的代表性市場，在這裡，依照季節你可以找到現撈的魚獲，像是漁民直接販售的新鮮北寄貝、甜蝦、螃蟹等海鮮美味。還有本地鮮魚加工製做的一夜乾，海鮮珍饈等，也都很適合作為伴手禮。

APiTA TOWN金沢灣

別冊P.26,D4外 從金沢駅西口搭乘往金沢港方向的巴士，在「無量寺ベイパーク」巴士站下，徒步3分即達 金沢市無量寺4-56 076-225-2525 10:00～21:00，依各店舖而異

金沢市的郊外有處開放的商場APiTA TOWN金沢灣。這裡分類詳細、匯集各種專門店，包括超市、餐飲和娛樂等，特別像是Uniqlo、無印良品、唐吉訶德等港台最受迎印的日系品牌。由於位於主要道路海側環狀道路旁，開車自駕時不妨來此購物或補給。

MEGAドンキ
離金沢市區最近的唐吉訶德就在這裡！想補貨來這裡就沒錯啦。

石川縣廳 19樓展望台

石川県庁19階展望ロビー

別冊P.26,D4外 從金沢駅西口搭中央病院線、笠舞駅西線等巴士，在「県庁前」巴士站下即達 金沢市鞍月1-1 (石川県庁19樓) 075-226-1352 10:00~20:00，1-3月平日10:00~19:00，假日10:00~20:00 休12/29~30 免費參觀 www.pref.ishikawa.lg.jp/kensei/shisetsu/tembolobby/index.html

在金沢市區內，想要找一處可以登高望遠的景觀台可不多。因為城市條例限制建物高度的關係，市區內的建築都不高。在石川**縣廳的19樓特別設置了展望台，可以360度一望全金沢的市景**。展望台有附設喫茶室，在縣廳內還有員工食堂，都開放給一般民眾消費，若是對這方面食堂有興趣的人不妨來趟小冒險。

老闆交待，把漢堡裝到紙袋後，捏緊食用才是地道的紐約客吃法。

1/3 Hamburger Factory

おすすめ 薦

別冊P.26,D4外 從金沢駅西口搭乘往金沢港方向的巴士，在「無量寺ベイパーク」巴士站下，徒步3分即達 金沢市畝田東4-1125 076-208-3393 11:00~20:30 休不定休 1/3 H經典起司堡¥1,400，啤酒800 3bun-1.com

地道的紐約風格漢堡！結合戶外風格，是金沢年輕人的聚會熱門地。

1/3 Hamburger Factory以其**種類豐盛的漢堡聞名。特別是培根起司蛋漢堡是一道必試的美食**；新鮮的生菜、洋蔥的甜味、漢堡肉的多汁和培根的煙燻香氣完美結合，在口中散發出美味。許多人對這間店的評價是不輸給東京的知名餐廳，深受當地年輕人的喜愛。

加賀溫泉鄉

かがおんせん

Kaga onsen

江戶時代，金沢在加賀藩的領導下享有四百多年長治久安，富裕的美好時光，輝煌的工藝及美術使其成為耀眼的文化之都，而溫泉療養這種伴隨著平安盛世而來的養生文化也歷久不衰。靠近金沢的加賀溫泉鄉就以擁有山代溫泉、山中溫泉、粟津溫泉、片山津溫泉這四個泉質各異的溫泉聞名，且因地近日本海，加賀溫泉鄉的溫泉旅館都以提供高品質的海鮮，如螃蟹料理自豪，來到金沢推薦要來到加賀溫泉好好放鬆一番。

北陸獨有用語

總湯

「總湯」(総湯，そうゆ)是北陸地方的用語，指的是旅館以外的公共澡堂，也就是溫泉地裡的錢湯，加賀三大溫泉鄉都有総湯，而且各具特色，建議安排時間，體驗一番在地的溫泉魅力。

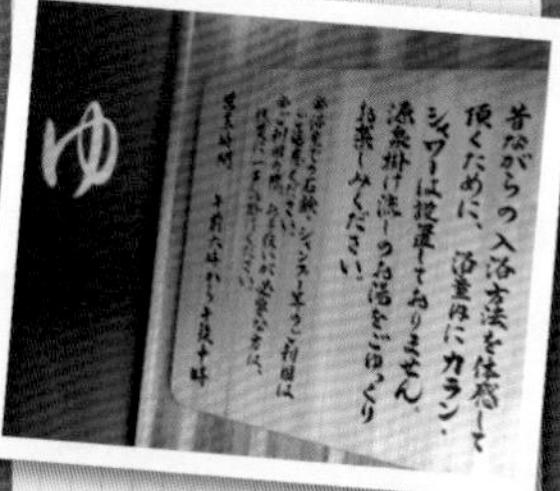

湯の曲輪

總湯通常也是溫泉地的中心，江戶時代以木製管線配送溫泉，受限於技術無法配送太遠，故多以公共澡堂為中心發展，這樣「圍繞總湯形成的溫泉街」就是「湯の曲輪」(ゆのがわ)，在山代溫泉最能看出昔日的發展軌跡。

交通路線&出站資訊

電車

加賀溫泉駅◇JR北陸本線

粟津駅◇JR北陸本線

從JR金沢駅可搭電車直達，但至各溫泉鄉需再轉公車；到加賀溫泉駅特急列車車資￥2,060、約25分

巴士

北鐵巴士◇加賀ゆのさと特急(直達)

從金沢駅西口搭乘巴士可達各個溫泉鄉，車資￥1,160~1,370

www.hokutetsu.co.jp/highway-bus/express-kagayunosato

小松巴士

從粟津駅可搭乘小松巴士的粟津A路線前往粟津溫泉，車程約10分，車資￥220

市區交通

加賀溫泉CAN巴士

CAN巴士(キャンバス)運行於加賀溫泉鄉各大溫泉地之間，是自助旅客遊加賀溫泉鄉的不二首選。其分為山線、海線、空港線三條，而其中空港線連接小松空港，海線往片山津溫泉方面，山線往山代、山中溫泉方面。詳細路線圖與時刻表可於車站取得

1日券￥1,100，2日券￥1,300，全部乘降自由。在加賀溫泉駅內或CAN巴士上都可購買

www.kaga-canbus.jp

觀光案內所

加賀市観光情報センター

加賀市作見町ヲ6-2(JR加賀溫泉駅內)

0761-72-6678

8:45~17:30

www.tabimati.net

山代溫泉観光協会

www.yamashiro-spa.or.jp

片山津溫泉観光協会

www.katayamazu-spa.or.jp

山中溫泉観光協会

www.yamanaka-spa.or.jp

山代溫泉

山代溫泉據說是在1300年以前，由高僧行基看到一隻受傷烏鴉在水灘中療傷痊癒而被發現。到了藩政時代成為當地藩主用溫泉治療疾病的地方，其擁有效能各異的三種泉質，吸引許多湯客造訪，如今有許多創業百年的老溫泉旅館，另外還有許多佔地千坪以上的大型飯店，成為加賀溫泉鄉中有名的溫泉地之一。

記得把溫泉蛋跟冰淇淋攪拌均勻再吃。

山代溫泉 總湯

総湯

別冊P.27,B5　CAN 巴士山線在「山代温泉総湯・古総湯」站下車，徒步1分　加賀市山代温泉万松園通2-1　0761-76-0144(山代温泉総湯)　6:00~22:00，賣店7:00~20:00　休每月第4個週三上午(6:00~12:00)　大人¥490、6~12歲¥130、3歲以上¥50，温玉ソフト(溫泉蛋冰淇淋)¥350

為了振興當地觀光，山代溫泉重建了兩處總湯。相對於明治風情的古總湯，總湯是以舊吉野屋旅館改建而成，穿過老旅館的大門，就是備受當地人喜愛的湯屋，**整潔的湯屋以檜木建成，再以手繪的九谷燒磁磚點綴**，空間十分舒適；到總湯不僅能夠享受純天然溫泉，**附設賣店還有山代溫泉名物「温玉ソフト」，放上一整顆溫泉蛋的冰淇淋**，濃郁蛋香與香草冰淇淋混合，滋味特別又美味。

おすすめ 薦

山代溫泉 古總湯

重現明治時代華麗風情的公共浴場。

古総湯

別冊P.27,B5　CAN 巴士山線在「山代温泉総湯・古総湯」站下車，徒步1分　加賀市山代温泉18-128　0761-76-0144(山代温泉総湯)　6:00~22:00、12~2月7:00~21:00　休每月第4個週三上午(6:00~12:00)　大人¥500、6~12歲¥200、3歲以上¥100；與総湯的共通票價為大人¥700、6~12歲¥250、3歲以上¥120

山代溫泉除了總湯，還有一個「古總湯」。**古總湯復元了明治時代的總湯樣貌**，典雅的木造二層建築，內部裝潢更是精緻，**湯屋裡利用當時最時尚的花窗玻璃裝飾**，倒映於水面的五彩玻璃、陽光透射出的光芒，氣氛復古又浪漫，**就連浴池邊的磁磚都是以九谷燒複製昔年的紋樣**，讓泡湯成為奢侈享受。不僅裝潢，古總湯的入浴方式也依循舊制，不設淋浴設備、沒有任何沐浴用品，而是以掛湯(溫泉出水口)簡單沖洗就可入浴，忠實重現明治時的風貌。

源泉公園(足湯)

別冊P.27,B5 從古總湯徒步1分 加賀市山代溫泉18-121 0761-76-1144(山代溫泉観光協会) 8:00~22:00 免費 需自備毛巾

總湯一旁的源泉公園也是可以順道一遊的景點，這裡就是**山代溫泉的泉源地**，大石子上設置的三腳烏鴉像，就是山代溫泉開湯故事中的靈鳥形象，後方則是配送溫泉的管線，每天配送多達1公秉(1百萬公升)的泉水到各家旅館。不妨在這裡泡泡足湯，遙想當年開湯的故事。

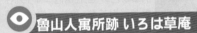

三隻腳的烏鴉？

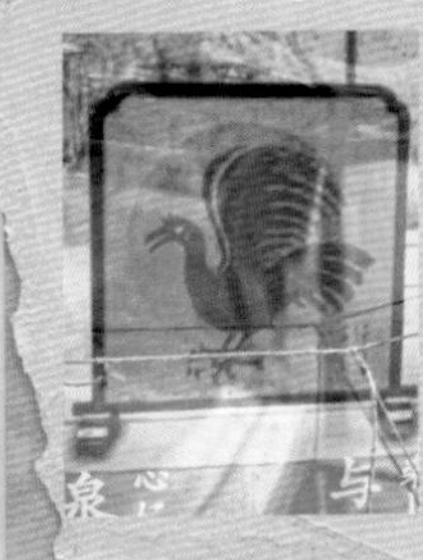

源泉公園內的塑像是有著三隻腳的烏鴉，其實這是日本神話中「八咫烏」(やたがらす)的形象。八咫烏是在神武天皇東征時為其帶路的靈鳥，開湯故事中說是「受傷的烏鴉」，也有一說就是八咫烏，山代溫泉還以此形象，創造了吉祥物「スパくろくん」呢。

魯山人寓所跡 いろは草庵

別冊P.27,B5 CAN 巴士山線在「山代溫泉總湯」站下徒步約2分 加賀市山代溫泉18-5 0761-77-7111 9:00~17:00，最後入館16:30 週三(遇假日開館) 大人¥560，75歲以上¥280，高中生以下免費 iroha.kagashi-ss.com/

出身於京都，曾受金沢富商細野燕台之邀在山代溫泉渡過一段美好時光的北大路魯山人，是明治時代一位才華洋溢的天才型藝術家與料理研究家，無論是書法、陶藝、雕刻、美食無所不精。**山代溫泉的這棟草庵曾是魯山人暫居的地方，保存了魯山人的工作場所和書房**，另外也展示陶藝與書法作品，並提供茶點與來訪的遊客享用。

須田菁華窯

おすすめ 薦

別冊P.27,B5 CAN 巴士山線在「山代溫泉總湯」站下徒步約3分 加賀市山代溫泉東山町4 0761-76-0008 9:00~17:00 不定休

知名的九谷燒窯，店內陳設充滿昔日的低調華麗，每一件作品都有著讓人心悅的手感。

第一代老闆曾進入九谷陶器公司，於1906年自己開設店鋪，如今的店主人已是第四代繼承人，店門口的招牌「菁華」二字即是出自魯山人之手，**店內充滿自然手感的陶藝品讓人愛不釋手**。保存著舊時風情的榻榻米店內讓人一走入就能夠沉靜心靈，從染付、萬曆到古赤繪，展售許多古九谷燒的陶器。

界加賀就位在登入有形文化財的「紅殼格子」傳統建築之中，風情獨具。

大廳內傳統工藝「加賀水引」打造的大型藝術，從天井垂吊。

H 星野集團 界 加賀

別冊P.27,B5 從古總湯徒步約1分可達 加賀市山代溫泉18-47 050-3134-8096 Check in 15:00，Check out 12:00 一泊二食，¥31,000 起(雙人房/1人費用) hoshinoresorts.com/ja/hotels/kaikaga/

位於加賀溫泉鄉的千年古湯山代溫泉，**旅館白銀莊在冉冉湯煙中佇立超過390個年頭**，招待過包括藝術與美學大師魯山人在內的無數名流雅士。**2005年8月星野集團接手，以頂級溫泉宿「界 加賀」之姿風華登場**，從對於食、宿、遊究極的美學追求，賦予古老溫泉旅館嶄新的感性詮釋。尤其是充滿地域特色的「當地特色客房（ご当地部屋）」，以「加賀傳統工藝之間」為旨，展示了加賀水引、加賀友禪的繽紛色彩，並在房內準備了九谷燒茶器與茶點，讓旅人的住宿期間可以盡情沉浸在加賀文化中。

金繼體驗

要預約，15:30起約30分 $免費

「金繼」是修復破裂器皿的傳統技法，使用漆來作為黏著劑，天然無毒，最常用在碗盤的修復。界加賀所附設的金繼工房，為了讓客人在住宿期間更深入地體驗金繼的魅力，特別提供了體驗活動，跟著工作人員一同了解金繼文化，每次能做的步驟都不一樣。

當地樂：加賀獅子舞

免預約，每天21:30起約15分 $免費

加賀獅子舞是加賀百萬石時代、壯麗華美的武士文化象徵。界加賀以地區的特色所進行的表演「本地樂」，每天晚上演出，舞者以以加賀獅子舞為靈感的「白銀之舞」為原創舞蹈，十分有迫力。

大浴場

6:00~11:00，15:00~24:00

加賀地區以九谷燒聞名，界加賀特地請來藝術家，創作出陶瓷藝術板的畫作，並以金箔、銀箔點綴在大浴場空間，展現了加賀四季的美景。此外，住宿者還可以免費使用復原自明治時代的總湯「古總湯」，千萬不要錯過。

會席料理

17:30，19:30兩時段

秉承美食家北大路魯山人的宗旨、「器皿即是料理的衣服」之理念，界加賀對餐具也格外講究，亦會根據季節變化而精心準備。而當季的懷石料理套餐包括日本海的高級魚種鱸魚、以及等待解禁的螃蟹等，配上九谷燒陶瓷更是相得益彰。

在大風呂享受溫泉，體會光陰流逝的美感。

無何有

べにや無何有

別冊P.27,B5 14:20~18:00間預約可從JR加賀溫泉駅免費接送，約15分車程 加賀市山代溫泉55-1-3 0761-77-1340 Check in 15:00，Check out 11:00 www.mukayu.com

「べにや無何有」希望傳達給旅客的是「留白的時間」，不以華麗豐富的娛樂設施塞滿時間，而**希望旅客在徹底放空後，靜心接納光陰嬋娟流逝的美感**。純白的空間設計讓窗外的天光雲影與樹影搖動能自在瀉入，讓旅客能在完全不受打擾的狀態下與大自然跟自己對話。館內還有處每天早晨提供瑜伽課程的禪堂，達到天人合一的優美境界。

葉渡莉

別冊P.27,B5 預約可從JR加賀溫泉駅免費接送，約15分車程 加賀市山代溫泉通17 0761-77-8200 Check in 15:00，Check out 11:00 www.hatori.jp

葉渡莉是**一家走精緻客層的溫泉旅館**，館內的每個角落都充滿女性細微的用心，透過每一個服務環節讓旅客感到賓至如歸。其室內照明搭配多功能的設計家具，使不便久坐榻榻米的旅客也能很自在地放鬆四肢，傳達自在生活的原點。**室內裝潢採用天然的原木、和紙與土壁**，加上料理長精心烹調的有機食材，達到身心療癒的度假目的。

無處不在的細心服務。

はづちを茶店

Hadutiwo

別冊P.27,B5 從古總湯徒步1分 加賀市山代溫泉18-59-1 0761-77-8270 9:30~17:00 週三(遇假日營業) 溫玉プリン(溫泉蛋布丁)¥310 www.hadutiwo.com

はづちを茶店位在湯の曲輪附近，有著和風的木造外觀，店內還設有囲炉裏，冬日造訪時可以體驗雪國的烤火取暖方式。這裡是**由當地非營利組織經營的喫茶店**，店裡提供許多點心，經典的糰子、白玉善哉等都會搭上加賀棒茶，而**最吸引人的要屬利用溫泉蛋做成的布丁「溫玉プリン」**，利用溫泉蛋的蛋黃、加上當地牧場的新鮮牛乳，經過7次過濾後，蒸出質感滑順、香氣濃郁的紮實布丁，這可是週末限定的美味！

九谷焼体験ギャラリーCoCo

九谷燒體驗藝廊CoCo

別冊P. 27,B5　CAN巴士「山代温泉総湯．古総湯」站下車即達　加賀市山代溫泉18-115甲1　0761-75-7116　9:30~17:30(體驗報名至16:30)　休 週四(遇假日營業)　絵付け体験￥1,500起，寄送郵資另計　yamashirococo.wordpress.com

九谷燒是石川縣的重要工藝，來到CoCo，選好想上色的器具之後，就**可以拿起作家們實際使用的道具，體驗這項傳統工藝**。九谷燒的上色分為三階段，先以鉛筆輕輕描繪出圖案(下描き)，接著以呉須(鈷藍釉料)畫出線條(骨描き)，最後再塗上釉彩，經過高溫燒製之後，就是獨一無二的作品了。不管是模仿古九谷的傳統紋樣，還是現代風的圖案，都是旅行最棒的紀念品。

九谷燒　くたにやき

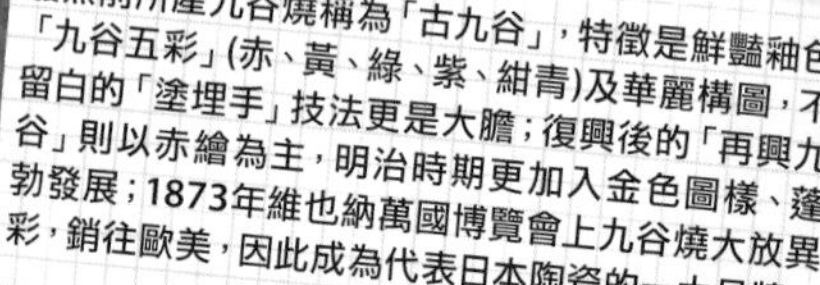

九谷燒是金沢、小松、加賀等地區的代表工藝，起源於17世紀中期，據說當時山中町九谷地區發現瓷礦，大聖寺藩的藩主前田利治，便命令藩士後藤才治郎到有田學習製陶，1655年正式開窯、取名「九谷燒」，但50年後突然廢窯，百年後才在加賀藩扶持下於金沢重現。廢窯前所產九谷燒稱為「古九谷」，特徵是鮮豔釉色「九谷五彩」(赤、黃、綠、紫、紺青)及華麗構圖，不留白的「塗埋手」技法更是大膽；復興後的「再興九谷」則以赤繪為主，明治時期更加入金色圖樣、蓬勃發展；1873年維也納萬國博覽會上九谷燒大放異彩，銷往歐美，因此成為代表日本陶瓷的一大品牌。

九谷焼窯跡展示館

別冊P.27,B4外　自駕從加賀IC或片山津IC下，開車20分。或是從加賀溫泉駅搭乘CAN巴士山線，至九谷焼窯跡展示館(6a)下車徒步2分　加賀市山代溫泉19-101番地9　0761-77-0020　9:00~17:00　休 週二　入館￥350　kutani-kamaato.com/

豊田伝右衛門以追求古九谷再興的志向，在鄰近九谷古窯的山代越中谷開設了窯元，於文政九年(1826年)首次點火燒製。此後，經歷藩政時代以及明治時代的波瀾曲折，九谷陶藝技術得以傳承至今。近年，**這座多層窯址被發掘出來並得到整修，作為歷遺跡展示**。來到這裡，除了能觀賞每年四次的企劃展覽外，**還可以體驗手拉坯和上色的繪付體驗**，盡情感受九谷燒的魅力。

吉田屋窯跡展示了這一帶的窯燒歷史，是國家指定史跡。

建於昭和15年的「登窯」，現在還能實際使用。

丹塗り屋

Ninuriya

別冊P.27,B5　從古總湯徒步1分　加賀市山代溫泉18-59-1　0761-77-8270　9:30~17:00　休 週三、不定休　www.hadutiwo.com

丹塗り屋也是非營利組織はづちを所開設的店舖，就在茶店對面，店內可以找到**豐富的和風雜貨**，而且**所有商品幾乎都是在地作家的創作**，九谷燒的碗、豆皿、杯子，山中漆器做成的現代風餐具，還可以找到八咫烏的面具，以及山代溫泉吉祥物「スパくろくん」的玩偶及商品，店面雖然不大，想尋寶的話可別錯過。

六方焼 惣八

おすすめ 薦

讓人再三回味的質樸小點。

別冊P.27,B5 從古總湯徒步1分 加賀市山代温泉万松園通14 0761-76-1254 8:00~18:00 休週三、週二下午 $ ¥110 roppouyaki.com/

六方燒是山代溫泉的名物，自文政年間(1820左右)創業至今，從初代惣八傳承到現在的第六代店主，都**堅守傳統配方，不使用一滴水，而是利用雞蛋、蜂蜜**做出麵糰，再包入豆泥，接著把半成品放上爐具，蜂蜜的香氣隨著熱度瀰漫整間店內，當六面都烤出焦黃色澤就大功告成了。**烤好的六方燒有著類似餅乾般的酥脆外皮，咬破那層酥脆口感之後，蜂蜜與麵粉的香氣便席捲而來**，盈滿口中的香氣讓人欲罷不能。

べんがらや

Gallery & Bistro Bengaraya

別冊P.27,B5 從古總湯徒步約4分 加賀市山代温泉温泉通り59 0761-76-4393 11:00~14:00、18:00~20:30，五六日11:30~20:30(Cafe 14:00~18:00) 休週三(遇假日順延) $加賀紅茶¥550、べんがらや「おひつ膳」¥1,639~ www.bengara-ya.jp

與知名旅館「瑠璃光」、「葉渡莉」隸屬於同集團，べんがらや是山代溫泉街上頗具情調的小店。店名中的「べんがら」指的是「朱紅色」，也就是指外觀醒目的紅格子，這是金沢、京都等地常見的町家特色。走進充滿風情的町屋裡，**餐館裡提供以加賀地方生產的越光米、蔬菜烹調而成的餐點，或者是加賀棒茶、紅茶等飲料**，很適合細細品味加賀的山海滋味，另一側則併設有賣店，現代風格的可愛九谷燒、地產的咖啡等，都是店家嚴選的商品。

超可愛的兔子，看到飼料就會靠近，不要忘了買份飼料餵他們哦！

月兔之里

おすすめ 薦

月うさぎの里

超可愛的兔兔！在園區裡自由自在，好療癒～

別冊P.27,A6外 自駕從加賀IC下再3分即達。或是從JR大聖寺駅前搭乘路線巴士、永井新站下車徒步2分 加賀市永井町43-41 0761-73-8116 廣場、賣店9:00~16:00，食事處11:00~15:00 $大人¥300，小孩¥200，3歲以下免費 www.tsukiusaginosato.com/

兔子廣場上，各種品種的兔子約50隻自由自在地活動，可以與牠們親近接觸，觀察自然的模樣。有時牠們會挖洞、突然出現、或者躺著睡覺……光是看著就能感到舒緩愉悅。永井町有個源自江戶時代的「月兔傳説」：據説有農夫救助了受傷的兔子後，兔子招來月亮，也把雲間晴朗的空氣帶來，使得那一年農作大豐收。**在廣場中央有個兔子神社，與蓬鬆可愛的兔子共度時光的同時，也可以參拜許願**，領受那美好的祝福。

廣場內的販賣機就有兔飼料，一份¥200。

注意事項

兔子們也是可愛的小生命，跟牠們玩耍時別忘了要注意以下事項：

- 餵飼料時請戴上專用手套
- 不要抱兔子、追兔子、嚇兔子
- 不可餵食園區以外的飼料零食

藥王院溫泉寺

やくおういん おんせんじ

別冊P.27,B5 從古總湯徒步2分 加賀市山代溫泉18-40甲 0761-76-1155 8:30~17:00

藥王院溫泉寺與山代溫泉一樣歷史悠久，被當地人暱稱為「お薬師さん」。**據説當年高僧行基發現溫泉以後，便在此地供奉藥師如來、白山大權現以鎮守溫泉，也成為寺廟起源**。後來更在花山法皇的命令下，由明覺上人興建七堂迦藍，成為守護國家的勅願寺而盛極一時，但戰國時遭遇禍亂，毀於大火，江戶時由前田利治重建而成。寺廟內有十一面觀音等文化財，還有供養明覺上人的五輪塔，也是國指定重要文化財。

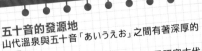

溫泉寺是當地賞楓名所。

附設的Sanpo Coffee可以喝到超美味的淺焙手沖，杯子上的圖案是品牌設計師親手畫上的，獨一無二！

おすすめ 薦

AIUEO

別冊P.27,B5 從古總湯徒步3分 加賀市山代溫泉万松園通15 070-3774-3080 10:00~18:00 休 週二~四，不定休 www.hello-aiueo.com/s/stories/yamashiro

超可愛的雜貨都在這裡！

取名自日本五十音的AIUEO，可愛的設計風靡日本，甚至是港台也有一票死忠粉絲。直營店開設在「五十音的發源地-山代溫泉」最是適合。這裡提供AIUEO的雜貨商品，咖啡快閃店以在畫廊展示等多種企劃活動，**喜歡可愛插畫、設計雜貨的人，絕對不要錯過這裡**。

五十音的發源地

山代溫泉與五十音「あいうえお」之間有著深厚的淵源。

藥王院溫泉寺的初代住職明覺上人，是研究古代印度言語的悉曇學專家，同時也是五十音的創立者。在寬治7年(1093年)明覺上人撰寫的《反音作法》中，呈現了現存最古老的五十音圖。當時尊敬明覺上人的高知識份子與眾多學僧，聚集於山代的溫泉寺修行並學習，影響後世深遠。

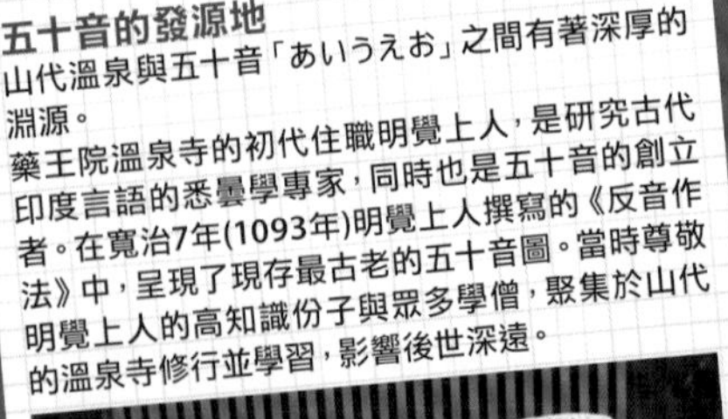

谷口呉服店

別冊P.27,B5 從古總湯徒步3分 加賀市山代溫泉溫泉通り12 090-3297-2323 10:00~17:00 休 週二、第3個週日 $ 加賀プラン¥5,500 kagayui.amebaownd.com ! 需事先預約，可在官網預約

到山代溫泉遊玩，湯之曲輪上的小店、典雅的古總湯、懷舊的總湯都有著濃濃和風，要是想更融入這裡的氛圍，換上和服就對了。**谷口呉服店在當地已有百年歷史**，由第四代接手之後，不僅推出了「着付け教室」，讓現代人可以更了解和服知識，**還展開了和服租借服務「加賀結衣」，讓遊客可以換上美麗和服在優美的溫泉街裡優雅漫步**。

瑠璃光

薦 おすすめ

瑠璃光精緻的室內與多元的溫泉，吸引許多人前往住宿。

別冊P.27,B4 預約可從JR加賀溫泉駅免費接送，約15分車程 加賀市山代溫泉19-58-1 0761-77-2323 Check in 15:00，Check out 11:00 rurikoh.jp

位在山代溫泉街上的瑠璃光，透過館內栽植的綠竹、庭園內茂密的楓林、奔瀉的庭池流水、隨處可見的古典插花、溫煦的燈光以及清新的料理，營造出日本旅館的美感文化。**館內除了檜木露天風呂「月光之湯」與庭園大露天岩風呂「日光之湯」，還有五處溫泉個室**，提供旅客更為繽紛有趣的泡湯享受。

加賀上杉

薦 おすすめ

吃得到蕎麥雅緻的香氣。

別冊P.25,B4 從古總湯徒步5分 加賀市山代温泉温泉通42 0761-77-5026 11:30~15:00(L.O.14:30) 休週二·三(遇例假日營業) 天ざるそば(天婦羅蕎麥麵定食)¥1,860 kaga-uesugi.com

上杉是當地的蕎麥名店，與一般蕎麥不同，**店家選用蕎麥的中心部分製成細白的蕎麥粉(御前粉)，每天早上手打出麵條**，讓蕎麥麵散發出細緻的香氣，手打的功夫更讓麵條帶有順口質感，搭配上當地農家栽培的蔬菜、店家自採的山蔬，現炸出加賀蔬菜的新鮮滋味，與蕎麥麵十分搭配。

泡完湯後，再享受飯店提供的日本海螃蟹大餐，美味紮實的蟹肉大大滿足口腹之慾。

湯之王國 天祥

ゆのくに天祥

別冊P.27,B4 預約可從JR加賀溫泉駅免費接送，約15分車程 加賀市山代溫泉19-49-1 0761-77-1234 Check in 15:00，Check out 10:00 tensyo.yunokuni.jp

「湯之王國天祥」是位在山代溫泉的**大型觀光度假飯店，除了提供正統的泡湯設施，還附設有遊樂場、游泳池、滑水道**，數十種遊戲機與運動器材能讓大人小孩不踏出飯店都能玩得十分開心。為了滿足闔家同樂的家族旅客，湯之王國天祥投下巨資新建了三處泡湯樓層「悠幻之湯殿」、「九谷之湯處」和「滝見之湯屋」，**提供旅客「一泊三湯十八種湯遊法」的全新泡湯體驗**，同一座露天溫泉浴場裡就有寢湯、檜木湯、藥草湯、五右衛門釜鍋湯等多種湯療風呂，且採男女湯交換制，能依時間帶輪流享受不同的泡湯風情。

山中溫泉

大約1300年前，在北陸修行的僧侶發現被天然溪谷所包圍的山中溫泉。溫泉地旁邊流經的狹長溪水，當地人稱為鶴仙溪，而溫泉旅館大都沿著鶴仙溪谷築起，其中以小型精緻的旅館居多，兩岸的綠林不但沒被破壞，反而受到額外的保護。俳句詩人松尾芭蕉曾經在這裡駐足，寫下詩句形容山中溫泉的自然悠閒氣息。

鶴仙溪

おすすめ 薦

別冊P.27,D5　從菊之湯徒步約10分

優美的溪谷風景。

鶴仙溪是**山中溫泉最具代表的自然景觀**，如今的溫泉街仍然保持古典的風貌，當地觀光協會還規劃了一條「鶴仙溪遊步道」，讓來這裡泡湯的旅客可以在泡湯、遊街之外，還可以沿著溪谷散步。從蟋蟀橋至黑谷橋，循著總長1.3公里的遊步道前進，溪谷兩岸綠樹成蔭，幽靜而神秘，彷彿走入仙人隱居的地方。

一樓還設有賣店，可以找到當地各種名物。

山中座

別冊P.27,C4　從菊之湯徒步1分　加賀市山中溫泉薬師町ム1　0761-78-5523　8:30~22:00、每月第2‧第4個週三~17:30。表演：週六日‧例假日15:30~16:10　進入免費。演出：大人¥700，小孩¥350　www.yamanaka-spa.or.jp/yamanakaza

位在山中溫泉街的中心位置，以傳承「山中節」為主的山中座，建築物本身也同樣是一座藝術品。山中節是一種流傳於山中溫泉當地的歌謠，從江戶時代開始，每年秋天，來自各地的運輸船船夫們，會聚集到山中溫泉泡湯，浸浴在溫暖舒暢溫泉的同時，吟唱著從北海道習得的歌謠，久而久之便發展成獨特的「山中節」。

抬頭看看，天花板上的菊紋也是亮點。

総湯 菊之湯

別冊P.27,C4　巴士站「菊の湯‧山中座」或「山中溫泉(菊の湯前)」下車即達　加賀市山中溫泉湯の出町レ11　0761-78-4026　7:00~22:00　休每月第2‧第4個週三　高中生以上¥490，中學生¥130，小學生以下¥50

山中溫泉聚集許多溫泉旅館，但公共浴場卻十分稀有，位於溫泉街中心位置的菊之湯是當地「總湯」，是山中溫泉的象徵地標。菊之湯於近年重新整建過，併設於山中座旁，**分為男湯和女湯兩棟，外面的廣場還有免費足湯和飲泉場。**

以濃郁燉牛肉醬搭配繽紛的加賀蔬菜，不僅美味賣相還十分可愛。

東山ボヌール

欣賞鶴仙溪風景的最佳咖啡處。

別冊P.27,D4 從菊之湯徒步約7分 加賀市山中溫泉東町1丁目ホ19-1(芭蕉堂前) 0761-78-3765 9:00~17:00 休週四 ビーフシチューライスセット(牛肉燉飯套餐)¥1,650 higashiyama-bonheur.jimdo.com

鶴仙溪旁，通往東山神社的小徑上藏著一間木造小屋，林蔭遮蔽的屋子散發幽靜氣氛，這裡是當地知名的咖啡店。**一樓的大片窗戶可以欣賞流水潺潺，二樓還有正對鶴仙溪的座位**，以四季景色佐上咖啡，或是愜意地品嚐美味料理，都是讓人十分享受的體驗。

無限庵

別冊P.27,C6 從菊之湯徒步約12分 加賀市山中溫泉下谷町ロ6 0761-78-0160 11:00~15:00 休週二、12/29~1/3 大人¥500、國高中生¥200、小學生¥100 mugenan.com

從鶴仙溪的散步道往上，就會來到無限庵，**無限庵是加賀藩家老横山家的書院，建於明治末年，被讚許為當時木造建築的最高傑作。**在主室御殿可以看到精美的窗櫺、施以金粉的壁畫，還有以珍貴黑柿木打造的走廊欄杆，在在顯示出當年的工藝，室內還可以看到九谷燒、加賀蒔繪的漆器等藝術品。2023年也在一旁新建うるはし茶房提供悠閒休憩處。

無限庵原本建於金沢市內，後來移築到山中溫泉。

現代、傳統風格的漆器齊聚一堂。

うるし座

別冊P.27,C4外 從菊之湯徒步約15分，CAN巴士山線「山中うるし座」站下車即達 加賀市山中溫泉塚谷町イ268-2 0761-78-0305 9:00~17:00 休週三、年末年始 www.yamanakashikki.com/

山中溫泉的漆器十分出名，除了在各家小店尋寶，也可以到うるし座(山中漆器傳統產業會館)，會館二樓是提供給作家們鑽研工藝技術的空間，**遊客則可以到一樓逛逛**，不僅**可以一次找到豐富多樣的漆器作品**，更設有一處開放的工作室，**還有機會看到傳統工藝士製作作品的模樣**喔。

mokume

別冊P.27,C5 從菊之湯徒步約2分 加賀市山中溫泉栄町二60 0761-78-1757 10:00~16:00 休週四 森の小箱・木のオブジェづくり(木頭小盒・小物製作)¥4,400 mokume-k.jimdo.com

想要親自感受山中地區漆器工藝的精妙，最好的方法就是參加手作體驗了，位在溫泉街轉角的mokume就是可以體驗的工房。**小小的店內一邊展示著手作的作品，另一側則是藝術家的作業空間**，可以看到職人專心的操作著軲轆，**如果想要馬上帶回自己的作品，不妨選擇小木盒或木碗**，在職人仔細的指導下，自己操作道具細細打磨，感受木頭的溫度與質感，短短20分鐘左右就可以帶回獨一無二的作品了。

不僅創作，店主還會幫客人修復磨損的漆器，讓老去的道具恢復質感。

GATOMIKIO /1

別冊P.27,C6 從菊之湯徒步約6分鐘 加賀市山中溫泉こおろぎ町二-3-7 0761-75-7244 9:00~17:00 休週二 www.gatomikio-1.com

石川是漆器的產地，分別以「山中的木地」、「輪島的塗」和「金沢的蒔絵」而聞名。名為GATOMIKIO/1的時尚店鋪，是明治時代作為木工場創立的「我戸幹男商店」第一家直營店，至今仍專注製作以「木地」為基材的漆器。

由於**店鋪位於山中溫泉的溫泉街**，從它的外觀中散發出現代且精緻的氛圍。一踏進店內，你會感受到與街道上的熱鬧截然不同的肅穆氛圍，**店內陳列的漆器**整齊地排列著，每件作品都**展現出原木本身的形狀，以及人工無法再現的複雜木紋**，因此每件作品都擁有獨一無二的樣貌，無法透過機器大量生產。

什麼是木地？

提到山中漆器，就不得不提到木地。木地是指將原木雕刻成碗、蓋子、筷子等各種產品形狀的技術。在木地中，主要分為三個領域，而山中漆器使用轆轤製作碗等圓形物品的「轆轤挽物木地」，擁有出色的獨特技術，聞名全日本。

肉のいづみや

別冊P.27,C5 從菊之湯徒步約4分 加賀市山中溫泉南町二16 0761-78-0144 9:00~18:00 不定休 コロッケ(可樂餅)¥150

到山中溫泉街必吃的點心之一，就是肉のいづみや販賣的可樂餅，**不僅利用了店家販售的和牛肉，還搭配上北海道男爵馬鈴薯，每天手作出一顆顆紮實的可樂餅**，濃郁香氣加上現點現炸的熱燙口感，光看牆上滿滿簽名板，就知受歡迎程度。

加賀野菜・地物野菜なかまさ

別冊P.27,C5 山中溫泉巴士總站徒步約3分 加賀市山中溫泉南町ロ76-3 0761-78-1112 9:00~18:00 週三不定休 果汁¥500起 www.nakamasa-somurie.jp

自家調配的獨門蔬果汁。

なかまさ其實是一家蔬果店，販售加賀地產的各式蔬菜，進到店內除了可以找到當季各式蔬果外，也**很推薦點上一杯老闆娘特製的蔬果冰沙**，消除疲勞、退水腫、護眼……，每一款蔬果汁都有不同作用，不僅健康，特調的口味也十分順口，喜歡蔬果的話可別錯過。

よしのや依緑園

おすすめ 薦

別冊P.27,C6 預約可從JR加賀溫泉駅免費接送，約20分車程 加賀市山中溫泉南町二之5 0761-78-1001 Check in 15:00，Check out 12:00 yukai-r.jp/yoshinoyairokuen

歷史悠久的老舖旅館。

2023年7月整新設備後再開的よしのや依緑園，位在山中溫泉的鶴仙溪畔，是**鎌倉時代就創業、具800多年歷史老舖旅館**。除了昭和天皇曾連續數天下榻外，文豪川端康成、吉川英治都是依綠園的常客，會讓這些名人留連忘返的原因，除了可以聽到溪水聲的和風住宿環境，還有其100%天然源泉流淌的無色透明溫泉，**俳聖松尾芭蕉曾將山中溫泉與有馬溫泉、草津溫泉比喻為「扶桑三名湯」**。

かよう亭

別冊P.27,D4外 「山中溫泉」巴士站徒步約6分 加賀市山中溫泉東町ホ-20 0761-78-1410 Check in 13:00, Check out 12:00 一泊二食¥41,000起 www.kayotei.jp

包圍在濃鬱樹蔭中的かよう亭，**旅館佔地一萬多坪**，為了能夠服務到每位客人，毅然拆掉原有40間客房的建築，改成**只有10個房間的精緻小旅館**，無論在採光、視野、和各種設施的設計上，都非常貼近自然、貼近人性。從進入院子開始，階梯上舖著圓形陶磚，強調山中溫泉是九谷燒發源地；從玄關開始就舖上榻榻米地板，進了玄關就像回家一樣自在，溫泉浴場與自然山野融合，更讓人有種隱居山林的解放感。

參道在巨大的神木之間。

栢野大杉

かやのおおすぎ

別冊P.27,C6外 從菊之湯搭計程車約5分可達 加賀市山中溫泉栢野町ト10-1 0761-78-0330(山中溫泉観光協会) 自由參觀

栢野大杉位在溫泉街南方的菅原神社裡，進到神社境內，會發現神社參道是架設在神木中間的小橋，特別之外，參拜時更能感受到神木的宏偉。**大杉樹齡已有2300年，樹圍11公尺、高達54公尺，向天空伸展、交錯蔓延的枝葉讓神社境內十分涼爽**，更多了一絲神聖的幽微。栢野大杉被指定為國家的天然紀念物，昭和天皇在巡視北陸時也曾到訪，因此又被稱為「天覧の大杉」。

純天然製作，記得當天吃完！

栢野大杉茶屋

かやの大杉茶屋

別冊P. 27,C6外 從菊之湯搭計程車約5分可達 加賀市山中溫泉栢野町ト10-1 0761-78-5489 10:00~16:00(賣完為止) 週四、12/11~4/9、8/16~8/22 草だんご(5入)¥600 kusadango.seesaa.net

就位在栢野大杉一旁，大杉茶屋裡販賣傳統的日式點心，**最出名也最受歡迎的就是「草だんご」，紮實口感之外，清爽的艾草香氣更讓人品味到質樸的美味**。其實栢野地區自古以來都有在春天時動手做艾草糰子、吃下以祈求平安的習俗，為了保留當地文化，在地的媽媽們協力開設了這家茶屋，也因此儘管距離山中溫泉有一小段路程，依舊受到當地人喜愛。

片山津溫泉

片山津溫泉是加賀溫泉鄉中擁有最多變景致的溫泉區，隔著一座平靜無波的柴山潟湖與日本海相望，映照著水藍天光、飛舞著雨後彩虹，皆美得夢幻。

芸妓検番「花館」

別冊P.28,F4 從總湯徒步約2分可達 加賀市片山津溫泉モ－2－2 0761-75-4440 9:00~17:00，體驗10:00~15:00 不定休、年末年始 免費參觀，水引體驗¥1,500 www.tabimati.net/spot/detail_161.html

有著紅格子外觀的這棟建築，其實是建於大正9年的**舊時藝妓檢番所**。「檢番」是藝妓們練習三味線、舞蹈的場所，以舞台及大廳為主的1F空間內，展示各種老照片，**可免費進入參觀外**，這裡也提供「源泉豆腐製作」、「晶子染體驗」や「水引體驗」等，**可體驗在地文化的手作活動**。

空間內還有地爐。

風格簡約現代的大眾浴場。

片山津総湯

別冊P.28,G4 CAN巴士海線「加賀温泉片山津街湯」巴士站下車徒步1分 加賀市片山津溫泉乙65-2 0761-74-0550 6:00~22:00 不定休 12歲以上¥490、6~12歲¥130、3~6歲¥50，3歲以下免費 sou-yu.net

片山津溫泉位在柴山潟旁，尤其總湯更是臨湖而建，與山中、山代溫泉和風的總湯不同，**片山津溫泉的總湯風格非常現代，透明的兩層玻璃帷幕大樓，將藍天白雲、溫泉街的景色倒映其中，簡約的建築風格出自建築師谷口吉生之手**。館內設有「森之湯」、「潟之湯」兩處風呂，可以在不同的風景裡享受溫泉。

結合加賀溫泉鄉的在地美味。

まちカフェ

片山津総湯2F 11:00~16:00(L.O.15:30) 週四、不定休 抹茶パフェ(抹茶聖代)¥1,000

片山津溫泉總湯除了兩處風呂，二樓還設有咖啡廳，玻璃帷幕的建築讓人**只要坐在裡面，就可以將柴山潟與周邊風光盡收眼底**。まちカフェ依季節定期推出不同菜單與甜點，讓經常來此利用的溫泉客，隨時感受新鮮。有結合健康蔬菜可以吃飽的飯類、三明治，加賀棒茶、咖啡等各式飲品外，種類眾多的冰飲、冰淇淋、聖代，是夏季泡完湯的降溫美味。

以雪花為意象的六角形建築，出自大師磯崎新之手。

中谷宇吉郎 雪の科学館

おすすめ 薦

透過趣味實驗，認識雪的科學原理。

別冊P. 28,E1 從總湯徒步約14分 加賀市潮津町イ106 0761-75-3323 9:00~17:00(最後入館16:30) 休週三(遇假日營業) $大人¥560、高中以下免費 yukinokagakukan.kagashi-ss.com/

雪之科學館是為了紀念中谷宇吉朗而建的文化設施，中谷宇吉朗是片山津溫泉出身的科學家，生長在雪國的他是**雪的研究先驅，更是第一位成功製造人工雪的科學家**，還曾留下「雪は天から送られた手紙である」(雪是上天送來的信)這樣的浪漫話語。紀念館裡可以看到他的生平介紹，展出相關手稿與資料以外，更有專人**以實驗展演，介紹雪的形成知識，而且還有自己可動手做的簡單實驗。**

Tea Room冬の華

雪の科学館內 0761-75-3323 9:00~17:00(L.O.16:30) 休以科學館為準 $咖啡¥560、オリジナル冬の華サイダー(冬之華原創汽水)¥720

冬の華是科學館內併設的咖啡廳，**咖啡廳臨柴山潟而建，風景宜人**，不僅可以欣賞湖光，**更能眺望遠方的白山山脈**，冬季的大雪白頭、夏季的蓊鬱密林，日本第二高山的四季風景盡在眼前。點上一杯象徵冰雪世界的湛藍飲品，搭配雪花形狀的餅乾，與科學館的主題氛圍再搭配不過了。

竹翠

おすすめ 薦

從蟹料理到在地各式魚鮮美味都很精緻。

別冊P.28,G1 從片山津總湯搭乘計程車約8分可達 加賀市柴山町と5-1 0761-75-8000 六日11:30~15:00(L.O.14:00)、一~六17:30~22:00(L.O.21:00) $香箱蟹釜飯セット (螃蟹飯套餐)¥3,300、会席料理¥4,400~ www.arrowle.co.jp/restaurant/chikusui/

位在溫泉飯店 HOTEL Arrowle裡的日本料理餐廳「竹翠」，以日本海的豐盛魚鮮及加賀地產的美味季節蔬果，由主廚精心創作出的料理，讓舌尖充滿季節美味。以**各式会席料理收羅屬於在地風土的鮮美滋味，是最推薦的品嚐滋味**，喜愛石川縣知名蟹肉的鮮美的話，則可來一份香箱蟹釜飯セット，讓沁入釜飯中每粒米飯的螃蟹鮮味，讓每一口都奢侈。

位在飯店ホテルアローレ(HOTEL Arrowle)裡，餐廳正對著飯店的水池造景。

粟津溫泉

粟津溫泉則是加賀溫泉鄉中歷史最悠長的溫泉鄉。在日本的地方史上，此處的溫泉被描述成有神奇療效，所謂「一濯則形容端正，兩濯則萬病悉除」，到加賀溫泉鄉來的旅人，一定要見識這兩處溫泉。

季節限定御朱印，
在「金堂華王殿」可
以購入，¥1,000。

那谷寺

別冊P.28,A4外　從粟津溫泉搭車約7分；從粟津駅可搭乘小松巴士的粟津A路線前往，車資¥330；CAN巴士山線「那谷寺」站下車　小松市那谷寺ユ122　0761-65-2111　3/1~11/30 8:30~16:45、12/1~2/28 8:45~16:30　大人¥600、小學生¥300；書院及庭院¥200　www.natadera.com

那谷寺是**已有上千年歷史的古寺**，其歷史可以回溯至奈良時代的養老元年(717)，泰澄大師前往白山禪定，創設了「岩屋寺」，這就是那谷寺的前身；寬和2年(986)花山法皇前來北陸地方時，登上白山並造訪小松地區的寺廟，最後來到了此地，並取西國三十三觀音靈場的首尾(那智山、谷汲山)各一字，將岩屋寺改名為「那谷寺」。雖然那谷寺曾毀於戰火，如今重建的寺廟不僅充滿神聖氣息，還可以欣賞岩山與四季花草共譜出來的美妙景色，**千萬別忘了登上岩窟內的本殿參拜，再繞境內一圈至奇岩遊仙境中感受神聖的能量**。

金堂華王殿
金堂於平成2年(1990年)重建，採用鎌倉時代的和風建築風格。由京佛師松久宗琳製作的7.8公尺高的千手千眼觀音莊嚴地安奉其中。

奇岩遊仙境
高聳入天的奇岩靈石中開有數個洞窟，令人聯想到觀音 土浮陀落山。據傳它曾是海底火山噴發的痕跡，在漫長的歲月中受海流的侵蝕而形成了現在的奇岩景觀。

大悲閣(本殿)
本殿「大悲閣」靠著岩壁建造，使用唐木結構，配有向拜和柿葺，四方的欄間上飾以山上善右衛門所作的透雕雕刻。

三尊石
書院深處廣闊的庭園「琉美園」中央的池塘上，矗立著一塊自然岩石，被稱為「三尊石」。由於岩石的裂縫狀態類似阿彌陀三尊的迎接姿態，因此得名。

緣結的庚申尊
在心中許下願望，同時重複三次誦念「南無青面金剛」，然後前往參拜。據說庚申尊擁有強大的力量，能夠實現戀愛心願。

法師

おすすめ 薦

擁有千年歷史的世界最古老旅館，有機會一定要入住其中！

別冊P.28.C3 可於14:30~17:30間預約從JR加賀溫泉駅→粟津駅免費接送，約15分可達 小松市粟津溫泉町ワ-46 0761-65-1111 Check in 15:00，Check out 10:00 一泊二食¥10,800~ www.ho-shi.co.jp

法師旅館創建於西元718年，到今天已經有1300多年的歷史！在金氏世界紀錄上，它被登錄為「世界最古老的旅館」。相傳這裡是白山開山大師泰澄大師所創。為了方便來這裡用溫泉治療身體的民眾，因而創立了法師旅館。**一進法師旅館的玄關，就會被它大廳的堂堂氣派吸引，莊嚴肅穆得像廟宇的正堂**。除了享受這裡的溫泉之外，在充滿北陸建築特色的廳堂裡，感受一下傳統和式待客禮儀，也是不錯的選擇。

湯之國之森

加賀伝統工芸村ゆのくにの森

別冊P.28,B4外 CAN巴士「湯之國之森」站下車 小松市粟津溫泉ナ3-3 0761-65-3456 9:00~16:30(最後入場16:00)、體驗~15:30 休週四(遇例假日、及7/20~8/31不休) 大人¥550、國高中生¥440、4歲以上兒童¥330；體驗費用另計 yunokuninomori.jp/

湯之國之森是一座**以手工藝為主題的森林遊樂園區**，佔地廣達13萬坪，這裡有非常豐富的手做體驗內容，像是加賀友禪型染、九谷燒上繪體驗，藉由手作更了解百万石工藝之美。另外也有越前地方的越前燒、竹人形體驗，還可以到園區內的餐廳、茶屋品嚐美食，順道休息一番。

博物館內的廁所搜集來自世界各地的各種便器，竟意外成為大家朝聖的目的之一。

日本汽車博物館

おすすめ 薦

日本最大的汽車博物館！絕版老車經典風華，愛車人士一定為之瘋狂！

日本自動車博物館

別冊P.28,A1外 JR加賀溫泉駅前搭乘CAN巴士加賀小松線，至「日本自動車博物館」站下車 小松市二ツ梨町一貫山40 0761-43-4343 9:00~17:00 休週三(8月無休)，12/26~31 入館¥1,200，中小學生¥600 mmj-car.com

主要展示20世紀在日本國內活躍的汽車，收集了來自各地的車輛，擁有800輛車輛的館藏，並以當時的狀態展示約500輛汽車。展品分類精心安排，包括從汽車產業的起點到戰後的車輛，涵蓋了各個製造商和類型。特別是展示了眾多日本製的古老商用車，並展示了許多僅在日本汽車博物館才能見到的珍貴車輛。

輪島

わじま
Wajima

能登半島地理位置突出，被日本海三面環繞，氣候多雨交通又不方便，冬季大雪一來常常阻隔對外的交通，但是這個地方卻享有極大的名氣，那便是來自於這個地方的特產「輪島塗」。其實除了工藝之外，輪島的朝市充滿活力，也都是旅人不能不去的好地方。

交通路線&出站資訊

巴士
北鐵巴士➪輪島特急線
◎在JR金沢駅西口7號乘車處搭車，約2.5小時能抵達輪島巴士總站，車資大人¥2,300、小孩¥1,200
www.hokutetsu.co.jp/highway-bus/express-wajima

觀光案內所
能登空港能登の旅情報センター
輪島市三井町洲衛10部11-1(能登空港1F)
0768-26-2555
9:00~17:00
nototabi.jp/
輪島観光センター
輪島市河井町20-1-131
0768-22-1503
8:00~19:00
wajimanavi.jp/shop/

輪島朝市

別冊P.29,A2 「輪島漆器會館」巴士站徒步3分可達朝市 輪島市河井町朝市通り
8:00~12:00 休 每月第二、四個週三、1/2~3
asaichi.info

在日本相當具有知名度的**輪島朝市已經有千年以上的歷史**，原先是以物易物的貨品交換市集，如今發展為北陸地區最受歡迎的早市，並**與高山朝市、勝浦朝市並列為「日本三大早市」**。輪島朝市雖然已經略帶觀光氣息，卻仍不減其庶民風格，有許多老舖隱藏在其中，喜歡挖寶的旅人只要深入去探探，一定會發掘許多意外地驚喜。

總持寺祖院

別冊P.29,D2 從能登有料道路此木I.C.(交流道)車程約20分 輪島市門前町門前1-18-1 0768-42-0005
8:30~17:00 大人¥500，國高中生¥400 、小學生¥200 noto-soin.jp/

創建於1321年的總持寺是由瑩山紹瑾禪師所創建，隸屬於日本最主要的佛教宗派曹洞宗，**已有超過700年以上的歷史**。1910年總持寺移至橫濱後，這裡便成為祖院，提供僧侶們修行。最值得一看的就是完全沒有使用一根釘子的山門，僅以榫接而成，雖然僅有百年歷史，卻仍吸引許多人來此參拜。

輪島工房長屋

おすすめ 薦

欣賞能夠傳承百年的漆器之美。

別冊P.29,B2 輪島巴士總站徒步約10分 輪島市河井町4-66-1 0768-23-0011 9:00~17:00 休週三 免費參觀，筷子沉金體驗￥1,500(約1小時) wajima-nagaya.jp/

有「沈金」或「蒔絵」，沈金體驗作品可當天取走、 蒔絵須等10天後

輪島的漆器世界知名，但要培育一位職人，由學徒開始，學習每一種塗漆過程，依序從下地、中塗到上塗，要能夠出師，最少需要4年以上的學習過程，**若要成為一名備受肯定的塗師，更是要10年以上的經驗累積。**來到輪島工房長屋，有機會**可以親見眼到職人們工作的身影，也能體會輪島漆器的加工體驗**，細細品味輪島塗經過繁雜細心的製作後的光澤。

可以沿用好幾代的輪島塗，傳家百年依然保持著溫潤深沉的光澤，甚至亮度會越來越耀眼，若是稍微受到損傷，還可送回出廠的公司修復，只要稍加拋光上漆，就能和全新的一樣，成為一生值得擁有的珍寶，這也正是「輪島塗」的真正價值。

筷子沉金體驗

① 先想好想畫的圖案，在練習用的漆版練習。

② 正式來了！拿起鐵筆在筷子尾端輕輕刻出花紋。

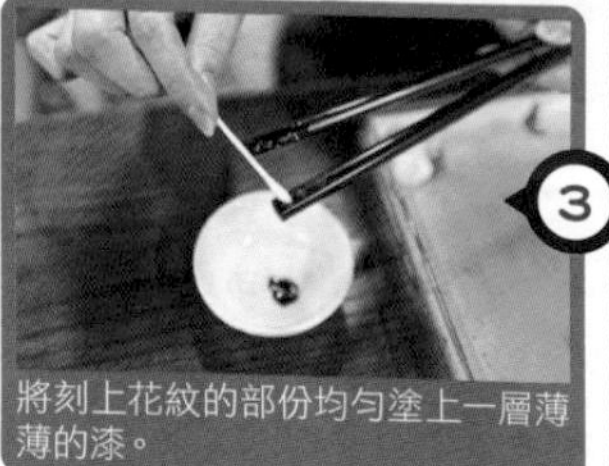

③ 將刻上花紋的部份均勻塗上一層薄薄的漆。

④ 沾上金粉，再以布輕輕擦去多餘的金粉，刻好的圖案就顯現出來了！

永井豪記念館

別冊P.29,B2 從輪島巴士總站徒步約10分 輪島市河井町1-123 0768-23-0715 8:30~17:00(最後入館16:30) 休換展期間 大人￥520、小孩￥210 www.go-wonderland.jp

雖然「永井豪」這個名字對港台遊客相當陌生，但是只要提起《無敵鐵金剛》卻是無人不曉。由於永井豪的小學階段在輪島渡過，輪島市便特別為其開設紀念館。**走進玄關就可以看到1/9等比例的無敵鐵金剛迎接遊客**，除了展示手稿及漫畫家生平之外，還可以體驗在電腦上翻閱漫畫作品，或自己繪製獨一無二的漫畫。

讓大男孩們興奮的無敵鐵金剛！

中浦屋 わいち本店

おすすめ 薦

傳承近千年的丸柚餅子。

別冊P.29,B2 從輪島巴士總站徒步約10分 輪島市河井町4-97 0768-22-0131 8:00~18:00 丸柚餅子¥2,052起 yubeshi.jp

從源氏平家時代便已存在的丸柚餅子是利用秋天盛產的柚子製作，**創業於明治43年的中浦屋秉持著傳統的做法**，細心地挖空一個個柚子，並填入糯米，完全以手工製作，須經過半年的自然乾燥，才能夠呈現在客人面前的美味和菓子。若是想坐下來品嚐，也可至本店2樓的輪風庵點份午茶套餐，度過悠閒下午。

輪風庵

中浦屋2F 0768-22-9555 11:00~21:00，預約制 丸柚餅子組合¥700，咖啡¥600 yubeshi.jp

輪島朝市老店「中浦屋」二樓開設了喫茶輪風庵，店內的**所有餐具皆為手工製作的輪島塗**，甚至還大方使用了最熱門的木地職人桐本泰一所設計的茶碗，只要花費銅板的價格，就能輕鬆享受輪島的頂級工藝。輪風庵供應抹茶、咖啡、紅茶甚至還有少見的漆樹果實烘焙茶，**招牌丸柚餅子和咖啡十分對味**，略帶甘苦的味覺同時感受到柚子香氣與年糕口感，也成了必點的招牌組合。

別忘了細細感受輪島塗的精美。

重藏神社

おすすめ 薦

招牌宮貓化身御朱印可愛模樣，吸引愛貓一族前來朝聖。

別冊P.29,B2 輪島巴士總站徒步約10分 輪島市河井町4-69 0768-22-0695 境內自由參觀，社務室9:00~16:00 宮貓御朱印¥1,000 juzo.or.jp

1300年歷史的重藏神社**位於能登半島的中心點**、輪島市中央的河井町。它不僅被尊崇為河井町1,800戶的**產土神**，也被記載在平安時代中期編纂的《延喜式》中的神名冊裡，被稱為鳳至比古神社或辺津比咩神社，並**作為鳳至一郡的総社，具有重要地位**。除了求安產知名，寵物御朱印也引發話題。

每天的花手水都不一樣，可愛指數爆表。

在IG上爆紅的黑貓御朱印，畫的正是大人氣的宮貓「タマ」。

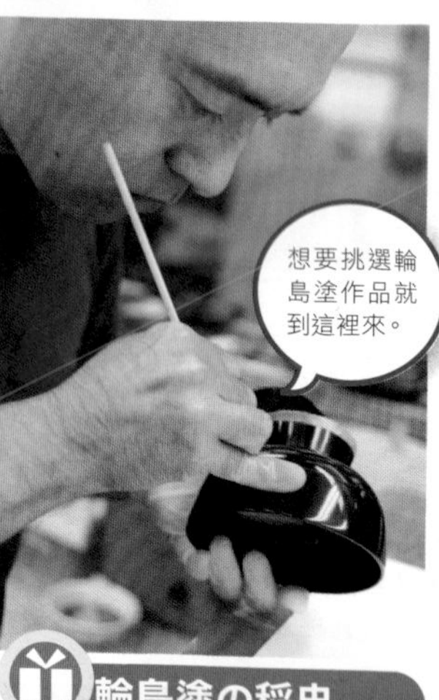

輪島塗の稲忠

別冊P.29,B2　從輪島巴士總站徒步約15分　輪島市河井町2-244　0768-22-2300　10:00~16:00　www.inachu.jp

稲忠漆藝是**輪島塗最大的製造販賣商**，開業於1929年，從建築外觀上就可以感覺到歷史，內部商品的陳設方式、製造漆器的工作室等，都延續傳統的形式，不同於大多數將商品放在玻璃櫃中的漆器店，這裡採開放擺設，可以一邊感覺漆器的觸感、重量一邊挑選自己想要的器皿。

能登手仕事屋

おすすめ 薦

眼前美味彷彿專業職人心血大集合，每個感官都能感受到他們對於生活的堅持。

別冊P.29,D2　從能登有料道路此木I.C.(交流道)車程約20分；距離總持寺祖院徒步1分　輪島市門前町総持寺通り　0768-42-1998　11:00~15:00　週二(週假日營業)　二八蕎麥麵￥840，十割蕎麥麵￥900　nototeshigotoya.com

蕎麥麵店「手仕事屋」不使用任何化學調味料，**以調和的數種柴魚片與每日新鮮撈獲的昆布費時熬煮出影響蕎麥麵美味關鍵的湯頭**，每天只製作客人要吃的份量，待點餐之後，才在店鋪後方手打蕎麥小屋開始手工製作。**最受歡迎的正是完美比例的二八蕎麥麵**，端上桌的組合，還會附上星野正光自豪的豆腐，就連盛裝的杯盤，都是輪島塗的漆器，幸運的話，還會使用著名的輪島塗職人角偉三郎特別為了開店而親手製作的貴重藝品。

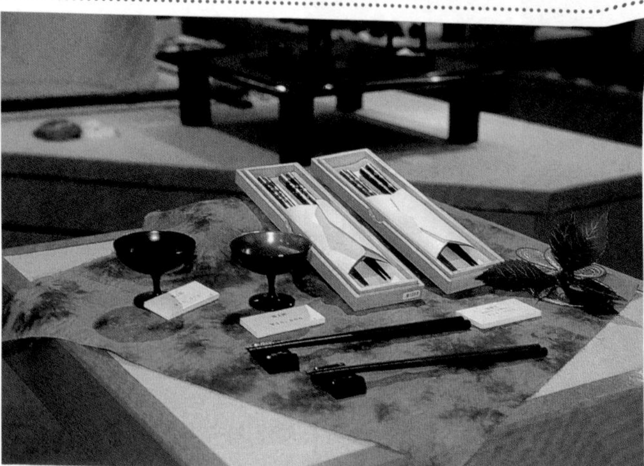

塗師の家

別冊P.29,A1　從輪島巴士總站徒步約15分　輪島市河井町1-82-3　0768-22-5811　9:00~12:00　週三、週日、12/29~1/3　筷子￥578~，茶碗￥4,700~　wajimayazenni.co.jp

日本最高級的漆器就是輪島塗，而輪島塗中品質最頂級的，就是輪島屋的產品。輪島屋的新店舖塗師の家改建自明治時期的町家，**展示著碗筷、茶具、酒器等小型的日用品，及以「蒔繪」、「沉金」等技法裝飾的名貴器具及大型家具**

H 田中民宿

おすすめ 薦

住與食的極致農家民宿體驗。

お宿 たなか

別冊P.29,B3 從輪島巴士總站徒步約5分 輪島市河井町22-38 0768-22-5155 Check in 15:00，Check out 10:00 一泊二食¥12,030~ www.oyado-tanaka.jp

距離朝市徒步約10分，**民宿僅擁有10個房間**，老闆將每個房間都以輪島周邊的原生植物為名，**房間內所有的柱子、走廊所使用的木材，通通都是在地石川縣的縣樹「档木」所建成**，並在其上仔細刷上5次輪島漆，而牆壁則使用輪島塗的基底「珪藻土」塗裝而成，每個房間都看得見精實輪島工藝。

就連天花板、紙門和照明燈具都使用能登獨特的和紙。

將近20公分長的新鮮蠶豆只以炭烤逼出甜味，配上當天才進輪島港的鮮魚。

輪島市民まつり

每年6月初舉行的輪島市民祭典，集結許多屋台與市民的表演，吸引大批人潮聚集至港區。晚上御陣乘太鼓的表演結束後，暗夜中升空的花火讓祭典來到夜晚的高潮，若剛好造訪千萬不要錯過。

マリンタウン(Marine Town)周邊

這裡是舊輪島駅的遺跡，現在還可以在車站造景前拍照打卡。

輪島ふらっと訪夢

別冊P.29,B3 金沢駅西口搭乘輪島特急巴士，至輪島駅前站下車即達 輪島市河井町20-1-131 0768-22-1503 觀光案內中心8:30~17:00 電動自行程2小時¥800，寄物¥300 /1個 wajimanavi.jp/

「ふらっと訪夢」複合設施是搭乘巴士進入輪島的玄關口，來到這裡可以在遊客中心找到輪島熱門觀光景點信息，包括白米千枚田和輪島朝市等地的吃喝玩買。此外，附設輪島特產品銷售處，可以買到如輪島塗、海產等伴手禮。近年來電動自行車的租賃也越來越受歡迎。

七尾·和倉溫泉

ななお·わくらおんせん
Nanao·Wakuraosen

七尾市內的和倉溫泉擁有將近30家旅館，最有名的加賀屋旅館就位於此。和倉溫泉是能登半島上最大的一個溫泉地，大約1200年前就被發現了，傳說是附近打魚的漁夫，看到腳受傷的白鶴泡在從海裡湧出的溫泉，慢慢傷口就復原了，大家相信這個溫泉有治療外傷的功效，和倉溫泉的名聲才漸漸傳開來。而七尾車站附近更有一條文化老街，適合在泡湯之餘認識往昔的歷史軌跡。由於和倉溫泉的地理位置有點偏遠，所以來的人大多會選擇住宿一夜好好休息。

交通路線&出站資訊

電車
七尾駅➡JR七尾線、JR特急雷鳥號、能登鐵道七尾線
和倉溫泉駅➡JR特急雷鳥號、能登鐵道七尾線

市區交通
市内循環巴士「まりん号」
9點起七尾駅每整點發車，一天共8班車，於七尾市中心循環，可抵達能登食祭市場、花嫁のれん館等景點
9:00~16:00
¥100、小學以下免費
www.city.nanao.lg.jp/aramashi/shisetsu
能登島 路線巴士
能登島區域內的路線巴士共分三個方向，不論哪個方向都會經過和倉溫泉，可以從和倉溫泉駅搭車前往

觀光案內所
和倉温泉駅観光案内所
七尾市石崎町タ55-3 (JR和倉温泉駅內)
0767-62-1055
9:00~16:00
七尾駅観光案内所
七尾市御祓町イ28-2 (JR七尾駅內)
0767-57-5714
9:00~16:00

能登食祭市場

別冊P.30,B2 七尾駅徒步12分 七尾市府中町員外13-1 0767-52-7071 1樓生鮮市場、工藝館8:30~18:00；2樓美食館11:00~22:00 週二(7~11月無休)、1/1 浜燒¥1,980起/2人份 www.shokusai.co.jp

距離車站約3分鐘車程的**能登食祭市場是個大型的美食聚集地**，更是海岸邊的重要休閒中心。以美國蒙特婁也有類似的海濱市場為概念所設計，能登食祭市場擁有開闊的兩層樓面積，**一樓販賣七尾灣的海鮮漁獲及能登半島的各種工藝品，二樓則進駐了許多美味餐廳**，建議挑選用餐時間前來，可以在和食、牛排等有各種選擇的二樓品嚐美食，也可以體驗一樓十分特別的浜燒料理。浜燒指的就是在海邊的燒烤美味，饕客們可自己到各家攤位選購自己想吃的新鮮海味，而搭配好的浜燒套餐有扇貝、蠑螺、蝦子、蛤蜊、花枝與一夜魚乾也十分超值。

花嫁のれん館

おすすめ 薦

換上白無垢、穿過花嫁暖簾，感受加賀藩的獨特風俗。

別冊P.30,A1 七尾駅徒步10分 七尾市馬出町ツ部49 0767-53-8743 9:00~17:00(最後入館16:30) 休 12/29~1/3 入館￥550、中小學￥250。白無垢體驗￥5,000(需預約) hanayomenorenkan.jp/

花嫁門簾始於幕府時代末期至明治初年，為加賀藩領土的獨特風俗。正如其名，**這是新娘嫁入婆家時一定要攜帶的嫁妝**，上面繡有娘家的家徽。來到這裡除了可欣賞花嫁暖簾，還能夠換上白無垢，親自體驗穿過花嫁暖簾的新嫁婦心情。

花嫁門簾展

花嫁門簾(花嫁のれん)的始於幕府時代末期至明治初年，為加賀藩領土的獨特風俗，已經有超過一百五十年以上的歷史，正如其名，這是新娘嫁入婆家時的嫁妝，當新娘進入婆家時，新郎必須將門簾掛在佛廳之前。一幅花嫁門簾將近190公分寬，高也超過170公分，畫工細緻又精采，每年春天來臨時，一本杉通就會舉辦花嫁門簾的展覽放置各店家，吸引許多人前來欣賞。

每年時間不同，2023年為10/14~11/26

ipponsugi.org/noren

老舖外觀與店內裝潢相映成趣。

舒適的咖啡空間與美味甜點。

ICOU

別冊P.30,A1 七尾駅徒步10分 七尾市木町1－1 0767-57-5797 11:30~17:30 休 週二、第1及3個週三 ビネガー(果醋)￥450

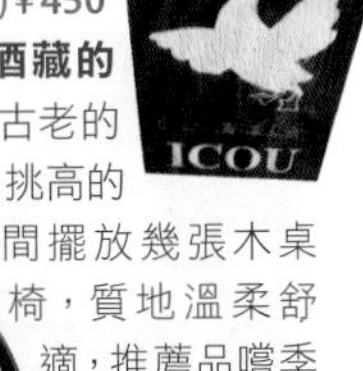

改建自老舖酒藏的ICOU，將日本古老的生活氛圍留下，挑高的空間擺放幾張木桌椅，質地溫柔舒適，推薦品嚐季節限定鬆餅與自家釀製的果醋，嚐得到能登風土滋味。另外也設置了展示空間，選入並販售能登的手作作品，實際支援當地年輕作家。

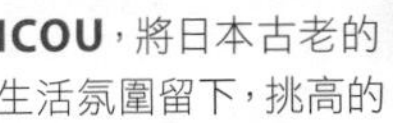

一本杉通り

いっぽんすぎどおり

別冊P.30,一本杉通　七尾駅徒步7分　七尾市一本杉町

一本杉通り全長約450公尺，這裡是**擁有超過600年歷史的商店街**，現在街上有約50家店舖，而且大多保留著從前町屋的樣貌，其中幾間建築還被列為日本的國家登錄指定有形文化財。除了**可以找到許多百年老店，還有不少新開的小店**，十分值得一遊。

還有自家煮製的昆布卷，若是喜歡和食，千萬要試吃看看。

しら井

別冊P.30,A1　七尾駅徒步8分　七尾市一本杉町100番地　0767-53-0589　9:30~18:00　週二、第3個週三　手工削昆布￥648起　konbuya-shirai.com

創業90餘年的しら井是家專賣昆布的店舖，從以前就是昆布的批發商，**由主人親自前往產地選購當年最好的昆布**，讓北陸地區的人也能夠嚐到這種單純的美味。經過老闆娘親自解釋，方才了解原來昆布的世界中也有類似於品酒師一樣的專家，在多年的歷練之後，以自己的味蕾選出絕佳的昆布，而**在しら井就可以買到各式各樣種類的昆布**。しら井的2樓是座小型的昆布博物館，展示介紹著昆布的歷史與摘採昆布的工具，**還有一位削昆布的職人不定期會現場演出手工削製昆布的作業**，只見其快速的刀法之下，瞬間削出一片片雪白中帶有翠綠色彩的頂級白色昆布。

能登半島是日本首屈一指的蠟燭生產地。

高澤蠟燭店

高澤ろうそく店

別冊P.30,B1 七尾駅徒步6分
七尾市一本杉町11番地 0767-53-0406
9:00~19:00 休第3個週二 菜の花ろうそく(油菜花蠟燭)¥605起 www.takazawacandle.jp

走過高澤蠟燭店很容易就會被門口的懷舊蠟燭招牌所吸引，自1892年開始營業，如今已進入第4代的經營者，**來到這裡，記得先往2樓的小型展示館參觀，藉由各種原料與歷史認識蠟燭**。日本的蠟燭由中國傳來，雖然形狀有所不同，但同樣是使用於照明與宗教上。手工製作時必須依照當天氣溫調和不同的蠟，才能夠成就完美的蠟燭。**高澤蠟燭店擁有15位專業的職人，每天產量至少2萬支**，其中最特別的就是畫上圖案的彩繪蠟燭，還有利用油菜花新開發出來的蠟燭，還請來了繪本作家太田朋畫上可愛LOGO。

北島屋茶店

別冊P.30,A1 七尾駅徒步10分 七尾市一本杉町54番地 0767-53-0003 9:00~18:00 手作抹茶體驗¥500 kitajimaya.com

創業將近80年的北島屋名稱來自於上一代修業的地方，店舖位於一本杉商店街的尾端，如今由第二代店主所經營，明治37年建好的北島屋茶店無論是外觀或內部空間，皆保留著當時傳統的七尾町家風情，如今依然可見2樓的珊瑚紅色格窗，店主北林是商店街的會長，經常為了讓更多人認識商店街而奔走，由於商店街擁有許多古風建築物，也逐漸成為能登半島上的重要景區，而北林也義務擔任導覽商店街的故事。**除了能夠和具有豐富歷史知識的會長對話之外，在北島屋茶店還可以體驗以傳統的石磨親手研磨抹茶粉**，在店主指導下只見青翠的茶葉變成細緻的綠色粉末，品嘗自己研磨的抹茶也成了最佳回憶。

店主夫妻兩人共同使和服發展出更多新生命。

凜屋 一本杉店

別冊P.30,B1 七尾駅徒步8分 七尾市一本杉8番地 0767-52-3700 9:30~18:00 休週二 www.kd-rinya.com

凜屋是**少數還有製作花嫁門簾(花嫁のれん)的店舖**，其門簾以加賀染、加賀友禪等染技來製作，其中，相較於聞名全日本的加賀友禪，加賀染則是更古老的技法；使用傳統染料於加賀絹絲上描繪圖紋，再交由僅存二人的加賀染師傅製作。除了繪製門簾之外，也會截下舊和服的圖騰部分，製作成一幅和風味十足的掛畫，或是讓和服染布變化成各種現代生活也能夠輕鬆使用的和風小物。

和倉温泉総湯

別冊P.30,D1 「和倉溫泉」巴士站徒步2分 七尾市和倉町溫泉 7:00~21:00 每月25日(遇週末延至週一休) ¥490、小學生¥130、幼兒¥50 www.wakura.co.jp/

明治32年開設的總湯是**和倉溫泉的公共大浴場**，經歷多次改建，現在看到的摩登空間則是完工於平成23年(2011)。**溫泉水不加水降溫，泉質百分百純天然**，高挑的空間、還有寬闊的休息室讓人放鬆身心。室外還設有足湯、飲泉等可以自由使用。

入住旅館以外，也可以到總湯來體驗不同的溫泉樂趣。

弁天崎溫泉公園

別冊P.30,D1 「和倉溫泉」巴士站徒步2分 七尾市和倉町 自由參觀

位在和倉溫泉街一角的弁天崎溫泉公園，據說在明治時期還是個「弁天島」，**溫泉便是從這裡湧出**。後來填海造地，周邊也發展出熱鬧的溫泉旅宿。來到這裡**可以體驗手湯的樂趣**，也可以巡遊在七福神像間，用散步的方式悠哉地玩遊和倉溫泉。

來到石川縣一定不能錯過的大師級甜點。

Le Musee de H

別冊P.30,D1 「和倉溫泉」巴士站徒步2分 七尾市和倉町ワ 65-1 0767-62-4002 9:30~18:00(L.O.17:00) 不定休 モンブラン(蒙布朗)¥497 le-musee-de-h.jp/

出身於七尾市的天才甜點師「辻口博啟」，18歲至東京學藝並開設甜點店，因多次在國際甜點大賽中大放光彩而受矚目，2006年回到自己的故鄉開設了這間洋果子店兼美術館，**除了附設咖啡廳外，還展示辻口博啟的糖藝作品美術館**，可以免費參觀。

多田屋

別冊P.30,C1 12:00~18:00可預約從JR和倉溫泉駅免費接送，約10分車程 七尾市奧原町3-29 0767-62-3434 Check in 15:00，Check out 10:00 www.tadaya.net

創業於1885年的多田屋**位於和倉溫泉最西邊的位置，一邊和七尾海灣零距離，一邊則有青翠山林的綠意包圍，將山海美景一同擁抱**。總長18公尺的大浴場規模壯觀，露天風呂有陶器與岩石等多樣變化，女性風呂另有以檜木打造的浴池。料理當然也是多田屋的招牌，在主廚源源不絕的創意之下，以在地食材變化出一道道令人激賞的美味。

日本の宿 能登楽

日本の宿 のと楽

別冊P.30,D2 可預約從JR和倉溫泉駅免費接送，約5分車程 七尾市石崎町香島1-14 0767-62-3131 Check in 15:00，Check out 10:00 www.notoraku.co.jp

由三棟飯店所組成的のと楽，除了純和風的日式房間外，還擁有十足西洋味的空間，甚至打造了一個提供新人宣布誓言的庭園小教堂，吸引許多在地人前來。名為「のと楽」，就是希望來訪的客人能夠擁有快樂的能登假期，**所有的房間通通面海灣，光視覺就療癒又舒壓**，至於溫泉美味則是大量選用七尾灣與日本海捕獲的在地食材，在主廚的各種創意下，變化出令人意猶未盡的佳餚。

在海遊回廊透過虛實輝映，感受不一樣的海底世界。

能登島水族館

のとじま水族館

別冊P.29,E2 從七尾駅、和倉溫泉駅前搭乘往能登島臨海公園的巴士，一天約6-7班次 七尾市能登島曲町15部40 0767-84-1271 9:00~17:00，12月至3月9:00~16:30 12/29~31 高中生以上￥1,890，中學生以下￥510，3歲以下免費 www.notoaqua.jp

在**能登島上廣闊的寧靜景色中，有一個能夠與海洋生物親近的水族館**。在「鯨鯊館」，除了鯨鯊外，您還可以看到在能登附近海域回遊的大型魚類。展示中還有「水母光之藝術」和「海豹萬花筒」等創意設計，讓遊客享受更多樂趣。

海遊回廊

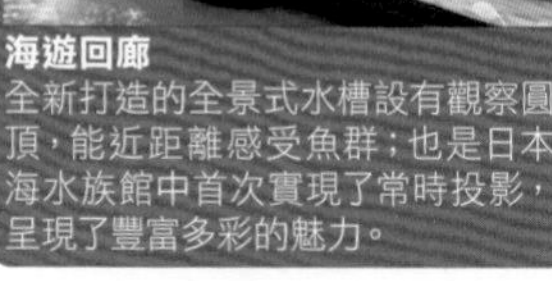

全新打造的全景式水槽設有觀察圓頂，能近距離感受魚群；也是日本海水族館中首次實現了常時投影，呈現了豐富多彩的魅力。

海豚海獅表演

平日10:00・11:30・13:30・15:30，假日10:00・11:30・13:00・14:30・16:00
海豚隨著指示時而跳躍、時而在水中舞蹈、跳圈圈，透過遊戲等精彩表演來展示絕妙游泳技巧！海獅則以滑稽逗趣的表演帶給觀眾無限歡樂。

企鵝散步時間

平日11:00・13:00，假日11:00・14:00・15:30
棲息在南美洲麥哲倫海峽附近的麥哲倫企鵝，它們搖搖晃晃迷人的的步行姿態，最能夠撫慰人心。

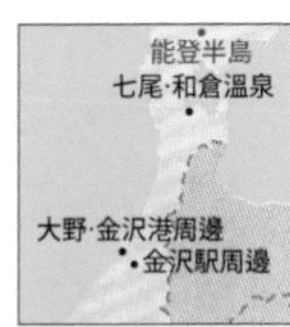

能登半島周邊

のとはんとうしゅへん

Noto Peninsula Area

能登半島區域範圍廣大，而各個區域也都各有其迷人之處，蜿蜒美麗的海岸線，還有純樸的鄉野風光，都吸引不少人前來。但因鐵道交通僅侷限在一部份範圍，想要往西側輪島濱海一帶或最北端之處，最便利則以開車為首選。無法自駕的，可以搭鐵道至熱鬧的七尾、和倉溫泉鄉泡湯後，鐵道最北可到穴水，再以穴水為轉運中心，轉搭長途巴士前往主要觀光區域。

交通路線&出站資訊

電車

七尾駅➔JR七尾線、JR特急雷鳥號、能登鐵道七尾線

和倉溫泉駅➔JR特急雷鳥號、能登鐵道七尾線

穴水駅➔能登鐵道七尾線

巴士

北陸鐵道巴士➔主要從金沢出發往能登的長途巴士，有往輪島、珠洲、宇出津等路線，而不論哪一條路線都會經過穴水。

www.hokutetsu.co.jp/

能登島交通➔屬區域型交通的路線巴士公司，主要是服務區域在和倉、七尾及能登島。

notojimakotsu.co.jp/

飛機

のと里山空港(能登里山機場)➔能登機場位在半島中心、靠近穴水，ANA全日空每天有2航班，往返東京國際機場與能登機場，航程約1小時。

www.noto-airport.jp/

鍋中的鹽水經柴火煮16小時，白花花的鹽已經成形。

珠洲

奥能登塩田村

おすすめ 薦

在能登半島留存著日本唯一的揚浜鹽田

別冊P.29,F1 能登里山海道從能登空港IC下、再開約40分即達 珠洲市清水町1-58-1 0768-87-2040 9:00~17:00，製鹽體驗需要預約 資料館¥100，製鹽體驗(夏季限定)2小時¥2,000 enden.jp

全日本各地製鹽方式眾多，而有400多年歷史、揚浜式製鹽（撒海水製鹽）的方法則只有能登半島還留存著。古語「搬水3年，撒水10年」來形容浜士（負責撒海水的專家）養成不易。這裡有鹽的綜合資料館，展示著歷史與製鹽方法。來此可在欣賞美麗風景的同時、也能購買當地的特產，**還可以體驗揚浜式製鹽**。

揚浜鹽的製做過程

❶至海邊汲取海水。
❷將海水集中到引桶中。
❸用打桶，將海水撒在鹽田上。
❹用細竹製成的道具，將鹽田上的細砂集中起來。
❺經過8小時左右的日曬後，再集中至被稱為「垂舟」的大木盒中。
❻在垂舟上灌入海水，砂上的鹽份結晶被沖至垂舟底部，再引流至桶中。
❼取出來的鹽水倒入600升的大鍋中，用柴火煮6小時，使鹽水濃度來到24%左右。
❽將鹽水冷確、過濾。
❾過濾過的鹽水再度以柴火煮沸16小時，此時鹽的結晶已大致成形，由職人判斷何時煮好。
❿煮好的鹽取出後再放置4日去除苦味，手工去雜質、包裝即可販售。

珠洲

聖域の岬 空中展望台Sky Bird

別冊P.29,F1 能登里山海道從能登空港IC下、再開約1個多小時即達。或是從金沢駅西口搭乘珠洲宇出津特急線巴士，至すずなり館前站下車，再搭乘路線巴士至葭が浦站下車徒 15分 珠洲市三崎町寺家10-13 0768-86-8000 8:30~16:30 入場￥1,500 www.lampnoyado.co.jp/bluecave/

聖域の岬其實是**能登最北珠洲岬的別稱，也是日本三大能量景點之一**；從這裡可遠眺姫島、鬼島、神島、能登二見、義經藏船等岩礁美景，並且是釣魚的絕佳場所。想**由高處欣賞美景可至空中展望台 Sky Bird**，更可進入青之洞窟，親眼體驗充滿能量的夢幻異世界。

蓋建在岩台上的空中展望台Sky Bird。

青之洞窟是個海蝕洞穴，近年來，更因能實現婚姻、財富、學業等多種願望，而吸引遊客前來。

H 珠洲 葭之浦溫泉 燈之宿

おすすめ 薦

よしが浦温泉 ランプの宿

獨擁能登半島最北端的秘境奢華湯泉旅宿。

別冊P.29,F1 交通同聖域の岬 空中展望台Sky Bird，在展望台服務處中心、轉由飯店交通車接送 珠洲市三崎町寺家10-11-2 0768-86-8000 Check In 15:00~17:00，Check Out ~10:00 普通房一泊二食，每人¥21,000起(不含服務費及消費稅) www.lampnoyado.co.jp/

珠洲岬位於四周環海的石川県能登半島最北端，是相傳為有聚集自然界力量的「聖域の岬」，飯店便位在這個獨擁美麗岬角的一家秘湯旅宿。

自天正6年(1578年)以來持**續約450年的神祕溫泉獨棟旅館**，曾是數百年前所謂的燈之宿，原本是刀禰家所經營的船運商，也因從陸地上前往相當困難，宛如路上孤島的此處，當時幾乎只能靠船抵達，可說是名符其實真正秘湯。**坐擁奇岩與嶙峋石景、廣闊日本海美景，而聖域の岬 空中展望台Sky Bird、青之洞窟海蝕洞穴，都在飯店的徒步範圍內**，加上近幾年陸續改裝後的飯店建築，既保有老建築氛圍也擁有現代化的奢華設施，其中保留了50盞以往無電力時代的傳統油燈，從黃昏開始這些燈照亮了走廊、客房、浴室等地方，營造出奇幻的氛圍。

旅館房型則有一般房、帶露天溫泉的房間、露天溫泉及獨棟房等**共14間客房，每一間都是海景房**。入住此處，在與世隔絕的靜謐空間裡，可以盡情享受與大自然融為一體的海天美景，尤其夏季一房難求，十分熱門。

和大自然融為一體的神祕溫泉&度假村，感受獨一無二的奢華體驗。

能享受一覽日本海壯觀景色的私人露天溫泉。

獨棟水上船屋波離宮，是含有露天溫泉的房型。

寒暖流交會的奧能登北端海域，美味海鮮是旅人的夢幻饗宴。

珠洲

蛸島車站遺跡

おすすめ 薦

別冊P.29,F1 能登里山海道從能登空港IC下、再開約45分即達。或是從金沢駅西口搭乘珠洲宇出津特急線巴士，至すずなり館前站下車，再轉往「珠洲鉢ケ崎」方向的路線巴士至弁天公園前即達 珠洲市正院町川尻 自由參觀

鐵道迷必訪！雖然路途遙遠，但趁廢車廂還沒被拖走前快來朝聖吧！

能登鐵道除了現有的路線之外，曾經範圍函蓋整個半島地區，後因農村人口遷徙導致營運衰退，進而廢線。**蛸島車站是能登鐵道能登線的一站，在2005年廢線，現在仍保留著老舊車站與鐵軌**，沿著鐵軌往西走，還能看到被遺棄的能登線柴油車遺跡，神秘的氣氛，適合拍照取景。

列車靜靜佇立在田邊，吸引許多鐵道攝影迷前來朝聖。

奧能登國際藝術祭

從2017年起舉辦的奧能登國際藝術祭每三年舉辦一次，從世界各地找來藝術家在珠洲地區創作，為半島帶來藝術新活力。目前在舊蛸島車站這裡還留有2017年的藝術裝置「Something else is possible」，透過望遠鏡就會看到不思議之處！

三年一次，2023年因珠洲地震延至秋天舉辦

oku-noto.jp/ja

珠洲

宗玄酒造

おすすめ 薦

別冊P.29,F2 能登里山海道從能登空港IC下、再開約45分即達。或是從金沢駅西口搭乘珠洲宇出津特急線巴士至本鵜島站下車，再轉往「宇出津駅前」方向的路線巴士、至宗玄站下車即達 珠洲市宝立町宗玄24-22 0768-84-1314 8:00~17:00 休冬季不開放酒藏見學 免費試飲，隧道蔵剣山720ml ¥1,069 www.sougen-shuzou.com

能登珠洲的代表性銘酒，直營本店種類齊全，限定商品最多。

宗玄酒造創業於江戶中期(1768)，創業者宗玄忠五郎在清酒發源地伊丹學習到釀造秘訣，回到家鄉後親自進入酒造與酒藏人一同學習，開始釀造純正的清酒，並將其命名為「宗玄劍山」。能登杜氏擁有著最優秀的技術、知識和工匠精神；宗玄作為代表日本四大杜氏之一的能登杜氏發源地，一直對水源和原料保持著極高的追求，**釀出來的酒也成為石川的代表銘酒。**

巨大的「魷魚王」成為人氣打卡景點，小朋友們爬上爬下，玩得不亦樂乎。

珠洲

イカの駅 つくモール

おすすめ 薦

話題沸騰！巨大魷魚王人氣打卡點！

別冊P.29,F2 能登里山海道接珠洲道路即達。或是從金沢駅西口搭乘珠洲宇出津特急線巴士至九十九灣、徒步3分 鳳珠郡能登町字越坂18字18-1 0768-74-1399 9:30~17:00 休週三 ikanoeki.com

能登的小木港以捕撈魷魚聞名，イカの駅つくモール便是以此為旨，**在日本百景之一的九十九灣蓋設了此設施**，作為能登情報的發信地，遊客可以在展示區深入了解小木的魷魚漁業，也能在賣店買到當地特產，或是在食堂品嚐特色的魷魚料理等。不過開幕時因為建設**戶外巨大的魷魚王**被批評浪費錢，後來反而成為話題**吸引大批觀光客前來朝聖**。

尖端部份因為地震而稍稍脱落，但造型還是十分突出。

珠洲

見附島

別冊P.29,F1 能登里山海道從能登空港IC下、再開約45分即達。或是從金沢駅西口搭乘珠洲宇出津特急線巴士，至南鵜飼站徒步8分 珠洲市宝立町鵜飼 自由參觀

高達28公尺的巨大岩石矗立著，給人一種戰艦向這邊航行的強烈震撼！**據説「見附島」是在弘法大師從佐渡前往能登傳教時發現的島嶼**，當時弘法大師一句「見つけた」(發現)成為名其稱的由來。而由於其尖端部分突出的獨特外觀，它也被稱為「軍艦島」並受到喜愛。

珠洲

恋路海岸

別冊P.29,F2 能登里山海道從能登空港IC下、再開約45分即達。或是從金沢駅西口搭乘珠洲宇出津特急線巴士至恋路浜站，下車即達 鳳珠郡能登町恋路 自由參觀

波平如鏡的戀路海岸有個悲傷的戀愛傳說。據傳從很久以前，這裡是鍋乃和助三郎兩人私會的地點，然而情敵設下的陷阱讓助三郎不幸落入海中喪生，鍋乃知道後也跟隨著助三郎投身海中結束生命。因此**從戀路海岸到見附島的3.5公里海岸線被稱為「戀路」**。現在這裡也設置了紀念這兩個人的紀念碑、鐘聲和銅像，**成為情人打卡聖地。**

美味的能登丼飯，可是得經過認證才能冠上此名。

穴水

能登Bar AZ

別冊P.29,E2 能登鐵道穴水駅出站即達 鳳珠郡穴水町大町27 076-823-4887 11:00~14:00，17:00~24:00 午間咖哩飯套餐¥1,000，3道式套餐¥2,000

能登Bar AZ位於穴水駅前步行約1至2分鐘的優越位置，店內設有吧檯和桌子，適合小型和大型聚會，無論是少人數還是多人數聚會，都可以對應。**除了喝飲料外，推薦可以享受午餐和晚餐**。午餐提供意大利麵套餐和咖哩套餐，附贈沙拉和飲料，價格從1,000日元起，價格親民。

什麼是「能登丼」？

來到能登半島怎麼能不來碗能登丼呢？但這道料理可不是店家自己說是能登丼就能叫這名字，目前有46店鋪加入活動。想叫能登丼，必需滿足以下這些條件才行！

・食材

使用奧能登產的越光米。

使用奧能登的水。

使用當地當季的海鮮、奧能登培育的肉類、蔬菜或當地傳統保存食品。

・食器

使用奧能登產的碗。

將奧能登產的筷子贈送給客人。

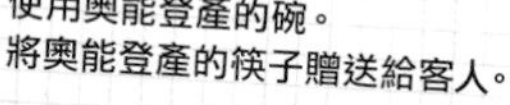

羽咋

千里浜渚海濱公路

薦

租車自駕玩能登，一定不能錯過的特殊體驗。

千里浜なぎさドライブウェイ

別冊P.29,D3 能登里山海道的今浜IC、或下千里浜IC即達 羽咋市千里浜町～宝達志水町今浜 休天候不佳、風浪過大時會關閉 免費

千里浜**長達8公里的沙灘與海岸平行，是日本唯一能在沙灘上行駛自家車的地方**，放眼全世界也是屈指可數，若是開車自駕絕對不能錯過，是十分難得的體驗。不只汽車，連重機、自行車也自由穿梭其間，沙灘邊偶見牡蠣小屋，不妨停車下車遊玩。

道路沒有明顯的分界，請慢速小心駕駛。

為什麼車子可以在沙灘上行走？

都是因為沙粒的大小！千里浜的沙粒約0.2mm大小，可以牢牢吸住水份，互相連結成堅固平坦的地面。但要注意，不含水的乾沙地帶相對的較容易打滑、輪胎空轉甚至陷入，所以記得在靠浪的濕沙灘上行駛哦！

遊客必點的「浜燒套餐」¥1,800，由三次水產店直營，精選海味直接上爐烤熟，鮮味無法擋！

羽咋

能登千里浜休息站

能登千里浜レストハウス

別冊P.29,D3 能登里山海道、下千里浜IC即達 羽咋市千里浜町タ4-1 0767-22-2141 土產店10:00~17:00，餐廳11:00~16:00，SSTR Café 10:00~18:00 www.chirihama.co.jp

位於千里浜渚海濱公路盡頭的休息站，除了旅遊紀念品、地產品的賣店之外，還設有咖啡廳、燒烤餐廳和聯合辦公空間。最棒的是，從面向沙灘的寬闊木甲板上可以眺望日本海，日落時分更可以看到千里浜海岸的夕陽西下，**美食美景絕對值得特地造訪**。

羽咋

巖門

別冊P.29,D2 能登里山海道接縣道36號，或是從羽咋駅搭乘路線巴士至三明站，再換乘巴士至巖門站下車 羽咋郡志賀町富来牛下巖門 自由見學 天候不佳時請勿強行靠近海岸

羽咋郡志賀町一帶的**29公里海岸線，被譽為石川縣的代表風景勝地**，稱為「能登金剛」。其中海蝕洞「巖門」位於中央的位置，南端有擁有「日本最古老的木造西式燈塔」的「福浦港」，北端可以觀賞到「義經藏船」的故事背景「瘦崖」。這一帶就像個海濱公園，**可以自由走到海岸近距離欣賞巖門風景，也可以搭乘觀光船，來趟海上巡航。**

旅の駅 巖門遊覧船案内所，可以購買船票、紀念品與一些小零食，還有公廁，不妨多加利用。

再走一點還能看到「機具岩」

據説這是織物之神遭山賊襲擊時，將織布工具扔進海裡而化成的兩座岩石。後來用草繩將在海中的兩座大小岩石連結在一起，亦稱為夫婦岩。從公路旁就能夠欣賞，路過千萬不要錯過。

羽咋

能登金剛遊覽船

0767-48-1261 9:00~16:00，約每20分一班次 休 11月中旬~3月中旬 大人¥1,400 ganmon.jp/

日本海的狂暴浪濤塑造出這片大自然造型，**搭乘遊覽船**更能夠從透明如水的海洋上**欣賞到的能登金剛・巖門壯麗景色**，航程大約20分一班次，一次20～30分鐘，與從陸地上欣賞的感動又截然不同。

巖門洞窟
寬約6公尺，高約16公尺，洞窟可以供小船通行。

鷹の巣岩
高約27公尺，岩頂林木茂盛，因為老鷹由上飛下而得名。

碁盤島
島中央有棋盤狀岩塊下沉，傳說源義經與弁慶曾在此下圍棋而得名。

福井縣

ふくい

福井怎麼玩

福井縣地形狹長，除了從中部北陸地方前往，由關西京都一帶過來也很便利。福井最吸引人的資源要屬源自日本海的物產，尤其讓人口水直流的越前蟹，更是許多人的旅遊重點之一，要品嚐海鮮的話，三国湊是最佳地點，三方五湖也不惶多讓，但更以自然美景出名；敦賀也是漁獲豐富的港都，大啖美食之餘，還可以到芦原温泉享受泡湯，到福井市遊玩、欣賞足羽川沿岸櫻花，時間充裕的話，最適合來趟日歸旅行，一遊恐龍博物館等近郊城市的亮點。

©福井県観光連盟

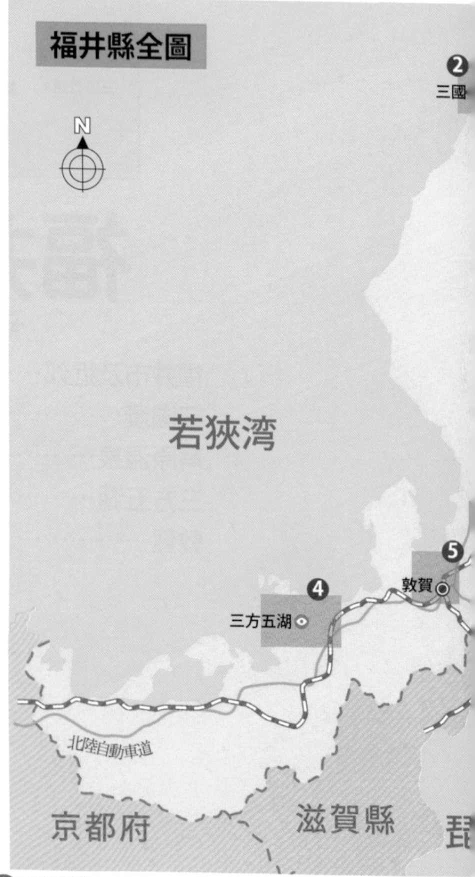

①福井市及近郊

與大都市相較，福井市區當然不夠繁華，但可別因此小看這座城市，作為縣府所在地，可以找到福井各式各樣的工藝產品，以及來自縣內各地的美食，越前蟹不用說，還有當地的鄉土料理越前蕎麦(蘿蔔泥蕎麥麵)、豬排丼等美味，而且從這裡可以串聯各大景點，從市區出發，可串聯三国湊、芦原溫泉、永平寺、恐龍博物館等景點，要是只在市區遊玩就太可惜了。

②三国湊

三国湊是江戶時代興起的港口，是當時的船運貨物集散地，雖繁華不在，依舊可以找到從前留下的風貌，傳統和風建築外，還有西洋風情的歷史建築，可以在這裡感受到港邊的悠閒氣氛。若想體驗三国湊最熱鬧的活力，可選在每年5月20日前後的三国祭期間來，這時街道上可以見到巨大的武士山車，還有許多屋台店鋪可以吃吃零嘴，氣氛最為熱烈。

❺敦賀

敦賀因為正好位在河川入海口，自古就是天然的良港，擁有豐富漁獲量，市區裡還有日本海最大等級的海鮮魚市「日本海さかな街道」，不僅可以吃到新鮮海產，還能夠品嚐到以鮮魚做成的魚板，另外市區的街道則融合了西洋與日式風情，可以看到宏偉的氣比神宮，也可以到紅磚倉庫感受明治時期的敦賀風情，最適合漫步欣賞不同情調。

石川縣
芦原溫泉 3
越前鐵道三國芦原線
越前鐵道勝山永平寺線
福井市
永平寺町
勝山市
福井縣
岐阜縣
琵湖
圖例 JR 地方鐵路 高速公路 火車站

❹三方五湖

三方五湖是福井縣的知名景點，這裡是日本的國家指定名勝。三方五湖是由日向湖、三方湖、久久子湖、水月湖、菅湖等五個湖泊組成，面積廣闊，最適合沿著全長11.2公里的景觀公路兜風，欣賞沿途角度不同的自然風景，時間充裕的話，還可以搭乘索道纜車、參加遊湖活動，好好感受三方五湖開闊的風景。

❸芦原温泉

芦原温泉是福井縣的名湯，自明治16年開湯至今，已有百年歷史，芦原温泉擁有40幾個泉源，因此溫泉的功用各有不同，但許多都是對風濕、皮膚問題有療效的泉質，除了可以入住溫泉旅館享受風呂，還可以購買入湯手形(通票)，就可以到三處溫泉泡湯，盡情享受溫泉的療癒。

三國湊・芦原溫泉
福井市・
・敦賀
三方五湖

福井市及近郊

ふくいしときんこう

Fukui City & The Surrounding Area

福井縣地形狹長，而福井市則位於縣的北部，也是福井縣的政府所在地。福井市與鯖江相近，由於多次天災人禍，市內已經看不太到老舊街景，取代的是現代化街景。除了市內景點之外，向北就是芦原溫泉、向東有永平寺、福井縣恐龍博物館、一乘谷朝倉氏遺跡等，要在這裡玩個三天兩夜都不是問題。而越前蟹、蘿蔔泥蕎麥麵、豬排丼等美味，也是吸引人們造訪的原因。

交通路線&出站資訊

電車：

福井駅➪・JR-北陸本線、特急雷鳥號、白鷺號、九頭龍線
・越前鐵道-三國芦原線、勝山永平寺線

福井駅➪福井鐵道

巴士：

京福巴士・福鉄巴士

◎從名古屋出發的話，可在名鐵巴士中心搭乘高速巴士，約2小時~2小時30分可達福井駅東口

◎也可以從大阪搭乘高速巴士前往，車程約3小時

出站便利通

◎福井市區主要觀光景點、百貨都集中在西口一側

◎福井鐵道：在福井市區遊玩，可以利用福井鐵道前往市區(往田原町方向)，或是通往足羽山公園一帶(往越前武生方向)，車資¥180~400，依距離而異

www.fukutetsu.jp

觀光案內所

福井市観光案内所

福井市中央1-2-1 (Happiring前)

0776-20-5348

8:30~19:00

福井鉄道・えちぜん鉄道 共通1日フリーきっぷ

來到福井想要一次玩遍大街小巷，買張一日券來當做移動手段最是划算。使用本張票券可在週六、日、例假日中，一天內任意搭乘越前鐵道與福井鐵道全線，若是在假日來到福井，不妨利用這張超值票券。

福井鐵道車內、越前鐵道各窗口

週末、例假日、12/30~1/3的一日間

大人¥1,400，小孩¥700

©福井縣觀光連盟

足羽川堤防

おすすめ 薦

春季時不可錯過的賞櫻勝地。

別冊P.31,B2 JR福井駅徒步約5分。足羽川堤防從木田橋～新明里橋一段約2.2km 福井市毛矢2丁目 0776-20-5346福井市觀光課 自由參觀，春季(3月下旬~4月中旬)櫻花季節人潮最多

福井市內的**足羽川兩岸種植了上千株染井吉野櫻**，每到春季淡粉色的花朵一齊盛開，低垂的櫻枝隨著河畔涼風微微搖曳，插滿鯉魚旗的河畔襯著旗下黃澄澄的油菜花，好一幅風和日麗的明媚景致。可至左岸(南岸)的足羽川遊步道、或是櫻橋～九十九橋一帶散步，這裡的花景最美。

養浩館庭園

薦

よこかんていえん

江戶中期的庭園代表建築之一。

別冊P. 31,D1外 福井駅西口徒步12分 福井市宝永3-11-36 0776-20-5367 9:00~19:00、11/6~2月~17:00。最後入館為閉館30分鐘前 休12/28~1/4 門票¥220 fukuisan.jp/tw/yokokan

養浩館庭園興建於江戶時代，是福井藩主松平加的別墅，這裡是一座標準的**迴遊林泉式庭園**，由第3代藩主松平忠昌所建，當時引芝原上水建造湖泊，打造出「御泉水屋敷」(溫泉別墅)，有著雅樸的屋院建築與石頭、林木錯落有致的庭園，其規模之大也代表了當時福井的繁榮。庭園曾在二戰空襲中毀壞，昭和57年被指定為國家名勝，其後依文政6年(1823)遺留下的畫像重建，現在到這裡，不僅**可以欣賞屋內雅致的建築，還可以臨窗飽覽日式庭園之美**。

秋天時也是紅葉名所。

這裡也是北之庄城(北ノ庄城)的遺跡，相傳當年可是擁有9層天守的宏偉高城。

被譽為戰國第一美人的阿市，因此神社裡還可以祈求美貌。

柴田神社

別冊P. 31,C2 福井駅西口徒步6分 福井市中央1-21-17 0776-23-0849 自由參拜 sibatajinja.jp

柴田神社**祭祀的是戰國名將柴田勝家**，柴田勝家是織田信長旗下第一大將，因為勇猛的身手被稱為「鬼柴田」，本能寺之變後，為了織田家繼承人問題，與豐臣秀吉矛盾加深，天正11年(1583)賤岳之戰，秀吉以優勢軍力擊潰柴田軍，勝家逃回居城「北之庄城」，他自知不敵秀吉，於是切腹自殺，夫人阿市(お市の方)與家臣也隨之自殺。後來在當時的天守閣遺跡建造寺廟祭祀勝家公，也成為今日神社的起源。**神社也祀奉阿市以及阿市的女兒，故被視為羈絆之宮**。

名滿天下的淺井三姊妹

茶茶、江、初是日本戰國時代有名的三姊妹，他們的母親是織田信長的妹妹阿市，父親是北近江的大名淺井長政，淺井長政去世之後，阿市帶著女兒投奔信長，後來改嫁柴田勝家，曾於北之庄城居住。三姊妹都遺傳了母親的美貌，而且各自有其傳奇的一生，長女茶茶是豐臣秀吉的側室，次女阿初嫁為京極高次的正室，三女阿江則是德川家第二代將軍德川秀忠的繼室，NHK的大河劇《江～姫たちの戦国～》(江～公主們的戰國)正是描繪她們的故事。

Happiring

別冊P. 31,C2 福井駅西口徒步1分 福井市中央1-2-1 0776-20-2080 、休8:30~22:00，各店營時、休假日不一 www.happiring.com

Happiring是車站前的複合設施，一樓的廣場是在車站前等人、休息的最佳場所，大樓裡聚集了各式各樣服務，**福井市自然史博物館分館、觀光案內所、活動演出中心以外**，還有包括觀光物產館在內的商店進駐，當然也有不少餐廳，不管是要找**當地代表的伴手禮、可愛和風小物，或者是想大吃出名的越前螃蟹**，品嚐在地最新鮮的滋味，到這裡來可以一次滿足。

對傳統工藝有興趣的話，千萬別錯過這裡。
越前打刃物

かゞみや

Kagamiya

Happiring 1F 0776-22-5561 9:30~19:00

かゞみや是**集結了福井各式名產的伴手禮店**，店內商品非常豐富，羽二重餅、越前蕎麥麵、雲丹醬(海膽醬)、水羊羹，又或者是永平寺的胡麻豆腐、紅豆善哉都找得到，**其中不少還是限定商品**，可愛的包裝讓人眼前為之一亮，而且店家就位在Happiring一樓，觀光客想要大肆採買禮物，到這裡來最方便。

福人喜(ふくにんき)

Happiring 2F 0776-25-0291 10:00~20:00 越前和紙青蛙￥860

專門販售當地傳統工藝製品，可愛的青蛙、俏皮的貓頭鷹，都是用越前和紙做成的玩偶，有著質樸手感的陶杯，則是被列為日本遺產的越前燒，還有作工精細的漆器、以手工打造的刃物，每一樣都是足以代表福井的工藝之作，結合傳統與現代的風格用品更是實用，充滿質感的選物讓人愛不釋手。

福福館

Happiring 2F 0776-20-2929 10:00~22:00 小浜漆筷¥1,600起 www.fukubukukan.com

福井擁有多種精湛的工藝，要是在福人喜逛得不夠過癮，正對面還有**福井市觀光物產館——福福館**，這裡可以找到包括竹人形在內的七種傳統工藝品，更有豐富的特產食料、調味料、玩偶小物，而且因為福井以恐龍聞名，連當地觀光宣傳大使恐龍「Juratic」的商品也找得到。

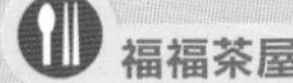

福福茶屋

Happiring 2F福福館內 11:00~21:00(L.O.) 福井名物定食¥1,280、海鮮丼¥1,480~、越前せいこがに丼(越前螃蟹丼)¥2,580~

福福館還併設有餐廳福福茶屋，這裡提供各式丼飯、定食、蕎麥與鄉土料理，為了滿足大家什麼都想吃一點的心理，**推出了「福井名物定食」，以鄉土料理及小菜組成的定食**，可以一次吃到越前蕎麥麵、ソースカツ丼、竹田油豆腐或海鮮丼等其中的三種組合，而以新鮮海產製成的生魚片丼，或是豪華的越前螃蟹丼飯等，也都是讓人大呼滿足的美味。

あみだそば 福の井

おすすめ 薦

沾了蘿蔔泥的蕎麥麵清爽又帶點微辣，是福井才吃得到的美味。

Happiring 1F 0776-43-0739 10:30~20:30(L.O.20:00) おろしそば三昧(三種沾醬蕎麥)¥1,700 www.amidasoba.com

福井的越前おろしそば十分有名，這裡吃蕎麥時搭配的不是醬油，而是**蘿蔔泥沾醬**。想品嚐這項美味，可以到あみだそば一訪，**店家主打「十割」(じゅうわり)蕎麥麵，也就是以百分百蕎麥粉製成的麵條**，而且還特地選用當地特上蕎麥粉，吃得到福井蕎麥的香氣。店內加上巧思，**推出搭配三種醬汁的組合**，最經典的蘿蔔泥沾醬以外，還有加入芥末、山藥泥的不同口味，可以細細品嚐其中奧妙，另外**也有搭配酥脆炸蝦、肉類的選擇**。

建築設計專業的店主親手改造古民家，保留主要結構，將客廳變為咖啡廳空間，二樓也設有座位。
店內栩栩如生的畫作都是出自店主之手喔。

古民家35

35 ミーコ

◎別冊P.31,A1 ◎福井駅西口徒步15分；福井鐵道「福井城址大名町駅」徒步約6分 ◎福井市順化2-9-17 ◎週六~一12:00~19:00 ㊡週二~五 ◎咖啡¥500起 ◎kominka35.net/

薦：不僅可以品嚐午茶，還可以感受建築內融入店主用心的每處細節。

隱藏在小巷弄裡，古民家35是**當地頗有人氣的咖啡廳，店面改建自當地60年的古民家建築**，而且都是由出身愛知縣的店主小林先生親自動手改造，店名則是取自他的貓咪之名，有機會的話還可以看到貓咪本尊呢。店內空間充滿舒適溫暖的氣息，加上友善的服務，讓人不自覺就會待上許久。除了咖啡以外，還有一處雜貨空間，有不少可愛的嚴選商品，也很值得逛逛。

見吉屋

みよしや

薦：當地人口中沒有地雷的老舖餐廳。

◎別冊P.31,B2 ◎福井駅西口徒步9分；福井鐵道「福井城址大名町駅」徒步1分 ◎福井市順化1-11-3 ◎0776-23-3448 ◎11:00~20:00 ㊡週日 ◎玉子上かつ丼(豬排澆蛋丼飯)¥1,500、越前おろしそば(越前蕎麥麵)¥600 ◎miyoshiya-fukui.com

見吉屋是創業80多年的越前蕎麥麵老店，**以石磨磨出的蕎麥粉手打出口感絕妙的麵條，廣受當地人喜愛**。蕎麥麵自然不用說，店內的烏龍麵也是一絕，就連丼飯、定食也都是讓人覺得滿足的樸實美味，而且份量都很十足，用大碗盛裝的丼飯十分有氣勢，大塊豬排淋上半生熟的雞蛋，酥脆口感加上鮮美蛋汁，保證讓人吃得大呼滿足。

其實不只蕎麥麵，可以說店內所有料理都很美味。

足羽神社

◎別冊P.31,A2外 ◎福井駅西口徒步30分，福井鐵道福武線「足羽山公園口駅」徒步約10分 ◎福井市足羽1-8-25 ◎0776-36-0287 ◎www.asuwajinja.jp

足羽川堤岸是當地的櫻花名所，其實足羽山上的足羽神社裡，還有**一株超過360歲的枝垂櫻，每到4月底左右便會綻放**，也是春日的粉嫩一景。足羽神社是由第26代天皇繼體天皇所創，已有1300年的沿革，神社裡有許多神祇，主祭神是繼體天皇，另外還有大宮地之靈，是福井縣最古老的神社。

福井縣立恐龍博物館

世界三大恐龍博物館之一，精彩可期！

別冊P.31,B5 福井駅前搭越前鐵道至「勝山駅」，從車站前搭乘直通巴士或くるりん巴士，約15分後在「恐龍博物館」下車即達，巴士單程￥300 勝山市村岡町寺尾51-11 0779-88-0001 9:00~17:00(最後入館16:30)、暑假8:30~18:00(最後入館17:30) 休第2、4個週三(遇假日順延，暑假無休)；年末年始，換展期間 $常設展：大人￥1,000、高中大學生￥800、國中小學生￥500；野外恐龍博物館：大人￥1,300、高中大學生￥1,100、國中小學生￥650 www.dinosaur.pref.fukui.jp 入場門票採預約制，可於網路預約購票取得QRCode入場

福井縣立恐龍博物館是**日本最大的恐龍博物館**，起源於在勝山市挖到的草食性及肉食性恐龍化石，而興起一股恐龍熱潮，也是日本恐龍化石出土最多的地方，於是2000年成立恐龍博物館，2023年7月重新整裝開放，**精采的展示包括來自世界各大洲發現的恐龍骨骼模型，其中亞洲恐龍佔多數**，讓日本第一次認識亞洲的古生物群。而**「恐龍世界」模擬恐龍時代的生存環境展示方式**，及聲光影音具足的恐龍劇場等，更使人有如親身經歷侏儸紀公園般的刺激，是最熱門的展示區。

在福井挖掘出的5種恐龍及1種鳥類，組合成令人驚艷的恐龍塔，搭配光影演出更加精采。

恐竜の世界

常設展皆能下載免費導覽APP，有中文繁體版本

館內常設展包含「恐龍世界」「地球科学」「生命歷史」三大區，**其中恐龍世界在巨大的無柱空間裡展示著50具恐龍的骨頭標本**，其中有10具更是真實的古化石所展示。以日本與亞州的恐龍品種、帶出恐龍當時生存的空間中的樣貌，像是將中國四川的古中生代的恐龍世界場景模擬出來，還有能讓人身歷其境的恐龍劇院，都是體驗遙遠古代恐龍世界的精采互動空間。

沉浸式影音體驗，讓大人小孩都宛如置身遠古恐龍世界中。

想參觀恐龍挖掘現場，會從恐龍博物館集合後出發。

野外恐龍博物館

7月14日~11月5日，9:00~15:00每整點出發(12點不出發) 休9/18、9/27、10/11、10/25 須預約購票，從恐龍博物館出發，車程約20分鐘，參訪時間約60分鐘。天氣惡劣時可能停止

勝山市的北谷町是**日本恐龍挖掘的最大考古地**，現在也持續挖掘中，2014年起更將此處開放，讓**一般人也能親近參訪**。不但有機會看到考古人員現場作業的景況，也有一處展示區可以參觀挖掘出的化石面貌，更棒的是，可以親手體驗挖掘，運氣好的話也有可能真的挖出化石喔。

秋吉 福井駅前店

あきよし

別冊P.31,C2 福井駅徒歩約2分 福井市大手2-5-16 0776-21-3572 17:00~23:30(假日~23:00) 休週日 純けい(烤雞肉串)¥360、タン(牛舌)¥405 www.akiyoshi.co.jp

秋吉是日本連鎖的串燒名店，發源地就在福井，**除了可以到人聲鼎沸的片町本店朝聖，車站前的這家分店也十分推薦**。秋吉最出名的就是**招牌的純けい**，嚴選肉質軟嫩的母雞，以大火加上師傅純熟的功力，烤出口感鮮嫩又多汁的雞肉串，是必吃的名物。另外，秋吉的**串燒都會一次上5串**，雖然不是很大串，吃下肚卻也有些份量，因此最適合三五好友一起品嚐。

切成薄片的牛舌依舊很有咬勁，也是推薦的一品。

鏡屋

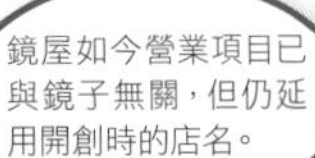

別冊P.31,A1 JR福井駅西口徒步15分 福井市順化2-16-10 0776-23-2809 9:30~18:00 休週三，10~12月無休 kagamiya-fukui.jp

鏡屋原本是做鏡子起家，但隨後接觸到與紙張相關的高級事務，漸漸**發展成販售與訂親納采、吉日節慶等相關物品的專賣店舖**，而為迎和大眾，店內也有販售**京都和風小物**，如今傳承至第十八代。

鏡屋如今營業項目已與鏡子無關，但仍延用開創時的店名。

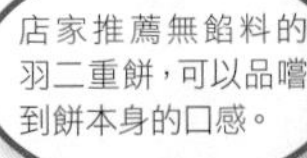

錦梅堂

おすすめ 薦

錦梅堂至今已創業170多年，羽二重餅是必吃招牌。

別冊P.31,B1 JR福井駅西口徒步12分 福井市順化1-7-7 0776-24-0383 8:00~18:00 羽二重餅(無餡)15入¥800 www.hokurikumeihin.com/kinbaidou

提起福井的特產，在地人推薦的首選就錦梅堂的羽二重餅。創業於1847年的錦梅堂所生產的**羽二重餅口感，有如高級絹布織錦般滑順細緻**，羽二重之名當之無愧，羽二重餅分為白豆餡與無餡料兩種可以選擇。

店家推薦無餡料的羽二重餅，可以品嚐到餅本身的口感。

歐洲軒 總本店

薦

ヨーロッパ軒 総本店

用特調伍斯特醬汁呈現的美味豬排飯。

別冊P.31,B1 福井駅徒步約12分 福井市順化1-7-4 0776-21-4681 11:00~20:00 週二 カツ丼セット(豬排丼餐)¥1,300，カツ丼(豬排丼)¥1,080 yo-roppaken.gourmet.coocan.jp

食堂的老闆高畠增太郎曾經到德國學習料理，**帶回德國十分普及的伍斯特醬汁**，為了讓更多日本人也能愛上自己醉心的好味道，經過多次試驗，於1913年發表所研究出的美味，薄片的里肌肉裹上切得特別細緻的麵包粉，以豬油下鍋油炸，一起鍋的熱騰騰狀態就趕緊淋上調和各種香辛料的特調伍斯特醬汁，這就是**正宗豬排飯始祖「醬汁豬排丼」**，嚐來沒有油炸味，反而在甜甜酸酸的醬汁襯托之下，顯得清爽。

松岡軒 本店

別冊P.31,A2 福井駅西口徒步12分；福井鐵道「福井城址大名町駅」徒步約5分 福井市中央3-5-19 0776-22-4400 9:00~18:00、茶屋11:00~17:00(L.O.16:30) 1/1、茶屋每週四 羽二重餅(6入)¥886 habutae.com

羽二重餅是福井最出名的點心，有著細緻的口感，而松岡軒相傳正是其元祖。創業於明治30年，最初是織物店，後來轉做起和菓子，幾經失敗成功做出羽二重餅，**以細緻的外觀、口感表現名產絹織物「羽二重」的優美**，廣受歡迎，也成為當地銘菓。本店裡除了可以買到羽二重餅以外，**還有可坐下來享用和果子或手工刨出剉冰的和咖啡區**。

淋上抹茶醬再放上羽二重餅，就是福井夏日最美妙的滋味。

羽二重餅。

Hotel Riverge Akebono

薦

享受河岸第一排的絕佳景觀。

別冊P.31,A2 JR福井駅西口徒步約10分 福井市中央3-10-12 0776-22-1000 check in 15:00、check out 11:00 www.riverge.com

福井最吸引人的風景之一，就是足羽川堤岸的櫻花，距車站10分鐘路程的**飯店就正對著河畔，可從客房直接欣賞堤岸風光，而成為當地高人氣的住宿**。飯店裝潢典雅，大廳擺上季節花卉，讓來客感受時序之美，更用福井特產的越前和紙裝飾大廳、走廊，營造出溫和且令人放鬆的舒適空間。

坐擁絕佳位置，飯店東館8樓的天空大浴場，巧妙運用這片風景，**春天時更能一邊泡湯一邊賞櫻**呢。一早起來更能品嚐**美味早餐，將近60道和洋菜色**，除了可以吃到最當季的滋味，**還有許多福井的鄉土料理**，且福井是越光米的故鄉，從主食到配菜，每一口都是福井的好滋味。

雖然不是天然溫泉，但優美的景色就是最大的加分。

以越前和紙做成的裝飾。

ホテルフジタ福井

別冊P.31,B1 JR福井駅西口徒步約8分 福井市大手3-12-20 0776-27-8811 check in 14:00、check out 11:00 www.hotel-fujita.jp/fukui/

佔有立地優勢的ホテルフジタ福井，可說是**福井縣內最大型的飯店設施**，交通便利外，更緊鄰中央公園、坐擁廣闊綠地視野，越過公園就是福井城址公園，再加上周邊美食購物等，商務旅遊都是便利首選。**另外吸引住客的便是自豪的美味早餐**，早餐提供融合日西多達50多種菜色外，美味的越光米搭配上軟嫩烤牛肉，或是煮成蟹肉雜炊，更能品嚐到越前蕎麥麵等鄉土料理，豐盛早餐的至福，讓一天的晨起就充滿幸福滋味。

©ホテルフジタ福井

主廚自豪的烤牛肉丼，搭配上大野產越光米，口口滿足。

永平寺

おすすめ 薦

參拜和風祕境。

別冊P.31,A5 搭乘越前鐵道勝山・永平寺線在永平寺口駅轉乘往永平寺門前的京福巴士於終點站下，徒步5分；或可由JR福井駅搭乘直接前往永平寺的京福巴士，車程約30分 吉田郡永平寺町志比5-15 0776-63-3102 8:00~16:30(入後入寺16:00) 成人¥500，國中小學生¥200，坐禪體驗需另付費 daihonzan-eiheiji.com 寺院境內禁煙，並需將行動電話切換至無聲模式

永平寺建於1244年，由道元禪師創始，是培養僧才最大的參禪道場（如同大學院校），總共可容納200多名修行者。**由於曹洞宗的參禪道場遍布全世界，也有許多歐美人士不遠千里前來參拜學習交流。**

永平寺開山祖道元禪師曾在中國（宋朝）修行悟道，回國之後寫了一部**「普勸坐禪儀」**作為參禪修行的指導原則，現在永平寺內的修行都是依循這套法則在實行。其中比較有趣的是，廁所、浴室、僧堂合稱為三默道場，規定修行僧在用餐、洗澡、上廁所的時候都嚴禁講話。修行僧侶們的作息從起床、止靜(打坐)、早課(誦經)，用餐、作務(打掃)、提唱(由老師帶領說法講義)到晚間的開枕(熄燈就寢)，都有固定時間，**現在遊客來到這裡也能夠體驗僧侶的作息，靜心體會永平寺孕育百年的禪意。**

山門

店鋪編號：L1-21 3148-9423 11:30~23:30

永平寺的山門以唐風形式運用櫸木建造，為寺院境內最古老的建築，完成於1749年8月，如今已被指定為福井縣的文化財產；**這道山門是修行僧侶正式入佛門的玄關**，即使是現在，一般人也不能由此入門，只有虔敬佛心要前往永平寺修行的人才能通過。

具有相當重要意義的山門。

永平寺坐禪寫經體驗

坐禪

坐禪之前必須隨著禪師的指示進行，端正地坐在小小的坐墊上，保持相同的姿勢不動，在這期間從視線、身體平衡乃至呼吸，都必須心無旁騖，若有不專心或在途中打瞌睡，一旁監督的禪師便會以木板輕打左右肩膀警告。

一日三場，約50分，(1)10:00~、(2)13:30~、(3)15:30~

當日的坐禪體驗毋需預約。坐禪體驗另有1泊2日參禪體驗課，需事先預約

漆器之里會館

うるしの里会館

別冊P.31,A5 JR鯖江駅搭乘鯖江市接駁巴士(つつじバス)河和田線，至「うるしの里会館」下車，¥100 鯖江市西袋町40-1-2 0778-65-2727 9:00~17:00 第4個週二(遇假日順延)，12/29~1/3 免費入場，漆器制作体 ¥1,650起(2人以上需預約) www.echizen.or.jp

漆器之里會館內各種現代的、傳統的不同造型漆器的優雅與光澤，其歷史可以追溯至遠古六世紀的越前漆器來個深入的瞭解。為了配合現代潮流，現代工匠們特別開發出耐熱可機器水洗的新式漆器。**館內還可以體驗漆器制作**，挑選花樣以金紙複寫在漆盤上，調色、描線、上色，最後簽上個人大名就算收尾，最後只要等顏料完全乾燥即可。

漆器製作體驗的
完成品，就是最佳
的福井縣戰利品。

GATHERED鯖江店

別冊P.3,B4 福井鐵道鳥羽中駅徒步約20分 鯖江市吉江町413 0778-52-7674 10:00~18:00 週日 手作設計鏡框¥45,000起 gathered.jp 福井駅前也有分店，詳洽官網

鯖江主要的**鏡框製造商長井眼鏡的實體店舖GATHERED**，在負責人的指導下，仔細觀察才發現到，一副看似簡單的眼鏡，是由許許多多意想不到的細部所構組而成，包括鏡框、鏡片、鏡架、金屬零件、鼻墊甚至是樣品試做、修理，每個環節都有專業的製造人員，鯖江眼鏡產業的幕後功臣，便是這許許多多的小型加工廠。

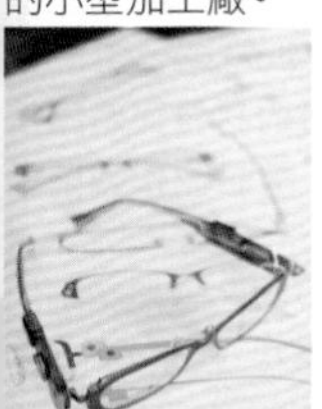

在這裡也能夠試戴和購入手工眼鏡。

越前蕎麥之里

越前そばの里

別冊P.31,A5外 JR武生駅搭乘福鐵巴士至「北町」站下，徒步約8分可達 越前市真柄町7-37 0778-21-0272 店鋪9:30~16:00，食事處10:30~15:00， 蕎麥麵製作體驗10:00、12:30 1/1~1/3 おろしそば(蘿蔔泥蕎麥麵)¥660，蕎麥麵製作體驗¥1,800 www.echizensoba.co.jp

門前有著一大片翠綠蕎麥田的越前そばの里，是**武生製麵開設、一個可以品嚐越前蘿蔔泥蕎麥麵的複合景區**，除了美食，在體驗夢工房中也可以**親手製作蕎麥麵**，完成後的蕎麥麵能在現場品嚐，顯得更加美味。另外還有蕎麥資料館、蕎麥麵工廠，若想直接購買蕎麥麵也有各種半成品與福井特產。

一乘谷朝倉氏遺跡

おすすめ 薦

一乘谷遺跡對研究日本文化的人來説相當珍貴，也具有觀光價值。

別冊P.31,A5 從福井駅搭乘JR越美北線15分至「一乘谷駅」，下車徒步約10分 福井市城戶ノ內町28-37 0776-41-2330(朝倉氏遺跡保存協會) 復原町並9:00~17:00(最後入館16:30) 12/28~1/4 遺跡自由參觀，復原町並：大人¥330、中小學生¥100 fukuisan.jp/ja/asakura/index.html

一乘谷遺跡位於距離福井市區約10公里遠的山谷中，完整呈現日本戰國時代建築特色，整個區域面積約278公頃，**包含貴族、武士、市井庶民等各階級的住家建築及庭院設計，其中以西邊的「復原町並」(修復的市街)呈現最完整的原貌**。朝倉氏於1471年在一乘谷這一帶築城，經過103年的太平盛事，於1573年被織田信長攻破，經過3天3夜大火燒成廢墟。基於這樣的歷史背景，一乘谷遺跡呈現的是一個世紀的文化片段，風格統一而完整。

福井縣陶藝館

別冊P.3,B4 JR武生駅搭乘福鐵巴士至「陶芸村口」；或福井鐵道線神明駅搭乘福鐵巴士至「陶芸村口」即達 丹生郡越前町小曽原120-61 0778-32-2174 9:00~17:00(最後入館16:30) 週一(假日不休)，例假日的隔日，12/28~1/4 資料館常設展¥300；陶藝教室：手ひねり体験(手捏陶體驗)¥1,500；茶苑：抹茶+生菓子¥600 www.tougeikan.jp

日本稱陶器為「燒物」，**福井以「越前燒」聞名，陶藝村裡除了有陶藝體驗教室、陶器賣店、餐廳外，還有座福井縣陶藝館、越前古窯博物館等**，可看到展示的「越前雙耳壺」在製作時掉落卻沒破，而塗佈其上的自然釉由左往右、由下往上逆流，產生美麗的水狀流紋，也都是難得一見的藝術。

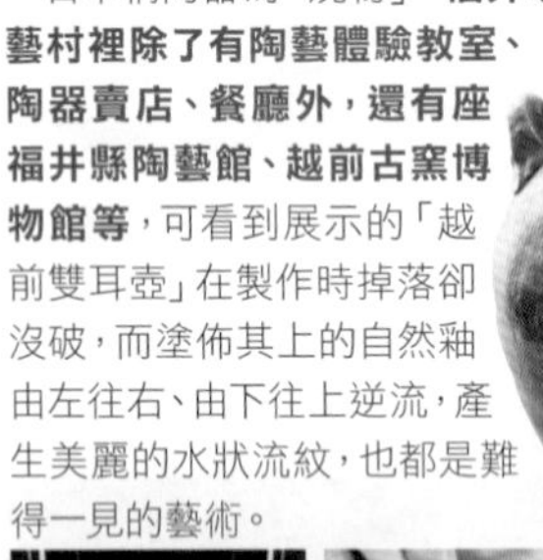

越前燒的特徵是在質樸厚實的褐色容器上，有自然釉藥流覆的光澤。

越前打刃物会館

別冊P.3,B5 JR武生駅開車15分 越前市池ノ上町49-1-3 0778-24-1200 8:30~17:00(週日例假日9:30~16:00) 12/29~1/3 免費 www.echizenuchihamono.com

越前打刃物就是鍛鐵刀具，於昭和54年(1979)被指定為傳統工藝品。

越前打刃物工坊裡除了**可購買高級的菜刀、生魚片專用刀、戶外活動用多功能小刀**外，還可從二樓由上往下參觀工廠，從火紅的熔爐、鋼鐵的敲擊聲，以及製刀達人專注的神情中，看見日本職人對於傳統工藝保存的執著。

越前和紙是和紙中的高級品。

越前和紙の里

別冊P.3,B4 JR武生駅搭乘福鐵巴士至「和紙の里」下車即達 越前市新在家町8-44(パピルス館内) 0778-42-1363 9:00~16:00 週二、年末年始 パピルス館入館免費，和紙製作體驗¥600起；卯立の工芸館+紙文化博物館¥300 www.echizenwashi.jp

越前和紙擁有**和紙中的最高品質的材質與漉紙技術**，來到越前和紙之里的**可以親手體驗製作越前和紙**，只要10分鐘烘乾後就是一枚獨一無二的紀念品；另外一旁的「卯立の工芸館」中可以參觀越前和紙的古法製造過程，從製紙原料的日曬提煉到師傅「紙漉」的技法無一遺漏。

三国湊

みくにみなと
Mikuni Minato

江戶時代北前船商貿的繁盛，讓三国湊成為物流集散中心，為了因應船運發展，港町逐漸擴大，形成主要的商港，港口旁的許多建築和街道也因貨物運輸而特別建造，職人、工藝技術紛紛進駐，甚至到了明治初年更有西洋文化融入。現在的三國湊仍保有昔日風情，和風與洋味飄散，除了街道景色，港口邊的海產美味更吸引旅人一訪。

交通路線&出站資訊

電車：
三国駅◇越前鐵道三国芦原線

市區交通
京福巴士
要從車站前往東尋訪、雄島等景點，可以用京福巴士的東尋訪線，從三国駅前乘車
網址：bus.keifuku.co.jp
租借自行車
只要是利用越前鐵道前來三国，便可以優惠價格租借於越前鐵道三国駅前租借腳踏車，一次￥100。另外三國湊町家館也提供租借，2小時￥300，全天￥700(週三休)

越前蟹

福井縣最大的寶藏，就是每年11月6日解禁、直到次年3月20日為止開放捕捉的「越前蟹」（同樣種類的螃蟹，在廣島、兵庫一帶稱作松葉蟹）。越前蟹的公蟹稱作「ズワイ蟹」，母蟹稱作「セイコ蟹」。福井縣三國港這一帶捕捉到的螃蟹體積最大，蟹肉最肥美，因而冠上「越前」的地名稱作「越前蟹」。由於三國港距離芦原溫泉及海岸名勝東尋坊很近，因此要品嚐越前蟹可以住宿芦原溫泉的溫泉旅館，享受最高級的越前蟹料理。

要想欣賞充滿戲劇化的小島風光，可以搭乘遊覽船穿梭在島嶼之間。
前往遊覽船的途中，可在名產街上品嚐鮮味足的海產，更有人氣度的花枝口味霜淇淋。
三国港 甘えび

東尋坊

おすすめ 薦

享有天下奇勝美名的世界級自然景觀。

別冊P.31,A3 從三国駅前等地搭乘京福巴士往東尋坊，車程約10分 坂井市三国町東尋坊 0776-81-3808(東尋坊遊覽船) 東尋坊遊覽船9:00~16:00(11~3月至15:30)，船程約30分 12/29~1/31 國中生以上￥1,500、小學生￥750 東尋坊遊覽船www.toujinbou-yuransen.jp

三国湊近郊有一個享喻「天下奇勝」美名的東尋坊，由於鄰近日本海，天然的安山岩長期受到萬丈波瀾與風雪的侵蝕，**垂直高於海平面1公里以上的斷崖，形成柱狀節理般最極致壯闊的美景**，是世界級稀有的自然景觀，也被遴選為國立公園之一。

建議搭乘遊覽船欣賞這裡的壯闊美景，在30分鐘的遊覽船航程中，穿梭在景觀各具特色的島嶼之間，近距離地欣賞被嚴冬風雪所侵蝕的斷崖絕壁，**五角或六角形的特殊石柱結構更是相當罕見，和韓國金剛山、挪威峽灣齊名。**

旧岸名家

別冊P.31,D5 越前鐵道三国駅徒步約15分 坂井市三国町北本町4-6-54 0776-82-8392(三国會所) 9:00~17:00 週三,年末年始 ¥100,國中生以下免費

這是**三国木材商人岸名惣助家族代代所居住的町家,從幕府時代末期直到明治時期,都是三国湊最重要的商業中心**,也是最具代表性的建築樣式。走入被稱為「かぐら建て」的獨特建築形式中,穿越昔日作為商業販售性質的玄關,生活空間立刻一分為二,左方是廚房、衛浴,還有直上二樓的階梯,右方則為客廳、房間等,還有一個充滿風雅的水琴窟。

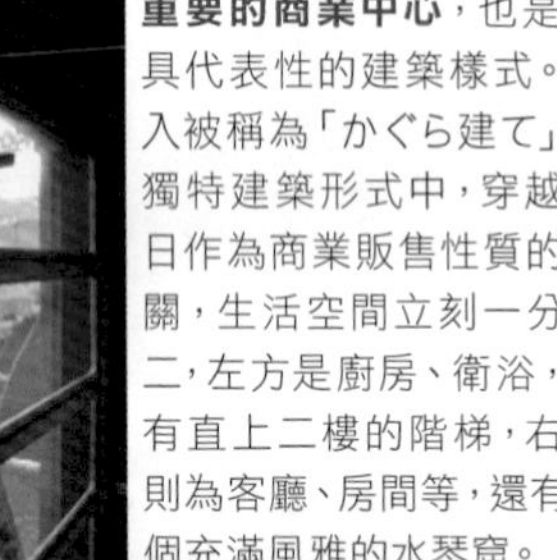

三国湊地區最具古樸風情的住宅就屬旧岸名家。

にしさか

西坂菓舖

別冊P.31,C5 越前鐵道「三国駅」徒步約10分 坂井市三国町北本町4-2-14 0776-82-0458 8:00~18:00 週四 酒まんじゅう(酒饅頭-1個)¥160 www.nisisaka.com

酒饅頭加入了酒釀、紅豆內餡,想試試這傳統點心的話不要錯過。

三国以船運興盛,從前是北前船停靠的港口,富商與買賣生意都聚集於此,相傳酒饅頭就是由這時傳來的作法,**加入酒釀的饅頭有著淡淡酒香,搭配上甜甜的紅豆內餡,煞是好吃**,加上當時流傳的俗語說:「酒を飲めば笑い栄える」(喝了酒就會笑口常開、財自來),使得酒饅頭成為商人間送禮自用兩相宜的點心,因而大為興盛,**にしさか則是當地僅存的幾家店舗之一**。

食の蔵 灯

別冊P.31,D5 越前鐵道「三国駅」徒步約8分 坂井市三国町北本町4-4-46 0776-65-4083 11:00~17:00,午間套餐~14:00 週三、四 三国産甘えびを使ったソーセージフライ(炸三国產甜蝦香腸)¥880,套餐¥1,210~ itoya-chouchin.jp/cafe

走在三国的老街上,可以看到每家店前都會掛上燈籠,其實這些燈籠都是由當地的**200年老店いとや所做**,而且老店不斷進化,2017年時將**倉庫改裝,一樓是咖啡廳「食の蔵 灯」**,提供以三国海產做出的餐點,二樓則是燈籠彩繪的體驗工房,可以自己動手做出獨一無二的燈籠。

由燈籠老店開設的咖啡廳、燈籠彩繪體驗工房。

以地產甜蝦做成炸蝦肉香腸。

旧森田銀行本店

おすすめ 薦

洋風銀行總部，可窺見當年的建築技術及美學巧思。

別冊P.31,D5 越前鐵道三国駅徒步約10分 坂井市三国町南本町3-3-26 0776-82-0299 9:00~17:00 週一(假日不休)、12/29~1/3 免費參觀 mikunikaisyo.org/morita/facilities

森田家是三国地區相當具有名氣的富豪人家，於1894年開創了森田銀行，更**在1920年建造了這棟頗有洋風氣息的銀行總部**，外觀設計為歐洲的古典主義式樣，**內部則相當豪華**，可從天花板等許多細節，窺看當時已經頗具品質的建築技術與美學思想，在竭力保存之下，成為福井縣境內最古老的水泥建築。整建之後免費開放給一般民眾參觀，讓所有人都能見證這建築遺產。

二層樓的挑高空間呈現出銀行的大器。

gelato & sweets CARNA

おすすめ 薦

三国湊除了海鮮，冰淇淋也是必吃！

別冊P.31,D5 越前鐵道「三国駅」徒步約10分 坂井市三国町南本町3-4-34 0776-81-3225 13:00~17:00 週三(夏季無休) シングル(1球)¥450~、ダブル(2球)¥500~、トリプル(3球)¥650~，部分口味價格不同 mikuni-minato.jp/carna

來到三国湊，除了新鮮螃蟹等海產必吃以外，CARNA也是不能錯過的甜點。**利用來自全日本的物產，搭配娟姍牛乳，手工製作出多種口味的義式冰淇淋**。其中最經典的就是三国海鹽口味，以雄島海水煮出的海鹽為原料，做出有著清爽滋味的冰淇淋，是最足以代表當地的三国口味。

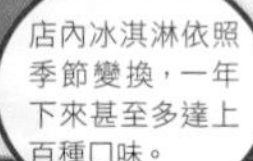

店內冰淇淋依照季節變換，一年下來甚至多達上百種口味。

參加三味線體驗，挑戰在20分鐘內學會日本國民歌謠Sakura！

竹よし

別冊P.31,D5 越前鐵道三国駅徒步5分 坂井市三国町北本町4-4-22 0776-82-0120 10:00~17:00 三味線體驗20分¥1,000、抹茶與點心¥500 www.takeyoshi.com

在竹よし在這處百年老建築裡，訪客可依照牆上的江戶小調曲調名牌來指定歌曲，**聽著老師輕彈三味線琴與清亮的歌聲，度過充滿傳統特色的午後時光**，若是自認還有點音樂天分，**也可以參加三味線體驗請老師現場指點一二**。

三国湊座

別冊P.31,D5 越前鐵道三国駅徒步約8分 坂井市三国町北本町4-6-48 0776-81-3921 10:00~17:00；晚間時段18:30~22:00不定時開放，詳洽官網 休週三 $三國バーガー(招牌漢堡)￥580 mikuni-minato.jp/za/

三国湊座是為了促進三国湊的繁榮所經營的複合設施，不僅**提供各種觀光遊覽的協助，也讓遊客們擁有一個用餐的休息場所**，更是在地居民交流的文化中心。外觀看似古樸的三国湊座，擁有一個極為現代感的挑高空間，一走入其中，就可以聞到讓人食指大動的撲鼻香氣，這裡販賣的**三国漢堡使用福井牛肉**，現場手工製作的漢堡肉和大量的蔬菜，並加入獨家創意的醬汁，最後更以福井米所烘烤的麵包夾起，成為最出名的三国美味。

三国漢堡是這裡的招牌菜。

瀧谷寺

別冊P.31,A3 越前鐵道三国駅徒步約10分 坂井市三国町滝谷1-7-15 0776-82-0216 8:00~17:00(11~2月至16:30) $大人￥500、國高中生￥300、小學生￥200 www.takidanji.or.jp

身為北陸地區屈指可數的古剎，**創建於1375年的瀧谷寺是三国町地區最古老的寺院，屬於真言宗智山派，從戰國時代開始就頗受越前朝倉氏的崇拜信仰**，也因而吸引大批信眾。從參道入口就可以看到越前鐵道的電車風光，沿著石坂路緩步而上，兩旁蔥鬱翠綠的樹蔭增添了名寺的神秘氣息，境內有許多被指定為福井縣文化財產的建築物，包括鎮守堂、開山堂、觀音堂等，寶物殿中也收藏多件國寶，更有國家級的山水庭園，頗為值得特地前來。

三國觀光飯店

別冊P.31,C3 越前鐵道三国駅徒步約13分 坂井市三国町緑ヶ丘4-4-8 0776-81-3111 Check in 14:00，Check out 10:00 $一泊二食￥11,800起 www.mikuni-hotel.com

位處高台的三國觀光飯店能夠眺望日本海，頗受到住客好評的是大浴場，**以光與風為概念設計的「龍翔之湯」為八角形的空間**，擁有大面積的玻璃，窗外搖曳的綠樹林蔭，讓人即使是夏天泡湯也身心舒暢，而**獨一無二的座敷溫泉風呂「和疊之湯」**，則是在浴場鋪滿榻榻米，雖然特別選用能夠耐濕氣的材料，還是每10天就得更換一次，行動不便的老幼都可以安心享受浸泡溫泉的樂趣，還不時可聞到陣陣清新的草香。

日歸溫泉

三國觀光飯店也提供日歸溫泉，平日12:30~23:00，假日12:30~17:00，大人￥700就能夠享受飯店內的溫泉設施，如果住在三国又想泡溫泉，不妨散步來到這裡泡湯。

紅通通的越前螃蟹就張牙舞爪地爬在店舖二樓，遠遠一看就知道。

越前蟹の坊

別冊P.31,A3 越前鐵道三国港駅徒步1分 坂井市三国町宿1-16 0776-82-3925 平日11:00~15:00(L.O.14:30)，週末及例假日11:00~15:30(L.O.15:00) 週一、二、不定休 旬のお刺身定食¥2,400起，越前蟹フルコース(單人越前蟹全餐)¥19,500起 www.bouyourou.co.jp/kaninobou

專賣越前海鮮的海產店兼餐廳的「蟹之坊」，夜間返回三國港的漁船所卸下來的活跳跳新鮮魚貨，是美味的一大主因，而眼光精準的老闆總能相中裡面的高檔品，**讓蟹之坊的越前蟹、甜蝦、海膽甚至是魚乾味道之鮮美無人能及**。

料理茶屋 魚志楼

別冊P.31,A3 越前鐵道三国駅徒步約10分 坂井市三国町神明3-7-23 0776-82-0141 12:00~14:00、18:00~23:00 不定休 和定食¥2,000，晚餐¥5,000~

平成17年被列為國家文化財產的料理茶屋魚志樓，是**明治初期至大正時代陸續建成的百年歷史老屋**，曾是富商名流、才子藝妓衣香鬢影穿梭不息的宴會地，現在改成了**品嚐螃蟹、甜蝦料理的餐廳**，讓人一邊品嚐北陸海鮮的美味，一邊在充滿歷史滄桑的空間裡感受飄散著的特殊韻味。

望洋樓依傍著大名鼎鼎的東尋坊自然美景。

望洋樓

別冊P.31,A3 越前鐵道三国港駅徒步約15分，搭乘計程車約5分可達；從芦原温泉駅有接駁車可利用 坂井市三国町米ヶ脇4-3-38 0776-82-0067 Check in 15:00、Check out 10:00 一泊二食¥24,000起 www.bouyourou.co.jp

可品嚐越前蟹並泡溫泉的料理旅館望洋樓，雖然僅僅只有10間客房，小而精緻成了望洋樓最大特色。**不論是客房內的露天風呂還是露天大浴場，都可以聆聽到洶湧的日本海海波在岩石間舞動出驚人的聲響**，泡在帶點鹹味可消除肌肉疲勞、更有著美肌效果的美人湯裡，是至高無上的享受。美食、美景、美湯所交相加乘的多重體驗，也難怪會吸引福井藩主松平春嶽來到望洋樓最棒的房間「松風」，與友人把盞言歡了。

芦原温泉

あわらおんせん
Awara Onsen

福井縣最著名的芦原温泉發源自明治16年，開湯已有超過120餘年的歷史，氣氛十足的温泉街上大約有40多間温泉旅館比鄰並列，無論是日本傳統數寄屋造建築形式的小型旅館，或是人情味濃厚又可品嚐到日本海鮮味美饌的觀光級和風旅館，都可以盡情感受到這個每年能夠吸引100萬人造訪泡湯的温泉地所呈現的療癒情緒。

交通路線＆出站資訊

電車：
あわら湯のまち駅◇越前鐵道三國芦原線
芦原温泉駅◇JR北陸本線

出站便利通
◎「JR芦原温泉駅」與越前鐵道「あわら湯のまち駅」相距甚遠，需以巴士連接
◎「あわら湯のまち駅」出站就是溫泉街所在

觀光案內所
あわら市觀光協會
あわら湯のまち駅內
8:30~17:15 休週末、例假日、12/29~1/3
おしえる座ぁ
あわら湯のまち駅內
9:00~18:00 休年末年始
yukemuri.jp/contact
おしえる座ぁ JR芦原温泉駅店
JR芦原温泉駅內
9:00~18:00 休年末年始

金津創作の森

別冊P.32,D3外 從JR芦原温泉駅搭計程車約10分 あわら市宮谷57-2-19 0776-73-7800 9:00~17:00 休週一(遇假日順延)、年末年始 依設施活動有所不同，吹玻璃體驗(約30分)￥3,500 www.sosaku.jp

金津創作の森是一個**讓人感受自然與美學融合的工藝森林**，在親近四季不同表情的大自然中，同時也能夠認識各種藝術創作。園內有創作工房、美術館、野外美術館、餐廳、商店等設施，可看展覽、參加體驗，也可沿著森林中的散步道欣賞藝術作品。**推薦可以從玻璃工房、創作工房所推出的各種體驗中擇一參加，**體會令人感動的藝術醍醐味。

可以在這裡體驗各種創作的樂趣。

《花牌情緣》粉絲必朝聖！

身為《花牌情緣》的粉絲，非到蘆原朝聖不可！由JR 蘆原温泉站步行約5分鐘，就能來到「山室櫻花道」，這裡是千早、太一與新重逢的地方，櫻花飛舞的美麗景色，是漫畫中的名場面之一。車站附近由貨櫃屋組成的5棟a-CUBE，獨家販售雪人丸和爹地熊文創商品，便條紙、馬克杯、購物袋、許願符、珠鏈吊飾…漫畫中的人氣卡通人物全都化為真實，讓人愛不釋手。

銅鑼燒上有《花牌情緣》作者繪製的雪人丸圖案，真讓人捨不得吃呢！

甘党本陣 嵯峨

別冊P.31,B4 從JR芦原温泉駅徒步約10分 あわら市市姫2-16-32 0776-73-0449 8:30~19:30 休週三 スノー丸どら焼き(雪人丸銅鑼燒)￥160 r.goope.jp/awara-sagakashi/

在地甜點名店「甘党本陣 嵯峨」，**老闆娘是個資深漫畫迷，《花牌情緣》作者末次由紀老師還親筆繪製雪人丸圖像給店家**，讓他們能將雪人丸烙印在銅鑼燒上，販售僅此一家、美味又可愛的銅鑼燒。

浅野耕月堂

別冊P.32,D3 越前鐵道あわら湯のまち駅徒歩5分 あわら市温泉4-916 0776-77-2035 8:00~20:00 週二 松乃露16粒入¥486 kougetsudo.net

野耕月堂純天然的原料中，**精選蛋白與砂糖製作出猶如松露般的和菓子松乃露，嚐起來竟像是法式馬卡龍**。由於松乃露完全以手工製作，每天能生產的量不大，有時太晚到還買不到。

松乃露吃起來很像馬卡龍，與咖啡十分對味！

みのや泰平閣

別冊P.32,C4 越前鐵道あわら湯のまち駅徒步10分；預約可於車站接送 あわら市舟津50-1-1 0776-78-5566 Check in 15:00，Check out 10:00 minoya.biz

みのや泰平閣是一間充滿五感情緒的純和風旅館，**從入口開始，就以庭園搭配延續到玄關的石板路，演繹出日本旅館才看得到的優雅靜謐氣氛**。最能感受溫泉魅力的露天風呂和來自日本海的新鮮味覺，都讓人印象深刻，尤其是主廚當日菜單還特意寫上住客名字，讓人備感榮寵。

芳泉旅館

Grandia Housen

別冊P.32,C4 越前鐵道あわら湯のまち駅徒步6分；預約可於車站接送 あわら市舟津43-26 0776-77-2555 Check in 15:00，Check out 10:00 www.g-housen.co.jp

說芳泉旅館是**芦原溫泉鄉最高級的溫泉旅館**也不為過，佔地一萬坪，包含本館「寛粋殿」、新館「煌粋殿」、和風館「貴粋殿」等客房建築，房間裝潢雅致、視野更是優美。圍繞在日式庭園的別邸「個止吹氣亭」有獨立的玄關，房間面對庭院，是較精緻的數寄屋造型。而全館最熱門的，要算是每間附帶露天溫泉風呂的離屋「ゆとろぎ亭」，總共只有12個房間，每間的庭園景觀都不同。

泡湯後最適合來湯煙橫丁小食一頓！

湯煙橫丁

湯けむり横丁

別冊P.32,D4 越前鐵道あわら湯のまち駅徒步1分 0776-77-1877 あわら市溫泉1丁目 17:00~24:00(依各店而異)，大部分店家中午不營業 依各店而異 yukemuriyokocho.com

目前**進駐10家店舖的湯煙橫丁位於車站前的停車場**，火紅的燈籠就像夜市常見的美味象徵招攬著來此泡湯的顧客們，拉麵、海鮮料理、燒烤、黑輪等平民美味應有盡有。

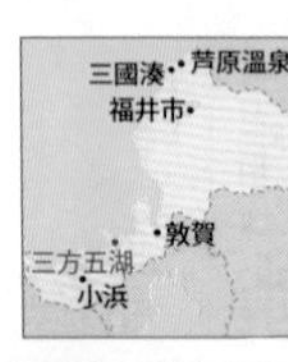

三方五湖

みかたごこ
Mikatagoko

由日向湖、三方湖、久久子湖、水月湖、菅湖等五個大小不一的湖泊，組成佔地面積廣達11,000平方公尺的三方五湖，是福井縣最重要的自然生態區域，從久久子湖通往最大的水月湖之間，可看到330年前修鑿的人工水道「浦見川水路」。在三方五湖乘坐遊覽船，沿途可欣賞許多野鳥，是親近自然景觀最便利的方式。

交通路線＆出站資訊

電車：
三方駅、美浜駅◇JR小浜線

出站便利通
◎三方五湖所一帶，各景點離車站都有段距離，加上巴士班次少，建議考慮自駕或利用觀光計程車較為方便

◎觀光計程車
利用觀光計程車是最便利的方式，可預約一般有推出觀光計程車的車行(可自行討論行程路線與費用)，或是選擇從車站定點出發的觀光計程車(行程固定、不可變動)。若是選擇固定行程，則有2H、3H不同路線的「觀光計程車的乘車券」可選，購買1張乘車券是一台計程車的費用，最多可4人搭乘。
購票地點：在JR西日本（北陸區域）的主要駅內綠色窗口，或是旅行社
依行程內容的固定價格
www.taxi-fukui.or.jp/publics/index/8/
費用皆不包括景點門票
・駅から観タクン 敦賀駅発プラン(車站出發固定行程)
如果重點是想到彩虹觀光道路，可利用從敦賀駅出發的三方五湖巡遊行程(三方五湖レインボーラインを巡るコース)，從敦賀駅~彩虹觀光道路~昆布館~敦賀駅，全程約3小時。到車站內的綠色窗口購買乘車券，再到站前搭乘計程車即可，不須預約。也有往松原及氣比神宮的2小時行程。
2小時￥7,020，3小時￥10,540
www.jr-odekake.net/navi/kantakun

彩虹觀光道路

レインボーライン

別冊P.32,B1　JR小浜線美浜駅開車約15分　三方上中郡若狭町海山~美浜町佐田　www.mikatagoko.com

若想全覽三方五湖最佳的視野，那就是開車經過彩虹觀光道路再至各個景點區觀光。彩虹觀光道路是一條重金打造的公路，連接若狹町海山至美浜町佐田，全長11.2公里，全線山海美景無限，開車兜風正是暢快。而原本收費的這條有料道路，也自2022年10月起變成免費，讓賞景更輕鬆。

一邊開車一邊賞景，飽覽三方五湖美景。

©敦賀観光協会

山頂公園

おすすめ 薦

三方五湖的絕佳賞景點。

別冊P.32,B1 JR小浜線美浜駅開車約20分；氣山駅開車15分 三方上中郡若狭町梅丈岳 0770-45-2678 9:00~17:00，依季節、天氣而異 入園費(包含山頂纜車往返) 大人¥1,000、小學生¥500 www.mikatagoko.com

就位在常神半島的梅丈岳山頂海拔高395公尺，由此眺望三方五湖，是一個**360度的天然展望台**，三方五湖和若狭灣與遠方的翠綠山巒美景，交織成一幅風景畫，自然盡收眼底。公園內有多種設施，不僅有情人參拜的神社，也被認定為戀人的約會聖地，寬闊的山頂公園區域內，有花園、咖啡店、茶屋、賞景足湯等設施，另外也**設置5處不同風情的賞景休憩座位平台**，可享受從不同設施、不同角度，欣賞三方五湖和若狹灣的壯闊美景。

©敦賀観光協会

©敦賀観光協会

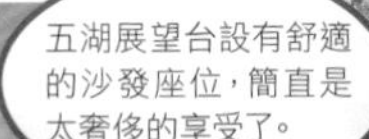

五湖展望台設有舒適的沙發座位，簡直是太奢侈的享受了。

在美浜展望台的天空足湯，邊泡腳邊賞廣闊美景，酷炫方式還入選了Cool Japan Award 2019。

©敦賀観光協会

特殊的名稱來自於形容水質冰涼、甚至可以讓瓜果裂開。

瓜割の滝

別冊P.32,A2外 JR小浜線上中駅徒步約15分 三方上中郡若狭町天徳寺37-1-3 0770-62-0186(名水公園管理組合) 自由參觀 入園免費。若有盛裝瀑布的水，須付清掃協力費¥300

位於若狭町天徳寺境內的瓜割の滝，是從山壁岩塊之間所湧出的一股清泉，據說是1300年前由天德寺開山法師泰澄大師祈求而來的神水，經過好幾層地表層的長時間過濾，有豐富的礦物質融入其中，一整年的水溫維持不變，即使是夏天都是沁涼甘甜。**由於水源環境保持良好，1985年時被選定為百大日本名水之一**，2006年更被認定為福井縣的美味之水。

三宅彦右衛門酒造

別冊P.32,B1 從氣山駅開車經縣道214號線，約10分即達 三方郡美浜町早瀬21-7 0770-32-0303 9:00~17:00 週日，例假日不定休 早瀬浦特別純米酒300ml￥605 www.fukuisake.jp/

三方五湖畔的三宅彦右衛門酒造是**傳至11代的老藏元**，有清澈的水質才能釀造出甘美的日本酒。店內的早瀬浦清酒在清酒愛好者之中十分有名，除此之外，也特別推薦購買冷酒系列，沾口芳香，入喉甘韻，冰冰喝更能顯出其美味。

酸甜清爽的特產梅子酒。

梅の里会館

別冊P.32,B2 JR小浜線三方駅下搭乘往常神的巴士在「別庄川」巴士站下，徒步約2分 三方上中郡若町成出17-4-1 0776-46-1501 8:30~17:00 年末年始 福井梅500g￥1,000、若狹美水(梅酒)500ml￥1,100 shop-ja-tsurugamikata.com/

被稱為「福井梅」的品種，是天保年間從三方町伊良積的富豪農家庭園開始栽種，到了明治時期更是普及成為家家戶戶都種植的產業，每家都會各自以傳統方法釀造梅子酒或作成醃漬品。**梅の里會館便展示販賣三方五湖的梅子，館內有各式各樣的梅子加工品**，梅酒、梅干之外還有梅子饅頭、梅子果凍、梅子醬等。

あそぼーや

Asobo-ya

別冊P.32,B2 JR小浜線三方駅搭乘往「常神」的巴士在「海山」站下，徒步約1分 三方上中郡若 町海山64-9-1 0770-47-1008 須預約(夏季須三天前)，湖上獨木舟2小時起，海洋獨木舟3小時起 各活動依季節價格不同，湖上獨木舟每人￥6,000起，海洋獨木舟每人￥8,800起，費用皆含沐浴、保險 wakasa-asobo-ya.com/home/

在三方五湖可以釣魚、浮潛、潛水、生態健行，最特別的就屬划獨木舟，而這些都在水月湖畔的自然學校あそぼーや中可體驗。開設這些體驗課程的田邊一彥是第二代的民宿老闆，也是土生土長的在地人，從小就在三方五湖中游泳、釣魚，大學前往東京就讀時同樣選擇水上活動的西式划船為社團，為了讓更多人認識自己成長的美麗故鄉，而以觀光、自然、人、心為出發點，提供遊客們許多深入認識三方五湖的最佳方法。若從來沒試過獨木舟，建議選擇2小時的新鮮人體驗，萬里晴空之下，輕鬆地划向湖面中央。

想冒險一下，也可以試試看海洋獨木舟，嚮導會領軍前進無人海灘，並穿梭在岩洞之間。

うなぎの徳右ェ門

別冊P.32,B2 JR小浜線三方駅徒步15分 三方上中郡若狭町鳥浜44-18 0770-45-0039 11:00~14:00 休日本新年、中元節 竹うな重 竹(鰻魚飯 竹)¥4,400、うな丼(鰻魚丼飯)¥2,200起,鰻魚冰淇淋¥450 unagiryouri-tokuemon.com

三方五湖中的三方湖是該區最南端的淡水湖，被指定為拉姆薩條約的保育溼地之一，也盛產鰻魚，因此周邊就有多家鰻魚專賣店。隱藏在鳥浜地區的うなぎの徳右ェ門雖然不太好找，卻照樣吸引老饕們不遠千里而來，**創業已逾110年，特別挑選的鰻魚以關西風味調理，嚐來表皮酥香，而魚肉仍保有柔軟的口感。**

以茅葺式大門作為迎賓第一印象。

就地利之便，餐桌上盡是滿滿的海味。

虹岳島荘

おすすめ 薦

佇立在五色湖畔的秘湯古民家旅館。

別冊P.32,B2 從JR北陸線的敦賀駅轉乘JR小浜線在氣山駅下車。旅館有提供到車站的接送服務，需事前預約 三方上中郡若狭町気山(切追)334-1-8 0770-45-0255 Check-in15:00，Check-out 10:00 一泊二食，兩人一室每人¥14,190起 www.wakasa-resort.jp

五湖中面積最大的水月湖畔邊，佇立著一間**以百年歷史以上、合掌造古民家所移建的溫泉旅館**「虹岳島荘」，25間的客房皆面向湖畔，沿著湖形所建的長廊，充滿了濃濃的大正浪漫氣息，讓來到此住宿的旅客感到相當懷舊，更深受世界級音樂才子坂本龍一的喜愛。

虹岳島荘每間客房的裝潢皆有所不同，從每間房能欣賞到的湖景也不同，而且這裡是**日本秘湯保護會裡的旅館之一**，地下一樓的露天溫泉可一邊享受泡湯樂趣，邊平視欣賞湖面風景。旅館所在的水月湖屬於海水與淡水混和的半鹽水湖，同時能釣到海水魚與淡水魚，深受釣魚愛好者愛戴。傍晚時沿著湖畔散步，眺望被夕陽染橙的湖面，旅館湖畔的風景成為一幅充滿愜意的詩畫。

順遊小浜

日本海岸的若狹灣十分廣大，從敦賀一路向西南延伸，一直到京都府的舞鶴、宮津一帶，沿岸城鎮的發展歷史也相當悠久，福井的小浜、三方五湖在內也都算在若狹灣範圍。尤其小浜地理位置更靠近關西地方，自古就是通往京都的要衝，作為日本海一帶的重要漁場，更是「鯖街道」(さばかいどう)的起點，以豐富食材及悠久發展聞名，不管是從三方五湖或從京都，只要利用JR特急列車就可以輕鬆串聯。

Blue Park阿納

別冊P.3,A5 JR小浜駅乘車約15分可達 小浜市阿納8-4 0770-54-3611 5~11月營業，8:00~15:00(最後入場14:00) 休不定休 釣魚+自己料理體驗¥3,850/人 bluepark-ano.com

若狹灣一帶由於水質佳、海岸地型特殊，十分適合養殖業的發展，**近年許多養殖業者轉型發展觀光，Blue Park阿納便是其中之一**。大型箱網養著許多肥美魚種，遊客可以自己釣魚，再練習製作生魚片、烤魚等料理，自己的海鮮自己釣，好玩又好吃！如果想要親自體驗製作生魚片，一天只有10:00這時段有講師指導，最好事先提出預約。

小浜食文化館

御食国若狭おばま食文化館

別冊P.3,A5 JR小浜駅乘車約7分可達 小浜市川崎3-4 0770-53-1000 博物館、若狹工房9:00~18:00，冬期(12~2月)9:00~17:00 休博物館、若狹工房休週三、12/28~1/5 博物館免費，若狹塗箸研磨體驗¥1,300，濱の湯¥650 www1.city.obama.fukui.jp/obm/mermaid

想要體驗若狹文化，來到小浜食文化館就能一次滿足。在1樓的博物館展示著此區域特殊的飲食文化，除了栩栩如生的模型外，各式解說淺顯易懂。而在2樓的若狹工房中，還能體驗研磨若狹塗箸、製作和紙等，一旁還有溫泉浴場「濱の湯」，和食餐廳「濱の四季」，想吃想玩想泡湯，來這裡就能大大滿足。

敦賀

つるが

Tsuruga

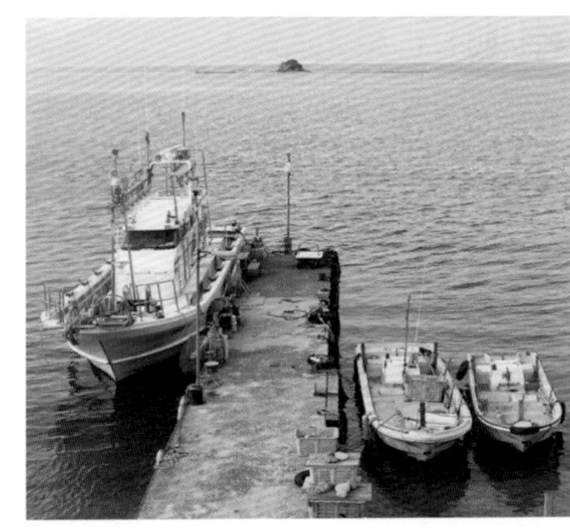

位於福井縣正中央的敦賀地區主要由一座敦賀半島與敦賀灣所組成，三方被山巒所包圍，因為地形關係，敦賀港匯集湍流入海的河川水勢，形成這個自古以來就是著名的天然漁港，即使在嚴寒的冬天，也是日本海沿岸中海潮平穩的地區，可以捕獲鯛魚、比目魚、竹筴魚、鰈魚、目張魚、沙梭魚等等常見的美味魚類，因此也成就了許多灣邊小漁港風景。

交通路線&出站資訊

電車：

敦賀駅◇JR小浜線、北陸本線、JR特急雷鳥號、JR特急白鷺號

出站便利通

◎從關西地方前往敦賀要注意，一樣叫雷鳥號，但有的班次直達金沢，並不會在敦賀停靠，購票劃位前要向站務人員確認是否有到達敦賀

◎敦賀駅距離主要景點稍微有些距離，建議可利用周遊巴士

◎ぐるっと敦賀周遊バス

能夠環繞敦賀市區觀光景點的周遊巴士；從敦賀駅出發繞行一圈，途中經過氣比神宮、松原公園、金崎宮、紅磚倉庫等知名觀光景點，只要看準發車時間，十分方便

路線：敦賀駅前→氣比神宮→キッズパークつるが→博物館通り→金崎宮→金ヶ崎 地→赤レンガ倉庫→松原海岸→松原神社→お魚通り→大鳥居→敦賀

於敦賀駅前發車。觀光路線平日7班次10:00、11:30、12:30、13:30、14:30、15:30、16:30發車，假日再增開5班車

單程￥200，1日乘車券￥500(也可搭乘其它社區巴士)

www.city.tsuruga.lg.jp/communitybus/route/route13.html

觀光案內所

敦賀觀光案內所

敦賀市鉄輪町1-1-19 (敦賀駅交流施設-オルパーク)

0770-21-8686

8:00~19:00

tsuruga-kanko.jp/

大正昭和初期的建築成為博物館新據點，是敦賀港當時用於税關檢查的老建築。

©敦賀觀光協会

人道之館 敦賀博物館

人道の港 敦賀ムゼウム

別冊P.32,C2 ぐるっと敦賀周遊巴士至「金ヶ崎綠地」站、徒步6分 敦賀市金ヶ崎町23-1 0770-37-1035 9:00~17:00、六日例假日~19:00(最後入館閉館前30分) 休 週三(遇假日延隔日休)、年末年始 大人￥500，小學以下￥300 tsuruga-museum.jp/

敦賀博物館是一座面對著敦賀港口的資料展示館，主要**展出各種和敦賀相關的歷史資料**。由於敦賀港在20世紀初為日本對亞洲的最重要港口之一，1939年便有許多受到德國迫害的波蘭、猶太難民藉由敦賀港上陸，經過日本逃往更自由的美國，NHK還曾以此為故事藍本，拍成電視劇《來自日本的救命簽證》，也因為如此，**敦賀港又有人道之港的美稱**。2020年重新整頓後，也擴充展示規模，並搬遷至大正時代的港邊四棟老建築中，將這將近100年的人道美談，持續傳愛。

©敦賀觀光協会

紅磚倉庫

赤レンガ倉庫

別冊P.32,C2 ぐるっと敦賀周遊巴士至「赤レンガ倉庫」巴士站 敦賀市金ヶ崎町4-1 0770-47-6612 9:30~22:00、北棟~17:30(最後入館17:00) 休週三(遇假日延隔日休)、12/30~1/2 ジオラマ館(鐵道模型館)大人¥400、小孩¥200，模型運轉體驗¥100(3分鐘) tsuruga-akarenga.jp

來到敦賀港東側的紅磚倉庫，這棟福井縣境內少數充滿洋風味道的建築物，為1905年由外國技師為了儲存石油，以荷蘭產的紅磚所建造，**是明治時代中期至昭和初期的敦賀港象徵**，到了近代則成為儲藏昆布的倉庫。2009年1月被指定為日本國家有形文化財，在陽光的照耀之下，更讓敦賀港有著濃濃的異國情懷。

北館是昭和年間的街道鐵道模型館，南館則是餐廳。

天清

天清酒万寿店

別冊P.32,C2 ぐるっと敦賀周遊巴士至「氣比神宮」站；敦賀駅徒步15分 敦賀市神楽町1-4-9 0770-22-0296 9:00~18:00 休不定休 酒饅頭¥310/個、皮ようかん(竹皮羊羹)¥380(1入) tense.base.shop/

當地人從小吃到大的傳統點心。

天清是敦賀當地的和菓子老舖，自天保年間創業到現在已經傳承七代，**天清最有名的商品就是酒饅頭了**，以自製酒種製作而成，剛蒸好的酒滿頭香氣撲鼻，香Q有嚼勁的口感十分美味。另一樣名物則是皮ようかん，用竹葉包裹蒸熟，有著竹葉的淡淡香氣，是當地人在敦賀祭時必吃的點心。

氣比神宮

おすすめ 薦

けひじんぐう

別冊P.32,C2 ぐるっと敦賀周遊巴士至「氣比神宮」站；敦賀駅徒步15分 敦賀市曙町11-68 0770-22-0794 6:00~17:00 kehijingu.jp

1300年歷史的北陸道總鎮守，別忘了喝一口長命水！

日本的神社中，「神宮」是最高的存在，由於敦賀良港是早期北陸對朝鮮、中國的玄關口，因此氣比神宮被喻為**「北陸道總鎮守」**，正顯示其地理位置的重要性。位在**入口的大鳥居是這裡的象徵，被喻為日本三大鳥居之一**，有幸逃過戰火，經過多次修復、朱塗，至今仍閃耀著神宮光輝，是國家重要文化財。

每年9月會舉辦盛大的敦賀祭。

境內自然湧出的「長命水」，據説有延年益壽之效。

キトテノワ

Kitotenowa

別冊P.32,C2 ぐるっと敦賀周遊巴士至「博物館通り」站,徒步2分 敦賀市相生町14-29 0770-21-0220 11:00~17:00 週一‧二 今月の野菜たっぷりランチ(本月午餐)¥1,800 www.kitotenowa.com

キトテノワ位在敦賀市區,是一家以蔬食為主的餐廳,利用老屋改造的店面風格清爽,店內**每個月都會更換提供不同的午間蔬食套餐**,有機雜糧米、自家製醃漬蔬菜,搭配上豐富的蔬菜,美味又健康的料理讓人食指大動,是當地的人氣咖啡廳。店內還設有小小雜貨區,不妨在等候餐點時順便逛逛。

健康環保新選擇。

みなとつるが山車会館

別冊P.32,C2 ぐるっと敦賀周遊巴士至「博物館通り」站,徒步2分 敦賀市相生町7-6 0770-21-5570 10:00~17:00 週一(遇假日順延)、假日隔日、12/29~1/3 大人¥300、高中以下免費 tsuruga-yama-museum.jp/

山車會館裡**展出氣比神宮例大祭(敦賀祭)時巡遊的華麗山車**,館內共收納了6台山車,每次會展出3台、定期輪換,因此就算不是祭典期間,也可以好好欣賞山車的精緻做工,另外也有介紹祭典的影片可以欣賞,一旁的別館則有介紹敦賀城主 大谷吉継氏的展示。

©敦賀観光協会

©福井県観光連盟

日本海さかな街

別冊P.32,C2 ぐるっと敦賀周遊巴士至「日本海さかな街」站 敦賀市若葉町1-1531 0770-24-3800 10:00~18:00 不定休 sakanamachi.info

©敦賀観光協会

日本海さかな街號稱是**日本海側最大的海鮮市場**,因為坐擁港口之利,市場裡販售非常豐富的海鮮,還有多家餐廳,可以品嚐到鮮度絕讚的生魚片丼,或者是握壽司、鐵板燒,當然也有福井名物ソースカツ丼(豬排丼)跟越前おろしそば(蘿蔔泥蕎麥),也都是福井的代表滋味。除此之外市場裡還有不少賣店,可以買到當地的菓子、地酒等雜貨。

氣比松原

けひのまつばら

別冊P.32,C2 ぐるっと敦賀周遊巴士至「松原公園」站 敦賀市松島町 0770-21-8686(敦賀觀光案內所) 、自由參觀

氣比松原是位在敦賀灣的一處長滿青松的白色沙灘，傳說是在一千多年前的奈良時代，突然在一夜之間出現，與**靜岡縣的三保松原、佐賀縣的虹之松原並列為日本三大松原**。長達1.5公里的沙灘邊生長著茂密的赤松與黑松，不但美觀且形成天然的涼蔭，使這兒成為福井縣夏日海水浴的好地方。

©敦賀觀光協会

漁師の宿 なかい

別冊P.32,C1 福鉄巴士約30分在「色浜」站即達 敦賀市色浜30-6 0770-26-1723 Check in 15:00，Check out 10:00 一泊二食￥17,050起 sakana-nakai.jp

由現役漁師所經營的民宿，是敦賀的住宿特色之一。なかい在捕魚之外經營民宿、海釣船，讓遊客體會敦賀的海港風情。除了可以預約出海釣魚嚐鮮之外，民宿晚餐更是講究，一年四季都有海鮮上桌，尤其是只有夠新鮮才能夠上桌的涮涮鍋，更是品嚐敦賀港漁獲的美好滋味。

新潟縣

にいがた

新潟怎麼玩

新潟縣幅員廣大，境內有不少旅遊地值得開發，不過交通相對不那麼便利，建議以新潟市與越後湯沢為根據地，這兩地都可以利用上越新幹線直達，從東京出發的話最為方便，而且也很適合前往周邊城市，從新潟市可以前往佐渡來趟小島旅行，越後湯沢則可以跟「大地藝術季之里」十日町串聯，還可以經過上越妙高前往富山、金沢，反之要是從富山過來的話，上越妙高就是最好的中繼點，不妨以這些地點為考量，來尋訪新潟的豐富魅力。

❶新潟市

雖說石川縣的金沢市更為出名，但其實新潟市才是北陸地方的第一大城，這座城市是上越新幹線的終點站，從東京只要利用新幹線便可以直達，走出車站，看到的是整齊規劃的街道、林立的百貨商場，現代的風情以外，其實新潟市自古就繁榮發展，北前船的航運帶來了財富，也遺留下多棟充滿歷史故事的豪邸，加上近年古町、沼垂一帶的復興，讓這裡融合了現代與古典風情。

❷佐渡

從新潟港搭乘噴射汽船只要65分鐘便能到達，佐渡島在數百年前的幕府時代乃是流放政治犯與思想犯的地方，有些甚至是王公貴族或佛教高僧，由於和本州一有段距離，沒有過多的外在影響，島內保存了許多文化瑰寶。這裡曾是日本最大的金礦產區，也曾是日本最後一羽朱鷺嚥氣的棲息地，雖然帶有那麼一絲悲劇英雄感，更多的是島嶼純樸的清新氣息，來到島上放慢腳步，隨意走走，感受島上最自然的風貌與最純樸的民情吧。

❸上越・妙高

說到新潟，就不得不提及他的古名「越後國」，而越後最有名的，當然就是軍神上杉謙信了。上越市就是上杉謙信的出身地，市區內有不少謙信公的淵源之地，每年還會舉辦「謙信公祭」，重現戰國時的對陣場景，鄰近的妙高市則坐擁妙高山、火打山等山地資源，不僅可以登山賞景，冬日也可以享受滑雪，還有不少溫泉地能夠來趟泡湯之旅，加上在地農家的體驗，豐富活動與悠閒氣氛讓人嚮往。

❹十日町市

十日町最有名的就是以「世界最大規模戶外藝術季」聞名的「越後妻有大地藝術季」，每三年一輪的藝術季期間都會吸引來自全球的藝術愛好者參與，也因有許多藝術作品都被保存下來，就算不是藝術季期間，也可以深入在地、尋訪鄉里之間讓人驚喜的藝術創作。藝術以外，這裡也是重要的農地，順著地勢而建的梯田是最具代表的景觀，廣闊的田園風景四季皆美，加上天然的農產品、道地的へぎ蕎麦，美味的鄉土料理也讓人難忘。

❺越後湯沢

著名的滑雪勝地，距離東京只要1小時左右車程，而且從車站出來就有多處滑雪場，冬天時新幹線甚至還會增開停靠車站，讓旅客一出站就抵達滑雪度假村、輕鬆享受滑雪氛圍，就連大熱門的苗場滑雪場也在湯沢範圍。最棒的是，越後湯沢同時也是溫泉地，多家溫泉旅館讓你選擇，還可以到車站內店鋪品嚐新潟全縣的美酒，盡情享受滿滿的雪國氛圍！

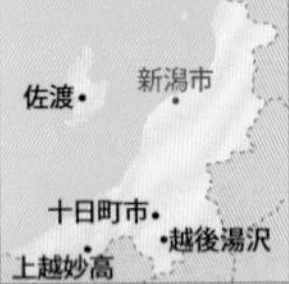

新潟市

にいがたし
Niigata City

新潟市是上越新幹線的終點站，這裡也是北陸及信越地方的第一大城，車站與購物商場共構不説，附近百貨、電器屋林立，市中心的万代一區也集中了不少店家、百貨、飯店。其實新潟發展歷史悠久，幕末時期更是通商的重要港口，加上盛產好米好酒，因此誕生不少富商，到市區一遊，不僅可以看到現代繁華，還能夠從豪華的老宅窺見從前繁榮的一面。

交通路線&出站資訊

電車：
新潟駅➪上越新幹線、越後線、信越本線、白新線

巴士：
◎アミー号➪於東京駅發車經新宿南口，開往新潟駅的夜行巴士，每天深夜出發，約早上6:30抵達新潟駅。單程約6小時，約￥4,200
東京駅發車：23:45、24:25，新宿駅南口發車：24:25
www.amy-go.com/
波動式票價依日期而異，確定票價須上網查看
◎新潟交通➪於池袋駅東口搭乘開往新潟駅的新潟交通巴士，7:00~23:30，一天8班次(含23:00發車的2班次夜行巴士)，至新潟駅單程約￥4,700~6,900(依日期而異)，約7小時
www.niigata-kotsu.co.jp/

出站便利通
◎新潟駅可分為万代口(北口)及南口方向，南口可再細分為西口、東口兩側，但主要觀光景點、百貨都在万代口方向
◎觀光循環巴士也在万代口搭乘
◎與車站直結的商場CoCoLo分成多區，建議先確認好想去的店家在哪一區，避免浪費時間

市區交通
新潟市観光循環巴士
從新潟駅万代口2號乘車處出發，開往市區主要景點後再回到車站，一天16班(暑假增至23班，冬季7~14班)，車體依在地特色彩繪成綠色、橘色2種不同車體，可以抵達白山公園、Pier Bandai、新潟市歷史博物館、舊小澤家住宅、舊齋藤家別邸等景點
單程大人￥210、小孩￥110；1日乘車券大人￥500、小孩￥250
www.city.niigata.lg.jp/kanko/kanko/kankobus/kankobusnitsuite.html

新潟港
若打算前往佐渡島，可以從万代口巴士總站3號乘車處，搭乘新瀉交通市區巴士「佐渡汽船線」前往港口，車程約15分，車資￥210。下了巴士後，搭乘手扶梯上至三樓大廳，可以在此買票、搭船
新潟市中央區万代島9-1
025-245-5111
www.sadokisen.co.jp/

觀光案內所
新潟駅万代口観光案内センター
新潟駅万代口(駅前)
025-241-7914
9:00~18:00
休 12/31~1/2
www.nvcb.or.jp/bandaiannai

當然也有可以品嚐新潟美酒的「ぽんしゅ館」，位在西館裡。

也有名列日本三大銘菓的越乃雪、連續三年獲得金獎的Yasuda Yogurt。

おすすめ 薦 CoCoLo新潟

別冊P.33,E4 新潟駅出站即達 新潟市中央區花園1-1-1 (JR新潟駅內) 025-243-7306 本館9:00~20:30，依店舖而異 www.cocolo-station.jp/pc/?sc_name=niigata

分為本館、中央、東、西、南、万代等區，超多店家等著你逛！

CoCoLo新潟是由JR東日本子集團設立的車站共構商場，名字取自日文「心」發音的「こころ」(CoCoLo)，在新潟駅、長岡駅、越後湯沢駅三個車站內都有開設，**主要販賣新潟縣物產**，再加上各地特色。像新潟駅內的CoCoLo就有**在地各種名物**，ガトウ専科的白銀サンタ、竹徳かまぼこ的玉子魚糕、河川蒸気本舗的點心、念吉的果仁蛋糕プラリネ、大阪屋的万代太鼓，新潟人從小吃到大的點心都找得到！

當然也有其他地方的食材，像是以長崎鮪魚做成的「本鮪のお造り盛り合わせ」，吃得到鮪魚不同部位的鮮美。

いかの墨 新潟駅前店

Ikanosumi

別冊P.33,F3 新潟駅万代口徒步約2分 新潟市中央區東大通1-5-24 025-242-0510 17:00~24:00 のっぺ(蔬菜煮)¥630、本鮪のお造り盛り合わせ(黑鮪魚生魚片)¥1,480 www.yonekura-group.jp/shop/ikanosumi

いかの墨就位在車站前方，這裡**提供當季的地產食材**，像是北陸地區的特產のど黒(黑喉)、來自佐渡的新鮮漁獲，或是日本海產的松葉蟹，**新潟食材以外，店內也有提供在地的鄉土料理**，滿滿鮭魚卵的丼飯、以多種蔬菜煮成的のっぺ，還有長岡的栃尾ジャンボ油揚げ，就連米飯都是佐渡產的越光米，每一口都是用心的道地滋味。

炸豬排 政

とんかつ政ちゃん 沼垂本店

別冊P.33,F1外 新潟駅徒步約20分 新潟市中央區沼垂東5-12-1 025-245-2994 11:00~15:00、17:00~21:00 休元旦 タレかつ丼(並)¥1,410 www.masachan.co.jp

到新潟要是只有吃海鮮、拉麵，而錯過了炸豬排，那可不行。新潟的豬排稱為「タレかつ」(醬汁豬排)，與一般另外淋上醬料的豬排不同，做法是**將炸好的豬排浸入醬汁，再放到飯上**，是新潟人從小吃到大的口味。**政ちゃん從昭和40年(1965)開業**，特製的甘甜醬汁與豬肉的鮮美相得益彰，不僅受到當地人喜愛，也是許多遊客會造訪的店家。

Bandai City

別冊P.33,D3 新潟駅万代口徒步約10分，可搭乘觀光循環巴士白山公園線於「万代シテイ」站下車 新潟市中央區万代1-6-1 025-246-6424 9:00~20:00，依各百貨而異，詳見官網 www.bandaicity.com

Bandai City是新潟市中心最重要的百貨區，為什麼説是「區」，其實是因為它不只是一棟百貨，而是**由多家百貨、巴士中心、飯店等設施構成的購物商城**，分為LoveLa、LoveLa2、伊勢丹、BILLBOARD PLACE、BP2等，其中**LoveLa系列風格較為年輕**，Bershka、ABC MART、GAP、H&M、studio CLIP等服飾以外，どんぐり共和国、Can★Do、Loft之類的雜貨，甚至NGT48劇場也在其中，而且就位在Bandai City外圍，不妨從這裡先逛起。

今代司酒造

別冊P.33,F2外 新潟駅万代口徒步約15分 新潟市中央區鏡が岡1-1 025-245-0325 9:00~17:00 休12/31~1/3 酒藏見學免費，英文導覽收費¥400(需網路預約) imayotsukasa.co.jp

今代司酒造是新潟市區**知名的百年酒造，創業於1767年**，來到酒造，不只可以到現代風設計的賣店選購名酒，還**可以到老酒藏免費參觀**，由職人帶領你認識酒造歷史與釀酒知識，老招牌、釀酒道具都充滿歷史感，也可以試飲藏元生產的各種日本酒，而且酒造距離車站不遠，想要認識新潟清酒的歷史，不妨到這裡一遊。

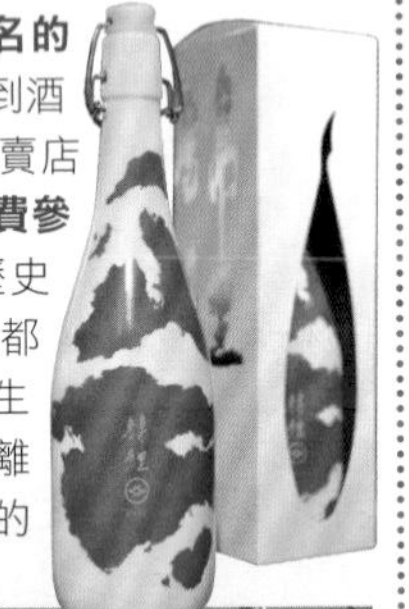

以90年古民家改造而成的民宿なり。

沼垂露臺商店街

沼垂テラス商店街

別冊P.33,F2外 新潟駅徒步約20分；可從新潟駅搭乘新潟交通巴士在「沼垂四ツ角」站下車，徒步2分 新潟市中央區沼垂東3-5(事務所) 025-384-4010 依店舖而異 休大多休週二、週三，依店舖而異 nuttari.jp

Ruruck Kitchen販賣的「沼ネコ焼」是商店街的名物。

沼垂露臺商店街是新潟的風格商店街，沼垂(ぬったり)一帶原本是當地市場所在，後來人潮不在，只遺留下充滿昭和情調的商店街樣貌，2010年開始逐漸有新店家開設，現在這裡**有將近30家店舖，雜貨、餐廳、咖啡、首飾店，還有陶藝與玻璃工房，多樣化的年輕店舖**為商店街注入活力，也是當地年輕人喜愛的另一條小街道。

Hotel Mets Niigata

おすすめ 薦

ホテルメッツ新潟

不僅位置超方便，小細節更是處處用心。

別冊P.33,E4 新潟駅西側聯絡通路徒步約1分可達 新潟市中央區花園1-96-47 025-246-2100 check in 15:00，check out 11:00 www.hotelmets.jp/niigata

維持著JR東日本飯店一貫的品質，**飯店與車站直結，出站後沿著西側通道的指標前行，就可以輕鬆抵達飯店大廳**，不用擔心行李上下的問題。飯店大廳現代感十足，簡約明亮的設計，讓人備感放鬆，備有茶包、熱水，一旁還有飲水機供應谷川連峰的天然水，讓在大廳休息、等候的時光，都有新潟純淨的水源可以享用。

延續了大廳的現代風格，客房設計同樣清爽，而且**每間房內都是席夢思的高級床鋪**，讓房客可以好好休息。除此之外，每天早上更可以到一樓的餐廳魚沼釜藏享用早餐，可以吃到新潟的各種名物料理。

以新潟的好食開啟一天的旅程。

北方文化博物館

おすすめ 薦

ほっぽうぶんかはくぶつかん

別冊P.33,F4外　從Bandai City巴士中心搭乘經沢海開往秋葉區役所的巴士，於「上沢海博物館前」站下車徒步2分　新潟市江南區澤海2-15-25　025-385-2001　9:00~17:00、12~3月~16:30；館內免費導覽10:30、12:00、13:30、15:00　大人¥800、小孩¥400，預約味噌藏用餐則門票可享優惠價　hoppou-bunka.com/chinese

興建於明治20年(1887)的豪宅，代表新潟當年繁榮，還有許多讓人驚嘆的看點。

北方文化博物館又名「**豪農之家**」，踏入這幢**佔地8千8百坪的日式豪邸**，不難想像當年主人的財力多麼雄厚。這裡是伊藤家的宅邸，江戶中期以來，伊藤家就在澤海一帶從事農耕，歷經幾代發展後，不僅是當地的大地主，更將觸角伸到雜糧、當鋪、倉庫儲物等行業，成為大富商，二戰之後因為土地改革，便將土地捐出，而這棟**建於明治年間的豪宅則改為戰後第一間私立博物館**，才得以保存，讓後人一探當時富豪的生活樣貌。

博物館的建築與庭園都有許多看點，像是主屋裡長達30公尺、作為屋樑的一整根杉木，或是將近100疊的寬敞大廣間，可以欣賞庭園四季之美，還有獨特的三角形建築三楽亭，建築之美讓人目不暇給，若是時序對了，還可見到粉嫩櫻花、奼紫垂藤、雅淨蓮花，當然還有火紅的楓葉以及冬日雪景，與豪邸相互映襯，更顯四時之美。

赤松洞穴大日如來立像，以樹齡350年的赤松雕成，這株松木還是由第五代家主手植的呢。

世界壽司

せかい鮨

別冊P.33,F2外　新潟駅徒步約20分　新潟市中央區沼垂東4-8-34　025-244-2656　11:00~14:00、17:00~21:00(L.O.20:30)　週一、二、不定休　新潟すし三昧 極み(壽司套餐極)¥4,000　www.sekaisushi.com

新潟市內的老舖「せかい鮨」，吉澤師傅**以十種不同種類的「極」壽司套餐，用最直接的方式，向顧客介紹了日本海的鮮美珍味**。剛從海中撈上來的甜蝦(在新潟叫做南蠻蝦)、柳鰈魚、烏賊等，借師傅之手與極品越光米緊密結合，油花豐富彈力十足不用説，沾著特製的南蠻蝦醬油，配上一杯日本清酒，心情就像搭電梯一樣直往上升，絕頂享受又滿足。

舊小澤家住宅

きゅうおざわけじゅうたく

別冊P.34,B2 觀光循環巴士「北前船の時代館前」站下車 新潟市中央區上大川前通12-2733 025-222-0300 9:30~17:00 週一(遇假日順延)、假日隔日、12/28~1/3 大人¥200、中小學生¥100 www.nchm.jp/ozawake/

江戶到明治年間，航行在日本海上串聯大阪、北陸、北海道、東北的船商被稱作「北前船」，這些船商不僅運送物流人流，也促成了各地區的文化交流，新潟也是船商們停靠的大港，**小澤家就是新潟當地的船商**。這裡從前**兼做住宅與店舖之用，因為保留了新潟町家的樣式**，於平成年間被指定為市的文化財，也作為資料館對外開放。除了可以看到新潟町家特色，庭園裡還能看到紀州石、佐渡赤玉石等來自各地的石材。

餅菓子店 さわ山

別冊P.34,B1 觀光循環巴士於「北前船の時代館前」站下車，徒步3分 新潟市中央區夕栄町4513 025-223-1023 8:00~18:00 週二(偶有一、二連休) 草もち¥135、大ふく(大福) ¥135 www.sawayama-dango.com/

要是在新潟問當地人哪家大福最好吃，さわ山一定榜上有名。這裡是**當地知名的和菓子老舖**，大正時代就已創業，備受當地人喜愛，**以薄薄外皮包裹豐富餡料的大福最受歡迎**，但其實不論是羊羹、笹だんご、草もち都各有擁護者，就連簡單的豆もち也吃得出店家的功夫，喜歡傳統和菓的話，記得到這裡一趟。

事先預約，就能在樹蔭綠影陪伴下，觀賞美麗的藝妓舞蹈表演。

おすすめ 薦

舊齋藤家別邸

きゅうさいとうけべってい

新潟第一個國指定名勝。

別冊P.34,A2 觀光循環巴士「北方文化博物館新潟分館」站下車，徒步2分 新潟市中央區西大畑町576 025-210-8350 9:30~18:00、10~3月~17:00 週一(遇假日順延)、假日隔日、12/28~1/3 大人¥300、中小學生¥100 saitouke.jp

齋藤家別邸是當地富商於大正7年(1918)開始，耗時4年建造完成，善用沙丘地形，**以水池為中心打造景致秀麗的迴遊式庭園**，屋舍面向庭園的一側拉門可以完全打開，享受賞景絕佳視野。坐在屋內榻榻米上，品嚐清甜和菓子佐以微苦的抹茶，涼風輕拂，流水潺潺，再詩情畫意不過。或是上到二樓，在樹蔭綠影陪伴下觀賞一場藝妓舞蹈表演，在如此和風詩意的加持下，也讓人心領神會藝妓的舞蹈意境。

新潟古町藝妓

幕末時期曾是日本五大開放口岸之一的新潟，繁榮熱鬧了百來年，因此新潟古町藝妓也與京都祇園、東京新橋的藝妓齊名，現在想要欣賞新潟藝妓美麗身影的話，最佳場所非舊齋藤家別邸莫屬，不僅可以欣賞演出，還能夠與藝妓一起玩小遊戲，體會新潟的藝妓文化。

Pier Bandai

ピアBandai

別冊P.34,D3 觀光循環巴士於「ピアBandai」站下車 新潟市中央區万代島2 025-249-2560 9:00~21:00，依店舖而異 休依店舖而異 www.bandai-nigiwai.jp

Pier Bandai是坐落在万代島上的**海鮮、蔬果市場**，這裡**集結了新潟最新鮮的食材**，可以在万代島鮮魚中心裡找到大隻螃蟹、新鮮漁獲，也可以在產直市場裡找到農家直送的當地蔬果，而且不只適合當地人的大份量，也有觀光客能夠輕鬆入手的小包裝商品或熟食類商品，此外這裡**也聚集了海鮮食堂、迴轉壽司店，還有新潟當地知名的咖啡**，不管是要了解新潟物產、逛逛市場，或是想大飽口福，都可以到這裡來！

最適合睡晚一點，再來這裡享用奢華的海鮮丼早餐。

地魚工房

ピアBandai 025-244-6181 平日9:30~15:30、週末及例假日9:00~ 休週二 特產海鮮丼￥1,200

地魚工房是由**新潟漁協直營的食堂**，從早上就開始營業，因為是由魚協經營，可以用合理的價格吃到最新鮮的海產，**尤其推薦特產海鮮丼，一碗丼飯裡放了七種正當季的海鮮**，章魚、透抽、甜蝦、鮭魚卵、鰤魚、鯛魚、石垣貝，每一種都是吃得出來的新鮮甘美，配上白飯，再搭配加入南蠻蝦的味噌湯，超值美味讓人大呼滿足。

佐渡廻転寿司 弁慶

おすすめ 薦

ピアBandai內 025-255-6000 10:30~21:30(L.O.21:00) 休週三 ￥140~750 /盤(依盤子顏色區分) sado-benkei.com

想品嚐佐渡的美味海產，記得提早來，弁慶可是超人氣排隊名店呢。

新潟除了米、酒之外，海鮮也十分出名，市區裡有多家**迴轉壽司店**，而弁慶可以說是其中的**超人氣店家。弁慶主打的是佐渡島直送的新鮮魚貝**，以每天早上在佐渡捕獲的海產為材料，搭配上百分百佐渡產的越光米，由職人熟練的手法，做出一個個搭配恰好的握壽司，完美呈現出海鮮的美味，從店內此起彼落的點菜聲就能知道顧客有多滿意。

記得大著膽子向師傅點菜，現點現做的滋味就是不一樣！
佐渡産

踏入店內就可以聞到撲鼻咖啡香。
NIIGATA COFFEE

BAY STANDARD by SUZUKICOFFEE

ピアBandai內 025-244-7500 10:00~18:30，依季節而異 休不定休 本日のコーヒー(本日咖啡)￥250 suzukicoffee.co.jp/

SUZUKICOFFEE是**當地營業許久的咖啡豆批發店家**，而這一家分店則是第一家實體店面，讓一般顧客可以直接品嚐到嚴選咖啡的滋味。喜歡咖啡的人來到這裡一定會很高興，因為店內**販售來自世界各地的各式咖啡豆，也找得到新潟獨有的雪室咖啡**(放在雪屋裡熟成的咖啡豆)，當然也有提供現飲的咖啡飲品，不妨先喝一杯再來慢慢挑選買豆。

白山神社

はくさんじんじゃ

別冊P.33,A3 觀光循環巴士於「白山公園前」站下車 新潟市中央區一番堀通町1-1 025-228-2963 自由參拜 www.niigatahakusanjinja.or.jp

白山神社是**新潟的總鎮守，歷史已經超過千年**，主祭神是「菊理媛大神」(くくりひめ)，又被稱作「白山大神」，相傳日本神話中創世神伊邪那岐、伊邪那美夫婦二人吵架時，就是由她調停和好，白山神社因此被認為是**結緣神社**，不管是愛情、親情，又或是工作、生意上需要的善緣，都受其庇佑，備受當地人尊崇，每年新年參拜更會湧入超過18萬人參拜。

青島食堂 東堀店

別冊P.33,B3 觀光循環巴士「白山公園前」站下車，徒步2分 新潟市中央區東堀通1-495 025-222-5030 11:00~15:00、17:00~19:00 青島ラーメン¥800~

青島食堂其實是長岡的拉麵名店，是**以生薑醬油底出名的拉麵**。想要品嚐這碗美味的話，白山神社附近的東堀店最為便利，在點餐機按一按，稍微排一下隊，就能進到店內，小小的店面裡只有吧檯座位，切叉燒、瀝乾麵條、調配湯底，烹調全程都在眼前進行，上桌的拉麵果然也不負期待，**以豬骨加入生薑、洋蔥等蔬菜熬煮，讓湯頭爽口甘醇**，叉燒更是軟嫩入味，搭配上粗細恰好的自家製麵，讓人忍不住呼嚕呼嚕吃光整碗。

加¥50可以多加蔥花或其他配料。

はり糸 本店

別冊P.33,B2 觀光循環巴士於「東堀通六番町」站下車，徒步3分 新潟市中央區古町通5-618 025-228-4471 9:30~18:30 カステラ1斤¥2,000、カステラ四姉妹¥950 ful-5.net/hariito/

はり糸是當地的甜點老店，創業於明治6年，是**新潟第一家販賣長崎蛋糕的店舖**，使用新鮮雞蛋製成的蛋糕，有著傳統樸實的香甜滋味，深受在地人喜愛，近年更不時推出新口味，除了蛋糕以外，**店內販賣的「善哉最中」也很值得一試**，酥脆的最中裡包裹著紅豆求肥，中和了甜味，十分美味。

上古町商店街

かみふるまち

別冊P.33,A3 觀光循環巴士「白山公園前」站下車 新潟市中央區古町通 025-225-0354(上古町商店街振興組合) 、休依店鋪而異 www.kamifuru.info

新潟市區除了百貨聚集的車站前區域，古町一帶的商店街也有許多店家，尤其白山神社鳥居正對面的上古町商店街，這裡不僅**找得到歷史悠久的老店，還有許多新開的小店舖**，可以說是**當地年輕人、文青聚集的街道**，想要找些不一樣的店家，或是感受一下在地悠閒風情，都很適合到這裡一逛。

hickory03travelers

おすすめ 薦

新潟市古町通3-556 025-228-5739 11:00~18:00，週日~17:00 休週一(遇假日順延) $浮き星(浮星)¥648/罐 arekore000.com/

小小店內都是新潟的特色設計，絕對值得挖寶！

上古町商店街裡最有人氣的就是hickory-03travelers了。看起來小小一間的店舖內，**所有商品都是嚴選的新潟好物，像是與當地百年老舖合作推出的小點心「浮き星」**，將在地人熟悉的傳統米菓「ゆか里」做成繽紛的色澤，加上趣味設計的包裝，就成了大熱門的新潟伴手禮，還有來自日本最大的食器產地「燕三条」的餐具，或是當地作家的陶藝、布包品牌作品，每一樣都是新潟獨有，展現出地方活力，也讓這裡成為必訪店家。

店內還有座位區，也可以坐下好好享受。

久遠巧克力 新潟

久遠チョコレート 新潟

新潟市中央区古町通3-557-3 025-201-8302 10:30~18:00 休週二 $巧克力飲品¥300~ aopoco.com/quonchocolate-niigata.html

久遠巧克力是**由名家野口和男監製的巧克力專賣店，以雇用身心障礙者為號召並指導**，使用了優質可可豆手工製作出每個巧克力。而且口味發想善用當地特產，風味多變且富有巧思，也因此即使許多地方都有分店，還是很值得一逛。店裡不僅有各種巧克力，也有巧克力飲品，還有**話題的冰棒「至高のアイス」**，可以選擇冰棒的口味之後，現場裹上牛奶、檸檬或白巧克力的外皮，濃郁口感外硬內軟，是備受好評的一品。

加入米麴的抹茶多了一股甜香。

古町糀製造所 古町本店

おすすめ 薦

新潟市中央區古町通2-533 025-228-6570 10:00~17:00 休週二 $糀·抹茶¥410 www.furumachi-kouji.com

賦予傳統米麴新樣貌。

新潟的酒十分出名，除了清酒以外，甘酒也一樣有名，而所謂「糀」就是指甘酒的原料「麴」，**古町糀製造所與今代司酒造、峰村釀造這兩家在地老店合作，活用兩家釀造老店的技術與經驗，推出了以麴為中心的產品**，口味多變的甘酒以外，還有冰淇淋、點心、果醬，甚至是化妝品，每一樣都是對美容與健康有效的商品，十分受到歡迎。

佐渡

さど
Sado

16~18世紀，佐渡島曾經以黃金礦業輝煌300多年，礦脈一處在佐渡金山，另一處為西三川；隨著金礦逐漸枯竭，原本集聚的淘金客一一散去，佐渡島變得沉寂。若想認識佐渡島過去這段黃金歲月，可以到佐渡金山的宗太夫坑參觀昔日金礦坑道，想體驗動態的，可以到西三川黃金公園玩玩淘金，而島上悠閒的步調與天然海景也十分吸引人，不妨放慢腳步慢慢體會小島魅力。

交通路線&出站資訊

佐渡汽船

新潟港~兩津港

噴射汽船Jetfoil一天約6班，新潟至兩津只要1小時5分，單程¥7,260起。渡輪Car ferry一天約5班，單程¥3,170起，需2小時30分

直江港~小木港

高速渡輪Fast car ferry一天約2班，單程¥3,380起，約2小時40分

www.sadokisen.co.jp

島上交通

新潟交通佐渡巴士

佐渡島全區域共有14條路線，假日時還會加開班次，或是特別路線來方便觀光，還販售適合觀光的票券有1日券¥1,500、2日券¥2,500、3日券¥3,000，小孩半價，在佐渡各大交通樞杻，如兩津港、小木港、佐和田巴士中心、路線巴士內等皆能買到

www.sado-bus.com/route

定期觀光巴士

除了路線巴士，也有推出方便的觀光巴士行程，可於網路事先預約，若當日仍有空位，亦接受當日報名。有多條路線，遊覽佐渡金山、北沢浮遊選礦場、尖閣灣、朱鷺之森、宿根木集落等主要景點，路線依季節而異，詳見官網

www.sado-bus.com/sightseeing

觀光旅遊攻略

◎想要到佐渡，最方便的便是搭乘新幹線至新潟，再至港口搭乘渡輪，大概光是交通就要花上半天，建議搭乘早上的班次，或是提前一晚至新潟住宿

◎想預約購票，乘船日向前推2個月起可在佐渡汽船官網訂購，尤其6~7月小學修學旅行相當多，此期間前往更需注意預訂票。官網訂購完成後會收到一封有QRCode的回函，乘船當日持該QRCode即可刷碼登船

夫婦岩Drive Inn

めおと岩ドライブイン

佐渡島的B級美食天然炸鰤魚丼。

別冊P.35,A3 從佐渡金山開車約13分 佐渡市高瀬1267-5 0259-76-2511 8:00~17:00，午餐11:00~14:30(L.O.14:00) 海鮮丼¥1,500、ブリカツ丼(天然炸鰤魚丼)¥1,320 sado.meoto.net

七浦海岸奇岩怪石臨海而立，其中夫婦岩一陰一陽的奇妙組合則讓人看得嘖嘖稱奇。除了奇妙的海蝕地型之外，位在七浦海岸的夫婦岩前，夫婦岩Drive Inn是間提供賣店與餐廳的旅館。賣店裡滿滿的土產，當作伴手禮最適合。賣店一側的餐飲空間，充滿**大眾食堂**的風格，**隔著大片玻璃窗便能看見室外夫婦岩的美景**，視野開闊，用起餐格外舒暢。

滿滿各式美味集合的海鮮丼。

兩津港

兩津是佐渡島上對外通聯的三個港口之一，由於與新潟港相通的船班較多，較常被利用。一出碼頭便會經過的Sea Town，除了有一般的土產賣店，也有海鮮可以吃，不趕時間可以在此先逛逛。兩津港邊有多家租借汽、機車的店舖，下船後可以隨處比價，但若是遇到旅遊旺季，最好還是上網預定才好。通常在佐渡租車24小時的價格在¥7,000上下(依車型大小而異)，汽油費用大約¥2,000~3,000。

盆舟
たらい舟

小木港是佐渡對外聯絡的另一個港口，來到這裡，不但有食堂、賣店，更是要來體驗「神隱少女」裡的盆舟！佐渡特有的盆舟，外觀像超大型木造澡盆，材質非常環保，從釀完酒退役的大木桶重新打造而來，盆舟原是島民為方便補捉海鮮，而設計出方便於岩石間活動的交通工具，現則提供給遊客搭乘，成為新奇有趣的觀光體驗。除了小木港可以體驗盆舟之外，在矢島·経島這裡也有體驗，而且風景更加優美，若時間充裕且天氣大好時，不妨將行程改至矢島·経島體驗。

佐渡市小木町1935(小木港)
3~10月下旬8:30~17:00、10月下旬~11月下旬8:30~16:00、11月下旬~2月9:00~16:00
大人¥700、小孩¥400
park19.wakwak.com/~rikiyakankou(力屋觀光汽船)

宿根木

おすすめ 薦

しゅくねぎ

小小的木造村落保存著百年前的古老船屋，郵局、塩屋。

別冊P.35,A4 從小木港開車約10分 佐渡市宿根木 自由參觀 shukunegi.com 現在仍有人住在這一區中，參觀時切勿大聲喧鬧

位在佐渡島最南端的宿根木，是**佐渡島上唯一一處「重要傳統建造物群保存地區」**，這一帶曾是江戶時代「北前船」的停靠地，因此而盛極一時，發展出來的港町仍保留著當時船大工建築的樣式。巷弄間有106間房舍，大多都是以厚木板架成的二層樓房屋；依照所在地型而蓋成「三角」樣式的三角家，是這裡的拍照景點，也説明了這一帶房舍的密集程度。

別忘了抬頭看看屋頂，為了以木片堆疊的屋頂被海風吹走，這裡還保留著在屋頂壓上石頭的習慣！

淘出來的金砂可帶走做紀念，或請園方代為加工做成吊飾。

西三川黃金公園

別冊P.35,A4 從小木港開車約20分；從兩津港開車約45分 佐渡市西三川835-1 0259-58-2021 5~8月8:30~17:30，12~2月9:00~16:30，3~4月及9~11月8:30~17:00 大人¥1,200、小孩¥1,000(票價含採金體驗) www.e-sadonet.tv/~goldpark

來到佐渡，一定要來淘金砂！先在館內參觀一圈，**了解當年西三川地區的採金方式**(與相川佐渡金山的方式不太一樣)，接著便**可以親自在水池中淘出金砂**，負責人説這些砂石全是從河床上運來，裡頭的金砂是純天然的，可不是他們自己另外加的哦！淘金體驗教室裡頭有數十條像洗手檯的水槽，先站定位，接著把淘金盆有一條條溝槽的那面，朝外來回上下晃動，這時候砂石會順著水流跑出盆外，如此重複數十次後，就會看到在殘餘灰黑砂石中，出現金光閃閃的顆粒！

由於位在西邊，這裡可是眺望夕陽的最佳位置！

SHIMAFUMI

しまふぅみ

別冊P.35,A3 從兩津港開車約40分 佐渡市大小105-4 0259-55-4545 10:00~16:00 休週三 www.primosado.jp/shimafumi/

想要找間**能望向大海的休閒空間，又能喝到美味飲料、品嚐好吃麵包**，那麼來到SHIMAFUMI定能大大滿足。以烘焙起家的SHIMAFUMI，以簡單的當地食材並發揮其特性，做出一個個最美味的西點麵包，名符其實的「島風味」吸引許多當地人會特地驅車前來購買。除了麵包，也提供搭配上麵包的各式餐食，天晴時坐在室外席，一邊眺望大海一邊品嚐美味，最是愜意。

©公益社団法人新潟県観光協会

也可搭上可看到水底的透視船，欣賞水中生物。

尖閣灣揚島遊園

別冊P.35,A2 從佐渡金山開車約20分，從両津港開車約50分 佐渡市北狄1561 0259-75-231 8:00~17:00(依季節略有不同) 入園：大人¥500、小孩¥300，入園+玻璃船：大人¥1,400、小孩¥800 sado-ageshima.com/

尖閣灣位居佐渡島西北方，**為50萬年前海底火山爆發，岩漿衝出海面凝固成岩石，形成揚島峽灣奇景**。長約3公里的海岸線幾乎全被突出海面的削尖筆直岩石佔據，搭乘遊船行駛在其中，相當驚心動魄；船上備有中文語音導覽解說，清楚地對遊客解說沿途行經的奇景。每年5月下旬至6月，岩壁上還會長出橘紅色的「岩百合」、冒著可愛小花的「甘草」等。

朱鷺之森公園

トキの森公園

別冊P.35,B3 從両津港開車約20分；從両津港搭乘南線巴士於「トキの森公園」站下車 佐渡市新穂長畝383-2 0259-22-4123 8:30~17:00 週一(3~11月無休)、年末年始 大人¥400、中小學生¥100 www.city.sado.niigata.jp/site/tokinomori/1161.html

位在佐渡島東側的朱鷺之森公園，是一處**讓人親近朱鷺的友善空間**，公園可分為兩大部分，分別是介紹朱鷺生態與復育之路的「朱鷺資料展示館」，與實際飼育朱鷺，讓人可以近距離觀寫朱鷺風彩的「朱鷺接觸廣場」，廣大的空間模擬自然生態，讓復育的朱鷺在裡頭自在飛翔，也讓人親眼看見在野外難得一間的空中精靈。

藉由生態解說與近距離觀察，親眼見見這美麗的鳥類。

坑道內的溫度常年維持在10度左右，最好帶件薄外套以備不時之需。

若時間有限，建議選擇最經典的宗太夫坑道。

佐渡金山

おすすめ 薦

400年的採礦歷史保留至今，由於十分完善，更被指定為國家史跡。

別冊P.35,A3 從両津港開車約45分；從両津港搭乘開往「佐渡金山」的巴士約70分可達 佐渡市下相川1305 0259-74-2389 4~10月8:00~17:30、11~3月8:30~17:00 宗太夫坑、明治道遊坑，各¥1,000；山師Tour(附導覽) ¥2,500；Island × MR(結合MR科技的迷幻坑道之旅)¥3,000 www.sado-kinzan.com 宗太夫坑、明治道遊坑行程自由觀覽，其他行程須預約

早年相川地區以挖掘銀礦為主，1601年意外在銀礦附近發現了金脈，開啟佐渡金山400多年來的採礦歷史，它是**日本產金量第一的金山，也是日本最古老的金山**！從「宗太夫坑」進去，沿著坑道可看到人偶機器人在示範解說採礦過程，資料館內接著展示黃金開採出來之後，將黃金提煉、運送到江戶的流程，還有幕府歷年來的大判、小判展覽(日本古代貨幣)，展覽櫃光彩奪目，耀眼得讓人睜不開眼。

佐渡• 新潟市 十日町市• •越後湯沢 上越妙高

上越·妙高

じょうえつみょうこう

Joetsu-myoko

上越妙高是由上越市以及妙高市組成的廣域範圍，與長野縣十分接近，這一帶每到冬天便會降下大雪，是著名的滑雪度假區，同時還有赤倉溫泉、燕溫泉、關溫泉等多處溫泉。也擁有被稱作「越後富士」的妙高山、日本百岳之一的「火打山」，甚至能夠近距離欣賞到北阿爾卑斯山脈的風景，充滿濃濃的山岳、田園風情。

交通路線&出站資訊

電車：

上越妙高駅➡北陸新幹線、妙高躍馬線

高田駅、春日山駅、新井駅➡越後心跳鐵道-妙高躍馬線(妙高はねうまライン)

妙高高原駅➡妙高躍馬線、信濃鐵道北信濃線(北しなの線)

出站便利通

◎可以先利用北陸新幹線抵達上越妙高駅，再從這裡轉乘越後心跳鐵道前往他地

◎上越妙高一帶交通並沒那麼方便，景點、溫泉地大多與車站有段距離，若是會開車，建議可考慮自駕，串聯行程較為方便

市區交通

市區巴士

要前往上越市各個景點，可以利用鐵道轉市區巴士串聯，詳見官網

www.marukei-g.com/publics/index/20(頸城巴士)

妙高高原ライナー

從上越妙高駅東口出發，前往妙高高原方向的高速巴士，主要串連各滑雪場，但也途經道の駅あらい、赤倉溫泉、池の平いもり池、苗名滝等地，12~3月上旬每日運行，抵達赤倉溫泉車資¥1,300

0255-72-3139(頸南巴士)

觀光巴士

妙高市政府推出觀光巴士「妙高山麓線」，串聯関山駅、関溫泉、赤倉溫泉、スカイケーブル、苗名滝等地，巡遊妙高一帶的觀光名所；4月底~11月上旬運行。「笹ヶ峰直行バス」則是想往夢見平步道、火打山等登山的路線，7月初~10月下旬運行。

市營巴士

・從妙高高原駅出發：包括連接妙高高原駅~赤倉溫泉間的「赤倉線」，串聯妙高高原駅~いもり池~苗名滝 ~杉野沢的「杉野沢線」；抵達赤倉溫泉街車資¥380，到杉野沢車資¥460

・從関山駅出發：從関山駅出發前往関溫泉、燕溫泉的「関・燕溫泉線」，到燕溫泉車資¥500

myokotourism.jp/access/

❗另有販售2日優惠乘車券，適用於觀光巴士及其他市營巴士路線，大人¥1,000、小孩¥500

觀光案內所

・上越妙高駅觀光案內所

上越市大和五丁目(上越妙高駅SAKURA Plaza)

025-512-6016

9:00~18:00

joetsukankonavi.jp

・妙高高原觀光案內所

妙高市田口309-1(妙高高原駅旁)

0255-86-3911

9:00~17:00

myokotourism.jp/

高田城

たかだじょう

日本三大夜櫻景點之一，不可錯過盛大的百萬人觀櫻會。

別冊P.2,E3 妙高躍馬線-高田駅，徒步約25分 上越市本城町44-1 025-526-5111

高田城(高田公園)最有名的就是**每年4月上旬~中旬的櫻花祭**，城址公園內將近4000株櫻花齊放，夜晚時打上燈光，更是浪漫，**壯麗的景色被譽為「日本三大夜櫻」**。其實高田城最早建於慶長19年(1614)，當時是作為松平忠輝(德川家康的六男)的居城，明治年間陸軍軍團進駐，城池遭到破壞，現在所見三重櫓、極樂橋也是後來重建。

©公益社団法人新潟県観光協会

春日山神社

かすがやまじんじゃ

別冊P.3,D3　妙高躍馬線-春日山駅，徒步約40分；從春日山駅搭乘11號巴士「謙信公大通通り循環線」於「林泉寺入口」下車，徒步約20分可達(週末及假日運休)　上越市大豆 1743　025-525-4614　紀念館9:30~16:30　紀念館休12/1~3/31　紀念館大人¥200、中小學生¥100

說到上越市，一般人或許不那麼熟，但應該或多或少都聽過「越後之龍」——上杉謙信的名號。上杉謙信(1530~1578)是日本戰國時代越後國(新潟)的大名，而**上越市的春日山就是他從前居城所在**，現在春日山城早已不復，但半山腰處還設有從山形縣米沢市分靈而來的春日山神社，供奉謙信公，神社旁的紀念館存有相關的文物與檔案。另外，**山腳下的林泉寺就是謙信公童年出家的寺廟**，記得順道一訪。

APA Resort上越妙高

別冊P.34,D5外　從信濃鐵道妙高高原駅有免費接駁車可達；北陸新幹線上越妙高駅開車約45分　妙高市桶海1090　0570-004-111　Check in 15:00，Check out 10:00。2023年的燈光秀為17:00~ 21:00(7/1~11/15)　燈光秀：週二　燈光秀大人¥1,000、小學¥500　www.apahotel.com/c/resort/myoko/illusion

APA Hotel是日本知名的連鎖飯店集團，在上越妙高一帶除了鄰近車站的商務飯店，郊區的度假飯店更引人注目，尤其這裡**每年夏、秋兩季還會舉辦盛大的燈光秀**，絢爛的燈光配合樂聲演出，星座、極光、水面倒影都成為主題，而且每年主題不同，不住宿也可以入場欣賞，讓人對夢幻般的世界充滿期待。

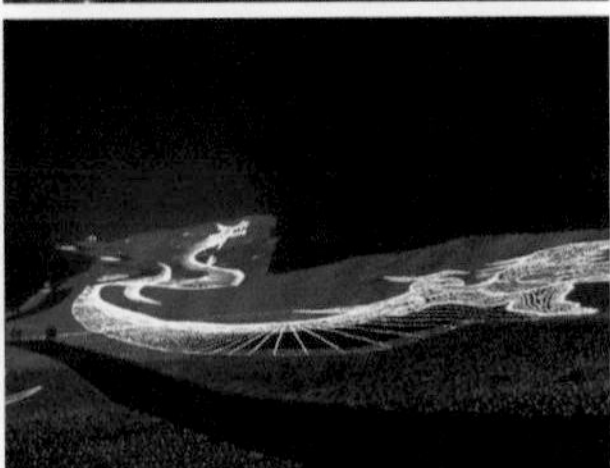

妙高體驗

農家體驗

妙高出產好米，為了讓外來觀光客可以了解農人們的生活，當地部分農家有提供農家住宿體驗，除了可以到農家住一晚，品嚐農家料理，還會到田裡工作，秋天時在大片金黃稻田之中，親手把飽滿的稻穗割下，試著捆起紮實的稻捆、再掛上木架曬乾，可以體會農忙豐收景象。

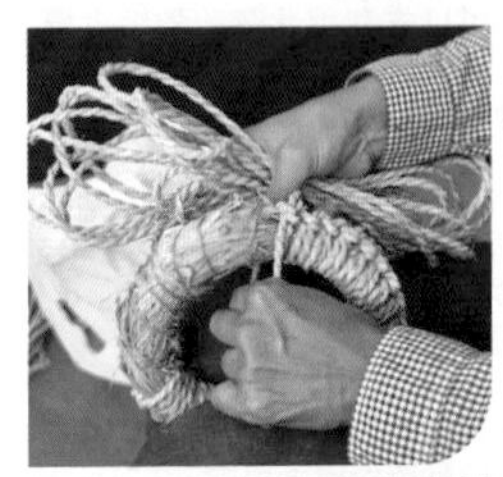

蓑草工藝

スゲ細工体験

每到冬天，妙高市就會降下豪雪，道路被大雪掩蓋，清閒的農家們乾脆就用蓑草做成各式道具、裝飾，補貼家用，也因此流傳下這項工藝。不過近年因為農村人口減少，加上手工製作的繁複，蓑草工藝逐漸凋零，幸好當地年輕人積極學習，要讓工藝傳承下去，還可以透過網路預約，動手做做看不同的小物，十分有趣。

❗相關體驗行程可向妙高市觀光局諮詢

おすすめ 薦

赤倉觀光飯店

赤倉観光ホテル

國際山岳度假飯店的先驅。

別冊P.34,C5 妙高躍馬線-妙高高原駅，有預約制的免費接駁車，可向飯店確認 妙高市田切216 0255-87-2501 Check in 15:00，Check out 12:00 www.akr-hotel.com

赤倉觀光飯店創立於1937年，這一棟豪華的滑雪度假飯店坐落在海拔1,000公尺的山上，**從大廳就可以眺望山下的街景，不時為山嵐圍繞，天氣晴朗的清晨更可以欣賞雲海加上朝陽的絕景**。飯店除了天然溫泉以及翻新的客房，還有不少讓人眼前為之一亮的設施，像是水池旁的露臺區，就是賞景的最佳地點，或是以自製麵包、設計小物聞名的賣店，都很值得逛逛。另外，**飯店旁就是日本第一座國際滑雪場「赤倉觀光度假滑雪場」**，不管是初學者或高手都可以在這裡享樂，是冬天滑雪度假的絕佳選擇。

妙高的滑雪場

赤倉觀光飯店是日本山岳度假村的先驅，也是滑雪度假的老字號品牌，其實妙高也是滑雪勝地，與越後湯沢、苗場等熱門地點比較，到這裡的人潮相對較少，更可以好好享受滑雪樂趣，據說因此備受歐美人士喜愛，而且這裡有多座滑雪場，適合小孩一起同樂的妙高SKI PARK以外，更多的是整備完善、不論初級高級都可以享樂的場地，加上周邊幾乎都是溫泉區，可同時體驗滑雪與溫泉的暢快。

女優吉永小百合曾經到這裡拍攝廣告。

吟釀酒「君の井」2014年曾獲得「北關東信越酒類評鑑會」的最優秀賞。

おすすめ 薦

君の井酒造

造訪百年酒藏，品嚐以妙高純水釀出的好酒。

別冊P.37,A1 妙高躍馬線-新井駅徒步10分 妙高市下町3-11 0255-72-3136 8:30~17:00，自由見學9:00~16:00 週末及例假日 免費參觀 www.kiminoi.co.jp

君の井是妙高市內的**百年酒藏**，創業於江戶時代的天保年間(1830~1843)，擁有180年歷史，因為位處妙高山山麓地區，擁有從山上流下的**純淨水源，再加上新潟地產的好米，讓酒藏得以釀造出品質極佳的清酒**。酒藏本身是歷史建築，不僅可以看到攪拌用的木棒、蒸米的大釜、木造的煙囪等設施，逛完一圈就能了解釀酒的功夫，而且還可以試飲清酒，品嚐看看純淨原料做出的美酒。

寿司芳

別冊P.37,B4 妙高躍馬線-新井駅徒歩8分 妙高市田町1-5-1 0255-72-0124 11:30~13:30、17:30~21:00 週一 サービスランチ(超值午餐)¥800 www.niigata-sushiyoshi.com/

寿司芳是當地知名的壽司店，又以午間套餐最為出名，因為**只要800日圓，就可以吃到煎魚、沙拉、味噌湯等組成的定食，再加上三貫握壽司**，而且都是使用新鮮的食材，絕不馬虎，一天限定15份的超值午餐讓人大呼划算。除此之外，也有不少酒類、單點料理，不管是想吃得實惠還是豪華，都能滿足。

道の駅あらい

別冊P.37,A3外 妙高躍馬線-新井駅乘車約6分 妙高市猪野山58-1 0255-70-1021 24小時開放，依店鋪而異 www.eki-arai.com

道の駅あらい是妙高主要的道路休息站，這裡不僅**找得到情報館、超商、洗手間，還有多家餐廳進駐**，可以吃到拉麵、丼飯、披薩、迴轉壽司，當然也有販售各式新潟物產的土產中心，除此以外，這裡還有攤販出來擺攤販賣在地蔬果，可以找得到不少新潟特產，就連當地人都會特意到這裡逛逛，要是開車遊玩的話，不妨繞過來看看。

Cafe gland

別冊P.34,B6 從越後心跳鐵道妙高高原駅乘車約15分 妙高市杉野沢2092 10:00~15:00 11月中旬~4月中旬 霜淇淋¥400

Cafe gland是前往苗名瀑布路上的一家小咖啡，臨河畔而建的小木屋十分可愛，店名「gland」是法文中橡實的意思，據説是因為周邊很多橡實，才取了這個名字。gland提供咖啡、甜點、餐食，但最出名的要屬他們的霜淇淋，**店裡的霜淇淋雖然只有香草口味，但味道非常濃郁**，單單霜淇淋就讓人覺得好吃了，**更可以依喜好自由添加店內的果醬與配料**，萊姆酒、藍莓醬、焦糖、咖啡、黑醋栗，通通任你選擇。

霜淇淋配料都是免費的喔。
café gland

苗名瀑布

おすすめ 薦

苗名滝

別冊P.34,B6 從妙高高原駅乘車約15分；周遊巴士「苗名滝」站下車徒步約15分 妙高市杉野沢 0255-86-3911

秋日的火紅楓葉是妙高的代表風景之一。

©公益社団法人新潟県観光協会

©公益社団法人新潟県観光協会

©公益社団法人新潟県観光協会

踩著小心翼翼的步伐前進到深山內的苗名瀑布(苗名滝)，其為**日本百大瀑布之一**果真名不虛傳，**高度落差達55公尺的威力令人震懾**，煙霧繚繞的山嵐景色更帶著神祕氣息。瀑布位在妙高與長野縣的交界，從柱狀節理的玄武岩壁落下的飛瀑氣勢十足，尤其每年春天冬雪溶解之後豐沛水量最叫人印象深刻，周邊設有完善步道，可以輕鬆散步。

火打山

ひうちやま

別冊P.34,A4 妙高高原駅搭乘巴士約50分在「笹ケ峰」站下車，可抵達登山口 妙高市 0255-86-2412(妙高市觀光局) 登山季為7月上旬~10月上旬、紅葉季約9月中旬~10月中旬 休冬季不開放 若想登山建議可參加相關行程，或向妙高市觀光局諮詢

火打山海拔約2,462公尺，是妙高市的重要山地，更與妙高山同樣名列日本百名山之列。這裡是天然紀念物「雷鳥」的棲息地，自然生態保存良好，夏天時可以欣賞盛開的高山植物，**秋天更是滿山谷的紅葉，尤其是濕原高谷池，水色與楓紅彼此相襯**，景色十分美麗。火打山雖然是戶隱連山國家公園中的最高峰，但**因為登山步道完備，相較之下登山路線較輕鬆**，高谷池旁還設有小木屋(高谷池ヒュッテ)，是日本的熱門登山路線。

©公益社団法人新潟県観光協会

©公益社団法人新潟県観光協会

©公益社団法人新潟県観光協会

燕溫泉

別冊P.34,C5 妙高高原駅開車約20分 妙高市大字関山燕温泉 0255-86-3911 休冬季積雪，露天溫泉11~5月不開放

燕溫泉海拔1,150公尺，不僅吸引一般的泡湯客，更因為就位在妙高山登山口，許多登山客都會安排行程最後到這裡住一晚，享受溫泉的療癒。溫泉街上大概只有4、5家老舖旅館，除此之外，還有免費**露天溫泉「黃金之湯」，秋天時可在山間婆娑楓景下享受山野秘湯**，另外溪谷旁還有一處野湯「河原の湯」，則能夠感受環抱溪谷的暢快感。

十日町市

とおかまちし
Tokamachi City

十日町與鄰近的津南町被通稱為「越後妻有」，這一帶原本只是普通的農村，為了振興日益衰敗的村町，推動了戶外藝術的概念。藝術家們以越後妻有的高山大地為場地，在田野林間「種下」各種稀奇古怪的現代藝術，藉由創作、土地和人的連結，發揮出令人驚異的能量，由來自40國350組藝術家的動態與靜態藝術作品，創造出跨越6大區域、760平方公里的「越後妻有大地藝術季」，也為主場地十日町市、津南町帶來蓬勃生命力。

交通路線&出站資訊

電車：
十日町駅⇔北越急行ほくほく線(北北線)、JR飯山線、JR上越線、JR信越本線

巴士：
高速巴士「新潟⇔十日町」号
從新潟駅前搭乘高速巴士「十日町線」，直達十日町市內，建議可在倒數第二站的道路休息站「クロステン十日町」站下車，一旁就是美術館MonET。車資¥1,990，每天來回各2班車，平日與假日發車時刻不同，詳見官網
www.izumi-group.jp/expressbus_kennai

出站便利通
◎十日町駅其實只有北越急行ほくほく線、JR飯山線兩條鐵道線路，但因為直通運轉，可以與JR上越線、JR信越本線串聯
◎搭電車只需30分鐘就可抵達越後湯沢，建議串聯兩地遊玩，因為十日町住宿設施較少，也可視行程安排住在越後湯沢
◎可利用北越急行ほくほく線、JR飯山線乘車前往各區

觀光案內所
十日町市総合観光案内所
十日町市旭町251-17 (十日町駅西口)
025-757-3345 9:00~17:00

全球最大規模戶外藝術節——越後妻有大地藝術季

2023年大地藝術季正好邁入第九屆，世界各地的藝術愛好者聚集到越後妻有(十日町、津南一帶)，尋訪於鄉里間盛開的藝術。時間回到2000年，當時這裡就像日本其他山村一樣，因為重重深山與冬季大雪，導致人口大量流失，廢棄屋舍日益增加，因為學生人數不足，廢校、併校頻頻，只剩下校舍孤零零地座落在山裡。為拯救衰老頹敗的村莊，國際策展大師北川富朗發出了這樣的提議——用藝術來復興這片土地吧。

克服了保守村民一開始的強烈反對，來自日本及全世界的藝術家們開始這項空前的創作，以整片越後妻有當成背景，傾聽當地故事與居民的聲音，創造出連結自然與生活的藝術作品，居民也從旁觀者加入創作、協助行列，近年更有海外志工加入，其中不少更是台灣人呢。

www.echigo-tsumari.jp
2023年大地藝術季4/29~11/5

巨大鉛筆

Kiss & Goodbye

星峠梯田

星峠の棚田

別冊P. 36,A2
十日町駅開車約40分，北越急行ほくほく線「まつだい駅」乘車約20分 十日町市 1513 025-597-3000(十日町市観光協会まつだい事務所) 休冬季 雖然設有展望台，但梯田並非觀光設施，賞景時記得不要造成當地居民困擾

十日町處處都是農田，尤其因為地勢，梯田景色更是出名，**星峠梯田可以說是最具代表的梯田風景。星峠梯田曾經被選為日本鄉里百選**，從高處往下望，可以看到高低落差的大塊梯田，季節不同更有不同景色，夏季時的嫩綠、秋日時的金黃各有風情，**冬雪融化後的6月及10月下旬，還可以看到「水鏡」風光**，要是清晨或夕陽時造訪，更是美麗，也吸引許多人前來一訪。

蕎麥之鄉Abuzaka

おすすめ 薦

蕎麥、烏龍與各式小菜都是十日町的鄉土滋味。

そばの郷Abuzaka

別冊P.36,D2 十日町駅乘車約10分 十日町市南鐙坂2132 025-755-5234 午餐、咖啡11:00~15:00 週四 ブッフェランチ(午間自助餐)大人¥1,890、小學生¥550 abuzaka.com

Abuzaka座落在田地中央，從店裡就可以看到十日町廣闊的田園風光，因為景色相當不錯，不少人都會到這裡喝杯咖啡，但更多人是為了午間的自助餐而來。這裡的**午餐採任選蕎麥麵、烏龍麵其中一種主食，再搭配惣菜、山野菜自助餐的形式**，以當季食材、山蔬烹調，每一種配菜都是純粹的在地好料，蕎麥麵更是以自家栽種的蕎麥磨成粉，再加入海帶做成的道地新潟口味，健康又好吃的午餐讓人大呼滿足。

新潟必吃的へぎ蕎麦，咕溜口感非常特別。

比利時藝術家的Rolling Cylinder是最讓人印象深刻的作品之一。

集滿新潟縣各地576種土壤的作品。

十日町是日本繩文時代遺跡的重鎮，國寶火焰型土器由十日町市博物館收藏，美術館內以仿製品展示這項重要藝術品。

越後妻有里山現代美術館MonET

おすすめ 薦

不只作品，美術館本身也是一件藝術品，值得細細鑑賞。

越後妻有里山現代美術館MonET（モネ）

別冊P.35,E1 十日町駅徒步約10分 十日町市本町6-1 025-761-7767 10:00~17:00(依季節不同) 週二、三(例假日不休) 價常設展大人¥1,000／中小學生¥500，企畫展¥1,200／¥600 www.echigo-tsumari.jp/

越後妻有里山現代美術館是3年一次的**大地藝術季主場**之一，平時也照常展覽開放。除了展品外，美術館的建築也很精彩，這棟方形的**建築是由日本建築師原広司於2003年、2012年兩次設計後完成的作品**，一樓中庭的水池是美術館的象徵，挑高方柱形成的迴廊是藝術季或活動期間的會場，用水泥與玻璃帷幕建構出的美術館空間，充滿方正的幾何學之美。

美術館內的展品也十分有看點，彷彿衛星一般吊掛在空中的作品，都是以農具、生活用品等廢物利用而成；不停旋轉的藍白紅三色通道有著讓人眼花繚亂的奇妙空間感；又或者是阿根廷藝術家的《Tunnel》，不僅巧妙運用錯視營造出隧道深遠的效果，更是**取自越後妻有常見的隧道，不論是取材自當地日常的作品，或是與觀覽者互動而完成的藝術，每一件作品都充滿現代藝術的趣味**。

繪本與橡木果實美術館

おすすめ 薦

純真的想像喚回童真記憶。

鉢&田島征三・絵本と木の実の美術館

別冊P.36,C2 十日町駅開車約19分 十日町市真田甲2310-1 025-752-0066 4月下旬~11月13日10:00~17:00；10~11月10:00~16:00 週三・四(遇假日不休)、11月中旬~4月下旬休館 大人¥800、中小學生¥400 ehontokinomi-museum.jp

繪本與橡木果實美術館原本是「鉢」這個小村落裡的小學，因為學生人數日益減少，最後**廢校**，經由繪本作家田島征三的創作，加上當地人協助，**重生成充滿童趣想像的美術館**。木造的校舍裡本來處處都是快樂回憶，但在學長姐們陸續畢業之後，最後只剩下三名學生，整個美術館就是以這三名學生的視角呈現，記憶裡的老師、隱藏在校舍裡吃掉回憶的妖怪，順著路徑前行，彷彿可以感受到小朋友內心的天馬行空。

光之館House of Ligh

別冊P.36,D1 ：十日町駅開車約15分 十日町市上野甲2891 025-761-1090 12:00~15:00(冬季~14:30)開放參觀 不定休 國中以上¥600、小學生¥300；住宿費用詳見官網 hikarinoyakata.com

光之館是**第一屆大地藝術季的作品**，由知名藝術家James Turrell所作，擅於利用光線創作的他，以日本小說家谷崎潤一郎的《陰翳礼讃》為發想，設計了這一棟充滿實驗的作品，**緩緩打開的天窗，讓人可以躺在榻榻米上靜看天空變幻**，不僅如此，這裡是一座住宿設施，若是入住其中，還可以在黑暗中亮著光線的浴缸裡泡澡，而且室內每一處空間都經過設計，自然光映照的明暗都是想讓訪客細細體會的創作。

美人林

びじんばやし

別冊P.36,B2 十日町駅開車約35分，北越急行ほくほく線「まつだい駅」乘車約10分 十日町市松之山松口1712-2(森之學校Kyororo旁) 025-595-8311

美人林是位在森之學校旁的一片櫸木林，茂密的櫸木林在這座小山丘上已佇立約90年光陰，因為樹幹細直的姿態十分優美，而被稱為美人林。春季時於殘雪中生長的枝枒，夏日艷陽下耀眼的碧綠，或是秋天隨著時序而變的紅黃色澤，冬天被大雪覆蓋的純白世界，能夠欣賞到大自然時序變化之美，在純淨的森林浴之中洗滌身心。

松代 農舞台

おすすめ 薦

活用越後妻有的風土環境，展現出藝術與山里的生命力。

まつだい「農舞台」

別冊P.36,B2 北越急行ほくほく線「まつだい駅」徒歩約3分 十日町市松代3743-1 025-595-6180 10:00~17:00，依季節與展覽而異 週二、三 大人¥1,200、中小學生¥600 matsudai-nohbutai-fieldmuseum.jp/

距離車站不遠的農舞台也是**藝術季的主要場地之一**，生活在越後妻有這片土地上的人大多以農為生，農舞台正是以此為題，**創造出與農田、自然合為一體的藝術空間**。層層堆疊的梯田上，有著鮮黃與鮮藍色的勞動人形，透過專屬展望台，敘述四時農耕的詩歌具象地點綴畫面，讓越後妻有代代傳承的農村風情，「如詩如畫」地呈現眼前，就連草間彌生的作品，都彷彿是真實生長在土地上。

越後松之山「森之學校」Kyororo

越後松之山「森の学校」キョロロ

別冊P.36,B2 十日町駅開車約35分，北越急行ほくほく線「まつだい駅」乘車約10分 十日町市松之山松口1712-2 025-595-8311 9:00~17:00 週二(遇假日順延)、12/26~12/31 大人¥500、中小學生以下免費 www.matsunoyama.com/kyororo

彷彿蛇昂首般的磚紅建築，這裡是森林學校Kyororo，**以松之山地區的自然為題，介紹當地的生態與文化**，透過展示與活動讓訪客了解在地的生物多樣性，館內除了可以看到各種生物知識的展示，還有以水管具象化呈現的歷年積雪高度，讓人驚嘆於松之山地區的豪雪。

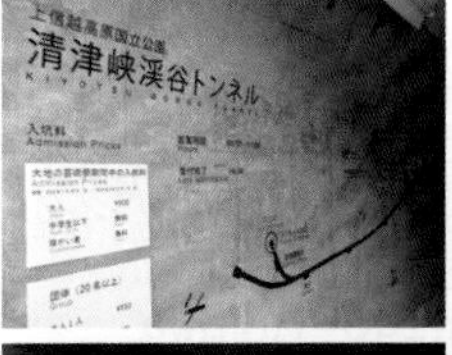

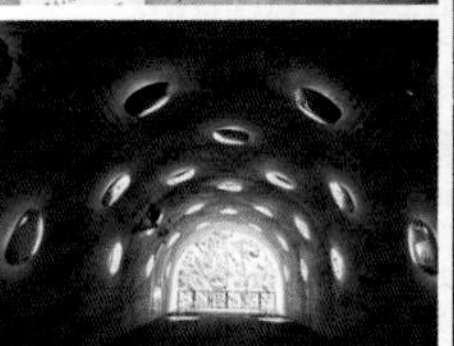

清津峽溪谷隧道

おすすめ 薦

利用水面倒映自然風景，創造出夢幻般的景色。

清津峡渓谷トンネル

別冊P.36,D3外 十日町駅開車約36分，越後湯沢駅開車約30分；從越後湯沢駅搭乘開往「森宮野原」的南越後觀光巴士約25分於「清津峽入口」站下車，再徒步約30分可達 十日町市小出癸2126 清津峽溪谷隧道 025-763-4800(峽谷隧道管理事務所) 8:30~17:00(最後入場16:30) 1月中旬~3月(冬季不開放) 大人¥800、中小學生¥400 nakasato-kiyotsu.com/kiyotsukyou/

清津峽是**日本三大溪谷之一**，與富山的黑部峽谷、三重的大杉谷齊名，昭和年間被指定為上信越高原國立公園，只要走入溪谷隧道，就能欣賞到壯麗風景，峽谷兩側是呈現V字型的陡峭岩壁，岩壁上的柱狀節理清晰可見，雄壯的石壁下則是湍急的清澈溪流，四時皆美。2018年的大地藝術季中，由中國建築師馬岩松創作的《**Light Cave**》，在全長750公尺的溪谷隧道裡每一處展望台都設置了不同作品，尤其是**隧道底巧妙利用細微的高度落差，將峽谷風景倒映其中的水鏡**，更是吸引無數人前來一訪。入口的遊客中心2樓設有足湯《Periscope》，也是作品之一。

越後湯沢

えちごゆざわ
Echigo-Yuzawa

越後湯沢因為水氣豐富，標高較低也較無強風，所以每到冬季便會積上厚重的雪，新雪之時便是滑雪最盛之際，不管是國際級的滑雪場、適合全家大小一起同樂的雪上活動，都可以在這裡體驗，而滑雪玩雪之外，最吸引人的當然就是溫泉與美酒了，來到這裡泡泡溫泉，一邊享受溫泉滋潤，一邊望向覆雪的山稜，彷若置身仙境，加上距離東京只要70分鐘車程，讓越後湯沢成為度假勝地。

交通路線&出站資訊

電車：
越後湯沢駅◇上越新幹線、上越線

出站便利通
◎溫泉旅館、滑雪場、纜車集中在西口一側
◎路線巴士、急行巴士、各大滑雪場場的接駁巴士大多在東口巴士站
◎前往苗場：名聲響亮的「苗場滑雪場」也在湯沢町範圍之內，要前往滑雪，住宿者可在東口巴士站，搭乘苗場王子大飯店的專用接駁巴士，非住宿者可利用「南越後観光バス」前往，車資￥700
www.minamiechigo.co.jp/

観光案內所
湯沢温泉総合案內所(雪国観光舎)
南魚沼郡湯沢町湯沢2431-1(越後湯沢駅西口前)
025-785-5353 9:00~18:00
www.e-yuzawa.gr.jp/sys

上級者更可以滑進臨近的湯澤高原、石打丸山滑雪場的滑雪道，創造自己的滑雪路徑。
中文課程專用服務台
中国語スキーレッスン専用カウンター
Chinese Lesson Centre
Welcome to GALA

GALA湯澤滑雪度假村

おすすめ 薦

GALA Yuzawa Snow Resort

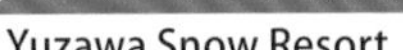

除了滑雪，也有換上古代雪鞋漫步賞景的體驗活動。

別冊P.36,B4 ガーラ湯沢駅直通 南魚沼郡湯沢町湯沢大字湯沢字茅平1039-2 025-785-6543 12/15~5/6，7~9月的五、週末例假日(Summer Park)，每年時間不定，詳見官網 休春、秋季 冬：1日券大人￥4,600、小學生￥2,300、60歲以上￥3,700。夏：大人￥、2,000~3,400、小學生￥1,000~1,700 gala.co.jp

GALA湯澤滑雪場與新幹線直通，對旅客來説十分方便，也因此吸引許多海外滑雪客，據説又以台灣和泰國最多，**因此中文標示相當齊全，語言溝通也不成問題**。抵達之後租借滑雪板、報名參加中文滑雪課程，換上防寒雪衣後，選擇想要體驗的活動，就可以登上纜車，開始享受滑雪樂趣。

這裡的滑雪設備齊全，滑雪道數量多，含括初級、中級和上級共16條，**無論何種程度的滑雪者都能暢快遊玩**，第一次滑雪的話也不用擔心，滑雪季期間每天都會有滑雪教室，由專業教練現場指導，也有英文教學，只要事先申請就能夠參加。夏季也開放各式戶外活動。

溫泉珈琲 水屋

おすすめ 薦

使用越光米做成的蛋糕捲，是這裡才有的獨家美味！

別冊P. 30,C5 越後湯沢駅西口徒步約1分 南魚沼郡湯沢町湯沢2455 (HATAGO井仙 1F) 025-784-3361 9:00~18:00 湯澤るうろ¥370，加指定飲料可折扣¥50 hatago-isen.jp

水屋由旅館HATAGO井仙經營，店內裝潢十分舒適，在這裡可以品嚐到以溫泉水沖泡出的美味咖啡，但更讓人期待的還是**店家自製的蛋糕，將魚沼產的越光米磨成米粉、做成瑞士捲**，膨鬆口感中帶有米獨有的軟糯，搭配上甜度恰好的滑順鮮奶油，絕妙口感值得一嚐，另外還有使用新鮮雞蛋、用溫泉水蒸出的溫泉布丁，或是加入清酒做成的果凍，都是使用地產原料做出的好吃甜點。

旁邊的「んまや」可以找到土產、清酒以及自製點心。

一二三割烹

ひふみてい

別冊P. 30,B3 越後湯沢駅西口徒步4分 南魚沼郡湯沢町湯沢372-1 025-784-2039 11:30~14:00、17:30~22:00 週三 刺身定食¥1,300 ww51.et.tiki.ne.jp/~hifumi

越後湯沢的溫泉街上除了幾家較大型的餐廳，大多是一些老舖食堂，這家一二三割烹就是在**當地人之間很受歡迎的食堂**，雖然是在深山之中，這裡**主打的是各種新鮮海產**，鮪魚、鯛魚、甜蝦、赤貝、螃蟹，不管是做成生魚片、烤魚、炸物，新鮮的滋味一吃就知道，而且價格都很划算。店內還有提供生長於當地河川的野生香魚，是夏天造訪時必吃的當店名物。

各種口味的新潟米菓。

おすすめ 薦

CoCoLo湯沢

品嚐新潟美酒、採買當地物產的好去處！

別冊P. 30.C5 越後湯沢駅內 南魚沼郡湯沢町大字湯沢主水2427-1 025-784-4499 10:00~18:30，依店鋪而異 jenic.jp/cocolo/index.php?sc_name=yuzawa

位在越後湯澤車站內，CoCoLo湯沢是車站內的物產中心，這裡擺**滿了新潟的各種名產**，不論醬菜或是和菓子、南魚沼產的越光米等應有盡有，而各名產中最吸引人的，就屬以新潟好米與好水釀造出來的在地美味清酒，CoCoLo湯沢不僅**設有可以小飲一番的「ぽんしゅ館」，還有「駅の酒蔵」販賣各式美酒**，甚至還有一處「酒風呂」，可以在加了清酒的浴池裡泡湯。除此之外，還有當地的美食、咖啡進駐，就連店面外がんぎどおり的攤位也都很好逛！

おすすめ 薦

ぽんしゅ館

一次集齊新潟縣內所有酒蔵的美酒。

CoCoLo湯沢內 025-784-3778 9:30~18:00 ¥500 www.ponshukan.com

想要一次品嚐新潟的美酒，來到CoCoLo湯澤裡的ぽんしゅ(日本酒的俗稱)館就能實現這個願望。ぽんしゅ館**集結了新潟縣內93個酒蔵的代表銘酒共117種類**，各有不同特色，而只要一個500日圓銅板，便能換得5枚代幣，一枚可以試飲一小杯酒，五枚總共可以品嚐五種酒，建議可以按照人氣指數挑選品嚐，據説至今仍沒有人能夠一次試飲完館內全種類的酒呢。

糀らって

Koji-latte

CoCoLo湯沢(ぽんしゅ館內) 025-784-3758 9:30~19:00 霜淇淋¥380~、糀ラテ¥440

糀らって是以米麴(糀)為主題的小咖啡店，米麴不僅是製造甘酒的原料，更富含酵素，對健康十分有益，店家**利用米麴做成各種飲品**，而且還**使用了知名清酒場八海山酒造的甘酒，製作出甜甜的飲料或香濃霜淇淋**，不妨試試。

人参亭

別冊P. 30,B3 越後湯沢駅西口徒歩4分 南魚沼郡湯沢町湯沢497-4 025-785-5727 11:30~20:30 ヒレカツ定食(炸里脊肉定食)￥1,700 www.ninjintei.net

おすすめ 薦
除了桌上的多種醬料，還有各自加入蘿蔔泥、蔥、溫泉蛋調配的特製醬汁。

人参亭是溫泉街上的人氣炸豬排店，店裡所使用的素材，包括豬肉、米飯、麵包粉、醬汁、雞蛋、鹽巴，通通都是經過嚴選的食材，**以越後もちぶた(越後糯米豬)的豚肉炸成酥脆豬排，吃得到軟嫩肉質與鮮美肉汁**，搭配上滿滿高麗菜、爽口醬菜，再來一口地產的越光米，就是最棒的一餐了。

雪国の宿 高半

別冊P. 37,D3 越後湯沢駅西口徒步約20分 南魚沼郡湯沢町湯沢923 025-784-3333 check in 15:00，check out 9:00；かすみの間9:00~17:00，房客免費 かすみの間(霞之間)門票￥500 www.takahan.co.jp

位在山坡旁的高半，營業已經超過900年歷史，據説當地的溫泉就是由高半的創始人高橋半六所發現，後來他於此地開設了「高半旅館」。歷史悠久的旅館曾有許多名人入住，**文豪川端康成**也是其一，他更在這裡執筆創作，**以此地為舞台寫出《雪国》這一故事。旅館特地將當年川端康成所住的房間「かすみの間」完整保留下來**，訪客可以進到房內，遙想文豪當年在此創作的樣貌，一旁還設立了資料室，展示不少與旅館有淵源的文學資料，不妨仔細看看。

房價與服務都很超值的溫泉旅館。

越後のお宿 いなもと

Inamoto

別冊P. 30,C5 越後湯沢駅西口徒步約2分 南魚沼郡湯沢町湯沢2497 025-784-2251 check in 15:00，check out 10:00 www.oyadoinamoto.jp

越後湯沢除了是滑雪勝地，同時也是溫泉地，這裡有多家溫泉旅館，越後のお宿いなもと距離車站非常近，**飯店充滿和式的摩登氛圍**，大廳可以欣賞到庭園的景色，房間也十分舒適，純和風的住宿以外，更有和洋融合的現代房型，而且空間都相當寬敞，加上**可以欣賞越後連山的露天風呂**，療癒身心的天然溫泉，都讓這裡成為搶手住宿。

中部北陸旅遊資訊

中部北陸大致位於日本中間位置，也就是東京與關西的中間，涵蓋中部地方的愛知、岐阜，與日本海沿岸的富山、石川、福井、新潟，觀光資源豐富。愛知的名古屋是日本第三大城；岐阜有日本三大溫泉鄉之一；富山的立山連峰與黑部峽谷，是仰望雪壁的夢幻景點；石川的工藝王國美名更是響亮；福井狹長的地理環境，自古便是連結北陸與關西地方的出入口；新潟則比鄰關東地方，擁有豐富自然資源與物產，從東京前往也很方便，不論是歷史古城、世界遺產、山海資源，都是中部北陸值得一一品味的迷人魅力。

基本資訊

日本概要

◎國名：日本

◎正式國名：日本國

◎行政中心：東京

◎語言：日文，大部分的觀光地及飯店都可以用英文溝通。

◎宗教：以信奉神道教者佔最多數，其次為佛教、基督教、天主教等。

◎地理環境：位於東北亞的島國，由四大島：北海道、本州、四國、九州及多小島組成，西濱日本海、朝鮮海峽、中國東海，東臨太平洋，島上多陡峭山脈和火山，本州是最大主島，沿海為狹窄平原。

簽證及護照規定

2005年8月5日通過台灣觀光客永久免簽證措施，即日起只要是90日內短期赴日者，皆可享有免簽證優惠。

◎免簽證實施注意事項

對象：持有效台灣護照者(僅限護照上記載有身分證字號者)。

赴日目的：以觀光、商務、探親等短期停留目的赴日(如以工作之目的赴日者則不符合免簽證規定)。

停留期間：不超過90日期間

時差

日本比台灣快一個時區，也就是台北時間加一小時。

氣候

◎春天(3~5月)：氣溫已經開始回升，但仍頗有寒意，有時仍在攝氏10度以下，早晚溫差大，需注意保暖。3月底至4月中是賞櫻季，是觀光人潮眾多的時候，提早二個月訂機位、旅館較能保障旅行計畫。

◎夏天(6~8月)：夏天陽光炙熱，均溫大概在攝氏23~27度，7月下旬至8月初有時甚至可能超過30度。山裡的氣溫平均約少3~5度，但早晚溫差大，須帶件薄外套。

◎秋天(9~11月)：初秋天氣涼爽宜人，薄外套或針織長衫就很適合。接近11月的晚秋，部分山區已進入冬天氣候，須準備厚外套。秋季的高山祭10月初再度舉行，也很適合安排賞楓、泡湯、看祭典；11月份進入賞楓季節，奪目的紅葉為山頭染上詩意。

◎冬天(12~2月)：愛知與岐阜冬季均溫約5度左右，但愛知冬天比台灣更加乾冷，岐阜北邊的高山、飛驒、白川鄉、新穗高也都會降雪；日本海側的北陸地方冬季則會降到零度以下，寒流來時甚至會連飄數天大雪，需特別注意保暖及戶外穿著。

習慣

日本的一般商店街和百貨公司，除了特賣期間，通常都從早上11點左右營業到晚間7點到8點之間。行人行走方向是靠左行走，車輛行進方向也與台灣相反。而近來日本各處實行分菸制度，在公共場合都不可以吸菸，想吸菸必須要到有標示能吸菸的地方才行。

貨幣及匯率

◎匯率：台幣1元約兌換日幣4.5圓(2023年8月)。

◎通貨：日幣￥。紙鈔有1萬圓、5千圓、2千圓及1千圓，硬幣則有500圓、100圓、50圓、10圓、5圓及1圓。

匯兌

出發前記得在國內先兌換好日幣，雖然各大百貨公司及店家、餐廳等都可使用信用卡，但是像購買電車票、吃拉麵、買路邊攤、住民宿等，都還是會用到現金。國內各家有提供外匯服務的銀行都有日幣兌換的服務，桃園、松山等機場內也有銀行櫃台可快速兌換外幣。

消費稅

日本現行消費稅為10%，2020年退稅計算及退稅方式也有所更新，詳細的退稅條件及方式請見P.B-6。

網址：tax-freeshop.jnto.go.jp

小費

日本當地消費無論用餐或住宿，都不用額外給小費，服務費已內含在標價中。

用餐

除了小餐館、路邊攤和投幣拿券式的拉麵店等小商家只能使用現金，大部份的地方可以刷卡（門口會有可否刷卡的標示）。一般店家都在店門附近擺放料理模型，可以按照模型選餐。不少大型居酒屋也都推出圖文並茂的菜單，讓不會日文的外國朋友可以按圖點餐。

購物&自備購物袋

日本的大打折季是在1月和7月，每次約進行1個半月的時間，跟台灣一樣會折扣愈打愈低，但貨色會愈來愈不齊全。1月因逢過年，各家百貨公司和商店都會推出超值的福袋。

另外因應全球環境保護減塑趨勢，日本自2020年7月起，零售、便利店也推行塑膠袋收費制，一個大約1~5日圓不等，建議盡量自備環保袋在身上。

信用卡掛失

VISA信用卡國際服務中心：00531-44-0022

Master信用卡國際服務中心：00531-11-3886

JCB日本掛失專線：0120-794-082

美國運通日本掛失專線：03-3586-4757

電話

台灣行動電話和雖日本系統不同，但目前4G、5G手機已可漫遊日本地區。投幣話機可使用10圓、100圓。能打國際電話的公用電話越來越少，請特別注意。

◎打回台灣的國際電話：

例：010－886－*(區碼)－****－****

日本國際碼-台灣國碼-區域號碼-受話號碼

◎打回台灣的行動電話：

例：010－886－9**－***－***

日本國際碼-台灣國碼-受話行動電話號碼

電源

電壓100伏特，插頭為雙平腳插座。如果筆電的電源為三孔插座的話，記得要帶轉接頭，以免到日本後無法使用。

郵政

郵筒分紅、綠兩色，紅色寄當地郵件，綠色寄外國郵件(有些地區只有一個紅色郵筒兼收)。市區主要郵局開放時間，週一~五為9:00~19:00，週六為9:00~17:00。航空明信片郵資日幣70圓，航空郵件郵資日幣90圓。

日本郵便局 www.post.japanpost.jp

當地旅遊資訊

◎中部國際機場 旅客服務處

中部國際機場2F入境大廳

8:00~22:30

◎富山機場 旅客諮詢處

富山機場1F入境大廳

6:00~22:00

國際線及國內線大廳都有服務，國際線大樓有提供中文服務

◎小松機場 案內所

小松機場1F入境大廳

8:00~21:30

台北駐日經濟文化代表處

在日本如果遭遇到任何問題與麻煩，如護照遺失、人身安全等，都可以與位在東京的辦事處聯絡。

JR山手線目黒駅徒步10分，或從Metro南北線、都營地下鐵三田線白金台駅1號出口徒步5分

03-3280-7811

東京都港区白金台5-20-2

週一~五9:00~12:00，13:00~18:00

中部北陸旅遊實用網站

日本觀光局(中文)

www.japan.travel/tw/tw/

愛知縣觀光協會網址(中文)

www.aichi-now.jp/tw

岐阜縣觀光聯盟(中文)

visitgifu.com/tw/

石川縣旅遊網(中文)

www.hot-ishikawa.jp/chinese-t/

金沢市觀光協會(中文)

visitkanazawa.jp/tw/

富山市觀光協會

www.toyamashi-kankoukyoukai.jp

福井縣觀光情報(中文)

www.fuku-e.com/lang/chinese_t/

新潟縣觀光情報(中文)

enjoyniigata.com/tc

國定假日

12月29日~1月3日	新年假期
1月第二個週一	成人之日
2月11日	建國紀念日
3月20日或21日	春分之日
4月29日	昭和之日
5月3日	憲法紀念日
5月4日	綠之日
5月5日	兒童之日
6月23日	沖繩慰靈日
7月第三個週一	海洋之日
8月11日	山之日
9月第三個週一	敬老之日
9月22日或23日	秋分之日
10月第二個週一	體育之日
11月3日	文化之日
11月23日	勤勞感謝日
12月23日	天皇誕辰

日本入境手續

所有入境日本的外國人都需填寫入出境表格和行李申報單，如果自由行觀光客在出發前沒有拿到旅行社所發送的表格，請在飛機航班上主動向機組人員詢問索取，並盡可能在飛機上填寫完成，每一個空格都需填寫，以免耽誤出關時間。

入境審查手續

自2007年11月20日開始，為了預防恐怖事件發生，所有入境日本的外國旅客都必須經過按指紋與臉部照相過程才可入境。

↓

❶ 抵達後請準備好已經填寫完成的入境表格，於外國人的櫃檯依指示排隊。

↓

❷ 向櫃檯入境審查官提交護照、填寫好之入境表格。

↓

❸ 在海關人員的引導指示下讀取指紋。
請將兩隻手的食指放上指紋機，等候電腦讀取指紋資訊。

↓

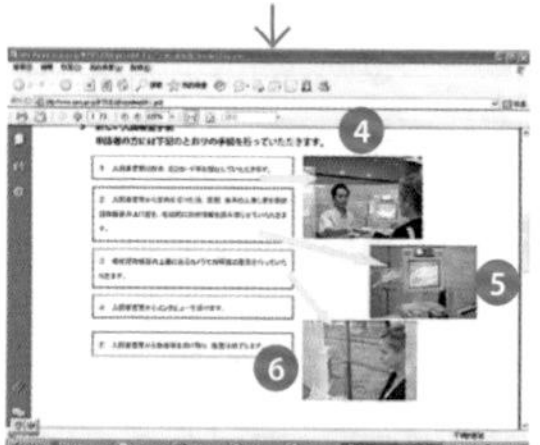

請參照 www.moj.go.jp/content/000001945.pdf

↓

❹ 準備臉部拍照，請將臉部正對著指紋機上的攝影鏡頭。

↓

❺ 接受入境審查官的詢問。

↓

❻ 入境審查官審核認可之後，
會在護照上貼上日本上陸許可，並釘上出國表格。
(此張表格於日本出境時審查官會取回)

↓

❼ 等候入境審查官歸還護照，完成入境手續。

不需接受按指紋與臉部照相手續的人

1.特別永住者。
2.未滿16歲者。
3.進行外交或政府公務活動之人員。
4.受到日本國家行政首長邀請之人員。
5.符合日本法務省規定之人員。

隨指標抵達證照檢查處後，請在標示為「外國人入境」的窗口前依序排隊，並準備：1.護照2.填寫好的出入境表格3.機票存根，在輪到你時交給窗口的入境審查官。檢查完資料後，審查官貼上入境許可，並請你在指紋登記系統留下紀錄，完成入國手續。

填寫入國紀錄

❶ 姓(填寫護照上的英文姓氏)
❷ 名(填寫護照上的英文名字)
❸ 出生日期(依序為日期、月份、西元年)
❹ 現居國家名
❺ 現居都市名
❻ 入境目的(勾選第一個選項「觀光」，若非觀光需持有簽證)
❼ 搭乘班機編號
❽ 預定停留期間
❾ 在日本的聯絡處(填入飯店名稱、電話號碼即可)
❿ 在日本有無被強制遣返和拒絕入境的經歷(勾選右方格：沒有)
⓫ 有無被判決有罪的紀錄(不限於日本) (勾選右方格：沒有)
⓬ 持有違禁藥物、槍砲、刀劍類、火藥類(勾選右方格：沒有)
⓭ 簽名

備註：新式入國記錄背面問題即為❿~⓬

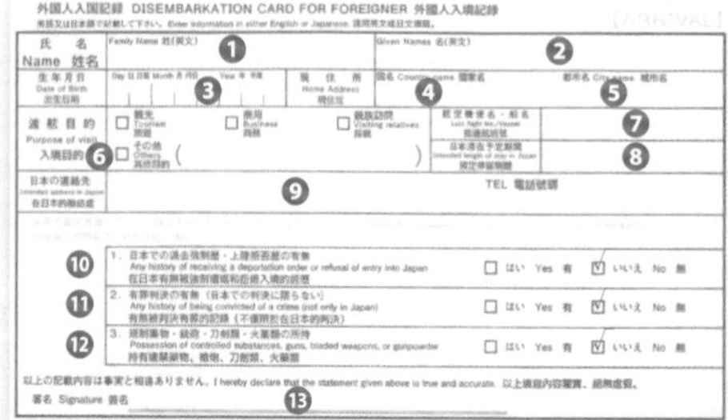

外国人入国記録 DISEMBARKATION CARD FOR FOREIGNER 外國人入境記錄 【ARRIVAL】

氏名 Name 姓名 — Family Name 姓(英文) ❶ — Given Names 名(英文) ❷

生年月日 Date of Birth 出生日期 — Day 日 Month 月 Year 年 ❸ — 現住所 Home Address 現住址 — 国名 Country name 國家名 ❹ — 都市名 City name 城市名 ❺

渡航目的 Purpose of visit 入境目的 ❻ — □ 観光 Tourism 旅遊 □ 商用 Business 商務 □ 親族訪問 Visiting relatives 探親 □ その他 Others 其他目的 ( ) — 航空機便名・船名 Last flight No./Vessel 抵達航班號 ❼ — 日本滞在予定期間 Intended length of stay in Japan 預定停留期間 ❽

日本の連絡先 Intended address in Japan 在日本的聯絡處 ❾ — TEL 電話號碼

❿ 1. 日本での退去強制歴・上陸拒否歴の有無 Any history of receiving a deportation order or refusal of entry into Japan 在日本有無被強制遣返和拒絕入境的經歷 □ はい Yes 有 ☑ いいえ No 無

⓫ 2. 有罪判決の有無（日本での判決に限らない）Any history of being convicted of a crime (not only in Japan) 有無被判決有罪的記錄（不僅限於在日本的判決） □ はい Yes 有 ☑ いいえ No 無

⓬ 3. 規制薬物・銃砲・刀剣類・火薬類の所持 Possession of controlled substances, guns, bladed weapons, or gunpowder 持有違禁藥物、槍砲、刀劍類、火藥類 □ はい Yes 有 ☑ いいえ No 無

以上の記載内容は事実と相違ありません。I hereby declare that the statement given above is true and accurate. 以上填寫內容屬實，絕無虛假。

署名 Signature 簽名 ⓭

在行李旋轉台上找到行李後，還必須通過最後一關行李檢查，才能正式進入日本。如果有需要特別申報的物品的話，必須走紅色通道，如果沒有的話可由綠色通道通關。在這裡請準備：

①行李申報單

②護照

以上物件備齊交給海關人員查驗。

(A面)

税関様式C第5360号

携帯品・別送品　申告書

下記及び裏面の事項について記入し、税関職員へ提出してください。

❶搭乗機（船舶）名・出発地　BR2198　（出発地 ❷Taipei ）

入国日 ❸2 0 1 4 年 1 0 月 2 1 日

フリガナ

氏　名 ❹Wang Da Ming

〒　－

住　所 KEIO PLAZA HOTEL TOKYO

❺（滞在先） tel 0 3 (3 3 4 4) 1 1 1 1

職　業 ❻Student

❼生年月日 1 9 8 0 年 0 1 月 0 1 日

❽旅券番号 1 2 3 4 5 6 7 8

❾同伴家族　20歳以上　名｜6歳以上20歳未満　名｜6歳未満　名

※ 以下の質問について、該当する□に"✓"でチェックしてください。

1. 下記に掲げるものを持っていますか？　はい　いいえ

❿① 日本への持込が禁止又は制限されている物（B面を参照）　□　☑

⓫② 免税範囲（B面を参照）を超える購入品・お土産品・贈答品など　□　☑

⓬③ 商業貨物・商品サンプル　□　☑

⓭④ 他人から預かった荷物　□　☑

＊上記のいずれかで「はい」を選択した方は、B面に入国時に携帯して持込むものを記入願います。

⓮2. 100万円相当額を超える現金又は有価証券などを持っていますか？　はい □　いいえ ☑

＊「はい」を選択した方は、別途「支払手段等の携帯輸入届出書」の提出が必要です。

⓯3. 別送品　入国の際に携帯せず、郵送などの方法により別に送った荷物（引越荷物を含む。）がありますか？

□ はい　（　　個）　☑ いいえ

＊「はい」を選択した方は、入国時に携帯して持込むものをB面に記載したこの申告書を2部、税関に提出して、税関の確認を受けてください。
税関で確認を受けた申告書は、別送品を通関する際に免税範囲の確認に必要となりますので大切に保管してください。

《注意事項》

海外で購入されたもの、預かってきたものなど、本邦に持込む携帯品については、税関に申告し、必要な検査を受ける必要があります。税関検査にご協力ください。
また、申告漏れ、偽りの申告などの不正な行為がありますと、処罰されることがありますので注意してください。

ご協力ありがとうございました。

(B面)

A面より、記入してください。《申告は正確に!》
（ご不明な点がございましたら税関職員へお尋ねください。）

※ 入国時に携帯して持ち込むものについて、下記の表に記入してください。

（注）個人的使用に供する購入品等に限り、1品目毎の海外市価の合計額が1万円以下のものは記入不要です。
また、別送した荷物の詳細についても記入不要です。

酒類			本	＊税関記入欄
たばこ	紙巻		本	
	葉巻		本	
	その他		ｸﾞﾗﾑ	
香水			ｵﾝｽ	
その他の品名	数量	価格		
＊税関記入欄				円

⓰日本への持込が禁止されているもの

① 麻薬、向精神薬、大麻、あへん、覚せい剤、MDMAなど
② けん銃等の銃砲、これらの銃砲弾やけん銃部品
③ ﾀﾞｲﾅﾏｲﾄなどの爆発物や火薬、化学兵器の原材料
④ 紙幣、貨幣、有価証券、ｸﾚｼﾞｯﾄｶｰﾄﾞなどの偽造品
⑤ わいせつ雑誌、わいせつDVD、児童ポルノなど
⑥ 偽ブランド品、海賊版などの知的財産侵害物品

⓱日本への持込が制限されているもの

① 猟銃、空気銃及び日本刀などの刀剣類
② ワシントン条約により輸入が制限されている動植物及びその製品（ﾜﾆ・ﾍﾋﾞ・ﾘｸｶﾞﾒ・象牙・じゃ香・ｻﾎﾞﾃﾝなど）
③ 事前に検疫確認が必要な生きた動植物、肉製品（ｿｰｾｰｼﾞ・ｼﾞｬｰｷｰ類を含む。）、野菜、果物、米など
＊事前に動植物検疫カウンターでの確認が必要です。

⓲免税範囲

・酒類3本（760ml／本）
・外国製紙巻たばこ200本
＊20歳未満の方は酒類とたばこの免税範囲はありません。
・香水2ｵﾝｽ（1ｵﾝｽは約28ml）
・海外市価の合計額が20万円の範囲に納まる品物（入国者の個人的使用に供するものに限る。）
＊6歳未満のお子様は、おもちゃなど子供本人が使用するもの以外は免税になりません。
＊海外市価とは、外国における通常の小売価格（購入価格）です。

填寫行李申報單

❶搭乘航班編號
❷出發地點
❸入境日期
❹姓名(註：填寫護照上英文姓名)
❺日本的聯絡處(請填寫入住之飯店名稱、電話)
❻職業
❼出生年月日(註：填寫西元年號)
❽護照號碼
❾同行家屬(請勾選)
❿是否攜帶以下申請單B面之禁止入境物品？(填寫右方格：沒有)
⓫是否攜帶超過B面免稅範圍的商品、土產或禮品？(填寫右方格：沒有)
⓬是否攜帶商業貨物、樣品？(填寫右方格：沒有)
⓭是否攜帶別人寄放物品？(填寫右方格：沒有)
⓮是否攜帶超過折合100萬日幣的現金或有價證券？(填寫右方格：沒有)
⓯除隨身行李之外是否有郵寄送達日本的物品？(填寫右方格：沒有)

註：以上10-15項如果填寫「是」則必須在B面的清單正確填寫物品名稱與數量。

⓰日本禁止入境物品
(1)麻藥、類精神藥、大麻、鴉片、興奮劑、搖頭丸等各級法定毒品。
(2)手槍等槍枝與槍枝的彈藥及零件。
(3)炸藥等爆炸物品、火藥、化學武器的原料。
(4)紙幣、貨幣、有價證券及信用卡等的偽造物品。
(5)色情書報雜誌、光碟及兒童色情物品。
(6)仿冒名牌商品、盜版等損害智慧財產權 的物品。

⓱日本限制入境物品
(1)獵槍、空氣槍及日本刀等刀劍類。
(2)根據華盛頓公約限制進口的動植物及其製品(鱷魚、蛇、龜、象牙、麝香及仙人掌等)
(3)需事前檢疫的動植物、肉產品(包括香腸、牛肉乾、豬肉乾等)、蔬菜、水果及稻米。

⓲入境日本免稅範圍
‧酒類3瓶(1瓶760ml)
‧外國香菸400支
‧香水2盎司(1盎司約28ml)
‧境外市價總額不超過20萬日幣的物品
(只限入境者的自用品)

訪日前可網路預填「入境審查單」及「海關申報單」

從2023年4月29日起，日本政府解除所有Covid-19入境規範限制，等於入境日本跟疫情前是一模一樣，唯一不同，入境日本前，新增可以透過「Visit Japan Web」，預先填寫「入境審查單」及「海關申報單」以節省入境時間，當然也可選擇到日本下機後再填傳統紙本，一樣可以入境。

◎相關使用及填寫方式：

❶目前僅7個主要機場（東京-成田機場、東京-羽田機場、關西機場、中部機場、福岡機場、新千歲機場、那霸機場）可以使用Visit Japan Web 辦理入境和海關手續。

使用TIPS

① **用手機填寫**：預先填寫「入境審查單」及「海關申報單」後會取得2組QRCode，以供入境日本時使用，建議用手機在網路直接填寫，就會在手機上取得。

② **截圖使用**：在出國前填完資料取得的QRCode，由於是透過網路連線後出現，但在下機當下，可能上網不那麼便利或是網路卡卡，建議直接將2組QRCode截圖存下，一樣可以使用，以免因臨時找不到網站而慌張。

港澳入境日本&旅遊資訊

➔日本基本資訊

請參考P.B1-B2。

➔簽證及護照規定

持香港特區護照(HK SAR)、澳門特區(MACAU SAR)、英國(海外)公民(BNO)，只要是90日內短期赴日者，皆可享有免簽證待遇。

◎免簽證實施注意事項

對象：持有效持香港特區護照(HK SAR)、澳門特區(MACAU SAR)、英國(海外)公民(BNO)者

停留期間：不超過90日期間

赴日目的：以觀光、商務、探親等短期停留目的赴日(如為其他目的，需另外申請簽證)

◎在香港日本國總領事館

香港中環康樂廣場8號(交易廣場第一座46樓及47樓)

+852-2522-1184

09:15-12:00、13:30-16:45

休 六日

www.hk.emb-japan.go.jp/itprtop_zh/index.html

❶領館轄區：香港特別行政區、澳門特別行政區

➔貨幣及匯率

匯率：港幣1元約兌換日幣17.80圓(2023年8月)。

匯率：澳幣1元約兌換日幣17.73圓(2023年8月)。

通貨：日幣￥。紙鈔有1萬圓、5千圓、2千圓及1千圓，硬幣則有500圓、100圓、50圓、10圓、5圓及1圓。

➔電話

港澳行動電話雖和日本系統不同，但目前4G、5G手機已可漫遊日本地區。投幣話機可使用10圓、100圓。能打國際電話的公用電話越來越少，請特別注意。

❶以市話撥打國際電話方式，請參照B-2。香港國際區號(852)、澳門國際區號(853)

➔中國駐名古屋總領事館

港澳居民在日本遭遇到任何問題與麻煩，如護照遺失、人身安全等，皆可與辦事處連絡。

地下鐵櫻通線在高岳駅下，徒步1分鐘

名古屋市東區東 2-8-37

052-932-1098

週一～週五9:00~ 12:00

nagoya.china-consulate.gov.cn/chn/

➔港澳居民入境日本手續

請參考P.B3-B4。港澳居民入境日本，除了以往紙本入境申報單及海關申報單外，一樣適用「Visit Japan Web」，可提供出境前預辦入境手續的「入境審查」、「海關申報」和「免稅購買」的網上服務。

最新退稅手續 無紙大進化

2020年4月，新的退稅手續又有大進化，主要是將退稅紙本電子化，無紙環保更輕鬆，以往不論在哪買退稅商品，最後會拿到一疊厚厚的退稅單據，然後釘在你的護照上，回國時才由海關取走，而最新規範則將不會再有這些複雜單據，所有購物紀錄都會被以數據方式上傳，在辦理離境手續時，只要一刷護照，海關就可以從電腦上來確認你的免稅購物明細了。

❶因為是漸進式推行的退稅系統，也有可能遇到還尚未系統電子化的商家，仍維持傳統紙本方式退稅

➔退稅計算門檻

日本2019年10月再將消費稅一口氣提到10%後，等於買¥1,000就得多付¥100元稅金，唯有搞懂退稅，才能買得開心又划算。以往退稅制度將商品分為「一般品」、「消耗品」，同一天在同一間店、購買同一種類商品達¥5,000以上方可享受退稅。2018年7月以後，不分一般品、消耗品，只要同一天在同一間店裡，未稅前合併消費達¥5,000以上、¥50萬以下，就可以享受退稅。

➔退稅品不可在日本境內拆封使用

為防止退稅過後的物品在日本被打開，退稅品會裝入專用袋或箱子中，直到出境後才能打開。若是在日本就打開，出境時會被追加回稅金，需特別注意。但如果為了達退稅門檻，而與消費品合併並計算，就會被一起封裝，這時一般品也不能在日本拆開使用。

消耗品(需封裝，不可在日本使用)	食品、飲料、化妝品、藥品、菸酒等
一般品(不封裝，可在日本使用)	百貨服飾、家電用品等

➔液體要放託運

原則上所有免稅商品都需要在出境時帶在身邊讓海關檢查，但如果買了酒、飲料等液態食品，或是化妝水、乳液等保養品不能帶入機艙，必需要放入託運行李中時，可在結帳退稅時請店員分開包裝，但切記裝入行李箱時一樣不可打開包裝袋或箱子，以免稅金被追討。

➔認明退稅標章「Tax-Free」

可退稅的店家會張貼退稅標章，若不確定可口頭詢問是否有退稅服務。付款時務必出示護照一起辦理付款&退稅。

www.japan.travel/tw/plan/

➔退稅流程

❶ 可退稅商店內選購商品。 ➔ ❷ 同一日同間商店購買a)消耗品 + b)一般品達¥5,000以上。 ➔ ❸ 結帳時表示欲享免稅，並出示護照。短期停留的觀光客才享有退稅資格。

❹ 結帳時，由店員刷護照條碼紀錄，免稅單不再印出，資料雲端電子化。 ➔ ❺ 回國出境，日本海關只需刷護照條碼，便能知道你有無免稅品消費紀錄。 ➔ ❻ 原則免稅品上應於出境時隨身攜帶以利海關檢查，若有液體則需託運。

日本行動上網

台灣赴日旅遊的旅客年年超過百萬人，日本榮登台灣海外旅遊最受歡迎的國家。在旅程中，依賴手機的人數也逐年攀升，然而若無網路搭配，手機等於廢了一半，使用Google Map、交通App、社群App、甚至是臨時查詢店家資訊時都需要網路連線。日本4G上網速度快，不論購買的上網裝置串接日本當地哪家電信商，城市中一般通訊都不會太差，以下將介紹幾種旅日的上網方式，讓旅人在漫遊日本時能更加順暢。

WIFI分享機

在台灣租借Wifi分享機應該算是最方便的上網方式。由於一台分享機可同時讓多台行動裝置上網，一群朋友共同分享十分划算。而隨著機種更新，現在更有電力持久，有的還可當隨身電源，但要注意上網總流量限制，以及同行親友彼此距離不能太遠。

WI-HO www.telecomsquare.tw
GoWiFi www.gowifi.com.tw/
游客邦 www.unitetraveler.com/

上網SIM卡

選擇上網SIM卡優點是輕便，毋需攜帶分享機、也不用擔心分享機沒電，較不方便的地方在於，要使用上網SIM卡必須把手機內原本的SIM卡取出，換上專用SIM卡，雖然這樣一來便無法使用台灣的號碼，但因為有通訊軟體，還是能與親友保持聯繫。

飛買家 www.traveltobuys.com/
WI-HO www.telecomsquare.tw

日本免費WIFI

TRAVEL JAPAN Wi-Fi

這個免費服務，需先下載APP後， 就會自動連結到服務的WIFI熱點，全日本有超過20萬個免費熱點。

japanfreewifi.com/zh-hant/

FREE Wi-Fi PASSPORT

在日本全國約有40萬個熱點，在速食店、咖啡廳、各大車站、飯店等皆可使用。上網使用前設定較複雜，網路有影片供參考。啟用後可免費使用14天，14天期限過了後，再重覆上述動作即可再次使用。

www.softbank.jp/en/mobile/special/freewifi/zh-tw/

JAPAN Wi-Fi auto-connect

由日本第一大電信NTT提供的免費Wi-Fi 熱點，包括機場、車站、巴士、商場等車過10萬個熱點，下載APP註冊後即可使用。

www.ntt-bp.net/jw-auto/ch2/index.html

eSIM卡

eSIM是一種虛擬網卡的概念，因不需安裝卡片置換，省了等待寄送跟換卡的麻煩，且原手機門號一樣可以通，只須購買後掃描收到的QR Code、即可在台事先設定上網，等到了當地再開啟使用即可。但要注意、僅新型手機才具有支援eSIM功能，目前以Apple機種較齊全。

中華電信、遠傳、台哥大：都有提供eSIM漫遊服務

國際漫遊

台灣各大電信業皆有提供原機、原號的漫遊服務，只須事先購買並至當地手動開通後即可，費用雖較高，但相對便利也能原號使用，不挑手機，也無設定等複雜問題。

中華電信 www.cht.com.tw/
遠傳電信 www.fetnet.net/
台灣大哥大 disneyplus.taiwanmobile.com/

網路訂房全攻略

日本最受歡迎的兩個訂房網站就屬「Jalan」和「樂天」，除了擁有眾多旅館選擇，透過訂房網站還能享有折扣優惠，訂房網站每年度由網友票選的住宿排行也相當具有公信力，可以作為選擇住宿的指標。Jalan和樂天兩者都可選擇免費加入會員或直接訂房，加入會員的好處是有消費金折抵回饋、可提前3個月訂房、並且部分優惠plan也只限會員使用。另外，因為每個訂房網的房價都互有高低，所以也可至比價網看看哪個網站比較划算，再決定從何處訂房。

訂房網

Jalan(有提供繁體中文版) www.jalan.net

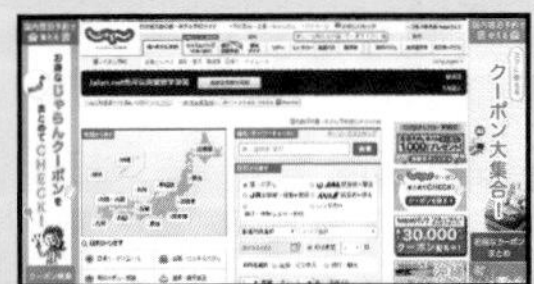

樂天 travel.rakuten.co.jp(日文版)、travel.rakuten.com.tw(台灣樂天旅遊)

JAPANiCAN www.japanican.com/tw/

Agoda www.agoda.com/zh-tw

比價網

trivago www.trivago.com.tw

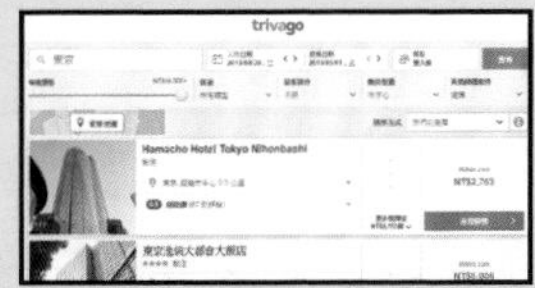

HotelsCombined www.hotelscombined.com.tw

訂房日文速成班

在櫃台可能的會話

◎我要Check in／Check out。
チェックイン／チェックアウトをお願いします。
Chekku-inn／chekku-au-to wo-ne-gai-shi-ma-su.

◎我叫～，有預約住宿。
予約してあります～です。
Yo-ya-ku shi-te ari-ma-su ～de-su.

◎我沒有預約，想請問有空房嗎？
予約してないのですが、空室がありませんか。
Yo-ya-ku shi-te-nai-no de-su-ga, ku-shi-tsu ga a-ri-ma-sen-ka.

◎可以使用信用卡付帳嗎？
クレジットカードで支払ってもいいですか。
Ku-re-jitto-ka-do de shi-ha-ratte-mo i-de-su-ka.

◎行李可以寄放在櫃台嗎？
荷物をフロントにて預かってもらえますか。
Ni-mo-tsu wo fu-ron-to ni a-tsu-katte mo-ra-e-ma-sen-ka.

入住後有可能會遇到的小問題

◎我想換房間。
部屋を変えたいです。
He-ya wo ka-e-tai de-su.

◎這個壞了。
これは壊れています。
Ko-re wa ko-wa-re-te i-ma-su.

◎沒有熱水
お湯が出ません。
o-yu ga de-ma-sen.

◎房內可以使用網路嗎？
部屋の中でインタネットにつなげますか。
He-ya no na-ka de in-ta-netto ni tsu-na-ge-ma-su-ka.

◎鑰匙不曉得在哪裡弄丟了。
鍵をどこかに忘れてしまいました。
Ka-gi wo do-ko-ka ni wa-su-re-te shi-mai-ma-shi-ta.

◎我想多住一晚。
もう一泊を伸ばしたいですが。
Mo i-chi-ha-ku wo no-ba-shi-tai-de-su-ga.

◎(房間)有附～嗎？
～が付きますか。
～ga tsu-ki-ma-su-ka

日文速成班

總之，先說這句

不好意思
すみません。
su-mi-ma-sen.

❗不管問什麼，向人搭話時都先說這句比較禮貌。

我不會日文
日本語わかりません。
ni-hon-go wa-ka-ri-ma-sen.

我是台灣人
私は台湾人です。
wa-ta-shi wa Taiwan-jin de-su.

生活日文

早安
おはようございます。
o-ha-yo go-za-i-ma-su.

你好
こんにちは。
kon-ni-chi-wa.

晚安(晚上時與你好同樣意思)
こんばんは。
kon-ban-wa.

晚安(臨睡前)
おやすみなさい。
o-ya-su-mi na-sai.

再見
さよなら。
sa-yo-na-ra.

你好嗎？
お元気ですか。
o-gen-ki de-su-ka.

謝謝
ありがとうございます。
a-ri-ga-tou go-zai-ma-su.

對不起
ごめんなさい。
go-men na-sai.

是 / 好
はい。
hai.

不是
いいえ。
ii-e.

我知道了
わかりました。
wa-ka-ri-ma-shi-ta.

我不知道
わかりません。
wa-ka-ri-ma-sen.

身體不舒服
気分が悪い。
ki-bun ga wa-ru-i.

好像感冒了
風邪引いたみたい。
ka-ze hii-ta mi-tai.

肚子痛
お腹が痛いです。
o-na-ka ga i-tai de-su.

這裡痛
ここが痛いです。
ko-ko ga i-tai de-su.

衛星導航
カーナビ(car navigator)
ka-na-bi

車禍
交通事故
ko-tsu-ji-ko

92無鉛汽油
レギュラー(regular)
re-gyu-ra

98無鉛汽油
ハイオク
hai-o-ku

柴油
軽油(diesel)
ke-yu

加滿
満タン(まんたん)
man-tan

數字

0	1	2	3	4	5	6	7
れい / ゼロ	**いち**	**に**	**さん**	**よん / し**	**ご**	**ろく**	**なな / しち**
rei / ze-ro	i-chi	ni	san	yon / shi	go	ro-ku	nana / shi-chi
8	9	10	11	20	百	千	萬
はち	**きゅう / く**	**じゅう**	**じゅういち**	**にじゅう**	**ひゃく**	**せん**	**万(まん)**
ha-chi	kyu / ku	jyu	jyu-i-chi	ni-jyu	hya-ku	sen	man

想問路嗎？

戈想要去～。
～に行きたいです。
～ni i-ki-tai de-su.

去～的月台乘車處是幾號？
～行きはどのホーム [乗り場]で
すか？
～yu-ki wa do-no ho-mu [no-ri-
a] de-su-ka?

直接這麼說！

搭什麼線比較好？
何線でいいですか？
a-ni-sen de ii de-su ka.

請問在哪裡轉車？
どこで乗り換えますか？
o-ko de no-ri-ka-e ma-su-ka.

那一個出口比較近？
何番出口の方が近いですか？
nan-ban de-gu-chi no ho ga chi-kai de-su-ka.

過不了改札口
改札口を通れませんでした。
kai-sa-tsu-guchi wo too-re-ma-sen de-shi-ta.

車票不見了
切符をなくしてしまいました。
kippu wo na-ku-shi-te shi-mai-ma-shi-ta.

東西忘了拿
荷物を忘れてしまいました。
ni-mo-tsu wo wa-su-re-te si-mai-ma-shi-ta.

想退票
払い戻ししたいんです。
ha-rai mo-do-shi shi-tain de-su.

搭錯車
乗り間違えました。
no-ri ma-chi-ga-e-ma-shi-ta.

坐過站
乗り過ごしました。
no-ri su-go-shi-ma-shi-ta.

請寫下來
書いてください。
kai-te ku-da-sai.

想找車站裡的設施嗎？

最近的～在哪裡。
一番近い～はどこですか。
ichi-ban chi-kai～wa do-ko de-su-ka.

車站內設施

觀光案內所	かんこうあんないしょ	kan-ko-an-nai-syo
廁所	トイレ	to-i-re
電梯	エレベーター (elevator)	e-re-be-ta
電扶梯	エスカレーター (escalator)	e-su-ka-re-ta
投幣置物櫃	コインロッカー (coin locker)	ko-in-rokka
出入口	でいりぐち	de-i-ri-gu-chi
駅員室	えきいんしつ	e-ki-in shi-tsu
精算機	せいさんき	sei-san-ki
公共電話	こうしゅうでんわ	ko-syu-den-wa

物日文

要買嗎？

合我這個
れを下さい。
e wo ku-da-sai.

合我看這一個
れを見せて下さい。
e wo mi-se-te ku-da-sai.

れ(ko-re)，是「這個」的意
，買東西只要指著物品說
れ，店員就會明白你要哪
一個了。

直接這麼說！

多少錢？
いくらですか。
i-ku-ra de-su-ka.

可以試穿嗎？
試着してもいいですか。
si-chya-ku si-te-mo ii de-su-ka.

請修改尺寸
丈を直して下さい。
jyo wo na-o-si-te ku-da-sai.

不用了
いいんです。
iin de-su.

只是看看而已
見るだけです。
mi-ru da-ke de-su.

(尺寸)有更大(更小)的嗎？
もっと大きいの [小さいの] はありませんか。
motto oo-kii no [chii-sai no] wa a-ri-ma-sen-ka.

請問有其他顏色嗎？
他の色はありませんか。
ho-ka no i-ro wa a-ri-ma-sen-ka.

保存期限有多久？
賞味期限はいつまでですか。
syo-mi-ki-gen wa i-tsu ma-de de-su-ka.

wagamama no.067

中部北陸攻略完全制霸 2024~2025

國家圖書館出版品預行編目資料

中部北陸攻略完全制霸. 2024~2025/墨刻編輯部作. -- 初版. -- 臺北市：墨刻出版股份有限公司出版：英屬蓋曼群島商家庭傳媒股份有限公司城邦分公司發行, 2023.08
416面；14.8×21公分. -- (wagamama ; 67)
ISBN 978-986-289-903-8(平裝)

1. 旅遊 2. 日本

731.9　　112011631

作者墨刻編輯部
攝影墨刻編輯部
主編周麗淑（特約）
封面設計羅婕云
美術設計洪玉玲（特約）・許靜萍（特約）・董嘉惠（特約）・詹淑娟（特約）・羅婕云
地圖繪製墨刻編輯部・Nina（特約）

出版公司
墨刻出版股份有限公司
地址：台北市104民生東路二段141號9樓
電話：886-2-2500-7008／傳真：886-2-2500-7796
E-mail：mook_service@hmg.com.tw

發行公司
英屬蓋曼群島商家庭傳媒股份有限公司城邦分公司
城邦讀書花園：www.cite.com.tw
劃撥：19863813／戶名：書虫股份有限公司
香港發行城邦（香港）出版集團有限公司
地址：香港灣仔駱克道193號東超商業中心1樓
電話：852-2508-6231／傳真：852-2578-9337
城邦（馬新）出版集團 Cite (M) Sdn Bhd
地址：41, Jalan Radin Anum, Bandar Baru Sri Petaling, 57000 Kuala Lumpur, Malaysia.
電話：(603)90563833／傳真：(603)90576622／E-mail：services@cite.my
製版・印刷漾格科技股份有限公司
ISBN978-986-289-903-8・978-986-289-904-5（EPUB）
城邦書號KS2067 **初版**2023年8月 **二刷**2023年10月
定價480元
MOOK官網www.mook.com.tw
Facebook粉絲團
MOOK墨刻出版 www.facebook.com/travelmook

執行長何飛鵬
PCH集團生活旅遊事業總經理暨墨刻出版社長李淑霞
總編輯汪雨菁
資深主編呂宛霖
採訪編輯趙思語・陳楷琪
叢書編輯唐德容・王藝霏・林昱霖
資深美術設計主任羅婕云
影音企劃執行邱茗晨
資深業務經理詹顏嘉
業務經理劉玫玟
業務專員程麒
行銷企畫經理呂妙君
行銷專員許立心
行政專員呂瑜珊
印務部經理王竟為

特別感謝
石川県庁国際観光課